法政策学视点下的
知识产权法

李 扬 ◎ 著

知识产权出版社
全国百佳图书出版单位

图书在版编目（CIP）数据

法政策学视点下的知识产权法/李扬著. —北京：知识产权出版社，2017.9
ISBN 978-7-5130-5085-2

Ⅰ.①法… Ⅱ.①李… Ⅲ.①知识产权法—研究 Ⅳ.①D913.04

中国版本图书馆 CIP 数据核字（2017）第 203740 号

内容提要

本书立足于法政策学知识产权基础理论问题进行研究，分别对专利法、商标法和著作权法等具体条款在实际适用中出现的问题进行了探讨；同时，针对知识产权一些时事热点问题也给出了明确的态度和观点。具有较好的学术高度与深度。

责任编辑：王玉茂	责任校对：潘凤越
装帧设计：SUN 工作室	责任出版：刘译文

法政策学视点下的知识产权法
李 扬 著

出版发行：知识产权出版社有限责任公司	网　址：http://www.ipph.cn
社　址：北京市海淀区气象路 50 号院	邮　编：100081
责编电话：010-82000860 转 8541	责编邮箱：wangyumao@cnipr.com
发行电话：010-82000860 转 8101/8102	发行传真：010-82000893/82005070/82000270
印　刷：北京科信印刷有限公司	经　销：各大网上书店、新华书店及相关专业书店
开　本：720mm×1000mm　1/16	印　张：31
版　次：2017 年 9 月第 1 版	印　次：2017 年 9 月第 1 次印刷
字　数：586 千字	定　价：98.00 元
ISBN 978-7-5130-5085-2	

出版权专有　侵权必究
如有印装质量问题，本社负责调换。

一本正经的闲书

这是一本正经的闲书。说它正经，是因为它探讨的都是严肃的专业问题。说它是闲书，是因为在这个沉迷手机刷屏的年代，它和其他作者的书命运一样，很有可能被闲而置之。

书分上下卷。上卷为理论学术篇，精选笔者近十年来发表（至2017年8月31日）的知识产权法代表性学术论文，并加修改而成之。下卷为热点评论篇，精选笔者近两年（至2017年8月31日）就各种知识产权法实务热点问题所发评论并加修改而成之。因知识产权法政策学视点贯穿所有论述始终，故冠以《法政策学视点下的知识产权法》之名。何谓知识产权法政策学？有兴趣的读者可以参考《田村善之论知识产权》（李扬等译，中国人民大学出版社2013年3月版）

学问是一个过程，如诗歌，如生命，起伏沉浮，其中味自知。录旧作《关于春天的日记》，以了结此自序。

《关于春天的日记》
之一

季节不止一个，你不可将我认错
我的呐喊已被偏听偏信
你不可再将我的绿色，误解为冬天的坟墓
我的绽放，误解为卑躬屈膝的迎合
我的风声雨声，误解为大地盲目感恩的歌唱
我的蜂飞蝶舞，误解为打工者狂欢的时刻

你要看到冬天沿着山脊的起伏
你不可对河流的走向视而不见
最要紧的，你不可将我的烂漫
贴上精神病患者的标签
或者，将我的凋落
解释为某种回归的召唤

之二

我已经被你击倒
你只用四只马蹄行走
积蓄了一个冬天的情感
就像流行病突然爆发
没有给万物留下任何紧急出口

还有什么可以让我心如铁石呢
华丽的辞藻都已经被你密封
每年的这个时候
最渴望的是
寻找一点空闲谈谈流浪
和从远方走来的乡愁

对于你，或许只能这样总结：
因为短暂，所以才得永恒

之三

如果青藏高原的蓝天往北迁徙
如果人世间的谎言、冤屈、标签
再少一点，就真的是春天了

一个人剥着时间，苦苦挣扎
雨水抱着花朵的魂魄，在春天里扫墓
一路扫到天涯，我的心思
她是懂得的

辩解和歌唱都不是我的专长
我已经无话可说
无论打开还是隐藏
春天，只是四个季节之一
没有人能说，我不在现场

之四

在孩子的笑声中，我听到过你
在母亲胸前的道路上，我看见过你
在恋人的肌肤里，我触摸过你

你喂给时间青草，将冬天开膛破肚
教我将自己的骨头当生活的打狗棒
心，只向故乡的烟火跪拜

这一世，看山，看水，看浮华成一梦
唯一要紧的是，已经与最远的你相遇
最近的你相知

你的名字叫春天

2017 年 8 月 28 日

目　录

上卷　理论学术篇

基础理论

知识产权法定主义及其适用 …………………………………………… 3
　　——兼与梁慧星、易继明教授商榷
知识产权法定主义的缺陷及其克服 …………………………………… 23
　　——以侵权构成的限定性和非限定性为中心
知识产权金钱责任的冲突与协调 ……………………………………… 40
知识产权人停止侵害请求权的限制 …………………………………… 51
民法典编纂中知识产权法不宜独立成编 ……………………………… 76

商　标　法

注册商标不使用撤销制度中的"商标使用"界定 …………………… 92
　　——中国与日本相关立法、司法之比较
日本商标法对商标权效力的限制 ……………………………………… 111
"公共利益"是否真的下出了"荒谬的蛋"？ ………………………… 128
　　——评微信商标案一审判决
商标侵权诉讼中的懈怠抗辩 …………………………………………… 138
　　——美国法的评析及其启示
论商标权的边界 ………………………………………………………… 167
商标在先使用抗辩研究 ………………………………………………… 175

— 1 —

著作权法

日本著作权间接侵害的典型案例、学说及其评析 …………………… 199
关于字体的法律保护 …………………………………………………… 226
　　——北大方正字体案简要评析
侵害保护作品完整权的判断标准 ……………………………………… 232
　　——兼评我国《著作权法修订草案（送审稿）》第 13 条第 2 款第 3 项
网络游戏直播中的著作权问题 ………………………………………… 250

专 利 法

修理、更换、回收利用是否构成专利权侵害 ………………………… 266
冒认专利申请处理研究 ………………………………………………… 286
日本专利权当然无效抗辩原则及其启示 ……………………………… 301
FRAND 标准必要专利许可使用费的计算 …………………………… 319
　　——以中美相关案件比较为视角
FRAND Holdup and Its Solution ……………………………………… 335
帮助型专利权间接侵权行为的法律构成 ……………………………… 348
　　——《最高人民法院关于审理侵犯专利权纠纷案件应用法律
　　若干问题的解释（二）》第 21 条第 1 款的理解和适用

竞 争 法

知识产权与反垄断法关系的几个特殊问题 …………………………… 357

下卷　热点评论篇

基础理论

日本知识产权诉讼制度的特点 ………………………………………… 377
设立知识产权法院是一场革命，开创中国创造新纪元 ……………… 383
闲话"加大知识产权侵权损害赔偿力度" …………………………… 387

以行为保全为突破口，强化司法保护效率，真正实现知识产权
　　司法保护的主导作用 389
知识产权司法保护主导作用的含义和实现路径 393
　　——知识产权法政策学视点的导入
《民法总则（草案）》知识产权条款的修改意见 398
独家速评：《民法总则》知识产权条款 400

商 标 法

美学功能性理论，是耶？非耶？ 403
矫枉切忌过正 407
　　——有感于"驰名商标"宣传被禁
加多宝与王老吉案焦点问题之我见 410
企业名称简称的法律保护及其界限 415
民事权利懈怠抗辩法理在"乔丹"案中的适用 423
再论企业名称简称的法律保护及其界限 428
《最高人民法院关于审理商标授权确权行政案件若干问题的规定》
　　第18条速评 434
《最高人民法院关于审理商标授权确权行政案件若干问题的规定》
　　第28条速评 437
商标反向混淆理论的"七宗罪" 439
违法使用与《商标法》第32条后半句规定的"一定影响"的关系 445
在先使用且有"一定影响"的商标对他人商标注册申请的阻却作用 450

著 作 权 法

体育赛事相关财产权问题漫谈 453
著作权法修改应注重逻辑性 459

专 利 法

专利立法应坚持民主化、法治化、体系化原则 464
　　——简评《专利法（修改草案送审稿）》

侵权行为人停止侵害民事责任的限制……………………………………469
　　——兼评《最高人民法院关于审理侵犯专利权纠纷案件应用
　　法律若干问题的解释（二）》

竞　争　法

堵住《反不正当竞争法》第 2 条的黑洞………………………………472
《反不正当竞争法（修订草案送审稿）》中互联网条款的是与非 …………476
我国应建立统一、独立、权威和高效的反垄断执法机构………………482

上 卷

理论学术篇

基础理论

知识产权法定主义及其适用
——兼与梁慧星、易继明教授商榷

摘　要　　财产权劳动理论存在扩大知识产权保护范围的危险，导致知识产权界定的困难和社会公共利益与私人利益之间的矛盾。知识产权法定主义具有创权和限权的双重功效；知识产权制度的创设是一个以自由为起点、以社会整体效率为连接点、以社会正义为依归的完整链条；知识产权司法应当在法定原则的基础上坚持整体性观念。虽然在知识产权特别法之外存在适用传统民法和反不正当竞争法的可能性，但在这种情况下法律保护的只是某种利益或优势，这种保护并不意味着原告享有某种内容类型化的知识产权。

关键词
　　知识产权　自然权利　法定权利　法定主义

一、知识产权自然权利理论与知识产权法定主义

易继明教授在《法学研究》2005 年第 3 期撰文《知识产权的观念：类型化及法律适用》（以下简称"易文"）提出，"以知识产权为主的无形财产日益重要

是社会历史发展的结果，知识产权也是传统财产权的延续，但我们今天不仅面临着知识产权类型化困难问题，而且在自然权利、他人利益和社会正义之间存在利益平衡的法律难题，因此更加需要强调知识产权的私权性质和观念，在司法过程中通过传统民事法律制度实现知识产权立法的目的。"[1] 其实质就是认为，由于在当今社会中占有重要地位的知识产权存在类型化的困难，因此在知识产权特别法[2]没有明文规定的地方，法官应当根据劳动产生财产权这一自然权利理论，利用侵权行为法、合同法等传统民事法律制度为知识产品的生产者创设某种知识产权。

易文所表达的观点和梁慧星教授的观点是一脉相承的。早在1995年，梁慧星教授在评论广西广播电视报诉广西煤矿工人报侵犯著作权案时就从利益衡量的角度表达了同样的观点。"基于上述利益衡量，并考虑到'使创造利益者享受该利益'这一民法基本精神及现代法制之基本精神……在私法领域，法官不得借口法无明文规定而拒绝裁判，是为基本原则。这就要求法官善于充任立法者的助手，熟练掌握运用法解释学的各种方法，弹性地解释法律，将形形色色的新型案件纳入法律规范范围，作出合理、妥当的裁判，使当事人的合法权益受到保护，使私法领域的法律秩序得以维持，实践民法基本精神，维护社会公平正义。"[3]

所谓"使创造利益者享受该利益"，实质上是洛克劳动理论的现代翻版，属于一种典型的知识产权自然权利观念。坚持这种观念，必然会反对"知识产权法定主义"的主张。[4] 所谓知识产权法定主义，按照郑胜利教授的理解，是指："知识产权的种类、权利以及诸如获得权利的要件及保护期限等关键内容必须由成文法确定，除立法者在法律中特别授权外，任何机构不得在法律之外创设知识产权。"[5]

这样，在知识产权的观念及其法律适用问题上就产生了两种鲜明对立的观点：自然权利观念对法定主义观念。前者坚持劳动基础上的知识产权自然权利观念，允许法官行使自由裁量权，在知识产权特别法之外创设知识产权；而后者坚持法律先于权利，知识产权只能由特别法创设，反对法官在特别法之外行使自由

---

[1] 易继明. 知识产权的观念：类型化及法律适用[J]. 法学研究, 2005 (3)：110 - 125.
[2] 本文中的知识产权特别法是相对于民法和反不正当竞争法而言的。主要是指专利法、商标法、著作权法、植物新品种保护法、集成电路布图设计法。下文所称知识产权法也都在此意义上适用。
[3] 梁慧星. 电视节目预告表的法律保护和利益衡量[J]. 法学研究, 1995 (2).
[4] 易继明. 知识产权的观念：类型化及法律适用[J]. 法学研究, 2005 (3)：110 - 125.
[5] 郑胜利. 论知识产权法定主义[M]//郑胜利. 北大知识产权评论（第2卷）. 北京：法律出版社, 2004.

裁量权创设知识产权。虽然自洛克以后，伴随着财产权合理性的整体争论，知识产权领域中一直存在自然权利与法定权利之争，但因其涉及知识产权基本观念、知识产权私权属性和社会公共利益的关系、知识产权法定主义和司法自由裁量权的关系以及知识产权立法技术和法律解释关系等重大问题，因此有必要对这两种观念及其适用问题进一步深入讨论。

二、知识产权法定主义观念及其基础

笔者认为，郑胜利教授提出的知识产权法定主义不仅仅是一种关于知识产权的基本观念，而且是一项立法原则和一项司法原则。作为一种基本观念，它坚持这样一个基本信条：从诺齐克的持有正义理论看，知识产权的享有本身就带有某种程度的"不正义"色彩，因而"凡是知识产权特别法没有明确授权的就是民事主体所不能享有的，至少是知识产权特别法所不鼓励的"作为一项立法原则，它主张知识产品所带来的财产利益，应当在权利和利益、权利和行为样态、平等的自由权利和效率之间作出区分，因而知识产权的创设必须综合考量各方面的因素，坚持谨慎的态度。在遇到新问题时，首先必须通过充分解释现有知识产权特别法、反不正当竞争法和民法来保护某种利益，而不是动辄就创设新型的知识产权。作为一项司法原则，知识产权法定主义坚持整体性的知识产权法观念，认为知识产权法是包括知识产权特别法、反不正当竞争法和民法在内的一个有机整体；在法官自由裁量权的问题上，它否定在相关问题上法官自由裁量权的存在；它虽允许甚至鼓励法官对知识产权法进行充分的解释，但这种解释必须严格受制于法定主义的价值目标，从有利于社会公共利益的角度进行严格的整体性解释和限缩解释。

下文主要从知识产权法定主义观念的历史起源、洛克财产权劳动理论的缺陷、知识产品的经济特征、诺齐克和罗尔斯的正义理论四个方面论述知识产权法定主义的理论基础。

（一）知识产权法定主义的起源及其历史启示

综合考察知识产权制度的立法历史，可以发现，尽管由于自身的法律传统、法律理念、立法技术等方面的原因，英美法系和大陆法系国家在法典化方面存在差别，但在知识产权的问题上却没有什么分歧，无一例外都采取单行制定法的形式予以保护，使知识产权发展成为一个独立于有形财产权的独特法律体系。这说明知识产权法律制度从产生之日起就表现出法定主义的特征。

专利在英国一开始就表现为君授特权或者是议会法案授予的特权，理由是发明创造被认为对社会是如此重要以致不能永久地归属于发明者所有。在1602年的Darcy诉Allen案中，王座法院采纳了被告律师的观点，认为除有利于公共利益并受合理时间限制的发明创造专利垄断外，所有垄断都是非法的，从而最后判决原告的垄断违背了普通法。法院对垄断的此种态度对英国1623年垄断法的制定起了主导性的作用。该法第1条明确规定，垄断特权不能起到促进公共利益的作用，因此所有垄断都是违法的，也是无效的，但在不违背法律和国家利益的情况下，可以例外授予新的制造方法的发明者以垄断权。这清楚地表明，在专利法最早诞生的英国，专利就是通过制定法授予的一项特权，而不是自然权利。同样，即使在深受自然权利影响的美国和法国，自然权利对专利权的影响也是有限的。"在这两个国家，专利权从一开始就被看作实在法，可以任意设计、限制并最终可以废弃的权利。"[6]

与专利制度不同的是，版权由自然权利转化为法定权利则经历了一个长久的争论过程。1709年英国制定的安娜女王法在英国历史上起了革命性的作用。该法导言明确表明，其立法目的除了防止非法复制外，还在于通过授予作者一定期限的独占复制权鼓励有知识的人创作出更多的"有用书籍"，而且规定作者独占复制权的期限为14年，自作品首次出版之日起计算，该期限过后，如果作者还活着，还可以延长14年。[7] 安娜女王法颁布之后，围绕着制定法规定的版权保护期限过后，普通法上的版权能不能作为一种自然权利继续享有永久性保护的问题，进行了长久的争论。1769年和1774年先后发生的两个结论截然相反的著名案例使这场争论达到了最高峰。[8] 最后结果是普通法上的永久版权被安娜女王法规定的法定权利所取代。

由此可见，尽管专利权和版权合理性的论证在很大程度上要归功于自然法的理论，但是它们并没有完全沿着自然权利的轨迹发展，而是由制定法进行了多方面的修正，最终由自然权利转化为法定权利。"知识产权法律制度的发展历程表明，发明人或者作者像其他任何人一样，有权从自己的劳动中获得报偿，但是这种报偿只能是一种暂时性的特权，否则就会妨碍其他人的劳动，妨碍他人的消极自由，特别是商业和贸易领域中的消极自由，这不但会违背上帝的旨意，而且会违反国家的基本法律。抽象物的暂时性特权有利于商业和贸易的持久繁荣，但是

---

[6] Peter Drahos. A Philosophy of Intellectual Property [M]. Dartmouth Publishing Company, 1996: 32.

[7] 参见安娜女王法（The Statute of Anne 1709）导言部分以及第1条和第11条，See Ronan Deazley. On the Original of the Right to Copy [M]. Hart Publishing, 2004, appendix 1.

[8] 同上书，197.

如果将在抽象物上设定的财产权作为一种自然权利对待，将无法达到这样的效果。知识产权制度产生的历史进程同时也表明，当人们试图去论证知识产权的合理性时，不应当在自然权利和功利主义之间进行选择，而应当在共同体和共同体赖以存在的形而上学背景中进行选择"。⑨

（二）洛克财产权劳动理论的内在危险和实践困难是知识产权法定主义观念产生的基本前提

财产权自古以来就是人们深切关注的目标，围绕财产权而形成的话语也五彩缤纷，但对后世影响最为深远的还是洛克的财产权劳动理论。洛克的财产权劳动理论可以概括为6个方面：上帝将世界给了全人类所共有；每个人对他的人身拥有所有权；每个人的劳动只属于他自己；当某个人将自己的劳动与处于共有状态的某物结合在一起的时候，也就取得了该物的所有权；某人在取得财产权的时候，还必须留有足够多同样好的共有物给其他共有者；任何人不得超过自己所需要的限度取得共有物。⑩

许多财产权学者在解读洛克的这一理论时，认为它不仅为有形财产权，而且为无形的知识产权也提供了合理性的来源。上述梁慧星教授和易继明教授的观点自不待言，外国学者如麦克伯森也认为，洛克的惊人功绩就在于从自然法当中推导出了财产权，实际上是为资本主义无限制地攫取财产权提供了最好的理论辩护。⑪

然而，劳动真的能够成为财产权的决定性因素吗？康德和卢梭认为，劳动所导致的占有只是事实问题，这种占有事实要变成法律上的权利，还必须有社会公意的承认。康德主张："如果我在言或行中声明我的意志是：某种外在的东西是我的，这等于我宣布，任何他人有责任不得动用我对它行使了意志的那个对象。如果我这一方面没有这种法律行为，那么，这种强加于人的责任是不会为他人所接受……一个单方面的意志对一个外在的因而是偶然的占有，不能对所有的人起到强制性的法则的作用，因为这可能侵犯了与普遍法则相符合的自由。所以，只有那种公共的、集体的和权威的意志才能约束每一个人，因为它能够为所有人提供安全的保证。"⑫ 卢梭则说得更加直截了当："为了权衡得失时不致发生错

---

⑨ 前引 [6]，Darhos 书，32.
⑩ 参见：[英] 洛克. 政府论（下篇）[M]. 叶启芳，瞿菊农，译. 北京：商务印书馆，1964：19.
⑪ C. B. Macpherson. The Political Theory Possessive Individualism [M]. Oxford: Clarendon Press, 1962: 209-220.
⑫ 康德. 法的形而上学原理——权利的科学 [M]. 沈叔平，译. 北京：商务印书馆，1991：55.

误，我们必须很好地区别仅仅以个人的力量为其界限的自然的自由，与被公意所约束着的社会的自由；并区别仅仅是由于强力的结果或者是最先占有权而形成的享有权，与只能是根据正式的权利而奠定的所有权。"[13]

这里，康德和卢梭实际上是在一个更加广阔的社会共同体中考察劳动和财产权之间的关系。在这样一个视点下，财产权所要解决的，就不能够单纯局限于人的劳动与物的关系，更要解决人与人之间的关系，因为"财产的本质是人与物的关系引起的人与人的关系。这种人与人的关系，与人与物的关系有所不同。权利是一种手段，社会依此控制和协调人类的相互依赖性，解决人们的利益分配问题。"[14] 劳动虽然可以导致劳动者占有劳动产品这一自然事实，但这一事实还远远不能称之为稳定的法律上的财产权。"私有财产的基础，即占有，这是一个事实，是不可解释的事实，而不是权利。只有社会赋予实际占有者以法律的规定，实际占有才具有合法占有的性质，方具有私有财产的性质。"[15] "在证明财产权合理性的时候，劳动既不是一个决定性标准，也不是一个充分性标准。"[16]

除了将劳动与财产之间的关系过分简单化之外，洛克财产权劳动理论在作为财产权的直接来源时，还存在一个自身难以克服的实践上的困难。格劳秀斯指出，通过占有而产生私人所有权应当具备一个事实上的前提，即占有物必须具备一定的边界，私人能够通过自己的物理力量占有它。[17] 因为一个有形物体本身的边界无限扩大时，私人要想通过劳动来确定其对这个物体的财产权将是一件十分困难的事。对于劳动难以划定财产边界的这个缺陷，诺齐克曾经嘲讽地指出："假如一个私人宇航员在火星上清理出一块地方，那么他是将他的劳动同所有未被居住的宇宙混合了呢，还是仅同某一特殊地点混合了呢？"针对洛克所说的劳动同某物混合因而取得财产权的必然性，诺齐克同样提出了质疑："如果我拥有一盒番茄汁，我把它撒在海里使它的分子（使其具有放射性以便我能检查）均匀地溶合于大海，我是因此达到了对海洋的拥有，还是愚蠢地浪费了我的番茄汁？"[18]

---

[13] 卢梭. 社会契约论 [M]. 何兆武, 译. 北京：红旗出版社, 1997：45.
[14] [美] 爱伦·斯密德. 财产、权力与公共选择 [M]. 黄祖辉, 等, 译. 上海：上海三联书店、上海人民出版社, 1999：34.
[15] 马克思恩格斯全集（第1卷）[M]. 北京：人民出版社, 1960：382.
[16] 前引 [6], Drahos 书, 48.
[17] H. Grotius. De Jure Belli Ac Pacis Libri Tres [M]. 1625, F. W. Kelsey Tr., Oxford：Clrendon Press, 1925, Ⅱ.2.3.
[18] Robert Nozick. Anarchy, State and Utopia [M]. Basic Books Publisher Inc., 1974：173-175.

如果说财产权劳动理论在论证有形财产权的正当性权源时就存在占有和划界难题的话，那么对于在没有实物形态的知识产品上设定的知识产权而言，这种困难就更加凸显。知识产品具有消费和使用上的非排他性、非竞争性以及历史继承性特点，某种知识产品生产出来后一旦被公开，就脱离了生产者个人的控制，此时劳动者如何占有和确定知识产品的边界呢？不仅如此，在市场经济中，虽然按照马克思劳动价值理论，商品的价值由生产该商品的社会必要劳动时间决定，商品以价值量为基础进行交换，[19] 但是，不同于一般物质商品的知识产品的创造却更多地具有个人性特征，其价值实现因而更加依赖于市场，并因此形成具有独立意义的知识产品市场价值。换言之，离开了市场，知识产品的价值也许就等于零。正如黑廷格所指出的，"新配方的市场价值取决于以下因素：新配方被授予和实现专利权的期限、范围以及对使用者的效果、替代品的价格和获得的难易程度。因此劳动价值论让位于市场价值理论。劳动价值论的初始动机——'我生产了它，因此我应当拥有它'再也不起作用，劳动产生自然权利的观点也是很成问题的。"[20]

从知识产品价值形成的过程出发，也可以看出洛克财产权劳动理论的不足。在当代市场关系十分复杂的情况下，计算机软件、大型的数据库、产品设计图等许多知识产品的创造均须依赖智力、技术、资金以及其他物质条件的综合投入。著名经济学家萨伊在指责亚当·斯密时就认为，"只有人的劳动才能创造价值，这是错误的……所生产出来的价值，都归因于劳动、资本和自然力这三者的作用和协调。"[21] 晏智杰教授认为，马克思的劳动价值论将价值的创造仅仅归结为活劳动，这同当代社会条件下科学技术是第一生产力的结论很难吻合，其运用范围十分狭窄，无法为市场经济的基本范畴——价格提供坚实的基础。所以价值的源泉不应仅仅局限于活劳动，物化劳动也创造价值，科学技术则通过物化劳动创造价值和剩余价值。[22] 可见，承认资本、科学技术等生产要素在价值创造中的作用，也就必须承认资本、科学技术等生产要素应该参与价值的分配，这才是财产权实现的最基本的方式。在此前提下，如果只是根据劳动去划分知识产品的边界、确定相关权益的归属，不但技术上存在困难，而且也不公正。对此，德拉霍斯从另一个角度指出，严格坚持劳动作为界定知识产权的唯一标准，结果非但没

---

[19] 马克思恩格斯全集（第23卷）[M]. 北京：人民出版社，1960：50.
[20] Hntinger. Justifying Intellectual Property [M]. Rowman：Littlefield Publisher Inc, 1997：17-27.
[21] [法]萨伊. 政治经济学概论 [M]. 陈福生, 陈振骅, 译. 北京：商务印书馆，1963：39.
[22] 转引自郭小鲁. 对马克思劳动价值论的再思考 [J]. 经济学动态，2001（7）.

有维护私人财产权的合法性，反而会使知识产权变成一种集体所有的财产权，因为"在一个互相依赖的多元社会中，任何个人的劳动都是因他人的劳动而成为可能"，[23] 所以由于知识产品的历史继承性，任何一种知识产品上都将因为存在无限多的劳动而变成许多人共同所有的财产。

此外，由于洛克未能对其理论中一个至关重要的概念——劳动作出界定，因此很容易引起人们的误解，以致将盗窃、抢劫、战争等都理解为洛克所说的劳动。[24] 这种含混不清的劳动观念则完全可能为知识产权领域中的盗版、假冒、仿冒等非法行为提供合法借口，其结果不但会在知识产权领域中倡导和形成一种"海盗横行"的混乱局面，而且会使知识产权真正倒退到"过去财产权的黑暗时代"，倒退到"暴徒的神圣权利时代"。[25] 所以坚持将劳动作为界定知识产权的唯一标准，就蕴含着滥用"劳动"概念的可能性，完全可能从另一个途径摧毁私人财产权。

在上述各种危险以外，洛克含混不清的劳动概念更有可能成为知识产品生产者滥用权利的利器：既然劳动可以不受任何争议地产生财产权，知识产品的生产者就可以合理地主张自己知识劳动的所有成果，这样做的后果将无限地扩大知识产品生产者的权利。于是在立法观念上，知识产权立法者不得不受制于"创造性劳动—市场—效率"这样一个价值链条，并以此为前提来配置知识产权。反映在专利领域，会越来越模糊发现与发明、技术领域与非技术领域的区别，不断授予基因、商业方法等以专利；反映在版权领域，会越来越模糊思想与表现、作品与载体、作品本身与作品保护手段的界限，不断放宽对著作权物性的最起码要求，使版权出现"物权化"现象；反映到商标法领域，会不断拓宽注册商标的标识范围和商标权，特别是驰名商标权的保护范围；反映在知识产权法与反不正当竞争法的关系上，会有意无意地模糊两者各自应该调整的领域，将本应当由反不正当竞争法调整的某些"利益"当作权利纳入知识产权法当中。总之，当出现某种利益诉求寻求保护时，立法者都会倾向于从知识产品生产者的角度考虑对其进行权利立法的可能性；在司法实践上，根据财产权劳动理论，对知识产权特别法没有明文规定的情况，法官就能不断为原告创设出各种新型知识财产权利；在思

---

[23] 前引 [6]，Darhos 书，52。

[24] 如美国当代著名经济学家斯密德在批判劳动概念含混不清所可能引起的后果时曾经指出，"如果印第安人从牛仔的牛群中掳杀一头牛的劳动也是劳动，那么行窃或战争也是一种劳动，由此，在森林中采集坚果的劳动与随后把坚果偷走的行窃劳动就不能区分开来"，参见前引 [14]，斯密德书，36。

[25] Ejan Mackaay. The Economics of Emergent Property Rights on the Internet, P. Bernt Hugenhoitz (ed), The Future of Copyright in a Digital Environment [M]. Kluwer Law International, 1996: 13.

想观念上，遵循自然权利基础，绝大部分知识产权法学者自然会站到权利人的角度进行思考，其中的智识卓越者更能够从深层次上利用洛克财产权劳动理论等为知识产权保护范围不断扩大、保护力度不断增强的立法和司法现象作出理论上的完美论证。

但事实上，知识产权客体在所谓劳动的基础上进行的不断扩张，必然会使知识共有物遭受到越来越大的危险。从共同体和知识共有物的关系方面来看，对劳动和财产关系的选择实质上就是对共同体形式的选择。所谓共同体的形式，基本可划分为消极共同体和积极共同体两种，而无论哪一种共同体在做出安排的时候，都必须解决共有物的范围以及共同体成员和共有物之间的关系问题。在积极共同体中，共有物向所有共同体成员开放，任何共同体成员都可以将其作为资源使用，并通过这种使用产生财产权，但是任何成员不得把共有物本身变为个人所有的财产，否则就会剥夺属于其他人的共有物。而在消极共同体中，共有物不属于全体共同体成员中的任何个人，但是共同体中的每个人都可以通过一定方式将其中的一部分变为自己所有的财产。[26] 从洛克所说的劳动在将共有物变为私人财产时不需要经过其他任何人的同意的前提条件来看，洛克的财产权劳动理论显然选择了消极共同体作为其论证前提。[27] 那么，遵循财产权劳动理论的社会自然也就会选择消极共同体作为知识共有物的制度安排，而由于知识产品作为抽象物能够在社会中产生一种大范围支配人们行为的效果并成为迅速聚集财富的最佳手段，[28] 因此对消极共同体的选择将产生两个后果：一是促使机会主义的理性经济人最大可能地将知识共有物私有化，二是想方设法阻止知识抽象物进入共有领域。问题在于就知识共有物来说，由于其对维护所有共同体成员的创造性是如此重要，因此任何一个社会对它的安排都必须解决两个基本目标：一是现有的知识共有物不得被耗尽，二是知识共有物的范围应当继续被扩大。而这两个目标的解决意味着每个共同体都负有保存和养育知识共有物的责任。以此相对照，上述按照洛克财产权劳动理论进行的制度安排对知识共有物而言，只能产生灾难性的结果，"将导致知识共有物不再存在的结论。"[29]

如果说上述对洛克财产权劳动理论在配置知识产权时存在的内在危险和实践

---

[26] 前引 [6]，Drahos 书，57.

[27] 也有学者认为，洛克关于财产权劳动理论的论述是以积极共同体的选择为前提的，洛克只是对它作出了重新界定。参见 J. Tully. A Discourse On Property [M]. London: Cambridge University Press, 1980: 127 - 130.

[28] 关于财价权的支配效果，可以参见 M. R. Coben. Property and Sovereignty [M]. 13 Cornell Law Quarterly, 8, 1927.

[29] 前引 [6]，Drahos 书，54、67.

困难的解读使得知识产权法定主义观念具有了理论基础的话,那么,从另外一个角度对此理论的再次解读更将说明社会公共利益的追求需要知识产权法定主义的观念。

戈登从洛克劳动理论本身出发,推导出财产权劳动理论不但关注知识产品创造者的权利,而且更加关注社会公众的权利,[30]这实际上就是在利用洛克劳动理论的条件来反对劳动直接产生财产权的主张。洛克主张,劳动者有权通过劳动将共有物的某个部分变为自己的财产,但是劳动者必须同时给他人留下足够多的同样好的东西。戈登认为,这个条件包含了两个基本前提,即平等前提和个人主义前提。平等意味着任何人都有权利用共有物,有权进行劳动和创造,并且有义务不伤害他人。个人主义意味着人们的一些基本权利和自由是不能被替代的。具体到知识产权领域,平等和个人主义意味着,只有在知识产权的授予不损害其他人的平等的创造能力或者既存的文化科学遗产的前提下,知识产品的创造者才能够拥有财产权。[31]这一方面说明,洛克劳动理论的条件并不允许仅仅因为有效率或者有利于社会公共目的就授予某种财产权,因为自然法禁止在严重损害他人利用共有物能力的情况下授予财产权,另一方面也说明共有物的存在对维持一个社会表达自由的极端重要性。[32]戈登由此推出了三点结论:第一,洛克的条件保护人们使用已经被创造出来的处在共有领域中的知识财富的自由,除非留下足够多的而且同样好的,公共领域中的任何东西都不得被拿走。第二,如果新知识的创造使得共有知识的价值减少,洛克的条件赋予了社会大众使用新知识创造的特权,以保证他们和原来处于同样的地位。这意味着文化的发展应当向所有人开放。第三,洛克的条件赋予了他人同样的创造的自由,有了这种自由,他人也可以创造出已经被先行者创造出来的同样的新知识,并有权加以使用。基于此种理由,戈登明确主张,在知识产品创造者的权利主张和公众的权利要求发生冲突的时候,从洛克的条件中完全可以得出社会公众的利益应当居于优先地位的结论,这暗示着立法机构和法院有重新界定和限缩知识产权的必要。

综上所述,笔者虽然也承认洛克的财产权劳动理论可以为知识产权的权源提供一定的抽象基础,但是从正反两个方面看,这一基础都必须通过工具主义的制定法加以修正。作为工具主义的法定主义,首先,可以通过确定知识产品的主体能够控制的行为范围来确定其权利的范围,从而满足知识创造者的财产权利需求。其次,恰当地处理劳动和资金、技术等其他生产要素在知识财产分配方面的

---

[30][31][32] See Wendy J. Gordon. A Property Right in Self-Expression, Equality and Individualism on the Natural Law of Intellectual Property [J]. Yale Law Journal, 1993 (5).

关系。最后，利用洛克的两个条件，[33]比较合理地克服劳动理论本身蕴含的无限扩大知识产权保护范围和强度的危险，确保公共利益不受侵害。据此笔者认为，前述易文的核心主张——仅仅从自然权利的角度出发，通过劳动来解释整个财产权制度是失之片面的。

（三）知识产品的公共物品属性客观上决定了知识产权法定主义

经济学通常根据产品使用和消费性质的不同将它们分为两大类，即私人物品和公共物品，知识产品既具有私人物品属性，又具有公共物品属性。知识产品的公共物品属性在客观上决定了知识产权的主体、客体和权利范围等重要事项的划定需要依据知识产权法定主义观念。

在知识产权权利主体方面，由于知识产品使用和消费上的非排他性、非竞争性以及扩散性，同一知识产品一旦公开，就可以由无数人同时进行使用和消费，此时究竟根据什么标准确定权利的主体呢？洛克所说的劳动显然无法作为具体的标准，否则将出现同一知识产品存在无数个权利主体的现象，导致前文所说的将知识产品变成集体财产的危险，在这种情况下，就需要知识产权法定主义的介入，通过提升劳动的标准和规定一系列的程序和要求来确定权利主体按照法定主义的要求，只有创造性的、有利于整个公共利益的劳动才能获得知识产权，这样就排除了那些没有任何创造性贡献的、危害整个社会利益的人享有权利的可能性。而为了让世人得知某个知识产品已经与某个特定主体发生了联系，制定法进一步通过一系列的程序设定，如在专利法、商标法、动植物新品种保护法、集成电路布图设计保护法中采取的申请、登记、审查、公告等，或者设定某些特殊要求，如署名或者采取保密措施等，解决权利主体和权利客体的联系问题，从而克服占有知识产品无法自然实现公示效果的缺陷。

在知识产权权利客体方面，基于历史继承性，一个新的知识产品的生产总是或多或少吸收了他人的成果，因此很难与已有的知识产品截然分开。如何将这许多不同的劳动和人格进行清楚明白的分离呢？劳动对此无能为力，而法定主义则可以很好地予以解决。对于文学艺术作品，法定主义可以要求只有具有原创性的文学艺术作品才能够成为著作权的保护客体，从而将著作权的保护客体与一般的文学艺术作品、特别是公有领域中的文学艺术作品区别开来。对于发明创造，法定主义可以要求只有那些符合新颖性、创造性和实用性的发明创造才能成为专利

---

[33] 即某人在取得财产的时候，还必须留有足够多同样好的共有物给其他共有者，任何人不得超过自己所需要的限度取得共有物。

权保护的客体，从而将专利权的保护客体与一般的发明创造、特别是公有领域的发明创造区别开来。对于商标，法定主义可以要求只有那些具备显著性的标识才能成为商标权的保护客体，从而将商标权的保护客体与一般的标识、特别是公有领域中的标识区别开来。然而尽管如此，法定主义在划定知识产权客体的边界时，也不可能保证标准绝对准确、界线绝对明晰。

在知识产权权利内容方面，对于在使用和消费上不具有排他性、竞争性以及在传播上具有扩散性的无形的知识产品而言，由于生产者完全没有可供依赖的物理上的手段，因此单纯依靠自我的物理力量，从成本与收益关系的角度看，根本不可能排除他人的免费使用行为。为了克服这个缺陷，又需要制定法采取积极创权的模式，通过规定知识产品生产者对其知识产品可以进行支配的行为或者是他人未经同意不得使用的行为，来划定知识产权权利的边界和范围。这一点正像梅夏英博士所说的，知识产权是对"无形的利益空间进行人为界定"，它"日益具有严格的法定性"，不是基于对物的自然占有而是由法律赋予的一种支配性权利，"是立法者人为界定的一个无形的利益边界"。[34]

综上可见，知识产品本身固有的经济特征客观上必然要求知识产权法定主义的出现和对自然权利理论的替代，通过对私权化的知识产品的范围进行严格限定的方式，克服洛克财产权劳动理论的危险和实践上的困难。

除了知识产品本身固有的特征外，从知识产品的生产特点以及生产过程中出现的矛盾来看，客观上也需要知识产权法定主义知识产品的生产具有三个突出特征：一是生产的首效性；二是生产的风险性；[35] 三是生产的个人性。

知识产品生产的首效性意味着一项新的知识产品被生产出来以后，其他所有人的劳动都将成为无效劳动，因为最先的成功者将作为发现者或首创者永久性地赢得和拥有这项知识的首创权和首创利益，同时也就排斥和剥夺了其他人对这项知识的首创权益。由于信息的不对称性，任何一项新的知识都可能同时有许多人在进行研发，因此不可避免地会出现重复的研究、开发和劳动，所以从实质上看，知识产品生产的首效性就是首创者的自由和权利妨碍了后来者的自由，剥夺了后来者的权利。在这种情况下，就必须通过工具主义的制定法，协调不同创造者的自由之间、权利之间的关系。制定法首先应当承认首创者的权利，因为这样既体现了对首创者劳动的尊重，也有利于刺激新知识产品的生产和信息公开，尽量避免重复研究和开发以及资源的浪费。但是，由于首创者权利的享有排除他人

---

[34] 参见：梅夏英. 财产权构造的基础分析 [M]. 北京：人民法院出版社，2002：100.
[35] 参见：杜月升. 论知识生产及其经济特征 [J]. 深圳大学学报（人文社会科学版），1999（2）.

再享有相同权利的可能性,加上知识产品本身的公共物品特征,制定法也不能将首创者的自由和权利绝对化,否则对后来者同样的自由劳动就有失公允。因此制定法在肯定首创者利益的基础上,必须对其权利加以保护范围、合理使用、保护期限等方面的限制,或者通过一些特殊制度的设计,来适当协调首创者和后来者的利益分享关系,如专利法中的先用权制度、强制许可制度等。

知识产品生产的风险性、个人性则意味着个人的知识生产活动具有巨大的风险,因为知识产品一旦生产出来并公开以后,存在全社会都对它免费使用和消费的可能性。显然,知识产品的这种公共物品属性和其生产的风险性以及个人性之间存在深刻的矛盾,任何处理这个矛盾的机制都必须解决两个方面的问题:一是如何给担负巨大风险的知识生产者提供足够的激励,以保证有足够多的知识产品被生产出来。二是如何维持知识产品固有的公共物品属性,以保证整个社会公共利益不受侵害。上文指出,洛克财产权劳动理论由于存在无限扩大知识产品生产者权利、缩小共有领域知识财富的危险倾向,因此无法用来解决这个矛盾。而如果纯粹依靠市场机制,尽管经济理性人假设和市场利益的驱动可以保证足够多的知识产品被生产出来,但是由于没有相应的制度保护机制,知识生产者只得借助自身的保密手段来保护自己,这样将非常不利于知识的扩散和传播,对整个社会弊多于利。故而在此仍只有充分发挥知识产权法定主义作为立法原则所具有的创设权利的功能,才能解决这个矛盾。知识产权制定法一方面可以利用经济学的成果将知识产权作为一种私权进行配置,以解决创造性激励不足问题;另一方面则可以根据知识产品的生产特征对它做出严格的限制,以解决知识产品作为公共物品供应不足的问题。

上述两方面的分析表明,知识产品的非物质性特征导致的公共物品属性,以及知识产品生产的首效性、风险性和个人性之间的矛盾共同决定了知识产权法尽管可以坚持劳动在知识产权保护中的抽象作用,但并不能将劳动作为划定知识产权的直接标准,知识产权的保护并不等同于对劳动本身的保护,知识产权的保护也不简单等同于对经济效率的保护。站在上述知识产品的经济特性上,科恩早就指出,私人财产的效果就是一种支配他人的主权形式,因为所有者对物的支配实质上也是对人本身的一种命令;[36]霍菲尔德认为财产是包含着权力、特权和豁免权的一系列权利束,能够通过命令、禁止和许可达到和主权权力支配他人行为一

---

[36] 前引[28],Coben 文。

样的效果；[37] 福柯认为权力是包含着禁止、限制和阻止等因素的一个网状结构，建立在财产之上的权力同时在这个网状结构中的无数连接点上发挥着作用；[38] 德拉霍斯则认为，在抽象物上创设的知识产权，是一种通过法律创设的主权机制，它通过资本的形式，在社会中产生了一种广泛的威胁性的权力，这种权力又进一步导致了一种人身依附关系。[39] 这些论述深刻地揭示出了权利，特别是知识产权作用于社会的方式，因此更加使我们坚信通过法定主义克服洛克劳动理论缺陷、对知识产权的配置进行综合考量的合理性。知识产权的创设虽然不应当排除劳动和经济效率的因素，但是平等的创造自由等道德价值同样应当在其中得到充分的考虑。

（四）正义对知识产权法定主义的呼唤

从正义出发，知识产权的配置也不能仅仅依据自然权利理论简单地坚持劳动标准。为了给民主社会建立一套政治原则，确立公民应有的权利与义务并合理分配社会资源，罗尔斯精心设计出了两个正义原则：自由原则和差别原则，[40] 其中"差别原则"将人的自然才能看作一种公共财富，主张应当由人们共享这种财富所产生的收益，为此罗尔斯受到了诺齐克的严厉批评。在此基础上，诺齐克提出了其持有正义的三个原则：（1）获得的正义原则。最初财产的获得必须来源清白，不得来自强权掠取或诈骗。（2）转让的正义原则。最初来源合乎正义的财产在每一次转让与交易过程中都应是自由、公正的，没有强权或欺诈介入。（3）矫正的正义原则。持有的正义必须是可以追溯的完整链条，只要其中任何一环是不正义的，则此后即使每次交易都合乎公正，其结果也不正义，而对于不正义的结果，应该根据"正义的历史原则"予以彻底矫正。[41] 这样，在诺齐克那里，最初获取的正义加上以合法手段转让的正义，便成为正义的核心。只要财产的最初来源合法，在市场上又是通过自愿和公平的交易手段获得的，那么不管一个人获得多少财产，哪怕是世界上所有的财富，也是合乎正义的，国家不能以任何理由对他的财富强制性地进行任何形式的再分配，否则在诺齐克看来就是劫富济贫。

综合罗尔斯和诺齐克主张的各项原则，笔者认为，在保证自由主义的前提

---

[37] W. H. Hohfeld. Fundamental Legal Conceptions As Applied in Judicial Reasoning [M]. Yale University Press, 1964: 39.

[38] M. Foucault. Power Knowledge, C. Cordon ed. Brighton [M]. Pantheon Books, 1980: 98; M. Foucault. The History of Sexuality, Vol. 1, R. Hurley tr., New York: Vantage Books, 1980: 94.

[39] 前引 [6], Drahos 书, 150, 163.

[40] John Rawls. A Theory of Justice [M]. revised edition, Harvard University Press, 2003: 3.

[41] 前引 [18], Nozick 书, 151.

下，如果对知识产权的享有是符合诺齐克的持有正义原则的，此时尽管不需要实行诺齐克的矫正正义原则，但是由于知识产品的公共物品属性，也必须对知识产品创造所带来的利益根据罗尔斯的差别原则进行合理的再分配，对此我们称为"持有正义加分配正义"原则。而如果知识产权的享有是不符合诺齐克的持有正义原则的，此时由于无法实行诺齐克的矫正正义原则，加上知识产品的公共物品属性，则有双重的理由根据罗尔斯的差别原则对知识产品创造所带来的利益进行合理的再分配，对此我们称为"持有不正义加分配正义"原则。那么，对待知识产权是应该坚持"持有正义加分配正义"原则，还是应该坚持"持有不正义加分配正义"原则呢？

显然，这一选择取决于知识产权的持有本身到底是正义的还是非正义的，而这一点的解决依赖于两个途径。首先从知识产品本身的经济特征来进行分析。如上所述，知识产品具有非物质性的特征，由此导致它在使用和消费上具有非排他性和非竞争性，在生产上具有历史继承性。为此，即使依据劳动标准区分知识产权持有的获得，使其表面看来具有正义性，但却始终无法清晰回答下述三点问题：一是凝结在知识产品中的抽象劳动本身到底有多少？二是由于知识产品的价值必须通过交换价值才能体现出来，那么通过劳动创造的价值和通过市场增加的价值之间的确切边界究竟在哪里划定？三是知识产品的生产中利用的现存公有领域中积累的知识或者他人依然享有权利的知识中的财富值如何计算？对此，再精明的数学家也是无法严格区分的。所以立法者只能采取抽象而含混的劳动标准进行权利的原始配置，而这种明知不可为而为之的次优选择决定了，知识产权的配置和享有在一开始就不具有充分的公正性。加上知识产品生产的首效性，剥夺了时间上在后的生产者享有权利和利益的可能性，就更加加剧了知识产权持有的非正义性。

再从知识产品创造和享有的现实情况看，更加能够加深我们对知识产权的享有本身非正义的印象。[42] 在我国，排除以合法手段生产知识的现象，现阶段不管是在自然科学领域还是社会科学领域，绝大部分知识生产依赖的是国家的各种基金。而能够享受这些基金的，不是当权者，就是所谓的学术名流。然而一旦生产出知识成果，绝大部分却落入了个人口袋。在知识产品的市场化过程中，通过权力关系利用国家或者集体的金钱发表文章、将发明创造推广应用的现象更是普遍。在这种知识生产和市场化资源严重分配不公的情况下，知识产权的享有能说是正义的吗？

---

[42] 需要指出的是，这个简单的分析只限于我国的情况，因此也许并不具有普遍意义。

由此我们可以得出结论认为，知识产权的持有本身是带有很大的不正义色彩的，所以必须根据罗尔斯的分配正义原则对知识产权的享有进行再分配。具体的做法就是在赋予知识产品生产者权利的同时，也对其权利范围和内容进行严格限定。这样的一种正义我们可以称之为"持有不正义的正义"，既表明知识产权的持有是一种不得不接受的不正义制度，也说明必须对这种不正义进行改造，使之符合正义。目前的立法者和学者大多认为知识产权制度本身是正义的，只是这种正义尚存在弊端，所以应该对它加以一定限制，追求利益的平衡。而"持有不正义的正义观"与此恰好相反，认为知识产权的持有本身就是不正义的，因而在进行制度设计的时候，就要严格控制其权利范围和内容，以避免这种不正义的制度产生更大不正义的作用。前者是站在功利主义者的角度看待问题的，而后者是站在人性恶的角度，从诺齐克和罗尔斯中间看待问题的。前者是扩权主义的，而后者可以说是限权主义的。笔者认为，这两者不仅仅是看问题角度的不同，实则有着原则和本质的区别，贯彻到立法和司法实践中的时候将产生重大的差异。在立法活动中，面对任何一种新的知识产权权利诉求，前者首先考虑的是配置这种权利会给个人和社会带来多少好处，然后才考虑其弊端，因此往往轻率地作出配置权利的决定。而后者坚持经济效率的追求不能取代人们某些基本的自由和权利，因此首先考虑的是配置这种权利会给社会带来多少坏处，然后再考虑其可能带来的好处，因而对权利的配置会持更加慎重的态度，对其限制也更加严格。在司法实践中，前者导致的一个现象是，法官在遇到模棱两可的问题时，总是从权利主义的角度出发，倾向于做出有权解释，导致严重的法官造法现象。而后者在遇到类似问题时，要求法官严格从法定主义原则出发对案件做出有利于公共利益的解释，反对法官造法现象。

三、知识产权法定主义观念的适用

上文分析了知识产权法定主义的理论基础以及它和知识产权自然权利理论之间的根本分歧。那么，知识产权法定主义到底具有什么样的作用呢？这涉及它在立法、司法以及法律解释领域中的应用。

（一）作为立法和司法基本原则的功能

知识产权法定主义不仅仅是一种关于知识产权的基本观念，而且是知识产权法应当坚持的一项最基本的立法原则和司法原则，应当贯穿于整个知识产权立法和司法过程当中。

作为一项立法原则，知识产权法定主义并不仅仅指知识产权的种类、权利客体、权利保护的范围、权利的具体内容等必须通过制定法作出严格而明确的规定，更意味着在制定知识产权法律制度时，不能简单地以财产权劳动理论为基础，而必须从工具主义的角度出发，综合考量影响知识产权制度创设、运行的各种因素，特别是要考虑到知识产品的公共物品属性和生产特点，对可以私权化的知识产品的范围以及知识产权权利本身的范围作出严格限定。因此作为一项立法原则，知识产权法定主义既具有创设知识产权的功能，又具有限制知识产权的作用。通过制定法对知识产权的各个方面作出严格而明确的规定，就排除了法定之外存在任何知识产权的可能性。简而言之，知识产权法定主义认为，任何一项知识产权，都必须通过制定法加以创设，凡是制定法没有明文规定的，就是知识产品生产者不能享有的，不能成为一项权利。这个原则正好与一般的私法理念相反。

鉴于知识产品的复杂性及其复杂的利益关系，根据法定主义的原则创设某种具体的知识产权是一个非常复杂的问题。但是根据前文对知识产权法定主义理论基础的论述，笔者认为，立法者在进行具体立法时，至少应综合考量以下因素：

（1）平等的创造自由问题。即创设某种知识产权能否保证每个人将享有平等的创造自由？如果不能保证，应当通过什么机制来保护平等的创造自由受到侵害的人的利益。

（2）有或者没有这种权利会给社会带来多少坏处。正像郑胜利教授所说的，要证明一种知识产权会给社会带来多少好处很难，因此要使用反证法，从反面证明没有这种知识产权制度会给社会带来多少坏处？[43]但是仅有这一个方面的反证还不够，还必须考虑配置这种权利将给社会造成多大危害，这里面要考虑的因素很多，包括成本、个人效率和整个社会效益的关系问题等。

（3）市场上是否存在相关替代品。这里包括两个因素：一个是市场本身的作用；另一个是是否存在其他替代性保护机制。[44]

综合考量这些因素，如果某种新知识产权的设置不会侵害他人平等的创造自由或者在侵害了他人平等的创造自由后具有相应的恢复机制、缺少这种权利对自由的创造和社会共同利益都产生重大伤害、有了这种权利既不会对公共利益造成危害同时又有利于社会整体效益、市场上不存在替代性机制（市场本身激励不足、也不存在可以替代保护的法律机制），同时权利的运行成本也大大小于权利的保护收益的时候，才有创设一种新的知识产权的必要性。换言之，法定主义认

---

[43] 前引 [5]，郑胜利文。

[44] 朱理认为立法者在创设知识产权时应考虑四个因素，但因其没有区分自由和效率的关系，因此笔者在此未采纳这几个因素，参见：李扬. 知识产权基础理论和前沿问题 [M]. 北京：法律出版社，2004：143.

为知识产权制度的创设是一个以自由为起点、以社会整体效率为连接点、以社会正义为依归的完整链条。为了达到这个目标，社会大众广泛地参与和听证程序必不可少，因此必须坚决杜绝现在普遍存在的专家躲在书斋里盲目造法的现象。

　　作为一项司法原则，知识产权法定主义要求司法机关在应用知识产权法处理有关案件时，应当严格遵守现有知识产权法的规定，不得任意行使司法自由裁量权，对知识产权法进行扩张解释，在知识产权特别法规定之外创设知识财产权利。尽管许多民法学者将法官自由裁量权的行使视为克服成文法局限性的一个合理手段，但是不论我国是否具备法官行使自由裁量权的制度要件和法官素质要件，笔者也不赞成存在所谓司法自由裁量权，[45]更不赞成将这种司法自由裁量权扩大到知识产权领域当中。前文已经指出，知识产品的经济特征导致了知识产权持有的不正义特征，因而在知识产权司法活动中必须坚持这样一个原则：凡是知识产权特别法没有明文规定的权利，就是知识产品生产者所不应当享有的权利。这种知识产权特别法没有明文规定的权利，并不是知识产权立法者的一时疏忽，而是其有意为之的结果。立法者正是通过这种不明文规定的方式把一部分利益留给了整个社会。也正是在这个意义上，我们反对法官在遇到知识产权法没有明文规定的案件时，有意无意地根据"有播种，就必有收获"的原则做出有利于知识产品创造者的判决。"有播种，就必有收获"的原则实质上就是洛克财产权劳动理论的翻版，是违背知识产权法定主义原则的，应当被禁止。

　　当然，坚持严格的知识产权法定主义，反对法定主义之外的司法自由裁量权，可能导致知识产权制定法的僵化，无法及时回应信息经济时代新出现的各种权利和利益诉求，这种担心不无道理，但并不是完全不能克服的。

　　首先，我们应排除法律万能的观念。法律虽然在很大程度上变成了人们生活的一部分，但是法律不可能解决社会生活中的所有问题。破除了这种观念，就不能要求把知识产权制定法完美化。

　　其次，知识产权法定主义对立法者提出了更高的要求，可以促使立法者在制定知识产权法律时抱以更加认真负责的态度，充分预计到随着科学技术的发展可能新出现的知识产品及其可能带来的各种利益关系和影响，从而在配置权利和维持公共利益之间做出比较合理的选择，设置必要的兜底条款。

　　再次，当知识产权法律出现漏洞时，一般可以通过两个途径解决问题，即立

----

[45] 关于是否存在司法自由裁量权的问题，波斯纳和德沃金之间存在争论，笔者在本文中采纳的是德沃金的观点。参见：[美]德沃金. 认真对待权利[M]. 信春鹰，等，译. 北京：中国大百科全书出版社，1998：40.

法途径和司法途径,由于我们坚持知识产权法定主义原则,反对法定主义原则之外的司法自由裁量权,因此司法途径已经被封死,唯一的就是通过立法途径。进行立法途径也有两个选择,一个是采取概括式和列举式相结合的立法方式。概括式的立法方式可以保证司法者遇到新问题时,在法定主义原则的指导下,通过法律解释解决新问题。这种法律解释中有可能出现新的权利,但这与本文所主张的知识产权法定主义并不矛盾,因为这种新的权利本身就包含在知识产权制定法概括性的条款中,因此并不等同于法官在自由行使裁量权。另一个立法途径则是及时修改法律,将新出现的诉求法定化、权利化,从而比较彻底地解决知识产权法定主义可能出现的封闭和僵化危险。但是立法者在创设新的知识产权种类时必须坚持上文提出的严格条件。

最后,即使出现上述三步骤都无法解决的问题,也还有其他法律救济机制可以利用,而且市场机制本身也能发挥一定的作用。当某种利益诉求无法进入既有知识产权体系时,其他法律完全可能被用来对它提供保护,比如通过反不正当竞争法、合同法或者民法上一般的不当得利来解决等。但此时,反不正当竞争法、合同法或者民法所保护的并不是一项知识财产权利,而只是某种市场先行利益。除此之外,市场本身也在发挥优胜劣汰的自然作用,确定保护某一种利益。

(二) 法定主义和知识产权立法技术、法律解释

知识产权法定主义对知识产权立法技术和法律解释也提出了特定要求。在立法技术上的总体要求是,知识产权特别法之间、特别法和反不正当竞争法、民法之间应该形成一个完整、协调的体系。知识产权立法语言技术的运用尤其应当在关乎知识产权权利所及范围和社会公众应当享有利益的那些条款上做到准确、明晰,没有歧义,既能够给社会一般公众提供准确的法律预期,又便于司法者准确地适用法律而在法律解释方面应坚持的总体原则是限缩解释原则,坚持德沃金提倡的客观解释原则,反对波斯纳所提倡的主观解释原则;应该说,法定主义的观念给知识产权立法者、知识产权学者提出了一个重塑"整体性的知识产权法"的重大任务。

四、结　　论

综上所述,笔者虽然也承认在绝大多数情况下,知识产权制定法应将劳动作为知识产权配置的一个抽象基础,但是笔者并不赞成将劳动作为直接的、唯一的界定标准。知识产权制度的创设实际上是作为工具主义的制定法对知识产权自然权利理论(即财产权劳动理论)进行重大修正的产物。对因知识生产劳动而产

生的财产性利益问题应当做出具体区分德拉霍斯的知识产权工具主义主张,这种财产性利益,有的应当作为法定知识产权特权来对待,有的还无法成为知识产权,只能作为某种利益或者优势对待。[46] 这样,即使立法者在创设知识产权法制度的时候坚持了劳动的抽象标准,也得不出知识产权类型化不足的结论;即使能够得出知识产权类型化不足的结论,也得不出要在知识产权制定法之外由法官行使自由裁量权给原告创设某种知识产权的结论。实际上从类型化的角度来看,目前不管是国际层面还是国内层面,知识产权的种类规定已经十分完备,并且还有一些兜底的规定。[47] 因此现有的知识产权体系很难说存在类型化不足的问题,即使实践中出现新的权利或者利益诉求,也都可以通过已经存在的庞大的知识产权法律体系加以规范。如果碰巧像易文所说的,司法实践中出现了某种现行知识产权法律制度无法涵盖的"新知识产品",只能理解为是不符合现行知识产权特别法规定要件因而根本不称其为一种知识产权的知识产品。出现这种情况正是立法者基于立法目的的主动追求,有意把这种知识产品留给了公众,或者充其量也不过是一种德拉霍斯所说的应当受法律保护的利益或者某种优势,但是这种利益或者优势并不当然构成法定的知识财产权利。

在这种情况下,如果知识产品生产者只是根据现行知识产权特别法起诉他人侵权,根据法定主义的原则,无一例外地都应当判决知识产品生产者败诉。如果知识产品生产者根据知识产权法以外的法律,如合同法、民法中关于不当得利的规定以及反不正当竞争法等来起诉他人,那么就应当根据这些法律的基本原理来认定知识产品制造者诉求的合理性。但是在这种情况下,即使知识产品生产者胜诉,合同法、民法上关于不当得利、反不正当竞争法等对知识产品生产者利益的保护,也仅仅是一种市场先行利益的保护。[48] 也就是说,此时民法等禁止的只是侵权人的行为样态,但是这种行为样态的禁止并不意味着知识产品生产者就享有知识产权特别法上某种特定的知识产权或者知识产权特别法之外某种不特定的知识产权。

(原载于《法学研究》2006 年第 2 期)

---

[46] 前引 [6],Drahos 书,219.

[47] 如我国《反不正当竞争法》第 2 条关于基本原则的规定,我国《著作权法》第 3 条关于著作权保护对象列举性和概括性相结合的规定,《建立世界知识产权组织公约》第 2 条第 8 款第 9 项的规定:在工业、科学、文学或艺术领域由于智力活动而产生的一切其他权利。

[48] 关于市场和法律在知识产品保护中的不同作用以及对知识产权制度创设的影响,有兴趣的读者可以参见:[日] 田村善之. 市场、自由、知的财产 [M]. 东京:有斐阁,2003.

知识产权法定主义的缺陷及其克服
——以侵权构成的限定性和非限定性为中心

摘 要

  知识产权法定主义存在过分依赖立法者理性认识能力、忽视司法过程的能动性和创造性，难以很好地适应科技、经济和国际贸易发展的缺陷。从侵权构成的角度看，其缺陷的实质在于严格坚持侵权构成的限定性。为了克服知识产权法定主义的缺陷，从侵权构成的角度看，应当坚持侵权构成的非限定性。在知识产权领域中坚持侵权构成的非限定性，应当对类型化知识产权以外的应受法律保护的利益作出适当限制，以防止法官滥用司法自由裁量权，为此应当区别类型化的权利和类型化权利以外的利益，并在此基础上对权利享有者和利益享有者配置不同的请求权。

关键词

  知识产权法定主义 侵权构成 限定性 非限定性 请求权

一、知识产权法定主义的缺陷：侵权构成的限定性及其局限

  所谓知识产权法定主义，按照郑胜利教授的主张，是指"知识产权的种类、权利以及诸如权利的要件及保护期限等关键内容必须由成文法确定，除立法者在

法律中特别授权外，任何机构不得在法律之外创设知识产权"。[1] 按照朱理博士的观点，知识产权法定主义又称为知识产权法定原则。[2] 可见，知识产权法定主义的核心观点表现在两个方面：一是知识产权必须由制定法加以明确类型化，没有被类型化的因知识的创造所带来的利益不能称其为知识产权。二是反对任何机构在制定法之外为知识的创造者创设某种知识产权。其中最主要的是反对司法机关行使自由裁量权，在个案中为知识的创造者创设某种类型的知识产权。

为什么知识产权的创设必须坚持法定主义？理由主要在于以下3个方面：一是无论大陆法系国家还是英美法系国家，虽然在法律理念、立法技术等方面都存在差异，但在知识产权的问题上却没有分歧，无一例外都是采取单行制定法的形式创设和保护知识产权，从而使知识产权发展成为一个独立于有形财产权的独特法律体系。也就是说，知识产权从诞生之日起，就表现出法定主义的特征。[3] 二是洛克财产权劳动理论[4]不但存在划定知识产权边界的困难，[5] 而且存在无限扩大知识产权保护范围，因此使知识共有物和公共利益面临遭受巨大危险的可能，[6] 因而知识产权的创设需要工具主义的制定法从他人所能从事的行为的角度加以明确界定。[7] 三是知识产权的经济特性决定了在知识产权的类型化、限制等

---

[1] 郑胜利. 论知识产权法定主义 [M]//北大知识产权评论（第2卷）. 北京：法律出版社，2004：57. 也可参见朱理博士的观点. 参见：李扬，等. 知识产权基础理论和前沿问题 [M]. 北京：法律出版社，2004：124.

[2] 参见：李扬，等. 知识产权基础理论和前沿问题 [M]. 北京：法律出版社，2004：124. 笔者则进一步主张，知识产权法定主义还是一项立法原则和司法原则. 参见：李扬. 知识产权法定主义及其适用：兼与梁慧星、易继明教授商榷 [J]. 法学研究，2006（2）：3.

[3] 详细论证请参见：[英] Ronan Deazley. On the Origin of the Right to Copy [M]. Part7, Hart Publishing, 2004：195-224；[澳] Peter Drahos. A Philosophy of Intellectual Property [M]. Dartmouth Publishing Company, 1996：24-45.

[4] 参见：洛克. 政府论（下篇）[M]. 叶启芳，翟菊农，译. 北京：商务印书馆，1964：19.

[5] 为什么财产权劳动理论存在划定智慧财产边界的困难？参见：李扬. 知识产权法定主义及其适用：兼与梁慧星、易继明教授商榷 [J]. 法学研究，2006（2）：5-8. 相关论述可参见：Robert Nozick. Anarchy、State and Utopia [M]. Basic Books Inc. 1974：173-175.；Hittinger. Justifying Intellectual Property [M]. New York：Rowman & Little field Inc. , 1997：17-27.

[6] 参见：李扬. 知识产权法定主义及其适用：兼与梁慧星、易继明教授商榷 [J]. 法学研究，2006（2）：5-8.

[7] 参见：李扬. 知识产权法定主义及其适用：兼与梁慧星、易继明教授商榷 [J]. 法学研究，2006（2）：11.

方面客观上需要坚持知识产权法定主义。⑧

在知识产权的保护范围不断扩大、保护力度不断强化、公共利益正不断遭受威胁的当今社会，知识产权法定主义的提出对于维护社会公共利益、警示立法者慎重创设知识产权、防止司法者滥用自由裁量权随意创设知识产权具有重大意义。知识产权作为一种制约他人行动自由的权利，不仅与知识产品创造者的利益息息相关，而且与社会公众的利益息息相关，其正当化根据不仅仅应当考虑知识产品创造者的利益，更应当充分考虑公众的利益。就某种具体的知识产权而言，要证明其创设能够给社会带来多少好处往往是不容易的，相反，要证明该种权利会给社会带来多少坏处则相当容易，因此，在某种新知识产权的创设会严重侵害他人平等的创造自由却没有相应的恢复机制，市场本身存在足够激励同时存在相应的替代性法律保护机制的情况下，立法者不宜轻易为某种知识产品创设某种新的知识产权。应当说，在知识产权的创设方面，知识产权法定主义对公共利益充满了某种程度的热情关怀。这点正如朱理博士指出的那样，立法者面对科技进步所带来的种种新的利益，必须以公共利益为依归，慎重选择创设权利及其内容。在没有明确的理由和显著的必要性时，毋宁将这种利益留给社会。法律没有明文规定的权利类型或者内容，更可能是立法者的故意设置而不是遗漏，是立法者对知识产权的限制和排除而不是授予司法者自由裁量的空间，是划界的藩篱而不是开放的门户。⑨

对于立法者创设知识产权而言，知识产权法定主义可以起到警示作用，对于司法者而言，知识产权法定主义则可以起到限制其任意使用司法自由裁量权的作用。知识产品的创造由于和科学技术的发展紧密联系在一起，不但具有巨大的开放性，而且具有很强的技术性，这就决定了知识产权的创设带有很大程度上的滞后性和不确定性，因而知识产权法的适用相比其他法律的适用而言，法官不得不在更大空间范围内发挥自由裁量权，以解决相关法律的适用和案件的处理问题。然而，正如上面所说的，某种知识产权的配置会深深地制约他人的自由，而其带给社会的好处却往往难以证明，在立法者都必须慎重创设知识产权的情况下，司法者更应当深刻领会立法者的立法意图，谨慎而有节制地使用司法自由裁量权。

---

⑧ 参见：李扬. 知识产权法定主义及其适用：兼与梁慧星、易继明教授商榷 [J]. 法学研究，2006（2）：11－14.；李扬. 重塑以民法为核心的整体性知识产权法 [J]. 法商研究，2006（6）：19－20. 相关论述可参见：[美] 罗伯特·考特，托马斯·尤伦. 法和经济学 [M]. 上海：上海三联书店，1992：146－147，185.；梅夏英. 财产权构造的基础分析 [M]. 北京：人民法院出版社，2002：100.；杜月升. 论知识生产及其经济特征 [J]. 深圳大学学报（人文社会科学版），16（2）.

⑨ 参见：李扬，等. 知识产权基础理论和前沿问题 [M]. 北京：法律出版社，2004：141.

知识产权法定主义的提出虽然具有上述重大意义，但其缺陷也是明显的。突出表现在以下3个方面。

一是在知识产权的类型化及其限制等方面，过分依赖立法者的理性认识能力和民主立法程序的正当性，由此导致的结果必然是造成知识产权法体系的僵化和封闭，使得法律难以很好地适应复杂的社会现实及其发展。知识产权法定主义严格坚持的知识产权的种类、内容及其限制都必须由制定法加以规定，坚决反对司法自由裁量权在知识产权制定法之外保护某些利益的观点暗含着一个认识论上的前提，即立法者的理性认识能力可以像上帝一样，将所有因知识创造带来的利益类型化为权利。但事实是，全能的上帝并不存在。在纷繁复杂的社会生活面前，立法者的理性认识能力总是存在这样或者那样的缺陷，难以做到将所有因知识创造所带来的利益都加以归类，并明确类型化为权利。在明知不可为而为之的自负情结支配下，立法者制定出来的相关知识产权法律在体系上必然表现出僵化和封闭的特征，并且难以很好地适应社会现实及其发展的需要。

当然，严格的知识产权法定主义提出者也看到了该主义存在的法律体系僵化和封闭的缺陷，因而一方面允许制定法规定概括性的"兜底条款"，[⑩]另一方面则允许通过修改立法这样唯一一条有效的途径以克服法定主义可能带来的制度封闭和僵化危险。[⑪]且不说允许制定法规定概括性的"兜底条款"已经根本背离了法定主义的基本原则，但就修法途径而言，虽说立法机关的民主决定具有程序上的正统性，但切不可忘记，并不是所有民主决定的东西都是正当化的。即使不考虑国际层面而只将讨论限定在国内，在立法过程中，容易组织化的少数大企业的利益容易得到反映，而不容易组织化的多数中小企业、个体经营者以及公众的利益不容易得到反映，由此所形成的民主决定非常容易产生利益保护的不均衡。不仅如此，立法所必须经历的繁杂程序导致的无效率、所付出的巨大成本、立法者理性认识能力的有限性，也将导致在立法过程中被遗漏的利益、随着科技的发展而新出现的利益难以得到及时的保护，从而减杀甚至灭杀社会所需要的知识产品创造和市场化的激励。由此来说，将所有利益关系的处理都委任给立法机关的民主决定并不是十分妥当的。日本著名知识产权法专家田村善之先生认为，对于那些在政策形成过程中容易被遗漏的利益，考虑立法机关和司法机关的优劣，交由司法机关通过个案加以及时解决，以实现普遍规则下的个别公正是最适合的。这种观点对于随着科技的发展而新出现的利益关系的解决同样是适用的。

[⑩] 参见：李扬，等. 知识产权基础理论和前沿问题 [M]. 北京：法律出版社，2004：142-143.

[⑪] 参见：李扬，等. 知识产权基础理论和前沿问题 [M]. 北京：法律出版社，2004：143.

二是过分忽视司法过程的能动性和创造性,将法官变成了输出判决的机器。如上所述,知识产品巨大的开放性和复杂的技术性,决定了知识产权立法本身带有很强的技术性和不确定性,因而法官在适用知识产权法处理有关案件的时候,不得不发挥自身的能动性和创造性。知识产权法定主义严格禁止法官行使自由裁量权,将法官变成机械地适用法律的机器,不但在实践中行不通,而且非常不利于推动知识产权立法本身的进步。

三是导致以下3种利益难以受到现有知识产权法的保护。一是难以被类型化的知识产权包容的利益(比如没有独创性的数据库),二是民主立法过程中被有意或者无意疏漏的利益(比如社会公众的利益),三是随着科技、经济的发展而新出现的利益(比如域名)。就上述3种利益涉及的产品而言,由于社会存在需要,又是相关利益主体花费劳动和投资生产或者创造出来的,因而有必要通过一定的途径保持其供应的适当的激励。在域名、数据库等已经形成了巨大的商业价值的情况下,如果市场本身难以发挥足够激励作用而需要权威介入,[12] 作为权威的立法已经将其疏漏,作为权威的司法再不管不顾的话,域名的设计者和经营者、数据库的制作者投资的激励必将受到减杀甚至灭失,最终结果是导致这些信息产品供应严重不足,反过来又危害公众的利益。由此可见,在知识产权法定主义所追求的普遍正义下,通过司法自由裁量权在个案中实现个别正义仍然具有必要性。

从侵权构成的角度看,知识产权法定主义的上述缺陷实质上是在严格坚持侵权构成的限定性。所谓侵权构成的限定性,是指明确限定受侵权法保护范围的侵权构成,亦称为限定性原则下的侵权构成。[13] 侵权构成的限定性,亦可称为侵权构成的封闭性。从立法条文看,此种侵权构成以德国民法典为代表。德国民法典第823条规定:"(1)故意或有过失地不法侵害他人的生命、身体、健康、自由、所有权或其他权利的人,负有向该他人赔偿因此而发生的损害的义务。(2)违反以保护他人为目的的法律的人,负有同样的义务……"第826条进一步规定:"以违反善良风俗的方式,故意地加害于他人的人,负有向该他人赔偿损害的义务。"[14] 虽然德国民法典构建了侵权构成的严密逻辑体系,属于真正的

---

[12] 参见:李扬. 知识产权法定主义及其适用:兼与梁慧星、易继明教授商榷 [J]. 法学研究,2006 (2):38-42. 田村善之教授认为,在市场本身具有创新诱因的情况下,立法、行政、司法等权威机构没有必要介入。只有在市场完全失去了创新诱因或者创新诱因不足的情况下,立法、行政、司法等权威机构才有介入的必要。

[13] 参见:姜战军. 侵权构成的非限定性与限定性及其价值 [J]. 法学研究,2006 (5):34-35.

[14] 德国民法典 [M]. 陈卫佐,译. 北京:法律出版社,2006.

侵权行为法，反映了同时代在侵权法领域立法技术的成熟，为自由竞争资本主义设计了最为理想的侵权法，但由于德国侵权法体系是概念法学的杰作，是乐观的理性主义的产物，它构建的是一个逻辑自足的体系，期望用法条明确规范所有应该被认定为构成侵权的情况，从而严格划分了立法权与司法权的界限，完全排斥法官在具体个案中基于公平正义等因素的考量行使自由裁量权，使得法官成为输出判决的机器。这种侵权构成的逻辑自足性导致的法律体系的封闭性以及对司法自由裁量权的排斥，最终导致的结果是无法适应社会生活发展的需要。

二、知识产权法定主义缺陷的克服：坚持侵权构成的非限定性

如上所述，为了克服知识产权法定主义的缺陷，虽可通过立法途径解决，但因民主决策过程中利益反映的不均衡和立法成本、立法者理性认识能力等因素的限制，立法途径并不是最理想的选择。要想真正克服知识产权法定主义的上述缺陷，必须抛弃德国民法典所严格坚守的限定性侵权构成，而走非限定性侵权构成的道路。所谓非限定性侵权构成，是指不限制侵权法保护利益范围的侵权构成。这种侵权构成亦可称为侵权构成的开放性。根据姜战军博士的研究，非限定性的侵权构成起源于近代的法国民法典。法国民法典第1382条规定："任何行为使他人受损害时，因自己的过失而致行为发生之人对该他人负赔偿的责任。"[15] 可见，法国民法典第1382条在侵权构成上，关注的只是行为人主观上是否有过错、客观上是否造成了损害、过错与损害之间是否存在因果关系，而并不限制受侵权法保护的利益范围。法国民法典规定的非限定性侵权构成的特点在于，侵权构成具有开放性特征，法官对于某种行为是否构成侵权具有广泛的自由裁量权，因而能够很好地适应社会的发展，对于随着社会的发展而新出现的财产利益和人格利益都能够提供适当的保护。

进入20世纪后，由于乐观的理性主义的失败、实证主义哲学的发展与社会法学思潮的兴起，以及损害救济理念的发展与民法理论对人的假设的变化，德国民法典的限定性侵权构成遭受了挫折，侵权构成又回归到了非限定性的轨道上。[16] 但姜战军博士认为，这种回归绝对不是法国民法典非限定性侵权构成的简单回归，而是一种引入了"一般注意义务"，即在保护绝对权利之外扩张了法定

---

[15] 拿破仑法典 [M]. 李浩培，吴传颐，孙鸣岗，译. 北京：商务印书馆，1997.
[16] 突出表现在荷兰1992年民法典对于侵权构成的有关规定上。其第6：162条Ⅰ规定："一个人对他人实施可归责于他的侵权行为，必须对该行为给他人造成的后果予以赔偿。"第6：162条Ⅱ规定："除非有理由证明其为正当的，否则下列行为被认定为侵权：侵犯权利，或者以作为或者不作为方式违反法定义务，或者违反关于适当社会生活的不成文规则。"

义务、为法定义务设定弹性范围以实现侵权构成的非限定性的否定之否定的超越。由于"一般注意义务"的引入，现代侵权法在保护的利益范围方面，具有了更大的开放性。

可见，非限定性的侵权构成虽承认立法者理性认识能力的作用和法律体系的相对稳定性，但也看到了立法者理性认识能力的不足和法律体系过分稳定所导致的僵化和封闭危险，难以及时适应社会发展的诟病，因而承认司法活动过程的能动性和创造性，承认通过个案实现民主立法程序下普遍正义难以包容的个别正义的重要性，从而比较合理地克服了限定性侵权构成的缺陷。

按照非限定性的侵权构成，即使没有被知识产权制定法明文类型化为"绝对权利"的利益，或者无法被现有知识产权制定法规定的"绝对权利"所涵盖的那些利益，或者随科技的发展新出现而立法来不及类型化的利益，比如域名、没有独创性的数据库、列车时刻表、电视节目预告时间表、税务表格汇编等，法官都可以在个案中行使自由裁量权，从而为其提供适当保护。

非限定性的侵权构成在知识产权领域中已经得到广泛应用。国内最具有代表性的案例是"广西广播电视报"诉"广西煤矿工人报"一案。[17] 该案的焦点问题有两个：一是广西广播电视报的电视节目预告时间表是否构成著作权法意义上的作品？二是如果广西广播电视报的电视节目预告时间表不构成著作权法意义上的作品，广西广播电视报对电视节目预告时间表是否应当享有一般利益？一审法院认为电视节目预告时间表不具备独创性，不构成著作权法意义上的作品，因而原告不享有著作权，被告的行为不构成著作权侵权行为，因而判决原告败诉。显然，一审法院坚持的是严格的知识产权法定主义原则和侵权构成的限定性原则。但二审法院认为，虽然电视节目预告时间表不具备独创性，不构成著作权法意义上的作品，广西广播电视报不享有著作权，但因广西广播电视报对其电视节目预告表的制作付出了劳动和投资，因此广西广播电视报对其电视节目预告时间表应当享有某种合法权益。二审法院最后根据《民法通则》的有关规定判决广西广播电视报胜诉。在该案中，二审法院并没有因为被告没有侵害原告被类型化为"绝对权利"的著作权就认为其行为不侵害原告的任何利益，而是行使了自由裁量权，将原告付出了劳动和投资而获得的产品——电视节目预告时间表解释为"绝对权利"之外应受法律保护的利益，明显坚持的是侵权构成的非限定性。

---

[17] 该案的案情是：被告未经原告的同意，复制原告的电视节目预告时间表出版发行。原告认为被告侵害了其著作权，因而诉至法院。详细案情以及相关评论可参见：梁慧星. 电视节目预告表的法律保护和利益衡量[J]. 法学研究, 1995 (2).

日本最有代表性的案例则是2005年由日本知识产权高等裁判所二审判决的"ラインピックス"一案。[18] 该案中的原告做成25个字以内的新闻标题在自己的网页上滚动式刊载，并以登载广告的方式赚取收入。被告没有经过原告的同意，抄袭、模仿原告的新闻标题，做成和原告酷似的新闻标题，刊载在自己的网页上，也以登载广告的方式赚取收入。原告起诉被告侵害著作权和构成日本民法典第709条的不法行为。东京地方裁判所否定了原告简短新闻标题的独创性，否定了原告对被告侵害著作权的指控，并进一步否定了原告对被告不法行为的指控。理由是，既然原告的新闻标题在作为特别法的著作权法上没有受保护的利益，在作为一般法的民法上当然也就没有受保护的利益。日本知识产权高等裁判所则认为，原告25个字以内的新闻标题虽然没有独创性，但是原告花费了巨大劳力、付出了相当多的费用，经过了选材、写作、编辑等一系列的活动才制作完成，被告没有经过原告的同意直接复制、模仿原告新闻标题的行为，侵害了原告应受法律保护的利益，因而判决被告的行为构成不法行为，被告应当赔偿原告的经济损失。

可以说，在知识产权领域中坚持侵权构成的非限定性已经成为国内外知识产权司法实践中的一个普遍现象。

三、侵权构成的非限定性在知识产权领域中应用的两个关键问题

如上所述，坚持侵权构成的非限定性，将使侵权责任法保护的利益范围通过法官的自由裁量权得到大范围拓宽。此种做法的好处在于，可以克服民主立法过程中出现的利益保护不均衡、节省立法成本、较好地适应社会生活的变化、发挥司法的能动性。但是，盲目地、不加任何限制地坚持侵权构成的非限定性，则有可能无限扩大法律保护的利益范围，并且极大膨胀司法自由裁量权，从而使侵权构成非限定性试图实现的个别正义价值化为泡影，并导致新的、更大的不公正。为此，在知识产权领域中应用非限定性的侵权构成时，必须解决以下两个关键问题。

一是受法律保护的利益范围问题。在类型化的法定权利之外，究竟哪些利益应当由法官行使自由裁量权，使之受到法律的适当保护？换句话说，法官究竟应当根据什么标准来判断在个案中是否存在应当受法律保护的利益？这个问题解决起来并非易事。

按照姜战军博士的见解，受侵权责任法保护的利益范围可以通过引入"一般

---

[18] 参见日本 H17.10.6 知财高裁平成17（ネ）10049 著作权民事訴訟案件。

注意义务"进行限定。所谓"一般注意义务""是指不确定的、作为社会善良公民对他人人身和财产的注意义务"。也就是荷兰民法典所表述的"其他社会一般规则认为应当尊重的义务",其实质是"基于一般社会道德、给予适当关心他人的道德观念之下应有的对他人人身财产安全注意的义务,体现的是人与人之间适当关怀的新理念"。[19] 由于这种极为抽象的、不确定的道德义务的法定化,在侵权法规定的具体法定义务无法提供救济时,则可由法官行使自由裁量权,通过适用该义务使受害者获得适当救济。

这种抽象的、"一般注意义务"的引入虽然使没有被类型化为权利的利益通过法官自由裁量权受到了最严密的保护,却好像一张黑色的巨网笼罩在了每个人的头上,使人们的行动自由面临巨大的危险,[20] 并且赋予法官几乎是不受任何限制的自由裁量权,其可取性是值得怀疑的。为了在不同的自由之间取得适度的平衡,下面主要结合日本的司法实践,探讨受法律保护的法定权利以外的利益究竟应当具备什么要件,以为我国的司法实践提供相应的借鉴。

日本民法典自制定后的很长一段时间里,曾严格坚持侵权构成的限定性,直到2005年才将关于侵权行为一般条款的第709条由原来的"因为故意或者过失侵害他人权利的人,对于因此所发生的损害负赔偿责任"修改为"因为故意或者过失侵害他人权利或者受法律保护的利益的人,对于因此所发生的损害负赔偿责任",即开始坚持侵权构成的非限定性。虽然如此,在2005年之前,日本的裁判所就已经认识到了日本民法典第709条原来严格坚持的限定性侵权构成无法保护法定权利之外的利益的缺陷,并因此而通过行使自由裁量权为法定权利之外的

---

[19] 参见:李扬. 知识产权法定主义及其适用:兼与梁慧星、易继明教授商榷 [J]. 法学研究,2006(2):41.

[20] 比如在德国曾发生过这样一个案例:大约在晚上10点钟,原告在回家的路上,因地面积雪结成的冰块而在被告的地产上摔倒,在这块地产上,被告经营着一家迪厅。根据当地的规定,晚上10点钟时,被告就已经没有义务再清除路面的积雪和结冰了。二审法院驳回了原告损害赔偿的诉讼请求。理由是,面对原告,被告一般的交往完全义务并未加重,因为原告并没有造访迪厅的意愿。但德国联邦最高普通法院否定了二审法院的判决意见。理由是,虽然被告没有造访迪厅的意愿,但从被告的商业利益出发,被告就应该把行人当作潜在的顾客,因而在原告踏上经营场所前的人行道时,就应该将他纳入增加了的交往完全义务的保护范围之内,而不是在他做出决定确实要进入经营场所时,才应该对他予以保护。德国联邦最高普通法院还采用了另外一个观点说明判决的理由:按照一般交往中的观点,行人常常存在下列合理的信赖期待,即对公众开放的消费场所的经营者或者业主面对自己的顾客会履行特别的义务。正是这种信赖期待的结果,使许多行人在冬天决定走在这些消费场所前面的人行道上,因为他们希望这里会更加安全。参见:[德]马克西米利安·福克斯. 侵权行为法 [M]. 齐晓琨,译. 北京:法律出版社,2006:106-108.

某些受侵害的利益提供适当救济。[21] 具有划时代意义的案例就是 1925 年由日本大审院判决所谓的"大学汤事件"。[22]

在该案中，原告用 950 日元从被告那里购买了"大学汤"这一老字号，并以月租 160 日元的租金租借了该建筑经营浴室业，6 年之后，原告、被告合意解除了租赁合同。合同解除后，被告未给原告任何补偿，就以月租 380 日元的租金将该建筑物租赁给了作为共同被告的第三人，第三人仍然使用"大学汤"这一名称经营浴室业。为此，原告以侵权行为为由提起了损害赔偿诉讼。大阪控诉审法院按照过去的判例，以"老字号"不是"权利"为由判决被告的行为不构成侵权行为。但日本大审院撤销了大阪控诉审判决，作出了以下判决：老字号可以成为买卖、赠与以及进行其他交易的对象，被告以法规违反的行为妨碍该出售，因而侵害原告具有因该出售而应当获得的利益，被告行为构成侵权行为。日本大审院认为，日本民法典第 709 条规定的侵权行为损害之责具有广泛的意义，侵权行为侵害的对象不但可以是所有权、地上权、债权、无体财产权、名誉权等所谓的具体的权利，而且可以是没有被视为权利但亦应给予法律上保护的一种利益，即一种法律观念上认为对其所受侵害有必要依据侵权行为法的规定给予救济的利益。权利由于其用法的不同，不应当只有一种意义，其具体含义应当根据各法律规定的宗旨进行理解。日本大审院最后总结认定，以日本民法典第 709 条所载"他人的权利"这样的字眼就认为侵权行为的对象为各种具体的权利，而忘记了参照我们的法律观念——从大局上加以考查，作茧自缚地限制对侵权行为受害的救济，是极不适当的。

虽然日本大审院通过判决将权利之外的利益扩大解释为日本民法典第 709 条的保护对象，但对于究竟如何判断应当受法律保护的利益，即哪些利益应当受法律保护，日本裁判所之间并没有形成一致意见。在名古屋高等裁判所 2001 年 3 月 8 日二审判决的"ギャロップレーサー"案中，裁判所认为原告优胜赛马的名

---

[21] 反映日本民法典曾严格坚持限定性侵权构成的典型案例是由日本大审院 1914 年 7 月 4 日判决的"桃中轩云右卫门事件"。在该案件中，被告未经原告的同意就将原告灌制的当时日本著名的浪曲师桃中轩云右卫门的浪曲唱片（蜡盘）复制并进行销售，原告以被告侵害著作权为由提起了侵权行为之诉。大审院认为，构成著作物的旋律应当定型化，使作曲者可以随时反复进行利用，即兴创作的浪曲没有固定的旋律，因此不属于著作权法所保护的著作物，原告没有著作权，因此被告复制出售原告的唱片并不构成对原告"权利"的侵害。在该案件中，虽然大审院也认为被告的行为"违反正义的性质是不言而喻的"，但同时认为，由于原告不享有"权利"，因此即使被告的行为属于违反正义的行为，也不构成侵权行为。参见[日] 大判大正 3.7.4 刑录 20 辑第 1360 页。

[22] 参见：[日] 大判大正 14.11.28 民集第 4 卷第 670 页。

称虽然与人格利益无关，但具有顾客吸引力，原告应当享有"向公众传播的权利"，因而判决被告利用原告优胜赛马名称制作游戏软件并加以销售的行为构成侵权行为。㉓ 但是，在东京高等裁判所 2002 年 9 月 12 日判决的案情完全相同的"グービースタリオン"案中，裁判所却认为原告的请求缺乏实体法上的明确依据，因而判决驳回了原告的诉讼请求。㉔

2004 年，一个名为"ギャロップレーサー"的相同性质的案件摆在了日本最高裁判所面前。由于负责一审和二审的地方裁判所截然相反的态度，日本最高裁判所不得不就这个问题做出一个慎重的回答。2 月 13 日，日本最高裁判所作出的判决认为：

> 一审原告作为赛马的所有者，对各自的赛马拥有所有权，但这种所有权只限于对作为有体物的赛马拥有排他的支配权，而不及于对作为无体物的赛马的名称拥有直接的排他支配权。第三人尽管利用了具有顾客吸引力的作为无体物的赛马名称的经济价值，但并没有侵害所有者对作为有体物的赛马的排他支配权，因此，第三人的利用行为，并不侵害赛马的所有权。赛马的名称虽然具有顾客吸引力，但对于作为无体物的赛马名称的使用，在缺少法律根据的情况下，承认赛马所有者拥有排他使用权是不恰当的。对于赛马名称的未经许可使用行为是否构成侵权行为，侵权行为的范围以及具体形式，在现在还缺少法律明文规定的情况下，还不能做出肯定判断。具体到本案当中，不能肯定一审被告的行为构成侵权行为，也不能肯定原告的停止侵害请求权。㉕

在上述案件中，日本最高裁判所郑重其事地否定了有体物的所有者对作为无体物的有体物名称存在直接排他支配权，依旧沿袭了日本大审院在 1914 年 7 月 4 日判决的"桃中轩云右卫门事件"案中的思路，即现有制定法没有明文规定，因而原告不得享有任何权益。㉖ 虽然该案对日本地方裁判所处理类似案件产生了一定影响，但因其提供的理由依然没有说明在类型化的法定权利之外究竟哪些利

㉓ 参见［日］名古屋高判平成 13.3.8 判夕 1071 号第 294 页。
㉔ 参见［日］东京高判平成 14.9.12 判时 1809 号第 140 页。
㉕ ［日］最判平成 16.2.13 民集 58 卷 2 号第 311 页。
㉖ 相关信息请参见［日］大判大正 3.7.4 刑录 20 辑，第 1360 页。

益应当受到法律的保护，因此在日本并没有产生示范性的意义。[27]

真正提供了一定启示意义并受到学者们广泛关注的案件是上文提到的2005年的"ラインピックス"案。日本知识产权高等裁判所二审认为，有价值的信息如果不付出劳力，在互联网上显然不会存在。互联网上之所以存在大量有价值的信息，正是因为有人收集、处理并在互联网上开示这些信息。以此为前提，日本知识产权高等裁判所进一步认为，有关新闻报道的消息，原告等报道机关付出了巨大的劳动和费用，进行了选材、写成初稿、编辑、做成标题等一系列活动，并最终使之变成互联网上有价值的、有偿交易对象的信息。被告没有经过原告的同意，以营利为目的，复制、模仿原告新闻标题，做成和原告新闻标题酷似的标题，并在自己的主页上显示，违法侵害了原告应受法律保护的利益，构成了不法行为，应当支付适当使用费以赔偿原告的损失。[28] 从日本知识产权高等裁判所的上述判决可以看出，在知识产权领域中，在类型化的法定权利之外应当由法官行使自由裁量权加以保护的利益，至少应当具备以下两个要件：一是该利益涉及的知识产品为市场需要的产品，可以成为市场交易的对象。二是对于该利益涉及的知识产品，原告付出了劳动和投资。具备这两个要件的知识产品，被告如果没有经过原告同意，直接利用了原告的产品，则相当于节省了自己的劳动和投资，其行为构成侵权。

相比用抽象的、一般的注意义务来限定类型化的法定权利之外应当受法律保护的利益，日本知识产权高等裁判所从两个方面对利益进行限定的做法似乎更为可取。按照日本知识产权高等裁判所的限定，并不是法定权利之外的任何利益都能受到保护，该种利益产生和受保护的前提性要件是其涉及的产品为社会需要的产品，并且原告付出了劳动和投资。既然如此，就必须通过适当的方式保证该产品的适当供应，否则公众的利益就会受到损害。而要保持该产品的适当供应，就必须保证该产品提供者存在足够的激励，而不能允许任何人毫无限制地"搭便

---

[27] 其实，在2004年日本最高裁判所就"ラインピックス"案作出判决之前，就有一些地方裁判所和一些学者试图从正面说明什么是日本民法典第709条所说的"应受法律保护的利益"。比如东京高等裁判所在1991年12月17日对"木目化妆纸"案的二审判决中，就认为"市场竞争应该是公正和自由的，过分脱离公正和自由竞争所能容许的范围，侵害他人值得法律保护的营业活动，将构成侵权行为"。参见东京高判平成3.12.17知裁集第23卷第3号第808页. 2004年，日本著名知识产权法专家田村善之教授在对东京地方裁判所2002年9月29日判决的"サイボウズ"案进行评论时指出："既不构成著作权侵害的行为，也不构成不正当竞争行为的行为，只要是脱离了该行为本身追求的利益，并且仅仅以加害对方为目的，则构成民法上所说的一般侵权行为。"田村善之. 判批ジュリスト，2004（1266）.

[28] 参见［日］知财高判平成17.10.6平成17（ネ）10049号。

车"进行自由的、免费的使用,否则就不会有人愿意花费劳动和投资去生产这种产品。由此可见,日本知识产权高等裁判所对法定权利之外利益的限定基本上兼顾了个人利益和公众利益。通过抽象的、一般注意义务来限定法定权利之外应受保护的利益,则基本上只考虑了对受害者的救济,而没有考虑是否真正存在受害者,即所谓的受害者是否真正存在受保护的利益。这种做法对于知识的扩散和传播是没有益处的。

二是请求权的区别问题。对于类型化的法定权利的享有者和未类型化为权利的法定权利之外的利益的享有者,是否有必要赋予其不同的请求权?即对于法定权利的享有者既赋予其物权性质的请求权(停止侵害请求权、排除妨碍请求权)又赋予债权性质的请求权(损害赔偿请求权),而对法定权利之外的利益享有者只赋予其债权性质的请求权(损害赔偿请求权、补偿金请求权或者使用费请求权)?

国内学术界目前关于请求权的研究文献非常多,[29] 但从上述角度思考问题的文献几乎没有。原因大概是学者们都认为,不管行为人侵害的是权利还是利益,为了实现救济,被侵害者既应当拥有物权性质的请求权,也应当拥有债权性质的请求权,因而没有进行区分的必要性。其实不然。请求权作为权利的表现形式和救济手段,对他人的行动自由会发生深刻的影响。请求权不同,对他人的财产和人身造成的后果就会不同。比如,在"五朵金花"[30] 案中,云南省高级人民法院之所以判决原告败诉,恐怕最重要的原因并不在于"五朵金花"缺乏独创性,而在于被告对其注册使用的商标"五朵金花"投入了大量的广告宣传费用,"五朵金花"已经凝聚了被告巨大的商业信用和无形资产价值,如果判决原告胜诉,则意味着原告拥有著作权,在这种情况下,按照我国《著作权法》第 46 条和第

---

[29] 比如马俊驹. 民法上支配权与请求权的不同逻辑构成 [J]. 法学研究, 2007 (3); 辜明安. 对请求权概念批判的反对 [J]. 西南民族大学学报(人文社会科学版), 2007 (8); 论请求权在民事权利体系中的地位 [J]. 当代法学, 2007 (7); 卢谌. 履行请求权及其界限 [J]. 比较法研究, 2007 (4); 宋旭明. 请求权分类的理论证成与实效分析 [J]. 政治与法律, 2007 (1); 段厚省. 请求权竞合研究 [J]. 法学评论, 2005 (2); 傅鼎生. 物上请求权的时效性 [J]. 法学, 2007 (6).

[30] 该案件案情是:被告云南省曲靖卷烟厂未经允许,使用并注册"五朵金花"商标,原告电影《五朵金花》的编剧赵季康和王公浦认为被告侵害了自己的著作权,遂于 2001 年 3 月向云南省昆明市中级人民法院提起诉讼,要求被告立即停止侵权、赔礼道歉。在案件审理过程中,被告提出"五朵金花"一词不具有独创性,并非我国《著作权法》上的"作品",其注册使用"五朵金花"商标的行为并未侵犯被告的著作权。2003 年 10 月 21 日,云南省高级人民法院终审判决认为,剧本《五朵金花》虽是一部完整的文学作品,但"五朵金花"一词作为该作品的名称,仅仅是《五朵金花》这部完整的作品所具备的全部要素之一,并非我国《著作权法》所保护的"作品",因此,作品名称不能单独受《著作权法》保护。综上,被告使用并注册"五朵金花"商标的行为,不视为违反《著作权法》不构成侵权。

47条的规定，原告不但拥有停止侵害请求权，而且拥有损害赔偿请求权，如此则意味着被告不但必须赔偿原告的经济损失，而且必须停止使用"五朵金花"作为其注册商标。可想而知，如果被告不能再使用其注册商标"五朵金花"，其要遭受多么巨大的损失。相反，在这种情况下，如果只赋予原告损害赔偿请求权或者补偿金请求权，则意味着被告可以继续使用其注册商标，从而可以避免凝聚在其注册商标中的无形资产的巨大损失。再比如，居住在飞机场旁边每日遭受噪音污染的人，在损害赔偿请求权之外，如果还赋予其停止侵害请求权，则意味着飞机场将要停办。可见，请求权的区分并不是毫无意义的。

虽然在人格权领域和有形财产权领域，不管是权利享有者还是利益享有者，都有必要赋予其物权性质的请求权和债权性质的请求权，但在知识产权领域，却有区分的必要。已经被类型化为法定权利的智慧财产，立法者出于社会整体效率等因素的考虑，不得不保证其供应的足够的激励，因而也就不得不赋予其享有者物权性质的请求权和债权性质的请求权。假如只赋予其享有者债权性质的请求权而不赋予其物权性质的请求权，则意味着被告只要赔偿损失就够了，而不必停止对原告智慧财产的使用，结果势必造成一个混乱的侵权局面，减少甚至灭杀原告创造新的符合社会需要的知识产品的激励。而对于法定权利之外的知识性利益，不管是立法者有意的疏漏还是理性认识能力的不足，对于其使用而言，都会产生一定的正外部效应，这对于知识的传播和扩散、技术的进步和经济的提高都不无益处，因而立法者也应当保证其供应的适当的激励。但没有被类型化为权利的利益和已经类型化的法定权利相比，对于社会整体效率的提高等方面的重要性是远为逊色的，立法者保证其所涉产品供应的适当激励的方式理所当然不能和保证权利所涉产品供应的激励方式同日而语。也就是说，对于法定之外的利益享有者而言，只要赋予其债权性质的请求权、提供事后的救济就足够了，而没有必要赋予其物权性质的请求权。

事实上，只赋予法定权利之外利益的享有者债权性质的请求权在有些国家的知识产权法以及司法实践中已经有所体现。比如，在上述提到的日本知识产权高等裁判所二审判决的"ラインピックス"案中，由于案中的新闻标题不具备著作物性，不享有著作权，而只能作为一般利益通过日本民法典第709条的规定给予保护，第709条赋予利益享有者的请求权，就只有债权性质的请求权，因而原告的差止请求（即停止侵害请求和停止侵害危险请求）被驳回，这就意味着被告承担了损害赔偿责任后，可以继续在其网页上滚动显示原有涉案新闻标题而用不着删除。㉛ 从法律规定来看，日本特许法第 66 条第 1 项规定，只有从特许（即发明专利）被批准授权登记之日起，特许申请人才能享有差止请求权。然而，特许申请公开后，事实上任何人都有实施提出特许申请的发明创造的可能性。为此，日本特许法第 65 条专门设定了补偿金请求制度。按照该法第 65 条的规定，特许申请人在特许申请后特许授权之前，对于第三者以营业为目的实施特许申请发明创造的行为，经过书面警告后，有权请求行为人支付相当于非独占普通实施许可费的补偿金。对于恶意的行为，则无须警告。很明显，日本特许法第 65 条并没有赋予专利申请公开后但尚未授权的发明创造者差止请求权，而只是赋予了其损害赔偿请求权（针对已经发生的侵害行为，根据日本民法典第 709 条）和补偿金请求权（针对未来的使用行为），其中的理由就在于专利申请被授权之前还不属于专利权，因此只能作为一般性的利益加以保护。这种规定对于修建了厂房、聘用了工人、进行了贷款等准备工作并已经开始实施有关发明创造的行为人来说，意味着可以继续实施有关发明创造，因而是非常有意义的。相反，如果赋予专利申请公开后但尚未授权的发明创造者差止请求权，则有关行为人必须停止实施行为，一旦出现专利申请没有获得授权的情况，行为人就会遭受巨大的损失。我国《专利法》第 13 条也有类似的规定，按照该条规定，专利申请公开后，他人擅自实施发明创造的，专利申请人可以要求实施发明创造的单位或者个人支付适当的费用。也就是说，在这种情况下，专利申请人的发明创造只是《民法通则》第 5 条所规定的一般利益，专利申请人只能请求实施人赔偿已经发生的损失和支付继续使用的费用，而不能请求其停止实施行为。

虽然我国知识产权特别法没有明确对权利人的请求权作出区分，但有些法院却根据具体案情，充分行使自由裁量权，只支持了原告的损害赔偿请求权和补偿金请求权，而没有支持其停止侵害的请求权。最典型的案例就是 2006 年由广东省高级人民法院终审结案的珠海市晶艺玻璃工程有限公司诉广州白云国际机场股份有限公司、广东省机场管理集团公司、深圳市三鑫特种玻璃技术股份有限公司侵害专利权案。㉜ 该案中的原告于 1997 年 8 月 27 日向国家知识产权局申请了名称为"一种幕墙活动连接装置"的实用新型专利，于 1999 年 5 月 19 日获得授

㉛ 参见日本民法典第 709 条。另外参见［日］横山久芳. 判批［J］. コピライト，第 523 号（2004）第 37 页.；［日］手岛豊. 判批载于 Law and Technology 第 17 号（2002）第 32 页. 各国民法典之所以在关于侵权行为一般条款的规定中，都只是规定了行为人的损害赔偿责任，恐怕也暗含着只赋予利益享有者债权性质的请求权的意思。参见日本民法典第 709 条、德国民法典第 823 条和第 826 条及法国民法典第 1382 条和 1383 条。

㉜ 广东省高级人民法院（2006）粤高法民三终字第 391 号民事判决书。

权。被告没有经过原告许可,在其花都广州新白云国际机场的建设中擅自使用原告的专利产品,因而被原告诉至法院,原告请求3被告赔偿经济损失的同时,还请求3被告停止侵权行为。广东省高级人民法院终审判决被告的行为构成侵权,但在被告广州白云国际机场股份有限公司应当承担的法律责任问题上,法院考虑到其已经使用了76套侵权产品,使用面积达到13000平方米,如果支持原告停止侵害的请求权,则意味着被告必须拆除已经装配好的幕墙,这不但要耗费巨大成本,而且可能危及机场航站楼幕墙安全,导致机场暂时停止营业,从而进一步损害旅客的利益。在考虑了这些因素之后,法院判决认为"被告白云机场股份公司本应停止被控侵权产品。但考虑到机场的特殊性,判令停止使用被控侵权产品不符合社会公共利益,因此被告白云机场股份公司可继续使用被控侵权产品,但应当适当支付使用费。"显然,广东省高级人民法院在这个案件中对原告物权性质的请求权和债权性质的请求权做出了区分。[33]

　　由上述案件可以看出,请求权的区分事实上包含着利益考量的原理以及经济学的原理。在不同利益发生冲突的情况下,除了考虑法律所追求的最高宗旨——正义以外,还有必要进行成本和效率的分析。对某种利益的保护如果以牺牲更大的利益作为代价,在该种利益保护是否能够带来效率无法确定或者只能带来很小效率的情况下,从社会付出的整体成本和获得的整体效率关系来看,该种利益保护的合理性就不无疑问。当然,对于社会而言,保持对新知识创造足够的激励也必不可少。究竟如何动态平衡不同利益之间的关系是立法者和司法者面临的一个非常棘手的问题。通过请求权的区分无疑是一个手段。在这方面,我国《计算机软件保护条例》第30条可以说提供了一个示范。该条规定,"软件的复制品持有人不知道也没有合理理由应当知道该软件是侵权复制品的,不承担赔偿责任;但是,应当停止使用、销毁该侵权复制品。如果停止使用并销毁该侵权复制品将给复制品使用人造成重大损失的,复制品使用人可以在向软件著作权人支付合理费用后继续使用。"这条规定后段实际上只是赋予了软件著作权人一个使用费请求权,而没有赋予其物权性质的请求权,非常明显这是利益衡量以及成本和效率关系分析的结果。

　　我国《民法通则》第5条规定:"公民、法人的合法的民事权益受法律保护,任何组织和个人不得侵犯。"可见,我国《民法通则》对保护的对象是区分

---

[33] 要说明的是,广东省高级人民法院判决被告广州白云国际机场股份有限公司支付原告适当的专利使用费,并不能免除其应当担负的损害赔偿责任。理由是,损害赔偿责任是对已经发生的侵权行为应当担负的责任,而专利权使用费是未来使用专利产品应当付出的对价。

了权利和利益的,问题在于我国的《民法通则》并没有像日本等国家的民法典那样,对权利和利益享有者的请求权做出区分。我国《民法通则》第106条规定:"公民、法人由于过错侵害国家的、集体的财产,侵害他人财产、人身的应当承担民事责任。"第134条进一步规定,承担民事责任的方式主要有:"(一)停止侵害;(二)排除妨碍;(三)消除危险;(四)返还财产;(五)恢复原状;(六)修理、重作、更换;(七)赔偿损失;(八)支付违约金;(九)消除影响、恢复名誉;(十)赔礼道歉。以上承担民事责任的方式,可以单独适用,也可以合并适用。"既然承担民事责任的方式如此之多,而且可以合并适用,具体案件中的原告自然会选择既要求赔偿损失又要求停止侵害。这样一来,类型化的法定权利之外的利益享有者事实上就会和类型化的法定权利享有者享有一样的地位,从而无形中使利益法定化。[34] 从立法技术上看,这是非常不可取的。

(原载于《环球法律评论》2009年第2期)

---

[34] 参见:李扬. 重塑以民法为核心的整体性知识产权法[J]. 法商研究,2006(6):25.

知识产权金钱责任的冲突与协调

摘 要

由于我国现行法律对知识产权采取行政、刑事、民事并行保护的方式，导致同一侵权行为人对其同一侵权行为可能必须同时承担行政、刑事、民事三种类型的金钱责任。在知识产权行政责任、刑事责任得以先行的情况下，因侵害知识产权行为人偿付能力的限制，知识产权权利人因侵权所受损失难以得到有效补偿。为了真正实现对知识产权人权利的保护，知识产权侵权行为人的民事金钱责任应当先行。

关键词

知识产权　金钱责任　民事优先

知识产权金钱责任，即侵害知识产权的行为人对其侵权行为应当承担的行政、刑事、民事等公法、私法上需以缴纳金钱方式实现的责任。我国依照TRIPS协定的规定，对知识产权采取行政、刑事以及民事多重保护的方式。对于侵害知识产权的行为，可以通过行政机关的行政执法活动，对其施以行政处罚，还能够通过刑事诉讼程序，运用国家公权力进行制裁，追究其侵害知识产权的刑事责任。知识产权利益相关者也可以提起民事侵权之诉，要求知识产权侵权行为人承担赔偿损失的民事责任。由于这些保护程序并行存在，使得知识产权侵权行为人对其同一侵权行为可能必须同时承担行政、刑事以及民事上的金钱责任。①

---

① 有学者将这种现象称为侵权行为产生的责任聚合，指行为人的同一侵权行为符合民事、行政或者刑事责任之构成要件，依法应当承担两种或者两种以上的法律责任，知识产权权利人据此可以寻求民事、行政与刑事救济，从而产生民事、行政、刑事交叉案件。由于聚合责任之间系并存关系，侵权行为人依法应承担数种法律责任，而不是择其一而承担，这是责任聚合与责任竞合的根本区别。对于竞合的责任，由于责任之间是冲突关系，裁判上只能择其一而排除其他情况。参见：杨立新．侵犯知识产权中的责任聚合[J]．人民司法·应用，2012 (21)：37.

按照制度设计之初的理想愿景，知识产权的多重保护能够加大知识产权保护力度，尤其是运用国家公权力的行政处罚以及刑事处罚，能够对知识产权侵权行为人或潜在侵权行为人产生心理威慑，有效遏制侵害知识产权的行为，最大限度地保护知识产权权利人的合法权益。事实上，对于知识产权权利人而言，合法权益是否得到充分保护最终落脚于其能否就所遭受的损失获得充分的民事损害赔偿。因此，权利人最关注的实质是在知识产权民事侵权之诉中能否获得足够的侵权损害赔偿金。然而，实践中，由于知识产权行政、刑事以及民事金钱责任的并行存在，知识产权权利人却并不能够就其所遭受的损失便利地从知识产权侵权行为人处获得民事损害赔偿，立法者所勾画的理想蓝图的现实图景其实并没有想象的那么圆满，实践中屡屡出现的三种金钱责任的冲突让我们难以对现有制度持以乐观态度。那么，制度的运行究竟出现了什么问题？又是什么原因导致这种事与愿违的结果？理想与现实的差距应该如何消弭？为使知识产权保护能够真正落脚于保护私权、鼓励创新、促进社会进步之最终目标，本文尝试对知识产权金钱责任的承担顺序等问题进行审视，并有针对性地提出对策。

一、理想制度设计：民事金钱责任优先

（一）知识产权金钱责任适用顺序的法律规定

虽然我国现行《著作权法》《商标法》《专利法》以及相关的知识产权法律法规、司法解释均没有对知识产权公法、私法金钱责任聚合时的受偿顺序进行明确，但我国现行《侵权责任法》《刑法》以及有关执行问题的司法解释已经对行政、刑事、民事三种金钱责任的适用顺序做出了理想的设计，采取了民事金钱责任优先适用的原则。

《侵权行为法》第4条第2款规定，因同一行为应当承担侵权责任和行政责任、刑事责任，侵权人的财产不足以支付的，先承担侵权责任。《刑法》第36条第2款规定，承担民事赔偿责任的犯罪分子，同时被判处罚金，其财产不足以全部支付的，或者被判处没收财产的，应当先承担对被害人的民事赔偿责任。《最高人民法院关于财产刑执行若干问题的规定》第6条规定，被判处罚金或者没收财产，同时又承担刑事附带民事诉讼赔偿责任的被执行人，应当先履行对被害人的民事赔偿责任。据此，可见我国立法在公法、私法责任并存时遵循以私权救济为先的价值取向。

从法律适用的角度分析，当知识产权侵权行为人的财产不足以承担公法与私法上的金钱责任时，应遵照上述法律以及司法解释判定其优先承担私法上的金钱

责任，即对知识产权权利人优先进行民事损害赔偿。事实上，我国也已经有部分学者明确提出，在知识产权侵权行为人同一侵权行为同时应当承担知识产权行政、刑事、民事金钱赔偿责任时，应当优先承担民事赔偿责任。②

在知识产权多重金钱责任聚合的情况下，以私权救济为优先的法律规定和思想充分体现了"国不与民争利"的民本思想，即以民为本。③ 私法责任的作用在于全面弥补知识产权权利人所受损失，而公法责任的作用在于维护社会整体的公共利益以及有序的社会秩序。以私法责任为先是法律遵循尊重与保障个人权利的价值尺度，对个人利益与公共利益之间关系进行调整的结果。在我国，长期受政治、经济体制的影响，国家利益一直占主导地位，随着 2004 年人权入宪，2009 年物权法颁布实施，个人利益在我国逐渐得到尊重与保护，平衡利益观、社会正义观逐步得到确立，个人利益优先受保护，只有为了避免更大的不正义，国家、社会利益才能优先于个人利益。④

（二）以知识产权民事金钱责任优先的制度功能

毫无疑问，以知识产权民事金钱责任优先的制度设计，构建了一个充分保护知识产权权利人的理想图景，无论是从知识产权私权属性的角度出发，还是从发挥知识产权制度的激励目标、构建可持续发展的知识经济的角度出发，以知识产权民事金钱责任为先的选择均是应然之举。

TRIPS 协定在其序言中明确，"知识产权为私有权"，宣示了知识产权私有权的基本属性，这已经被国际社会所普遍接受从而成为知识产权领域的一个基本共识。虽然源于平衡不同创造者平等的权利和自由以及出于知识产品的公共物品属性，法律不得不对知识产权进行各种限制，但这并没有改变知识产权为私权的本质属性。出于追求社会整体效率的考虑，立法者不得不选择将保护创造者权利作为立法重心。⑤ 以知识产权的私权救济为优先考量，符合对于知识产权的保护应当以权利为本位、以保护创造者权为首要的基本制度理念。

知识产品的诞生源自于创造者自身的智力性劳动以及投资，创造者是知识产品赖以诞生的源泉，以保护创造者权益为首要原则的知识产权制度的目标之一，就是通过对创造者权益的保护，给予其创造的激励，从而推动科技不断进步，文化不断繁荣，促进整个社会向前发展。如若在私权遭受侵害、创造者遭遇损失

---

② 参见：刘春田主持的《著作权法第三次修改专家意见稿》的第 8 章（李扬撰写）。
③ 参见：兰跃军. 论被害人民事赔偿优先执行 [J]. 甘肃政法学院学报，2010 (4)：90.
④ 杨立新. 侵犯知识产权中的责任聚合 [J]. 人民司法·应用，2012 (21)：37.
⑤ 参见：李扬. 知识产权法基本原理 [M]. 北京：中国社会科学出版社，2010：9 – 11.

时，所受损害不能够得到弥补，那么创造者的创造热情会窒息，知识产权制度的激励目标也将难以实现。

知识产品的创造与发展也是一个不断模仿与超越的过程，一个可持续发展的知识经济必然是建立在既尊重他人合法权益，又给予后来者创造空间的基础上。在知识产权领域，相当情形下权利的边界甚为模糊，侵权的界限也难以明确，如果动辄就以公法、私法并用的手段惩治类似知识产品的创造者，同时苛以其公法、私法金钱责任，使其经济负担不能，从而将其驱逐出知识经济的市场，那么，很可能就会扼杀具有潜力的新兴知识创造主体，这是构建可持续发展的知识经济市场的最大阻碍。因此，如何运用制度引导良性发展，并给予新兴知识创造主体宽松的成长环境，是必须思考的、事关知识经济市场长远发展的重大问题。不能不注意到，公权力的全面介入，对于知识产权过高过严的保护，一定会影响到知识产品的再创新。在知识产权保护问题上，应当设定一个合理的保护程度，既能够确保知识创造主体的合法权益，也能够有利于知识产品的再创新。

二、现实难题：进退维谷的民事审判

尽管理想的境地是知识产权私权救济应当优先于公权力制裁，但由于缺少配套制度设计，侵害知识产权民事赔偿责任优先适用的法律原则没有得到贯彻，实践中屡屡出现因知识产权行政、刑事、民事金钱责任的聚合而导致民事金钱责任承担不能的现象。

实践中，知识产权行政执法以及刑事司法程序可能先于知识产权民事司法程序完成，从而导致知识产权行政、刑事金钱责任先于知识产权民事金钱责任被承担。由于公法与私法所保护的法益并不相同，公法责任的先行承担并不意味着私法责任的免除，因实践中大量的知识产权侵权行为人偿付能力有限，其在被先行苛以公法上的金钱责任之后，便已根本无力在之后进行的民事侵权之诉中承担起足额的民事金钱责任。

知识产权行政金钱责任、刑事金钱责任的先行给后续进行的民事侵权之诉带来极大影响。司法实务中，在知识产权侵权行为人已经缴纳行政罚款或者刑事罚金的情形下，民事审判会面临阻滞。一方面，此类民事案件非常难以进行调解，当事人往往有着强烈的对抗情绪。即便最后能够达成调解，知识产权权利人所得到的损害赔偿金数额也会远远低于其诉请金额，是否能够足额弥补其所受损失，也不得而知。在天津市第二中级人民法院审理的吉利集团有限公司诉郝某侵害商标权纠纷案中，郝某为销售汽车配件的个体工商户，其销售标有假冒吉利公司注册商标的汽车配件的行为被天津市河西工商分局进行了行政罚款。之后，吉利公司以郝某等人侵犯其注册商标使用权、造成经济损失为由诉至法院，要求停止侵权行为，并进行民事损害赔偿。在诉讼中，郝某对吉利集团有限公司提起的民事诉讼对立情绪极其严重，认为自身已经缴纳过行政罚款，没有理由再负担民事损害赔偿金。案件的特殊情况给法官化解矛盾带来很大困难，最终，通过法官不断的释法以及沟通，该案以低于权利人诉请数额较多的损害赔偿金达成了调解。⑥另一方面，在无法达成调解的情形下，法官均是以"明知不可为而为之"的无奈心态作出判决，但这类判决在实践中很难得到执行，往往形成"空判"。以天津市第二中级人民法院审结的天津天狗化工有限公司诉胡某、付某一案为例，"天狗"为注册商标，胡某、付某在其个人经营的门店中销售假冒"天狗"注册商标的油漆，该行为被天津市河东区人民检察院以假冒注册商标罪提起公诉，经过天津市河东区人民法院的刑事审判，判处胡某、付某有期徒刑缓期执行并处罚金人民币5万元。在刑事判决执行完毕之后，权利人天津天狗化工有限公司又向天津市第二中级人民法院提起了商标侵权之诉，要求胡某、付某承担民事损害赔偿金。这个案件从最初受理到最后判决，均让法官非常为难，因为胡某、付某仅为小规模经营的个体工商户，在缴纳刑事罚金之后，确已无能力偿付权利人相应的民事损害赔偿金。但是，基于法律的明确规定，虽然明知被告已经没有履行能力，法官也只能作出胡某、付某侵权并承担民事金钱责任的判决，但该判决至今仍然未得到当事人的履行。⑦

以实现私权救济为目的的民事审判遭遇了如此困境不得不让人深思，为了兑现行政罚款、刑事罚金等公法上的金钱责任，将本该负担给知识产权权利人的损害赔偿金交付给了国家，国家对违法行为的惩戒与威慑实现了，真正的受害者却得不到圆满的救济，那么先行进行的行政罚款、刑事罚金等金钱处罚的意义何在？后续开展的知识产权民事司法保护程序的意义又何在？毫无疑问，现实的局面偏离了知识产权保护制度的价值目标，加大知识产权保护力度、维护知识产权权利人合法权益在现实中如同一句空洞的口号，正视并改变这一现状，是我们当下应当具有的态度。

三、成因剖析：权利的特殊性与制度的阻滞

不同于其他民事权利，知识产权金钱责任发生冲突的情形尤其多发。由于国家的特别政策倾向，公权力介入知识产权的私权保护领域，以惩罚与威慑为主要

---

⑥ 天津市第二中级人民法院（2013）二中民三知初字第124-130号民事调解书。
⑦ 天津市第二中级人民法院（2013）二中民三知初字第98号民事判决书。

目的的行政处罚以及刑事制裁，体现出国家层面上对于知识产权保护的强力推进。但是，发端于知识产权本身的专业性，知识产权民事审判审级较高、审判周期较长，而公法保护程序与私法保护程序不分先后且各自为政，最终使得知识产权民事金钱责任成为最后一步得以确定的金钱责任。

（一）知识产权民事审判的复杂性

知识产权民事审判遵循"权属—比对—侵权认定"三阶段，在任何一个阶段均可能出现影响审判进程的因素。知识产权权利状态的不确定性、技术比对的专业性、新型侵权类型的出现，均使得知识产权民事审判程序不能轻易终结。由于审查标准、审查程序、审查机关的不同，知识产权行政执法反而更为快速，因此相较于长程的民事审判，知识产权行政执法因过程相对简单，便成为先于被完成的程序。

（二）公法程序先行的现实基础 从知识产权权利人以及知识产权侵权行为人的角度分析，知识产权民事司法程序的滞后完结也具有一定的现实基础

一方面，知识产权权利人往往会在提起知识产权民事侵权之诉前首先向国家公权力部门举报知识产权违法行为，先行启动知识产权行政执法或者刑事审判程序。由于知识产权行政执法比较直接、迅速、有力，能够在较短时间内打击侵权，而知识产权刑事审判审限较短，因此对于实践中急于遏制侵权行为的知识产权权利人来说，首先进行知识产权行政执法或刑事审判能够有效解决当下之需。同时，又因有国家公权力的介入，知识产权行政执法以及刑事审判的结果具有较强的公定力，知识产权权利人会期望通过知识产权行政执法或刑事审判固定侵权证据，便于其之后提起知识产权民事侵权之诉。

另一方面，知识产权侵权行为人一般均会如期承担行政以及刑事金钱责任。在其被行政执法机关苛以行政处罚时，为了保证自己的市场经营资格或是从事其他市场行为的资格不受影响，大部分知识产权侵权行为人均会按照行政处罚决定书指定的履行期间承担行政处罚责任，这一履行期限往往早于民事司法程序的终结。在其侵害知识产权的行为被检察院提起公诉后，其也会按期缴纳确定的刑事罚金，以便能够获得量刑的折扣。

上述原因均使得知识产权行政执法以及刑事审判程序早于知识产权民事审判程序终结，从而导致知识产权行政、刑事金钱责任早于知识产权民事金钱责任被承担。

（三）执行机构分散

由于知识产权审判的专业性，知识产权一审民事案件的审级较高，一般由中

级人民法院进行管辖，只有经过最高人民法院的批准，部分地区的基层人民法院才能够审理知识产权一审民事案件。然而现实中知识产权行政执法的执行法院可能为基层人民法院，因此类知识产权行政执法而引发的行政诉讼的管辖法院也可能为基层人民法院。再观之我国《刑法》，所有知识产权犯罪行为的法定刑最高均没有超过七年，依我国《刑事诉讼法》的规定，知识产权刑事案件均由基层人民法院进行管辖，如此一来，知识产权刑事罚金的执行机构也为各基层人民法院。由此可见，知识产权行政、刑事以及民事金钱责任的执行机构在当前的制度框架内并不能够得到绝对的统一，如此分散多头的执行机构在执行时并不能够轻易获知知识产权侵权行为人已经承担的金钱责任的状况，造成公法金钱责任先于私法金钱责任被执行便不足为怪。

四、应对之策：实现路径与制度保障

面对现实的窘境，我们需要进行调整。一方面，需要具有务实的态度，在现实的基础上构建出能够确保知识产权私权救济优先实现的路径。另一方面，影响知识产权私权救济优先实现的深层制度弊端也需要我们进行更为深入的检讨。

（一）民事金钱责任优先的实现路径

1. 采取替代性行政处罚

在当下知识产权行政执法存在的制度框架内，进行知识产权行政执法与司法保护的协调，化解现有冲突，以使得知识产权行政保护与司法保护能够相得益彰，共同服务于保护知识产权的大局，是当下最为务实的办法。在讨论知识产权行政执法问题时，应特别注意处理好两个关系，一是加强行政执法不能脱离依法行政、构建现代法治社会的宏伟目标；二是加强行政保护不应脱离知识产权的私权属性。[⑧]

通过对我国行政处罚法以及治安管理处罚条例中关于违法行为行政责任承担规定的梳理，我们可以看到，除了缴纳金钱的惩罚方式之外，相关行政法规中还规定有警告、责令停产停业、暂扣或吊销许可证或执照等处罚种类，因而，是否可以尝试采取这些替代性的责任承担方式，既达到惩戒违法行为人，又能够保证权利人所受损失获得足额赔偿的目的呢？可以如此设想，在行政执法机关进行知识产权行政执法时，如若相关机关都能够通过先行谈话、调查的方式，在查明知

---

⑧ 张今. 有关知识产权行政执法的几点思考[M]//中国社会科学院知识产权中心，中国知识产权培训中心. 完善知识产权执法体制问题研究. 北京：知识产权出版社，2009：26.

识产权侵权行为人与知识产权权利人之间就民事损害赔偿问题的解决情况，并对知识产权侵权行为人的财力状况以及知识产品的市场价值进行充分预估的基础上，谨慎施加行政罚款等金钱类型的行政处罚方式，而采取其他类型的行政处罚方式，具体而言就是变更过往单一施加行政罚款、没收违法所得非法财物等的处罚方式，而根据违法情节以警告、责令停产停业、暂扣或吊销许可证或执照等非金钱惩罚的手段取而代之，那么至少能够保证侵害知识产权的违法行为人的民事赔偿能力不会因为承担行政罚款等金钱责任而变得更糟，从而确保知识产权权利人的合法民事权益能够得到便利的救济。

采取金钱方式以外的替代性行政处罚方式，是充分贯彻以知识产权私权救济为优先的民法思想的体现。知识产权行政保护制度所发挥的惩戒与威慑功能是为了更好地保障权利，而不应该成为权利人获得其本该获得的救济的障碍。

2. 采取行政调解等非权力化手段

我国现行法律对知识产权行政调解作了明确的规定，赋予行政机关可应当事人的请求，就知识产权侵权行为的民事赔偿数额进行调解的权限，在当前我国仍然实行知识产权双轨执法体制的情况下，充分发挥行政机关的行政调解优势，也能够极大地减轻我国各级人民法院的诉累。

具体到知识产权行政与民事金钱责任的承担问题上，可以这样设计，即尝试运用行政调解这一行政程序，首先由行政机关就当事人之间的民事损害赔偿问题进行调解，在调解工作完成之后，再根据当事人之间的民事金钱责任承担的情况以及知识产权侵权行为人的违法情形，确定应该施以知识产权侵权行为人哪种类型的行政责任。当然，在这个过程中，行政机关应当居中裁判，注重运用非权力化的手段解决当事人间的纷争，引导当事人间形成调解协议，达不成调解协议的建议当事人提起民事诉讼。如此一来，既可使得知识产权权利人能够就其所遭受的损失高效率地获得民事救济，也不会影响知识产权侵权行为人所应该承担的行政责任。发挥行政机关的调解优势，是为了保证对于知识产权权利人私权救济的实现，行政机关居中调解，要避免采取公权力手段干涉私权。私权利是基础，是目的；公权力是辅助，是为私权利服务的手段。公权、私权性质不同，二者之间应当谨守分际。[9]

3. 发挥司法审查的终局作用

在以知识产权权利人的私权救济为优先的保护理念之下，无论是在人民法院审理针对知识产权行政处罚的行政诉讼中，还是在行政机关申请法院强制执行行

---

⑨ 刘春田. 民法原则与商标立法 [J]. 知识产权，2010（1）：7.

政处罚的案件中，都应遵从"民事为先"的原则，在最终的责任承担问题上，必须保障知识产权侵权行为人首先兑现其应当对权利人承担的民事金钱责任。

在上述案件的审理中，要发挥司法审查的终局作用，在人民法院进行行政处罚的审查时，必须审查案件是否存在影响民事金钱责任优先受偿的因素。正如以上文所述，在知识产权权利人同知识产权侵权行为人之间还未妥善解决民事损害赔偿问题前，考虑到知识产权侵权行为人的经营规模以及财力情况，知识产权行政执法机关应当采取行政罚款以外类型的非金钱类行政处罚，以保障知识产权侵权行为人的民事赔偿能力，因此，当行政机关对知识产权侵权行为人苛以行政罚款等金钱责任，或者在所苛以的行政金钱责任影响到违法行为人的民事赔偿能力时，人民法院应当对行政机关作出的这一行政处罚进行调整。

具体而言，人民法院应审查案件中是否存在就同一事实诉请或可能诉请民事赔偿的情形，如有必要应当将知识产权权利人追加为第三人，通知其参加诉讼。如存在上述情形，应核查知识产权侵权行为人的财产状况，预估其赔偿能力，视情况对所涉罚款判决或裁定暂缓执行而采取扣押、冻结当事人财产等强制措施，从而为民事赔偿优先做好准备。[⑩]

按照现代法治社会的基本法治精神与一般原则，行政裁量权必须加以司法监督，避免损害相对人的合法权利与利益。司法判决具有终局性，是现代法治的重要标志，是实现司法职能的必要保证，也是履行WTO义务的必然要求。[⑪]

4. 统一执行机构

上文分析表明，执行机构的不统一是知识产权私权救济在执行阶段得不到优先兑现的制度瓶颈。现实中，由于执行管辖机关级别的不对等，知识产权金钱责任的执行机构分散多头，单一执行机构并不能够轻易获知知识产权侵权行为人所承担的全部金钱责任情况，如此在各自开展执行工作时，以保障私权救济优先得到受偿的立法原则并不能够得到良好的践行。

笔者认为，应当统一执行机构，如此能够提高执行阶段的司法审查效率。在执行机构同一的情况下，知识产权侵权行为人所可能或已经负担的多重金钱责任能够更加便捷地被查知，在存在可能影响到民事金钱责任承担的因素时，同一执行机构也能够更加便利地采取相应措施，作出符合立法精神的执行决定，保证知识产权权利人私权救济的优先实现。为了保障私权救济优先实现的圆满落实，可由最先取得民事金钱责任执行权的人民法院执行，其他人民法院或行政机关应将

---

⑩ 陈凡. 论民事赔偿优先于行政罚款 [J]. 学术论坛, 2006 (6): 139.

⑪ 孔祥俊. 建立与WTO要求相适应的司法审查制度 [J]. 中国法学, 2001 (6): 12.

具有执行内容的法律文书统一移交该执行法院，委托该法院按有关规定统一执行。⑫

（二）民事金钱责任优先的制度保障

出于务实的考虑，我们能够采取一定的方式在现有的制度框架之内进行调整，保证知识产权私权救济的优先实现，但是，这种"救火式"的解决问题的思路似乎并不应该成为一种常态。在立法之初，就应当考虑到知识产权多重保护所可能带来的现实问题。知识产权行政、刑事保护方式的存在，正是造成知识产权民事金钱责任不能够得到优先实现的深层制度原因。

尽管迫于国际社会的压力以及为应对改革开放的需求，我国在建立知识产权制度之初接受了较高水平的知识产权保护规则，但随着我国经济社会的发展，目前我国对于知识产权的保护需求不再单纯囿于国际社会的压力，而是已经实现了外部压力与内生需求并存的转变。知识产权为私权是毋庸置疑的结论，知识产权同时也是一种资源，知识产权制度更是国家发展进步的工具。知识产权保护的效果不是一个单纯的立法和执法水平高低的问题，知识产权的保护与国家发展水平密切关联，知识产权制度设计与社会需求密切相关。⑬ 因此，在知识产权保护制度的设计上，给予何种保护，给予何种程度的保护，都需要结合我国的现实国情。

在我国知识经济尚处于初级发展阶段的当下，鼓励创新、防止知识产权垄断和防止限制竞争应当成为知识产权制度设计的初衷，如若动辄施以公权力的制裁，整个社会的创新心理以及创新发展均会遭到抑制。虽然西方国家也存在公权力介入知识产权领域的制度设计，但介入的领域往往涉及国家利益，西方国家在公权力介入的领域均持谦抑态度。所以，运用公权力进行知识产权保护一定要秉持慎重态度，公权力的介入主要应当用于维护国家利益和公共利益，对于知识产权这样一种财产性权利，还是应当以财产性手段进行保护最为适宜。⑭

五、结　　语

以民事金钱责任优先是理想的制度设计，但若缺乏相应制度的配合，也只能

---

⑫ 兰跃军．论被害人民事赔偿优先执行［J］．甘肃政法学院学报，2010（4）：93．

⑬ 张平．对知识产权若干问题的讨论：有感于一再加强的知识产权执法现状［M］//中国社会科学院知识产权中心，中国知识产权培训中心．完善知识产权执法体制问题研究．北京：知识产权出版社，2009：4．

⑭ 参见孔祥俊在"中国特色的知识产权保护模式研讨会"上的讲话，2013年8月10日。

成为渺茫的幻想。在我国当前知识产权行政、刑事及民事保护程序"三分立"的现实境况下，要以知识产权私权救济作为贯穿始终的红线，进行制度重整，无论是行政机关的行政执法，还是人民法院的司法审判以及执行程序，均需要依此标尺作出相应调整。

　　虽然我们能够采取一定的措施对现有难题进行一定程度的解决，但也不能不认真反思造成此现实困境的深层制度原因，一味加强知识产权保护强度并不能够达至最好的保护效果，需结合现实国情进行最为适宜的制度设计。对于知识产权这样一种私权，应当建立起以财产性手段保护为主的保护制度，公权力的介入应当慎重，唯有在侵害到国家利益以及公共利益的前提下，才能够由公权力进行规制。否则，以保护私权、鼓励创新、促进社会进步为最终目标的知识产权制度，只会背离最初的目标而与我们的期望渐行渐远，愿本文的探讨能够对完善我国知识产权保护制度尽到绵薄之力。

（原载于《知识产权》2014年第2期）
（本文第二作者为天津市第二中级人民法院的助理审判员施小雪）

知识产权人停止侵害请求权的限制

摘　要

　　知识产权是通过法律对他人行为进行人为制约的一种特权，其权利边界的模糊性导致完全适用财产规则并非有效率；加上知识产权法又是竞争法体系中的一环，当因知识产权排他权的过度行使导致有损竞争的非效率性情形发生时，就有必要对知识产权的排他性进行限制。但现有限制知识产权排他性的方法无法应对侵权行为发生后的情形，因此事后通过限制知识产权人的停止侵害请求权就成为必要。在我国限制停止侵害请求权可采取以下思路，即由司法机关分别对个人利益之间的平衡以及个人利益与公共利益之间的平衡进行综合考量，并根据不同产业领域对排他性救济方式的不同诉求，灵活把握对知识产权人停止侵害请求权限制标准的严格程度。具体而言，在对是否限制知识产权人的停止侵害请求权进行考量时，应考虑当事人之间的关系、市场因素、原告与被告的具体情况、公共利益等。在知识产权侵权诉讼中，当法院否定停止侵害请求权的情况下，必要时以替代性补偿金对权利人进行补偿，法院可依据自由裁量判令几倍于正常许可费的补偿金。

关键词

　　知识产权　权利限制　停止侵害请求权　排他性

引　言

面对侵害知识产权的行为，权利人通常都会主张停止侵害请求权。[①] 但知识财产本身具有非物质性，无法像有体物那样将权利的行使限制在以实体物为中心的有限范围，由于没有这样一个实际存在的规制焦点，知识产权的权利设定在理论上并无限制，权利范围有可能被无限扩大。[②] 在这种情况下，若对侵害知识产权的行为不加限制地允许停止侵害请求权的行使，将会过度妨碍公众对知识财产的利用。特别是随着技术的发展带来的知识产权权利领域的细化以及市场自发酝酿产生的科研技术分工等新情况的出现，有时要求侵权人停止侵害行为反而违背知识产权法的宗旨。于是，有关对知识产权人行使停止侵害请求权进行限制的话题时常被提及。

在理论研究中，我国不少学者是将知识产权视为准物权，进而类比物权，将知识产权侵权中的停止侵害请求权作为知识产权的权能来看待，这进一步鼓励了停止侵害请求权的过度行使。在司法实践中，虽然有个案不支持停止侵害请求权的行使，但标准并不明确。于是，在知识产权侵权诉讼中，受上述观点的影响以及理论上的限制，法院在判定侵权行为成立后，往往就不加区别地直接判决侵权人停止侵害，这种做法在一些情形下容易导致非效率性的判决结果。目前理论和实践中存在的这种观点和处理方式，在面对日新月异的技术发展所带来的法律诉求时，缺乏灵活性和适应性。

本文旨在通过对知识产权以及知识产权停止侵害请求权（以下简称"停止侵害请求权"）的特殊性进行分析，探讨限制权利人行使停止侵害请求权的合理性、必要性及可能性，进而对中国、美国、日本的有关停止侵害请求权的学说和判例以及制度背景进行比较研究，指出我国对于限制停止侵害请求权应采取的态度，并尝试提出效率性地运用限制停止侵害请求权的方法。

[①] 关于"停止侵害请求权"的用语，我国立法上并没有规定。我国立法上采取的是民事责任的立法模式，只规定了停止侵害的民事责任，并未直接规定停止侵害请求权。但从请求权与民事责任的关系来看，民事责任的承担是以请求权为基础的。而且"停止侵害请求权"也经常作为学术概念被学者们使用。因此，本文也采纳了"停止侵害请求权"的用语。"停止侵害请求权"指的是作为基础性权利的知识产权受到侵害时所产生的一种救济权，在此予以说明。

[②] 因此，对于知识产权的权利类型、权利内容、授权要件等重要问题应该通过成文法予以规定，而不得随意创设，这种主张又被称为"知识产权法定主义"。参见：李扬. 知识产权法定主义及其适用：兼与梁慧星、易继明教授商榷 [J]. 法学研究，2006（2）；郑胜利. 论知识产权法定主义 [J]. 中国发展，2006（3）.

一、现状与问题

（一）我国知识产权侵权中停止侵害请求权的现状

我国有关请求权的理论源自于德国，德国学者温德沙伊德在提出请求权的概念之后，经由德国民法典制度化，在严格区分物权和债权的基础上，形成了以物权请求权和债权请求权为基础的二元构造，而停止侵害属于物权请求权的重要权能之一。根据物权请求权和债权请求权区分理论，当绝对权受到侵害或有侵害之虞时，自动发生物权请求权，即可立刻主张停止侵害。对于知识产权来说，目前通说都是将其视为准物权，认为其是一种绝对权。因此根据请求权理论，当知识产权受到侵害或有侵害之虞时，权利人可以当然地要求侵权人停止侵害，无需考虑侵权人的主观要件。[③] 也正是因为停止侵害请求权的存在，才使得作为知识产权保护客体的知识财产具有了排他性。

在我国司法实践中，法院在认定侵权行为成立时，往往会判令被告停止侵害，这样的判决不胜枚举。最典型的如20世纪90年代末在我国引起广泛关注的"武松打虎"案。[④] 该案中的被告景阳岗酒厂未经原告刘继卣许可，将刘继卣创作的《武松打虎》组画中的第十一幅修改后，作为瓶贴和外包装装潢在其生产的景阳岗陈酿系列白酒上使用，并未为刘继卣署名。1989年被告又将其已修改使用的刘继卣的《武松打虎》组画中的第十一幅申请注册商标，并取得注册。1990年被告携景阳岗酒参加了首届中国酒文化博览会，1995年6月9日被告又在人民大会堂举行了"景阳岗陈酿品评会"。1996年7月，刘继卣的继承人以侵害著作权为由向法院起诉，要求被告立即停止侵权，赔偿经济损失50万元。一审、二审法院都支持了原告要求被告停止侵害的请求。在该判决生效之后，原告凭侵权判决书向国家商标局请求撤销景阳岗酒厂的注册商标，商标局应其请求撤销了景阳岗酒厂的注册商标。对于该案判决所产生的负面影响，不少学者表示了担忧。[⑤]

[③] 目前对于行使停止侵害请求权的主观要件问题基本已达成一致，即认为行使停止侵害请求权无需行为人主观过错。参见：郑成思. 知识产权论 [M]. 北京：法律出版社，2001：252.

[④] 一审：北京市海淀区人民法院（1996）海知初字第29号；二审：北京市第一中级人民法院（1997）一中知终字第14号。

[⑤] 参见：李扬. 知识产权请求权的限制 [J]. 法商研究，2010（4）；刘春田. "在先权利"与工业产权："武松打虎"案引起的思考 [J]. 中华商标，1997（3）；张玲. 论专利侵权诉讼中停止侵权民事责任及其完善 [J]. 法学家，2011（4）.

(二) 问题之所在

目前我国对于知识产权侵权中停止侵害请求权运用的理论基础和裁判方式，事实上仍是以停止侵害请求权自动产生为基础，即认定侵权的同时当然地判令停止侵害（以下将该观点表述为"停止侵害当然论"）。这种传统的类物权化处理模式，在最初应对来自市场自身激励不足的情形时，作为支援创新激励的制度设计，确实发挥了相当重要的作用。但越来越多的观点认为，在知识产权领域停止侵害请求权不加限制的行使，对于市场自由竞争以及技术创新等经济活动产生了过度的负面影响，无论是从知识产权法制度的宗旨来看，还是从竞争政策的角度看，都不禁令人产生担忧。[6] 如上述"武松打虎"的案例中，被告为打造其商标已经付出了相当大的投资和心血，而且著作权在我国无需登记即可获得，这对于被告来说事前自行判断是否侵权本身就存在不小的搜索成本，如果允许此前一直息于行使其权利的原告突然行使停止侵害请求权，就对传统的公平观念造成冲击，甚至为知识产权投机者运用停止侵害请求权进行寻租提供激励，长此以往将损害公共利益。特别是随着技术发展带来的知识产权权利领域的细化以及复杂技术带来的科研技术分工等新变化，一些领域出现了新的应对模式，如标准化运动和产业分流等，而这些应对模式正是市场运用其自身智慧酝酿出来的，应该予以尊重。[7] 在这种新情况下，若仍恪守传统的将知识产权类物权化的处理模式，那么在"停止侵害当然论"的支持下，知识产权制度投机者引发的专利要挟（Patent hold up）以及专利流氓（Patent troll）等问题所带来的负面效应在这些新的运作模式下将被放大，其带来的危害也将加剧，甚至背离知识产权法的宗旨。于是，为了让知识产权制度能够有效率地运行，就需要对传统类物权化的处理模式进行修正，在知识产权侵权中，突破"停止侵害当然论"，而对停止侵害请求权进行适当限制。

---

[6] 比较极端的表现如专利失败理论，从侧面反映了这个问题。该理论认为现有的专利制度在一些领域不仅未能促进产业发展，反而阻碍了产业发展，认为排他性的专利权的存在是失败的。关于专利失败理论，参见：J. Bessen, M. J. Meurer. Patent Failure: How Judges, Bureaucrats, and Lawyers Put Innovators at Risk [M]. Princeton: Princeton University Press, 2008.

[7] 根据法政策学的观点，在资源分配的决定过程中，有市场、立法、行政、司法等决定方式，其中市场决定具有诱导革新的功能以及发现和扩散个体信息的功能等，体现了自由精神，能够实现资源更具效率性的分配，在市场决定能正常发挥作用的情况下，应该交给市场，其他决定方式不应参与。参见：[日] 平井宜雄. 法政策学: 法制度设计的理论与技法 [M]. 有斐阁, 1995: 121 - 125. 关于将法政策学引入知识产权领域并予以进一步发展的观点，参见：[日] 田村善之. 知的财产法 [M]. 有斐阁, 2010: 7 - 26.

二、限制停止侵害请求权的合理性和必要性

（一）限制停止侵害请求权的合理性限制

停止侵害请求权的合理性何在？要回答这个问题，首先要说明知识产权到底是一种怎样的权利。通常说到知识产权，人们都会认为是对于某种"无体物"的权利，而这种被称作"无体物"的东西，实际上只不过是从人们各种行为中抽象出来的类似的模式（similitude in pattern）并将其贴上"无体物"的标签而已。[8] 进一步而言，将任何行为人共通的抽象性要素——如将著作权法中的复制和公众传播等要素——提取出来作为"行为"进行规制，另外，将各种行为的不同点排除后所剩的固有要素作为一个一个的"知识创作物"——如在著作权法中就是作为作品——进行把握，通过这种手法，将应该规制的行为以"创作性表现这种'物'在法定利用'行为'的情况下再次产生"的形式进行定义，从这个意义上来看，这只不过是一种使得应受规制的行为明确易懂的被特定化的立法技术。[9] 从本质上讲，实际上类似于所有权那样的财产权意义上的知识财产（无体物）并不是人与物之间的关系，而是被忽略了的人与人之间的关系。所谓知识产权，"只不过是通过法律对自由人的行为模式从物理上进行人为制约的一种特权"。[10] 因此某人获得相应的知识产权，就意味着会广泛制约自己以外的其他人的自由。

那么为什么还要赋予知识产权呢？这涉及知识产权正当化的根据。关于知识产权正当化的根据，有自然权论和激励理论两种相互对立的观点。前者认为，人们对于自己的创作物当然地享有权利；后者认为，如果过度地容许免费使用，则对于后来的模仿者一方将会过于有利，从而可能导致意欲对知识财产创作进行投资的先行者数量减少。为了防止这种现象，应该考虑在一定程度上禁止免费使用。[11] 由于知识产权实际上是一种规制人们行为的权利，按照自然权论，则某人仅仅凭借创作出某种东西就当然地可以广泛制约他人的自由了，这恐怕缺乏说服力。[12] 就知识产权的正当化依据而言，并不仅仅只考虑权利人的利益，还应考虑

---

[8] 参见：Wendy J. Gordon. 知识产权 [J] // [日] 田边英幸, 译. 知识产权法政策学研究, (11).

[9] 参见：[日] 田村善之. 知识创作物未保护领域之思维模式的陷阱 [J] // 李扬, 许清, 译. 法学家, 2010 (4).

[10] 同注 [8]。

[11] 参见：[日] 田村善之. 智慧财产法政策学初探 [M] // 李扬, 许清, 译. 李扬. 知识产权法政策学论丛. 北京：中国社会科学出版社, 2009：99 - 126.

[12] 参见：[日] 森村进. 財產權的理论 [M]. 弘文堂, 1995：168 - 171.

有益于更广泛的多数人的利益。也就是说，如果对某种程度上的"搭便车"行为不加以制止的话，致力于创造知识的人将大大减少，普通公众也将蒙受利益损失，只有这种福利性或效率性的观点（激励理论）才能成为知识产权正当化的积极依据。而某人进行了某种创作就应该获得保护这种自然权论的理由，只不过是知识产权正当化的消极依据而已。[13]

由此可见，知识产权并不能像有体财产权那样完全从自然权利理论中获得正当化的依据，其正当化依据只能从激励理论中寻求。世界上多数国家知识产权法的宗旨实际上都体现了激励观点。知识产权法的宗旨，不仅仅是为了促进知识的创作和公开，更重要的是为了促进知识的利用，以实现产业发展和文化繁荣。[14] 立法上之所以对知识产权赋予排他性，正是基于这种做法能够促进社会进步的政策判断。正是因为如此，知识产权领域中对于权利人的保护应该弱于有体财产权领域，因为知识产权必须更多地考虑权利人利益之外的公共利益。[15] 由此可以得出一个结论，即当遇到公共利益的需要时，对停止侵害请求权进行适当限制是符合知识产权制度理念的。[16]

（二）限制停止侵害请求权的必要性

1. 经济学的视角。关于知识产权制度中作为法律救济手段的停止侵害请求权存在的必要性问题，法经济学上的一些讨论也许能够提供一些思路。法经济学的讨论中有学者以交易费用和科斯定理为理论基础，对于权利在怎样的法律制度

---

[13] 参见注 [7]，田村善之书，第 5 页. 根据田村善之教授的理论，在知识产权正当化依据中，激励理论是其积极依据，也是最重要的，同时自然权论中的一些观点只是作为知识产权正当化的消极依据，以此分别从法规范受容性的内在视点和外在视点实现了知识产权的正当化。

[14] 关于激励理论的发展过程，分别经历了激励发明理论、激励披露理论以及激励商业化理论，不同理论形态对于知识产权救济有着不同的指向。参见：和育东. 美国专利侵权救济制度研究 [D]. 北京：中国政法大学，2008.

[15] 比如，侵害物权时，采取以停止侵害请求权为先、损害赔偿请求权为辅的救济模式并无不妥，这是因为对于有体物的使用是以对其占有为前提的，通常而言，有体物只能同时被特定人占有，因此当侵害有体物时首先通过停止侵害请求权予以救济，是最快最有效的救济方式，而且对公共利益产生的负外部性较小。知识产权则不同，知识产权不同于物权，其客体可以同时被多人利用。对于这种不同于物权的情况，如果仍采取停止侵害请求权优先的救济途径，就会对公共利益造成较大的影响。

[16] 也许有人会疑问，限制停止侵害请求权会不会导致知识创作的激励不足呢？这里可以援引欧美关于专利在创新激励中的重要性的几个权威调查结论回答这个疑问。这几个调查结论都认为，除了专利权外，还有多种激励创新方式的存在，而且专利对于创新的激励作用并非最为重要。几个调查结果都表明，虽然专利制度在不同领域对创新激励的重要性不同，但都并非处于最重要的地位，而是市场先行利益排在前面。关于这几个实证调查的介绍，参见：[日] 田村善之. 探索以强化创新为目标的专利制度（1）[J]. 知的财产法政策学研究，2011（35）.

下最具有效率性的问题提出了一套判断标准。该判断标准提出了财产规则（Property rules）和责任规则（Liability rules）的权利保护方式，[17] 认为当市场交易费用较高时，适用责任规则将更有效率，而当市场交易费用较低时，则适用财产规则将更有效率。[18] 该判断标准的提出在理论界产生了相当大的影响，通常认为，当考虑到市场交易费用较低时，对权利人的保护就应赋予排他权，从而适用财产规则予以保护，现行的知识产权法制度也正是这样处理的。但实际上，上述标准包含一个重要前提，即财产权的范围是可以清晰界定的。[19] 在随后的相关研究中，也有学者指出该标准遗漏了一些需要考虑的其他因素，其中最重要的是，没有对"权利的性质"进行区分。[20] 知识产权不同于物权，它没有像物权那样的限制权利扩散的实体焦点，其权利范围只是通过一些较为抽象的技术用语，如文字、图形或符号等进行划定，有着相当的不确定性。因此，对于知识产权来说，完全地适用财产规则，并非总是有效率的。由此可见，从经济学的视点来看，基于知识财产自身的特性，为了实现经济效率性，有必要对停止侵害请求权进行适当的限制。

2. 竞争政策的视角。关于知识产权法在整个竞争规制体系中的定位，学界此前争论较多。但纵观各学者的论点，对于知识产权法与其他竞争体系中的法在目的上的共通性，即作为竞争政策而促进产业发展这一共同目的，基本上能得到大多数学者的认同，只是对于具体的调整手法是否相同有着较大争论。传统观点认为，知识产权法与其他竞争法的重大区别之一在于权利授予法与行为规制法的区分。在知识产权法领域中，虽然一般采用的是对于知识创作物的权利这种说法，但实际上发明或作品等无体物实际根本就不存在，只是人们人为构想出来

---

[17] 适用财产规则的权利保护是指，权利人以其享有的财产权为前提，与希望获得该权利的人通过自由交易实现权利的移转，无需公权力介入，当该权利受到侵害时，应该认可停止侵害请求权的救济方式。相反，适用责任规则的权利保护是指，希望获得该权利的人向权利人支付相应对价而无需经过谈判交易即可取得该权利，这种情形下权利受到侵害时，就没必要采取停止侵害请求权的救济方式。

[18] See: C. Calabreisi, A. D. Melamed. Property Rules, Liability Rules, and Inalienability Rule: One View of the Cathedral [J]. Harv. L. Rev, 1972 (85): 1089.

[19] See: M. A. Lemley, P. J. Weiser. Should Property or Liability Rules Govern Information? [J]. Tex. L. Rev, 2007 (85): 789. 转引自：陈武. 权利不确定性与知识产权停止侵害请求权之限制 [J]. 中外法学，2011 (2).

[20] 关于该判断标准遗漏的一些应当考虑的要素，比如，当事人掌握的该权利信息的非对称性、适用责任规则时对权利进行估价的费用、权利的性质等。有学者明确指出，当交易当事人之间存在的信息不对称性较大时，即使交易费用较低，也不应适用财产规则，而是适用责任规则更具有效率性。See: L. Kaplow, S. Shave. Property Rules Versus Liability Rules: An Economic Analysis [J]. Harv. L. Rev, 1996 (109): 713.

的。正如前文所说，这种被称作"无体物"的东西只不过是从人们各种行为中抽象出来的类似的模式，是一种为了使得应受规制的行为能够明确易懂地被特定化而采取的立法技术，知识产权实际上是规制他人行为的一种权利。由此可见，知识产权法与其他竞争法一样，实质上都是行为规制法。对知识产权法的认识从传统的权利授予法的观念束缚中解脱出来，是从竞争政策的角度理解停止侵害请求权限制的必要性的前提。

既然知识产权法属于行为规制法，就应当属于竞争规制体系中的一环。其作为促进产业发展的一种竞争政策来规制他人的行为，目的在于使得竞争变得公平有序，即任何人希望利用已有的知识增强竞争时都必须依照一定的规则进行，且不得损害竞争。如此进行制度设计的知识产权法绝不能成为阻碍产业发展的帮凶。此前不少否定限制停止侵害请求权的学者之所以那么认为，很重要的原因就在于将知识产权法视为权利赋予法的传统观念根深蒂固，基于对权利有效性的担忧，不愿承认对知识产权排他性的限制。但知识产权法并非如有体财产权法那般赋予权利人以权利，所以当知识产权投机者利用知识产权的排他性，滥用或策略性地运用停止侵害请求权，从而导致创新的激励不足，给有序竞争秩序带来较大的负面影响、阻碍产业发展时，就有必要对这些行为进行规制，具体做法就是夺去其武器——对停止侵害请求权进行限制，以恢复和保障有序竞争，实现产业发展的目的。

3. 现行相关制度的不足。现有的限制知识产权排他性的方法是否足以应对呢？是否有必要事后对停止侵害请求权进行限制？法律是个体系化的制度，牵一发而动全身，理应谨慎行之。既存的法律制度若有应对之策，则无需另外耗费心思寻求新的解决方式。从我国现有的制度来看，能够实现限制知识产权排他性的制度主要包括：合理使用制度、强制实施许可制度、法定实施许可制度。这些制度虽然在一定程度上能够平衡知识产权的保护与利用，但都有其各自的限制，不宜扩大适用范围。[21] 比如合理使用制度采取的是完全消解知识产权排他性的方式，并不能成为一种普遍适用的制度，否则将无法保证对知识生产者创造知识的激励，而且我国目前著作权法中的合理使用规定采取的是限定列举式，这进一步限制了合理使用的适用范围。再比如强制实施许可制度的适用条件严格、适用程序复杂，这非常不利于实施人应对瞬息万变的市场，而且就笔者目前所了解的情况来看，迄今为止我国尚未有一例强制许可的案例。而法定实施许可制度中法律

---

[21] 此外，还有一些理论上的限制知识产权排他性的原则，如专利权利用尽原则、权利不得滥用原则等，但这些原则对于停止侵害请求权的限制也都有其局限性。

直接规定的使用费并不一定能反映出市场价格,而且使用者一般分布广,权利人主张使用费的成本较大。更重要的是,这些方法都属于事前消解知识产权排他性的方法,当面对需要事后限制知识产权排他性的时候,则难以有用武之地。[22] 也许有人会认为,以采取违反上述法定方法所规定的条件或程序的方式利用知识产权权利人所控制知识的行为不值得保护,根本没有采取事后限制停止侵害请求权的必要。实际上这种事后限制的做法保护的并不是侵权行为或侵权行为人,而是公共利益。至少有以下两点可以说明在知识产权领域事后限制停止侵害请求权的合理性:

(1) 效率性的追求。知识产权法之所以在非物质性的抽象客体上创设权利,首要目的就是要保证有足够多的知识被创造出来,并使之得到利用,从而推动整个社会物质文明和精神文明的进步。自有知识产权法的历史以来,知识产权制度对于经济的推动作用大概可以说明这一点。但是,知识产权效率存在的差异性恐怕也是自有知识产权法以来不容否认的一个事实。[23] 于是,正如效率违约理论所说的"违约将带来更大效率"的情形那样,当未按照法定条件和程序利用知识产权权利人控制的知识这种"侵权行为"被普遍认为是更有效率的情况下,"侵权人"的可归责性就被弱化了。

(2) 弥补事前设定排他权的不足。立法者赋予知识财产排他权时,是从整体性效率出发做出的政策性抉择,但是整体上有效率并不意味着单个个体也同样有效率,相反,在这种统一的制度安排下个体上的非效率时常出现,需要事后纠正。另外,对于像专利、商标这种需要行政许可授权的知识产权来说,虽然行政机关可以根据一些要件对于授权与否进行判断,但实际上行政机关在进行是否授权的衡量时,并不考虑也没能力去考虑授权后对将来市场是否会产生负面影响。因此,授权阶段只能以整体效率作为其合理性依据,至于因这一过程中的考量因素的缺失而出现的利益偏差,应该通过司法去纠正,这也正体现了程序志向的知识产权法政策学的理念。[24]

三、限制停止侵害请求权的可行性分析

(一) 我国相关立法条文的理解

我国对于知识产权侵权采取的是要求承担民事责任的立法模式,但无论是规

---

[22][23] 参见注 [5],李扬文。
[24] 关于知识产权法政策学的介绍,参见注 [1],田村善之文。

定民事责任还是规定请求权都是作为对被侵权人进行救济的一种手段,只不过是从不同角度进行规定而已。㉕

《民法通则》中有3个条文对此作了规定,其中,第106条是关于承担民事责任的一般规定,第118条是关于侵害知识产权的民事责任的规定,第134条是关于承担民事责任方式的规定。第134条所列举的10种民事责任的方式可以单独适用,也可以合并适用。㉖从这些规定中可以看出,作为上位法的《民法通则》,并没有将停止侵害作为侵害知识产权的必然结果。

具体到知识产权特别法中又是怎样规定的呢?《专利法》第60条规定,对于侵害专利权引起的纠纷由当事人协商解决,不愿协商或协商不成的,可以向法院起诉或请求管理专利工作的部门处理,管理专利工作的部门处理时,认定侵权行为成立的,可以责令侵权人立即停止侵权行为。该条是对侵害专利权责任承担的处理方式的规定,虽然允许当事人向法院起诉或请求管理专利工作的部门处理,但法院应当怎么处理并无规定,只是规定管理专利工作的部门认定侵权行为成立时,"可以"责令侵权人立即停止侵权行为。从用语来看,该规定意味着即使侵权行为成立,在特殊情形下,也可以不责令侵权人立即停止侵权行为。与此类似,《商标法》第三次修改所公布的修订草案征求意见稿的第64条对原商标法第53条作了些许修改,其中值得关注的一处修改是将原有规定的"工商行政管理部门处理时,认定侵权行为成立的,责令立即停止侵权行为",修改为"工商行政管理部门处理时,认定侵权行为成立的,可以责令立即停止侵权行为"。虽然仅仅增加了"可以"二字,但这次有意进行的补缺性修改也许正意味着立法者也认为停止侵害请求权应该受到限制,进而通过修改使得该条文蕴含着停止侵害请求权并非当然发生的观念。

关于著作权,这一观念在立法中体现得更加明显。比如《著作权法》第47条、第48条具体列举了侵害著作权的行为,两条文中都使用了相同的用语,即"有下列侵权行为的,应当根据情况,承担停止侵害、消除影响、赔礼道歉、赔偿损失等民事责任"。也就是说,发生侵权行为后,并不当然发生停止侵害的民事责任,而"应当根据情况"确定如何承担责任以及承担责任的方式。不仅如此,《计算机软件保护条例》第30条明文规定了在特定条件下以支付合理费用替

㉕ 也有学者认为,我国立法上已经建立起初具规模的知识产权请求权制度。参见:陈锦川.试论我国知识产权请求权的初步确立 [J]. 人民司法, 2002 (10).

㉖ 并参见《侵权责任法》以及《最高人民法院关于专利纠纷案件适用法律问题的若干规定》(法释〔2001〕21号)第23条中的规定类似。

代停止侵害的责任。该条规定，"软件的复制品持有人不知道也没有合理理由应当知道该软件是侵权复制品的，不承担赔偿责任；但是，应当停止使用、销毁该侵权复制品。如果停止使用并销毁该侵权复制品将给复制品使用人造成重大损失的，复制品使用人可以在向软件著作权人支付合理费用后继续使用。"按照该条的规定，当软件的复制品持有人主观上无过错，且停止使用并销毁侵权复制品将给其造成重大损失的情况下，可以以支付合理费用的形式替代停止侵害行为。该条直接从立法上回答了限制停止侵害请求权的可能性。只不过由于受到立法位阶的影响，该条只能适用于软件著作权的情形，对其他著作权则无法适用。

由此可见，从我国现有的立法条文中，并不能得出知识产权侵权"停止侵害当然论"的结论。相反，从条文中可以解读出立法者对于限制排他权的思想，不仅如此，有的立法条文还明确规定了在一定条件下以经济补偿替代停止侵害的做法。

（二）我国司法裁判对"停止侵害当然论"的突破

我国有法院早在 2006 年就在知识产权侵权诉讼中突破了"停止侵害当然论"，即在认定侵权行为成立的同时对停止侵害请求权进行限制。这就是"广州新白云机场幕墙专利侵权纠纷"案。[27]该案中原告珠海市晶艺玻璃工程有限公司是名为"一种幕墙活动连接装置"的实用新型专利权人，原白云机场有限公司（后被并入广东省机场管理集团公司）委托被告深圳市三鑫特种玻璃技术股份有限公司承担广州新白云国际机场航站楼点支式玻璃幕墙工程设计，设计内容包括玻璃幕墙的活动连接装置。原告认为被告深圳市三鑫特种玻璃技术股份有限公司未经其同意在广州新白云机场航站楼主楼幕墙制作与安装工程中制造、销售、使用的幕墙活动连接装置，以及被告广州白云国际机场股份有限公司、广东省机场管理集团公司未经同意使用其专利产品的行为，侵犯其实用新型专利权，遂向法院提起诉讼。一审法院考虑到机场的特殊性，认为判令停止使用被控侵权产品不符合社会公共利益，于是判令广州白云国际机场股份有限公司可继续使用被控侵权产品，但应适当支付使用费 15 万元，其他两被告支付侵权赔偿费 30 万元。二审期间，经二审法院主持，当事人达成调解协议，由被告深圳市三鑫特种玻璃技术股份有限公司支付原告一定的补偿，原告允许广州白云国际机场股份有限公司

---

[27] 一审：广东省广州市中级人民法院（2004）穗中法民三知初字第 581 号民事判决书；二审：广东省高级人民法院（2006）粤高法民三终字第 391 号民事判决书。

和广东省机场管理集团公司继续使用涉案专利产品。㉘

此后又出现了更明确的以公共利益作为限制停止侵害请求权理由的判例，即福建省高级人民法院关于烟气脱硫专利权侵权诉讼的判决。㉙其案情如下：武汉晶源环境工程有限公司是名为"曝气法海水烟气脱硫方法及一种脱硫装置"的发明专利权人。为了建设漳州后石电厂的环境处理系统，华阳公司与富士化水工业株式会社签订"烟气脱硫系统"的合同，约定由富士化水株式会社提供设备及转让技术。华阳公司又先后委托了深圳晶源环保科技有限公司（后双方协议终止合同）、原告武汉晶源环境工程有限公司负责漳州后石电厂烟气脱硫工程可行性研究报告的编制。原告武汉晶源环境工程有限公司最终提交的报告的结论及建议里推荐该电厂采用的以及建议有关部门批准的工程技术方案中，使用了富士化水株式会社为华阳公司脱硫工程所设计的图纸。此后，案外人中国化学工程第三建设公司根据华阳公司提供的富士化水株式会社转让的技术制造和安装了华阳公司的排烟脱硫设备。原告武汉晶源环境工程有限公司认为，富士化水株式会社未经其许可，仿造了与专利方法相配套的烟气脱硫专利装置，并在华阳公司的漳州市电厂分别安装于两台发电机组并投入商业运行，其烟气脱硫工艺方法是原告的专利方法，脱硫装置是原告的专利技术产品，以两被告侵害其专利权为由，请求法院判令两被告停止侵害、赔偿损失及承担相应费用。该案中一审福建省高级人民法院考虑到涉案专利产品有利于环境保护，具有很好的社会效应，且电厂供电情况直接影响地方经济和民生，判令停止侵权将产生较大的负面效果，于是判决为平衡权利人利益和社会利益，不支持原告的停止侵害的诉讼请求。对于一审中基于社会公众利益的考虑不支持原告停止侵害的诉讼请求的做法，最高人民法院在二审判决中予以了肯定。㉚

此外，最高人民法院在2009年发布的《关于当前经济形势下知识产权审判服务大局若干问题的意见》中就如何充分发挥停止侵害的救济作用、妥善适用停止侵害责任、有效遏制侵权行为给出了指导意见。意见指出，如果停止有关行为会造成当事人之间的重大利益失衡，或者有悖社会公共利益，或者实际上无法执行，可以根据案件具体情况进行利益衡量，不判决停止行为，而采取更充分的赔偿或者经济补偿等替代性措施解决纠纷。权利人长期放任侵权、怠于维权，在其

㉘ 与该案类似，该案原告还在深圳市中院起诉了深圳市机场股份有限公司和北方国际合作股份有限公司侵犯其同样的实用新型专利，深圳市中院也没有判令深圳机场停止侵权。参见深圳市中级人民法院（2004）深中法民三初字第587号民事判决书。

㉙ 一审：福建省高级人民法院（2001）闽知初字第4号民事判决书。

㉚ 二审：最高人民法院（2008）民三终字第8号民事判决书。

请求停止侵害时，倘若责令停止有关行为会在当事人之间造成较大的利益不平衡，可以审慎地考虑不再责令停止行为，但不影响依法给予合理的赔偿。[31] 从该意见可以看出，最高人民法院对于此前地方法院限制停止侵害请求权的大胆尝试是予以认可的。这更加明确了知识产权司法实践中限制停止侵害请求权的可能性。

四、比较法上的考察——美国、日本的学说及判例

（一）美国法上的禁令[32]制度

1. 美国司法界对于禁令的态度转变。美国的禁令制度源于衡平法，要理解禁令制度，必须将其与损害赔偿制度联系在一起，从美国权利救济体系的传统来考察。与侵害绝对权时停止侵害请求权当然发生的大陆法系不同，在普通法系中，作为权利侵害的必然救济方式只有损害赔偿，停止侵害只不过是视情况而定的补充性救济。[33] 当损害赔偿的救济不足以弥补侵权行为给权利人带来的损失，且符合特定的条件时，法院才针对被告颁布禁令。现行美国专利法就规定，法官在认定了侵权行为后可以依据衡平的原则决定是否发出禁令，[34] 这也体现了上述传统。按照衡平原则，是否发布禁令的检验标准有"四要件"，即原告有合法的权利请求、未来侵害是逼近的且损害赔偿是不充分的、禁令给被告造成的困难并非不成比例地大于给原告带来的收益、符合公共利益。[35] 此外，禁令的范围是确定的，对专利侵权人发出的禁令，其范围一般限于侵权人过去的侵权行为，但是，为了实现专利法规定的"避免专利上的任何权利受到侵害"这一目的，法院可以适当地将禁令范围扩大到那些虽然不会构成侵权，但有合理理由相信该行为会导致未来侵权的行为。[36]

可见，与旨在对已发生的损害进行救济的损害赔偿制度不同，禁令制度是针对未来可能发生的侵权行为而事先作出的一种预防性的事前救济。于是，什么时

---

[31] 为便于行文，如无特别说明，下文中的禁令均指永久禁令。参见《最高人民法院关于当前经济形势下知识产权审判服务大局若干问题的意见》（法发〔2009〕23号）。

[32] 美国的禁令制度分为临时禁令（包括诉前禁令和诉中禁令）和永久禁令，由于我国法上的停止侵害责任相当于英美法中的永久禁令，故在此仅讨论永久禁令制度。

[33] 参见：[日] 田中英夫. 英米法總論（上）[M]. 东京：东京大学出版社，1980：12.

[34] 参见35 U.S.C&283. 该条规定，对于诉讼有管辖权的各法院在认为合理的情况下，为防止专利权益受到侵害，可依衡平原则发布禁令。

[35] 参见：和育东. 美国专利侵权的禁令救济 [J]. 环球法律评论，2009（5）.

[36] 参见注 [14]，和育东文。

候需要发布禁令对于法院来说是一个需要判断的实际问题。从历史上看，美国法院对于是否发布禁令的态度有一个变迁和回归过程。联邦巡回上诉法院成立以前，在衡平传统的指导下，一般认为是否给予禁令救济属于进行事实审法院的裁量范围，有区域巡回上诉法院基于这种理由维持了一审法院未对侵权行为下发禁令的判决。[37] 1982年联邦巡回上诉法院成立之后，专利二审案件全部纳入其管辖范围，它在1984年的判决中以具有普遍指导性的判词肯定了此前的衡平传统。但是，此后联邦巡回上诉法院的一系列裁判却改变了该传统，认为对于侵害有效专利权的行为应当然给予禁令，只有在例外情况下才不发布禁令。联邦巡回上诉法院的这一系列判决中所坚持的禁令当然论，直到eBay案，联邦最高法院的判决才使得法院对于禁令的态度重回传统的衡平原则，联邦最高法院认为对于侵害专利权的行为是否下发禁令，不应采取统一的准则，而应该针对不同案件根据不同要素审慎地考察决定。[38] 联邦最高法院判决eBay案之后，美国法院对于专利侵权就不再必然发布禁令了。[39]

2. 美国联邦最高法院的eBay案判决。eBay案的判决引起了学界的广泛讨论，对之后的司法裁判以及学界都产生了重要影响。该案案情是：拥有在线拍卖专利技术的原告MercExchang，向经营网上拍卖交易的eBay及其下属公司Half.com提起专利侵权诉讼，认为两被告侵害了其拥有的有关在线拍卖的3项专利，要求向两被告发布永久禁令。一审地区法院经过陪审团审理，认定了eBay等的行为构成专利权侵害，但依据传统四要素的考虑，否定了发布永久禁令。二审联邦巡回上诉法院认为，既然专利权属于排他权，那么一旦肯定了专利权的有效性及侵权事实的存在，只要没有极度损害公共利益的例外情况，则应发布永久禁令。但美国联邦最高法院通过对规定了禁令救济的专利法第283条进行解释，重新回到衡平传统所确立的原则，并提示了颁发禁令的四个考量因素，即（1）原告是否遭受不可挽回的损害；（2）金钱赔偿是否无法实现充分救济；（3）发布禁令与否对于原告、被告造成负担的利益衡量；（4）公共利益的考虑。同时还援引著作权领域对于侵权行为并非自动颁发禁令的做法，来说明对于是否

---

[37] See: Foster v. American Mach. & Foundry Co., 492 F. 2d 1317, 1324 (1974).
[38] 参见：[日] 玉井克哉. 专利权权利范围的射程有多远 [J]. 专利，59（9）.
[39] 参见：[日] 尾岛明，二瓶纪子. 专利侵权中认可差止请求的要件 [J]. 知识产权研究论坛，(69). 但也有学者总结了联邦最高法院就eBay案判决后的3年里有关法院是否颁发禁令的68个判决，指出其中只有16个没有颁发禁令，而剩下的52个都是颁发了禁令的，并由此认为eBay案之后的下级法院对于是否颁发禁令的态度实际上是摇摆不定的。参见：[日] 平屿竜太. 差止请求权的限制：关于理论上可能性的考察 [J]. 日本工业所有权法学会年报，(33).

发布禁令还是应该依据衡平这种"永远的传统"进行判断。[40]

分析 eBay 案的联邦最高法院判决可知,该判决的立论依据如下:第一,对于颁发禁令所必需的特别依据由法院进行判示。第二,作为立法者意志的法律条文中体现不出禁令当然论。第三,同为知识产权的著作权领域的判例中也并非当然发布禁令,而是根据衡平传统处理。[41] 由此可见,上述判决的立论依据属于纯粹的法律论,而未涉及政策论。[42] 法院采取法律论进行判决,是判决智慧与司法技术的体现,但法院在作出判决时,不可能不考虑对社会的影响。实际上,在联邦最高法院作出判决前,产业界提交了大量的意见书。关于法院是否应该发布禁令的问题,不同产业在基本立场上存在相当大的冲突。比如制药产业、生物技术企业以及技术风险投资型企业认为,强力的专利制度是保障其产业激励所必须的,主张在没有特殊情形的情况下应以发布禁令为一般准则。同样支持发布禁令的还有作为技术转化机构的大学和研究所等,其认为禁令制度有助于实现其与企业交涉时的地位平等。相反,专利权错综复杂的产业领域比如半导体产业、软件产业等则认为,在这些领域事前获得他人实施许可的这种传统专利制度模式很多时候难以发挥有效作用,经济学上所说的要挟(hold up)问题难以避免,甚至会出现并不实施专利技术而以获取高额许可费为目的的职业诉讼集团,因此主张应该更多地允许不对侵权行为发布禁令的情况的存在。还有十分依赖"产业标准化模式"的网络产业、计算机产业等也指出,一旦政府确立的共通的标准化技术被发布禁令,其带来的产业打击将是相当巨大的。[43]

(二) 日本法上的差止请求权

1. 日本学界的差止请求权观念。日本继承了传统大陆法系有关请求权的理论,并在立法上规定了"差止请求权"。[44] 关于差止请求权的含义,虽然学者的解释角度不同,但基本上都认为除了停止当前侵害之义外,还包含禁止将来发生

---

[40] 关于美国联邦最高法院对 eBay 案判决的具体情况,相关介绍文献颇多,在此不予重复。可参见:张玉瑞. 浅析专利侵权禁令的限制 [EB/OL]. [2011 - 12 - 27]. http://www.iolaw.org.cn/showArticle.asp?id=2822.

[41] 参见注 [38],玉井克哉文。

[42] 这里所说的政策论,是指在考虑结论对于社会的影响及其适当性的基础上进行决定。我国学界在讨论 eBay 案的联邦最高法院判决时,多是从该案对于禁令当然论限制的意义的角度去说,而对于该案背后所隐含的政策影响分析的较少,或者说根本未予重视。仅仅从判例本身去研究判例,其意义将大打折扣。

[43] 参见注 [38],玉井克哉文。

[44] 相关条文可参见日本专利法第 100 条、日本实用新型专利法第 27 条、日本外观专利保护法第 37 条、日本商标法第 36 条、日本著作权法第 112 条、日本种苗法第 33 条、日本集成电路布图设计保护法第 22 条等。

侵害之义。差止请求权的内容除了停止侵害请求权之外，还包括排除妨碍请求权、预防侵害请求权及侵权物废弃请求权。[45] 一般认为，差止请求权是针对现实发生的侵害以及将来可能发生的侵害的救济手段，属于物权性请求权，只要客观上存在侵权事实，权利人即可行使差止请求权而无需考虑侵权人的主观要件。虽然判令差止会使得行为人遭受一定程度的非利益，但法律另外预先设置了淡化这种非利益的特别制度，如先使用抗辩等，而对于不符合这些特别制度的侵权行为，法律上的判断则认为应优先保护权利人的利益。[46] 但是，最近日本民法学说上也出现了一些新观点，认为差止请求权并不能作为权能直接从权利的性质中导出，[47] 也有学者对于作为差止请求权理论基础的权利说与侵权行为说提出了质疑。[48] 如果以新观点为前提的话，即使认定了侵害知识产权成立，当然地直接肯定原告的差止请求权恐怕就失去了理论依据。

实际上，已有学者主张应该根据权利种类、标的物、侵害状况、被害者的损失以及差止将给加害者带来的损失等因素，综合比较考量来决定是否判令差止。[49] 这样一来，关于差止的要件就只是利益考量的问题了。另外还有学者主张，在此基础上还需加上经济效率以及公共利益的考虑。[50] 总之，依照这样的观点，就不能不考虑各个案件的具体情况，而非仅仅依据侵害知识产权行为的存在就当然地肯定原告的差止请求权。

2. 日本法院判例的动向。由于差止请求权的传统观念根深蒂固，日本法院在以往的知识产权侵权案件中认定了侵权的话通常都是支持原告的差止请求的，否定差止请求的情形仅仅是因为被告在判决作出前已停止侵害行为且没有再次侵权的可能，基于原告已无诉讼利益从而否定原告的差止请求。[51] 但是最近在著作权领域出现了在认定成立侵害著作权的前提下，否定差止请求而仅仅部分支持了

---

[45] 参见：杜颖. 日本知识产权保护中的差止请求权 [J]. 外国法译评, 1999 (4).

[46] 参见注 [7]，田村善之书，第 311 页.

[47] 详细内容可参见：[日] 奈须野太，伊达智子. 开放创新时代下的知识产权制度的提案 [J]. Law & technology, 45.

[48] 权利说认为，停止侵害是基于绝对权或者排他的支配权产生的请求权；侵权行为说认为，停止侵害是侵权行为固有的责任承担方式之一。对两种学说提出的质疑，参见：[日] 加藤雅信. 差止裁判例的新动向 [M] // [日] 加藤雅信，加藤新太郎. 现代民法学与实务（下）. 判例速报出版社, 2008.

[49] 详细内容可参见注 [47]，奈须野太、伊达智子文.

[50] 参见：[日] 大塚直. 差止裁判例的新动向 [M] // [日] 加藤雅信，加藤新太郎. 现代民法学与实务（下）. 判例速报出版社, 2008.

[51] 参见东京地方法院 1986 年民事普通訴訟案件第 2964 号判决.

损害赔偿请求的判例。[52]

该案的案情大致如下：被告推出的一本 B5 纸大小总共 95 页的风景图片集，其中刊登了 177 张风景图片。该图片集的最后一页有 9 张图片，其中的一张是原告拍摄建筑物首里城的作品，图片集所引用的原告拍摄的图片长约 4 厘米、宽约 5 厘米，与该页的大小相比仅占了很小的一点版面。原告以被告侵害其著作权为由，向法院提起诉讼，主张差止请求和损害赔偿。[53]但那霸地方法院认为，被告行为对原告造成的损害轻微，[54]被告对该书籍已经投入了较大的投资，如果已发行的图片集无法销售的话，与认可损害赔偿的金额相比被告遭受的非利益过大，以此为理由驳回了原告的差止请求。

如果上述裁判例的做法被推广的话，也意味着日本司法界突破了传统的差止请求权观念，但是上述裁判例之后，类似判旨的裁判例尚未再出现。相反，而是出现了重回传统差止观念的裁判例。[55]该案中，原告书籍和被告书籍的内容中有一部分都是围绕位于箱根的富士屋旅馆的历史事实展开的，确实有多处十分相似，但由于共通的部分属于思想而非表达，因此并不受著作权法保护。东京地方法院对于原告主张的侵权部分大多数也都予以了否定，仅仅有一处肯定了被告侵害著作权成立。这一处的内容对比如下，被告书籍中的表达是"他就像是和富士屋旅馆结婚了一样"；而原告书籍中的表达是"正造结婚的对象，从一开始起与其说是孝子，不如说更像是富士屋旅馆。"该判决判示，只要不去除这一句话，就认可对于被告书籍的印刷、发行、传播的差止请求。[56]可见，从该案一审所判示的内容来看，其并没有支持此前那霸地方法院在"首里城图片案"中所判示的观点，而是重回到差止请求权的传统处理模式。

---

[52] 参见那霸地方法院 2007 年民事普通诉讼案件第 347 号判决。

[53] 以往对于类似的案例，有法院是认可了原告差止请求的。比如在东京高等法院 1999 年民事控诉案件第 4783 号判决中，144 页的被告书籍的其中 1 页有 3 个间隙插图，东京高等法院认定了其中的 1 个插图不符合原图从而侵害了原告的著作人格权（保持作品完整权），同时仅以这一处侵权为由，判令对于被告整部书籍的差止。

[54] 该案共认可的损害赔偿金额为 15 万日元（相当于约 1.2 万元人民币），其中包括著作权侵害的 2.5 万日元、姓名权侵害的 10 万日元以及律师费等 2.5 万日元。

[55] 参见东京地方法院 2008 年民事普通诉讼案件第 1586 号判决。

[56] 对于该判决的合理性有学者也提出了疑义，认为如果认可这种简短语句的创造性从而肯定著作权侵害的话，恐怕会对文章表现上的创作带来过度阻碍效果。参见：[日] 田村善之. 探索以强化创新为目标的专利制度（3）[J]. 知识产权法政策学研究，(39). 实际上，二审知识产权高等法院也撤销了该案一审判决，否定了著作权侵害，参见日本知识产权高等法院 2010 年民事控诉案件第 10017 号判决等。

（三） 比较法考察的启示

美国和日本由于对排他性救济方式的观念不同，司法实践中对于限制排他性救济的处理模式也有着较大差异。美国通过 eBay 案的联邦最高法院判决纠正了长期以来禁令当然论的处理模式，这种回归与禁令属于衡平法上救济方式的观念密不可分。而日本由于受到传统大陆法系请求权理论的影响，特别是在法律中明文规定了差止请求权的情形下，法院对差止请求权进行限制的阻力相当大。那么从我国对排他权救济方式的观念出发，应该寻求怎样的救济模式呢？

无论是从知识产权法的立法背景还是从实际的立法规定来看，我国都是采纳了功利主义的激励理论，[57] 受到传统的自然权观念的束缚较小。但是，我国知识产权理论和实务界又较多地受到民法理论的影响。从法律继承的角度来看，我国民法继受了大陆法系的民法学说和民法制度，有着较深厚的自然法传统。[58] 这种大陆法系的民法观念自然会反射到知识产权领域中。因此，可以说我国对于限制知识产权排他性救济的观念，既不同于英美法系，也不同于大陆法系，而是试图在融合英美法系的制度理念的同时，以大陆法系的权利理论作为解释基础。

具体而言，我国采用了民事责任的立法模式，如前文对于立法条文的分析，我国的停止侵害责任对于正在进行的侵权行为可以根据情况决定是否适用。但民事责任的根基仍在于请求权，请求权理论具有自我完备性，在请求权观念下，停止侵害请求权很难脱离请求权体系而独立存在。相反，停止侵害请求权作为一种救济性权利，往往伴随着原权利受到侵害而产生。同时，美国的禁令制度作用的发挥也是需要其他相应的配套制度的，如惩罚性赔偿制度、严格的督促禁令履行制度等，但这些制度在我国尚未规定或执行困难。尽管在理论和配套制度上有一定的限制，但正如上文分析限制停止侵害请求权的可行性时所述，我国在立法与司法实践中并没有像日本那样对限制排他性救济有着强烈抵触。立法上没有像日本那样直接规定停止侵害请求权，而是以较为灵活的民事责任来替代。不仅如此，在 2009 年下发的体现政策性倾向的最高人民法院的指导意见中直接明确了在知识产权侵权诉讼中可以限制停止侵害请求权。司法实践中如前述"广州新白

---

[57] 参见：崔国斌.知识产权法官造法批判[J].中国法学，2006（1）.该文通过对我国知识产权立法背景以及法律规定的分析，指出中国知识产权法并不是孕育在一个像传统欧洲那样富有自然法传统的社会环境中，中国立法保护智力成果，并非出于对所谓自然权学说的默认规则的尊重，而是出于一系列功利主义的考虑。同时该文也指出，立法者从整体上选择了功利主义的立法思想，但并不妨碍在某些微观制度环节上引入了一些极富自然权学说或者人格学说色彩的制度规则，如著作人格权制度。

[58] 参见：曹诗权，陈小君，高飞.传统文化的反思与中国民法法典化[J].法学研究，1998（1）.

云机场幕墙专利侵权纠纷"案以及"武汉晶源烟气脱硫专利纠纷"案的判决所示,我国司法裁判中已有突破"停止侵害当然论"的先例,特别是最高人民法院在"武汉晶源"案的二审中肯定了限制停止侵害请求权的做法,想必将对我国未来类似案件的审理产生指导性影响。

基于此,在认定知识产权侵权成立的前提下,当传统排他性救济当然论遭遇困境而需要限制停止侵害请求权时,我国采取的应对模式应该是以认可停止侵害请求权为原则,综合考量其他因素限制停止侵害请求权。

五、限制停止侵害请求权的基本构想

(一)"统一应对模式"与"分别应对模式"

接下来需要探讨的是应该如何限制停止侵害请求权。关于限制停止侵害请求权的具体方式,有学者主张为了保证法律的统一性以及可预测性,应当统一应对模式,即对于所有领域统一适用一定的限制停止侵害请求权的标准。[59] 但是,正如在美国联邦最高法院 eBay 案判决前产业界提出的意见书中所反映的,不同领域对于排他性救济的诉求有所差别。对于某些领域来说强化权利的排他性救济会更有效率,而有些领域则更需要限制知识产权的排他性救济。当前知识产权领域中热议的有关如何效率性地运用知识产权的理论争论,也反映了这一点。

这些理论认为,在抑制相同发明的寻租行为的同时,更应该对相关发明的投资给予激励,从而主张尽早给予专利保护的前景理论(Prospect Theory);认为与其使其安稳地处于独占地位,不如将其置于竞争中推进竞争创新的竞争创新理论(Competitive Innovation Theory);认为有必要给予基础发明和改进发明双方以激励,从而授予双方专利权,同时规定对于在利用默认规则下双方权利相互制约的情况,双方当事人一定要订立契约促进交涉的累积创新理论(Cumulative Innovation Theory);认为存在太多像遗传因子片段那样异质的片段性专利,反而不利于推进竞争创新,指出这一弊端的反共有物理论(Anti-commons Theory);对于因权利的保护范围过宽而导致混乱的弊端进行说明的专利丛林理论(Patent Thickets

---

[59] 参见:[日]岛并良. 特许制度の现状と展望:从法学的视点出发[M]//[日]岛并良,等. 站在岔路口的专利制度(知识产权研究所20周年纪念论文集). 知识产权研究所,2009. 对于应采取统一应对模式还是分别应对模式的问题,目前为止国内学者并未予以重视,这很大程度上是因为学者通常都当然地认为应当统一应对。但实际上这个问题在法官面对实际案件时是无法回避的。

Problem）等。[60] 这些理论分别从不同角度为如何效率性地运用知识产权提供了指引，但各种理论之间又存在相互排斥性，因此争论不断。

最近，新出现了一种颇受瞩目的理论，被称为政策杠杆理论（Policy Levers Theory）。[61] 该理论将上述五个理论进行整合，并指出上述五个理论之间并非相互对立的关系，只不过是着眼点不同，之所以会出现理论争论，是因为不同领域中促进创新的构造不同，这些理论分别有其最适合的领域指向而已。比如，前景理论较适合制药产业，竞争创新理论适用于商业经营模式，累积创新理论适用于软件产业，反共有物理论适用于生物技术产业，专利丛林理论则适用于半导体产业。[62]

由此看来，既然各个产业领域的情况不同，就没有必要为了实现统一的排他性救济标准而耗费心思甚至通过牺牲一些社会利益来实现妥协。倒不如将限制停止侵害请求权的标准作为一种政策杠杆，根据知识产权不同领域的诉求灵活调整限制停止侵害请求权的严格度，以实现制度效益的最大化。

（二）实施限制的判断主体

采取分别应对模式的话，应该由谁来根据不同领域的特点把握限制停止侵害请求权的严格程度呢？

如果政策上判断认为这种分别应对模式更能实现整体效率性的话，那么通常首先考虑的就是通过立法的方式，按照产业领域的不同设置不同的限制停止侵害请求权的标准。但立法的方式并非那么如人所愿，即使暂且不论这种方式能否实现效率性，通过立法途径设置差别待遇的方式与TRIPS协议是否冲突的问题就已经摆在眼前了。TRIPS协议第27条第1款规定，关于专利权的取得和专利权的享受，不应根据不同技术领域区别立法。该条规定就是为了防止仅针对特定领域，如专门针对医药品领域采取弱化保护的立法。虽然TRIPS协议的公平性受到质疑，但既然其作为我国已加入的生效国际条约，在其被废除之前，对于我国就有约束力。若在国内法中明文按照不同领域设置不同的授权要件或保护范围的话，则明显违反了TRIPS协议。而且，立法本身存在滞后性，很难要求其事先针对将来可能发生的情况——设置规则，特别是对于知识产权领域来说，更是难以预料将来可能出现的权利形态。因此，由立法机关通过立法实现分别应对模式的

---

[60] 对这5个理论分类的总结，See：DanL. Burk, Mark A. Lemley. Policy Levers in Patent Law [J]. 89 Va. L. Rev, 2003, (89)：1575. 关于这些理论的介绍，也可参见：[日] 田村善之. 探索以强化创新为目标的专利制度（2）[J]. 知识产权法政策学研究，(36).

[61][62] 参见注 [60]，DanL. Burk & Mark A. Lemley 文。

道路不可取。

那么司法途径怎么样呢？如果将立法到司法视为一个体系化的过程，则不难分析出立法与司法的衔接过程。知识产权领域的立法往往是在设置了一些抽象的概念或标准后，实现政策的舞台就由立法转向司法，司法根据具体案件的情况对立法的规定予以解释，从而实现政策目的。这种解释方法实际上是借用了法经济学中关于"规则"与"标准"的讨论。立法规定的设置有两种形式，一种是仅仅设置较为抽象的标准，对于其具体适用还需进一步解释；另一种是直接设置具体的、对于其适用无需进一步解释的规则。对于纠纷多发的情形，基于立法成本的考虑需要较为重视事前规制，因此应采用"规则"的设置形式；而对于纠纷较少的情形，针对具体纠纷形态一一进行立法的话并非有效率，因此应采取事后规制，具体方法就是立法只进行抽象规定，之后的事交给司法裁判解决。[63] 由于侵害知识产权的行为是多发性的，因此立法上规定停止侵害的排他性救济方式是符合效率性的，但由于不同产业领域对于排他性救济的诉求不同，若立法上进一步分别针对每个领域一一确立限制标准的严格程度则不符合效率性。按照上述讨论，本文认为，对于限制的严格程度的把握，应该交给司法机关。司法途径所具有的另一些优势也为这一结论增添了砝码，如司法机关能够根据个案进行利益考量，在诉讼的对抗中，双方当事人为了获得胜诉通常都会竭尽全力举证，这些信息有助于法院对是否有必要限制停止侵害请求权进行判断。

（三）限制停止侵害请求权时的考量方法

1. 法院进行利益衡量的原则。既然应当由作为司法机关的法院对停止侵害请求权的限制标准的严格程度进行把握，那么法院对于是否应该限制停止侵害请求权进行判断时，应该如何进行具体衡量呢？考虑到对于知识产权进行停止侵害的救济可能涉及各种利益关系，法院在判断时既需要对个人之间的利益进行比较衡量，也需要对个人利益与公共利益进行比较衡量。

（1）个人利益与个人利益的衡量。在立法赋予知识产权之初，本已就权利人和利用人之间的个人利益关系作出了政策判断，并有相应的制度进行平衡。但现实情况是复杂多样的，在遇到行使停止侵害请求权背离了公平正义的情况下，仍有理由对其进行限制。法院在确认知识产权侵权行为成立的情况下，考虑是否对停止侵害请求权进行限制时，首先应该衡量权利人和侵权人之间的利益。之所

---

[63] 参见注［1］，田村善之文。该文同时还指出，经济学中的"集体行动理论"从纠正立法过程中的利益偏离的角度也能对司法的作用予以肯定。关于"集体行动理论"的详细论述可参见：［美］曼瑟尔·奥尔森. 集体行动的逻辑［M］. 陈郁，等，译. 上海：上海人民出版社，1995：40－57.

以立法政策上通过价值判断赋予权利人救济权，是因为在侵权行为成立时的初始状态，利益天平是倾向侵权人的，因此才不得不通过救济予以回复。但需要注意的是，停止侵害的救济与损害赔偿的救济不同，前者对当事人产生的影响较大，甚至会在利益回复之后还给侵权人造成不必要的损失，特别是在侵权人主观上无过错的情况下，这种结果对公平正义会造成冲击。所以，当停止侵害请求权的行使过度损害侵权人的正当利益而违背公平正义时，就有必要对其行使进行限制。

（2）个人利益与公共利益的衡量。由于知识本身具有公共属性，对知识产权的利用行为判令停止侵害，可能会影响公共利益。因此，当权利人的个人利益与公共利益冲突时，就必须对二者进行衡量。实际上，从功利主义激励论的观点来看，立法之所以赋予权利人排他性救济，是基于从长远来看有利于社会发展的考虑而作出的政策判断。也就是说，之所以容忍现阶段权利人限制他人利用其所创造的知识的行为，是为了长远的公共利益考虑。因此，权利人个人利益与公共利益的衡量，实质上是长远公共利益与现阶段的公共利益之间的衡量。法院在对公共利益进行衡量时，通常是长远的公共利益占优，但由于未来具有不确定性，如果现阶段的公共利益损失极大的话，则应当倾向于对停止侵害请求权进行限制。

（3）如果"个人利益与个人利益的衡量"和"个人利益与公共利益的衡量"两者的衡量结果冲突时该如何处理呢？从本质上来看，个人利益与个人利益的衡量结果只有在违背了公平正义的前提下，才有可能对停止侵害请求权进行限制，其衡量的目的在于判断是否有违公平正义；而个人利益与公共利益的衡量，旨在判断是否有违效率原则。对于公平和效率这两大法律价值，究竟该如何取舍，需要结合政策背景具体问题具体分析。

2. 限制停止侵害请求权时的考虑要素。在确立了上述衡量原则的前提下，具体而言，法院在进行是否判令停止侵害的裁量时，应该考虑以下方面的因素：[64]

（1）当事人之间的关系。若原告、被告之间存在竞争关系，则应倾向于肯定停止侵害请求权。被告在进行侵权行为时一般推定其是经过了成本考虑的，如果不判令停止侵害，则意味着给侵权人赋予了强制实施许可，这种违背权利人选择意愿的处理方式，有可能削损权利人通过投资获得知识产权从而赢得的竞争

---

[64] 关于以下几个考虑要素的提出，参见：Mark J. Feldstein, Permanent In junctions and Running Royalties in a Post eBay World [J]. Intellectual Property Today, 2009. 在此特别感谢华中科技大学法学院郑友德教授提供该文章。

优势。此外，还应考虑当事人此前是否存在许可关系。如果在侵权时存在许可关系，那么被告在遵守合同的情况下基本上不会被判令停止侵害；如果侵权发生时许可关系已终止，则没有了合同关系的抗辩，就应该判令停止侵害。但从另一个角度来讲，即使许可关系终止了，如事先的许可在一定程度上可以表明权利人的损失是可以通过金钱加以补偿的，则否定停止侵害请求权并非没有可能。

（2）市场因素。对竞争对手而言，越复杂化的市场越应倾向于否定停止侵害请求权。当市场上只有两个参与者时，侵权人的市场份额将直接损害权利人，此时应倾向于肯定停止侵害请求权；而当市场上有多个经营者时，对于第三方进行生产销售的侵权行为，停止侵害请求权对于保障市场占有率的作用可能就有限。另外，如果某一产品所具有的市场竞争力并非来自于其产品上的知识产权所发挥的功能，则应考虑否定停止侵害请求权。同样地，如果该产品上的知识产权所发挥的功能只是商业产品的一小部分时，也应考虑否定停止侵害请求权。当然，有时市场因素也有利于肯定停止侵害请求权，比如侵权行为造成权利人一方的固定客户大量流失，则应考虑判令停止侵害。

（3）原告、被告的具体情况。这正是个人利益与个人利益衡量的具体表现，如原告是否有实际的知识产权产品、是否会对被告造成过大的困难或者损害被告的声誉、原告是否积极行使了自己的权利、其损失是否是不可挽回的、被告的主观状态等。

（4）公共利益。对于公共利益的考量不应是片面的。一方面，保持一个强大的知识产权制度有利于肯定停止侵害请求权，以满足公众利益的要求；另一方面，将具有多用途的产品用于侵害知识产权之外的用途，可以实现资源节约化，符合公共利益的需要，因此对于这种多用途产品的侵权行为也可能否定停止侵害请求权。但应当注意的是，对于公共利益的含义不能无限扩大，比如某一企业的利益没有特殊情况的话就不应解释为公共利益，即便是该企业为涉及国计民生的企业或者该企业的经营内容涉及公共产品和公共服务等。

（四）替代性补偿金

当法院在知识产权侵权诉讼中否定停止侵害请求权时，另一个问题将不得不面对，即权利人能否就未来仍将持续的"侵害行为"获得补偿？如果法院判断认为权利人应该获得补偿，那么法院在作出不停止侵害的判决的同时，还需要确定一个适当的持续性的替代性补偿金。在知识产权侵权中，确立补偿金的方式通常是以"差额说"为理论基础的。[65] 如果要通过权利人受到的实际损失来确立金额，则应该先确定"差额"。但问题是，侵权行为发生前当事人往往通过协商确定了许可费金额，与侵权判决作出后应该确定的经济补偿金在性质等方面有着不同，数额有时也相差甚远，而且侵权判决作出后市场上权利许可费的金额仍是不断变化的，这种情况下很难确定所谓的"差额"。[66]

有学者对相关理论和裁判例进行了考察，并以此为基础提出了知识产权侵权中的"规范性损害概念"，认为需要进行赔偿不是因为造成了损害而是因为侵害了某种权益，即侵害的是权益的客观价值。[67] 这种不同于传统损害观念的客观性损害概念，才是通过损害赔偿规制侵权行为的理由所在。以这个概念为基础，相当于正常许可费几倍的补偿金就有了理论支持。侵权人实施了侵害行为却因为特殊原因法院并不判令其停止侵害，这种侵权人在没有得到权利人许可情况下的实施行为将持续，这实际上是剥夺了权利人对于权利的独占使用，相当于强行减损了权利人的市场机会。这种侵夺本身就构成损害，应该予以回复。因此，对于这种情况，应该允许法院根据正常许可费，确立几倍于正常许可费的替代性补偿金。至于具体金额，则属于法院裁量的范围。

六、结　论

对于当前我国理论和实务界在知识产权侵权诉讼中当然适用停止侵害请求权的现状，笔者进行了反思。由于知识产权是通过法律对他人行为进行人为制约的一种特权，知识产权的正当化依据并不仅仅考虑权利人的利益，还应考虑有益于更广泛多数人的利益，仅以传统的自然权理论来说明其存在的合理性显得有些薄弱，只有功利主义激励理论才能作为其合理存在的积极依据。因此，知识产权的行使应当更多地受到来自公共利益的限制。由于知识产权权利范围的模糊性导致完全适用财产规则并非有效率，加上知识产权法又是竞争法体系中的一环，因而

---

[65] 所谓"差额说"是关于损害概念的观点，指应该将侵害造成的财产上的不利益，即假定的未受侵害时的财产状态与侵害发生后现实的财产状态之间的差额，作为赔偿的损害额。比如我国《专利法》第65条规定了损害赔偿算定的几种方式，其中赔偿数额"依被侵权所受到的实际损失确定"，就是以"差额说"为理论支撑的。其他知识产权法中的规定，如《商标法》第56条、《著作权法》第49条亦同。

[66] 为了在"差额说"的前提下，使"以侵权人因侵权所获得的利益"以及"一定数额的补偿"作为侵权损害的赔偿金额得以合理化，理论界又试图通过无因管理和不当得利的法理予以解释，但这两者都是损害赔偿之外的法理，而且在进行合理化解释的时候仍然捉襟见肘。参见：[日] 田村善之. 知识产权与损害赔偿 [M]. 弘文堂，2004：98－117.

[67] 参见注[7]，田村善之书，第118－130页。

当因知识产权排他权的过度行使导致有损竞争的非效率性情形发生时，需要对知识产权的排他性进行限制。但现有限制知识产权排他性的方法无法应对侵权行为发生后需要对排他性权利进行限制的情形，因此事后限制停止侵害请求权就成为必要。从我国现有相关法律条文以及司法裁判可知，事后对于停止侵害请求权进行限制是有可能的。通过比较我国与美国、日本对排他性救济的处理模式，可见在我国，当知识产权侵权成立时应当以认定停止侵害请求权为原则、以限制为例外。我国限制停止侵害请求权可采取以下思路，即由司法机关分别对个人之间利益的平衡以及个人利益与公共利益之间的平衡进行综合考量，并根据不同的产业领域对排他性救济方式的不同诉求，灵活把握对停止侵害请求权限制标准的严格程度。具体而言，在对是否限制停止侵害请求权进行考量时，应考虑当事人之间的关系、市场因素、原告和被告的具体情况、公共利益等。最后，在知识产权侵权诉讼中当法院否定停止侵害请求权的情况下，必要时需要以替代性补偿金对权利人进行补偿，法院可自由裁量判令几倍于正常许可费的补偿金。

参考文献

[1] [日] 田村善之. 知的财产と损害赔偿 [M]. 东京：弘文堂，2004.
[2] 李扬. 知识产权请求权的限制 [J]. 法商研究，2010 (4).
[3] [日] 田村善之. 知识创作物未保护领域之思维模式的陷阱 [J]. 李扬，许清，译. 法学家，2010 (4).
[4] 陈武. 权利不确定性与知识产权停止侵害请求权之限制 [J]. 中外法学，2011 (2).
[5] [日] 田村善之. 探索以强化创新为目标的专利制度（1）-（3）[J]. 知识产权法政策学研究，(35)，(36)，(39).
[6] [日] 玉井克哉. 专利权权利范围的射程有多远 [J]. 专利，59 (9).
[7] C. Calabreisi, A. D. Melamed. Property Rules, Liability Rules, and Inalienability Rule：One View of the Cathedral [J]. Harv. L. Rev, 1972 (85).
[8] DanL. Burk, Mark A. Lemley. Policy Levers in Patent Law [J]. Va. L. Rev, 2003 (89).

（原载于《法学家》2012 年第 6 期）
（本文第二作者为暨南大学法学院助理教授许清）

民法典编纂中知识产权法不宜独立成编

摘 要

  民法典总则民事权利体系虽应对知识产权作出规定，以彰显知识产权的重要性，纯正其私权属性，但民法典分则中不宜设置独立的知识产权法编，知识产权法应当保持现行民事单行特别法的立法模式。主要理由是：世界上从未有过成功范例；知识产权的变动性和民法典的稳定性不协调；知识产权立法中的大量公法性、程序性规范和民法典的私法属性相矛盾；知识产权法独立成编不能增加知识产权法的规范能量；难以将知识产权法中私法性、实体性规范和公法性规范、程序性规范截然分割，单独规定在民法典中。在民法典之外制定独立的知识产权法典也不可取，主要理由是：专利法、商标法、著作权法等知识产权法之间性质迥异，难以抽象出适用于所有知识产权法的一般规则；世界上没有成功的先例，法国知识产权法典只不过是一部所有知识产权法规范的汇编。

关键词

  知识产权　民法典编纂　单行特别法

一、对知识产权法是否应当和如何纳入民法典的不同思路

  知识产权法是否应当和如何纳入民法典？在当前关于中国民法典编纂的讨论中，虽出现了各种不同观点，但总体上看，并未超出2002年前后中国民法典编纂热议高潮过程中出现过的4种观点。

  第一种观点以易继明教授为代表，主张在民法典中知识产权单独成编。在本

轮民法典编纂中，易继明教授提出了他的九编制民法典的构想，主张知识产权法编在民法典中单独成编，置于物权法编之后、合同法编之前，即可先通过物权法编阐明财产权的一般规则，再设置知识产权法编；而在明确界定产权后，通过合同法编中对包括知识产权在内的财产流转加以规范。[1]此前，徐国栋教授也主张借鉴蒙古1994年民法典的做法，将知识产权作为一种特殊所有权，在物权编之后单设知识产权编。这样，既可以彰显知识产权与普通物权的联系，也可以揭示两者之间的不同。[2]徐国栋教授所持理由是，知识产权日益重要，不能让它游离于民法典之外。其具体做法是，将现行有效的各种知识产权法整体平移到民法典中。这种做法可以称为"整体搬迁式"。

第二种观点以吴汉东教授为代表，主张采用点面结合的链接模式，解决知识产权法的入典问题。所谓点的链接模式，即在民法典总则的相关章节中对知识产权作出原则性规定。所谓面的链接模式，即在民法典中独立设置知识产权法编。面的链接是一般性规范的抽象和概括，主要条款由权利的性质、主体、客体、内容、产生、利用、限制、保护等构成。民法典应当单独设编对知识产权作出一般性规定，具体立法则采取民事特别法的形式。吴汉东教授所持理由是，知识产权作为一种重要的民事权利，应当在民法典中有所反映，否则不足以彰显其重要性，因而需要在民法典中单独设编作出一般性规定。但是知识产权作为近代财产非物质化的结果，具有不同于一般财产权的特点，知识产权法也不同于一般财产法，故而不宜整体搬迁到民法典中[3]。与吴汉东教授观点接近的观点主张，在民法典分则单设知识产权法编时，可以采取将知识产权程序性规范、公法性规范与实体性规范、私法性规范分离的方式，只需将现有知识产权实体性规范移位到民法典中即可。① 这种观点实质来自于1992年荷兰民法典的尝试。

第三种观点则以梁慧星教授为代表，主张在民法典总则专设一节规定民事权利，对《民法通则》第5章规定的包括发明权、发现权的民事权利作列举性规定，民法典分则中没有必要单设知识产权法编。梁慧星教授所持理由，一是知识产权虽为一种重要的民事权利，但考虑到现行专利法、商标法和著作权法已构成一个相对独立的知识产权法体系，民法典中没有必要设置独立的知识产权法编，可以将专利法、商标法和著作权法作为民法典之外的民事特别法。二是民法典中单设知识产权法编，要么是将现行专利法、商标法、著作权法等知识产权法整体

---

① 中国政法大学费安玲教授在2016年中国知识产权法学研究会重庆年会上发表的观点。但在此之前，费安玲教授主张的观点是，民法典中只宜放入有关知识产权的一般规则，具体规则应当放入单行法规中加以专门规定。参见：费安玲. 论我国民法典编纂活动中的四个关系[J]. 法制与社会发展，2015（5）.

搬迁到民法典中，要么是从专利法、商标法和著作权法当中抽象出若干条重要原则和共同规则，规定在民法典上，同时保留专利法、商标法和著作权法，无论哪种做法，实际意义并不大。因为法官在裁判知识产权案件时不能仅靠那几条抽象规则，还得适用专利法、商标法和著作权法上的具体规则。三是知识产权纠纷往往涉及国际纷争，并且随着科学技术的进步在不断发展，相应立法也需要进行不断的修改，将其置于民法典之外作为单行法存在，修改起来要方便。[4]

第四种观点则以胡开忠、袁真富等青年学者为代表，认为不但民法典没有必要纳入知识产权，还主张在民法典之外，制定与民法典并驾齐驱的知识产权法典。其提出的理由主要是，知识产权法作为民法之一部的性质不容置疑，但知识产权法与传统民法有相当大的区别，甚至对传统民法有相当大的突破和叛逆，因此应当保持相对的独立性，而不宜纳入目前正在制定的民法典之中，具体原因在于以下4个方面：①知识产权立法变动不居，不利于民法典的安定性；②知识产权法的内容自成一体，有与传统民法并驾齐驱的趋势；③知识产权法包含大量公法规范，与民法私法自治理念不相协调；④知识产权法当前的理论准备，尚不足以担当设立总则的重任，以适应民法典的总则—分则模式。[5-7]与此种观点不同的是，吴汉东教授不但主张采取点面结合的链接式方式处理知识产权法与民法典的关系，同时也主张制定知识产权法典，以实现知识产权一体化、体系化的理性安排。[3]

此外特别值得一提的是，2002年1月11日，全国人大常委会法工委确定由中国社会科学院知识产权中心主任郑成思先生负责主持起草中国民法典草案知识产权篇。郑成思先生虽然"感到这是一个难题。因为世界上除了意大利不成功的经验之外，现有的稍有影响的民法典，均没有把知识产权纳入"，[8]但依然接受了任务，并于2002年4月起草了民法典草案知识产权篇的专家建议稿，一共6章。其中，"一般规定"有22条，"作者权与传播者权"有13条，"专利权"有23条，"商标权"有18条，"商业秘密"有3条，"反不正当竞争保护"有5条，共计84条。然而，2002年12月23日提交到第九届全国人大第三十一次常委会的民法典草案，虽规定了知识产权的保护范围，却没有将"知识产权法"按照原计划作为专篇列入民法典草案中。郑成思教授感到"这是一个十分令人满意的选择。这一选择看上去与21世纪90年代的荷兰民法典、俄罗斯民法典的选择相似，并优于这两个民法典的选择"。[9]从这里可以看出，郑成思先生的主张实质上和梁慧星教授的观点相同。

通过以上总结可以发现，关于知识产权法和民法典编纂的关系，学界最主要的分歧已经不再是知识产权要不要"入典"的问题，而是知识产权以何种方式

"入典"的问题。那么，在知识产权以何种方式"入典"的种种观点中，究竟哪种观点较为可取呢？② 笔者赞成梁慧星教授的观点，主张民法典虽应当在总则"民事权利"章节中对知识产权作出开放式的列举性规定，以彰显知识产权在社会生活中的重要性、纯正知识产权的私权属性、与民法通则的立法传统保持一致，③ 但从立法技术上考虑，民法典分则中不宜设置独立的知识产权编，具体知识产权立法仍然应当采取民事特别法的模式。事实上，这也极有可能成为我国立法者最终采纳的模式。④

二、民法典分则中不宜设置独立的知识产权法编的理由

（一）世界上没有成功处理知识产权法和民法典关系的范例

从知识产权立法历史看，自近代知识产权法制度建立以来，无论英美法系还是大陆法系国家，采取的一直是民事特别法或者单行法的立法模式，与民法典编纂没有发生任何关系。英美法系国家基于自身法律传统、法律理念、立法技术等方面的原因，形式上就没有民法典，知识产权法自诞生之日起，就采取制定单行法的形式，成为一个独立于有形财产权的独特法律体系。比如，英国最早于1623年制定世界上第一部近代意义上的专利法（即《垄断法规》），1709年制定第一部近代意义上的著作权法（为鼓励知识创作而作者及购买者就其已印刷成册的图书在一定时期内之权利法，即《安娜法令》），其后又于1875年制定颁布了商标法；美国分别于1790年、1790年、1870年先后制定颁布了著作权法、专利法和商标法。

---

② 在主张将知识产权法纳入民法典的学者中，比较知名的有王迁、朱谢群等教授。王迁所持理由包括，一是可以借机消除现行知识产权法中的一些逻辑问题，二是可以借机补充一些知识产权法中缺失的机制，三是可以规定知识产权各部门法之间的共性，参见：王迁. 将知识产权法纳入民法典的思考 [J]. 知识产权，2015（10）.；朱谢群所持理由包括，一是民法典作为社会生活的百科全书，必须尽可能囊括产生民事权利和义务的社会生活，民法典不纳入知识产权，其完整性将存在严重缺陷。二是民法典作为市场经济的基本法，不纳入知识产权法，难以称为市场经济的基本法。三是知识产权虽有特殊性，但其私权本质无法否定，该种私权本质需要民法典固定，参见：朱谢群. 也论民法典与知识产权 [J]. 知识产权，2015（10）. 但究竟采取何种方式处理知识产权法和民法典的关系，这些学者的观点并不十分清晰和明确。

③ 1986年《民法通则》第5章第3节专门规定了如下知识产权：著作权、专利权、商标权、发现权，并将其与其他财产权和人身权合为民事权利专章，在当时被认为系民事立法上的创举。

④ 2016年12月，第十二届全国人大常委会第二十五次会议审议的《中华人民共和国民法总则（草案第三次审议稿）》第123条规定：民事主体依法享有知识产权。知识产权是指权利人依法就下列客体所享有的专属的和支配的权利：（一）作品；（二）发明、实用新型、外观设计；（三）商标；（四）地理标志；（五）商业秘密；（六）集成电路布图设计；（七）植物新品种；（八）法律规定的其他客体。

大陆法系国家不同于英美法系国家，承袭了古罗马法典化的传统。法国于19世纪初，德国、日本于19世纪末分别制定颁布了具有范式意义的民法典。在此之前，法国、德国、日本最主要的知识产权立法就已经完成，但法国、德国、日本的民法典都没有将知识产权制度纳入民法典中。从时间上看，除法国于1857年制定颁布的世界上第一部现代意义上的商标法、日本于1899年制定颁布的著作权法时间上要晚于各自的民法典之外，法国于1793年制定颁布的作者权法、德国于1837年制定颁布的保护科学和艺术作品的所有人反对复制或仿制法，法国于1791年、德国于1877年、日本于1885年先后制定颁布的专利法，德国于1874年、日本于1884年先后制定颁布的商标法，时间上都要早于其各自的民法典（法国1804年制定颁布民法典，德国1896年制定颁布民法典，日本1898年制定颁布民法典），但法国、德国、日本都没有选择将其纳入各自的民法典体系当中。⑤

　　进入20世纪后，为了回应知识产权客体不断拓展和知识产权在整个财产权中地位不断强化的状况，意大利、俄罗斯、荷兰、蒙古、越南等大陆法系国家开始尝试将知识产权纳入民法典体系当中，并在20世纪90年代兴起的法典编纂运动中达到了高潮，但并没有成功的范例。

　　1942年意大利民法典将知识产权规定在关于劳动关系、公司（合伙）、合作

---

⑤　为什么知识产权未能进入近代民法典？吴汉东教授认为，在第一次民法典化运动中，知识产权与民法典之所以失之交臂，存在3个方面的原因，即近代知识产权制度是从特权到私权嬗变的产物、近代知识产权制度是私权领域中财产"非物化革命"的结果、近代知识产权制度尚未形成一个体系化的财产权利族群。笔者并不完全认同吴汉东教授的观点。知识产权制度的诞生虽然经历过从特权到私权的嬗变过程，但也经历过从自然权利到法定权利的大论辩过程，经历过这个大论辩过程，知识产权作为一种私权，在近代已经基本深入人心，这个嬗变过程并不能成为知识产权未进入近代民法典的原因。知识产权是立法者在"知识"上人为创设的制约他人行为模式的权利，确实是财产非物质化革命的结果，但既然知识产权在近代被立法者创设之初就已经成为一种财产，进入民法典的财产权体系就不存在障碍，知识产权制度是财产非物质化革命的结果似乎也不能成为知识产权与近代民法典失之交臂的原因。近代民法典诞生之际，虽然尚未出现植物新品种、集成电路布图设计、商业秘密、科学发现、反不正当竞争领域中的知识性利益，但著作权、专利权、商标权3种最为典型的知识产权已经存在，丝毫不妨碍立法者将其放入民法典的财产权体系当中，就如我国1986年《民法通则》第5章的处理方式一样，以近代知识产权尚未成为一个体系化的财产权族群解释知识产权与近代民法典失之交臂的原因似乎也欠缺说服力。笔者认为，文艺复兴之后，与近代工业革命和天赋人权运动相伴产生的知识产权制度之所以未进入近代民法典，最重要的原因应该还是立法技术上的原因。即从立法技术上看，知识产权和知识产权法的特性让近代民法典的编纂者意识到，知识产权不宜纳入民法典当中。参见：吴汉东.知识产权立法体例与民法典编纂［J］.中国法学，2003（1）.关于知识产权是自然权利还是法定权利之争，参见：李扬.知识产权法定主义及其适用［J］.法学研究，2006（2）.关于知识产权是立法者在知识上人为创设的制约他人行为模式的权利的观点，参见：田村善之.田村善之论知识产权［M］.李扬，等，译.北京：中国人民大学出版社，2013：4.

化、企业、知识产权、竞争与垄断等规范的第6编"劳动"中，范围涉及著作权、专利权、商标权、商号权。其中，第8章名为"企业"，实际规定的是标记性权利，共3节，内容分别是"一般规定""商号和标识""商标"。第9章名为"智力作品权和工业发明权"，也是3节，内容分别是"文学作品和艺术作品著作权""工业发明专利权""实用新型和外观设计专利权"。意大利民法典将知识产权纳入其中虽是一个大胆尝试，但正如吴汉东教授所指出的那样，意大利民法典关于知识产权的规定存在3个缺陷：一是规范原则性太强，主要规定各类知识产权的性质、对象、内容、主体、转让等，缺乏实际操作的意义。实际上，在民法典的相关规定之外，各种知识产权专门法依然存在。二是知识产权在民法典中的制度安排，分别设为"企业"与"作品权和发明权"两章，体例设计割裂了知识产权的完整性。三是现代知识产权法已成为门类众多、权项庞杂的规范体系，意大利民法典仅仅规定了4种知识产权，体系包容性不足。由上可见，意大利1942年民法典并非一个关于知识产权立法的范式民法典。[10]

1992年荷兰民法典分为10编，内容包含传统民法、商法、消费权益保护法和其他私法规范，以及具有重要价值的判例。根据荷兰当时的立法计划，知识产权规定在该法典第9编"智力成果权"中，包括当时拟定的专利权、商标权、版权、商号权等。其中，将具有私法性质的条文纳入第9编，而具有行政、程序法和刑法性质的条文则另置他处。然而，由于立法技术上的困难和欧共体知识产权法一体运动所带来的强制性要求，荷兰不得不放弃将知识产权纳入民法典的规划。

俄罗斯民法典在如何处理知识产权法和民法典关系的问题上，走了一段曲折的路程。1922年的苏俄民法典只有4编，内容没有包括知识产权。1964年通过的第二个苏俄民法典分为8编，其中第4编至第6编分别为著作权、发现权和发明权，未规定其他种类的知识产权，关于著作权、发现权和发明权的规定也极为简单。1994年根据总统命令，俄罗斯成立了新的法典编纂小组，负责编纂俄罗斯民法典第3部分，包括第5编"知识产权法"。由于编纂小组只是将部分现行有效的知识产权法纳入其中，只规定了著作权和发明权，未包括商标权等知识产权，而且编纂小组跳过主管知识产权工作的俄罗斯国家知识产权局，直接上报俄罗斯国家杜马会议审议，因而遭到俄罗斯国家知识产权局的反对，结果被搁置，位置也由第5编变成最后一编，即第7编。2002年，由A.谢尔盖耶夫教授主持的第二个知识产权编草案只规定了一般性原则，其他交由专门法调整，由于各种原因，这个草案未进入立法程序。最后完成的知识产权编是2005年根据总统命令成立的民法典编纂小组完成的，俄罗斯民法典的具体做法是全方位地将知识产权内容规定在民法典中。随着 2008 年 1 月 1 日开始俄罗斯民法典第 4 部分知识产权法生效施行，现行各种知识产权法规被废止。[11]

俄罗斯民法典虽然在总统的命令下完成了知识产权法的法典化工作，但这种整体性搬迁的做法，正如俄罗斯学者所批判的那样，至少存在以下严重缺陷：一是对知识产权客体采取封闭式穷尽列举。俄罗斯民法典第 1225 条列举的知识产权客体包括科学、文学和艺术作品，电子计算机程序，数据库，表演，录像制品，无线和有线广播、电视节目，发明，实用新型，外观设计，育种成果，集成电路布图设计，生产秘密，商业名称，商标和服务标志，商品原产地名称，商业标识，而域名和有关反不正当竞争领域中的知识性利益被排除在外，未给新出现的客体留下任何余地，这种做法无法适应科技经济发展带来的新类型知识产权客体出现后受保护的需要，也与《建立世界知识产权组织公约》的规定不符。二是第 1232 条对智力活动成果或者个别化手段的国家注册程序作了规定，与民法典的私法属性不符。三是核心概念的界定和统一使用不符合法典化的要求。在知识产权民法典化的过程中，俄罗斯学者对知识产权的概念存在巨大分歧，最先将知识产权等同于专属权，随后又将二者分开，将专属权理解为知识产权中的财产性权利，随后又创造出"智力权利"这个新概念指代知识产权，以示和专属权的区别，从而徒增了对知识产权理解的障碍。四是知识产权民法典化严重冲击了民法典的稳定性。由于很多规定违背《与贸易有关的知识产权协定》（TRIPs）的规定，在自 2008 年 1 月 1 日施行不到半年的时间里，俄罗斯就对其中 7 个条文进行了修改。五是俄罗斯民法典和知识产权编都采取"总则—分则"结构，但并没有很好处理总则与分则之间的关系，其中第 69 章关于知识产权法的"一般规定"存在的问题非常之多，比如将有关智力活动成果作者的规范（第 1228 条）、著作权集体管理方面的规范（第 1242～1244 条）、有关专利代理人和专利费方面的规范，都放在"一般规定"中加以规定，显然不符合民法典"总则—分则"的逻辑要求。[12] 总之，俄罗斯这种将知识产权法整体搬家式搬入民法典的做法并不具有借鉴意义。

1995 年越南民法典专设第 6 编，系统地规定了知识产权，并且在 1996 年生效之时废止了 1989 年工业所有权保护法、1994 年著作权保护法、1988 年引进外国技术法。越南民法典第 6 编名为"知识产权和技术转让权"，包括"著作权""工业所有权""技术转让" 3 章。第 1 章为"著作权"，共计 35 条，规定了作者与著作权人、受保护作品、著作权内容、作品使用合同、邻接权等，从内容上看，基本上是将一部著作权法照搬到民法典之中；第 2 章为"工业所有权"，共计 26 条，规定了专利权、商标权、地理标记权等主要工业产权，内容涉及工业产权的标的、工业产权的确立、工业产权的主体、对工业产权的限制、工业产权的保护，性质上多为工业产权的私法规范，关于专利与注册商标的申请、审查、异议、复审、核准、管理等行政法意义上的规范都没有涉及；第3章为"技术转让"，共计17条，内容涉及技术转让的标的、技术转让权以及技术转让合同。由于将涉及知识产权的程序性规范和公法性规范从民法典中挑了出来，只保留了实体性规范、私法性规范，越南1995年民法典是至今为止形式上较好地处理了知识产权法和民法典关系的一部民法典，但其示范作用也不大。一是2015年越南修改其民法典时，将独立的知识产权编删除了，只在民法典第8.1条、第115条、第221.1条、第222条等条文中保留了关于知识产权的规定。一是2015年越南民法典修改时，负责民法典修改的小组认为，2005年修改民法典时，越南新制定的知识产权法典第一次颁布，绝大部分公众还不熟悉知识产权法，所以民法典中还保留了知识产权法编的规定。2015年修改时，已经过去10年，大部分公众已经认识到了知识产权的重要性，也认识到了知识产权法的存在，加上民法典中的许多规定与知识产权法典重复，没有实际存在的意义，民法典中没有必要再保留知识产权的具体规定。⑥二是仅仅规定了传统的主要知识产权类型，对随科技发展新出现的知识产权没有予以回应，与意大利民法典一样，缺乏包容性和扩张性。三是存在其他民法典一样的通病，人为分割实体法规范、私法规范与程序法规范、公法规范，有关知识产权的程序性规范、行政法与刑法规范只能交由单行条例或其他法律部门来完成，造成法律适用很不方便，和学习、研究法律的困难。

总之，不管是意大利民法典、俄罗斯民法典、荷兰民法典，还是越南民法典，在处理知识产权立法与民法典编纂之间的关系时，都不具备示范和借鉴意义。

（二）知识产权的开放性、变动性与民法典的相对稳定性存在深刻矛盾

知识产权不同于传统物权，其种类、内容、行使、限制和保护等核心内容都具有开放性，受科技、经济与国际贸易影响深刻，这决定了知识产权法在立法技术上也需要保持适度的开放性和变动性，这种开放性、变动性与民法典的相对稳定性之间存在深刻矛盾。

知识产权的历史发展表明，知识产权的种类深受科技、经济与国际贸易的影响，具有很强的开放性，原来没有出现的许多智力活动成果，比如域名、数据

---

⑥ 感谢越南知识产权局阮氏黄幸博士提供这方面的信息和资料。

库、商品特有名称、包装和装潢、集成电路布图设计、地理标志等，都进入了知识产权法的保护客体范围；原来虽然存在，但由于各种原因没有进入知识产权保护客体范围的许多智力成果，比如商业秘密、植物新品种等，也都进入了知识产权法的保护范围之中。在知识产权的保护力度方面，受国家创新政策和国际国内形势影响，不同国家在不同发展时期也有不同要求。这些因素决定了知识产权法随时面临着被修改以适应科技、经济、社会发展实际状况的必要性和可能性。以日本知识产权法为例，其于1959年制订、1960年4月1日开始实施的特许法，于1959年制订、1960年4月1日开始实施的商标法，于1970年制订、1971年1月1日实施的著作权法，至2015年为止，分别修改了55次、42次、45次，著作权法一年一修，特许法几乎达到一年一修，商标法也达到平均一年修改0.75次的程度。[12]即使以我国1984年制定颁布的《专利法》、1982年制定颁布的《商标法》、1990年制定颁布的《著作权法》为例，至今为止，也已经分别修改了3次、3次和2次，而且《专利法》正在进行第4次修改、《著作权法》正处在第3次修改过程中。不论是将如此频繁变动的知识产权法整体搬迁到民法典中，还是将知识产权私法性规范、实体性规范分割出来放入民法典中，必将极大冲击作为法典的民法典应有的稳定性，并可能使民法典在人们心目中的权威性大打折扣，甚至使人们失去将民法典作为基本民事权利保护法的美好信仰。此外，法典的修订往往耗费巨大，不适当地增加了纳税人的负担。

当今社会新技术革命方兴未艾，新的知识产权客体不断涌现而且尚未完全定型化，诸多问题在技术、经济与理论层面均未形成共识与定论，不顾此种背景以及知识产权制约他人行动自由的特征，在民法典中单独设立知识产权编，既忽略了活生生的社会现实，也将过分限制市场主体的自由竞争和社会一般主体的行动自由，不利于创新创造和产业发展。以较为灵活的民事单行特别法规定知识产权，是保持知识产权开放性与民法典体系相对稳定性的较为理想模式。

（三）知识产权法的公法规范、程序性规范与民法典的私法属性不相匹配

由于知识产权客体的非物质性特点，知识本身不具有排他性占有的物理外部特征，[13]同时为了实现以效率性为中心的科技创新、文化进步、产业发展目的，兼顾公平和正义，国家不得不通过一定的程序和方式审查赋予排他性权利的知识的先进性、创造性、识别力等特征，并赋予此种排他性以公示效果。[14]由此，专利、商标、植物新品种、集成电路布图设计等知识产权法中不可避免地包含大量有关申请、审查、异议、授权、撤销、无效宣告、行政管理等程序性规范、公法性规定。将所有知识产权法规范整体搬迁到民法典中，明显会与作为私权利基本保护法的民法典不相匹配，极大地冲击民法典的私法属性，违背私法自治的根本理念，只能说是一种极端浪漫主义的美好想法。

或者如有些学者所主张的，我国可以参照越南1995年民法典的做法，将有关知识产权法的公法性规范、程序性规范挑出来单独规定，或者让其融入其他行政法律法规中，民法典中的知识产权法编只规定有关知识产权的私法性规范、实体性规范。此种想法虽然确保了民法典的私法属性，立法技术上也不是不可能，但不可避免地严重割裂知识产权法规范的完整性，给法律适用以及学习造成很大的不便利，不符合中国人学习法律、适用法律的习惯，实践上恐怕很难行得通。

在2016年11月5~6日，北京航空航天大学法学院和"台湾政治大学法学院"联合主办的"第六届两岸民商法前沿论坛"上，"台湾政治大学"苏永钦教授指出，体系化最原始的功能在于帮助快速地找法，化解单行法并行的内在矛盾，组成比较容易使用的法律。为此，他总结出衡量民法典体系是否具有效率的4个指标：储存规范的容量、寻找规范的难度、调整规范的便捷、教育专业的成本。以寻找规范的难度和教育专业的成本作为评价指标，将知识产权法私法性、实体性规范与公法性、程序性规范相分离单独放入民法典作为知识产权法编的做法，适用和学习知识产权法规范时，不得不在不同的法律法规中寻找不同性质的规范，无疑会增加寻找规范的难度，增加学习的成本，不符合民法典体系化效率性的基本要求，因此并不可取。

（四）知识产权独立成编难以增加知识产权法的规范功能

吴汉东教授和其他部分学者虽不主张将知识产权法整体搬迁到民法典中，但认为基于知识产权在现代社会生活中的重要性和民法典中民事权利体系的完整性，民法典还是有必要设置独立一编对知识产权作出概括性规定[3][9]。这种做法虽彰显了知识产权的重要性，保持了民法典中民事权利体系的完整性，但正如梁慧星教授指出的那样，"从民法兼有行为规则和裁判规则的双重属性出发，民法典的结构设计和内容安排只能以法律本身和社会生活本身的逻辑性和体系性作为标准，而不能以所谓重要性为标准"[4]。重要性虽可作为考量知识产权是否应当进入民法典的一个因素，但不能作为知识产权法应当在民法典中独立成编的一个依据。为了凸显知识产权在现代社会生活中的重要性和保持民法典中民事权利体系的完整性，在民法典总则民事权利章节部分规定何为知识产权并开放列举知识产权的客体即可,无法因此得出知识产权法在民法典中应当单独成编的结论。

民法典的结构设计和内容安排除了应当考虑梁慧星教授所说的民法兼有行为规则和裁判规则的双重属性之外,还要考虑是否创造了新的规范能量。就如苏永钦教授 2016 年 11 月 5~6 日在"第六届两岸民商法前沿论坛"上所说:"在这些单行法的基础上再编纂一部民法典,如果不能创造超出原来诸法已经储备的规范能量,其意义何在?""仅仅把既有的法律汇编成一部法典,不可能提升国家治理体系和治理能力,也不会对人民权益的保障有何改善。"苏永钦教授将增加法的规范能量作为是否应当进行法典化考量因素的观点,同样适用于民法典中是否应当单设知识产权法编。

将现存所有知识产权法规范整体搬迁到民法典中独设一编,或者将现存所有知识产权法实体性、私法性规范单挑出来在民法典中独设一编,无法增加知识产权法的规范能量自不待言,即使按照部分学者的观点,全部或者部分抽象出适用于所有知识产权的一般规则,也不能增加现存知识产权法规范已经储备的规范能量。这是因为:

首先,是否能够抽象出适用于所有类型知识产权的一般规则,本身就是一件值得怀疑的事情。知识产权种类多样,每一种类知识产权的制度趣旨都不尽相同,因而各类型知识产权法规则的设计也不尽相同。以专利权、著作权、商标权3种典型的知识产权为例。专利法授予发明创造者专利权的趣旨在于追求技术的先进性,因而要求获得专利权的发明创造在世界范围内具备新颖性、创造性和实用性;著作权法赋予作品创作者著作权的趣旨在于追求文化的多样性,因而只要求受著作权保护的作品具备独创性;商标法授予商标使用者商标权的趣旨在于追求标识的识别力,因而不管标识设计本身有无创造性和独创性,只要通过使用获得了识别商品来源的能力,同时具有独占适格性,就可以作为商标申请注册。基于不同种类知识产权、知识产权法的不同特点,是否能够抽象出适用于各种类型知识产权的一般规则,是非常令人怀疑的。

其次,即使能够抽象出某些适用于所有类型知识产权的一般规则,也不一定能够增加现存所有知识产权法规范的规范能量。不管是郑成思先生在世时抽象出的由 84 个条文组成的知识产权篇[9],还是吴汉东教授设计的由 8 个条文或者是

35个条文组成的知识产权编⑦，从其实际内容看，一部分内容虽属于抽象的结果，但属于宣示性的内容，无论是法官裁判案件，还是行为人从事与知识产权有关的行为，仍然需要到各个知识产权单行法中去寻找依据。宣示性的内容既不能作为裁判规范使用，也不能作为行为规范使用。而另一部分内容则直接来自于现存知识产权法规范，并未增加现存知识产权法已经储备的规范能量。如此，在民法典中独设知识产权编又有什么实际意义呢？

（五）在民法典之外单独制定知识产权法典也不可取

第一，法国知识产权法典没有借鉴意义。很多学者认为，法国分别于1992年颁布的法国知识产权法典法律部分，于1995年颁布的法国知识产权法典法规部分，共同构成了20世纪世界上知识产权保护领域最重要、最有影响的一部法典。然而从统计数字来看，1992年法国知识产权法典法律部分的出台，就是当时23个与知识产权有关的单行立法的汇编整理，且各部门法在体例上保持相互独立，法国知识产权法典名义上是一部法典，实质缺乏法典所必须的最起码的逻辑性和严格的体系化要求，本质上只不过是一个法律汇编。这一先天不足的直接后果，就是法国颁布所谓知识产权法典后的6年间先后进行了12次修改和增补。

第二，知识产权法典化的困境。如上所述，知识产权各种客体之间性质迥异，而且随着科学技术的发展而不断变化，很难抽象出适合于各种知识产权的共同私法规则，很难满足一部法典所应有的相对稳定性和逻辑自足性，无法增加现存所有知识产权法的规范能量。

---

⑦ 2003年，吴汉东教授设计了民法典中知识产权编的8个条文，具体如下：第一条［知识产权的性质］：知识产权属于民事权利。第二条［知识产权的范围］：知识产权包括以下权利：（一）著作权和与著作权有关的权利；（二）专利权；（三）商标权；（四）商号权；（五）原产地标记权；（六）商业秘密权；（七）集成电路布图设计权；（八）植物新品种权；（九）反不正当竞争权；（十）其他知识产权。第三条［知识产权的效力］：知识产权的权利内容及其限制和例外、保护期限、地域效力等根据有关法律、法规确定。第四条［知识产权的利用］：知识产权的权利人可以转让或者许可他人使用其知识产权，法律、行政法规另有规定的除外。知识产权的转让或者许可使用，除法律或合同另有规定之外，不意味着相关信息的有体介质（载体）所有权的转移。反之亦然。第五条［与在先权利的关系］：从事智力创造活动，享有及行使知识产权不得侵犯他人的在先权利。第六条［知识产权的保护］：国家保护依照法律、法规取得的知识产权。侵犯知识产权的，应当依法承担损害赔偿等民事责任。侵犯知识产权构成对行政管理秩序侵害的，应当依法承担行政责任；构成犯罪的，应当依法承担刑事责任。第七条［禁止知识产权滥用］：知识产权权利人不得滥用其知识产权损害社会公共利益和竞争者的合法利益。滥用知识产权损害社会公共利益的，国家有关行政机关可依法给予行政处罚，给竞争者造成损害的，应承担损害赔偿或者其他民事责任。第八条［与民事特别法的关系］：本编涉及知识产权的其他具体规范由特别法规定。参见：吴汉东．知识产权立法例与民法典编纂［J］．中国法学，2003（1）．在另一篇文章中，吴汉东教授则将独立的知识产权编拟定为35条，参见：吴汉东．民法典法典化运动中的知识产权法［J］．中国法学，2016（4）．

第三，设计"知识产权法典"总则的难度。我国民法典采取德国民法典的总则—分则结构已经成为定局。可以预计，假如我国要制定知识产权法典，为了与民法典的总则—分则结构相匹配，也将采取这样一种模式。然而，我国知识产权法研究起步较晚，且主要局限于具体制度研究，知识产权法基础理论研究还比较薄弱，是否能够设计出相对成熟的知识产权法典总则，也是一个问题。

第四，在民法典总则之外，再设计知识产权法典总则，极有可能诉讼时效、侵权归责原则、权利不得滥用原则、诚实信用原则等规则或者原则重复设置，徒增立法成本，浪费立法资源。

三、余论与建议

（一）余 论

民法典编纂是中国社会生活中的一件大事。为了抗衡知识产权行政保护机关急剧扩权现象，纠正某些执法者根深蒂固的知识产权是公权的错误观念，纯正知识产权的私权属性，捍卫知识产权的尊严，知识产权法学界诸多学人坚决主张正在编纂过程中的民法典应该有知识产权一席之地。这是理念上大是大非的问题，笔者原则上也坚决支持这种观点。尽管如此，笔者还是要强调两点。一是立法理念难以取代立法技术。知识产权是否进入民法典是一个理念问题，如何进入则是一个立法技术问题。不从立法技术上解决知识产权"入典"的难题，光有先进和伟大的立法理念，知识产权还是难以很好地"入典"。二是知识产权到底通过司法途径保护还是行政途径保护，通过行政途径保护知识产权是否还有存在的必要性，是一个宪法问题。宪法问题只有通过制度变革才能解决，试图通过知识产权进入民法典以及在民法典独立成编的方式解决这一宪法问题，结果是可想而知的。

此外，需要稍作回应的是，2016年10月26日在中国知识产权研究会和知识产权杂志社共同举办的年会上，中国人民大学知识产权学院姚欢庆教授认为，从融合与创新的角度看，知识产权法在民法典中还是有必要独立成编。按照姚欢庆教授的观点，融合是指民法典总则中的许多制度，比如诉讼时效、侵权归责原则等，如将知识产权法纳入民法典并独立成编，可以直接适用于知识产权，从而避免了各个知识产权单行法重复规定的局面，节省了立法资源。创新是指许可等制度在知识产权运营中占有越来越重要的地位，知识产权许可规则很多不同于传统合同规则，因而需要规则创新，将知识产权纳入民法典并独立成编正好可以满足知识产权特殊规则创新的需要。姚欢庆教授的观点虽让人看到，对于民法一般规则而言，知识产权规则有融合和创新的需要，但并不能够就此得出知识产权应当在民法典中独立成编的结论。姚欢庆教授所说的问题，完全可以通过知识产权法解释论[15]加以解决。唯我国目前尚欠缺发达的知识产权法解释论，因而动辄从立法论角度思考和解决问题。这种思考和解决问题的方法既不利于现存知识产权法规范的适用，也将不必要地耗费纳税人付出的立法成本。如何构建和运用发达的知识产权法解释论，解决知识产权规则和其他规则之间的融合与创新关系，是我国今后很长一段时间需要面对和解决的问题。

（二）建　议

2016年12月第十二届全国人大常委会第二十五次会议审议通过的《民法总则（草案第三次审议稿）》第123条规定："民事主体依法享有知识产权。知识产权是指权利人依法就下列客体所享有的专属的和支配的权利：（一）作品；（二）发明、实用新型、外观设计；（三）商标；（四）地理标志；（五）商业秘密；（六）集成电路布图设计；（七）植物新品种；（八）法律规定的其他客体。"建议修改如下："民事主体依法享有知识产权。知识产权包括与下列客体有关的权益：（一）作品；（二）发明、实用新型、外观设计；（三）商标；（四）地理标志；（五）商业秘密；（六）集成电路布图设计；（七）植物新品种；（八）法律规定的其他客体。"理由如次：

第一，"知识产权是指权利人依法就下列客体所享有的专属的和支配的权利"未能揭示出知识产权的本质属性。知识产权是法律人为创设的制约他人行为模式的权利，所有权是所有权人对所有权客体所享有的最为典型的专属权和支配权。知识产权最重要的特征是排他性，所有权虽也有排他性，但是在所有权人直接支配所有物基础上的排他，是基于所有物自然属性的排他，而知识产权的排他并非基于知识产权人直接支配知识产权客体"知识"的排他，而是法律人为创设的排他。通过界定所有权的方式界定知识产权，容易让人按照理解所有权的方式理解知识产权，难以让人准确把握知识产权的本质和特征。

第二，知识产权人无法专属其权利客体。知识产权客体一旦公开，任何人都可以学习、研究、欣赏，使其成为自己知识体系的一部分。即使未公开的商业秘密，他人亦可通过独立研发或者反向工程获得。这就是知识生产和消费（或者说创造和使用）的非排他性。

第三，知识产权人无法支配其权利客体。支配是权利人依照自己的意志，通过物理力量对特定动产或者不动产予以占有、使用、收益或者处分。知识产权的客体是没有物理形态的知识，不同于具有物理形态的有形物，无法凭借物理力量占有，也无法像处分有形物那样进行处分。知识的使用也不像有形物那样，会发生消耗，这就是知识消费（或者说使用）的非消耗性。知识使用的非消耗性决定了知识产权侵权行为具有如下特点：知识本身不会受到任何损害，侵权行为仅仅表现为未经知识产权人许可，也无法定事由，利用其知识产权排他范围内的知识。

第四，按照本文一贯坚持的缓和的知识产权法定原则，知识产权包括了类型化的权利和非类型化的利益两大部分，虽然非类型化利益的享有者不能享有停止侵害请求权，但可以回应社会发展的需要，弥补严格知识产权法定原则的弊端。由此，将知识产权概括性地规定为"包括与下列客体有关的权益"可以让知识产权的保护客体保持适度的开放性，同时回应商业秘密排他性非常弱实质上更接近于一种知识性利益在定位上的需要。

第五，知识产权的性质、本质、特征、与创新的关系、存废等重大问题，自知识产权制度诞生以来，在世界范围内的争论一直没有停止过，将来也不会停止。民法总则不宜作出明显会引发更多争论的并且带有结论性的界定。

第六，按照本建议进行修改的好处是，民法总则保护知识产权的意旨明确，采取列举方式规定知识产权客体范围，同时保持了适度的开放性，而且与国际公约规定保持了一致性，既回避了会引发激烈争论的问题，也可以为知识产权法解释学预留广阔空间，保证了学术探讨的自由，实可谓一箭多雕。

参考文献

[1] 易继明. 历史视域中的私法统一与民法典的未来［J］. 中国社会科学，2014（5）.
[2] 徐国栋. 民法典草案的基本结构：以民法的调整对象理论为中心［J］. 法学研究，2000（1）.
[3] 吴汉东. 民法法典化运动中的知识产权法［J］. 中国法学，2016（4）.
[4] 梁慧星. 当前关于民法典编纂的三条思路［J］. 律师世界，2003（4）.
[5] 胡开忠. 知识产权法典化的现实与我国未来的立法选择［J］. 法学，2003（2）.
[6] 曹新民. 中国知识产权法典化研究［M］. 北京：中国政法大学出版社，2005.
[7] 袁真富. 知识产权法不宜编入我国民法典［N］. 法制日报，2002-10-31.
[8] 郑成思. 民法典（专家意见稿）知识产权篇第一章逐条论述［J］. 环球法律评论，2002.
[9] 郑成思. 民法草案与知识产权篇的专家建议稿［J］. 政法论坛，2003（1）.
[10] 吴汉东. 知识产权立法体例与民法典编纂［J］. 中国法学，2003（1）.
[11] 王志华. 论俄罗斯知识产权法的民法典化［J］. 环球法律评论，2009（6）.
[12] 角田政芳. 知识财产权六法2017［M］. 东京：三省堂，2017：8，141，218.
[13] 田村善之. 田村善之论知识产权［M］. 李扬，等，译. 北京：中国人民大学出版

社，2013.
[14] 李扬. 知识产权法定主义及其适用：兼与梁慧星、易继明教授商榷［J］. 法学研究，2006（2）.
[15] 李扬. 知识产权法基本原理Ⅰ：基础理论［M］. 北京：中国社会科学出版社，2013.

（原载于《陕西师范大学学报（哲学社会科学版）》2017年第2期）

商 标 法

注册商标不使用撤销制度中的"商标使用"界定
——中国与日本相关立法、司法之比较

摘 要

  我国《商标法》所规定的注册商标连续3年不使用撤销制度中的"商标使用"是指商标发挥识别机能的使用，该制度中商标使用的含义不同于商标侵权认定中商标使用的含义。商标使用对象的商品不以对价性和相互交换性为前提。下列小情形不构成注册商标连续3年不使用撤销制度中的"商标使用"：在指定商品以外的商品上的使用；在指定的部分商品上的使用；单纯的广告宣传；单纯在商品包装上的使用；在零部件上的使用；单纯的许可和转让；无权使用者的使用。而功能相同但表现形态不同的商品上的商标使用，以及改变注册商标标识的商标使用是否构成该制度中的"商标使用"，应当区别对待。违反行政法的商标使用应当视为该制度中的"商标使用"。我国应借鉴日本相关立法经验，规定法律拟制的商标不使用制度。在注册商标进行了转让和许可使用的情况下，连续3年不使用的时间应该连续计算，应当废除责令限期改正制度。

关键词

  注册商标不使用　撤销制度　商标机能

我国商标法第 49 条第 2 款、日本商标法第 50 条、德国商标法第 49 条第 1 款均规定了注册商标连续经过一定年限不使用的撤销制度（以下简称"注册商标撤销制度"）。我国《商标法》第 48 条①、日本商标法第 2 条第 3 款、德国商标法第 26 条②分别规定了注册商标"使用"的含义。但关于注册商标撤销制度中"商标使用"含义的理解，仍存有诸多疑问。例如，注册商标撤销制度中的"商标使用"与商标侵权行为中的"商标使用"是否为同一个概念？无权使用人的使用行为、商标权人单纯的转让和许可使用行为、商标权人不严格按照核定使用的商品范围使用核准注册的商标、在零部件上的使用行为、在得知他人撤销请求后的突击使用行为，是否属于注册商标撤销制度中的使用行为？在注册商标撤销制度中，何为注册商标使用对象的商品？何为不使用的正当理由？我国商标法规定注册商标连续 3 年不使用的时间应如何计算？我国商标法规定的由主管机关责令限期改正的制度是否具有必要性？国内学者对这些问题鲜有深入的研究，而现实中此类法律纠纷不在少数，因此有必要予以全面而细致的探讨。

一、注册商标撤销制度中"商标使用"的含义界定

关于注册商标撤销制度中"商标使用"的含义，我国学界存在两种观点：第一种观点认为该制度中的商标使用必须是发挥识别机能的使用。也就是说，商标的使用应该达到能够让需要者识别商品（包含服务，以下同）来源的程度时，才符合注册商标撤销制度中商标使用的要求。此种观点北京市第一中级人民法院和北京市高级人民法院在"康王"商标案和"GNC"商标案的裁判中得到了充分表达，③曾经是包括笔者在内的极少数学者坚持的观点。④ 第二种观点认为注

---

① 我国商标法第 48 条规定："本法所称商标的使用，是指将商标用于商品、商品包装或者容器以及商品交易文书上，或者将商标用于广告宣传、展览以及其他商业活动中，用于识别商品来源的行为。"

② 德国商标法第 26 条规定的详细内容为：（1）以商标使用为理由对任一注册商标或注册之维护提出主张者，该商标应由所有权人于德国就其注册所表彰之商品或服务为真实之使用，除有正当理由不使用者，不在此限。（2）商标之使用经专用权人同意者，视为构成专用权人之使用。（3）商标之使用样态与注册之样态不相同仍应构成注册商标之使用，但其不相同之部分无法改变该商标之显著特质。本规定亦适用于商标以其使用之样态注册者。（4）于德国将商标附着于商品或其包装者，如该商品系以出口为目的，仍应构成在德国境内之使用。

③ "康王"商标案参见北京市第一中级人民法院（2006）一中行初字第 1052 号行政判决书、北京市高级人民法院（2007）高行终字第 78 号行政判决书；"GNC"商标案参见北京市高级人民法院 2006 高行终字第 78 号民事判决书。

④ 参见：李扬. 知识产权法总论 [M]. 北京：中国人民大学出版社，2008：323；马翔，郭京玉. 注册商标连续三年停止使用的界定：从"康王之争"案件谈起 [J]. 律师世界，2008（4）.

册商标撤销制度中的商标使用只要形式上符合我国商标法第 48 条所规定的商标使用的含义⑤即可，只要形式上符合该条例所规定的使用的含义，不管是否发挥了识别机能，都应当作为撤销制度中的商标使用对待。此种观点简称为形式上使用的观点，曾经是我国学界的主流观点。⑥

在日本同样存在两种观点：第一种观点和上述我国学界第一种观点相同，认为注册商标撤销制度中的商标使用是指发挥识别机能的使用。与我国恰好相反的是，这种观点在日本一直是占据绝对主流地位的观点，为许多裁判所和著名学者所坚持。比如，日本东京高等裁判所在"VUITON"商标案中明确地认为："不使用撤销制度的趣旨在于：商标法保护的是注册商标因使用而积聚的信用，当注册商标在一定期间内不使用的情况下，不会产生值得保护的信用或者产生的信用已经消减，因而商标法保护的对象消灭。另外，对于不使用的注册商标给予排他性独占权的话，将会不当地侵害国民的基本利益，而且由于该商标的存在，权利人以外的、意欲对商标进行使用的人，其对商标的选择空间将变得狭窄。因此，基于撤销请求人的请求，应当将这种注册商标予以撤销。"⑦ 学说上的见解以田村善之教授的观点为代表："即使形式上满足商标法第 2 条第 3 款的要件，但如果没有作为识别功能而进行使用的话，不认为是作为商标进行使用。既然没有发挥识别标识的作用，也就会不产生混同，因此维持商标侵权从而制约他人商标选择的自由是缺乏根据的。"⑧

第二种观点和上述我国学界第二种观点相同，认为注册商标撤销制度中的商标使用只要符合日本商标法第 2 条第 3 款规定的商标使用含义即可，但这只是日本少数裁判所和学者所坚持的观点，这和我国的情况正好相反。比如日本东京高等裁判所在"POLA"商标案中认为："商标法第 50 条所规定的注册商标的使用，是为了说明商标在该指定商品上以怎样的方式使用才是充分的，而完全不考虑是否作为发挥识别功能的标识在使用。"⑨ 学说上的见解以网野诚先生的观点最具有代表性："本来是否作为识别标识的使用是根据交易的一般观念决定的。因此，即使最初的使用不能说是作为识别标识的使用，但之后在交易市场中作为识别标识被认识的情况也会存在。这种情况很多的话，既然注册商标在指定商品上被使用，在现时点上，虽说不能认为该使用是作为识别标识的使用，但由此直接作为

---

⑤ 参见前注 [1]。
⑥ 参见 关汉东. 知识产权法学 [M]. 北京：法律出版社，2004：295.
⑦ 参见日本东京高等裁判所 1993 年（行政诉讼案件）第 168 号裁判书。
⑧ 参见：[日] 田村善之. 商标法概说 [M]. 东京：弘丈堂，2000：28.
⑨ 参见日本东京高等裁判所 1990 年（行政诉讼案件）第 48 号裁判书。

不使用的情况加以撤销或者拒绝续展注册的话,将与旨在保护注册商标、维持使用者信用的商标法目的相违背。因此,不顾'商标'的定义,在商标权侵害上要求具有作为识别标识的使用,甚至将这种思考方式用于不使用商标的撤销和拒绝续展注册,是值得探讨的。在这些情况下,倒不如按照商标法规定的含义处理,即只要是用于商品上的使用,不问是否是作为识别标识的使用以及是否是独特的使用,均视为注册商标的使用,更符合商标法的目的。"[10]

上述两种观点中究竟哪一种观点较为可取,取决于对商标机能和商标法立法目的的准确把握。关于商标的机能,世界各国商标法学者的看法基本一致,认为它包括：识别机能、品质保证机能、广告机能、文化机能等四种。[11] 美国学者弗兰克·斯凯特曾撰文极力淡化商标的识别机能而渲染商标的广告机能并据此提出商标淡化理论,[12] 但不可否认的是,商标识别机能是商标广告机能和商标品质保证机能的基础。广告机能和品质保证机能是在识别机能的基础上发展出来的。一个商标如果连最起码的识别机能都没有获得,其如何能够凝聚市场信用,又如何能够获得吸引需要者注意力的广告机能和品质保证机能？基于这一认识,对注册商标连续3年不使用撤销制度中"商标使用"含义的理解就应当从商标是否能够发挥识别机能的角度进行。[13]

关于商标法的立法目的,日本商标法第1条规定,以保护商标、维护商标使用者业务上的信用、促进产业的发达、保护需要的利益为目的。我国《商标法》第1条规定其立法目的是：加强商标管理,保护商标专用权,促使生产者、经营者保证商品和服务质量,维护商标信誉,保障消费者和生产者、经营者的利益,促进社会主义市场经济的发展。虽然我国和日本的商标法均采注册主义,允许未经使用的商标申请注册可以获得具有排他性的独占权,但其立法目的旨在促使获得商标注册的人放心地在商业活动中使用其注册商标,打造其市场信用,从而促

---

[10] 参见：[日] 网野诚. 不使用撤销审判与"注册商标使用"的范围 [M] //特许诉讼诸问题——三宅正雄先生喜寿纪念. 社团法人发明协会,1986：450-451.

[11] See：W. R. Comish, Intellectual Property：Patents, Copyright, Trade Marks and Allied Rights [M]. London Sweet & Maxwell, 1996：527；同前注 [8],田村善之书,第4-9页；[日] 小野昌延. 商标法概说 [M]. 东京：有斐阁1999：2-5；刘春田. 知识产权法 [M]. 北京：中国人民大学出版社,2000：232-234；吴汉东. 知识产权法 [M]. 修订版,北京：中国政法大学出版社,2002：218-219.

[12] See：Frank Schechter, The Rational Basis of Trademark Protection [J]. Harvard Law Review, 1927 (40)：813.

[13] 关于商标功能的变化及其对商标法的影响,参见：杜颖. 商标淡化问题及其应用 [J]. 法学研究,2007 (2)；杜颖. 商标法混淆概念之流变 [M] //李扬. 知识产权法政策学论丛 (2009年卷). 北京：中国社会科学出版社,2009.

进产业的发展,并保护需要者的利益。但为防止商标注册申请人在其商标获得注册后根本不在商业活动中使用该注册商标,典型的大陆法系各国商标法不得不规定注册商标撤销制度,以确保他人选择商标的自由和促进产业的发展,弥补商标注册主义的不足。可以说,日本商标法第50条的规定和我国《商标法》第49条第2款的规定将各自商标法的立法目的具体化了。[14]

根据上述商标的本质机能和商标法的立法目的可以得出这样一个结论,即只有当商标权人使用其注册商标实际从事了生产经营活动,并让需要者通过该商标认识到某种商品的来源时,其使用才能称为商标法意义上的使用。商标权人在获得商标注册后没有通过商标实际从事生产经营活动,或者虽然从事了生产经营活动,但该活动无法让需要者通过该商标认识到某种商品或者服务的具体来源,则该商标上难以积聚商标权人的信用或者积聚的信用已经丧失,产业无法得以进步,需要者也不可能发生混淆,由此正像田村善之教授所说的,没有理由再维持该商标的排他性独占权,必须加以撤销。[15]

那么,注册商标撤销制度中的"商标使用"是否等同于商标侵权中的"商标使用"呢?这个问题在我国学术界和司法实践中均很少为人所关注。但日本学者和裁判所的绝对主流观点是明确主张将两者分开的,[16] 不过其并未提供详细的理由。笔者认为,将二者明确进行区分的理由应在于:在注册商标撤销制度中,为了避免没有进行任何形式使用的注册商标给他人商标选择的自由造成过大妨碍,当然应该对使用进行严格解释,即要求其使用必须是发挥识别机能的使用。而在商标侵权行为判断中,被侵害的商标往往是已经使用并积聚了商标权人市场信用的商标,为切实保护商标权人已经积聚的市场信用,此时对使用应进行扩大解释,即其使用不限于发挥识别机能的使用。

作出上述解释的理由在于:商标的机能在市场发展过程中已经发生了巨大变化,即在本质的识别机能基础上,品质保证机能不断得到强化,由此衍生出了广告机能,而且广告机能的作用变得越来越重要。面对商标机能的变化,商标法也相应作了制度上的调整,在保护商标识别机能的基础上,开始保护商标的品质保证机能和广告机能,并且越来越重视对后两种机能的保护。因而在判断行为人的商标使用行为是否构成商标侵害的时候,虽然一般应当考察其对商标的使用是否

---

[14] 同前注[8],田村善之书,17;日本特许厅.工业所有权法逐条解说[M].东京:社团法人发明协会2008:1347-1348.

[15] 同前注[8],田村善之书,28.

[16] 同前注[8],田村善之书,143;日本裁判所的意见可以参见东京高等裁判所关于"VUITON"案件的判决,同前注[7]。

是作为识别商品或者服务来源标识的使用，但也应当考察该种使用是否是作为品质保证手段或者广告手段的使用。如果行为人的商标使用行为是作为品质保证手段或者广告手段的使用，则其行为也会构成商标侵害行为。这样，在商标侵权行为认定中，行为人即使未将他人注册商标作为发挥识别机能的标识而仅仅作为品质保证手段或者广告手段进行使用，也可能构成商标权侵害。这就是商标的反淡化保护问题。由此可见，商标侵权行为认定中的"商标使用"含义要广于注册商标撤销制度中"商标使用"的含义。

二、注册商标撤销制度中"商标使用"的对象、范围和具体形态问题

（一）注册商标使用对象的商品性问题

关于商标撤销制度中注册商标使用对象的商品性问题，在日本的"东京地铁"商标案中，原告拥有的注册商标"东京地铁"指定使用的商品类别为报纸、杂志。被告根据日本商标法第50条规定向日本特许厅提出撤销请求，日本特许厅依据以下两点理由作出了撤销该注册商标的决定：（1）原告虽然声称自己将《东京地铁报》第1期和第2期分别印刷了8400份左右和5000份左右并在东京世田谷区免费散发，但没有提供证据证明。（2）《东京地铁报》只不过是刊登他人广告和进行免费散发的印刷物，而不是作为独立交易对象以供市场流通之用，因此不能认定为该商标指定使用的商品类别为报纸或者杂志。原告不服，并向裁判所提起了行政诉讼。最终，日本东京知识产权高等裁判所判决撤销了日本特许厅的决定，其裁判主要理由如下："（1）2002年4月29日至5月，原告印制了注有"东京地铁""2005年4月25日发行（创刊号）"字样的报纸8000份左右，在东京世田谷区内散发。从该报纸的第1期开始，原告至少以贴附同一商标"东京地铁"的方式印制和免费散发了4期报纸。（2）为了保护商标的识别机能，商标法上的商品必须是用来进行市场交易的对象。但交易不仅仅限于买卖契约关系，也包括以营利为目的的各种契约形态。不能认为没有对价和相互交换，就不是商标法上的商品。只要从整体上看属于市场交易对象，就应当认为属于商标法上的商品。本案中的报纸虽然是免费向读者散发，但属于向广告主交付的商品，因此从整体上看仍然属于用来市场交易的对象即商品。（3）虽然是免费报纸，但也有必要保护其商标的识别机能，而不能以其属于和读者之间没有对价和相互交换的商品为由，否定保护其商标识别机能的必要性。[17]

---

[17] 参见日本东京知识产权高等裁判所1997年（行政訴訟案件）第10008号裁判书。

市场交易是一个动态的过程，为了争取更多的交易机会，经营者往往会采取各种经营策略，如打折销售、免费赠送礼品等。只要商品本身处于市场流通过程中，就不能因为其系免费赠送或者打折销售而否定其商品性。贴附"东京地铁"商标的报纸虽然是免费的，但由于其已在市场上散发，读者通过《东京地铁报》完全可以得知该报纸是原告发行的，其理所当然属于商品。所以说，具有对价性和相互交换性的物品虽然往往是商品，但不能认为商品必须以对价性和相互交换性为前提。

（二）注册商标使用对象的范围问题

按照日本商标法第25条第1款以及我国《商标法》第56条的规定，注册商标的专用权以核准注册的商标和核定使用的商品为限。也就是说，只有在指定使用的商品或者服务上，商标权人才有专用其注册商标的权利。由此引发的问题是，商标权人虽使用其注册商标，但不在指定的商品或者服务上使用，他人是否可以请求撤销其注册商标呢？这种情况比较复杂，现区分以下情况讨论。

1. 在指定使用商品以外的商品上使用注册商标。在前述"GNC"商标案的二审中，涉案商标"GNC"于1997年11月21日被核准注册，核定使用的商品为第30类中的"非医用营养鱼油"。第三人请求撤销该注册商标，商标评审委员会作出了维持该注册商标的决定，其理由是：商标权人某物资集团公司委托他人生产"GNC"蜂蜜产品以及制作"GNC"商标宣传品的事实，可以证明其已将"GNC"商标用于蜂蜜商品的生产以及广告宣传等商业活动中。北京市第一中级人民法院一审判决维持了该决定，但是二审中北京市高级人民法院撤销了该一审判决，其理由是：某物资集团公司在受让涉案商标后，委托他人印制有"GNC"标识的宣传单、包装盒和手拎袋等宣传品，但其均是在蜂蜜等蜂产品上的使用，并非在涉案商标核定使用商品——非医用营养鱼油上的使用，因此不属于商标法意义上的使用。[18] 日本东京高等裁判所在"Dalecarnegie"商标案中也表达了同样的意见。[19]

在指定使用商品以外的商品上使用注册商标，虽然可以表明其实际标注的商品或者服务的来源，但无法发挥识别其指定使用商品或者服务来源的作用，因此不能视为商标撤销制度中的商标使用。此种情况下的商标使用可以作为在实际使

---

[18] 参见北京市高级人民法院2006高行终字第78号行政判决书。
[19] 参见日本东京高等裁判所2000年（行政訴訟案件）第109号裁判书。

用的商品或者服务上的未注册商标处理，适用商标法和反不正当竞争法的相关规定进行保护。

2. 在指定使用的部分商品上使用注册商标。注册商标人为了扩展其注册商标的使用范围，往往指定使用几种商品。比如，湖北省某公司在申请商标注册时，就指定了八宝粥、大米、雪饼等三种商品为其商标专用的商品。在此种情况下，如果该公司仅仅在其中的八宝粥商品上使用该注册商标，那么他人是否可以请求撤销其商标在大米、雪饼上的专用权呢？虽然，目前我国还没有发生这方面的案例，但我国《商标法实施条例》第68条规定："商标局、商标评审委员会撤销注册商标或者宣告注册商标无效，撤销或者宣告无效的理由仅及于部分指定商品的，对在该部分指定商品上使用的商标注册予以撤销或者宣告无效。"如此规定的理由不难理解——虽然注册商标在实际使用的商品上发挥了识别机能，但在没有实际从事生产经营的其他商品上则无法发挥任何识别机能，因而没有理由妨碍他人选择商标的自由，或者剥夺已经实际在这些商品上使用该商标进行了生产经营的他人已经积聚起来的信用。

按照日本商标法第50条第2款的规定，如果商标权人举证证明其已经在指定使用的复数商品之一种上使用了注册商标，则商标权人可以保全其注册商标在所有指定使用商品上的专用权。按照田村善之教授的理解，商标权人举证证明其已在指定使用的复数商品之一种上使用了注册商标，而请求人不能举证证明商标权人在其他商品上没有使用注册商标的事实，则其他商品上的注册商标不能被撤销。[20] 上述解释大概是出于减轻指定使用商品为复数的商标权人的举证责任、加重请求人的举证责任以防止请求人滥用注册商标连续3年不使用撤销制度的目的。但是，上述理解只可能发生在这样一种情况下，即请求人在一个请求当中同时请求撤销商标权人在所有或者两种以上指定使用商品上的注册商标。因为当请求人只请求撤销商标权人在某一种指定使用商品上的注册商标时，商标权人得负担证明使用的责任，而请求人只要提出商标权人在该种指定商品上没有使用注册商标的主张即可。这样一来，如果请求人不提出一揽子的撤销请求，而分别指定使用商品逐一提出撤销请求，那么减轻指定使用商品为复数的商标权人举证责任的目的则会落空。

考虑到上述因素，日本商标法第50条第2款似乎只能作如下理解：当请求人请求撤销复数指定商品上的注册商标时，商标权人只要能够证明在其中一种商品上存在使用的事实，则该商标在其他指定商品上的专用权都是安全的。如果请

---

[20] 同前注 [8]，田村善之书，31-32.

求人想继续请求撤销该商标在其他指定商品上的商标权,则必须重新提出撤销请求。在请求人重新提出撤销请求后,商标权人又只要证明在其中一种指定商品上存在使用事实,则该商标在剩下的其他商品上的专用权又是安全的。请求人如此往复,直到达到自己的目的为止。在这个过程中,商标权人始终只要证明在一种商品上存在使用的事实即可,举证责任非常轻松,而请求人始终不需要承担证明商标权人存在不使用事实的责任,这正好符合日本商标法将举证责任由请求人(证明商标权人不使用商标的事实)转嫁给商标权人(证明自己使用的事实)的修法目的。[21] 这样理解的话,就可以促使请求人在提出撤销请求前,一方面尽量调查出商标权人在哪些商品上使用了注册商标,另一方面也考虑撤销成本问题,从而使得日本商标法第 50 条第 2 款防止请求人滥用撤销制度的目的得以实现。

3. 仅仅在宣传单等广告媒体上使用注册商标。没有实际进行生产经营,为了避免注册商标被撤销,仅仅在宣传单等广告媒体上使用注册商标,是否属于商标撤销制度中的商标使用呢?日本大阪地方裁判所在 1987 年 8 月 26 日判决的"BOSS"商标案中表达了否定的意见,即认为这种情况下的使用不能视为商标的使用。其认为:"附着 BOSS 商标的 T 恤衫只不过是为了促进电子乐器销售的附赠品,并且只限于向购买电子乐器的购买者无偿发放,本身根本不是独立交易的对象,从其发放的形态看,未来也没有在市场上流通的可能性,因此不属于商品,只不过是作为商品的电子乐器的广告品罢了。"[22] 日本大阪地方裁判所的意思是明显的,即单纯在广告品上使用注册商标的行为不能视为商标使用行为,其中的理由仍然在于这种情况下使用的商标无法发挥其识别机能。

4. 仅仅在商品包装上使用注册商标。没有实际从事生产经营活动,为了保存商标不被撤销,商标注册人往往委托他人生产一定数量的贴附注册商标的商品包装,此种行为是否属于商标使用行为?在前述"康王"商标案中北京市高级人民法院明确认为,涉案商标权利人虽然提供证据证明了委托他人加工包装盒的事实,但并不能证明该包装盒已经投入市场并实际使用的事实。[23] 因此,法院认为商标权人仅在商品包装上使用注册商标的行为,不属于注册商标连续 3 年不使用撤销制度中的商标使用行为。其理由在于:注册商标权人没有在指定使用的商品即化妆品上使用注册商标,因而该商标无法发挥识别化妆品来源的机能。不过和那种没有进行市场交易因而无法成为商品的广告品不同的是,包装盒本身就具

---

[21] 同前注 [14],日本特许厅主编书,1347 – 1348。
[22] 参见日本大阪地方裁判所 1986 年(民事訴訟案件)第 7518 号裁判书。
[23] 同前注 [3]。

有独立的市场交易价值，在实际的市场交易中一般也是独立进行的，因此贴附在其上面的商标虽不能发挥识别被包装商品来源的作用，却可能发挥识别该包装本身的作用。在此情况下，该商标和在指定使用商品以外的商品上使用的注册商标一样，可以作为未注册商标处理，适用商标法和反不当竞争法的相关规则进行保护。

5. 在功能相同但表现形态不同的商品上使用注册商标。日本东京高等裁判所在1985年5月14日判决的"美颜生活事件案"中认为，放入软管中、形状类似奶油的洗脸材料虽然在形态上与以往的固态香皂不同，但其与固态香皂一样含有石碱，并含有油、保湿剂、香料、药剂等成分，与作为原材料的石碱相比具有更好的除污洗净能力，除了可以用来清洁皮肤外，还具有防脱脂和保湿作用。从交易者和需要者的角度进行判断，这种洗脸材料不但是石碱，同时也是化妆品，或者是含有石碱成分的化妆品。[24] 显然，日本东京高等裁判所认为，该案中注册商标权人在这种洗脸材料上使用注册商标的行为属于在指定使用商品即石碱上使用注册商标的行为。

在各国商品和服务分类表没有明确限定注册商标指定使用商品具体形态（固态、液态、气态）的情况下，在不同形态商品上对注册商标的使用视为在指定使用商品上的使用，应该是没有疑问的。比如，指定使用商品为酒精，则不管是在固态、液态还是气态酒精上对注册商标的使用都应该视为在酒精上的使用。但如果注册商标指定使用商品与实际使用的商品之间只是某种或者某几种成分相同，虽然形态没有发生变化，但最主要的功能发生了变化，或者形态和功能同时发生了变化，从需要者的角度判断，两者不再属于同种商品，则另当别论。比如，包含金银花成分的医用金银花露（药店出售）和一般性的金银花露（百货店、超市出售），就是两种完全不同的商品，因而在医用金银花露上对注册商标的使用就不能视为在一般性的金银花露上的使用。

6. 在零部件上使用注册商标。日本大阪高等裁判所在"Sharp"商标侵权案中认为，虽然最终消费者看不到在游戏机零部件CPU上使用的Sharp商标，但在游戏机主体和主机板流通过程中，其仍然可能会被相关交易者和需要者看到而发挥商标机能，因而视为对注册商标权的侵害。但因商标撤销制度中商标使用的含义和商标侵害事件中商标使用的含义并不完全等同，因此，在注册商标撤销程序中，在零部件上使用注册商标是否可以视为在指定使用商品上使用注册商标的行

---

[24] 参见日本东京高等裁判所1982年（行政訴訟案件）第67号裁判书。

为，则不无疑问。㉕虽然完成品的生产者也加工某些零部件，但零部件分别由不同的市场主体进行生产则是常态，零部件和整体分开各自独立进行销售更是市场交易中的一般情况。由此可知，使用在零部件上的注册商标所发挥的识别作用和使用在完成品上的注册商标所发挥的识别作用是并不相同的。也就是说，很难想象这样的情况发生：需要者看到使用在零部件上的注册商标时，会自然地认识到或者想象出利用该零部件生产并使用同一注册商标的某种完成品及其来源。既然使用在零部件上的商标和使用在完成品上的注册商标发挥的是不同的识别作用，就没有理由为了保存某个注册商标而将零部件上的注册商标的使用视为在注册商标指定使用商品上的使用。

日本东京高等裁判所在1985年的"阿密洛克"商标案中认为，涉案商标权人只是在指定使用商品"化学机械器具"加湿器的零部件上使用了注册商标"阿密洛克"，由于作为零部件组装进加湿器后失去了商品的独立性，不再属于指定使用商品"化学机械器具"，因而在加湿器零部件上对注册商标的使用不能视为在指定使用商品"化学机械器具"上的使用。㉖

（三）注册商标使用的具体形态

1. 单纯的转让和许可他人使用是否属于注册商标的使用？在前述"GNC"商标案中，涉案原商标权人富乐公司提出，1997年11月26日，其与现注册商标权人某物资集团公司签订了商标使用许可合同，约定由某物资集团公司使用涉案商标，许可使用期限自合同签订之日起至2007年11月25日，许可使用费为3万元人民币。1999年2月26日，双方又签订了商标转让补充协议，约定富乐公司将涉案商标转让给物资集团公司。2002年11月25日，国家商标局核准转让。富乐公司认为，这些事实足以证明在涉案使用期间内的1998年10月24日至2001年10月23日其使用了涉案商标。北京市第一中级人民法院支持了富乐公司所主张的使用许可和转让行为本身也属于注册商标使用的观点。但北京市高级人民法院认为："这些行为仅是许可人或者转让人与被许可人或者受让人之间的行为，不具有面向消费者昭示商标的识别功能，因此商标权人对涉案商标的许可他人使用以及其后的转让行为均不属于商标的使用。"㉗

利用注册商标进行实际的生产经营活动，首要目的就在于让市场上不特定的

㉕ 参见日本大阪高等裁判所1996年（刑事上诉案件）第228号裁判书。
㉖ 参见日本东京高等裁判所1988年4月12日第1289号，"阿密洛克"商标案，141. 相关解释参见前注 [8]，田村善之书，253-254。
㉗ 同前注 [10]。

需要者通过该商标识别商品或者服务的来源。在商标权人和被许可使用人或者受让人都没有利用商标实际从事生产经营活动的情况下，不管存在多少环节的许可使用或者转让行为，都只是许可人和被许可人、转让人和受让人之间的内部关系，商标始终发挥不了任何识别商品来源的作用。因此，单纯的许可使用或者转让行为不能作为注册商标连续3年不使用撤销制度中的商标使用。这样理解可以消减实践中可能出现的这样一种行为，即在注册商标3年不使用期限快完结时，通过签订许可使用合同或者转让合同来保存注册商标的行为，从而消解商标囤积现象。

在单纯许可使用中，有一种比较特殊的形态，即被许可人利用注册商标生产或者输入商品后将其存入仓库中，但由于各种原因一直没有进行市场销售，这种情况是否可以认定为注册商标的使用呢？答案是否定的。原因在于贴附注册商标的商品没有流向不特定的需要者，注册商标无法发挥识别机能，需要者根本不会发生混淆，因此没有必要再维持该注册商标的排他专用权。日本最高裁判所和东京高等裁判所在某些案件中已经作出了这样的判断。[28]

2. 无权使用者的使用是否属于注册商标的使用？无权使用者的使用包括违背商标许可使用合同的约定范围使用他人注册商标而发生的无权使用，以及注册商标权人之间不存在任何合同关系的行为人使用他人注册商标而发生的无权使用。在前述"康王"商标案中，云南滇虹公司许可昆明滇虹公司使用涉案商标"康王"的行为，就属于违反和原注册商标权人康丽雅公司之间的许可合同的约定范围许可第三人使用注册商标而发生的无权使用。北京市第一中级人民法院和北京市高级人民法院都认为无权使用者的使用不属于注册商标权人对注册商标的使用。[29]

无权使用者在商业活动中对注册商标的使用虽能够发挥商标的识别机能，但识别的不是真正商标权人的商品来源。如果将此种使用视为注册商标权人的使用，无疑是对注册商标权人不使用注册商标的一种纵容，在根本上违背了商标法将注册商标设置为一种稀缺资源以发挥商标的识别机能、促进产业进步的立法目的。此外，将无权使用者的使用视为注册商标的使用，也可能会给无权使用人造成不可预测的侵害。因为在无权使用人付出很大投资并通过使用使注册商标获得市场信用后，注册商标权人完全可能就此提出差止请求和损害赔偿请求。

---

[28] 参见日本东京高等裁判所1993年（行政诉讼案件）第129号裁判书；日本最高裁判所1998年（行政再审案件）第39号裁判书。

[29] 同前注［3］。

但前述"康王"商标案中一个值得探讨的问题是,在原注册商标权人康丽雅公司得知被许可人云南滇虹公司违约许可第三人昆明滇虹公司使用其注册商标后,未提出任何异议,并且还与云南滇虹公司签订了注册商标转让合同。在此情况下,昆明滇虹公司从云南滇虹公司那里获得的使用权是否像法院所理解的那样仍然属于无权使用,则不无疑问。为了防止与商标权人没有任何契约关系但已经私自使用其注册商标的行为人滥用注册商标连续3年不使用撤销制度,从而使自己的侵权行为合法化,如像"康王"商标案中的情况一样,商标权人从一开始就通过实际行为对契约相对人违反契约自己使用或者许可他人使用注册商标进行了事实上的许可,则契约相对人使用注册商标的行为应当视为商标权人的使用行为。理由在于,在这种情况下,需要者从一开始就认为被实际使用的商标属于商标权人的商标,因而不会发生混淆。

我国有些学者认为,在注册商标撤销程序中,如果商标权人说服无权使用者与自己达成了许可协议,商标局应当承认无权使用者的使用属于商标权人的使用,从而不再撤销其注册商标。[30] 由于无权使用者可以请求商标局撤销商标权人的注册商标,从而使自己的行为完全合法化,这种情况似乎是不大可能发生的,因此并无必要对其加以探讨。退一万步讲,即使实践中真的出现了这种情况,无权使用者的使用也不能视为商标权人的使用。理由在于:这种通过事后追认的许可使用关系仍然属于商标权人与无权使用者的内部关系,其无法让需要者一开始就通过商标识别贴附该商标的商品究竟是由谁提供和明白出了问题究竟应该找谁。也就是说,这种情况下使用的商标难以真正发挥其识别商标权人指定商品的作用,因而仍然不能免除撤销的后果。

3. 改变注册商标的使用是否属于注册商标的使用?改变注册商标,包括改变注册商标书写方式和改变注册商标构成要素两种情况。无论是哪种情况的改变,都会使注册商标在需要者心目中的印象发生一定程度的变化,从而影响注册商标的识别机能。对改变了的注册商标进行的使用是否仍然属于原注册商标的使用,应当区别对待。

第一类情况是,虽然注册商标的改变会在很大程度上影响注册商标侵权的认定,但在注册商标撤销程序中,如果改变了的注册商标在需要者看来仍然属于与原注册商标具有同一性的商标,仍然可以发挥与原注册商标具有同一性的识别机能,则应当认定为注册商标的使用,以保存已经积聚在已经使用的商标上的信用。这些情况包括:(1)仅仅改变注册文字商标的书写方法进行的使用,包括

---

[30] 同前注[4],马翔、郭京玉文。

楷书与行书等不同字体以及宋体与明朝体等之间的转换，古体字和简化字之间的转换，横写和竖写之间的转换，罗马字大小写之间的转换，阿拉伯数字大小写之间的转换，等等。（2）注册文字商标使用汉字和汉语拼音相互进行变更但是称呼和观念没有变化的使用（日语则包括平假名与片假名之间的转换，平假名、片假名与罗马字之间的转换）。（3）与注册图形商标外观上具有同一视觉效果的商标的使用。（4）需要者普遍认为与注册商标在称呼、观念、含义、视觉等方面具有同一性的商标的使用。日本商标法第50条第1款对此有明确规定，但我国商标法没有这方面的规定。实际上，《巴黎公约》第5C（2）条对此也有明确规定，即只有细节不同而并未改变其主要特征的，商标所有人改变注册商标构成要素进行使用，不影响注册商标权的效力，注册商标的保护也不得因此而减少。

在日本的商标法实践中，下列商标的使用被认为属于注册商标的使用：使用商标属于商品型号，而且书写方法和注册商标不同；注册商标与使用商标的称呼同一，需要者普遍认为两者属于同一个商标；注册商标与使用商标的外观虽有不同，但是称呼和观念相同；注册商标与使用商标的主体部分相同，但使用商标还具有附加部分，而附加部分没有商品来源的识别力，从需要者的普遍观念看并不损害两个商标的同一性；等等。[31]

第二类情况是，商标改变后，其称呼、观念和含义都发生了变化，以至于需要者普遍认为改变后的商标和原注册商标不再属于具有同一性的商标。虽然改变后使用的商标仍然具有识别机能，但由于发挥的识别机能已经完全独立于原注册商标，因而此种情况下对注册商标的改变使用不再属于原注册商标的使用。在日本的商标实践中，以下注册商标的使用被认为不属于注册商标的使用：使用商标包含了但不限于注册商标的要素，而两者本身都具有识别力；使用商标包含了但不限于注册商标的要素，但注册商标完全失去了独立性；等等。[32]

我国《商标法》与《商标法实施条例》都没有规定改变注册商标的使用是否仍然属于商标撤销制度中的商标使用。但是，1990年国家商标局给陕西省工商局的《关于注册商标中文字使用问题的批复》中涉及改变注册中文商标文字部分后是否属于注册制度中商标使用行为的问题。陕西省工商局请示的问题包括：注册商标中的文字字体是手写体，而在实际使用时为印刷体；注册字体是楷体，在实际使用中为黑体；注册文字排列是横排，在实际使用中为竖排，或注册

---

[31] 参见：[日] 青木博通. 外观设计和商标的保护（1996年度集中讲义），北海道大学大学院法学研究科双脚年内部印发，212–213.

[32] 同上注，212–213；同前注 [11]，小野昌延书，426–432.

是竖排，使用时为横排，这些情形是否仍然属于注册商标的使用？国家商标局的答复大体上是否定的。[33] 笔者对该答复意见并不赞同：因为从商标的实际使用情况来看，虽然字体稍有变化，但称呼和观念并没有发生任何变化；在需要者看来，注册商标的同一性没有发生根本变化，因此都应当属于商标撤销制度中的商标使用。

  4. 违背行政法的使用是否属于注册商标的使用？违背行政法的使用是指商标权人在指定使用的商品没有履行相关行政法上规定的必要手续时，就利用注册商标进行指定商品生产经营的使用。比如，商标权人未依法取得指定使用商品的生产许可证和卫生许可证就利用注册商标生产指定使用商品，就属于违反行政法的使用。在前述"康王"商标案中，一审和二审法院都认为，违背行政法的使用不属于商标的使用，其理由是"鉴于其对于许可证号的标注不符合相关法律规定，属于违法使用，商标法不予保护"。[34]

  上述观点是值得商榷的。首先，该案一审和二审法院都没有对上述理由作出具体说明，因此显得非常牵强。实际上，我国《商标法》第6条和我国《商标法实施条例》第4条除了规定少数商品必须使用注册商标才能在市场上销售以外，并未对注册商标指定使用的商品在未获得生产许可证或者卫生许可证时即使用注册商标进行生产经营所产生的法律后果作出任何规定。其次，按照有关行政法的规定，对于没有取得生产许可证或者卫生许可证就进行生产经营活动的，生产经营者只需承担相应的行政法上的责任，而不应当承担注册商标被撤销的后果。比如，我国《食品卫生法》第40条规定："违反本法规定，未取得卫生许可证或者伪造卫生许可证从事食品生产经营活动的，予以取缔，没收违法所得，并处以违法所得1倍以上5倍以下的罚款；没有违法所得的，处500元以上3万元以下的罚款。涂改、出借卫生许可证的，收缴卫生许可证，没收违法所得，并处以违法所得1倍以上3倍以下的罚款；没有违法所得的，处以500元以上1万元以下的罚款。"我国《工业产品生产许可证管理条例》第45条规定："企业未依照本条例规定申请取得生产许可证而擅自生产列入目录产品的，由工业产品生产许可证主管部门责令停止生产，没收违法生产的产品，处违法生产产品货值金额等值以上3倍以下的罚款；有违法所得的，没收违法所得；构成犯罪的，依法追究刑事责任。"因此，在实务中真正要考虑的就是商标权人接受行政处罚的时间是否使注册商标达到了连续3年不使用的状态。最后，虽然注册商标指定使

---

  [33] 参见国家工商总局商标局《关于注册商标中文字使用问题的批复》（商标案〔2000〕96号）。
  [34] 同前注[3]。

用商品的生产经营违反了有关行政法的规定，但其使用仍然可以发挥商标的识别机能。既然如此，就有必要保护已经积聚在实际使用的注册商标上的信用，借以促进产业的发达。可见，为了保存已经使用的注册商标，应该将商标权人违反商标法的法律后果和违反生产许可法和卫生许可法等行政法的法律后果区别对待。

（四）法律拟制的注册商标不使用

在实践中，有的商标权人熟知商标法知识，为了避免商标遭受不使用而被撤销的后果，在得知他人提出不使用撤销请求的事实后，立即通过某种方式实际使用注册商标，从而达到规避商标法的目的。对于这种情况，我国商标法中并没有有效的规范予以规制。日本商标法对此有明确的规定。日本商标法第50条第3款规定，从提出不使用撤销请求之日前3个月开始到撤销请求预告登记之日期间，在日本国内，注册商标权人、注册商标独占许可使用权人、独家许可使用权人、普通许可使用权人在指定的商品或者服务范围内使用注册商标，如果请求人能够证明该使用是被请求人在得知其提出不使用撤销请求后开始的行为，则不属于该法第50条第1款所说的使用注册商标的行为。但是，被请求人有正当理由的除外。据此，法律拟制的不使用必须具备如下条件：（1）注册商标的使用发生在请求人提出撤销请求之日前3个月开始到撤销请求预告登记之日期间。在提出不使用撤销请求之日前3个月使用的，视为合法使用。（2）请求人必须证明被请求人的使用行为发生在得知撤销请求提出的事实之后。（3）注册商标的使用没有正当理由。如果有正当理由，比如提出了明确的使用计划、进行了商标许可使用的谈判或者正在谈判，即使在主观上得知他人以注册商标连续3年不使用为由提出了撤销注册商标的请求，在上述期限内的使用也不属于拟制的不使用。之所以对这里的正当理由作出比较宽松的解释，是因为在这种情况下商标权人最终是否使用，还要根据请求人提出撤销请求之日前3个月开始到撤销注册商标请求提出之日期间的具体情况进行判断。

日本商标法这样规定的原因在于：提出撤销注册商标请求权的人往往是长期实际使用该注册商标但又不想让自己陷入侵害注册商标权纠纷的竞争者，由于该注册商标发挥的识别机能指向请求人的商品，积聚的信用也属于请求人的信用，如果允许商标权人在得知请求人提出撤销请求后突击使用其注册商标从而免遭撤销的后果，则请求人的使用行为很可能构成侵权行为。在商标权人的差止请求权和损害赔偿请求权都得到法院支持的情况下，请求人不但要付出一笔赔偿费用，而且不得不改用其他商标。如此，请求人通过使用商标积聚的信用和财产都将付之东流，而商标权人则可轻而易举地获得请求人以其劳动和投资在商标上积聚起来的信用和无形财产。这种情况的出现不但对实际使用者不公平，也是不符合商标法创设商标专用权的趣旨的。日本的这一立法经验值得我国借鉴。

三、注册商标撤销制度中"正当理由"的理解等其他问题

（一）注册商标撤销制度中正当理由的理解

注册商标连续3年不使用的撤销除了必须具备上述意义上连续3年不使用的要件外，还必须具备另一个要件，即连续3年不使用没有正当理由。商标权人如果存在不使用的正当理由，则即使存在连续3年不使用的事实，商标评审委员会也不得撤销该注册商标。我国《商标法实施条例》第67条规定了如下正当理由：不可抗力、政策性限制、破产清算，其他不可归责于商标注册的正当事由。在前述"GNC"商标案中，涉案商标权人提出，按照我国《保健食品管理办法》的规定，其商标"GNC"指定使用的商品"非医用营养鱼油"属于保健食品，应当经过卫生部的审批才能进行生产、销售，因此其没有使用注册商标拥有正当理由。北京市高级人民法院认为："'非医用营养鱼油'的生产需要经过行政审批，但物资集团公司并未提交其进行相关行政审批的证据，故亦不能表明物资集团公司有正当的理由不能使用涉案商标。"[35] 这表明，注册商标指定使用商品的生产、销售需要履行的特定行政手续属于不使用注册商标的正当理由。

而商标权人经营管理不善或者破产清算导致注册商标不使用是否属于正当理由？商标法规定注册商标连续3年不使用撤销制度的趣旨在于促使商标权人利用注册商标实际从事生产经营活动，发挥商标的识别机能，促进产业的进步。若商标权人经营上发生了困难，甚至进入破产清算的状态，就说明积聚在商标上的信用已经消失，无法再促进产业的进步，没有再维持其排他性使用权的足够理由，因而商标权人经营管理不善、破产清算不能作为不使用注册商标的正当理由。[36]

除了上述理由外，民法意义上的不可抗力，如自然灾害、突发性疾病、战争、内乱等不以人的意志为转移的客观情况，以及注册商标权人因伤病等致使客观上不能使用注册商标的情况，作为不使用注册商标的正当理由应该是没有争议的。

（二）连续3年不使用的时间计算

我国《商标法》和《商标法实施条例》对此虽没有作出具体规定，但商标

---

[35] 同前注［18］。
[36] 同前注［8］，田村善之书，31；同前注［11］，小野昌延书，432-433.

局的做法是，以请求人提出撤销请求之日为基准日往前推算3年。日本商标注册令第2条规定，连续3年是指审判请求预告登记前3年。因此，虽存在连续3年甚至3年以上不使用的事实，但只要在请求人提出撤销请求之日之前3年内存在使用的事实，就不得再行请求撤销。其理由是，连续3年甚至3年以上不使用的事实虽已导致商标上积聚的信用消失或者减退，但如果商标权人在请求人提出撤销请求日之前3年内再行使用注册商标，又可使注册商标上已经消失或者减退的信用重新得到积聚。再者，既然请求人在注册商标连续3年或者3年以上不使用的期间内未提出撤销请求，说明该注册商标在这段时期内并没有对其造成妨碍，因此在请求人提出撤销请求日之前3年内商标权人再行使用的情况下，就没有理由再让请求人以提出撤销请求之日前曾存在连续3年不使用的事实为理由请求撤销商标权人的注册商标。

一个有争议的问题是：在注册商标进行了转让或者许可使用的情况下，连续3年不使用的时间应该如何计算？日本有学者认为，转让或者许可前后不使用的时间应该连续计算。[37] 日本东京高等裁判所曾经持这种观点。[38] 但日本另有学者持反对意见，认为注册商标转让和许可使用前后不使用的时间应该分别计算。[39] 如前所述，由于转让和许可使用本身都只是转让人和受让人之间的内部关系，在这种关系中注册商标无法发挥识别商品来源的作用，如果将转让或许可使用前后不使用的时间分别计算，则很可能导致注册商标处于更长的不使用状态。比如，商标权人甲不使用其注册商标的时间已达到两年半，然后转让或者许可乙使用。在乙不使用的时间达到两年半时，按照转让或者许可前后分别计算的观点，则甲的注册商标即使在5年时间内不使用，他人也无法请求撤销。这显然不符合日本商标法规定注册商标3年不使用撤销制度的立法目的。

四、结　　语

在商标注册主义原则之下，我国商标法虽然允许没有经过任何使用而获得识别功能的商标申请注册，以鼓励注册商标权人将注册商标用于实际的工商业生产活动中，从而促进产业的发达。但由于注册商标对他人选择商标自由的妨碍，如果允许获得注册的商标长时间不实际用于生产经营活动，必然造成大量商标囤积的现象，并严重损害竞争者的利益，为此，我国商标法同时规定了注册商标连续

---

[37] 同前注 [11]，小野昌延书，423.
[38] 参见日本东京高等裁判所无体集第13卷第2号第903页。
[39] ［日］网野诚. 商标［M］. 东京：有斐阁，1998：839.

3年不使用撤销制度。但是，由于我国私法意义上的商标法立法时间不长、司法经验有限、理论研究不够深入和细致等因素的限制，和邻国的日本相比，我国理论界和实务界对注册商标3年不使用撤销制度中"商标使用"的研究和运用都还存在诸多差距。在注册商标连续3年不使用撤销制度已经成为一种重要的竞争手段的今天，虚心学习和研究知识产权法制度发达国家的有益经验，对于完善我国相关立法、推进我国相关司法进步以及深化相关理论研究，都是颇有裨益的。

（载于《法学》2009年第10期）

日本商标法对商标权效力的限制

摘　要

　　日本商标法为了平衡商标权人权益和其他权益人之间的关系，对商标权作出了以下七个方面的限制：基于公益或者其他私益原因受到的限制；基于他人特许权、实用新案权、外观设计专利权或者著作权受到的限制；因为先使用权受到的限制；基于中用权受到的限制；再审恢复后的商标权效力受到的限制；特许权等存续期间满了后使用商标的权利构成的限制；商标品让渡后的使用行为构成的限制。日本的立法和司法经验值得我国借鉴。

关键词

　　日本商标法　商标权　限制

　　和我国商标法相比，日本商标法的最大特色在于明确规定了对商标权的各种限制。主要包括：基于契约而受到的限制；基于公益或者其他私益原因禁止权受到的限制；基于他人特许权、实用新案权、外观设计专利权、著作权的关系专用权受到的限制；基于调整和使用主义的关系禁止权受到的限制。下面主要研究除基于契约受到的限制以外的限制。

　　认真研究日本商标法出于考量各种复杂利益关系的目的、明文对注册商标权进行的各种限制，对于我国完善商标立法、活用商标权具有十分重要的意义。

一、基于公益或者其他私益原因禁止权受到的限制

　　基于公益或者其他私益原因商标权中的禁止权受到限制的情形，也就是日本

商标法第 26 条第 1 款规定的各种情况。第 26 条第 1 款所列举的限制和第 3 条第 1 款第 1 项至第 3 项列举的不允许申请注册的事由、第 4 条第 1 款第 8 项列举的不允许申请注册的事由大体相当。据此，商标权的效力不及于自己的肖像、姓名或者名称等，商品的普通名称、产地、销售地，用来提供服务使用的物品等使用普通方法表示的商标、惯用商标等。这些标识由于是生产者、销售者广泛而自由使用的标识，不能由个人进行独占，因此不允许作为商标申请注册。即使由于特许厅审查上的失误而核准进行了注册，也可以利用无效宣告程序请求宣告该商标注册无效。更为重要的是，不管是否超过无效宣告程序关于 5 年除斥期间的限制，这些标识的使用者也可以直接对抗商标权人的禁止权。这样，在由于过失核准了这些标识注册的情况下，善意第三人的利益就可以得到保护。

按照第 26 条第 1 款的规定，商标权的效力不但不及于由 26 条第 1 款规定的各种标识构成的商标，而且即使这些标识只是构成注册商标的一部分，对于他人使用和该部分相同或者近似的商标的行为，注册商标权人也不能行使禁止权。另外，第 26 条第 1 款规定的标识和其他具有识别力的标识结合构成的注册商标，该注册商标权人也不能禁止这些标识的拥有者使用和其注册商标相同或者近似的商标。

此外，要注意的是，虽然日本商标法第 26 条第 1 款文字上规定注册商标的效力不及于该条规定的标识构成的商标，但是并不能理解为只有当这些标识用来作为商品识别标识，即商标时，才具有排除注册商标禁止权的效力。即使这些标识没有作为商标使用，只是作为一般的表示，也能够排除注册商标的禁止权。

日本商标法第 26 条第 1 款第 1 项至第 5 项的具体规定如下。

（1）自己的肖像、姓名或者名称，著名的雅项、艺名或者笔名，或者姓名、名称、雅项、艺名、笔名等的著名略称采用普通方法表示的商标，注册商标权人不得禁止他人使用。但是按照第 26 条第 2 款的规定，出于不正当目的使用自己的肖像、姓名或者名称，著名的雅项、艺名或者笔名，或者姓名款、名称、雅项、艺名、笔名的著名的略称的，注册商标权有权加以禁止。所谓不正当目的，主要是指利用注册商标权人的信誉以获取不当利益。没有不正当目的，仅仅知道注册商标的存在，注册商标权人不得禁止他人使用这些表示。相反，如果具有明显的不正当目的，即使没有将肖像、姓名或者名称等作为商品标识即商标使用，只是作为一般的肖像、姓名或者名称等使用，按照第 26 条第 2 款的规定，注册商标权人也有权加以禁止。

（2）注册商标指定使用商品或者与此类似商品的普通名称、产地、销售地、原材料、效能、用途、数量、形状（包括包装的形状）、价格、生产方法、使用

方法、使用时间，或者和注册商标指定使用商品类似的服务的普通名称、提供的场所、质量、供提供所用的物品、效能、用途、数量、样态、价格、提供方法、提供时间，采用普通的方法表示的商标。这些表示商品或者服务特征的标识，不管是作为一般的标识还是作为商标，注册商标权都不得加以禁止。

（3）注册商标指定使用服务或者与此类似服务的普通名称、提供场所、质量、供提供所用的物品、效能、用途、数量、样态、价格、提供方法、提供时间，或者和注册商标指定服务类似的商品的普通名称、产地、贩卖地、原材料、效能、用途、数量、形状（包括包装的形状）、价格、生产方法、使用方法、使用时间，采用普通方法表示的商标。

（4）注册商标指定使用商品或服务或者与此类似的商品或服务使用的惯用商标。注册商标属于惯用商标，如果他人使用的和已经注册的惯用商标近似的商标也属于惯用商标的话，该惯用商标注册人当然没有权利加以禁止。但是，在注册商标属于和惯用商标近似的商标的情况下，该注册商标能否禁止和其近似的商标的使用在日本学者之间存在分歧。有的认为，和惯用商标近似的商标并不一定就是惯用商标，没有理由不让申请注册人独占。① 有的认为，商标权效力所不及的范围从一开始就不及于和惯用商标近似的商标的话，显得非常不合理。② 笔者认为，在商标注册人申请注册的是和惯用商标近似的商标的情况下，如果他人使用的和该注册商标近似的商标正好又是惯用商标，商标注册人当然没有权利加以禁止。如果他人使用的和该注册商标近似的商标不再是惯用商标，则应当具体情况具体分析：在和惯用商标近似的商标根本不再属于惯用商标的情况下，该商标的注册人应当有权禁止和其近似的商标的使用；如果和惯用商标近似的商标主要特征仍然属于惯用商标，则该商标的注册人应当没有权利禁止和其近似的商标的使用。

（5）商品或者商品包装的形状、确保商品或者商品包装的机能所不可欠缺的立体形状构成的商标。商品或者商品包装的形状采用普通的方法表示时，没有识别力，依据日本商标法第3条第1款第3项不允许申请注册。但是，如果商品或者商品包装的形状通过使用获得了识别力，按照第3条第2款的规定，可以申请注册。然而即便如此，如果该形状是确保商品或者商品包装的机能所不可欠缺的立体形状，按照日本商标法第4条第1款第18项，不管是否具有识别力，都不得注册。与此相适应，如果由于特许厅审查的失误而核准了注册，其商标权的

---

① ［日］网野诚. 商标［M］. 6版. 东京：有斐阁，2002：770.
② ［日］蓼优优美. 改正工业所有权法解说［M］. 东京：帝国地方行政学会，1971：652.

效力也不得禁止他人使用该商品或者商品包装的形状,以及确保该商品或者商品包装的机能不可欠缺的立体形状。

二、基于他人发明专利权、实用新型专利权、外观设计专利权或者著作权受到的限制

由于发明专利权、实用新型专利权、外观设计专利权、著作权和商标权之间并不存在先后申请的关系,因此经常会发生内容相抵触的权利进行重复设置的现象。为了正确处理这几种权利之间的关系,就像发明专利法第 72 条、实用新型专利法第 17 条、外观设计专利法第 26 条一样,日本商标法第 29 条也专门设置了一个处理商标权和发明专利权、实用新型专利权、外观设计专利权以及著作权相抵触时如何处理的条款。按照该条规定,商标权人对其注册商标的使用如果和商标注册申请日之前他人申请的发明专利权、实用新型专利权、外观设计专利权以及注册申请日之前他人产生的著作权相抵触,商标权人不得行使相抵触部分的注册商标权。专用使用权人和通常使用权人均是如此。

(一) 商标权和发明专利权、实用新型专利权的抵触

日本在 1996 年修改商标法之前,注册商标的要素只限于文字、图形等平面商标,因此权利内容不会和发明专利权、实用新型专利权发生抵触。但是 1996 年引入立体商标后,由于立体形状可以申请分明专利权和实用新型专利权,因此就产生了和发明专利权、实用新型专利权的抵触问题。一旦发生抵触,则应当根据权利产生的先后,来确定哪种权利应当受到不得使用的限制。

(二) 商标权和外观设计专利权的抵触

随着商标设计的外观化,商标和外观设计之间的抵触也越来越多见。所谓商标设计的外观化,是指商标设计者为了强化商标的顾客吸引力,在商标设计中加入审美因素,使商标同时能够发挥外观设计的作用。由于商标的构成要素中,图形、立体形状等同时也能够作为商品的外观申请外观设计专利权,因此商标权和外观设计专利权不可避免地会发生抵触。在这种情况下,如果他人的外观设计专利权在商标注册申请日之前产生,则商标权人不能使用其注册商标,即使只和外观设计的一部分相抵触,注册商标对该抵触部分也没有权利。而且,和注册商标近似的商标如果和外观设计相抵触,商标权人也不得使用其商标。

如果外观设计专利权后于商标权产生,根据日本外观设计专利权法第 26 条的规定,和商标权相抵触的部分外观设计专利权人不得实施。而且即使外观设计只是和注册商标近似的商标发生抵触,外观设计专利权人也不得实施其外观设计

专利权。但是，要特别注意的是，按照外观设计专利权法第 26 条的规定，和商标权相抵触时，仅仅发生外观设计不得实施的后果，因此外观设计专利权的禁止效力仍然可以及于商标权的禁止范围，和注册商标近似的商标与外观设计专利权发生抵触的时候，该抵触部分双方都不得使用。

由于存在抵触关系，因此商标权人要想使用和外观设计专利权相抵触部分的注册商标或者与此近似的注册商标，必须事先获得外观设计专利权人的许可。外观设计专利权人也是一样，要想实施和注册商标相抵触的部分的外观设计，也必须获得商标权人的同意。但是，由于商标权的专用权不及于和注册商标近似的商标，因此，该范围内的使用权不得进行许可或者转让，在这种情况下，外观设计专利权人要想获得完整的实施权，就必须通过契约获得商标权类似范围内的实施权，或者获得和商标权不相抵触的外观设计专利权，以排除商标权的禁止效力。

（三）商标权和著作权的抵触

由于作为商标的文字、图形等通常属于作品的范围，可以获得著作权，因此商标权和著作权之间也会发生抵触。日本著作权法和世界上大多数国家的著作权法一样，采取创作完成产生著作权的基本原则，因此在确定著作权和商标权的先后关系时，应当根据商标注册申请日和著作创作完成日的先后来进行确定。当著作权先发生时，注册商标权人不得在指定商品或者指定服务中与上述权利相冲突的部分使用该注册商标。

三、因为先使用权受到的限制

（一）立法趣旨

申请商标注册的时候，如果已经存在周知商标，按照日本商标法第 4 条第 1 款第 10 项的规定，则该周知商标可以阻止他人相同或者近似商标在相同或者类似商品或者服务范围内申请商标注册。即使由于特许厅审查的失误而核准注册了和现有周知商标相抵触的商标，现有周知商标的使用者自商标设定注册之日起 5 年之内，也可以请求宣告该注册商标无效。周知商标的使用权人在 5 年的除斥期间内不提出注册商标无效宣告请求的情况下，按照日本商标法第 32 条第 1 款的规定，在商标注册申请人提出商标注册申请之前，他人没有不正当目的，在日本国内使用和申请注册的商标相同或者近似的商标，而且标识的产品或者服务也和注册商标标注的产品或者服务相同或者类似，并且在需要者中间被广泛知晓时，可以继续进行使用。简单地说，周知商标使用者在一定条件下享有先使用权。

由此可见，先使用权是为了弥补注册主义原则带来的弊端而设置的一项制度，目的在于保护已经使用并且体现了一定信用的商标，可以说是对社会事实的一种保护。该种使用事实的存在不但可以构成阻止商标申请注册的事由，而且可以构成注册商标权利限制的事由。

正由于是对已经周知使用的社会事实的保护，所以存在两个以上周知商标的时候，如果其中一个申请注册，按照注册主义和先申请注册的基本原则，先申请的应该允许注册。但是即使先申请的获得注册，没有申请的也可以按照日本商标法第32条第1款的规定享有先使用权。此外，按照日本商标法第68条第3款的规定，即使存在防护商标注册申请，如果在其申请时已经存在周知商标的先使用权，防护商标注册后，其禁止权也应当受到周知商标先使用权的限制。

（二）先使用权的要件

要想享有先使用权，按照日本商标法第32条第1款的规定，必须具备下列条件。

（1）在他人商标注册申请日之前，已经在日本国内使用和申请注册的商标相同类似范围内的商标。这个要件包含两层意思。一是先使用的事实应当发生在日本国内，在日本国外即使存在先使用的周知事实，也不能在日本国内主张先使用权。但是，如果通过杂志、报纸、电视台、广播电台、互联网等媒介在日本进行大量的宣传、报道，从而使得某个商标在日本国内被广为人知时，仍然应当判断为在日本国内的使用。二是使用的商标和申请注册的商标属于相同类似范围内的使用。所谓相同类似范围内的使用，是指使用和申请注册的商标相同或者近似的商标，而且标识的产品或者服务也和注册商标标注的产品或者服务相同或者类似。如果使用的商标和申请注册的商标不相同也不近似，标注的商品或者服务不相同也不类似，则不存在先使用的问题。

（2）在他人商标注册申请日之前，使用者的使用没有不正当竞争目的。日本1959年之前的商标法使用的是善意的概念。所谓善意，按照旧的裁判例和学说的理解，是指没有不正当地利用他人的注册商标进行不正当竞争的恶意。[3] 由于善意难以从正面进行明确解释，所以日本现行商标法改而使用"没有不正当竞争目的"的概念。所谓没有不正当竞争的目的，是指没有利用他人信用谋取不正当利益的目的。[4] 一般来说，如果在他人申请商标注册前一直在使用该周知商标，应当推定为没有不正当竞争的目的。但是，如果两个商标都是周知商标，并

---

[3] ［日］三宅発士郎. 日本商标法［M］. 东京：严松堂，1931：253. 大判大9.5.21・大9（オ）169・民录26辑第715页，东京高判昭28.4.18・昭27（牟）499。

[4] ［日］吉原隆次. 商标法说义［M］. 东京：帝国判例法规出版社，1960：171。

且处于竞争状态，就不能单凭一直在使用的事实就断定没有不正当竞争的目的。到底有没有不正当竞争目的，应当由周知商标的使用者而不是商标注册申请人负担举证责任。⑤

在他人提出商标注册申请时没有不正当竞争目的，但在他人提出商标注册申请后具有不正当争竞目的的，是否能够享有先使用权？有的日本学者认为，承认先使用权，目的在于防止不正当竞争，与这个目的相适应，这种情况下的先使用权不应当得到承认。⑥ 另有日本学者认为，根据日本商标法第32条的规定，至少从文理解释上看，商标法只要求在他人提出商标注册申请时没有不正当竞争目的就可以享有先使用权，因此，即使在此之后使用者产生了不正当竞争的目的，也应当承认基于使用而产生的社会利益。但是，尽管先使用权是对注册商标的一种限制权利，这种权利也不得被滥用，在具有明显不正当竞争目的的情况下，不应当承认先使用权为妥当。⑦ 笔者认为，既然日本商标法明确以申请商标注册日为先使用权的时间判断点，就应当坚持法定主义的原则来解释法律。据此，只要在他人提出商标注册申请时先使用者没有不正当竞争目的，即使以后产生了不正当竞争目的，也应当承认其先使用权。至于其出于不正当竞争目的的使用行为，商标权人可以按照日本民法典第709条的规定追究其不法行为的责任。

（3）他人在提出商标注册申请的时候，和申请注册的商标相同或者近似的商标在自己业务所属的商品或者服务范围内，已经在需要者之间被广泛知晓。简单地说，就是先使用的商标必须在他人提出商标注册申请时达到周知的状态。日本1959年之前的商标法要求先使用的商标必须在他人提出商标注册申请之前几年之内一直在使用，否则难以认定为周知商标。但是日本现行商标法对他人提出注册申请之前先使用的时间长短并没有严格限制，因此先使用者只要证明自己先使用的商标达到周知的状态就足够了。

这里所说的提出商标注册申请的时间，是指申请人最先提出商标注册申请的时间，而不是指提出更新注册的时间。但是按照日本商标法第32条第1款但书的规定，在判断提出申请注册日期的时候，如果存在申请书补正等情况，则申请书补正提出之日视为申请日。因此在提出补正书的时候，和申请注册的商标相抵触的商标如果是周知商标，也可以主张先使用权。

所谓在需要者之间被广泛知晓的商标，日本学者普遍的意见是，相比日本商

---

⑤ ［日］三宅発士郎．日本商标法［M］．东京：厳松堂，1931：254．
⑥ ［日］三宅発士郎．日本商标法［M］．东京：厳松堂，1931：253．
⑦ ［日］网野诚．商标［M］．6版．东京：有斐阁，2002：777．

标法第 4 条第 1 款第 10 项规定的阻止他人申请商标注册的先使用商标的周知性，作为商标权限制事由的第 32 条第 1 款规定的周知商标的周知性，应该进行缓和解释。⑧ 也就是说，作为阻止他人效力及于全国的商标注册的先使用商标，要求的周知性必须大于作为商标权限制事由的先使用商标的周知性。由于作为注册商标限制事由的周知商标的保护，是对已经存在的社会事实的保护，因此只要求在一定地域范围内相关的需要者中间具有最低限度的知名度就足够了。而作为阻止商标注册的先使用商标的周知性，必须在比较广大的地域范围内为相关的需要者所知晓。

在他人提出商标注册时先使用的商标具有周知性，如果在此之后随着市场的变动丧失了周知性，先使用者是否还能主张先使用权？从日本商标法第 32 条规定的文理上进行解释，既然周知性是获得先使用权的必要条件，在周知性丧失的情况下，似乎采用先使用者不能再享有先使用权的解释为妥当。但是，日本商标法仅仅规定周知性是获得先使用权的条件，而没有要求保持周知性是保有先使用权的要件，因此不能简单地以周知性的事实不存在就否定其在先使用权益的存在。再说，周知性本身是一个随市场变化而变化的因素，此时丧失了周知性，彼时可能又获得了周知性，如果将先使用权的保有完全放置在这样一个受市场左右的事实上面，不但显得很不严肃，而且会给裁判所、特许厅造成困扰。

此外，在他人提出商标注册申请时获得周知性的商标，必须是作为自己所属业务范围的商品或者服务的标识所获得的周知性。因此，如果是使用他人的周知商标进行商品销售或者服务的提供，不得主张先使用权。⑨

（4）继续在原来的商品或者服务上使用其商标。为了获得先使用权，先使用者必须从他人提出商标注册申请之日开始，继续使用其商标。这个要件首先要求先使用者必须继续使用其先使用的商标，如果没有了使用的事实，先使用权也就不再可能存在。继续使用并不要求先使用者的营业处于持续不断的状态，即使由于季节性的销售而暂时中断，或者由于事业者一时的困境或者其他原因而中断使用，也应当认为先使用的商标处于继续使用状态。⑩ 但是，如果先使用者将自己先使用的商标和自己的营业进行了分开转让或者将自己的商标进行了许可使用，先使用者是否还能主张先使用权呢？按照日本学者的见解，在这种情况下，

---

⑧ [日] 涩谷达纪. 商标法的理论 [M]. 东京：东京大学出版社，1973：281－287. [日] 丰崎光卫. 工业所有权法 [M] //法律学全集. 东京：有斐阁，1975：419. [日] 田村善之. 知的财产法 [M]. 4 版. 东京：有斐阁，2006：143. [日] 网野诚. 商标 [M]. 6 版. 东京：有斐阁，2002：778－779.

⑨ [日] 大阪控判昭 9.12.13 昭 8（水）1034? 新闻 3795 项第 18 页.

⑩ [日] 尊优美. 改正工业所有权法解说 [M]. 东京：帝国地方行政学会，1971：659.

先使用人不能再主张先使用权。⑪ 理由在于，先使用的商标获得的周知性是和其标识的特定商品或者服务联系在一起的，一旦使用的商标和其标注的商品或者服务进行了分离，将难以判断该商标的周知性，也就失去他人申请商标注册时该先使用的商标表彰特定产品或者服务的作用。

（三）先使用权的效果

在满足上述要件的前提下，和注册商标相同或者近似的商标的使用者，尽管已经存在他人的注册商标，先使用者也拥有继续使用的权利。

（1）先使用权的法律性质。先使用权只是日本商标法为了保护体现了一定信用的先使用商标的继续使用、排除注册商标的禁止权而设置的一种抗辩权，因此和商标权并不属于同等层次的物权性质的权利。正因为这样，先使用权并不能当然地产生日本商标法第 36 条和第 37 条规定的禁止权，对于第三者的使用并不存在可以不问故意或者过失直接对其使用行使禁止权的权利。对于第三者的使用行为，先使用者只能根据日本不正当竞争防止法第 2 条第 1 款第 1 项以及第 2 项关于周知表示和著名表示的保护来行使差止请求权和损害赔偿请求权。或者利用日本民法典第 709 条关于不法行为的规定来请求损害赔偿，但是在利用民法典第 709 条的规定时，先使用者负有证明行为人主观上存在故意或者过失的义务。

（2）先使用权的内容。先使用权是先使用者对和注册商标相抵触的商标在先使用的商品或者服务范围内继续使用的权利，因此其使用范围以先使用的商标和该商标指定的商品或者服务为限，不得排除近似商标、类似商品或者服务范围内注册商标拥有的禁止权。同时，对于注册商标以外的其他和先使用的商标相同或者近似的商标，也不能当然地承认先使用者拥有先使用权。对于注册商标权而言，在和第三人的关系上，并不能因为先使用权的存在就缩小权利的范围，因此商标权人对第三者仍然可以主张该注册商标的全部权利。⑫

先使用者能否扩大自己的营业规模？这个问题日本商标法没有明确规定。日本学者一般认为，在先使用信用已经覆盖的范围内，由于不会引起相关公众混同或者品质误认，应当允许先使用者扩大自己的营业规模。

（3）先使用权的承继。按照日本商标法第 32 条第 1 款的规定，在先使用者的营业发生转移的时候，允许先使用权发生承继。但是，在商标权、专用使用

---

⑪ ［日］谦子一，染野义信. 工业所有权法［M］. 东京：日本评论社，1960；802；［日］网野诚. 商标［M］. 6 版. 东京：有斐阁，2002；779.

⑫ ［日］谦子一，染野义信. 判例工业所有权法（1~5）［M］. 东京：第一法规出版社，1954；876. 大判昭 2.2.1·大 15（才）1181.

权、通常使用权和使用者所属的业务分别发生转移的时候，如果和其业务分离仅仅转让先使用权，不得允许。理由在于，先使用权是对由于特定的人先使用而产生的事实关系的保护，没有和商标权一样的对世效果。至于业务的转移是发生在商标注册申请之前还是之后，在所不问。

（4）附加适当表示的义务。按照日本商标法第32条第2款的规定，商标权人、商标专用权人有权要求先使用权人在其业务所属的商品或者服务上附加适当的区别性标记，以防止和商标权人、商标专用权人之间的商品或者服务发生混同。简单地说，就是先使用权人负有附加区别性标记的义务。所谓适当的区别性标记，并不要求先使用权人附加和注册商标非类似的标记，否则先使用权将失去存在的意义，因此，只要先使用权人附加的标记足以防止出处的混同就足够了。[13]

四、基于中用权受到的限制

（一）立法趣旨

由于特许厅审查失误，不该获得注册的商标获得了注册，在发起无效宣告程序之前，该注册商标至少从形式上看属于有效的注册商标，注册申请人应当拥有正当的权利。在这种情况下，基于信赖特许厅审查和注册商标有效的商标权人，就完全可能将该商标使用在指定的商品或者服务范围内，并且通过广告等手段放心地营造自己的商标信誉，开拓自己的市场。但是，事后如果有人出于某种原因发动无效宣告程序，该注册商标就面临被宣告无效的危险。在这种情况下，如果不给予商标注册人一定的保护，商标注册人在其商标被宣告无效前营造的市场信誉就会完全丧失，既不符合活用注册商标的政策，也不符合公平原则。为此，日本商标法第33条规定，在无效宣告审查请求登录之前，不知道注册商标无效事由的存在，注册商标已经在需要者之间被广泛认知的情况下，即使存在他人相抵触的注册商标，也可以排除注册商标的禁止权继续使用其商标。这种使用商标的权利也就是日本商标法上规定的所谓中用权。

尽管发生的原因不同，但是从既得权的角度看，中用权和前面讲过的先使用权并没有什么本质的区别。由于日本特许厅审查非常严格，很少出现失误的情况，因此日本商标法实践中有关中用权纠纷的案件并不多见。

（二）中用权的构成要件

（1）存在两个相互抵触的注册商标，其中一个因为发动无效宣告程序被宣

---

[13] ［日］蕚优美. 改正工业所有权法解说［M］. 东京：帝国地方行政学会，1971：660.

告无效，或者注册商标无效后，与此相抵触的商标作为正当权利人的商标获得注册。比如，由于特许厅的过失，将后申请的商标先核准注册，先申请的商标在后申请先注册的商标被宣告无效后，先申请人变为正当权利人获得注册，就属于发生中用权的情形。

和无效后的注册商标相抵触的商标如果属于防护商标，按照日本商标法第68条第3款准用第33条的规定，也适用中用权的规定。

（2）无效注册商标权人、专用权人、经过登记的通常使用权人，不知道注册商标无效事由的存在。知道存在无效事由的，不得享有中用权。是否不知道注册商标无效事由的存在，由中用权人承担举证责任。

（3）无效的注册商标，在无效宣告请求进行预告登记之前，作为在自己业务所属的商品或者服务范围内的标识，已经在需要者之间被广泛认知，即获得了周知性。

注册商标无效宣告审查预告登录后，注册商标权人、专用权人、经过登记的通常使用权人已经可以预见到商标无效的理由，即使通过大规模的广告活动使注册商标迅速达到周知状态，也没有必要再给其提供保护。

关于周知性的程度以及判断，和先使用权中的周知性判断一样。要指出的是，周知性要件的要求使得中用权的实际享有几乎变得不可能。

之所以规定注册商标在自己业务所属的商品或者服务范围内获得周知性，是因为不仅仅注册商标权本人可以享受中用权，而且专用权和登记的通常使用权人如果使注册商标在自己业务所属的商品或者服务范围内获得了周知性，也可以依法享有中用权。

（4）在无效准司法审查预告登记后继续使用原商标。

（三）中用权的效果

（1）中用权的内容。在符合上述要件的情况下，无效后原注册商标的商标权人、专用权人或者通常使用权人，可以排除注册商标的禁止权，继续使用该商标。和先使用权的法律性格一样，中用权也是对注册商标禁止权的一种限制权，属于一种消极的抗辩权。在商标法上，中用权和先使用权一样不得行使禁止权。但是在不正当竞争防止法上，作为周知表示，中用权仍然应当可以根据日本不正当竞争防止法第2条第1款第1项和第2项的规定行使差止请求权和损害赔偿请求权，并且可以日本民法典第709条的规定，行使损害赔偿请求权。

（2）中用权人的对价支付义务。本来，作为既得权，中用权和先使用权没有什么区别，中用权人也应当无偿使用注册商标。但是，日本特许厅和有的学者认为，中用权从一开始就和先使用权不一样，原本是打算作为注册商标支付注册费用、更新注册费用继续使用的，在排除他人注册商标的禁止权转化为中用权之后，不再需要支付更新注册费用明显违反公平原则。为此，日本商标法第33条第2款才赋予了注册商标权利人请求中用权人支付相当对价的权利。[14]

关于相当对价额的支付标准，日本商标法并没有明确加以规定。学界一般理解为应当按照基于契约通常使用权的使用料作为基准来计算。

（3）中用权的承继。和先使用权一样，连同业务转移时中用权也可以发生转移。

（4）附加适当表示的义务。和先使用权人一样，中用权人也负有附加适当表示以避免出所混同的义务。

五、再审恢复后的商标权效力受到的限制

注册商标无效、撤销或者经过异议被撤销的决定发生法律效力，如果通过特许厅内部的再审程序恢复了商标权的效力，就会产生在再审之前他人由于信赖特许厅所作出的无效、撤销或者经过异议撤销的发生法律效力的决定而善意使用原注册商标的行为是否侵犯恢复后的注册商标的效力问题。为了平衡不同的利益关系，日本《商标法》第59条和第60条分别对再审恢复后的商标权的效力作出了限制。

第59条的规定可以简称为善意使用保护的限制。其具体内容是：注册商标无效、撤销或者经过异议撤销的决定发生法律效力后到再审请求预告登记前，在注册商标专用权范围内或者禁止权范围内善意使用原注册商标的，通过再审恢复后的商标权没有溯及力。但是，该等使用行为不得延及再审请求预告登记之后的使用行为。因此，即使是在再审请求预告登记之后，不但不得再继续将原注册商标使用在商品或者服务上，而且在此之前贴附商标的商品或者提供服务所涉及的物品也不得再进行生产、销售、输入、展示。但是，和日本特许法第175条的规定不一样，通过再审专利权恢复后的效力及于在再审请求预告登记之前的物品本身，而通过再审恢复后的注册商标权，只要再审预告请求登记后不再贴附原注册商标，即使是再审预告请求登记之前生产的商品或者提供服务使用的物品，再审恢复后的商标权也不得禁止其生产、销售、输入、展示。[15]

---

[14] [日] 网野诚. 商标 [M]. 6版. 东京：有斐阁，2002：786.

[15] [日] 日本特许厅. 工业所有权法逐条解说 [M]. 16版. 东京：社团法人发明协会，2001：1235. [日] 网野诚. 商标 [M]. 6版. 东京：有斐阁，2002：788.

日本商标法第 60 条的规定，日本学者也称之为中用权的限制。其主要内容是：注册商标无效、撤销或者经过异议撤销的决定发生法律效力后到再审请求预告登录前，善意使用与该注册商标相抵触的商标，并且到再审请求预告登录时，作为特定商品或者服务的表示已经成为周知商标时，即使商标权通过再审恢复了效力，该商标也可以继续在该商品或者服务上使用。这种使用性质上相当于第 32 条的先使用权。由于性质上和第 32 条规定的先使用权相同，日本《商标法》第 60 条对这种使用权采取了和先使用权相同的处理模式，使用者无须支付任何对价，使用者负有附加混同防止表示的义务。

六、专利权等存续期间满了后使用商标的权利构成的限制

（一）专利权等期满后使用注册商标的权利

按照日本商标法第 33 条之 2 第 1 款的规定，在商标注册申请日之前或者和商标注册同日申请而获得的专利权在和注册商标相抵触的情况下，在专利权期满后，原专利权人在原专利权的范围内，有权继续使用继续有效的注册商标或者与此近似的注册商标，但是，不得具有不正当竞争的目的。

这种情形主要发生在注册商标为立体商标的情况下，因为立体商标同时可以申请发明专利权、实用新型专利权或者外观设计专利权。由于专利权产生在注册商标申请日之前或者同日，注册商标权的行使应当受到专利权的限制。但是，在专利权存续期满后，相抵触的注册商标还可能继续存在。从专利法角度看，一旦专利权期限届满，就应当自动进入公有领域，任何人都应当可以使用。但是由于注册商标权依然存在，结果在相互抵触的部分，变成了原专利权人在内的任何人都不得再使用。为了消除这种不合理性，日本商标法第 33 条之 2 第 1 款规定，只要没有不正当竞争目的，原专利权人有权在实施原特许发明的范围内，继续使用和注册商标相同或者近似的商标。所谓不正当竞争目的，主要是指不正当地利用注册商标权的信用或者损害其合法利益。

此外，原专利权人享有此种权利只限于专利权保护期满的情形，在专利权人放弃专利权或者由于其他原因导致专利权消灭的情况下，原专利权人不得享有此种权利。

而且为了防止混同，日本商标法第 33 条之 2 第 2 款规定准用商标法第 32 条第 2 款的规定，赋予商标权人、商标专用权人请求使用注册商标的原专利权人附加防止混同的适当表示的权利。

上述规定和规则，在商标权和实用新型专利权、外观设计专利权相抵触的情

况下,同样适用,即实用新型专利权、外观设计专利权期满后,原权利人可以继续使用相抵触的注册商标。

(二)专利权人(包括实用新型专利权人、外观设计专利权人)的专用实施权人、通常实施权人的权利

按照日本商标法第 33 条之 3 的规定,在专利权等和注册商标权发生抵触的情况下,只要专利权在注册商标申请日之前或者同日产生,则专利权等期满后,原专利权人的原专用权实施人、具有登录要件的原通常实施权人,如果没有不正当竞争目的,也有权实施继续有效的注册商标权。但是和专利权等权利人本人不一样,由于专用实施权人、登录的通常实施权人在专利权期满后,本来应该没有权利了,因此对其救济的处理方式和中用权相同,专用实施权人、登录的通常实施权人必须向注册商标权人支付相当的对价。

七、商标品让渡后的使用行为构成的限制

这种限制系日本司法机关创造性适用商标法的结果。

(一) 判断商标品让渡后的使用行为是否合法的理论

商标品让渡后的使用行为,即贴附商标的商品基于商标权人的意思投放市场后的使用行为,主要包括转售、真正商品的平行输入(以下简称平行输入)以及为了转售、平行输入而进行的持有、广告行为等。这些行为目前在日本原则上都被认为是构成对商标权限制的合法行为。在日本有关商标法的判例和学说中,已经形成了商标机能论、重复得利机会论、流通阻害防止论、默示许可论等几种理论来说明商标品让渡后的使用行为的合法性。[16]

重复得利机会论主张,由于商标品让渡后商标权人已经获得了对价,如果再允许商标权人对商标品的转售行为和平行输入行为行使许可权而获取多次对价,则过度保护了商标权人的利益。由此可以推断出对商标品进行转售和平行输入等行为不应当受商标权人权利的控制。

流通阻害防止论主张,如果商标品的每一次转售和平行输入都要经过商标权人的许可,商标品的正常流通必将受到阻害,交易安全将无法得到保证,因而对商标品进行转售和平行输入等行为不应当受商标权人权利的控制。

默示许可论主张,商标品的转售和平行输入行为属于商标权人默示许可范围内的行为。和该种理论相对应的另一种说法则是权利用尽论。权利用尽论主张商

---

[16] [日] 涉谷达纪. 知的财产法讲义(第三册)[M]. 东京: 有斐阁, 2005: 287-288.

标品的转售和平行输入行为属于商标权权利用尽范围内的合法行为。

但是,在日本影响最大的还是商标机能论。

(二) 商标机能论和平行输入

所谓平行输入,是指将基于商标权人的意思在国外投放市场的真正商品以营业为目的未经许可输入到国内的行为。所谓商标机能论,是日本判例和学说广泛采用的阻却平行输入违法性的一种理论。日本商标法理论上通常认为,商标具有出所表示、品质保证和广告宣传等三大基本机能。据此,商标品让渡后而使用他人商标的转售和平行输入等行为,只要没有损害商标的这些机能,其使用虽然形式上构成商标侵权行为,但实质上欠缺违法性,因而属于合法行为。

1965 年之前,平行输入行为在日本一直被判决认为属于侵害商标权的行为,[17] 但 1970 年大阪地方裁判所在 Parker 案件中第一次运用商标机能论否定了平行输入的违法性。该案中的被告未经许可将贴附 Parker 公司商标的产品平行输入到日本,被 Parker 公司的代理店告到大阪地方裁判所。大阪地方裁判所判决认为,平行输入者输入的商品和 Parker 公司的制品具有相同的品质、Parker 公司在日本的代理店的业务的信用和 Parker 公司具有一体性、平行输入并没有导致需要者对原告和被告产品品质的误认以及损害原告业务上的信用,商标的出所表示机能和品质保证机能都没有因为被告的平行输入行为而受到损害,因此平行输入行为并没有构成对原告商标权的侵害。[18] "Parker 事件" 后,日本东京地方裁判所、名古屋地方裁判所等裁判所相继运用商标机能理论,在平行输入的商品属于真正商品、内外权利者具有同一性、内外商品品质具有同一性的条件下,判决平行输入属于合法行为。[19]

真正具有划时代意义的判例则是 2003 年日本最高裁判所对 Fred Perry 案的判决。该案件中的上告人 Y 通过新加坡 V 公司购入新加坡 O 公司许可在中国生产并贴有商标 Fred Perry 的 "开领短袖衬衫" 输入到日本进行售卖。被上告人 FPH 公司通过转让方式从原商标权人 FPS 公司手中获得商标 Fred Perry 在日本、中国、新加坡等 110 个国家的商标权。在 FPS 公司将该商标权转让给被上告人 FPH 公司之前,曾经和新加坡 O 公司签订有商标使用许可合同,准许新加坡 O 公司使用

---

[17] 东京地判昭 40·5·29 判夕 178 项第 178 页 "ネスカフェ事件"。
[18] 大阪地判昭 45·2·27 无体集第 27 卷第 1 项第 71 页 "Parker 事件"。[日] 松尾和子. 判批 [J]. 判例评论,1971 (152):30.
[19] [日] 中山信弘. 判批 [M] //村林隆一还历. 判例商标法. 东京:发明协会,1991:761. [日] 高部真规子. 知の财产と平行输入 [J]. 知财ぷりずむ,2004 (18):4.

商标 Fred Perry 生产"开领短袖衬衫"。但是许可合同禁止新加坡 O 公司在合同约定地域范围外生产贴附该商标的商品，也不得进行分许可。然而，新加坡 O 公司违背许可合同规定，在合同规定地域范围外分许可中国某工厂生产贴附商标 Fred Perry 的"开领短袖衬衫"。[20]

日本最高裁判所判决认为，真正商品的平行输入只有在同时满足以下三个要件的情况下才能属于欠缺商标权实质性侵害要件的行为。

（1）合法性要件。即商标属于在外国的商标权人或者获得其许可者合法贴附在商品上的。这个要件的实质是要求贴附商标的商品必须是经过商标权人同意投放市场流通的。

（2）同一性要件。外国的商标权人和日本国内的商标权人属于同一个人，或者从法律或者经济的角度看具有同一性，该商标和日本国内的注册商标表示同一个出所。

（3）品质要件。日本的商标权人能够直接或者间接对该商品的品质进行管理，该商品和日本国内的商标权人贴附注册商标的商品不存在实质性的品质差异。

平行输入如果同时符合上述三个要件，则没有损害商标的出所表示机能和品质保证机能，不会损害商标使用者的业务信用和需要者的利益，不存在实质的危害性，不属于侵权行为。

日本最高裁判所在这个案件中不但扩大了内外权利人之间的同一性关系，并不绝对要求内外权利人属于同一个商标权人，只要内外权利人之间具有法律或者经济上可以视为同一人的关系，也视为具有同一性关系，而且明确将商标的品质保证机能范围由品质差异保证机能扩大到品质管理机能。也就是说，如果平行输入行为妨碍了商标权人对贴附其商标的商品进行品质管理，也视为商品存在实质性的品质差异。

具体到本案，日本最高裁判所认为，违反商标许可使用契约、超过规定的地域范围和不得进行分许可的限制条款生产产品的行为，妨害了商标的出所表示机能和品质管理机能，违反了需要者对商标出所表示和品质保证的基本信赖，因而不能认为是真正商品的平行输入，不能认为欠缺实质性的违反性，也就是说属于商标侵权行为。

---

[20] 详细案情以及评论参见：[日] 立化市子. Fred Perry 最高裁判决にみる商标机能论 [J]. 知的财产法政策学研究, 2005（9）: 71-95. 最高裁平成十五年 2 月 27 日第一小法庭判决, 民集第 57 卷第 2 项, 125.

不过有学者认为,违反商标许可使用契约限制的行为,是否必然损害商标的出所表示机能和品质保证机能,不能一概而论。因为违反契约限制属于商标权人和许可使用人之间的内部关系,如果许可使用人生产的产品品质和商标权人的产品之间不存在任何差异的话,对于和需要者之间的外部关系而言,很难说会损害需要者对商标机能的信赖。[21]

(原载于《私法》2014年第1期)

---

[21] [日] 田村善之. 商标法概说 [M]. 2版. 东京:弘文堂,2000:480-481.

"公共利益"是否真的下出了"荒谬的蛋"？

——评微信商标案一审判决

摘 要

由于没有固有显著性也没有通过使用获得显著性，创博亚太公司不能获得"微信"商标注册；相关公众不因商标使用而混淆商品来源是商标法保护的公共利益之一。本案中，由于腾讯公司通过大规模使用将"微信"打造成了未注册驰名商标，并不存在相关公众混淆和改变认知的可能性，因而不能以创博亚太公司的注册申请和使用可能损害公共利益为由，不允许其注册。法院可以援引《商标法》第10条第1款第(8)项中的"或者有其他不良影响的"解读出不得申请商标注册和使用的有损公共利益的标记。申请注册的商标是否存在损害公共利益的可能性，应当以商标注册申请审查日而不是申请日为准。本案中，由于腾讯公司并未有意识地强调"微信"的识别功能，腾讯公司使用的"微信"存在被普通名称化的危险。

关键词

微信　显著性　公共利益　其他不良影响

2015年的春天注定是一个不平凡的春天，然而最为知识产权界津津乐道的，最让每一个知识产权界人士心情久久不能平静的，还是非微信商标案①莫属。该案所涉问题归结起来，无非两点。一是有学者认为，微信商标案一审判决中，"公共利益下出了荒谬的蛋"。二是有学者认为，微信商标案彻底摧毁了商标权注册主义的基石——先申请原则。事情果真如此吗？以下将就微信商标案折射出来的问题一一进行探讨。

一、为什么创博亚太公司不能获得"微信"商标注册

在商标权注册主义制度下，申请注册的标记最终要获得注册成为注册商标，除了申请注册的主体要符合法律规定外，还必须具备出所识别力和独占适格性两个要件。

出所识别力要解决的是，申请商标注册的标记是否能够识别商品或者服务来源的问题，也就是通常所说的显著性问题。按照我国《商标法》第11条的规定，下列标识由于欠缺固有显著性不得作为商标申请注册：仅有本商品的通用名称、图形、型号的；仅直接表示商品的质量、主要原料、功能、用途、重量、数量及其他特点的；其他缺乏显著特征的。但是，如果这些标记经过使用取得显著特征，并便于识别的，可以作为商标申请注册。

独占适格性要解决的是，申请商标注册的标记是否适格于私人或者团体独占。某个商业标识，虽然具备固有显著性，或者通过使用获得了显著性，但如有损国家尊严、国际组织尊严、违背社会的善良风俗、危害公共利益、侵害在他在先权益等情形，也不允许获得注册。我国商标法并未通过一个条文对这些标记进行集中规定，而是将这些标记分散规定于第9条、第10条、第12条、第13条、第15条、第16条、第30条、第32条等诸多条文中。

由上可见，申请商标注册的商业标识如果具有固有显著性，或者虽然没有固有显著性但通过后天使用获得了显著性，而且同时具备了独占适格性，一般来说

---

① 案情大致如下：创博亚太（山东）股份有限公司（以下简称"创博亚太公司"）2010年11月12日就"微信"向商标局提出了注册申请，指定使用在第38类服务上。腾讯公司于2011年1月21日对外发布名为"微信"的聊天软件。在法定异议期内，张某对被异议商标提出异议。2013年3月19日，商标局作出（2013）商标异字第7726号裁定，对被异议商标不予核准注册。创博亚太公司不服该裁定，于2013年4月7日向商标评审委员会申请复审。国家工商行政管理总局商标评审委员会（简称"商标评审委员会"）于2014年10月22日作出的商评字［2014］第67139号关于第8840949号"微信"商标异议复审裁定，维持不予注册决定。创博亚太公司于法定期限内向北京知识产权法院提起行政诉讼。2015年3月11日，北京知识产权法院作出一审判决，维持国家工商行政管理总局商标评审委员会于2014年10月22日作出的商评字［2014］第67139号关于第8840949号"微信"商标异议复审裁定。

是可以获得注册的。

具体到创博亚太公司微信商标申请案，创博亚太公司是否可以获得在第38类服务上（包括信息传送、电话业务、电话通信、移动电话通信等）"微信"商标的注册，关键要看"微信"是否符合出所识别力要件和独占适格性要件。创博亚太公司在第38类服务上申请注册的"微信"是否具有出所识别力？一审判决书表明，创博亚太公司提交了17份证据，其中的"'微信'产品介绍中记载，'微信'是一项向被叫用户提供，当来电时，显示主叫号码及其归属城市的信息与资讯的服务。"这表明，创博亚太公司所使用的"微信"，只不过用来描述其将要提供的一项服务的名称，仅仅表明了其计划要提供的一项服务的功能以及实现该功能的方式，本身缺乏固有显著性。同时，一审判决书认可的证据表明，2011年4月和6月，原告虽就该软件产品签订了2份业务合作合同，但其中2011年4月的合同缺乏实际履行的相关证据，2011年6月的合同虽然有合作单位的书面证言作为实际履行的证据，但该书面证言中明确表明相关软件产品被命名为"沃名片"。因此，在案证据无法证明被异议商标已实际投入商业使用，并被消费者所认知。也就是说，创博亚太公司也没有通过实际使用使其描述服务功能以及实现该功能的标记"微信"获得显著性。

既然创博亚太公司申请注册并指定使用在第38类服务上的"微信"标记没有固有显著性，也没有通过实际使用获得显著性，国家商标局当然不能核准其在第38类服务上的商标注册申请。

二、该案中是否存在公共利益

该案一审判决并没有以创博亚太公司申请注册的"微信"标记欠缺显著性为由，判决维持国家商标评审委员会的复审裁定，而是以如果允许创博亚太公司在第38类服务上注册和使用"微信"商标会危害公共利益而具有不良影响为由，判决维持商标评审委员会的复审裁定。这是该案一审判决最具争议的地方。有些学者甚至激烈地认为，该案一审判决中，"公共利益下出了一个荒谬的蛋"。

要回答该案一审判决中，"公共利益"是否下出了一个荒谬的蛋，首先得看该案中是否存在公共利益。要回答这个问题，又不得不先回答一个更为一般性的问题：商标法保护的法益中是否包含公共利益？如果包含，该公共利益是什么？对此，各路大家从不同角度作出了解读，笔者不敢妄加评论。但是，按照笔者一贯主张的解释论和立法论相结合的研究方法，笔者认为，这个问题的答案不能靠神奇的猜测和丰富的想象，而必须从我国商标法规定本身寻找答案。我国《商标法》第1条规定，"为了加强商标管理，保护商标专用权，促使生产、经营者保证商品和服务质量,维护商标信誉,以保障消费者和生产、经营者的利益,促进社会主义市场经济的发展,特制定本法。"略去"加强商标管理"这个带有强烈行政管理色彩的目的和"促进社会主义市场经济的发展"这个最终目的,可以发现,我国商标法再清楚不过地规定了商标法所要保护的两个基本法益:一是商标权人的商标专用权和商标信誉,即商标权人的权益。二是消费者和生产者、经营者的利益,即相关公众的利益。我国商标法保护的第一个法益,即商标权人的商标专用权和商标信誉,纯粹属于私人利益范畴,与公共利益应该说没有任何关系,这个大概也不会存在争议。我国商标法保护的第二个法益,即相关公众的利益,是否属于"公共利益"想必会存在诸多争议。有人认为,"消费者和生产者、经营者"不就是"其他一群人"么?与"公共"两字扯得上什么远房亲戚关系呢?笔者承认,"公共利益"很多情况下确实模棱两可。正是因为如此,在我国,它才曾经长久地被任性地滥用,才被诸多深受其害者主张坚决抛弃。然而,"公共利益"在更多情况下还是有血有肉的,可以让我们感受到其体温触摸到其躯体的。就比如在商标法领域,笔者还难以想象,尽管消费者和生产者、经营者的利益属于"其他一群人"的利益,但这个属于"不特定的人"的"其他一群人"的利益,如果还没有资格冠以"公共利益"的名称的话,究竟还有什么样的利益称得上是"公共利益"!

既然商标法中,相关公众的利益完全有资格称为公共利益,那么,商标法究竟是通过什么方式实现相关公众利益保护的呢?这个问题大概从事商标法研究的人都知道如何回答,即通过保护商标专用权和商标信用、禁止行为人在相同或者类似商品上使用与注册商标相同或者近似的商标,从而避免相关公众混淆、减少相关公众搜寻成本、保证相关公众买到其真正想买到的商品来实现的。最简单地说,商标法是通过避免相关公众对商品来源产生混淆的方式,实现对商标权人和相关公众利益的双重保护目的。

肯定了商标法保护的法益中包含了公共利益之后,接下来必须解决微信商标案中是否存在公共利益、究竟应该在哪个节点上判断是否存在公共利益、如果存在公共利益是否可以利用我国《商标法》第10条第1款第(8)项进行解释这三个问题。

该案中是否存在公共利益?一审法院的回答是非常肯定的,否则也不会招致这么多非议。为了清晰地看到一审法院的判决思路,本文引用三段极为关键的判决原文如下:

"而第三人提交的证据显示,'微信'即时通讯服务应用程序由腾讯公司于2011年1月21日首次推出,晚于被异议商标申请日2个月,早于被异议商标初审公告日7个月。此后,'微信'注册用户急速攀升,根据相关报道的记载,至2013年7月用户已达4亿,至2014年11月用户更超8亿。'微信'在信息传送等服务市场上已经具有很高的知名度和影响力,广大消费者对'微信'所指代的信息传送等服务的性质、内容和来源已经形成明确的认知。

在这种市场实际情况下,如果核准被异议商标注册,不仅会使广大消费者对'微信'所指代的信息传送等服务的性质、内容和来源产生错误认知,也会对已经形成的稳定的市场秩序造成消极影响。

先申请原则是我国商标注册制度的一般原则,但在尊重在先申请这个事实状态的同时,商标注册核准与否还应当考虑公共利益和已经形成的稳定市场秩序。当商标申请人的利益与公共利益发生冲突时,应当结合具体情况进行合理的利益平衡。该案中,一方面是商标申请人基于申请行为产生的对特定符号的先占利益和未来对特定符号的使用可能产生的期待利益,另一方面是庞大的微信用户已形成的稳定认知和改变这种稳定认知可能形成的较大社会成本,鉴于此,选择保护不特定多数公众的现实利益具有更大的合理性。"

简单归纳一下可以发现,一审判决最后的结论"选择保护不特定多数公众的现实利益具有更大的合理性"建立在两个理由上。一是腾讯公司"微信"在信息传送等服务市场上已经具有很高的知名度和影响力,广大消费者对"微信"所指代的信息传送等服务的性质、内容和来源已经形成明确的认知,改变这种认知可能形成较大的社会成本。二是创博亚太公司尚未使用其申请注册的商标"微信",如果核准其注册申请,不仅会使广大消费者对"微信"所指代的信息传送等服务的性质、内容和来源产生错误认知,也会对已经形成的稳定的市场秩序造成消极影响。这两个理由表面上容易让人信服。

然而,虽然判决认定"由于腾讯公司'微信'在信息传送等服务市场上已经具有很高知名度和影响力而导致广大相关公众对'微信'指代的信息传送等服务的性质、内容和来源已经形成明确的认知",但极为可惜的是,判决并没有通过案件事实和证据告诉我们,也没有进一步去分析,如果允许创博亚太公司在第38类等商品上注册并使用"微信",是否可能改变广大消费者已经形成的稳定认知,是否可能导致广大消费者对"微信"所指代的信息传送等服务的性质、内容和来源产生错误认知,并对已经形成的稳定的市场秩序造成消极影响。

笔者结合该案案情经过反复思考得出的结果是,一审判决上述担忧似乎是难以成立的。关键就在于创博亚太公司2010年11月12日就"微信"商标提出注册申请后的2011年1月21日,腾讯公司推出"微信"即时通讯服务软件后,至2013年7月用户就已经达到4亿,至2014年11月,用户就已经超出了8亿。基于这样的事实,正如判决书所说,"'微信'在信息传送等服务市场上已经具有很高的知名度和影响力"。也就是说,腾讯公司已经在短时间内通过大规模的使用使"微信"变成了一个未注册的驰名商标。既然如此,判决书进一步的推理就应该是,不管是除了腾讯公司以外的哪个大妈或者大爷在何种产品或者服务上注册或者使用"微信"商标,既不可能让相关公众产生所谓的正向混淆,也不可能让相关公众产生所谓的反向混淆,更不可能让相关公众改变业已形成的稳定认知。既然不存在相关公众混淆的可能性和改变相关公众业已形成的稳定认知的可能性,前述商标法所保护的"避免相关公众混淆"的"公共利益"在该案中就很难说存在。当然,本文这个结论仅仅是一个推论,因为究竟是否存在相关公众混淆可能性和改变相关公众稳定认知的可能性,有赖于消费者调查加以验证。然而,一审判决并没有主动调查并分析这方面极为重要的证据。

总之,如果没有消费者调查证据表明,在腾讯公司"微信"已经具有高度知名度的情况下,允许创博亚太公司在第38类服务上申请注册并使用"微信"商标可能导致相关公众混淆,可能改变相关公众已经形成的稳定认知,该案中就不存在公共利益问题,更无需以损害公共利益为由,阻却创博亚太公司的商标注册申请。

三、该案中若存在公共利益,能否以《商标法》第 10 条第 1 款第(8)项作为判断依据

很多反对该案一审判决的学者认为,我国《商标法》第 10 条第 1 款第(8)项规定的禁用要素是有关社会伦理道德的标记,因此具有"不良影响的"标记不能扩大解释为包括有关影响公共利益的标记,并且第 10 条第 1 款第(8)项的禁用要素只是指要素本身具有不良影响,而不包括要素使用导致的不良影响。这种观点笔者是很难苟同的。

之所以很多学者认为我国《商标法》第 10 条第 1 款第(8)项只能作限缩解释,完全是我国《商标法》第 10 条第 1 款第(8)项的立法技术造成的。从整个第 10 条第 1 款的规定看,前 7 项列举了七个方面不能作为商标申请注册的标志,前三个方面的标志是有关国家和政府间国际组织尊严的标志,第四个方面是有关官方标志、检验印记的,第五个方面是有关国际红十字会和阿拉伯地区红十字会使用的标志,第六个方面是带有民族歧视性的标志,第七个方面带有欺骗性并且容易使公众对商品特点或者产地产生误认的标记,虽然允许其注册和使用会产生不良影响,但均与社会伦理道德无关。如果将第(8)项单纯理解为有害于社会伦理道德方面的标记,《商标法》第 10 条第 1 款就成为限制性列举条款,

这显然不符合立法原意。而如果将第（8）项理解为一个兜底条款，显然又无法包容前面与社会伦理道德没有任何关系的七个方面的标志。这两种解读显然行不通。

唯一能让第（8）项既能禁止将"有害于社会主义道德风尚"作为商标申请注册和使用、又能兜住前七项并且能够管住前七项不能涵盖的禁用要素的解读方法，只能是将第八项拆开为两项。也就是说，我国《商标法》第 10 条第 1 款第（8）项实际上包括两项，一项是"有害于社会主义道德风尚的"，限制的是与伦理道德有关的要素。另一项是"或者有其他不良影响的"，作为兜底条款，既可以兜住前面八项（前七项以及"有害于社会主义道德风尚的"），又可以控制前八项没有列举但商标注册申请实践中很可能出现的其他欠缺独占适格性的标记。比如，使用已故历史名人姓名、肖像申请商标注册的，使用在世的国内外著名政治人物姓名、肖像申请商标注册的，影响范围显然不限于私人领域，就可以"或者有其他不良影响的"为由，阻却注册。虽说出于法律的可预见性，商标法对于不能申请商标注册的标识应当明确限定列举，但考虑到中国抢注成风的具体国情，将"或者有其他不良影响的"进行兜底解释，只要严格把握，是不会损害法律的可预见性的。

经过上述解读后，是否可以利用我国《商标法》第 10 条第 1 款第（8）项中的"或者有其他不良影响的"来解读某个标记是否会损害公共利益、因而不得作为商标申请注册和使用，就不是问题了。如果说第（1）～（3）项只与国家利益、国际组织利益有关，第（6）项只与民族利益有关，第（4）项、第（5）项、第（7）项以及分离出来的第（8）项（有害于社会主义道德风尚的）则不折不扣事关相关公众利益，即公共利益。这说明，"或者有其他不良影响的"完全可以用来解释其他损害公共利益的标记不得作为申请注册和使用。从这个角度来说，该案一审法院援引《商标法》第 10 条第 1 款第（8）项中的"或者有其他不良影响的"作为创博亚太公司注册和使用"微信"可能损害公共利益的法律依据，就完全无可挑剔。当然，根据笔者上述第二个部分的分析，一审法院判决的问题并不在这里。

这里，还需要回答的一个问题是，我国《商标法》第 10 条第 1 款第（8）项规定的禁用标志，是否像很多学者所说的，仅仅指该标志本身具有不良影响，而不包括该标志使用产生的不良影响？

任何条文的解释都不能孤立进行，都必须坚持体系性的解读方法。从我国《商标法》第 10 条第 1 款规定的标志看，除了第（6）项至分离出来的第（8）项规定的标志外，同前五项规定标志相同或者近似的标志，本身显然没有任何不良影响，甚至都是良好的影响，但因为其注册和使用很可能产生不良影响（比如美利坚合众国卫生巾），因此依旧在禁用之列。由此可以推导出如下两点结论。一是如果某标志本身具有不良影响，比如"黑鬼子""小日本"，其使用也会产生不良影响，该标志理所当然不能作为商标申请注册和使用。二是标志本身虽没有不良影响甚至具有正面影响，但如其使用将产生不良影响，该标志也不能作为商标申请注册和使用，典型的如在世的政治人物姓名、肖像。由此，那种认为一审法院判决错误地解读了《商标法》第10条第1款第（8）项、将第（8）项的禁用标志扩大解释为"因为使用产生不良影响的标记"，是非常值得商榷的。

四、该案中如果存在公共利益，如何确定判断时间点

解决了该案一审法院援引法条是否得当、解释法条是否合理的问题之后，接下来笔者探讨以下问题：如果该案中存在可以阻却创博亚太公司将"微信"申请商标注册的可能受损的公共利益，究竟应该以什么时间点作为判断点。

我国商标法虽然规定了阻却申请商标注册的各种要素，却没有规定判断这些要素是否存在的时间点，这不能不说是一个巨大遗憾。从商标注册申请审查实践看，基本上是以审查日为判断时间点。笔者原则上赞成这种做法。理由在于：虽然申请日之前存在禁用要素，但如果审查时（如果存在注册商标无效宣告，则为无效宣告裁决时；如果针对无效宣告裁决提起了诉讼，则为判决作出时）禁用要素消除了的话，就没有理由不让申请人获得注册。

然而，这种一刀切的以审查日为判断基准的做法也存在很大隐患，极为容易导致商标恶霸行径。即当任性的有钱人看到某人就某个自己中意的商标提出了商标注册申请后，马上通过疾风暴雨式的商标使用行为，短时间内让该商标在相关公众中获得很高的知名度，从而让该商标产生阻却其正式使用该商标之前相同类似范围内所有商标注册申请的效果，这对于商标权注册主义制度下通过注册获得商标权的基本理念毫无疑问是一个巨大冲击。因此，对商标法规定的禁用要素判断时间点的选择，就既要维护商标权注册主义的基本制度，又要避免给相关公众利益造成损害。

由于我国商标法没有现成规定，我国知识产权理论和实务界对是否存在禁用要素判断时间点的选择又缺乏足够研究，为了让读者更清楚地认识到这个问题的意义以及选择的基本依据，在此，本文以日本商标法第4条第1款第19项和第3款的规定为例加以说明。日本商标法第4条第1款第19条赋予了在先使用的驰名商标（包括注册与未注册的驰名商标）阻却他人将与其相同或者近似的标记出于不正当目的申请商标注册的效果。第4条第3款则规定，是否存在这种情况

下的在先使用驰名商标，判断时间点为申请日，而不是审查日（如果存在无效宣告，则为无效宣告裁决日；如存在无效裁决撤销诉讼，则为判决作出日）。结合日本商标法第4条第1款第7项规定（有害公共秩序或者善良风俗的商标）以及第4条第1款第15项规定（存在与他人业务所属商品或者服务产生混淆可能性的商标（第10项至第14项规定除外））的规定看，第4条第1款第10项目的在于通过禁止使用在先的知名商标在类似范围内获得注册，从而避免相关公众对商品来源产生混淆，保护的既有在先使用者的私人利益，也有相关公众的利益，即公共利益。而第19项保护的纯粹是在先使用驰名商标权人的私人利益，与公共利益无关。为什么日本商标法会认为第19项的规定与公共利益无关从而要将是否存在第19项要素的时间点规定为申请日？笔者认为，这不仅仅是为了扼杀商标恶霸行径，更是一个技术层面上的问题。即在他人提出商标注册申请后到审查日，通过疾风暴雨式的使用行为从而使其商标短时间内变成驰名商标后，不再可能导致相关公众甚至普通公众的混淆，因而与公共利益没有任何关系，此时商标法就没有必要为了迁就此种商标恶霸行径而将商标注册申请审查时间延后至商标审查日，从而牺牲掉商标权注册主义制度下注册产生商标权的基本原则所追求的价值目标。简单地说，从技术层面上看，日本商标法第4条第1款第19项并没有什么公共利益可以加以保护，因而没有将是否存在第19项要素的判断时间点延后至注册商标申请审查日，而是将判断时间点提前至申请日，以打击商标注册申请中可能出现的商标恶霸行径以维护商标权注册制度的基本价值。

与日本商标法第4条第1款第19项类似的，是我国《商标法》第13条的规定。该条规定虽赋予了在先使用的注册和为注册驰名商标阻却他人在不同范围内申请商标注册的效果，但并未规定阻却他人申请商标注册的驰名商标产生时间的判断点。尽管如此，如上述从技术层面解释日本商标法第4条第1款第19项判断时间点一样，同样可以得出此种情况下不存在混淆可能性的结论，从而将是否存在《商标法》第13条规定情形的判断时间点，解释为申请日而不是审查日。这种解释也可以较好维护《商标法》第7条规定的申请商标注册和使用过程中应该坚持的诚实信用原则。

在讲清楚是否不存在损害公共利益的标记的判断时点后，是否存在损害公共利益的标记的判断时间点就比较清楚了，即应当以注册商标申请审查日为判断时点。如果以申请日作为判断时间点，万一在申请日之后产生了损害公共利益的情况，就只能任由公共利益受损了，这当然是商标法立法目的不能容忍的。

五、其他问题

一是允不允许创博亚太公司在第 38 类服务上获得"微信"商标注册,是否摧毁了先申请原则。关于这个问题,笔者完全同意商标评审委员会的意见,先申请原则要解决的是先后有两个或者两个以上的申请人在同一种商品或者类似商品上,以相同或者近似商标申请注册的,商标局究竟应该受理并核准谁的注册申请的问题。创博亚太公司的"微信"商标注册申请能否获得注册,要解决的是其出处识别力和独占适格性问题,两者压根就不是一个问题。也就是说,即使创博亚太公司的"微信"申请在先,腾讯公司"微信"使用在后,如果创博亚太公司申请注册的商标不符合出处识别力要件和独占适格性要件,也不能获得注册。

二是腾讯公司"微信"未注册商标(知名商品特有名称,也就是未注册商标)普通名称化的问题。按照本文第一部分的分析,由于创博亚太公司申请注册的"微信"商标属于描述其产品功能和实现该功能的描述性标识,本身欠缺固有显著性,又没有通过使用获得显著性,因而不能获得注册。这是否意味着腾讯公司可以毫无障碍地申请并获得"微信"商标的注册呢?虽然从 2011 年开始,腾讯公司在极力推广并打造"微信"产品和相关服务,但笔者也注意到一个非常危险的现象,即腾讯公司在推广和打造"微信"产品和相关服务过程中,并没有有意识地强调并维护其识别商品和服务来源的功能,因而在很多相关公众的心目中,已经将其作为一种产品和服务的综合体的普通名称对待,长此以往,很难讲"微信"不被普通名称化。

(原载于《知识产权》2015 年第 4 期)

商标侵权诉讼中的懈怠抗辩

——美国法的评析及其启示

本文中引用的判例，有兴趣的读者亦可根据下列著作的提示查找：①J. Thomas Mcarthy, McCarthy on Trademarks and Unfair Competition 6. Thomson Reuters, Rel. 69, 3/2014。②Lars S. Smith & Llewellyn Joseph Gibbons, Mastering Trademark and Unfair Competition Law, Carolina Academic Press, 2013。③Mary LaFrance, Understanding Trademark Law, LexisNexis, 2005。④Kieran G. Doyle & Sheldon. H. Klein, Advanced Trademark Law Annual Report, 2013。⑤Dahpne Robert, The New Trade-Mark Manual, The Bureau of National Affairs, INC. Washington, D. C. 1947。有兴趣的读者也可以直接向作者索要这些判例。

摘　要

　　懈怠抗辩是美国商标侵权诉讼中最重要的抗辩之一，可以较好地衡平商标权人、被控侵权行为人、相关消费者的利益。其成立通常需要具备三个要件。一是商标权人对被指控的侵权行为人存在延迟起诉的事实。二是商标权人对被指控的侵权行为人延迟起诉没有正当理由。三是商标权人延迟起诉给被指控的侵权行为人造成损害。懈怠抗辩的效果分为两种情况。一是不管被告是否故意侵权，懈怠抗辩都可以阻却商标权人金钱救济请求。二是只有在被告非故意侵权的情况下，懈怠抗辩才可以阻止商标权人的临时禁令或者永久禁令请求。懈怠抗辩对我国商标侵权诉讼中不同利益的平衡具有重要的借鉴意义。

关键词

商标侵权　懈怠抗辩　诉讼时效　禁令

一、问题的提起

自美国联邦最高法院 1877 年在 Mclean 诉 Fleming 案中[①]正式确立了商标侵权诉讼中的懈怠抗辩（laches defense）之后，懈怠抗辩就成了美国商标侵权诉讼中与默示许可抗辩（acquiescence）、禁反言抗辩（estoppel）一样著名的、建立在"衡平原则帮助的是那些对自己权利时刻保持警惕而不是躺在权利身上睡觉的人"[②] 这样一条公理之上的抗辩原则。美国兰哈姆法第 1116 条[③]和第 1117 条[④]授予联邦法院根据衡平原则颁发禁令以及判决给予原告赔偿的权力，显然，懈怠抗辩属于兰哈姆法所说的衡平原则。兰哈姆法的这种规定进一步强化了懈怠抗辩等

---

① Mclean v. Fleming, 96U. S. 245（1877）. 该案中，生产销售治疗肝脏疾病药丸达 40 年以上的原告，指控被告使用与其商标"Dr. C. McLane's liver – Pills"近似的商标"Dr. J. H. McLean's Universal Pills"，以及与其近似的木盒包装销售肝药，被告提出抗辩认为，原告得知侵权过后 20 年才提出诉讼，其行为已经构成懈怠。本案中被告成功的懈怠抗辩只是阻却了原告赔偿损失的主张，美国联邦最高法院依旧针对被告发布了禁令。关于懈怠抗辩的发展历史，See Brad Powers. A Crisis in Equity: Laches Doctrine and the Lanham Act, 57 Drake L Rev. 547.

② Mary LaFrance. Understanding Trademark Law [M]. LexisNexis, 2005: 265.

③ Section 1116 of Lanham Act, The several courts vested with jurisdiction of civil actions arising under this Act shall have power to grant injunctions, according to the principles of equity and upon such terms as the court may deem reasonable, to prevent the violation of any right of the registrant of a mark registered in the Patent and Trademark Office or to prevent a violation under subsection (a), (c), or (d) of section 43 (15 USC 1125). Any such injunction may include a provision directing the defendant to file with the court and serve on the plaintiff within thirty days after the service on the defendant of such injunction, or such extended period as the court may direct, a report in writing under oath setting forth in detail the manner and form in which the defendant has complied with the injunction. Any such injunction granted upon hearing, after notice to the defendant, by any district court of the United States, may be served on the parties against whom such injunction is granted anywhere in the United States where they may be found, and shall be operative and may been forced by proceedings to punish for contempt, or otherwise, by the court by which such injunction was granted, or by any other United States district court in whose jurisdiction the defendant may be found.

④ Section 1117 of Lanham Act: "(a) Profits; damages and costs; attorney fees: When a violation of any right of the registrant of a mark registered in the Patent and Trademark Office, a violation under section 1125 (a) or (d) of this title, or a willful violation under section 1125 (c) of this title, shall have been established in any civil action arising under this chapter, the plaintiff shall be entitled, subject to the provisions of sections 1111 and 1114 of this title, and subject to the principles of equity, to recover (1) defendant's profits, (2) any damages sustained by the plaintif, and (3) the costs of the action…"

衡平原则在美国商标侵权诉讼中的地位和作用。所谓懈怠抗辩，是指商标权人已经知道或者应当已经知道被告对其商标进行侵权使用后，没有正当理由延迟提起诉讼时，被告可以据此对抗商标权人要求法律救济的权利。尽管在美国联邦最高法院的一些先例判决中，将默示许可作为出现损害结果并且包含默示同意的"延迟"一词的同义语，但美国著名商标法专家麦卡锡（McCarthy）认为，为了保持不同法律语言之间的清晰度，还是将懈怠和默示许可进行区分比较妥当。按照麦卡锡和美国商标审理和上诉委员会（T.T.A.B.）以及一些联邦巡回上诉法院的观点，默示许可仅仅指商标权人通过积极的言语或者行动向另一方传达出的默示同意。而懈怠仅仅指没有任何言语或者行动表示的消极同意。美国另外两个商标法专家 Lars S. Smith 和 Llewellyn Joseph Gibbons 也持同样观点。[⑤] 基于这种区分，麦卡锡认为，理论和实务上存在"基于懈怠的禁止反悔"和"基于默示许可的禁止反悔"两种不同的禁止反悔抗辩。[⑥] 懈怠抗辩的含义中，究竟什么是"商标权已经知道或者应当已经知道被告对其商标进行侵权使用"？什么是"延迟起诉的正当理由"？延迟多久起诉才称之为"延迟提起诉讼"？商标侵权人恶意使用商标权人商标是否可以进行懈怠抗辩？懈怠抗辩如果成立，是否意味着被告的行为不再构成侵权，抑或是被告只能抗辩商标权人禁令救济和/或金钱救济的权利？这些问题都必须加以明晰，否则难以准确把握美国商标侵权诉讼中懈怠抗辩的真实内容及其价值。我国虽然有诸多文献研究美国专利侵权诉讼中的懈怠抗辩原则及其对我国的借鉴意义，但鲜有文献专门、深入细致、准确研究美国商标侵权诉讼中的懈怠抗辩及其对我国的借鉴意义。为此，本文将对上述诸问题展开研究。具体而言，本文以下第二、第三部分将分别探讨懈怠抗辩成立的要件和效果，第四部分将对懈怠抗辩做出评析，并在此基础上结合我国最高人民法院关于商标侵权行为诉讼时效的司法解释，探讨懈怠抗辩对平衡我国商标侵权诉讼中不同利益需求可能带来的启示。

---

⑤ Lars S. Smith & Llewellyn Joseph Gibbons. Mastering Trademark and Unfair Competition Law: Carolina Academic Press, 2013: 56.

⑥ J. Thomas McCarthy. McCarthy on Trademarks and Unfair Competition 6 [M]. Thomson Reuters, Rel. 69, 3/2014: 116. 按照第十一巡回上诉法院的观点，默示许可需要三个构成要件。一是商标权人积极表示不会主张权利。二是积极表示和主张权利之间的延迟没有正当理由。三是延迟给被指控的侵权行为人造成过度损害。SunAmericaCorp. v. Sun Life Assurance Co. of Can., 38 U.S.P.Q. 2d 1065, 1079 (11th Cir. 1996). 第二和第九巡回法院同意并采纳了这三个要素对默示许可进行判断。ProFitness Physical Therapy Center v. Pro-Fit Orthopedic and Sports Physical Therapy P.C., 65 U.S.P.Q. 2D 1195 (2d Cir. 2002); Seller Agency Council, Inc. v. Kennedy Center for Heal Estate Edue., Inc. 96 U.S.P.Q. 2D 1568 (9th Cir. 2010).

二、商标侵权诉讼中懈怠抗辩的成立要件

关于商标侵权诉讼中懈怠抗辩的成立要件,美国联邦判例法上存在一些分歧。比如,美国第九巡回上诉法院认为,判断懈怠抗辩是否成立时,应当考虑如下六个因素:原告商标的强度;原告保护商标的勤勉度;拒绝救济原告是否会使其遭受损失;被告使用原告商标时主观上是否善意;原被告之间的竞争关系;原告延迟提起诉讼给被告造成的损失。[7] 但是,美国判例法和学说上的主流意见是,商标侵权诉讼中懈怠抗辩的成立通常只需要考虑如下三个要素:原告延迟主张商标权;原告延迟主张商标权没有正当理由;原告延迟主张商标权给被告造成损害。[8] 本文按照判例法和学说上的主流意见,将美国商标侵权诉讼中懈怠抗辩的成立要件概括为以下三个。

(一) 商标权人对被指控的侵权行为存在延迟起诉事实

这个要件包含三个问题。一是延迟起诉的时间长短。二是延迟起诉时间的起算。三是起算延迟时间时,商标权人知道的对象。

1. 延迟起诉的时间。这个问题要解决的是,商标权人究竟延迟多长时间起诉才符合懈怠抗辩要求的"延迟起诉事实"?虽然美国法典28第1658条规定了民事诉讼的4年诉讼时效,但该时效限制只适用于1990年12月1日之后发生于美国国会制定的联邦法律之下的民事诉讼案件,[9] 商标侵权案件,除了发生于1999年国会制定的反域名抢注消费者保护法案和2006年制定的商标淡化修正法案之下的案件外,基于兰哈姆法第32条(1)发生的注册商标侵权案件和第43条(a)发生的未注册商标侵权案件,并不适用该4年诉讼时效的限制,因为这两个条款的运行要素都发生于1990年12月1日之前。[10] 这样一来,在美国,基于兰哈姆法发生的商标侵权案件,就不存在任何一般的联邦诉讼时效可以用来作为懈怠抗辩中原告延迟时间长短的事实推定依据。为此,审理商标侵权案件的美

---

[7] E-system, Inc. v. Monitek, Inc., 222 U.S.P.Q. 115 (9th Cir. 1983).

[8] Abraham v. Alpha Chi Omega, No. 12-1-525, 2013 U. S. App. LEXIS 2799, *16-17 (5th Cir, 2013). Ray Communs., Inc. v. Clear Channel Communs., Inc., 673 F. 3d 294 (4th Cir 2012). 前注 [2], Mary LaFrance 书, 265. 前注 [5], Lars S. Smith & Llewellyn Joseph Gibbons 书, 157.

[9] 28 U. S. C. A. Section 1658: Time limitations on the commencement of civil actions arising under Acts of-Congress: a) Except as otherwise provided by law, a civil action arising under an Act of Congress enacted after the date of the enactment of this section may not be commenced later than 4 years after the cause of action accrues.

[10] 参见前注 [6], J. Thomas McCarthy 书, 76.; 前注 [5], Lars S. Smith & Llewellyn Joseph Gibbons 书, 156.

国联邦法院采取了如下变通的做法：将与案件具有最密切联系的州法规定的民事诉讼时效作为推定懈怠抗辩中商标权人延迟起诉时间长短的依据。[11] 基本的推定规则是：如果延迟起诉时间超过诉讼时效时间，则推定商标权人延误的时间事实成立。反之，如果商标权人在诉讼时效期间内提出诉讼，则推定其延误起诉的时间事实不成立。[12] 据此推定规则，只要商标侵权诉讼时效已经过去，被告就可以据此反驳商标权人的权利救济主张，法院通常也会假定被告的懈怠抗辩成立。这意味着，商标权人要想推翻这种推定，就必须承担较为沉重的举证责任证明以下两点：一是延迟起诉存在合理理由，二是延迟起诉没有给被告造成损害。尽管存在上述一般推定规则，但依旧有判例法认为，即使延迟起诉发生在诉讼时效之内，被告依旧可以进行懈怠抗辩。[13] 这种不依赖于具有最密切联系的州法规定的诉讼时效推定懈怠抗辩成立的延迟起诉时间事实，而是强调具体案件具体分析的做法，应当说较为准确地反映了美国联邦最高法院强调的对于懈怠抗辩应该采取的灵活态度："衡平原则吞噬了机械的规则，它依赖于灵活性。衡平原则坚持这样的做法：懈怠不同于时效限制，它不仅仅是一个时间问题，更是一个支持权利主张是否会导致不公平的问题，一个基于财产关系或者当事人之间关系发生变化后是否会导致不公平的问题。"[14] 从真实发生的判例来看，也反映出美国司法实践中重视个案以决定懈怠抗辩要求的延迟起诉时间事实的做法。[15]

懈怠抗辩要求的延迟起诉时间事实中，有几个特殊问题值得注意。一是被告的部分侵权行为发生在诉讼时效之内，部分侵权行为发生在诉讼时效之外，是否不再适用延迟时间的推定？美国联邦第九巡回上诉法院的答案是否定的。它认为，"在被指控非法的行为发生在时效之外的情况下，懈怠的推定机制就被激活了……基于懈怠的目的，如果被告的部分行为发生在时效期间之内，时效期间也就不再适用。"[16] 二是延迟时间的添附。美国联邦第八巡回上诉法院认为，为了

---

[11] 同上，Lars S. Smith & Llewellyn Joseph Gibbons 书，156。

[12] Kieran G. Doyle & Sheldon. H. Klein. Advanced Trade mark Law Annual Report 2013, p. 168.

[13] Pomeroy, Equity Jurisprudence 419b (5th ed. 1941). Restatement Third, Unfair Competition 31, cmta, Reporters, Note, 1995.

[14] Holmbei v. Axmbrecht, 327 U. S. 392, 396 (1946).

[15] 一些案件中，法院认为，3个月、4个月、6个月、8个月、12个月、13个月、14个月、18个月、20个月、2年、3年、4年、5年、6年、8年、13年，对于懈怠抗辩来说，都不足以构成充分的延迟起诉时间。而另一些案件中，法院认为，3年、3年半、4年、5年、6年、7年、8年、9年、10年、11年、12年、13年、14年、15年、17年、18年、20年、25年、26年、30年、31年、33年、35年，对于懈怠抗辩来说，已经构成了充分的延迟起诉时间。参见前注 [6]，J. Thomas McCarthy 书，84 - 89。

[16] Jarrow Formulas, Inc. v. Nutrition Now, Inc., 63 U. S. P. Q. 2D 1076 (9th Cir. 2002).

累积原告主张商标权的足够延迟时间,被告作为某个商标的受让人,可以将其对商标的使用添附在转让人的使用上面。也就是说,如果 A 是商标权人,B 侵害了其商标权,A 对 B 的侵权行为延迟起诉,比如 5 年,当 B 将其使用的商标转让给 C,A 对 C 的侵权行为又延迟起诉,比如也是 5 年,则在 A 针对 C 的侵权行为起诉时,对于 C 来说,A 延迟起诉的时间为 10 年(5 + 5)。

但是,在商标权转让尚未完成或者无效的情况下,则延迟起诉的时间只能从受让人自己的使用开始计算。[17] 比如,在 Tandy 案中,被告与第三人 X 签订了一个非正式的商标许可协议,第三人 X 已经使用与商标权人相竞争的商标"AUTO SHACK"多年。基于这个事实,美国联邦第六巡回上诉法院认为,原告"RADIO SHACK'S"对第三人 X 延迟起诉的时间不能添附于对被告延迟起诉的时间上面,因为 X 还没有正式将商标"AUTO SHACK"转让给被告。[18] 与上述情况相反,对于接受商标权转让的原告来说,通常会被毫无疑问地推定存在延迟时间的添附。比如,A 是商标权人,针对 B 的侵权行为延迟起诉时间为 5 年,在 A 将商标权转让给 C 之后,新的商标权人 C 针对 B 的侵权行为又延迟起诉 5 年,则 C 针对 B 的侵权行为延迟起诉的时间为 10 年(5 + 5)。关于上述添附的理由,美国联邦第三巡回上诉法院认为:"注意到下面的事实是非常重要的:在法律效果上,前任的行为就是原告的懈怠行为。"[19] 美国商标审查和上诉委员会同样认为,"不言自明,受让人必须接受转让人行为的后果。"[20]

2. 延迟起诉时间的起算。这个问题要解决的是,延迟起诉的时间究竟应该从什么时候起开始计算。在商标权人延迟起诉被认定构成懈怠之前,美国审理商标侵权案件的各个联邦上诉法院,无不要求商标权人必须已经知道或者应当已经知道被告的商标侵权行为。对此,美国联邦最高法院有过如此论述:"原告一方必须已经知道了这些权利的存在,另一方完全不知道或者没有理由应当知道被告的侵权行为,不会产生任何主张权利的懈怠。"[20] 在另一个商标侵权案件中,美国联邦最高法院更加明确表示,"延迟起诉的时间通常应当从商标权人已经知道或者应当已经知道其权利主张之日开始计算。"[22]

---

[17] Pepaico, Inc. v. Grapette Co., 163 U. S. P. Q. 193 (8th Cir. 1969).

[18] Tandy Corp. v. Malone & Hyde, Inc., 226 U. S. P. Q. 703 (6th Cir. 1985).

[19] Anheuser – Brusch, Inc. v. Du Bois Brewing Co., 175 F. 2d 370 (3d Cir. 1949).

[20] CBS, Inc. v. Man's day Publishing Co., 205 U. S. P. Q. 470 (T. T. A. B. 1980). [21] Halstead v. Grinnan, 152 U. S. 412, 38 L. Ed. 495.

[21] Halstead v. Grinnan, 152 U. S. 412, 38 L. Ed. 495.

[22] Johnson v. Standard Mining Co., 148 U. S. 360, 370 (1893).

如何判断商标权人已经知道或者应当已经知道被指控的侵权行为？美国司法判例中形成了所谓的"合理地谨慎的人"标准（reasonably prudent person），用于判断主张不知道被告侵权行为的原告的注意义务。该标准可以防止商标权人隐瞒某些信息，惩罚其没有合理根据的延迟起诉行为，以防懈怠抗辩演变为一个软弱无力的抗辩原则。[23]

究竟什么是合理地谨慎的人，美国司法判例中并没有形成被广泛接受的定义和判断标准。作为一个被拟制出来的法律概念，其内在含义和判断标准只能从具体判例中进行考察。比如，根据合理地谨慎的人标准，美国联邦第二、第三巡回上诉法院认为，当商标权人尽到了有效的商标监管努力时，推定其应当已经知道被指控的侵权行为，是合理的。[24]

比较特殊的是如下情况。在商业伙伴关系中，一个合作伙伴已经知道了侵权事实，能否推定所有的合作伙伴都应当已经知道到了侵权的事实。美国联邦第九巡回上诉法院的答案是肯定的，并且进一步认为，即使该合作伙伴没有通知其他合作伙伴，情况也是如此。[25] 但是，由商标权人不负有任何报告商标侵权职责的低层职员与被告完成的交易，即使该低层职员发现了被告侵权，也不能推定商标权人已经知道了被告本身商标侵权的事实。[26] 即使是商标权人的销售代表与被告完成交易时发现了被告商标侵权的事实，如果该销售代表并不负责调查侵权，也不能推定商标权人已经知道了被告商标侵权的事实。[27] 商标权人的代理人知道被告侵权的事实，除非其代理权限内负担处理商标事务，否则也不能推定商标权人已经知道被告商标侵权的事实。[28] 加盟店已经知道被告侵权并不必然等同于授予加盟店许可者已经知道商标侵权的事实。在 Thrifty Rent – A – Car System，Inc. v. Thrifty Auto Sales 案中，加盟店 Thrifty Rent – A – Car 1978 年就将知道了被指控的商标使用行为，但因为没有引起任何混淆，因此并没有将此事报告给授予加盟店的商标许可权人。法院认为，由于商标权人 1989 年才知道被指控的商标侵权行为及其导致消费者混淆的后果，因此原告延迟提起诉讼的日期应当从 1989 年才

---

[23] Jarrow, 304 F. 3d at 838.

[24] Grupo Gigante, 391 F. 3d AT 1102; Black Diamond Sportswear, Inc. v. Black Diamond Equipment Ltd., No. 06 - 3508, 2007 wL 2914452 (2d Cir. Otc. 5, 2007).

[25] Freind v. H. A. Friend & Co., 163 U. S. P. Q. 159 (9th Cir. 1969).

[26] General Tire & Rubber Co. v. Greenwold, 127 U. S. P. Q. 240 (S. D. Cal. 1960).

[27] Official Airline Guides v. Churchfield Publications, 756 F. Supp. 1393, 17 U. S. P. Q. 2d 1897 (D. Or. 1990).

[28] Dawn Donut Co. v. Hart's Food Stores, Inc., 267 F. 2d 358, 121 U. S. P. Q. 430 (2d Cir. 1959).

开始计算。㉙

上述情形中，为什么只有在商业伙伴关系中，一个商业伙伴已经知道侵权的事实，可以推定为全体商业伙伴已经知道侵权的事实？本文作者揣摩，应该是以全体商业伙伴名义对外开展交易关系的单个合作伙伴法律上代表了作为商标权人的全体合作伙伴，其他情形中，无论是底层职员，还是不负责调查侵权的销售代表、代理权限不包括处理商标事务的代理人、加盟店，对外都不能代表商标权人，因而也就只有单个合作伙伴已经知道被告侵权的事实能够等同于全体合作伙伴已经知道被告侵权的事实。

一个特别有争议的问题是，被告将与原告具有竞争关系的商标进行注册是否可以推定商标权人应当已经知道被告商标侵权的事实？对此，美国 C. C. P. A （The United States Court of Customs and Patent Appeals）认为，按照兰哈姆法第22条规定，在主注册簿上的商标注册㉚构成注册者拥有商标权的推定公告，因此至少在美国专利商标局内部就商标注册发生的争议，此种推定公告构成商标权人应当已经知道商标被侵权的事实，从而商标权人延迟起诉时间的起算日应当从被告将竞争性商标进行注册的推定公告日开始计算，而不是从商标权人实际知道其商标权被侵权之日开始计算。㉛

美国 C. C. P. A. 的上述观点，遭到一些美国学者和法院的严厉批评。比如，Rudolf Callman 就严厉批评了 C. C. P. A. 将推定通知等同于商标权人没有尽到"注意义务"、从而开始延迟起诉时间计算的做法。㉜ 美国联邦第一巡回上诉法院也认为，在商标侵权诉讼程序中，被告联邦注册的推定公告并不开始延迟起诉时间的计算，只有原告事实上注意到被告商标侵权行为的时间才开始商标权人延迟起诉时间的计算。㉝ 此种批判性观点应当说是可取的。美国 C. C. P. A. 的观点过分加重了商标权人的注意义务，会不适当延长商标权人延迟起诉时间的开始计算日期，并导致被告滥用懈怠抗辩。

3. 商标权人知道的对象。这个问题要解决的是，商标权人已经知道或者应当已经知道的是商标侵权行为，还是被控侵权行为人使用竞争性商标但不构成侵

㉙ Thrifty Rent – A – Gar System, Inc. v. Thrifty Auto Sales, 849 F. Supp. 1087.

㉚ 按照美国兰哈姆法的规定，主簿注册商标和副簿注册商标的区别是：主簿注册商标既可以区分商品或者服务生产者或者提供者，而且可以区分商品或者服务本身，而副簿注册商标只能区分商品或者服务本身。

㉛ Willson v. Graphol Products Co., 38 C. C. P. A. 1030, 89 U. S. P. Q. 382 (1951).

㉜ Rudolf Callman, Constructive Notice and Laches, 42 Trademark Rep. 395 (1952).

㉝ Valmor Products Co. v. Standard Products Corp., 174 U. S. P. Q. 353 (lBt Cir. 1972).

权的事实。在 Ray Communications, Inc. v. Clear Channel Communications, Inc. 案中,[34] 被告的前手公司已经使用涉案商标数十年,但由于该种使用在地域上和原告的商标使用地域是分开的,不可能引起混淆,因此美国联邦第四巡回上诉法院将案件发回了地区法院重审,要求地区法院重新考虑引起混淆可能性的因素,以决定延迟起诉的时间。这说明,美国联邦第四巡回上诉法院明确认为,商标权人已经知道或者应当已经知道的,应当是被告侵害其商标权的行为,而不能仅仅是其在竞争性商品或者服务上使用和商标权人商标相同或者近似的商标、但不构成商标侵权的事实。美国联邦第四巡回上诉法院的观点应当说是可取的。理由是,被告虽然使用和商标权人相同或者近似的商标,但客观上不具有引起消费者混淆可能性的情况下,其行为并不构成商标侵权,因而根本上不需要通过懈怠进行抗辩。进一步推理,商标权人已经知道或者应当已经知道的,就应当是被告的商标侵权行为,否则就没有懈怠抗辩适用的余地。

(二) 商标权人对被指控的侵权行为延迟起诉没有正当理由

虽然商标权人对被指控的侵权行为存在延迟起诉的客观事实,但如果其延迟起诉存在正当理由,依旧没有懈怠抗辩适用的余地。

在面临被告懈怠抗辩的时候,作为商标权人的原告通常会辩论自己存在延迟提起诉讼的正当理由。比如,在 Jarrow Formulas, Inc. v. Nutrition Now, Inc. 案中,[35] 商标权人辩称,其之所以等待了 7 年才提起虚假广告诉讼,是为了从被告被指控的广告产品提供者那里获得一个实验测试结果。美国联邦第九巡回上诉法院认为,虽然本案中原告的供应商存在不提供实验分析用于诉讼的内部政策,但这根本不构成原告延迟提起诉讼的正当理由,因为原告完全可以通过其他渠道获得被告产品的实验分析结果以提起诉讼,该法院最后拒绝了原告的辩论意见。总结美国商标侵权判例可以发现,在涉及懈怠抗辩的商标侵权案件中,以下理由通常被认为是商标权人可以延迟起诉的正当理由。

1. 被告采取渐进式蚕食政策(Progressive Encroachment)。面临商标侵权时,商标权人可能陷入两难困境。如果商标权人等待被告造成了实质性损害结果的混淆证据,其可能面对等待太久而导致的懈怠抗辩。如果商标权人匆匆忙忙提起诉讼,则可能面临损害结果很小或者尚未造成实际混淆的任何证据的局面,以及被

---

[34] Ray Commc'n, Inc. v. Clear Channel Commc'n, Inc., 673 F. 3d 294 (4th Cir. 2012).

[35] Jarrow Formulas, Inc. v. Nutrition Now, Inc., 63 U. S. P. Q2D 1076 (9th Cir. 2002), 154 L. Ed. 2d 520 (2002).

指责为过度过快进行诉讼的商标恶霸风险。㊱ 基于商标权人这种两难困境,美国判例法中发展出了所谓的"渐进式蚕食学说",㊲ 以使商标权人适当延迟提起诉讼正当化。

按照渐进式蚕食学说,商标权人不应当被懈怠抗辩胁迫而对被告早期的微小侵权行为仓促起诉,完全可以等到被告的侵权行为已经进入和其进行直接竞争的局面,并且引起了实际的市场混淆可能性时,再提起诉讼。㊳ 麦卡锡也认为,相对低端的侵权或者在不同产品或者服务上或者不同地域使用近似商标并不必然激活商标权人立即提起诉讼的义务,只有当被控侵权人对商标的使用在地域上越来越靠近商标权人的营销地域,或者在产品数量上增加了,懈怠抗辩才要求商标权人保持警惕,并且立即挑战这种新的意义重大的侵权行为。㊴ 对此,美国联邦第二巡回上诉法院做出了如下解释:

"以不同方式或者在新的地域内使用商标,被告已经超出了原告同意的范围,负有需要原告特别同意的义务……渐进式蚕食学说……。将法院的注意力集中到了被告开始使用商标后,是否改变了其业务方向,并因此而更加直接和原告进行竞争、增加了公众对该商标的混淆可能性。"㊵

在 Profitness Physical Theraphy Center v. Pro – Fit Orthopedic and Sports Physical Therapy P. C.,一案中,地方法院认为,位于 Manhattan 将商标用于提供物理治疗服务的商标权人已经默示许可了被告在 Borough of Queens 的被控竞争性使用。但由于在 Borough of Queens 对商标使用导致的混淆可能性和利用商标在 Manhattan 开设新业务导致的混淆可能性并不相同,因此美国联邦第二巡回上诉法院将案件发回了地区法院重审,以便决定渐进式蚕食是否为 Manhattan 的新业务提供了阻止懈怠抗辩的可能性。㊶

根据渐进式蚕食学说,被控侵权商标的使用改变了营业范围时,通常被认为可以使原告的延迟起诉正当化。公司名称中含有商标权人商标的被告 "ever – ready fluorescent company" 在 1971 年之前的 27 年里一直利用其他商标销售电器

㊱ 参见前注 [6],J. Thomas McCarthy 书,64.
㊲ Kellogg Co. v. Exxon Corp. 209 F. 3d 562, 570 (6th cir. 2003) Sara Lee Corp. v. Kayser – Roth Corp., 81 F. 3d 455, 462 (4th cir. 1996).
㊳ Prudential Ins. Co. v, Gibraltar Financial Corp., 694 F. 2d 1150, 1154 (9th Cir. 1982).
㊴ 参见前注 [6],J. Thomas McCarthy 书,64.
㊵ Profitness Physical Theraphy Center v. Pro – Fit Orthopedic and Sports Physical Therapy P. C. ' 314 F. 3d 62 (2d Cir. 2002).
㊶ 同上注。

产品，但因为未导致与原告著名商标"eveready"的混淆，因此该商标权人一直未提出诉讼。但是，1971年，被告开始使用商标"EVER-READY"销售高强度灯及灯泡，美国联邦第七巡回上诉法院认为，商标权人1971年提出诉讼是及时的，因为在1971年之前，没有证据表明从事批发业务的被告在公司名称中使用该商标造成了混淆，但1971年在销售市场上开始使用该商标后，确实导致了与原告著名商标"eveready"的高度混淆。[42]

在另一个著名的名为"Battle of the Tigers"的案件中，美国联邦第六巡回上诉法院认为，商标权人延迟提起诉讼的时间不能从被告第一次使用原告商标之日开始计算，而应当从被告将其商标转移到离原告更近的分市场，并改变了商标图案使其更加接近于原告商标图案之日开始计算。该案中，原告从1952年开始使用老虎卡通吉祥物提供冰冻麦片早餐。1959年，Exxon开始使用老虎卡通形象促销其汽油产品销售。Exxon奇异的卡通老虎在20世纪80年代被更加威猛的活老虎吉祥物整体取代。1989年发生瓦尔迪兹灾难之后，[43] Exxon将凶猛的老虎卡通形象改变为比较友好的、更加接近于本案原告KELLOGG的老虎卡通形象，并于20世纪90年代早期开始使用这一形象。与之前不同的是，其新的老虎卡通形象也被赋予了新的使命：促销其新成立的、用于销售各种食物的、并且已经成为其加油站一部分的"Tiger Mart"方便店。Exxon提供的这种新的服务形式接近于Kellogg的麦片早餐市场。1996年Kellogg提出诉讼。Exxon辩解说原告延迟35年未起诉其老虎商标，应当因为懈怠而被禁止反悔。但美国联邦第六巡回上诉法院推翻了地区法院的即决判决。其理由是，原告对被告的使用并不存在默示许可。在渐进式蚕食学说下，美国联邦第六巡回上诉法院认为，地方法院从1959年被告第一次使用卡通老虎形象促销汽油产品开始计算了原告延迟的时间，这是错误的。被告1959年将老虎使用在汽油产品上到20世纪90年代早期将其用在方便店上不能计算为懈怠或者默示许可的时间。这期间，原被告的商标——老虎卡通形象之间存在很大差距，而且原告提供的麦片早餐服务和被告提供的汽油产品销售服务分布在不同市场上，不大可能存在导致消费者混淆的可能性。但是当被告将其商标转移至接近原告产品的市场，重新设计并使用与原告老虎卡通形象近

---

[42] Union Caibide Corp. v. Ever-Ready, Inc., 531 F. 2d 366 (7th Cir. 1976).

[43] 1989年3月24日，美国埃克森船运公司的"瓦尔迪兹"号超级油轮，在阿拉斯加州瓦尔迪兹港以南40公里处的勃莱岛附近，为躲避冰山而偏离航道触礁搁浅，酿成大祸。船上13个油槽有8个破裂，24万桶原油汩汩流出，污染了大片海域，造成美国历史上最大的油船漏油污染事故。截至4月8日，油污海面已达2300多平方公里，并已扩展到楚加奇国家森林保护区内的一些岛屿，在威廉太子湾形成一条极其巨大的浮油污染带。史称"valdiz"灾难。

似的老虎卡通形象时,原告主张商标侵权的时机就成熟了。本案中的原告尽管延迟了35年才提出诉讼,但其理由存在正当性。[44]

渐进式蚕食学说允许存在一个例外,即认为被告业务的正常成长不是渐进式的蚕食。所谓业务的正常成长,按照麦卡锡的观点,是指被告原有业务随着时间而经历的数量上的正常增长,而渐进式蚕食意味着将业务扩展至不同地域,或者进入不同业务范围。[45] 从实际的判例看,美国联邦第九巡回上诉法院认为,被告从原有销售现成肉到销售熟肉以及从开设小商店扩大到开设超市,都是一个正常的增长过程,不能作为渐进式蚕食解释商标权人的延迟诉讼。[46]

2. 协商谈判。美国反不正当竞争法第三次重述第31节Comment C认为,原告消耗在抗议被告使用其商标的时间和等待被告作出反应的时间,不应当作为懈怠成立的延误时间。美国佛罗里达南区地方法院也认为,双方努力寻求争端解决而消耗的时间不能计算在懈怠时间之内,因为"和解解决法律上的争端应当被鼓励,而不是被惩罚。"[47]

但是没有任何实际行动的单纯要求或者希望解决与被告之间的问题,因此而消耗的时间不能作为合理延迟的时间。美国联邦第七巡回上诉法院认为,许可协商并不必然推迟懈怠抗辩中的时间计算。这种协商通常必须是持续的,双边都在进行过程中的,有合理成功可能性的,才足以证明重大延迟的正当性。[48] 该法院进一步认为,商标权人单纯地向被告提出要求的信件,即使写了好几封信件,由于"原告写信的努力几乎不能认为是试图严肃解决其关心的被告产品和广告问题,并没有任何证据证明原告建议或者追求任何种类的双边解决方法或者提供一个有关原告努力解决其权利主张的活动的解释。"[49] 也不能认定原告因此消耗的时间,属于合理延迟的时间。

3. 其他诉讼。商标权人可以主张其正卷入另一起诉讼,从而其使其延迟起诉正当化。在美国的专利诉讼中,专利权人可以通过发送给被指控的侵权行为人通知,告知该侵权行为人其完成针对第三人的诉讼后,就会转手过来保护其专利

---

[44] Kellogg Co. v. Exxon Corp., 209 F. 54 U.S.P.Q. 2d 1413, 1422 (6th Cir. 2000).

[45] 参见前注 [6], J. Thomas McCarthy 书, 70.

[46] Tillamook Country Smoker, Inc. v. Tillamook County Creamery Ass'n, 80 U.S.P.Q. 2d 1460 (9A Cir. 2006).

[47] Varitronics Sys. v. Medin Equip., 6 U – S.P.Q. 2D 1789 (S.D. Ma. 1988).

[48] A. C. Aukerman Co. v. Miller Formless Co., Inc., 693 F. 2d 697, 700 (7th Cir. 1982).

[49] Hot Wax, Inc. v. Turtle Wax, Inc., 191 F. 3d 813, 823 – 824 (7th Cir. 1999).

权，从而避免延迟提起诉讼的后果。(50) 美国一些律师认为，如果商标权人提供适当通知，则相同原则也可以适用于其延迟理由的正当化。(51)

但是，美国康涅狄格州地区法院认为，针对同样的虚假广告在德国和澳大利亚提起诉讼，由于在美国的权利主张仅仅与美国的广告发布有关，因而并不是在美国延迟起诉的正当理由。(52)

4. 商标注册异议。美国联邦最高法院认为，针对被控侵权人未决商标注册提出的异议程序，通常构成一个等待在联邦法院提起侵权诉讼的正当理由。也就是说，商标权人在决定是否在美国联邦法院提出侵权诉讼之前，可以等到异议程序的结果出来，异议程序花费的时间，不能计算在商标权人延迟的时间之内。理由是，"虽然一个成功的异议程序仅仅能够阻止商标注册而非使用，但异议程序至少可以使被告注意到原告并没有躺在权利身上睡觉。"(53)

5. 不知道被告的侵权行为。如果有证明表明商标权人不知道也没有理由应当知道被告的侵权行为，即使有时候几十年过去了，也不会导致懈怠抗辩。(54) 在美国联邦第五巡回上诉法院审理的一个案件中，没有任何证据表明原告知道被告20多年来一直利用其商标进行低端销售的行为，因此原告并不存在延迟提起诉讼的事实。(55)

（三）商标权人延迟起诉给被指控的侵权行为人造成损害

商标权人延迟提起诉讼给被告人造成损害是懈怠抗辩成立必不可少的要素。对此，美国反不正当竞争法第三次重述第31条 Comment B 做了明确规定："延迟必须损害被告的利益，否则授予禁令就是不衡平的。"美国联邦第九巡回上诉法院对此也表达了如下意见："时间的单纯流逝不构成懈怠，但如果时间的流逝已经使被告产生了错误的信赖感，并且被告依据此种信赖而行动，在审理案件法院的自由裁量权范围内，懈怠是可以被发现的。"(56)

---

(50) Vaupel Text Omaschinen KG v. Meccanica Euro Italia SPA, 944 F. 2d 870, 877 (Fed, Cir. 1991).

(51) 参见前注［12］, Kieran G. Doyle & Sheldon. H. Klein 书, 170.

(52) Schick Mfg., Inc. v. Gillete Co., 372 F. Siqip. 2d 273, 2005—1 Trade Cas. (CGH) p 74838 (D. Conn. 2005).

(53) Alfred Dunfaill of London, Inc. v. Kasser Distillers Products Corp., 175 U. S. P. Q. 586 (E. D. Pa, 1972).

(54) Dahpne Robert. The New Trade - Mark Manual [M]. The Bureau of National ASaiis, INC. Washington, D. C. 1947: 194.

(55) American Rice, Inc. v. Producers Rice Mill, Inc., 86 U. S. P. Q. 2d 1162 (5th Cir 2008).

(56) Whitman v. Walt Disney Productions, Inc., 120 U. S. P. Q. 253 (9th Cir. 1985).

尽管被冠以不同名称，但美国联邦法院和知识产权界通常将上述损害分为两种，即证据损害和经济损害。[57]证据损害包括因为商标权人延迟起诉在证据方面给被告造成的损害，比如证据丧失、证据陈旧化、证人丧失记忆力、证人死亡，等等。经济损害通常可以通过被告在商标权人延迟起诉期间对商标使用的投资以及在商标权人及时提出诉讼的情况下原来可以选择的市场营销策略来证明。通常来说，被告可以通过广告费用、市场营销费用、销售数量、销售地域、消费者对其认同度等方面的证据来支持其遭受经济损害的主张。从美国判例来看，在延迟期间，被告对商标的投资或者营业的扩大通常可以有效证明其经济损失。[58]

在被告因为延迟遭受的损害方面，美国联邦第九巡回上诉法院存在一个颇具争议的观点。它认为，被告可以通过证明，在延迟起诉期间，相关公众已经意识到，实际上是被告建立了商标的信誉，从而证明自己因为原告延迟起诉遭受的损害。美国联邦第九巡回上诉法院之所以提出这样一个论点，是因为在它审理的 Internet Specialties West, Inc. v. Milon-Digiorgio Enters. 案中，被告只是非常简单地、少量地使用原告商标，因此即使商标权人不合理延迟起诉，被告也无法证明因此而遭受损害。[59]一些人对美国联邦第九巡回上诉法院的这个观点提出了疑问，认为该观点是令人困惑的，它并没有说明，为了论证损害的存在，被告究竟应该证明多少公众意识到在延迟期间是被告打造了涉案商标。[60]

三、懈怠抗辩的效果以及被告故意侵权对该效果的影响

懈怠抗辩的成立，并不意味着被告的行为不构成商标侵权行为，因此，在美国并没有判例或者学说去讨论"懈怠抗辩是否意味着被告的行为不构成商标侵权行为"这样的问题。其中的道理也较为简单。知识产权侵权行为的构成特点是，只要行为人未经知识产权人许可，实施了知识产权法规定的行为，不管其主观上有无过错，其行为就构成侵权。商标侵权的构成也不例外。因而，懈怠抗辩的效果，要解决的问题是，符合上述三要件的懈怠抗辩，是否能够阻却商标权人的禁令救济和金钱救济主张？该问题的答案因被告是否故意侵权以及救济形式的不同而有所不同。

---

[57] Danjaq LLC u. Sony Corp., 263 F. 3d 942, 59 U. S. P. Q. 2d 1880, 51 Fed. R. Serv. 3d 71 (9th Cir. 2001). Pro football, Inc, v. Haijo, 565 F. 3d 880, 90 U. S. P. Q. 2D 1593 (D. C. Cir. 2009).

[58] Hubbard Feeds Inc. v. Animal Feed Supplement Inc., 182 F. 3d 598, 602 (8th Cir. 1999).

[59] Internet Specialties West, Inc. v. Milon-Digiorgio Enters., 559 F. 3d 985 (9th Cir. 2009).

[60] 参见前注[12]，Kieran G. Doyle & Sheldon. H. Klein 书，171.

（一）懈怠抗辩能否阻却商标权人的金钱救济请求

自1877年至20世纪早期，美国联邦最高法院占主流的意见是，不管被告是善意还是恶意侵权，懈怠抗辩都可以阻却商标权人的金钱救济请求。美国联邦最高法院早在1877年的Mclean诉Fleming案中就确立了该规则。该案中被告恶意侵权，美国联邦最高法院支持了原告的禁令请求，但拒绝了其金钱救济请求。此后，美国联邦最高法院在很多商标侵权案件中都遵循了该案中确立的规则。比如，在Menendez v. Holt案中，美国联邦最高法院认为，即使被告故意侵权，原告的懈怠也阻却了其金钱救济请求。[61] 在1916年的Hanover Star Milling v. Metcalf案中，美国联邦最高法院同样认为，即使在被告进行欺诈或者知道原告商标权利的案件中，原告计算利润损失的主张也应当被拒绝。[62]

懈怠是否能够阻却商标权人金钱救济请求，尽管美国联邦最高法院在大多数案件中坚持了上述较为一致的态度，但也在少数几个案件中表现出相反的态度，认为被告侵权时主观上是善意还是恶意对是否支持原告的金钱救济请求具有决定性影响。比如，在Saxlehner v. Eisner and Mendelson Co.案中，[63] 被告复制了原告独具特色的瓶子形状以及瓶贴，明显具有引诱公众误认被告进口的匈牙利"bitter waters"为原告产品并进行购买的目的。美国联邦最高法院认为，这是一个非常典型的被告故意侵权的案件，被告的行为简直就是赤裸裸的海盗行为。因此尽管原告没有正当理由延迟了20年才提起诉讼，法院依旧支持了原告的金钱救济请求。在案情几乎相同的Saxlehner Nielsen一案中，[64] 美国联邦最高法院同样支持了原告的金钱救济请求。

尽管美国联邦最高法院早期的态度有些分歧，美国各下级法院却较为一致地坚持了懈怠能够阻止原告金钱救济请求的观点，并且创造出了懈怠情况下拒绝原告金钱救济请求不受被告故意侵权影响的普通法规则，因而在许多案件中，即使有明显证据证明被告恶意侵权，法院也会拒绝原告金钱救济的请求。较为典型的案例有Hermes Int'1 v. Lederer de Paris Fifth Avenue, Inc.，[65]、Skippy, Inc. v. CPC International, Inc.[66]、Brittingham v. Jenkins[67] 等。

---

[61] Kiddt; . Pearson, 128 U. S. I (1888).
[62] 240 U. S. at 419.
[63] 179 U. S. 19 (1900).
[64] 179 U. S. 43 (1900).
[65] 219 F. 3d 104 (2d Cir. 2000).
[66] 674 F. 2d 209, 212 (4th Cir. 1982).
[67] 914 F. 2d 447, 457 (4th Cir. 1990).

为什么懈怠抗辩可以阻却商标权人的金钱救济请求？美国联邦最高法院在上述 McClean 和 Menendez 两个案件中并没有给出解释。美国联邦第四巡回上诉法院给出的理由是出于证据考虑，"在侵权案件中证明损失非常困难，延迟提起诉讼又实质性地增加了这种困难。"[68] 美国联邦第五巡回上诉法院也持同样的观点。[69] 美国联邦第二巡回上诉法院给出的理由则是出于公平需要，这也是所有衡平原则追求的目的。按照其观点，原告等被告建立了自己的业务和进行营利之后，事隔多年再提出诉讼主张被告赚取的利润，对于被告来说非常不公平。[70]

（二）懈怠抗辩能否阻却商标权人的禁令救济请求

对此，美国联邦最高法院在 2006 年的 eBay 案件前后，态度有一个明显的变化过程。在 2006 年的 eBay 案件之前，美国联邦最高法院基本上倾向于认为懈怠抗辩虽可以阻止商标权人的金钱救济请求，但不能阻却其禁令救济请求，除非被告故意侵权。也就是说，只有在被告非故意侵权的情况下，懈怠抗辩才能阻却商标权人的禁令救济请求。美国联邦最高法院最早于 1877 年的 Mclean v. Fleming 案判决中正式表达了此种观点。该案件中，被告故意使用与原告相近似的名称和包装冒充原告的肝药，但原告延迟了大约 20 年才提起诉讼。面对原告的懈怠和被告的故意侵权，美国联邦最高法院选择了授予原告禁令。"为了给予禁令，法院认为，有被告将自己的商品假冒为原告商标的目的、并且有在原告要求其停止的情况下仍然坚持假冒的事实就足够了。"[71] 在此，美国联邦最高法院明显认为，尽管原告存在延迟起诉的事实，但在被告故意侵权的情况下，仍然应当授予原告禁令。

在 1888 年的 Menendra v. Holt 案[72]、1900 年的 Saxlehner v. Eisner & Mendelson Co. 案[73]以及 1918 年的 United Drag v. Theodore Rectanus 案[74]中，美国联邦最高法院都表达了与 Mclean v. Fleming 案中类似的观点。比如，在 Saxlehner v. Eisner & Mendelson Co. 案中，法院认为，在被告构成欺诈的情况下，"法院就会认

---

[68] Tustin Community Hospital, Inc. v. Santa Ana Community Hospital Ass*n, 205 U.S.P.Q. 83 (4th Cir. 1979).

[69] E. g. Maltina Corp. v. Cawy Bottling Co., 613 F. 2d 582 (5th Cir. 1980).

[70] Grotrian, Helferich, Schuls, It. Stenweg Nachf. v. Stenway & Sons, 186 U.S.P.Q. 436 (2th Cir. 1975).

[71] 96 U.S. 254 (1877).

[72] 128 U.S. 514 (1888).

[73] 前注 [63]。

[74] 248 U.S. 90 (1918).

真考虑原谅原告没有立即主张权利的情况。确实，在像本案一样积极的、持续的欺诈案件中，懈怠的证据根本就没有达到同意或者默示许可证据的程度。”(75) 也就是说，在被告恶意侵害商标权的案件中，除非商标权人懈怠的证据已经达到了证明其已经明示或者默示同意被告使用其商标的程度，否则其懈怠抗辩不可能阻却对原告的禁令救济。在 United Drug v. Theodore Rectanus 商标侵权案中，美国联邦最高法院更清楚地表明了上述立场：

“在侵权证据非常清楚的情况下，衡平法院不应当拒绝为商标权人提供未来保护的禁令，尽管其默示许可和懈怠使得他无法就侵权人过去的利润主张金钱救济。”(76)

相反，在没有发现被告恶意侵权的商标案件中，美国联邦最高法院则明确否定了原告的禁令请求。比如在 1903 年的 French Republic v. Saratoga Vichy Spring Co. 案中，(77) 由于没有证据证明被告有实施欺诈公众的故意，在原告没有任何正当理由延迟 25 年提起诉讼的情况下，法院拒绝了原告所有的救济请求。在 1918 年的 United Drug Co. v. Theodore Rectanus Co. 案中，(78) 由于被告自己独立设计了和原告相同的商标，并且将侵权使用限制在一个很小的地域，法院也拒绝了原告的禁令救济请求。美国联邦最高法院对于懈怠抗辩中禁令救济的上述态度，基本上决定了美国下级法院关于懈怠抗辩中禁令救济的立场，因而在被告故意侵害商标权而原告延迟起诉的案件中，下级法院不会拒绝原告的禁令救济请求。比如，在 1997 年的 Kason Indus.，Inc. v. Component Hardware Group，Inc. 案中，美国联邦第十一巡回上诉法院认为，“通常来说，懈怠不会阻止针对故意侵权行为人的禁令。”(79) 在 1965 年的 Tisch Hotels，Inc. v. Americana Inn，Inc. 案中，美国联邦第七巡回上诉法院认为，“只有在极端例外的情况下，在故意侵权的案件中，禁令救济才会被拒绝。”(80) 在 1949 年的 Rothman v. Greyhound Corp. 案中，美国联邦第四巡回上诉法院认为，“众所周知，当侵权行为人已经知道其正在进行侵权，并且已经故意开始利用商标权人的信誉时，延迟寻求救济根本不会构成禁令救济

(75) 179 U. S. 39 (1900).

(76) United Drug v. Hieodore Rectanus. 63 L. Ed. 141.

(77) 191 U. S. 427 (1903).

(78) 前注［74］。

(79) 120 F. 3dll99, 1207 (11th Cir. 1997).

(80) 350 F. 2d 609, 615 (7th Cir. 1965).

的障碍。"[81] 美国联邦第二巡回上诉法院、纽约地区法院也都有采取类似做法。[82]

相应地,在被告非恶意侵权的情况下,是否给予原告禁令救济,下级法院也采取和美国联邦最高法院一样的态度,即拒绝原告禁令救济请求。[83]

为什么被告恶意侵权的情况下,懈怠抗辩不能阻却对原告的禁令救济?主要出于两个考虑。一是保护相关消费者不被混淆可能性困扰的权利。在美国商标侵权诉讼中,公众利益的保护相比给诉讼一方当事人提供正义更加重要。美国审理联邦商标案件的法院认为,被告故意侵权增加了损害公众的不可避免的混淆可能性,因而在被告故意侵权的案件中,尽管原告存在延迟起诉事实,但法院必须通过授予禁令以防止公众可能受到的侵害。对此,美国竞争法第三次重述做了这样的表述:

"证据证明被告意图通过混淆利用商标权人的信誉时,通常就足以阻却懈怠对禁令救济的抗辩。欺骗的目的不但损害了被告对衡平的要求,而且是防止潜在购买者混淆的必要禁令的证据。"[84]

美国联邦第十一巡回上诉法院也认为,在衡量商标权人延迟起诉的效果时,法院必须考虑公众不受混淆可能性困扰的权利,在被告未经许可使用商标权人商标引起混淆的情况下,"虽然有人必须承受损失,但法律要求承受之人不是公众。"[85] 由于商标侵权诉讼导致了不同于传统两方当事人之间的敌对行动,[86] 美国联邦第七巡回上诉法院因此主张,"第三方,即消费的公众,也在场,其利益是至高无上的。"[87] 基于懈怠抗辩拒绝禁令请求的法院会发现,如果它通过司法判例赞成引起消费者混淆可能的行为,将处在一个非常不舒服的位置上。[88] 纽约东区法院形象地表达了这种感觉:

"在拒绝原告初步禁令的请求时,法院注意到该判决可能对偶然的、粗心大意的消费者产生的不幸后果。确实,这种拒绝相当于认为,两方当事人在相同市

---

[81] 175 F. 2d 893, 895 (4th Cir. 1949).

[82] 219 F. 3d 104 (2d Cir. 2000); 457 F. Supp. 1090 (S. D. N. Y. 1978).

[83] Old Lexington Club Distillery Co. v. Kentucky Distilleries & Warehouse 234 F. 464 (D. C. N. J. 1916), af'd' 247 F. 1005 (3d Cir. 1918); Kason Indus. Inc. v. Component Hardware Group, Inc., 120 F. 3d 1199 (11th Cir. 1997); E – Systems, Inc. v. Monitek, Inc., 720 F. 2d 604 (9th Cir. 1984); Fiuit Industrie, Uxl v. Bisc^ia Bros. Corp., 101 F. 2d 752 (3d Cir. 1939).

[84] Restatement (Third) of Unfeir Competition? 31, ctmiment e (1995).

[85] Suna America Corp. v. Sun life Assurance Co. of Can., 38 U. S. P.. Q. 2D 1065 (11th Cir. 1996).

[86] 参见前注 [6], L Thomas McCarthy 书, 37.

[87] James Burrough, Ltd. v. Sign of Beefeater, Inc, 192 U. S. P. Q. 555 (7th Cir. 1976).

[88] 参见前注 [6], J. Hioims McCarthy 书, 38.

场可以自由提供其产品销售……更不用说，对于法院来说推定一个商标是某个商品或服务来源的识别标记，而不是混淆标记，是多么让人感到不舒适的一个态度。"[89]

虽然商标权人懈怠导致被告人的救济不能凌驾于公共利益至上，但美国联邦第九巡回法院仍然选择非常谨慎地将这种例外限定在极为狭窄的特殊情形当中。按照该法院的理解，只有在被告产品有害或者危害公共安全和福利的情况下，相关公众避免混淆的利益才应当凌驾于懈怠抗辩对被告的救济之上，并且即使如此，法院也必须考虑效果没有禁令那么严厉的其他可以利用的有效救济手段。[90]联邦第九巡回上诉法院的这种态度得到了美国一些知识产权律师的赞成。[91]

但是，对于被告故意侵权是否必然增加了公众不可避免的混淆可能性，并因此而给原告造成了不可弥补的损害进而推导出给予原告禁令救济必要性的上述主张，美国也存在一种很具有说服力的相反观点。众所周知，在美国，不管商标权人想要获得临时禁令还是永久性禁令，都必须证明被告的侵权行为将使其遭受不可弥补的损害。长期以来，美国很多联邦下级法院和地方法院都习惯性认为，只要商标权人证明了被告的商标使用行为存在混淆的可能性，不可弥补的损害要件就成立了。比如，联邦第二巡回上诉法院认为，"当商标权人证明其将失去对商标名声的控制时，就发生了不可弥补的损害。"[92]乔治亚州的一个法院也认为，"当原告初步证明了商标侵权时，就推定存在不可弥补的损害。"[93]

然而，更多的下级法院或者行政机构则是主张，商标权人延迟起诉很有可能弱化甚至消解了原告关于被告商标使用行为导致混淆可能性或者损害的主张。比如，美国商标审理和上诉委员会就曾经质问："如果存在如此严重的消费者混淆，并且如你现在所说的，对你的商标造成了损害，为什么你这么长时间才主张商标权呢？"[94]美国联邦第八巡回上诉法院认为，"延迟寻求禁令救济证明了不可弥补损害的虚假性。"[95]纽约南区法院认为，"面对没有任何解释的2个月以上的延迟

---

[89] Johanna Farms, Inc. v. Citrus BOWL, Inc., 199 U. S. P. Q. 16 (E. D. N. Y. 1978).

[90] Tillmook Country Smoker, Inc. v. Tillmool County Creamery Ass, n, 80 U. S. P. Q. 2d 1460 (9th Cir. 2006). 前注 [6], J. Thomas McCarthy 书, 41.

[91] 参见前注 [12], Kieran G. Doyle & Sheldon. H. Klein 书, 173.

[92] Power Test Petroleum Distributors v. Calcu Gas, 754 F. 2d 91, 95 (2d Cir. 1985).

[93] Foxworthy v. Custom Tees, Inc., 879 F. Supp. 1200, 1219 (D. N. Ga. 1995).

[94] Transamerica Financial Corp. v. Trans - American Collections, Inc. 197 U. S. P. Q. 43, 62 (T. T. A. B. 1977).

[95] Hubbard Feeds, Inc. v. Animal Feed Supplements, Inc., 182 F. 3d 598, 603 (8th Cir. 1999).

起诉时,法院通常会拒绝授予初步禁令。"[96] 在1979年的一个案件中,纽约南区法院说得更加直截了当:"这种性质的延误(指一年的延迟。本文作者注)斩断了通常伴随初步禁令救济请求的紧迫性,事实上意味着没有任何不可弥补的损害。"[97] 美国联邦第二巡回上诉法院甚至认为,"在商标侵权案件中,即使只延迟了10天就足以推翻对初步禁令来说必不可少的不可弥补损害的推定。"[98] 联邦第五巡回上诉法院在著名的"多米诺(DOMINO)"案件中,也做了如下解释:"我们注意到,原告没有注意保护其'Domino'商标的权利。自从它第一次开始使用这个商标,它没有对注册该商标的其他72个注册人提出任何异议。侵权第三个人使用这个商标已经知名后……原告虽然已经写信要求其不再使用这个商标,但是从来没有针对这种侵权行为提出过诉讼,直到现在为止。在原告和被告同时使用'DOMINO'这个商标近10年之后,原告才提起诉讼。一个强烈相信其顾客正在受到欺骗的商标权人对于他人这么长时间的使用几乎不会是无动于衷的。"[99]

第二个理由是企图利用懈怠抗辩的故意侵权行为人有"不洁净之手"。美国联邦最高法院要求"走进衡平的人必须带着洁净之手而来"[100],故意侵权行为人本身的手不干净,虽然原告存在延迟提起诉讼的事实,被告也不得利用懈怠进行抗辩。美国第七、第九等下级法院在其判决中,也表达了类似立场。[101]

对于故意侵权的被告为什么不能利用懈怠抗辩对抗商标权人的禁令救济主张,麦卡锡也从三个方面进行了论证。一是侵权故意说明侵权事实十分清楚。二是故意的侵权人缺乏主观善意,必须通过"不干净之手"原则进行衡平,因而不允许其主张懈怠的衡平抗辩。三是侵权人的主观故意无法满足禁反言的传统要件,即被告善意信赖原告不会立即提出诉讼。[102]

由上可见,被告是否故意侵权决定了其能否利用懈怠抗辩对抗原告的禁令救济主张,被告主观要素对原告禁令救济的影响远甚于对金钱救济的影响。美国联邦第七巡回上诉法院如此描述了这种情形:"只有在权利人没有正当理由延迟起

---

[96] Gidatex, S. r. L. v. Campaniello Imports, Ltd., 82 F. Supp. 2d 136 (2000), 13 F. Supp. 2d 417, 419 (S. D. N. Y. 1998).

[97] Le Sportsac, Inc. v. Dockside Research, Inc., 478 F. Supp. 602 (1979).

[98] Weight Watchers Intern. 'Inc. v. Luigino's, Inc., 423 F. 3d 137' 144 (2d Cir. 2005).

[99] Amstar Coip. v. Domino's Pizza, Inc. ' 205 U. S. P. Q. 969 (5th Cir. 1980).

[100] Precision Instrument Mfg. Co. v. Automotive Maintenance Mach. Co., 324 U. S. 806, 814 (1945).

[101] Jarrow Formulas, Inc. v. Nutrition Now, Inc., 304 F. 3d 829, 841 (9th Cir. 2002), cert, denied, 537 U. S. 1047 (2002); Hot Wax, Inc. v. Turtle Wax, Inc., 191 F. 3d 813, 825 (7th Cir. 1999); Johanna Farms, Inc. v. CitrusBowl, Inc. 468 F. Supp. 866, 881 (E. D. N. Y. 1978).

[102] 参见前注[6],J. Thomas McCarthy 书,33.

诉时间如此之长，以至相当于原告事实上放弃了权利很久的情况下，衡平的考量才会有利于明知的侵权人。"[103] 联邦第三巡回上诉法院则从另一个角度描述了故意侵权的被告不得利用懈怠抗辩对抗原告禁令救济主张的理由："不干净的手，可以阻止懈怠抗辩的适用，这来源于这样一个信条，即懈怠等衡平抗辩不能被利用来报偿一方的不公平或者打败正义。"[104]

究竟如何判断被告主观上是否存在侵权故意？美国判例或者学说并没有提供放之四海而皆准的答案，因而这个问题的答案和上述"合理地谨慎人"的答案一样，依赖于个案的具体事实。[105] 比如，伊利诺伊州中央区法院认为，解决商标纠纷的许可授予被告采用一种方式使用商标权人商标的权利，但被告却采用另一种未经许可的方式持续使用该商标的行为，就明显存在主观上的侵权故意，因而被告不得进行懈怠或者默示许可的抗辩。[106] 第五巡回上诉法院则认为，为了取消被告进行解怠抗辩或者默示许可抗辩的资格，被告必须已经企图通过引起顾客混淆以获得和攫取原告商标中的商业信誉，只有这种情况下被告在存在侵权的主观故意。[107] 但联邦第六巡回上诉法院认为，在被告知道原告权利和反对意见但依旧采用涉案交易名称的情况下，被告就存在侵权的主观故意，因而被告的懈怠抗辩不得阻止禁令救济。[108]

从被告是否故意侵权的角度分析懈怠抗辩中是否给予原告禁令救济的上述方法，已经被美国联邦最高法院在 2006 年的 eBay 案件中较为彻底地改变。在该案件中，美国联邦最高法院认为，是否颁发禁令给原告，必须考虑衡平法上的四要素，即原告胜诉的可能性；拒绝颁发禁令是否会使原告遭受不可弥补的损害；原告遭受的损害是否高于禁令给被告造成的损害；禁令是否损害公共利益。[109] 美国

---

[103] Tisch Hotels, Inc. v. Americanna Inn, Inc., 350 F. 2d 609 (7th Cir. 1965).
[104] Hot Wax, 191 F. 3d at 825.
[105] 参见前注 [6], J. Thomas McCarthy 书, 34.
[106] BUNN-O-Matic Corp. v. Bunn Coffee Service, Inc., 88F. Supp. 2d 914 (2000).
[107] ConanProperties, Inc. v. Conans Pizza, Inc., 225 U. S. P. Q. 379 (5th Cir. 1985).
[108] Ameritech Inc. v. American Information Technologies Corp., 1 U. S. P. Q. 2d1861 (6*Cir. 1987).
[109] eBay, Inc. v. Merc Exchange, 164L. Ed. 2d 641 (2006). 是否发布禁令应当考虑衡平法上所有因素的观点，并不是美国最高法院的首创。早在1979年，美国加利福尼亚上诉法院就表达过类似观点："随着事实的变化，衡平也在当事人之间变化，结果也不可避免地会发生变化。不幸的是，许多法院和法律作者已经宣称，侵权案件中的禁令由于懈怠通常不会被拒绝。在几个案例中，这些经不起推敲的归纳已经导致错误地拒绝考虑懈怠抗辩，甚至在原告的延迟已经导致被告损害的案件中，也是如此。我们还是满意于这样一种观点：在所有案件中，法院应当衡量竞争性衡平，这种衡平与延迟有关，应当依靠所有的衡平因素以决定授予或者拒绝禁令救济。"前注 [68]。

联邦最高法院所倡导的四要素虽然是针对专利侵权案件中是否颁发禁令而提出的，但对于商标侵权案件中是否颁发禁令同样适用。2006年eBay案件后，在商标侵权案件中，已经有一些联邦巡回上诉法院开始采用eBay案件中确立的是否发布禁令的判断规则。比如，联邦第十一巡回上诉法院认为，eBay案件确立的规则同样适用于非专利案件中是否颁发初步禁令和永久性禁令的分析。[110] 美国联邦第九巡回上诉法院在审查地区法院在一起商标案件中支持商标权人的永久性禁令主张时也引用了eBay案件中提出的规则。[111] 在另一起商标侵权案件中，美国联邦第一巡回上诉法院也适用了eBay案确立的规则，认为"eBay案件的文笔和逻辑都强烈暗示着，它所讨论的传统衡平原则应当推定适用，无论何时法院都必须决定是否发布禁令，不管案件是专利案件还是别的什么案件。"[112]

总之，eBay案件重审了是否发布禁令的衡平法上的四要素，并且彻底颠覆了传统上美国审理商标侵权案件的大多数法院所坚持却被少数判例所推翻的那种认为商标权人证明了侵权也就证明其存在不可弥补损害的推定。2011年加利福尼亚中央区法院判决的一个案件，说明了商标权人在eBay案件之后依赖不可弥补损害推定的不可靠性。在这个案件中，原告在知道被告侵权后5个月才提出禁令请求，但接着又撤回了该请求，紧接着又重新提出了禁令请求。加利福尼亚中央区法院认为，这实际上意味着商标权人根本证明不了被告的行为给其造成了不可弥补的损害，因而拒绝了商标权人颁发禁令的请求。[113] 这意味着原告必须拿出足够证据，证明其确实因为被告的侵权行为发生了或者可能发生不可弥补的损害，如果没有其他更好的理由，将很难推翻懈怠抗辩对禁令救济的阻却。

四、对美国法相关制度的评析

懈怠抗辩是一种非常古老的抗辩，目的近似于诉讼时效。但正如Stimson所主张的那样，由于侵害商标权的行为通常是持续的，诉讼时效难以阻却对原告的金钱和禁令救济，除非损害发生在诉讼时效之外，因而在商标侵权案件中，几乎总是懈怠抗辩而不是诉讼时效被用来决定禁令和金钱救济的可行性。[114] 麦卡锡也认为，"懈怠抗辩是非常必要的，否则持续侵害商标权的行为或者虚假广告行为

---

[110] N. Am. Med. Corp. v. Axi omWorldwide, Inc., 522 F. 3d 1211, 1228 (11th Cir. 2008).

[111] Reno Air Racing Ass'n, Inc. v. Mc Coid, 452 F. 3d 1126, 1137 (9th Cir. 2006).

[112] Voic e oft he ArabWorld, Inc. v. MDT VMed. NewsNow, Inc., 645 F. 3 D26, 33 (1th Cir, 2011).

[113] Kerr Corp. v. North Am. Dental Wholesalers, Inc., No. 11-0313, 2011 U. S. Dist. IJTXTS 61779, * 6 (C. D. Cal. June 9. 2011).

[114] Stimson, Statutes of limitations in Tradmar Actions. 71 Tradamark Rep, 1981：605.

将永远处于诉讼时效之外，原告能够无限期地延期提出诉讼。"[115] 美国联邦第九巡回上诉法院则从兰哈姆法缺乏诉讼时效规定的角度审视了懈怠抗辩的作用。它认为，由于兰哈姆法没有诉讼时效的规定，懈怠抗辩实质上发挥了时间限制的作用，阻止了没完没了的诉讼。[116] 美国联邦第四巡回上诉法院认为，如果没有懈怠抗辩，尽管商标权人有理由主张被告侵权，但其完全可以袖手旁观，听任竞争者利用商标发展生产和扩大营业，然后再提出商标侵权以打击竞争者。[117]

在 Dwinnell – Wright Co. v. White House Milk Co. 案中，美国著名法官勒恩德·汉德（Learned Hand）虽然极为啰唆却非常清楚地表达了懈怠抗辩在防止一方当事人消极地同意另一方当事人使用其商标时给另一方当事人造成不公平损害结果方面的作用：

"原告没有做任何事情来阻止被告的使用，它仅仅袖手旁观另一方当事人花费巨大成本成长为大公司。单凭这一点就使我们不情愿进行干预，但是它（指懈怠，本文作者注）非常不同于原告的默示保证……甚至在 1930 年第一次开始真正受到损害的时候，原告就什么也没有做；没有任何抗议的言语，或者抱怨的行动，任由被告使用长达 6 年多的时间，而被告的牛奶业务一直保持增长。现在原告还能寻求什么样的衡平呢，它（指原告，本文作者注）怎么能够期待我们扼杀一个它多年以来彬彬有礼地允许，甚至积极鼓励其像芥末树一样生成的竞争者呢？我们有什么理由毁掉在它的纵容和同意之下建立起来的大型企业，我们发现这是无法令人理解的。"[118]

一言以蔽之，懈怠抗辩在衡平不同当事人的利益方面发挥了诉讼时效无法发挥的作用。

话虽如此，懈怠抗辩本身却不乏值得进一步厘清和商榷之处。突出表现在如下三个方面。

第一，在商标权人延迟起诉的正当理由中，渐进式蚕食学说就存在需要进一步厘清的地方。渐进式蚕食学说虽然为商标权人延迟提起诉讼提供了正当理由，但其应用依赖于一个前提，即被告早期的竞争性商标使用行为构成侵权。依据本文第二部分的阐释，商标权人延迟提起诉讼的起算时间应当从商标权人已经知道或者应当已经知道被告的商标侵权行为之日起计算，而不能从已经知道或者应当

---

[115] 前注 [6]，J. Thomas McCarthy 书，10.
[116] Jackson v. Axton, 25 F. 3d 884 (9th Cir. 1994).
[117] Whal – A – Burger of Va., Inc. v. Whataburger, Inc., 357 F. 3d 441, 449 (4th Cir. 2004).
[118] Dwinnell – Wright Co. v. White House Milk Co. 132 F. 2d 822, 825 – 826 (2d Cir. 1943).

已经知道被告在竞争性产品上使用竞争性商标的行为之日起开始计算。否则，渐进式学说就是多余的。理由是，根据美国式的商标侵权理论，商标侵权必须以导致消费者混淆可能性为要件。在上述 ever-ready 和 Batle of the Tigers 两个案例中，审理案件的法院都认为，在原告正式提出诉讼之前，被告的商标使用行为都不存在导致消费者混淆的可能性，因此都还不构成商标侵权行为，此时即使商标权人知道了被告的商标使用行为，也无法提起诉讼，或者虽然可以提出诉讼，但商标权利主张也无法得到法院支持。无论属于哪种情况，都不会开始商标权人延迟起诉时间的计算。只有在被告的行为真正构成商标侵权行为的 1971 年和 1996 年，而且商标权人已经知道或者应当已经知道被告的侵权行为之后，延迟起诉的时间才开始起算，这当然不可能适用懈怠抗辩。非常遗憾的是，美国审理商标侵权纠纷案件的一些联邦法院对渐进式蚕食学说适用前提未做区分，将被告某些单纯使用竞争性商标的行为也作为渐进式蚕食学说适用的前提，显然会将被告某些合法行为扩大解释为商标侵权行为，这并不符合懈怠抗辩背后的衡平精神。

　　第二，商标权人卷入另一起诉讼中，是否构成延迟起诉的正当化理由，也是一个值得讨论的问题。现在社会，一般的企业都有自己专门的法务部门或者法务工作者，即使没有，在专业律师非常多的情况下，聘请律师也非常方便，一般应该有足够时间和精力同时应付两起以上的诉讼。将卷入另一起诉讼作为商标权人延迟起诉的正当化理由，利益的天平将过分倾向于商标权人，违背懈怠抗辩追求的衡平精神。

　　第三，在懈怠抗辩的效果方面，美国判例和学说都强调，虽然商标权人存在没有正当理由并且给被告造成损害的延迟起诉事实，但如果法院拒绝其临时或者永久性禁令存在相关消费者混淆可能性的情况下，法院仍然必须支持商标权人的禁令救济请求。此种做法虽然保护了相关消费者利益，即公共利益，符合商标法的价值目标，却绝对牺牲了被告的利益，对躺在权利身上睡觉的原告来说，则是一种纵容。因为相比金钱救济来说，原告的禁令救济对于被告来说后果更为严重，往往是致命的，被告或者被迫付出打造商标的巨大广告代价，或者被迫终止原来最为熟悉也是最为盈利的业务，或者被迫耗费巨大成本转向其他产业，有的甚至因为禁令而破产。对于商标侵权案件中的绝大多数原告来说，金钱救济虽然重要，但更重要的是通过禁令救济这种形式将被告置于绝境。如此，不得不对存在相关消费者混淆可能性的懈怠抗辩案件中的禁令持更加谨慎的态度。

　　在本文作者看来，也许有一种三全其美的方法，既可以衡平商标侵权案件中原被告的利益，也可以衡平被告的私人利益与相关消费者的利益，即公共利益，同时可以惩罚躺在权利身上睡觉的商标权人，让其对自己的权利时刻保持警惕。该方法是，在否定商标权人禁令救济请求的同时，判令被告在其商品或者服务上附加防止混淆的适当区别性标记。在肯定禁令救济的商标侵权懈怠抗辩案件中，无非是担心拒绝禁令救济会让相关消费者承受混淆可能性困扰的不利后果。判令被告在其产品或者服务商附加防止混淆的适当区别性标记，正好可以消除混淆可能性的后果，从而保护相关消费者利益。

否定禁令救济毫无疑问会导致商标权人商标和被告商标在竞争性区域内共存的局面，非常容易导致相关消费者混淆。但只要方法得当，就不必过于担忧。事实上，通过附加适当区别性标记以消除混淆可能性从而协调商标共存局面下商标权人、被控侵权人、相关消费者之间利益关系的方法，早就被日本商标法第 24 之四、第 32 条、第 52 条之二、第 53 条所采纳。[119] 这几条的核心意思是：不管是由于先使用还是因为分别转让而发生的商标共存，先使用者或者受让人都负有在其商品或者服务上附加防止混淆的区别性标记的义务，商标共存的任何一方混淆性使用其商标的，任何人都可以请求宣告其商标无效。虽然美国是判例法国家，但对于商标立法同样采用制定法形式的美国来说，日本的做法还是值得其借鉴的。

上述方法也不会给被告人造成过大的成本负担，因为从日本的司法实践看，履行附加防止混淆的区别性标记的义务较为简单。比如，被告只要在其商品上以较为醒目的文字写上“本商品由某某生产销售，与某某没有任何关系”，或者“某某地区没有某某的产品或者服务”，就足以防止消费者混淆，因而就算完成了附加区别性标记的义务。[120]

五、代结语：对中国的启示

通过以上的解释和评述，本文作者认为，尽管美国商标侵权诉讼中的懈怠抗辩存在一些值得厘清和进一步讨论的问题，但我们仍然可以从中抽象出如下几点值得思考和借鉴的重要启示。

一是注重商标权人、被控侵权行为人、相关消费者利益的衡平，并非绝对以保护商标权人利益为核心价值。这点无须多论。

二是深刻认识到持续性侵权行为理论和诉讼时效在衡平商标权人利益和被控侵权行为人利益关系时作用的局限性。这一点具有特别重要的意义。按照持续侵

---

(119) 条文译本具体内容请参见：日本商标法［M］. 李扬，译. 北京：知识产权出版社，2010.

(120) 参见：［日］田村善之. 商标法概说［M］. 2 版. 东京：弘文堂，2000：86.

权行为理论，持续侵权行为由于其"持续性"，每时每刻都在发生新的时效，至少就禁令（即德国、日本等所说的物上请求权，我国所说的停止侵害请求权）而言，技术上无法适用诉讼时效，因为对于已经发生过的侵权行为，禁令已经显得毫无意义，禁令阻却的只能是现在正在发生或者将来可能发生的侵权行为。[121]这样一来，就像 Stimson 和麦卡锡所认为的那样，被控侵权行为人将永远无法通过诉讼时效来对抗商标权人的禁令救济请求和金钱救济请求。懈怠抗辩恰好弥补了诉讼时效难以解决持续侵权关系中商标权人和被控侵权行为人利益失衡这一天生的缺陷。时间的流逝尽管不是懈怠抗辩中发挥作用的唯一因素，但毫无疑问是最重要的因素，懈怠抗辩注重的就是时间流逝之后所改变的一切。尽管持续侵权行为的特点导致被控侵权行为人无法援引诉讼时效对抗商标权人禁令救济和金钱救济的请求，但和诉讼时效相等或者更长时间的流逝所改变的一切，却可以成为被控侵权行为人手中对抗商标权人禁令和金钱救济请求的法宝。

三是包括商标权在内的所有知识产权领域中存在"反共有物的悲剧"现象。[122]根据财产权理论，没有知识产权，就没有效率，从而导致创新的激励不足。这是"共有物的悲剧"[123]现象。但是物极必反，知识产权太多但没有得到充分市场化利用的情况下，由于其对他人行为自由的消极妨碍作用，同样会导致创新的非效率性。这就是"反共有物的悲剧现象"。"共有物的悲剧"和"反共有物的悲剧"现象同时存在于知识的创造和保护领域，迫使知识产权立法者在创设足够多知识产权的同时，也不得不对知识产权的保护范围和程度、保护期限、行使等做出一系列限制。在美国，这些限制有的表现为知识产权立法上的明文规定，比如著作权法中的合理使用，专利法中的强制许可。有的则表现为判例法中发展出来的抗辩原则，比如默示许可抗辩、禁反言抗辩、懈怠抗辩，等等。这些限制对于知识产权领域中的"反共有物的悲剧"发挥了较好的抑制作用。

我国虽然不是判例法国家，但因为立法体制的原因，最高人民法院的司法解释或者判决事实上发挥着判例法的作用，基本上被下级法院所遵从。最高人民法院关于商标侵权诉讼时效的解释即是如此。2002 年《最高人民法院关于审理商标民事纠纷案件适用法律若干问题的解释》第 18 条规定，"侵犯注册商标专用权的诉讼时效为二年，自商标注册人或者利害权利人知道或者应当知道侵权行为之

---

[121] 参见：[日]田村善之.知识产权法[M].5版.东京：有斐阁，2010：159，311.

[122] Heller, Michael. The Tragedy of the Anticommon [J]. Harvard Law Review, 1998 (1).

[123] Garrett Hardin. The Tragedy of Commons [J]. Science, 1968 (1).

日起计算。商标注册人或者利害关系人超过二年起诉的，如果侵权行为在起诉时仍在持续，在该注册商标专用权有效期限内，人民法院应当判决被告停止侵权行为，侵权损害赔偿数额应当自权利人向人民法院起诉之日起向前推算二年计算。"[124] 按照这个解释，在2年法定诉讼时效之外，不管经过了多长时间，不管商标权人如何对自己的商标权利麻木不仁，也不管被控侵权人对商标的使用付出了多大的投资，建立了多大的产业，商标权人或者利害关系人永远可以请求被告停止侵权行为（相当于美国法上的永久性禁令），而且可以主张自起诉之日起往前推算两年的损害赔偿。[125] 此种做法虽然遵从了持续侵权行为诉讼时效的一般法理，保护了商标权人的利益，却忽视了时间流逝已经改变的一切，对于躺在权利身上睡大觉的商标权人来说，是一个极大的纵容，非常容易导致其"守株待兔""放水养鱼再杀鱼"的现象；对于勤勉的被告来说，则是一个致命的打击，使其头上始终悬着一根商标权的大棒，不管付出多大的努力，都可能被一击致命。此种局面并不符合基本的公平观念，也会陷入"知识产权本身就等同于效率性"的怪圈当中。

在我国立法构造框架下，如何平衡商标权人、被控侵权人、相关消费者的利益关系，本文作者曾经从请求权限制的角度提出过一些意见和建议，主张在特定案件中，在特定条件下，法院不应当支持原告停止侵害的请求权，对于原告来说，只要通过让被告支付其适当使用费的方式进行救济即可。[126] 在这两篇文章中，本文作者借鉴了德国著作权法第101条第一款规定的较为温和的方法，为权

---

[124] 最高人民法院2002年《关于审理著作权民事纠纷案件适用法律若干问题的解释》第28条、最高人民法院2001年《关于审理专利纠纷案件适用法律问题的若干规定》第23条也有同样的规定。

[125] 最高人民法院之所以做出如此解释，有三个理由。首先，是充分考虑了知识产权作为知识财产不同于一般财产的特点，它保护客体的无形性、权利的依法授予或登记性和时间性等，在商标权等知识产权法律规定的有效期间内，都应当受到保护。而其他财产并没有法定的时间性、无须经过国家授权或者登记，权利与物质载体相统一。在适用民法的诉讼时效时不能不顾及知识产权的特点。其次，是考虑如果按照第一观点，会出现许多不合逻辑甚至荒谬结果，当未经许可使用了某项注册商标后，过了两年侵权人也成了商标权人；真正的注册商标权人不但丧失了两年的商标使用费，还要丧失整个商标权。如同未经许可白住他人所有的房屋超过两年，房主不但丧失了两年的房租，整个房产也要归侵权人一样荒谬。这样只能导致鼓励侵权、对知识产权人极不公平。最后，是考虑坚持民法通则关于诉讼时效的基本规定，对那些放任他人侵权行为，对自己知识产权疏于管理的，超过两年诉讼时效期间，该项知识产权的收益不再保护。坚持上述原则，既能督促知识产权权利人及时行使自己的权利，又不失公平，加强了对知识产权的保护。参见：蒋志培.如何理解和适用《最高人民法院关于审理商标权民事纠纷案件适用法律若干问题的解释》[J].科技与法律，2002（4）.

[126] 参见：李扬.知识产权请求权的限制[J].法商研究，2012（3）；李扬，许清.知识产权人停止侵害请求权的限制[J].法学家，2012（6）.

利人保留了使用费请求权，即虽然特定情况下被控侵权人的行为构成侵权，但经过私人利益之间、私人利益与公共利益之间的考量，可以让被控侵权人支付正常合同条件下的一般许可使用费，然后继续在原有范围内使用原告的商标、作品、专利发明等知识产权产品。在被告支付了该笔使用费后，视为被告从一开始就获得了原告的使用许可。此种方式实质上是通过司法手段在原告和被控侵权人之间拟定了一个事后的强制许可使用关系。

上述方法的实现，从规则的角度看，依赖于立法者修改现有的知识产权法规则，做出德国著作权法第101条第一款式的规定。考量到权利人的感受，以及立法者、司法者、学者以及其他知识产权法律工作者的态度，依赖立法途径实现上述方式的可能性不大。另一个途径是司法个案方式，即由法官根据个案情况进行具体考量，以决定在不支持权利人停止侵害主张的情况下，是否判决被告支付适当的使用费给原告，然后在原有范围内继续使用。这种方法在充分考虑被告利益的同时虽然兼顾了权利人利益，但也存在两个问题。一是在缺少明文法律规定（规则）的情况下，判决让被告支付商标权人使用费可能招致非议。二是使用费的期限问题。在缺少德国著作权法第101条第一款那样彻底解决了使用费期限问题的规定的情况下，在司法个案中必然就如下问题发生激烈争论：使用费是从侵权之日开始到判决之日为止的使用费呢，还是从侵权之日开始到未来任何时候的使用费？如果仅仅是前者，意味着判决之后被告还必须在权利的有效期限内再交付使用费给原告，这样就会使躺在权利身上睡觉的权利人事实上得到永久性的金钱救济机会，在原被告之间造成新的不平衡。

充分考虑侵害知识产权行为的持续性特点、诉讼时效平衡不同利益关系的局限性、时间流逝所改变的一切，以及我国现行立法和司法体制，在商标权人懈怠提起诉讼的情况下，短期解释论上的方案是，如果商标权人通过积极的言行表示默示同意，由最高人民法院从《民法通则》第4条规定的"诚实信用"原则中解释出默示许可抗辩原则，其适用前提是商标权人通过积极的言行表示默示同意。在商标权人没有任何言行表示默示同意的情况下，可以由审理商标侵权案件的各个法院直接适用《民法通则》第7条规定的"民事权利不得滥用"原则，认定商标权行使商标权的行为构成滥用，并在此基础上驳回其赔偿损失和停止侵害的请求。当然，对民事权利不得滥用原则的适用，最高人民法院也可以通过司法解释的方式进行，从而给各级法院一颗定心丸。不过，此种短期的方案存在不稳定性。显然，商标权人没有任何言行表示默示同意或者事后表示明确反对的情况下，默示许可抗辩原则将无法适用。民事权利不得滥用原则的适用，则会遇到权利滥用和权利正当行使之间界限纠缠不清的实践难题。长远的方案是立法论上的方案，即通过修改商标法的方式直接规定商标侵权诉讼中的懈怠抗辩原则，从而彻底解决最高法院上述司法解释导致的利益失衡问题。

（载于《清华法学》2015年第19期）

论商标权的边界

摘 要

商标法授予商标权的目的在于促进本国产业发展，因而确定商标权的边界时必须严格坚持商标权地域性原则；在申请商标注册程序或者注册商标争议程序中，商标审查机关应当通过严格解释商标的近似性以防止不适当扩张商标权的边界；司法机关则必须通过在特定条件下对商标权人的停止侵害请求权进行限制的方式，削弱甚至消解商标权的排他性。

关键词

商标权　注册主义　使用主义　地域性　停止侵害请求权的限制

引　言

商标法不同于追求文化多样性因而对独创性要求很低的著作权法，也不同于追求技术先进性因而对创造性要求极高的专利法，追求的是某个标记能够识别商品或者服务来源的识别力，目的在于保护商标使用者的投资和信用，从而促进产业发达，并保护相关公众的利益。[①] 商标法追求的是标记的识别力，即使没有任何创作性或者创造性的极为普通的标记，只要经过使用获得了识别力，并不损害公序良俗，就可以作为商标申请注册，一旦获得注册，就拥有效力范围及于全国的排他权。因 TRPIS 协定第 15 条第 3 款规定"商标的实际使用不应是提出注册

---

① 参见：李扬. 知识产权法基本原理 [M]. 北京：中国社会科学出版社，2010：714.

申请的一项条件",因此即使某个标记没有进行任何商业使用、没有凝聚任何商业信用也可以获得注册,并至少获得3年的排他效力。如此一来,就不得不思考这样一些问题:在作为竞争政策一环的商标法视点下,作为竞争手段的商标权,其权利边界究竟在哪里?究竟应当如何结合商标法的立法目的,在司法和行政程序中合理界定商标权的权利边界?本文尝试为之,以求教大方之家。

一、商标权的边界

当我们抛弃了狭隘的民粹主义和殖民地主义心态来思考商标权的权利边界问题时[2],就不得不将对这个问题的思考拉回到理性和商标法本身。注册主义制度[3]下,即使没有任何商业使用的标识也能获得注册,并在核准注册的商品或者服务范围内享有全国性的排他权。此种做法虽可能增加商标权的稳定性并激励商标权人放心地将其注册商标投入商业使用、着力投资打造其商标促进商标信用的形成,但也将导致频繁且严重的商标注册机会主义行为,并与商标法通过注册程序事先授予未经使用的商业标识全国性的排他权而促使商标注册申请人尽快将注册商标投入商业使用、使之成为商标权人的信用化体进而促进产业发展的目的背道而驰[4]。魔高一尺、道高一丈,为了防止注册主义制度被滥用,保证商标法立法目的得以实现,商标立法者不得不创设3年不使用撤销、注册商标无效宣告和注册商标更新等制度[5]以对付商标注册中的机会主义。然而,这些都是聪明的立

---

[2] 商标法领域中狭隘的民粹主义,就是在商标侵权和确权诉讼中,狭隘地维护"民族大义和大利"。最突出的表现就是,在有外国人作为当事人的商标权侵权确权纠纷案件中,总是想方设法判中国人胜诉,且一旦确定国外公司侵权,一些法官在赔偿额上就会"重重地判",这可以说是网络上"不转不是中国人"系列在商标领域的翻版。知识产权领域中的殖民地心态,参见:李扬. 警惕知识产权领域中的"美国殖民地心态"[J]. 中国知识产权,2014(9).

[3] 按照注册主义,某个标识即使没有实际使用,没有凝聚使用者的市场信用,只要符合商标法关于商标注册要件的规定,就可以取得专用权。

[4] 商标法的本质在于保护已有的市场信用(使用产生专用权的制度更多倾向于这个方面)或者促成市场信用(注册产生专用权的制度更多倾向于这个方面)的形成以及发展。参见:田村善之著. 商标法概说[M]. 2版. 弘文堂,2000:1-2.

[5] 既为制度,非三言两语所能言尽。此处仅列举几个重要条文:《商标法》第49条第2款:注册商标成为其核定使用的商品的通用名称或者没有正当理由连续三年不使用的,任何单位或者个人可以向商标局申请撤销该注册商标。商标局应当自收到申请之日起九个月内做出决定。有特殊情况需要延长的,经国务院工商行政管理部门批准,可以延长三个月。《商标法》第44条:已经注册的商标,违反本法第十条、第十一条、第十二条规定的,或者是以欺骗手段或者其他不正当手段取得注册的,由商标局宣告该注册商标无效;其他单位或者个人可以请求商标评审委员会宣告该注册商标无效。《商标法》第39条:注册商标的有效期为十年,自核准注册之日起计算。第40条:注册商标有效期满,需要继续使用的,商标注册人应当在期满前十二个月内按照规定办理续展手续;在此期间未能办理的,可以给予六个月的宽展。每次续展注册的有效期为十年,自该商标上一届有效期满次日起计算。期满未办理续展手续的,注销其注册商标。商标局应当对续展注册的商标予以公告。

法者采取的事后诸葛亮式的补救措施,对于防止机会主义者滥用注册主义制度虽有一定威慑作用,却无法事先从程序上阻却已经得到在世界范围内通行的注册主义制度支持的未使用商业标识也能够获得注册的局面。由此,在被许多学者称之为万恶之花的注册主义制度短期内尚难完成其历史使命因而也不会退出历史舞台的情况下,一个极为艰巨的任务就摆在商标法执法者和司法者面前:在申请商标注册程序中,究竟如何把握商标的近似性,从而压缩从未使用或者很少使用但已经获得注册的商标的排他性空间、确保竞争者或者非竞争者申请并获得商标注册而且随后参与市场竞争的自由?

对于商标法执法者和司法者而言,一个最可取的选择应该就是,在固执地坚守商标权地域性原则的基础上,牢牢地抓住商标近似性这一关键,并配合运用商标权人停止侵害请求权在特定情形下应当受到限制的法理,再伺机给予违背商标法立法目的的申请商标注册行为以致命的一击。

首先,从商标法授予、保护范围及于全国地域的排他权——商标权保护的终极立法目的在于促进本国产业发展出发,严格坚持商标权的地域性原则。虽在国外驰名但仅仅通过媒体知识性介绍到我国却未在我国进行任何商业使用、未对我国产业发展做出任何贡献的商标,在我国现行商标法以及有关商标法适用的司法解释尚未改变的情况下,我国执法者和司法者绝对不能作茧自缚,将其认定为驰名商标从而给我国市场主体戴上沉重的枷锁。⑥ 即使在我国已经有一定商业使用但尚未获得我国相关公众广泛认知的外国驰名商标,虽然在其信用所及中国地域和人群范围内应当给予其反不正当竞争法上的保护,但亦难以将其解释为我国现行商标法上所称的"在先使用并有一定影响的商标"⑦,赋予其阻止我国竞争者在类似性范围内将相同或者近似标识申请注册为排他效力及于我国领土范围的商

---

⑥ 这应该是 2009 年 4 月 22 日发布 2009 年 5 月 1 日实施的《最高人民法院关于审理涉及驰名商标保护的民事纠纷案件应用法律若干问题的解释》第 1 条规定"本解释所称驰名商标,是指在中国境内为相关公众广为知晓的商标"的根本原因。

⑦ 《商标法》第 32 条:申请商标注册不得损害他人现有的在先权利,也不得以不正当手段抢先注册他人已经使用并有一定影响的商标。

标权的阻却效力,⑧ 妨碍我国竞争者选择和使用商标的自由,特别是在我国竞争者已经将相同或者近似标识在商业活动中长期使用、该标识已经成为我国竞争者信用化体的背景下,情况尤为如此。

其次,在申请商标注册程序或者注册商标争议程序中,在商标近似性判断方面,商标注册核准机关或者商标评审机关绝对不能摇摆于注册主义与使用主义之间,必须通过严格把握商标近似性的判断标准,在原则上坚持注册主义的同时,将政策的天平向已经通过使用成为信用化体的商标倾斜,以防止不适当扩大商标权的边界。在商标注册程序或者注册完成后的商标争议程序中,某个商标虽然已经获得注册,但无论注册前还是注册后,都没有在商业活动中实际使用或者只是进行了很少量的使用,凝聚的信用很少,不为相关公众所熟知,就应当考虑我国相关公众的认知习惯,从商标构成本身的音、形、义等方面,并结合已经有的或者可能存在的市场交易实际状况(关于这一点,尽管有学者认为,商标注册考察的是某个商标是否具备识别力和独占适应性,因而审查机关在判断两个商标是否近似时,不必考虑商标实际使用的状况⑨,但国内外审查实务中,似乎尚未发现注册程序中不考虑实际市场交易状态而判断商标近似性的做法),严格把握在先申请并已被核准注册的商标和在后正在申请注册的商标或者在后申请并已获得注

---

⑧ 按照我国《商标审查及审理标准》具体内容以条文规定为准,第十一部分第(五)节的规定,已经使用并有一定影响的商标是指在我国已经使用并为一定地域范围内相关公众所知晓的未注册商标。认定商标是否有一定影响,应当就个案情况综合考虑下列各项因素,但不以该商标必须满足下列全部因素为前提:(1) 相关公众对该商标的知晓情况;(2) 该商标使用的持续时间和地理范围;(3) 该商标的任何宣传工作的时间、方式、程度、地理范围;(4) 其他使该商标产生一定影响的因素。上述参考因素可由下列证据材料加以证明:(1) 该商标所使用的商品/服务的合同、发票、提货单、银行进账单、进出口凭据等;(2) 该商标所使用的商品/服务的销售区域范围、销售渠道、方式的相关资料;(3) 涉及该商标的广播、电影、电视、报纸、期刊、网络、户外等媒体广告、媒体评论及其他宣传活动资料;(4) 该商标所使用的商品/服务参加展览会、博览会的相关资料;(5) 该商标的最早创用时间和持续使用情况等相关资料;(6) 该商标的获奖情况;(7) 其他可以证明该商标有一定影响的资料。

⑨ 2013年《商标法》第57条第2款有下列行为之一的,均属侵犯注册商标专用权:(二) 未经商标注册人的许可,在同一种商品上使用与其注册商标近似的商标,或者在类似商品上使用与其注册商标相同或者近似的商标,容易导致混淆的。有学者认为"由于2013年《商标法》引入了独立的混淆可能性,在概念界定上,我国的商标近似应从传统的主观近似转变为客观的商标近似,商标近似判断不应考虑混淆可能性和商标的显著性"。参见:王太平,卢055华. 商标法中商标近似的界定与判断 [J]. 中华商标, 2015 (3). 同时应当注意到,《商标法》第30条规定,申请注册的商标,凡不符合本法有关规定或者同他人在同一种商品或者类似商品上已经注册的或者初步审定的商标相同或者近似的,由商标局驳回申请,不予公告。也就是说商标法中商标确权和商标侵权中的"商标近似"有所区别,对于立法者在同一法不同条文中这种区别对待虽有不同解读,但不可否认的是,我国相关司法解释和行政审查实际上在商标确权和侵权认定中都考虑混淆可能性。

册的商标之间的近似性，从而堵塞在先获得注册但未进行任何商业使用或者仅仅进行象征性商业使用的商标权任意、任性劫持虽在后申请但已经大规模投入商业使用或者已经做好大规模商业使用准备的商标获得注册或者注册有效的大门。

最后，在注册商标侵权诉讼活动中，司法机关除了应当像商标核准注册机关和商标评审机关一样，对原告、被告之间商标的近似性进行严格考量外，还必须通过对商标权人停止侵害的请求权进行限制（或者说被告承担停止侵害责任的限制）的方式[10]，削弱甚至消解商标权的排他性。在注册主义制度下，即使通过近似性判断无法消解注册商标的排他性，在注册商标未进行任何商业使用等必要的情况下，也应当通过在个案中限制商标权人停止侵害请求权行使的方式来消解其排他性，以保护基于信赖商标权人不会再对其行使停止侵害请求权而付出巨大投资的侵权行为人的利益，同时基于权利懈怠法理，惩罚躺在权利上睡觉的商标权人或者其他权利人[11]。在此特别声明，本文并不赞成最高人民法院有关司法政策[12]中持有的在注册商标民事侵权活动中，仍然支持连续3年未使用其注册商标的商标权人停止侵害其注册商标的请求但不支持其损害赔偿请求的做法。此种做法虽严格遵循了"是权利就应该得到保护"的理念和注册主义制度，但并没有彻底贯彻商标法终极目的在于通过授予和保护商标权促进产业发展的趣旨。与最高人民法院有关司法政策倡导的做法相反，笔者主张，在此特定情况下，与商标权人排他权行使给被告造成的巨大损害，更符合商标法目的的做法恰恰相反，应当是让被告支付一笔权利金给商标权人[13]，但限制其针对被告行使停止侵害请求权，这样不但可以更好地实现商标法的趣旨，平衡商标权人与侵权行为人之间的

---

[10] 我国对于知识产权侵权采取的是要求承担民事责任的立法模式，但无论是规定民事责任还是规定请求权都是作为对被侵权人进行救济的一种手段，只不过是从不同角度进行规定而已。参见：李扬，许清. 知识产权人停止侵害请求权的限制[J]. 法学家，2012（6）：81.

[11] 懈怠抗辩，是美国商标侵权诉讼中最重要的抗辩之一，指商标权人已经知道或者应当已经知道被告对其商标进行侵权使用后，没有正当理由迟延提起诉讼时，被告可以据此对抗商标权人要求法律救济的权利。对我国商标侵权诉讼中不同利益的平衡具有重要的借鉴意义。参见：李扬. 商标侵权诉讼中的懈怠抗辩：美国法的评析及其启示[J]. 清华法学，2015（9）：74-95.

[12] 《最高人民法院关于当前经济形势下知识产权审判服务大局若干问题的意见》第7点意见规定：妥善处理注册商标实际使用与民事责任承担的关系，使民事责任的承担有利于鼓励商标使用，激活商标资源，防止利用注册商标不正当地投机取巧。请求保护的注册商标未实际投入商业使用的，确定民事责任时可将责令停止侵权行为作为主要方式，在确定赔偿责任时可以酌情考虑未实际使用的事实，除为维权而支出的合理费用外，如果确无实际损失和其他损害，一般不根据被控侵权人的获利确定赔偿；注册人或者受让人并无实际使用意图，仅将注册商标作为索赔工具的，可以不予赔偿；注册商标已构成商标法规定的连续三年停止使用情形的，可以不支持其损害赔偿请求。

[13] 李扬，许清. 知识产权人停止侵害请求权的限制[J]. 法学家，2012（6）：82-83.

利益关系，亦可杜绝商标权人"放水养鱼再杀鱼"这种躺在权利上睡大觉的做法。

二、商标权边界在"拉菲庄园"等商标案中的司法适用

关于上述第一和第二两个方面，最高人民法院已经在"拉斐尔商标案"和"拉斐商标案"，北京市高级人民法院已经在"拉菲庄园商标案"[14] 中作出了经典诠释。这 3 个案件的共同之处是，"LAFITE"虽属法国葡萄酒名牌，但并没有证据证明，在"拉斐尔""拉斐""拉菲庄园"3 个争议商标注册申请日之前，引证商标"LAFITE"已经在中国大陆进行了商业性使用，并已经获得了市场知名度，相关公众已经能够将引证商标"LAFITE"与"拉斐尔""拉斐""拉斐庄园"等争议商标进行对应性识别。按照最高人民法院和北京市高级人民法院的判决，商标近似，是指两商标文字的字形、读音、含义或者图形的构图及颜色，或者各要素组合后的整体结构相似，或者其立体形状、颜色组合近似，易使相关公众对商品的来源产生误认或者认为二者之间具有特定的联系。判断商标近似，应当以相关公众的一般注意力为标准，既要进行整体比对，又要进行主要部分的比对。同时，在判断商标是否近似时，应当考虑请求保护注册商标的显著性和知名度。[15] 据此近似性判断标准，同时考虑到引证商标"LAFITE"在中国大陆地区的实际市场交易状况，均难以认定争议商标与引证商标构成近似商标。

我国最高人民法院和北京市高级人民法院关于注册程序中商标近似性的判断标准，与日本相关法院的判断思路完全一致。尽管日本著名知识产权法专家田村善之教授认为，适用日本商标法第 4 条第 1 款第 11 项（与他人先申请的已注册

---

[14] "拉菲庄园"商标案的大致案情是：拉菲罗斯柴尔德酒庄（简称"拉菲酒庄"）于 1996 年 10 月 10 日就"LAFITE"商标（引证商标）向商标局申请注册，核定使用在第 33 类的含酒精饮料商品上。南京金色希望酒业有限公司（简称"金色希望公司"）于 2005 年 4 月 1 日就"拉菲庄园"商标（争议商标）申请注册，核定使用在第 33 类含酒精饮料商品上。2011 年 8 月 24 日，拉菲酒庄针对争议商标向商标评审委员会（简称"商评委"）申请撤销（新《商标法》后为申请无效宣告，下同）争议商标的注册。2013 年 9 月 2 日商评委作出商评字 [2013] 第 55856 号关于第 4578349 号"拉菲庄园"商标争议裁定书，撤销争议商标。金色希望公司不服，向北京市第一中级人民法院提起行政诉讼。北京市第一中级人民法院作出 (2013) 一中知行初字第 3731 号行政判决，维持商评委裁定。金色希望公司不服一审行政判决上诉于北京市高级人民法院，北京市高级人民法院作出 (2014) 高行 (知) 终字第 3129 号行政判决，撤销商评委裁定和一审判决。拉菲酒庄不服，向最高人民法院申请再审。2016 年 1 月 7 日最高人民法院作出 (2015) 知行字第 230 号裁定，提审该案。最高人民法院已作出判决的"拉斐尔商标案"和"拉斐商标案"与"拉菲庄园商标案"主要区别在于前两案争议起始于商标注册异议，后一案起始于商标撤销，争议焦点基本相同，案情不再赘述。参见最高人民法院 (2014) 知行字第 32、33 号裁定书。

[15] 最高人民法院 (2014) 知行字第 32、33 号裁定书。

商标相同或者近似的商标,在相同或者类似商品或者服务范围内,不能获得注册)时,只要相关公众在交易中弄错了商标标识本身就应当认定两个商标构成近似,无需考虑是否引起出所混同,只有适用日本商标法第4条第4款第15项(存在出所混同可能的商标,不能获得注册),才需将是否引起出所混同可能性作为判断两个商标是否近似的因素⑯。但日本司法实践中,在适用与我国2001年《商标法》第28条功能基本相同的第4条第1款第11项认定注册程序中两个商标是否近似时,仍然考虑实际的市场交易状况,特别是出所混同可能性。比如,已注册商标"アリナミン"与在后申请注册的商标"アリナポン"虽然由于外观和称呼不同,相关公众不会将两个牌子认错,但前者属于维他命驰名商标,接触到后者的相关公众很容易将其误解为前者的系列商标、标注后者的商品误解为前者的姐妹商品,容易引起出所混同,因此依旧被东京高等法院认定为近似商标。⑰

此种充分考虑在先注册商标的显著性、知名度等实际市场状况来判别在后申请注册的商标或者在后注册商标是否与其近似的做法,完全契合注册主义制度促进商标使用而非保护没有任何信用的商标的趣旨,非常值得提倡。

三、结　　论

商标权的边界究竟在哪里?虽然我国现行《商标法》第56条(专用权)⑱、第57条(排他权)⑲文字规定非常清楚,但仁者见仁,智者见智,因相关公众主观认知因素(混淆可能性)的介入,商标权的边界一直以来就在各种辩论声中变得视线模糊,让人难以捉摸。但无论如何,基于知识产权限制他人行动自由的特质,基于商标法采用注册主义的趣旨在于促进商标的商业使用而非保护未凝聚任何信用的商标,牢牢把握住以上三点都是非常有必要的。为此,必须坚决反对那种将媒体对外国商标的知识性宣传和报道也解读为该商标在我国进行了商业

---

⑯　田村善之著. 商标法概说 [M]. 2版. 平成16年: 113-115.

⑰　东京高判昭和51.7.13 无体集8卷2号249.

⑱　《商标法》第56条:注册商标的专用权,以核准注册的商标和核定使用的商品为限。

⑲　《商标法》第57条:有下列行为之一的,均属侵犯注册商标专用权:(一)未经商标注册人的许可,在同一种商品上使用与其注册商标相同的商标的;(二)未经商标注册人的许可,在同一种商品上使用与其注册商标近似的商标,或者在类似商品上使用与其注册商标相同或者近似的商标,容易导致混淆的;(三)销售侵犯注册商标专用权的商品的;(四)伪造、擅自制造他人注册商标标识或者销售伪造、擅自制造的注册商标标识的;(五)未经商标注册人同意,更换其注册商标并将该更换商标的商品又投入市场的;(六)故意为侵犯他人商标专用权行为提供便利条件,帮助他人实施侵犯商标专用权行为的;(七)给他人的注册商标专用权造成其他损害的。

使用的做法;[20] 必须坚决反对不考虑我国相关公众对外文商标的认知习惯,将音、形、义以及发音完全不同的中文商标"通过观念上相同"的桥梁认定为与外文商标相同或者近似的商标,从而不适当扩大外文商标排他权范围、妨碍我国竞争者选择和使用商标的自由、阻碍我国相关产业发展的做法;也不赞成在任何情况下都维护商标权人停止侵害请求权而驳回其损害赔偿请求权的做法,而不是相反。特别是在注册商标未投入商业使用的情况下,情况更应当是如此。

尽管由于 TRIPS 协定的要求,商标权注册主义已成为世界各国的通行做法,但我们绝不能因此而变成维护注册主义制度的古董甚至顽石,并因此而忘记商标的生命在于使用而不是注册的常识。尽管有可能受到谴责,但笔者还是要强调:不管是否实际申请注册,已经实际使用、投入越多、信用越好、产业越大、越受相关公众青睐的商标,没有理由成为绝对注册主义制度的牺牲品,理当受到更多更强的保护。

(原载于《知识产权》2016 年第 6 期)

---

[20] 比如,拉斐庄园、拉斐尔、拉斐商标行政纠纷案中,"LAFITE"商标权人就坚持认为我国媒体对"LAFITE"的知识性报道也属于其在我国进行的"商业使用"。

商标在先使用抗辩研究

摘　要

　　我国《商标法》第59条第3款规定的商标在先使用产生的是一种抗辩权而不是请求权。可以援引商标在先使用抗辩的主体包括在先使用人及其被许可人、总代理商等下游事业者，商标包括驰名商标、知名商标和其他具有一定知名度的商标，范围只限于在先使用商标知名度和信用覆盖的地域，在该范围内，不应当限制在先使用者的营业规模，但在先使用人不得将其营业扩及互联网领域。在先使用人超出原知名度和信用覆盖地域范围扩大生产经营规模时，可以视情况适用权利懈怠抗辩原则平衡相关利益关系。从法律效果上看，商标在先使用抗辩可以对抗注册商标权人损害赔偿和停止侵害救济请求，但为了避免相关公众混淆，在先使用人负有附加适当区别性标记的义务。

关键词

　　商标在先使用　商标权注册主义　原有范围　区别性标记

引　言

　　经过第三次修订并于2014年5月1日正式实施的《商标法》（以下简称《新商标法》）最大的亮点之一，就是在第59条第3款中规定了商标在先使用抗辩。具体内容是："商标注册人申请商标注册前，他人已经在同一种商品或者类似商品上先于商标注册人使用与注册商标相同或者近似并有一定影响的商标的，注册商标专用权人无权禁止该使用人在原使用范围内继续使用该商标，但可以要求其附加适当区别标识。"商标在先使用抗辩在日本不是新鲜事物，1921年日本商标法第9条就创设了这一制度，[①] 笔者曾在《商标法中在先权利的知识产权法解释》（载于《法律科学》2006年第5期）一文中介绍过这一制度，并对作为商标注册阻却事由的商标在先使用和作为注册商标权抗辩事由的商标在先使用的法律构成及其在商标法上的效果作了详细区分。但笔者发现，我国《新商标法》规定商标在先使用抗辩制度之后，关于在司法实践中究竟应该如何适用这一制度，理论界和实务界依旧存在诸多争论。为了进一步澄清商标在先使用抗辩适用的要件，深化对这一抗辩制度的认识，本文拟在2006年研究成果的基础上，批判地吸收《新商标法》颁布后关于该制度的最新研究成果，再次研究这一制度，以期为司法准确适用这一制度提供有益参考。

总结已有研究成果，本文将与商标在先使用抗辩有关的问题概括为六个方面。一是《新商标法》第59条第3款规定的商标在先使用产生的是一种什么性质的权利，该条款为什么要作出如此规定，简称为商标在先使用产生的权利性质和立法趣旨；二是商标在先使用抗辩适用的主体及其主观方面，即哪些人可以援引商标在先使用抗辩，包括商标在先使用人主观上是否必须具备善意才能进行抗辩；三是商标在先使用抗辩适用的对象，即哪些在先使用的商标可以援引在先使用抗辩，包括商标知名度要件，商标和商品同一性、近似性要件；四是商标在先使用抗辩适用的客体，即商标在先使用抗辩适用的商标在先使用行为包括哪些，包括商标在先使用行为的时间判断点，商标在先使用行为的范围；五是商标在先使用抗辩适用的限制，即商标在先使用人附加区别性标记的义务；六是商标在先使用抗辩的法律效果，包括商标在先使用人能否对抗注册商标权人的停止侵害和赔偿损失请求权，以及在商标在先使用信用覆盖的范围内，商标在先使用人能否排除注册商标权人对其注册商标的竞争性使用。

上述六个方面的问题，又可以进一步概括为三个大问题。即商标在先使用抗辩的法律性质和立法趣旨、商标在先使用抗辩适用的要件（包括问题二至五）、商标在先使用抗辩的法律效果。为了更加清楚、方便地进行论述，本文选择第一种方式概括的六个问题，一一展开论述。

一、商标在先使用产生的权利性质和立法趣旨

（一）商标在先使用产生的权利性质

商标在先使用产生的权利性质，在我国《新商标法》语境中，本来不应当

[①] ［日］小野昌延．注解商标法［M］．青林书院，2005：795．

成为一个问题，因为《新商标法》第59条第3款的条文结构安排已经决定了其法律性质，② 即该条款规定的商标在先使用仅仅构成限制注册商标权的事由，商标在先使用人并不因为其在先使用而获得一种法定的、可以许可或者转让的、积极意义上的"使用权"。也就是说，《新商标法》第59条第3款规定的商标在先使用产生的仅仅是一种对抗注册商标权人侵权指控的抗辩权，而非请求权，③ 此种抗辩权"不能转让或者许可他人行使，不能禁止第三人使用相同或者类似商标，无权因此要求第三人进行损害赔偿。"④当然更不能因此要求第三人停止所谓的侵害。

为什么《新商标法》第59条第3款规定的商标在先使用产生的只能是一种抗辩权而不是请求权？这与我国商标法一直采取的商标权注册主义制度有关。按照商标权注册主义制度，只有经过核准注册的商标，才能在核定使用的商品上拥有专用权和排他权。如果赋予未经核准注册的在先使用商标请求权，意味着商标在先使用人可以许可、转让其商标，可以针对第三人行使停止侵害和损害赔偿请求权，其结果相当于赋予了其专用权和排他权，并且很可能蚕食注册商标权人的市场，形成与其直接竞争的局面，结果必然损害申请商标注册的激励，根本上冲击商标权注册主义制度。

既然我国《新商标法》第59条第3款规定的商标在先使用，只能产生对抗注册商标权人侵权指控的抗辩权，性质上不是一个问题，本文为什么还要多此一举加以论述呢？有两个原因。一是我国部分学者虽然实质上认为《新商标法》第59条第3款规定的商标在先使用对于被告而言，只是产生一种抗辩权，而非请求权，但在称呼上仍然将此种抗辩权称之为"先使用权"⑤"商标先用权"⑥

---

② 《新商标法》第59条被安排在关于商标权范围规定的第56条和关于商标侵权行为类型规定的第57条之后，第1款是关于描述性标记的合理使用规定，第2款是关于功能性标记的合理使用规定。按照逻辑解释，第3款只能是关于商标在先使用不侵权抗辩的规定。

③ 请求权是指请求他人为一定行为或不为一定行为的权利。参见：王利明. 论债权请求权的若干问题［J］. 法律适用，2008（9）. 抗辩权是指对抗他人请求权行使的权利，具有永久性、无被侵害可能性、不可单独让与性和无相对义务观念性等四个特征。参见：杨立新，刘宗胜. 论抗辩与抗辩权［J］. 河北法学，2004（10）.

④ 杜颖. 商标先使用权解读［J］. 中外法学，2014（5）.

⑤ 参见：冯晓青. 商标权的限制研究［J］. 学海，2006（4）.

⑥ 参见：张玉敏. 论使用在商标制度构建中的作用：写在商标法第三次修改之际［J］. 知识产权，2011（9）；曹新民. 商标先用权研究：兼论我国《商标法第三次修正案》［J］. 法治研究，2014（9）；同注释［4］，杜颖文；王太平. 商标法原理与案例［M］. 北京：北京大学出版社，2015：402.

"商标在先使用权"。⑦ 一般来说，在我国法学领域中，被称为"××权"的，很容易让人误解，"××权"就是一种法定的权利，特别是在实行"法定原则"⑧的知识产权领域中，情况更是如此。为了避免发生不必要的误会，本文赞同部分学者意见，将《新商标法》第59条第3款规定的限制注册商标权的事由，称为"商标在先使用抗辩"最符合立法本意。⑨

二是部分学者可能引用现行日本商标法第32条第1款规定，⑩认为商标在先使用为在先使用人创设了一种请求权意义上的"商标先使用权"或者"先使用权"，抑或"商标在先使用权"。确实，从表面上看，现行日本商标法将商标在先使用规定在第四章第一节"商标权"中，似乎是为商标在先使用人创设了一种"先使用权"。但现行日本商标法第32条第1款的这种立法方式仅仅是为了"保持与专利先用权抗辩在条文体系中一致性"，⑪几乎在该款前身即1921年日本商标法第9条⑫施行阶段，日本占主流的意见就认为，商标在先使用仅仅是一种事实关系，并不产生权利关系。⑬ 目前日本无论是学术界还是司法界，已经没有人再认为现行日本商标法第32条第1款规定的商标在先使用不是注册商标权

---

⑦ 参见：汪泽. 论商标在先使用权 [J]. 中华商标, 2003 (3).

⑧ 知识产权法定原则是指，知识产权的种类、权利以及权利的要件及其保护期限等关键内容必须由成文法确定，除了立法者在法律中特别授权以外，任何机构不得在法律之外创设知识产权。参见：郑胜利. 论知识产权法定主义 [M]//郑胜利. 北大知识产权评论（第2卷）. 北京：法律出版社, 2004：57；朱理. 知识产权法定主义：一种新的认知模式 [M]//李扬. 知识产权基础理论和前沿问题. 北京：法律出版社, 2004：124；李扬. 知识产权法定主义及其适用：兼与梁慧星、易继明教授商榷 [J]. 法学研究, 2006 (2)；李扬. 知识产权法定主义的缺陷及其克服 [J]. 环球法律评论, 2009 (2).

⑨ 参见：陈锦川, 钟鸣. 新商标法对北京司法审判工作提出的挑战 [J]. 中华商标, 2013 (11)；黄璞琳. 商标侵权案件中在先使用抗辩的构成要件 [J]. 中华商标, 2014 (11)；胡震远. 商标在先使用抗辩规则的理解和适用 [J]. 人民法院报, 2014.

⑩ 日本商标法第32条第1款规定，在他人提出商标注册申请之前，没有不正当竞争目的，在日本国内在商标注册申请指定使用的相同或者类似商品或者服务上，使用与该注册商标相同或者近似的商标，在该商标提出注册申请时，其使用已经使相关公众广泛知晓该商标是表示其业务所属商品或者服务的商标时，如果继续在该商品或者服务上使用该商标，则该使用者享有继续在该商品或者服务上使用该商标的权利。承继该业务的人，也拥有同样的权利。商标权人或者专用使用权人，可以请求按照前款规定拥有使用商标权利的人附加防止其业务所属商品或者服务于自己业务所属商品或者服务混淆的适当的标记。参见：李扬. 日本商标法 [M]. 北京：知识产权出版社, 2011：26.

⑪ 同注释 [4], 杜颖文.

⑫ 该条规定，"于他人注册商标申请注册前, 在同一或者类似商品上, 善意使用已被交易方或者消费者广为认识的同一或者类似标志时, 尽管他人商标已经获得注册, 仍可以继续使用。"

⑬ [日] 三宅発士郎. 日本商标法 [M]. 巌松堂, 1931：252.

人侵权指控的抗辩事由了。⑭ 有鉴于此，再以现行日本商标法第 32 条第 1 款规定为依据，认为商标在先使用为在先使用人创设了一种积极意义上的请求权的观点，是欠缺说服力的。

（二）商标在先使用抗辩的立法趣旨

商标在先使用抗辩的立法趣旨，一是为了保护商标在先使用人因为商标使用已经形成的信用和利益，此种保护契合了商标法促进商标具体信用形成的趣旨。⑮ 作为识别注册商标权人以外其他人的标记，在使用过程中已经形成了具体信用的情况下，尽可能让其继续使用，可以确保已经形成了具体信用的商标使用者的预测可能性，不至于遭受注册商标权人意外的打击。二是为了弥补商标权注册主义制度的缺陷。⑯ 按照商标权注册主义制度，商标只有经过申请注册并被核准注册才能享有专用权和排他权，申请注册前商标是否在商业活动中使用在所不问。同时，为了确保相同或者类似商品范围内不至于出现相同或者近似的竞争性商标使用状况、避免因此可能出现的相关公众混淆，采取商标权注册主义制度的国家，又进一步在商标法中规定，当两个或者两个以上的商标注册申请人在相同或者类似商品或者服务上，就相同或者近似商标先后提出注册申请时，国家商标主管机关只能初步审定并公告申请在先的商标，同一天申请的，则只能初步审定公告在先使用的商标。如此一来，虽在先使用但由于信息不对称或者因其他原因未能在注册申请时间上占先的申请人，就会丧失获得全国性排他权的机会。更糟糕的是，具有竞争关系的其他主体在获得商标注册后，常常凭借注册商标权的排他效力指控商标在先使用人侵权，试图将商标在先使用人排挤出竞争性市场，这无疑会剥夺商标在先使用人已经形成的市场信用，给其投资等造成不可预测的损害，并可能因此导致相关公众买不到自己已经形成消费习惯的产品，致使其利益受损，而且导致社会无形资产的浪费。规定商标在先使用抗辩，赋予商标在先使用人不侵害注册商标权的抗辩权，确保在先使用人已经形成的市场信用和利益，激励在先使用人继续使用已经凝聚了相当信用的商标，正好可以弥补商标权注册主义制度存在的这些缺陷。⑰

---

⑭ 代表性文献有［日］田村善之. 商标法概说［M］. 2 版. 东京：弘文堂，2000：79；［日］网野诚. 商标［M］. 6 版. 东京：有斐阁，2002：781.

⑮ 同注释［14］，田村善之书，79；同注释［6］，曹新民文；李扬. 知识产权法基本原理［M］. 北京：中国社会科学出版社，2010：819.

⑯ 商标保护制度自 19 世纪诞生以来，商标权的产生存在使用原则、注册原则和混合原则等三种制度。参见：陆普舜. 各国商标法律与实务［M］. 北京：科学普及出版社，2016：4.

⑰ 同注释［15］，李扬书，819 页以下。同注释［6］，曹新民文。

需要指出的是，商标在先使用抗辩虽然保护了在先使用人由于在先而形成的商业信用和利益，弥补了商标权注册主义制度的不足，但商标在先使用制度的目的并不像有学者所说的，全是为了制止商标抢注现象。[18] 事实上，在商标申请注册阶段，我国《新商标法》第15条、第31条已经为商标在先使用人提供了防止他人抢注其在先使用商标的手段，商标在先使用人完全可以通过提出异议、请求撤销、申请无效宣告等手段，在商标申请注册阶段解决在先使用商标被抢注的问题，基本上无需依赖事后的商标在先使用抗辩制度以对抗注册商标权人的侵权指控。商标在先使用抗辩更多地是为了解决由于商标注册申请过程中的信息不对称以及先申请原则导致的商标在先使用人利益与注册商标权人利益不平衡而设计的特别制度。

二、商标在先使用抗辩适用的主体及其主观方面

（一）可以援引商标在先使用抗辩的主体

商标在先使用人生产销售的商品最终到达消费者手中，可能需要经过总代理商、批发商、零售商，这些利用在先使用商标对相关商品进行销售、许诺销售、商品展示或者其他形式广告的中间层次交易者，是否可以援引在先使用抗辩对抗注册商标权人的侵权指控呢？对此，国内学者几乎无人触及。日本著名知识产权法专家田村善之教授认为，在他人提出商标注册申请前，最先从事商品生产销售的商标在先使用人，难以及时地开拓或者变更总代理商、批发商、零售商等中间层次交易者，并通过它们有效处理自己的商品，因此要求商品流通过程中所有第三人都具备日本商标法第32条第1款规定的要件，将背离日本商标法第32条第1款规定的趣旨。此外，从相关公众的角度看，在先使用的商标也并非指代总代理商、批发商或者零售商，而是指代商品生产销售源头的在先使用人，因而总代理商等无需进行商标在先使用抗辩，只要作为生产销售源头的商标在先使用人在先使用抗辩成立，总代理商等第三人也应当免除侵害商标权的责任。[19]

注册商标权人提出商标注册申请前，商标在先使用人已经许可第三人使用其在先使用商标，注册商标权人获得商标注册后，针对商标在先使用人的被许可人提出商标权侵权指控，商标在先使用人的被许可人能否援引商标在先使用抗辩？同上述总代理商、批发商、零售商的情况一样，由于在相关公众看来，被许可人

---

[18] 同注释[16]，曹新民文。
[19] 同注释[14]，田村善之书，86.

使用的商标发挥的仍然是识别商标在先使用人的商品或者服务来源的作用，如不许可商标先使用人的被许可人援引商标在先使用抗辩，相当于逼迫善意的商标在先使用人在商标使用开始时或者使用过程中，就必须预见到将来会有人在类似性范围内将竞争性商标申请注册，这样一来，在先使用商标的许可使用市场就会被完全扼杀，这显然给商标在先使用人施加了过重的预见义务，而且违背市场规律。实践中，应允许商标在先使用人的被许可人援引商标在先使用抗辩为宜。

至于注册商标权人在提出商标注册申请前，注册商标权人已经许可他人使用其商标，注册商标权人获得商标注册后，其被许可人能否援引商标在先使用抗辩，则是一个合同解释的问题。但在日本，也有被许可人成功进行在先使用抗辩的案例。[20]

（二）商标在先使用人的主观要件

我国《新商标法》第59条第3款规定商标在先使用抗辩时，并没有规定是否要求商标在先使用人具备主观善意要件。但日本商标法第32条第1款明确要求商标在先使用人必须没有不正当竞争目的。日本学者认为，从保护预测可能性的角度出发，如果找不到特别应当受保护的利益，则防止相关公众混淆的价值应当优位考虑。[21]因而，在知道他人迟早会提出商标注册申请、其他竞争者经常进出商标在先使用人预定使用的地域、在先使用人没有必须使用相关商标的理由等情况下，先使用者抢先使用相关标记时，由于具有不正当竞争目的，因而不能援引商标在先使用抗辩。商标在先使用人是否具有不正当目的，不但应当从使用开始时、使用过程中进行判断，而且应当根据改变使用的具体样态，进行灵活判断。[22]

我国台湾地区"商标法"第22条第（二）项明确要求商标在先使用抗辩人主观上必须出于善意。[23]据我国台湾地区学者解释，"如有恶意影射他人注册商标之商誉，则无阻却违法性。"[24]

我国也多有学者认为，商标在先使用人进行商标在先使用抗辩时，主观上必

---

[20][21][22] 同注释［14］，田村善之书，85.

[23] 我国台湾地区"商标法"第22条第2项规定："在他人申请商标注册前，善意使用相同或者近似之商标图样于同一种或者类似之商品，不受他人商标专用权之效力所拘束，但以原使用之商品为限；商标专用权人并得要求其附加适当之区别标示。"

[24] 曾陈明汝. 商标法原理［M］. 北京：中国人民大学出版社，2003：78.

须具备善意要件。[25] 杜颖教授对此的解释是，商标在先使用抗辩本来是从利益考量角度出发为克服注册制度缺陷而设定的，在先使用人有不正当竞争等恶意时，自然无受保护之正当性前提。[26] 确实，作为一个利益衡平方法，正如美国联邦最高法院所要求的那样，"走进衡平的人必须带着洁净之手而来。"[27] 侵害他人商号权、人格权、知识产权等在先权利的在先使用人、出于不正当竞争目的意图引起相关公众混淆的在先使用人，本身的手就不干净，当然难以援引在先使用抗辩对抗注册商标权人的侵权指控。

要求商标在先使用人对其商标在先使用（包括刚开始使用时的善意和持续使用过程中的善意）主观上出于善意，对于确定在先使用的时间意义非常重大。这一点，下面将加以论述。

三、商标在先使用抗辩适用的对象

（一）可以援引商标在先使用抗辩的商标

《新商标法》第59条第3款虽然规定了商标在先使用抗辩，但究竟如何理解该款中的"商标注册人申请商标注册前，他人已经在同一种商品或者类似商品上先于商标注册人使用与其注册商标相同或者近似并有一定影响的商标的"规定，理论界与实务界存在一定分歧。比较一致的看法是，被告主张在先使用抗辩的商标应当是商标注册人申请商标注册前，他人已经使用并有一定影响的商标。[28] 这种观点虽与《新商标法》第59条第3款保持了一致，但并未使问题得到彻底解决，实际操作性不强。本文认为，符合《新商标法》第59条第3款的商标至少包括如下几种：

第一，《新商标法》第13条第2款、第3款规定的未注册驰名商标和注册驰名商标。虽然按照《新商标法》第13条第2款和第3款，驰名商标具有阻却他人在类似范围内或者跨类范围内抢注并使用的效果，按照《新商标法》第45条第1款规定，自商标注册之日起5年内，驰名商标权人可以请求商标评审委员会宣告抢注的注册商标无效，抢注者主观上具有恶意的，驰名商标所有人不受5年的时间限制，但如果因为种种原因驰名商标权人并没有行使异议权（《新商

---

[25] 李雨峰，倪朱亮. 寻求公平与秩序：商标法上的共存制度研究[J]. 知识产权，2012（6）；同注释[4]，杜颖文；同注释[9]，黄璞琳文；同注释[7]，汪泽文。

[26] 同注释[4]，杜颖文。

[27] Precision Instrument Mfg. Co. v. Automotive Maintenance Mach. Co., 324 U.S. 806, 814 (1945).

[28] 同注释[4]，杜颖文；同注释[6]，曹新民文。

法》第 33 条）和无效宣告请求权以至于抢注商标获得不可撤销不可宣告无效的效力，或者由于驰名商标权人害怕程序上的麻烦而不想行使异议权和无效宣告请求权，当抢注者针对驰名商标权人行使请求权时，自商标注册之日起 5 年内，驰名商标权人当然可以行使在先使用抗辩权，抢注者主观上具有恶意的，驰名商标权人的抗辩权不受 5 年时间限制。

第二，《新商标法》第 32 条后半句规定的"他人已经使用并有一定影响的商标"，即知名商标。不管对《新商标法》第 32 条后半句的知名度作何理解，按照《新商标法》第 33 条和第 45 条第 1 款规定，符合第 32 条规定的商标在先使用人都可以行使异议权和无效宣告请求权。像驰名商标权人一样，如果符合《新商标法》第 32 条后半句规定的商标在先使用人不愿意进入烦琐的异议程序或者无效宣告程序，当抢注者针对该使用者行使请求权时，该使用者自然可以行使商标在先使用抗辩权。

第三，知名度小于《新商标法》第 13 条规定的驰名商标和第 32 条后半句规定的知名商标的在先使用商标，也就是《新商标法》第 59 条第 3 款规定的在先使用商标。此种在先使用商标的知名度虽未达到驰名或者知名的状态，但既然已经凝聚了在先使用人已有的信用，同时考虑到商标权注册主义制度的固有缺陷，赋予其使用者对抗注册商标权人侵权指控的抗辩权，保证使用者能够继续使用，进而确保相关公众利益，平衡注册商标权人与在先使用人之间的利益关系，当属较为妥当的做法。

除了上述三类商标之外，《新商标法》第 15 条规定的两类商标，即被代理人或者被代表人的商标（"未经授权，代理人或者代表人以自己的名义将被代理人或者被代表人的商标进行注册，被代理人或者被代表人提出异议的，不予注册并禁止使用。"）、业务关系人或者其他关系人的商标（"就同一种商品或者类似商品申请注册的商标与他人在先使用的未注册商标相同或者近似，申请人与该他人具有前款规定以外的合同、业务往来关系或者其他关系而明知该他人商标存在，该他人提出异议的，不予注册。"），其所有人或者使用人是否可以援引在先使用抗辩？答案是否定的。《新商标法》第 15 条第 1 款所指的商标所有人受到注册商标权人指控时，之所以不能援引在先使用抗辩，是因为该款规制的是违反忠实义务的抢注行为，该款中所指的商标既不要求使用也不要求具有任何知名度。如果被代理人或者被代表人的商标已经使用并获得了知名度，要么属于《新商标法》第 13 条规定的驰名商标，要么属于《新商标法》第 32 条后半句规定的知名商标，或者是《新商标法》第 59 条第 3 款规定的在先使用商标，其使用者完全可以这三条为依据，援引商标在先使用抗辩。

第15条第2款中所指的商标使用者受到注册商标权人侵权指控时，之所以不能援引商标在先使用抗辩，是因为该款规制的是违反诚实信用原则的抢注行为，该款适用只需抢注行为人基于买卖等业务关系知道业务关系人已经使用相关商标即可，并不要业务关系人的商标已经通过使用获得了一定知名度。

由此可见，第15条规定的被代理人或被代表人，或者业务关系人或者其他关系人的商标被抢注后，只能行使《新商标法》第33条规定的异议权，以及第45条第1款规定的无效宣告请求权。

（二）可以援引商标在先使用抗辩的商标知名度

尽管《新商标法》第13条第2款、第3款规定的驰名商标在先使用人和第32条后半句规定的知名商标在先使用人面对注册商标权人的侵权指控，可以援引商标在先使用进行抗辩，但《新商标法》第59条第3款规定的商标在先使用抗辩制度中的商标知名度，却并不要求达到驰名或者知名的程度。

《新商标法》第13条第2款、第3款是对商标驰名事实的消极保护，第32条后半句既是对商标知名事实的消极保护，也是对抢注者主观恶意的积极打压，同时这两个条文规定的又是阻却效力及于全国范围的商标注册申请的事由，为了确保商标权注册主义的制度价值，理所当然要求在先使用的商标知名度高。与第13条第2款、第3款和第32条后半句规定不同，第59条第3款规定的商标在先使用抗辩仅仅是作为弥补商标权注册主义制度缺陷和保护既有信用的衡平手段，没有必要要求在先使用的商标达到驰名或者知名的状态。从商标法体系解释的角度看，要求商标在先使用抗辩中的商标达到驰名或者知名状态，商标在先使用抗辩也就没有了存在的价值。因为商标在先使用人完全可以凭借《新商标法》第13条第2款、第3款和第32条后半句的规定，在商标注册申请审查异议阶段，以第33条的规定异议掉抢注者的商标注册申请。由于商标审查疏忽导致抢注者获得商标注册后，商标在先使用人也可以第45条第1款的规定使抢注者的注册商标无效。尽管立法者如此规定，会迫使商标在先使用人进入异议和无效宣告程序中而增加成本，却也能够逼迫商标在先使用人更加严肃认真地对待和妥善利用商标注册审查异议程序和注册商标无效宣告程序。

尽管根据体系解释方法，《新商标法》第59条第3款规定的商标在先使用抗辩制度中在先使用的商标知名度要低于驰名商标和知名商标的知名度，本文却并不赞成另一种极端化的理解，即认为"任何一件被恶意抢注的符合两个'先于'条件的商标实际上就是具有一定影响的商标，其在先使用人能够获得先用权，以对抗商标抢注人的侵权指控。"㉙原因之一是，抢注者抢注他人商标原因多种多样，如看上他人商标独特设计、出于泄愤目的、为了讨好商标在先使用人的竞争者、倒卖商标营利、搭被抢注者商标信用的便车，等等。其中，只有抢注者为了搭取商标在先使用人的便车一种情况，才说明商标在先使用人的商标具有一定影响，否则抢注行为人无便车可搭。其他情况下，被抢注的商标并无一定影响可言。原因之二是，从在先使用商标被抢注的角度理解其知名度，必导致无任何知名度或者知名度极低的在先使用商标也能够援引商标在先使用抗辩对抗注册商标权人的侵权指控，从而分割、蚕食注册商标权人的市场，挤压注册商标权人排他性的空间，减损商标在先使用人申请商标注册的动力，进而冲击商标权注册主义制度的基石。

那么，到底《新商标法》第59条第3款商标在先使用抗辩中商标的知名度要求多高？该种知名度应当根据哪些因素进行判断？对此，杜颖教授已经结合《日本商标法》第4条第1款第10项和第32条第1款、我国《新商标法》第13条第2款和第3款、第15条第2款、第32条后半句的规定，以及日本的司法实践做了详尽论述，㉚ 笔者也曾经做过分析，㉛ 本文不再赘述。

（三）可以援引在先使用抗辩的商标和商品的同一性或者类似性

商标在先使用人在类似范围内使用和注册商标权人具有竞争关系的商标，严格来说，并不是商标在先使用抗辩成立的要件。日本学者田村善之、网野诚、小野昌延等在其著作中，都未将商标在先使用人在相同或类似商品或者服务上使用和注册商标权人相同或者近似商标作为商标在先使用抗辩成立的要件。㉜ 原因在于，如果商标在先使用人使用的商标和注册商标权人使用的商标不相同也不类似，而且使用的商品不相同也不近似，除非注册商标权人的商标构成驰名商标，否则由于互相之间的使用不可能导致相关公众混淆的后果，双方权利边界分明，商标在先使用人不可能侵害注册商标权人的权利，因而根本上无需援引商标在先使用抗辩。我国部分学者将"商标注册人和先使用人将相同或者近似的商标使用于相同或类似商品之上"作为商标在先使用抗辩成立的要件，㉝ 并不妥当。

㉙ 同注释［6］，曹新民文。
㉚ 同注释［4］，杜颖文。
㉛ 同注释［15］，李扬书，820页以下。
㉜ 同注释［14］，田村善之之书，79页以下。同注释［14］，网野诚书，775页以下。同注释［1］，小野昌延编书，800页以下。
㉝ 同注释［4］，杜颖文；同注释［7］，汪泽文。

四、商标在先使用抗辩适用的客体

（一）商标在先使用抗辩适用的商标在先使用行为

商标在先使用人援引商标在先使用抗辩时，必须有商标在先使用行为。理解这个要件时，必须把握以下几点：

1. 商标在先使用人必须有商标使用行为

按照我国《新商标法》第48条的规定，商标使用行为是指将商标用于商品、商品包装或者容器以及商品交易文书上，或者将商标用于广告宣传、展览以及其他商业活动中，用于识别商品来源的行为。

日本商标法第2条第3款则更加详尽地将商标使用行为罗列如下：在商品或者商品包装上贴附商标的行为；将贴附了商标的商品或者商品包装进行转让、交付、为了转让或者交付进行展示、出口、进口或者通过电力通信线路进行提供的行为；提供服务时，在供服务对象使用的物品上贴附商标的行为；提供服务时，使用贴附了商标的、供服务对象使用的物品提供服务的行为；为了提供服务，将贴附了商标的、提供服务时所使用的物品（包括提供服务时供服务对象使用的物品）进行展示的行为；提供服务时，在服务对象拥有的与所提供服务相关的物品上贴附商标的行为；采用电磁方法（指电子方法、磁性方法和其他人的知觉可以认知的方法）通过播放影像提供服务时，于该影像画面上标注商标提供服务的行为；在商品或者服务的广告、价格表或者交易文书上贴附商标进行展示、散发的行为，或者在有关这些内容的信息上贴附商标后通过电磁方法进行提供的行为。日本商标法第2条第4款还进一步规定，第3条所称的在商品或者其他物品上贴附商标，包括将商品、商品包装、提供服务所使用的物品或商品或者与服务有关的广告制作成商标形状的行为。[34]

我国台湾地区"商标法"第6条规定，"本法所称商标之使用，系指将商标用于商品或者其包装或容器之上，行销台湾地区市场或者外销者而言。""商标于电视、新闻之类广告或者参加展览会展示以促销期商品者，视为使用；以商标外文部分用于外销商品者亦同。"

美国联邦商标法第45条规定，"商标应以任何方式使用于商品或者其容器或与其相伴之展示物或黏附其上的签条或者标签上，且该商品需为商业性销售或者运输。"

---

[34] 参见日本商标法，同注释 [10]，李扬书，2页以下。

上述国家和地区商标法关于什么是商标使用规定的用语虽然有所不同，但核心点是相同的，即都要求商标无论以什么方式使用，都必须达到事实上发挥识别商品或者服务来源作用的程度。虽将商标贴附于商品上，但"封存于仓库或者呈送官厅查验均与销行市面之条件不合且无防止仿冒之必要不能认为使用商标。"[35] 贴牌加工商品全部直接交付外方定作方的行为，形式上虽符合我国《新商标法》第 48 条规定的"将商标用于商品、商品包装或者容器以及商品交易文书上"的行为特征，但因未达到"用于识别商品来源"的结果，即由于产品未投放国内市场尚未成为商品因而未达到让我国相关公众通过该商标识别该商标所标注的商品来源的程度，因而并非商标性使用行为。[36]

司法实践中，通常可以综合如下因素判断使用某种标记的行为是否属于商标使用行为：某个标记使用的具体样态；商品上是否使用了其他商标；某个标记是否采用了能够作为商标被认识的方式进行使用；同种商品或者服务上所使用的商标的一般表示方法和实际交易的情况；某个标记是否采用其一般被认识的含义进行使用。[37]

2. 商标在先使用人的商标在先使用行为必须发生在我国境内

虽有商标使用行为，但该行为发生在我国境外，不管该商标通过使用在我国境外获得了多大知名度，只要这种知名度未通过商品销售或者服务提供或者广告方式扩散到我国境内因而不为我国相关公众所知悉，依旧不能视为在我国境内进行的商标使用行为，行为人也不能据此援引商标在先使用抗辩对抗我国注册商标权人的侵权指控。

3. 商标在先使用必须是在先使用人主动的使用行为，必须是在先使用人有意识追求的结果

报纸、杂志、网络等媒体对某个商标及其附着的商品进行的纯知识性介绍，

---

[35] 同注释 [24]，曾陈明汝书，137。

[36] 最高人民法院（2014）民提字第 38 号。该案中，国内商标注册人莱斯公司认为被告亚环公司为海外客户储伯公司贴附了"pretul"牌子生产但全部用于出口的商品侵犯了其"pretul"注册商标权。最高法院的判决认为，虽然外方储伯公司与中方亚环公司之间属于委托加工关系，但被告亚环公司的行为仅仅属于贴附无法发挥识别商品来源功能的"标识"，而非商标法意义上的商标使用行为，因而被告的行为不构成对商标权的侵害。

[37] 同注释 [15]，李扬书，852 页以下。

不能认为是商标在先使用人的商标使用行为。㊳ 相关公众、媒体对使用者商标的昵称、别称，也不能认为是在先使用人的商标使用行为。㊴

之所以不能认为上述两种情况下的使用属于在先使用人的商标使用行为，是因为承认的话，会不适当扩大商标在先使用人的利益边界，妨碍他人选择和申请商标注册的自由，不恰当地冲击商标权注册主义制度，并妨碍我国产业的发展。

㊳ 参见最高人民法院（2014）知行字第 32、33 号行政裁定书。在这两个裁定书中，最高人民法院均认为，"在争议商标申请日之前，仅有少量专业性报刊对'LAFITE''CHATEAU LAFITE ROTHSCHILD'以及'拉菲''拉斐 Lafite'等有所报道，由于上述大部分报刊的专业性较强、受众面较小，据此难以认定尚杜公司的'LAFITE'或者'CHATEAU LAFITE ROTHSCHILD'商标在争议商标申请日以前，已经在中国大陆地区具有了市场知名度，亦无证据显示相关消费者已经能够将'LAFITE'或者'CHATEAU LAFITE ROTHSCHILD'与中文'拉菲''拉斐''拉斐尔'及'拉斐堡'进行对应性识别。"李扬. 论标权的边界[J]. 知识产权，2016（6）.

㊴ 2009 年 3 月，在"索爱"商标争议案中，北京市高级人民法院以下述理由否定了"被动使用"为商标使用的观点，"被抢注的商标应当由被抢注人自己在商业活动中予以了使用"，但基于以下三个法律事实"这些报道、评论均非索尼爱立信（中国）公司所为""在争议商标申请注册之前索尼爱立信（中国）公司未进行任何有关'索爱'产品的生产、销售及宣传等商业活动""时至 2007 年 10 月左右，索尼爱立信（中国）公司并不认同'索爱'是其公司简称或者是其手机及电子产品的简称"，因而不能认定"索爱"商标为已经使用并有一定影响的商标。参见北京市高级人民法院（2008）高行终字第 717 号行政判决书。2009 年 6 月，在"伟哥"不正当竞争和侵犯未注册驰名商标权案中，最高人民法院以下列理由否定了商标"被动使用"也是商标性使用的观点："报道中虽然多将'伟哥'与'Viagra'相对应，但因上述报道均系媒体所为而并非两申请再审人所为，并非两申请再审人对自己商标的宣传"；"辉瑞制药公司也明确声明'万艾可'为其正式商品名，并承认其在中国内地未使用过'伟哥'商标。故媒体在宣传中将'Viagra'称为'伟哥'，亦不能确定为反映了两申请再审人当时将'伟哥'作为商标的真实意思。"最高人民法院（2009）民申字第 312 号民事裁定书。2011 年 12 月，在"伟哥"商标异议复审行政纠纷一案中，北京市高级人民法院进一步指出，"他人未注册（驰名）商标和他人在先使用的商标，均应当是权利人自己主动在中国的使用，且应当是具有商业性质的使用。"参见北京市高级人民法院（2011）高行终字第 920 号行政判决书。

但也有立场相反的判决。比如，2011 年 4 月，在"陆虎"商标争议案中，北京市第一中级人民法院认为，在争议商标申请日以前，"陆虎"作为英文"LAND ROVER"的中文呼叫已经被中国相关公众广泛认同，具有了区分商品来源、标志产品质量的作用，实质上已经成为"LAND ROVER"在中国的使用标识，并且在汽车领域以及与汽车行业相关的领域形成了一定的影响。2011 年 9 月，北京市高级人民法院维持了一审判决，并进一步指出，虽然新闻报道或评论文章并未表明是由权利人主动进行的商业宣传，但仍可以证明中文"陆虎"商标已经与英文"LAND ROVER"指向了同一产品，并进行了商业化的使用。参见北京市第一中级人民法院（2011）一中知行初字第 1043 号行政判决书，北京市高级人民法院（2011）高行终字第 1151 号行政判决书。2014 年 8 月，最高人民法院在"广云贡饼"商标异议复审行政纠纷一案中认为，"某一标志能否成为商标，不在于商标权人对该标志是'主动使用'还是'被动使用'，关键是生产者与其产品之间以该标志为媒介的特定联系是否已经建立""所提到的司法持否定态度的另案，或是因为生产者与其产品之间以涉诉标志为媒介的特定联系尚未建立，或是因为商标权人曾明确表示对有关特定联系的建立不能接受，均与本案情况不同。"参见最高人民法院（2013）知行字第 40 号行政裁定书。

（二）商标在先使用行为和事实的时间判断点

对此，日本商标法第 32 条第 1 款规定得非常明确，即在"商标注册人申请商标注册前"。为什么商标在先使用的行为和事实必须发生在商标注册人申请商标注册之前？对此，尚未见国内外学者给出任何解释。[40]

本文认为，商标权注册主义制度下，商标法之所以要求先使用的行为和事实发生在注册商标权人提出商标注册申请日之前，一是为了确保商标权注册主义制度得到彻底贯彻。如果允许注册商标权人提出商标注册申请之后的商标使用人进行先使用抗辩，对商标权注册主义制度所维护的商标权注册取得制度和先申请原则都会造成颠覆性的冲击。二是为了预防商标恶霸行为。如果允许商标注册申请日之后使用并有一定影响的商标进行在先使用抗辩，必将导致申请日之后占有资源优势者通过疾风暴雨式的广告行为让其商标迅猛获得知名度，进而劫持商标注册申请人已经使用或者正在申请注册的商标的机会主义现象。三是将在先使用的行为和事实时间判断点确定为申请日，也暗含着商标法这样的一种价值导向：商标使用者应尽可能诚实信用地使用其商标，打造其商标信用，使其使用商标获得稳定的知名度，形成可以受法律保护的既有利益和事实，试图在申请日之后通过机会主义劫持他人正在申请注册过程中的商标，是不可取的。

非常遗憾的是，我国《商标法》第 59 条第 3 款规定商标在先使用必须同时满足两个"先于"条件。这种规定也得到了很多学者赞成。所谓商标在先使用必须同时满足两个"先于"条件，是指可以援引在先使用抗辩的商标在经营活动中首次使用的时间点，不仅要先于受侵害的注册商标的申请日（有优先权的，为优先权日），同时还必须早于原告受侵害之注册商标的第一次使用日。[41] 有学者对此的解释是，"商标先用权成立的理论基础是先用理论和利益平衡理论。在被告主张先用权的商标并非绝对优先于原告商标的情况下，只能得出被告主张先用权的商标处于相对优先的地位甚至是劣势地位，不符合先用理论，当然就不能适用利益平衡理论来保护其利益。"[42]

上述观点虽彻底保证了在先使用时间上的优先性，保障了商标注册申请人的

---

[40] 同注释 [1]，小野昌延编书，第 800 页以下；同注释 [14]，田村善之书，第 83 页以下；同注释 [14]，网野诚书，第 776 页；同注释 [6]，曹新民文；同注释 [4]，杜颖文；同注释 [7]，汪泽文；同注释 [9]，黄璞琳文；同注释 [24]，曾陈明汝书，第 78 页。这些学者都只是按照商标法的规定，说明商标在先使用抗辩必须具备在注册商标权人提出商标注册申请之前具备商标使用的行为和事实，对其中的原因都未进行任何解释。

[41] 同注释 [6]，曹新民文；同注释 [4]，杜颖文；同注释 [9]，黄璞琳文。

[42] 同注释 [6]，曹新民文。

利益，但因解释论上要求援引在先使用抗辩的在先使用人开始使用商标时以及在持续使用商标的过程中，主观上出于善意，没有不正当目的，这样一来，要求其使用时间必须同时符合两个"先于"条件，对于在先使用时间只先于注册商标权人商标注册申请日的善意先使用者而言，就可能过于严苛。比如，商标注册申请人虽然在类似性范围内使用竞争性商标的时间早于商标在先使用抗辩人，但由于地域阻隔、商标注册申请人商标知名度小等原因，商标在先使用人无从知晓商标注册申请人已经使用竞争性商标的事实，并且因此扩大了营业规模，拥有了自己稳定的交易圈，使用的商标也获得了一定知名度，此种情况下允许注册商标权人对其行使停止侵害请求权和损害赔偿请求权，显然不符合商标在先使用抗辩制度设立的趣旨。

从国外立法例上看，虽然《英国商标法》第 11 条要求先使用人使用商标，必须在商标注册人注册日和使用商标日两个时间点中更早的时间点之前，[43] 但这种立法例并不多见。[44]

（三）商标在先使用行为的持续性

为了成功进行商标在先使用抗辩，商标在先使用人不但必须从注册商标权人提出商标注册申请前开始使用其商标，并使之达到具有一定影响的状态，而且必须持续使用该商标。如果在先使用人彻底停止使用或者断断续续使用其商标的话，要么其商标原来获得的知名度将随时间的流逝而彻底消失，要么客观上很难使其商标达到具有一定影响的状态，无论出现哪种情形，商标在先使用人都不再具有可受法律保护的信用和利益。从商标立法角度看，由于在先使用者商标知名度的丧失或者未形成足以受法律保护的知名度，在注册商标权人使用竞争性商标的情况下，客观上不再存在导致相关公众混淆商品或者服务来源的可能性，因而也就不必再考虑注册商标权人利益与商标在先使用人利益之间的平衡问题。但是，由于度假、休产假、店面装修、厂房搬迁、设备整修、企业合并重组、陷入法律纠纷等正当原因，商标在先使用人暂时停止使用其在先使用商标的情况下，或者由于战争、动乱、地震、洪水等不可抗力原因，较为长久地停止使用其在先使用商标的情况下，只要相关公众认为该商标仍然能够发挥识别在先使用人商品或者服务来源的作用，在先使用人继续使用该商标的利益就不应当由于在先使用人客观原因停止使用而发生变化。在日本的一个案例中，被告银座风月堂店铺因

---

[43] 十二国商标法翻译组. 十二国商标法 [M]. 北京：清华大学出版社，2013：419.
[44] 同注释 [43]，十二国商标法翻译组译书，第 1 页以下。

战争被烧毁，战后又因买不到砂糖而不得不暂时中断果子（一种甜点）的生产销售，其后再继续使用时受到商标权人侵权指控，法院支持了被告在先使用抗辩。[45]

（四）商标在先使用行为的范围：原使用范围的界定

如何理解《新商标法》第 59 条第 3 款规定的"原使用范围"，理论与实务界分歧非常大。本文认为，要准确解释"原使用范围"，必须先把握商标权注册主义制度的立法目的。按照商标权注册主义制度，某个商标要取得一定商品范围内的专用权，必须按照先申请原则和商标法其他规定申请注册。而一旦获得注册，商标权人在核准使用的商品范围内就拥有全国性排他权。也就是说，商标权注册主义制度采用的先申请原则已经确保重视自己权利且有信心做大做强产业的市场主体获得主动权和优势地位，在先使用人本可以争取到这样的地位但未争取的情况下，一者说明其权利意识不强，二者说明其市场经营能力可能不足，其原本就应当处于不利于注册商标权人的市场地位，在竞争者获得商标注册的情况下，既然法律已经通过在先使用抗辩保护了其已有市场利益和信用，其继续使用时的"原使用范围"就应当进行严格的限缩解释，以避免出现在先使用人蚕食掉注册商标权人市场的局面。如果出现这种局面，商标权注册主义制度所倡导的通过激励商标注册促进商标在产业中应用促进产业发展的目的就会落空。基于这种理解，本文认为，《新商标法》第 59 条第 3 款规定的"原使用范围"应当作如下理解：

1. 原使用的地域范围

原使用的地域范围，也可以称为知名度或者信用所及地域范围。商标在先使用人只有在原使用的具有一定影响的地域范围内（生产地域、销售地域、提供服务的地域，等等），才形成了值得法律保护的信用和利益。超出了具有一定影响的地域范围使用其商标，不符合《新商标法》第 59 条第 3 款规定的"知名度"要件，因而不满足该款规定的抗辩要件。在先使用人超出原地域范围使用商标从事生产经营活动的，虽说通过附加区别性标记可以防止相关公众混淆注册商标权人与在先使用人的商品或者服务来源，但商标权注册主义制度下没有任何理由放任在先使用人在原地域范围外使用其商标从而出现与注册商标权人分庭抗礼的竞争局面。

既然如此，就更没有理由将《新商标法》第 59 条第 3 款规定的"原使用范

---

[45] 东京高等法院判决昭和 47 年 7 月 28 日无体集卷 2 号，494.

围"扩大理解到互联网领域。互联网没有国界,任何在互联网中使用商标的行为,都意味着在全国乃至全世界使用其商标,完全覆盖注册商标权人排他权的范围。如果允许这种在互联网领域使用商标的行为进行在先使用抗辩,必将彻底冲击商标权注册主义制度,对注册商标权人市场造成毁灭性的打击。

当然,如果在先使用人在注册商标权人提出商标注册申请前就在互联网领域使用其商标,则可能出现两种局面。一是由于在互联网中的使用使得其商标成为《新商标法》第13条第2款或者第3款规定的驰名商标,或者第32条后半句规定的知名商标。如出现这种局面,在先使用人除了可以依据《新商标法》第13条或者第32条后半句阻止他人抢注外,同时可以进行在先使用抗辩。二是在互联网中的使用并未使其商标成为驰名商标或者知名商标但仍然具有一定知名度时,在先使用人虽难以阻止他人抢注行为,但依旧可以进行在先使用抗辩。不过在这种情况下,无论在互联网中的虚拟世界还是非互联网的物理世界,注册商标权人的商标权都会受到在先使用人在先使用商标已经形成的信用的巨大挑战。

比较特殊的是服务商标。服务商标权人的服务地址相对固定,服务商标在先使用人援引商标在先使用抗辩时,"原使用范围"是否应当限于原有服务地址呢?江苏省高级人民法院在蒋玉友与南京夫子庙饮食有限公司、南京清真奇芳阁餐饮有限公司、南京蒋友记锅贴有限公司侵害注册商标权纠纷一案中,持肯定意见。㊽但本文并不赞成此种意见。服务地址并不等同于服务商标使用人知名度和信用所及的地域范围,服务地址相对狭小和固定,后者往往会超出前者的限制。《新商标法》第59条第3款保护的是商标在先使用人既有的信用和利益,因而在在先使用服务商标知名度和信用覆盖的地域范围内,只要相关公众仍然将该服务商标指代在先使用人提供的服务和在先使用人,就没有理由不允许在先服务商标使用人改变其服务地址继续使用原服务商标。此外,注册商标权保护的是注册商

㊽ 参见江苏省高级人民法院(2013)苏知民终字第0037号民事判决书。该案判决认为,"夫子庙饮食公司在贡院西街12号'蒋有记'餐馆使用'蒋有记'标识有一个历史承袭演变的过程,并非是在蒋玉友的商标注册后才使用'蒋有记'标识,不存在违背商业道德,或者搭他人便车利用涉案服务商标声誉的主观恶意。故夫子庙饮食公司在贡院西街12号'蒋有记'餐馆使用'蒋有记'标识的行为属于善意使用,享有在贡院西街12号'蒋有记'餐馆使用'蒋有记'未注册商标的在先使用权。但为规范正常市场秩序,体现对蒋玉友享有的涉案注册商标专用权的保护,夫子庙饮食公司只应在贡院西街12号'蒋有记'餐馆原址继续使用'蒋有记'商标,且不得改变该未注册商标的标识和扩大经营区域及规模,在使用中还应加上适当标识,以便与蒋玉友的注册商标形成区分,避免消费者的混淆。

关于南京市升州路30号'奇芳阁'餐馆使用'蒋有记'标识,奇芳阁公司未提供任何证据证明在涉案商标申请日之前,该餐馆有在先使用'蒋有记'标识的事实,故奇芳阁公司侵犯了蒋玉友享有的涉案注册商标专用权。"

标权人对其核准注册的商标在核定使用商品上的排他使用权,而不是对某个服务地址的排他使用权,注册商标权人无权禁止在先使用人变更服务地址。

由于交通发达、人员流动加剧和信息传播手段的进步导致的在先使用商标商品或者服务自然扩散到该商标原使用地域范围之外,那么这是否超出了"原使用范围"的限制呢?虽然在先使用人不能到在先使用商标知名度和信用所不及的地域范围内开展业务活动,侵蚀注册商标权人的市场,由于人员流动导致的在先使用人商标商品自然被带出原地域范围,或者原地域范围外的相关公众自然到服务商标使用者的营业地点接受服务,仍未超出在先使用商标原知名度和信用覆盖地域的限制,不宜加以禁止,事实上也难以做到有效禁止。

2. 原使用的商品或者服务范围

超出原使用的商品或者服务范围使用在先使用商标,会出现两种情况。一是使用行为发生在注册商标权人提出商标注册申请前并且形成了一定影响。此种情况下,在先使用人与注册商标权人商标标注的商品或者服务种类不同,相关公众不会发生混淆,在先使用人的使用行为不会构成侵害注册商标权行为,在先使用人无需援引在先使用抗辩,除非注册商标属于驰名商标。二是使用行为发生在注册商标权人提出商标注册申请之后,由于商品或服务范围不同,在先使用人的使用行为不会侵害普通注册商标权。注册商标成为驰名商标情况下,由于使用行为发生在申请日之后,使用人当然不能援引在先使用抗辩。

3. 原使用的商标范围

在先使用人改变其商标的文字、图形、色彩、结构、书写方法等内容,如果改变后的商标已经与其原使用商标不再具有同一性,并且与注册商标权人的商标既不相同也不近似,不管使用行为发生在注册商标权人提出商标注册申请之前还是之后,也不管注册商标是否成为驰名商标,在先使用人的行为都不会侵害注册商标权,在先使用人无需援引在先使用抗辩。如果改变后的商标与原使用商标仍然保持同一性,[47]并且与注册商标权人的商标相同或者近似,完全不允许在先使用人援引在先使用抗辩,可能会剥夺在先使用人契合时代发展趋势特别是相关公众情趣变化需要而改变商标图案、文字、色彩、结构、书写方法的利益,从而过

---

[47] 不改变商标同一性的情形包括:仅仅改变商标文字商标书写方法进行的使用(比如楷书与行书等不同书写方法的改变、宋体与明朝体等体格之间的改变、繁体字与简化字之间的改变、横写和竖写之间的改变、罗马字大小写的变化、阿拉伯数字大小写的变化);文字商标汉字和拼音互换但称呼和观念没有变化;图形商标外观上具有同一视觉效果的改变;其他在称呼、含义、外观等方面具有同一性的改变。参见同注释 [15],李扬书,796.

分淡化商标在先使用抗辩的实际意义。[48]

至于商标在先使用人为了将其商标与注册商标权人的在后注册商标相区别而附加适当标记导致的改变,只要该标记不构成在先使用人商标本身的一部分,或者虽然构成本身的一部分,但仍然与原使用商标具有同一性,而且确实能够发挥区别性作用而不是适得其反,当然应当理解对原商标的使用。

4. 在先使用人能否扩大生产经营规模

2009年《最高人民法院关于审理侵犯专利权纠纷案件应用法律若干问题的解释》第15条第3款对《专利法》第69条第(二)项规定的原有范围,"包括专利申请日前已有的生产规模以及利用已有的生产设备或者根据已有的生产准备可以达到的生产规模。"《新商标法》第59条第3款规定的"原使用范围"是否也应当比照该司法解释,理解为"在先使用人提供商品或者服务的原有能力范围之内"?对此,本文赞成有的学者和法官的观点,无需做如此严格的解释。[49] 理由在于,只要限定在原知名度和原信用覆盖的地域范围内,即使在先使用人扩大生产经营规模,包括增加产量、拓宽销售渠道、增加设备、增加工人,等等,也不会对注册商标权人的市场造成实质性冲击。[50]

在先使用人超出其商标知名度和信用覆盖地域范围扩大生产经营规模,应当如何处理呢?考虑到商标权注册主义制度的趣旨,一般情况下,不应当允许在先使用人对超过其商标知名度和信用覆盖范围扩大生产经营规模的行为进行在先使用抗辩,相反,应当认定其超地域扩大生产经营规模的行为构成侵害注册商标权的行为。但是,如果注册商标权人对在先使用人超过其商标知名度和信用度覆盖范围扩大生产经营的行为长期不采取法律行动,并因此而导致在先使用人扩大生产经营规模,则应当允许在先使用人进行权利懈怠抗辩。[51]

从上述意义上说,本文并不赞成北京知识产权法院在"启航学校 Qihang School"注册商标权侵权纠纷案[52]中适用商标在先使用抗辩这一规则,因为被告启航考试学校已经超越注册商标申请日之前的商标知名度和信用度覆盖的地域范围极大扩展其商标"启航"的使用地域范围,并且成立考研官网将"启航"商

---

  [48] 同注释[14],田村善之书,84.
  [49] 同注释[4],杜颖文;王艳芳. 论新商标法的民事适用[J]. 知识产权, 2013 (11).
  [50] [日]茶园成树. 商标法[M]. 有斐阁, 2014: 211; 同注释[4], 杜颖文.
  [51] 关于权利懈怠抗辩的法律构成及其法律效果等, 参见: 李扬. 商标侵权诉讼中的权利懈怠抗辩[J]. 清华法学, 2015 (2).
  [52] 参见北京知识产权法院 (2015) 北知民终字第588号民事判决书. 关于该案的评论, 可参见: 芮松艳, 陈锦川.《商标法》第59条第3款的理解与适用: 以启航案为视角[J]. 知识产权, 2016 (6).

标在互联网领域进行商业性使用。本文认为,该案中完全可以而且只能适用权利懈怠抗辩原则,以平衡注册商标权人与被告的利益关系。理由是,从原告 2001 年 10 月 18 日申请商标注册之日起,被告就一直通过开分公司的形式在全国范围内扩大经营规模,原告一直躺在权利身上睡大觉,对被告的侵权行为不闻不问,听任其扩大营业规模,直到 2014 年才针对被告的行为提出侵权诉讼,此时如再允许原告针对被告行使停止侵害请求权和赔偿损害请求权,将彻底改变已经形成的稳定的市场格局,给被告造成不可预测的损害,因而必须根据权利懈怠抗辩法理,驳回原告所有诉讼请求。

五、商标在先使用抗辩的限制:附加区别性标记

商标在先使用抗辩虽保护了在先使用人既有信用和利益,弥补了商标权注册主义制度之不足,但因市场上出现相同或者近似的在先使用商标与注册商标共存的格局,作为商标法立法目的中极为重要一环的相关公众很可能因此发生商品来源混淆并因此而利益受损。正如美国第十一巡回上诉法院在衡量商标权人延迟起诉的效果时所指出的那样,法院必须考虑公众不受混淆可能性困扰的权利,在被告未经许可使用商标权人商标引起混淆的情况下,"虽然有人必须承受损失,但法律要求承受之人不是公众。"[53]此种情况虽然是针对商标权人延迟起诉的效果而言,但对平衡商标在先使用人利益与商标权人利益时也适用。为了保证相关公众利益不受损害,《新商标法》第 59 条第 3 款特别要求,在先使用人继续使用其商标时,负有附加适当区别性标记的义务。

何谓"适当的区别性标记"?基于《新商标法》第 59 条第 3 款要求在先使用人负担该义务的宗旨,适当的区别性标记,应当理解为以相关公众的一般注意力判断,能够明确将在先使用人使用的商标与注册商标区别开来、不会混淆在先使用人与注册商标权人商品来源或者法律与经济关系的标记。

1. "适当区别性标记"的判断主体

适当区别性标记的作用在于避免相关公众对在先使用人和注册商标权人的商标及其商品来源发生混淆,在先使用人附加的标记是否"适当"、是否发挥了"区别性"作用,判断主体自然应该是相关公众,而不是注册商标权人,更不是商标在先使用人。

2. "适当区别性标记"的判断原则

以相关公众作为"适当区别性标记"判断主体时,必须坚持相关公众普通

---

[53] Suna America Corp. v. Sun Life Assurance Co. of Can., 38 U.S.P..Q. 2D 1065 (11 th Cir. 1996).

注意力原则、隔离观察原则、整体观察原则。[54]

3. "适当区别性标记"的具体标注方法

为了达到让相关公众区别商标在先使用人与注册商标权人商标及其商品来源的效果，最好最简便最经济的方式就是，商标在先使用人在其商品、商品包装或者装潢上面或者服务场所、提供服务所用的器具上，以较为显著的文字直截了当说明自己商品或者服务与注册商标权人提供的商品或者服务无关。比如，本商品与注册商标权人商品没有任何关系，某某地域不生产、销售本商品。也可以在商品、商品包装、商品装潢或者服务场所、提供服务所用的器具上以最能吸引相关公众注意力的突出方式强调商品来源。只有这两种方式才能被认为属于"适当区别性标记"。以下方式都难以认为属于"适当区别性标记"方式：

第一，以较小号文字在其商标下面加注在先使用人姓名、商号或者主要生产经营场所所在地地名。[55] 由于实践中存在注册商标许可使用合同关系，在商标相同或近似情况下，通过这种标注方式很难起到区别在先使用人和注册商标权人商品来源的作用。

第二，修改在先使用商标构造本身，不能认为附加了适当区别性标记。修改在先使用商标构造，会产生两种结果。一是彻底改变了商标构造，改变后的商标与注册商标完全不同，在先使用人不存在侵害注册商标权的可能性，在先使用人无需再援引商标在先使用抗辩对抗注册商标权的侵权指控。二是改变后的商标仍然与在先使用商标和注册商标相同或者近似，不但未能起到区别作用，反而更容易引起相关公众的混淆。

要求在先使用人修改其在先使用商标构造本身，并且到面目全非的地步，正如日本学者网野诚所指出的，等于彻底否定了在先使用抗辩。[56] 这种做法显然不可取。

出现上述第二种结果，不能认为在先使用人履行了附加适当区别性标记的义务。给在先使用商标加一个圆圈或者加上简单的一点装饰，非但难以发挥区别性作用，反而可能构成注册商标权侵害或者不正当竞争行为。

其实，从《新商标法》第 59 条第 3 款规定看，"附加区别标记"也意味着商标在先使用人只能在其商标构造之外添加区别性标记，而不能通过对商标构造本身进行修改的方式完成"附加区别标记"的义务。

---

[54] Suna America Corp. v. Sun Life Assurance Co. of Can., 38 U. S. P. . Q. 2D 1065 (11 th Cir. 1996).

[55] 杜颖教授认为此种方式满足"适当区别性标记"要件，本文难以赞成。同注释 [4]，杜颖文。

[56] 同注释 [14]，网野诚书，783.

4. 要求商标在先使用人附加区别性标记，不能给在先使用人造成不合理的经济负担

这是"适当的"区别性标记的应有之义。比如，注册商标权人不能要求在先使用人通过电视广告等方式完成附加区别标记的义务，也不能要求在先使用人通过在产品上烙印、制作成本过高的单独牌子或者说明书等方式完成附加区别性标记的义务。

六、商标在先使用抗辩的法律效果

（一）商标在先使用抗辩的法律效果

彻底贯彻商标权注册主义制度，凡是落入注册商标排他权范围内的商标使用行为，都应当构成侵害注册商标权的行为，商标在先使用行为亦不例外。[57] 但如此一来，由于信息不对称造成的客观上无法享受先申请原则带来的好处的商标在先使用事实和信用，都将在注册商标权的侵权指控下、在商标先使用人和相关公众的哀叹声中付诸东流，进而导致社会资源的巨大浪费。如果进一步考虑到注册商标出于囤积目的或者别的原因实际上没有使用的情况，此种情况会更加严重。这是以授予商标权保护商标使用者的信用进而促进产业发展为目的的商标立法者不愿意看到的结果。为此，商标立法者不得不以商标在先使用的事实和已经形成的信用为基础，为在先使用人开辟一个避风港。凡是符合商标法规定要件的在先使用，就可以进入这个避风港，既不用承担损害赔偿责任，也不用承担停止侵害责任，而且可以在原有范围内继续使用其具有一定知名度的商标。由此可见，商标权注册主义制度下，商标在先使用人基于在先使用商标获得的并不是一种积极意义上的专用权和排他权，既不能进行使用许可，也不能进行转让，更不能针对第三人行使损害赔偿请求权和停止侵害请求权，而是一种消极意义上的抗辩权，对抗的是注册商标权人的侵权指控以及损害赔偿请求权、停止侵害请求权。

作为一种消极意义上的对抗注册商标权人侵权指控的抗辩权，没有积极的权能，不能将在先使用的商标单独进行转让、使用许可，除非发生企业合并等事由而随营业一起转移。

（二）注册商标权人能否进入商标在先使用人的营业圈

商标在先使用知名度和信用所及地域范围内，注册商标权人能否进入其中开展业务？按照商标权注册主义制度，申请注册的商标一旦被核准注册，在核定使

---

[57] 同注释[10]，陈锦川、钟鸣文。

用的商品或者服务范围内，就享有全国地域范围内的专用权和排他权，注册商标权人当然应当有权进入先使用人的营业圈开展业务，并和在先使用权展开竞争。

话虽如此，允许注册商标权人毫无障碍地进入在先使用商标已经具有知名度和信用的营业圈进行营业，由于注册商标和先使用商标标注的商品相同或者类似，商标本身也相同或者近似，虽然在先使用人也附加了区别性标记，但难免发生注册商标搭取在先使用商标知名度和信用、导致相关公众混淆的现象。特别是在注册商标权人和商标在先使用人营业地点相近甚至相邻的情况下，相关公众发生混淆的可能性、注册商标权人不正当搭取商标在先使用人便车的可能性更大。

可见，尽管按照商标法商标在先使用人不能阻止注册商标权人进入其营业圈进行开展义务，但一旦注册商标权人进入其营业圈从事不正当竞争行为，在先使用人仍然可以反不正当竞争法为依据，诉其不正当竞争，并行使损害赔偿请求权和停止不正当竞争行为请求权。这与商标在先使用在商标法上获得的仅仅是抗辩权而不是请求权并不矛盾。

（原载于《知识产权》2016 年第 10 期）

著作权法

日本著作权间接侵害的典型案例、学说及其评析

摘 要

　　在日本，主要通过卡拉 OK 法理和帮助侵权法理解决著作权间接侵害问题。卡拉 OK 法理存在过分扩张著作权侵权责任主体和司法权限、混淆作品的利用和著作权侵害之间界限等弊病，帮助侵权法理则存在脱离共同侵权形态、完全独立化的倾向，这种弊端和倾向不利于技术和产业的发达以及公众接触、利用信息的自由。对我国而言，日本解决著作权间接侵害法理的意义在于：方法论上应该区分立法论和解释论、职能上应该区分立法和司法的不能功能、在认定工具等提供者的注意义务或者支持原告停止侵害请求权时都应该慎重。

关键词

　　著作权　间接侵害　卡拉 OK 法理　帮助侵权法理　复制补偿金

　　著作权间接侵害，是指为直接利用著作权行为提供场所、工具、服务、系统的行为人（以下简称"场所等提供者"）对著作权构成的侵害。著作权间接侵害由于涉及著作权人、产业界、公众三者的利益，因此自 20 世纪 80 年代以来，一直是日本著作权法领域中一个争论异常激烈的问题。在我国著作权间接侵害问题

越来越突出的背景下，研究、总结、检讨邻国日本在这个问题上的做法，非常有必要。本文以日本著作权间接侵害的几个典型案例为基础，总结和归纳日本学界关于这个问题的见解，最后对这些学说进行评析，并探讨如何解决著作权间接侵害问题。

一、典型案例介绍

以下是自20世纪80年代到2009年1月发生的、被日本知识产权法学者乃至民法学者反复研讨的有关著作权间接侵害的几个典型案例。

（一）猫眼俱乐部案（クラブキャッツアイ）[①]

该案原告是日本音乐著作权管理协会，被告是卡拉OK经营者猫眼俱乐部，简要案情如下：被告在店内设置卡拉OK装置，在没有经过原告许可的情况下，为来店顾客提供由该团体所管理歌曲的卡拉OK伴奏磁带，供来店顾客在其他来店顾客面前演唱。在此过程中，被告准备了卡拉OK磁带和选歌单，被告营业员具体操作了卡拉OK装置，并且有时还和客人一起演唱。原告以被告行为侵害其管理歌曲的演奏权为由，起诉到福冈地方裁判所，要求被告停止侵害行为，并赔偿损失。一审判决（1982年8月31日）以演奏行为主体属于卡拉OK店并且属于在公众面前演奏为由支持了原告的诉讼请求。被告不服，上诉到福冈高等裁判所。福冈高等裁判所以同样理由维持了原判决结论（1984年7月5日）。被告仍然不服，上告到日本最高裁判所。日本最高裁判所仍然支持了二审判决。其理由是：顾客、陪歌服务员的演唱以相当于公众的其他顾客直接听到为目的。即便只是在顾客自己演唱的情况下，也并非和经营者毫无关系，顾客的演唱是在店内服务员的劝诱下，在其所准备的卡拉OK曲目范围内选择曲目，通过服务员对卡拉OK装置进行操作，在经营者的管理之下进行的。另外，经营者将顾客的演唱作为营业的一种手段，以此酿造出一种氛围，招徕喜欢此种氛围的顾客光顾，从而提高了营业利益。因此，顾客的歌唱行为从著作权法的角度来看，应当作为卡拉OK经营者的歌唱行为。

（二）晚吧G7案（ナイトハ・フG7）[②]

该案原告是日本著作权管理协会，被告之一是向经营卡拉OK店的同案被告

[①] 福冈地方裁判所昭和55（847）号事件。福冈高等裁判所58（329）号事件。日本最高裁昭和59（1204）号事件。

[②] 水户地方裁判所平成9年（ワ）第106号事件。东京高等裁判所平成11年（ネ）第2788号事件。日本最高裁判所平成12年（受）第222号事件。

出租卡拉 OK 装置的ヒ"テ"オメイツ有限责任公司。简要案情如下：被告主要在茨城县南部出租和销售卡拉 OK 装置。1991 年，被告与经营卡拉 OK 店的同案被告丰岛秀夫、丰岛美津枝签订了卡拉 OK 装置出租合同。在签订出租合同和交付卡拉 OK 装置时，被告口头提示过丰岛秀夫、丰岛美津枝使用卡拉 OK 装置要和该案原告签订著作权使用许可合同，但并未进一步确认两人是否真正和该案原告签订了或者向原告申请过签订著作权使用许可合同。由于原告发现 1999 年 3 月与其签订卡拉 OK 音乐作品使用许可合同的卡拉 OK 店比例在全日本只有 60.4%，而在该案所涉茨城县仅有 52%，原告认为这与卡拉 OK 出租业者出租卡拉 OK 装置有关，于是以侵害著作权为由，向水户地方裁判所提起诉讼，要求被告停止侵害和赔偿损失。被告认为，自己在和各个卡拉 OK 经营店签订卡拉 OK 装置出租合同时，已经用口头或者书面方式提醒对方使用该装置之前要获得原告的著作权使用许可，已经尽到了合理的注意义务，除此之外不应当承担更高的注意义务。

一审水户地方裁判所和二审东京高等裁判所认为，作为卡拉 OK 装置的出租业者，只有在得知卡拉 OK 经营店没有获得原告著作权使用许可这个事实之后继续出租的行为，才违反了注意义务，在这之前，不能认为其存在可以怀疑卡拉 OK 店没有和原告缔结著作权使用许可合同可能性的特别因素，因而判决卡拉 OK 出租业者与卡拉 OK 经营店构成共同侵权行为，应该承担得知卡拉 OK 经营店没有获得原告著作权使用许可这个事实之后继续出租卡拉 OK 装置的损害赔偿责任。

日本最高裁判所虽然也认为卡拉 OK 装置出租业者构成共同侵权行为，但其理由是认为卡拉 OK 装置出租业者在向卡拉 OK 经营店交付装置时，不仅仅应该承担提示义务，而且应当承担确认卡拉 OK 经营店是否和原告缔结或者申请缔结著作权使用许可合同的义务。日本最高裁判所主要考量了以下几个因素。①卡拉 OK 装置的危险性。通过卡拉 OK 装置播放的音乐作品大部分都是著作权的保护对象，在没有征得著作权人许可的情况下，这种装置是一种产生著作权侵害可能性非常高的装置。②被侵害利益的重大性。著作权侵害是一种触犯刑法的犯罪行为。③卡拉 OK 出租业者的社会地位。卡拉 OK 出租业者通过出租这种侵权可能性非常高的装置获取营业上的利益。④预见可能性。卡拉 OK 经营店和著作权人缔结著作权使用许可合同的比例非常之低是一个公知的事实，作为卡拉 OK 装置出租业者，应该预见到只要没有确定卡拉 OK 经营店和著作权人缔结或者申请缔结使用许可合同的事实，就会产生侵害著作权的可能性。⑤结果回避可能性。卡拉 OK 装置出租业者，在非常容易确定卡拉 OK 经营店是否和著作权人缔结了或者申请缔结了著作权使用许可合同的情况下，可以采取措施回避著作权侵害的行为。

（三）通信卡拉OK案（ヒットワン）[3]

该案原告是日本音乐著作权管理协会，被告是ヒットワン株式会社，简要案情如下：从事通信卡拉OK装置出租和销售业务的被告未经原告许可，向93家社交饮食店出租通信卡拉OK装置。该装置不但储存了大量卡拉OK音乐作品，而且被告在向93家社交饮食店交付通信卡拉OK装置后，仍通过通信线路向这些店铺提供新的歌曲数据，供其使用和储存。被告提供的通信卡拉OK装置还有一个特别功能，即如果这些店铺不按照合约缴费的话，被告只要输入一定的信号，这些店铺就无法再使用储存在卡拉OK装置里的音乐作品。原告以被告侵害其管理音乐作品的演奏权和上映权为由，起诉至大阪地方裁判所，要求被告采取措施，不再让这些店铺播放其管理的音乐作品。

大阪地方裁判所判决支持了原告的诉讼请求。其主要理由如下：①被告向演奏、上映原告管理音乐作品的各个社交饮食店提供了必不可少的卡拉OK装置。②被告在向各个社交饮食店出租卡拉OK装置时，没有尽到确认这些店铺是否与著作权人缔结使用许可合同的义务，而且在得知各个店铺构成侵权后，没有促使其获得著作权人许可，也没有解除出租合同或者采取措施停止卡拉OK装置的使用。③被告完全可以控制卡拉OK装置的使用。④被告获得的出租费与各个店铺演奏、上映原告的音乐作品关系十分密切。据此，大阪地方裁判所认为，被告的帮助行为与各个店铺的著作权侵害行为关系密切，其有义务终止该帮助行为。在其中止帮助行为能够制止著作权侵害行为而不中止的情况下，可以类推解释为侵害著作权的主体，构成日本著作权法第112条第1款所说的"侵害著作权者或者有可能侵害者"，原告可以对其提出差止请求（差止的具体内容为：被告采取措施，不再让93家店铺播放卡拉OK乐曲）。

（四）选撮见录案（よりと"りみと"り）[4]

该案原告是每日放送、朝日放送等5家电视台，被告是クロムサイス株式会社。简要案情如下：被告生产、销售一种面向集体宿舍的电视节目录制装置，该装置通过天线接收电视台信号，应用户的预约请求录制并保存一周的电视节目，并根据用户的预约收看请求发送给各个用户观看。该案中，被告将此种电视节目

---

[3] 大阪地方裁判所平成14年（ワ）第9435号事件。
[4] 大阪地方裁判所平成17年（ワ）第488号事件。大阪高等裁判所平成17年（ネ）第3258号事件。

录制装置销售给集体宿舍的建设者或者销售者后，将其安放在集体宿舍的管理人员办公室内，并在各个用户家里安装了与电视机相连的配套收视器，配备了遥控器，在管理人员办公室安装了服务器，通过该服务器，该电视节目录制装置和用户家里的收视器、被告的计算机组成了一个可以工作的联网系统。具体工作原理和过程如下：用户通过联网收视器发出录制预约指令，录制装置自动录制，录制完毕后应用户的收看请求指令自动将录制好的电视节目发送给用户，录制装置一旦发生故障，被告立即知晓，从而及时进行维护。为此，每个用户每月需要支付给被告1200~1400日元的维护费用。原告每日放送等5家电视台以著作权和著作邻接权侵害为由，起诉到大阪地方裁判所，请求被告停止销售电视节目录制装置并废弃已经生产的装置。

大阪地方裁判所认为，由于用户预约的节目可以供其他用户或者后来入住的用户选择观看，因此个别用户的复制不构成私人复制。被告生产、销售电视节目装置的行为虽然没有构成直接侵害著作邻接权的行为，但该种行为几乎必然导致侵害著作邻接权的发生，在用户直接侵害行为很难排斥、预防的情况下，即便电视节目复制装置生产、销售者的行为并非直接侵害权利的行为，也可以将其行为视为日本著作权法第112条第1项规定的"侵害著作邻接权或者有侵害可能的行为"，从而准许原告行使差止请求权。为此，大阪地方裁判所判决被告应该在涉案的关西地区停止销售电视节目录制装置。大阪高等裁判所维持了一审判决，但所持理由有所不同。大阪高等裁判所认为，被告在用户对原告电视节目非法录制过程中起到了技术上的决定性支配作用，并且在销售该装置后为了保持装置稳定的运行，还和设置在管理员办公室的服务器进行了联网，通过远距离遥控对该装置进行了管理，并因此赚取了利益，因而被告为侵害著作邻接权的主体。

（五）ファイルロク案[⑤]（file rogue）

该案原告是日本音乐著作权管理协会，被告是在网络上提供共享软件服务的公司エムエムオ。简要案情如下：被告提供的软件是一款非常初期的软件，需要共享软件的会员用户访问被告的中央服务器，才能获得自己所需要的文件。具体原理如下：被告的免费注册会员用户首先下载并安装其提供的P2P软件，然后访问被告中央服务器，被告中央服务器显示处在联网状态的其他用户可以共享的文件，会员用户下载使用。不过在这一过程中，被告的中央服务器本身并不储存用户可以用来共享的文件。原告以自动公众送信权和送信可能化权被侵害为由，向

[⑤] 东京地方裁判所平成14年（ワ）第4237号事件。东京高等裁判所平成16年（ネ）第405号事件。

东京地方裁判所起诉,要求被告停止侵害并赔偿损失。

审理此案的东京地方裁判所和东京高等裁判所一致认为,虽然被告的中央服务器在其会员用户交换文件的过程中不储存文件,但因为用户进行文件交换时必须以安装、使用其提供的软件为前提,必须连接其服务器,而且必须在其服务器上确定自己所需要文件所在位置,并且被告在其网页上说明了该软件的使用方法,几乎所有用户都按照该说明方法进行使用,因此认定被告对用户侵害公众送信权的系统进行了管理,具备管理性;同时,被告从用户下载软件的网站上获得广告收入,构成利益性,因此被告构成公众送信权侵害的主体,应当承担停止侵害和赔偿损失的责任。

(六) 录画ネット案[6]

该案原告为日本放送协会,被告为某有限责任公司。简要案情如下:为了让居住在海外的日本人能够方便地收看日本国内电视,被告在日本国内通过电脑电视录制好电视节目后,经由网络传送给海外的用户观看。和上述选撮见录案件中被告利用一台录制装置为许多用户提供服务不同的是,该案中被告安置在自己事务所内的电脑电视与用户在海外使用的电脑一一对应,海外用户发出录制指令后,只有与之对应的唯一一台录制装置为其录制电视节目,被告也因此主张自己仅仅给用户提供了放置录制装置的场所。为了使用户能够简单地进行操作,被告为用户提供了使用该录制装置的专用软件,用户必须在网络上注册为被告的会员并经过认证后,才能享受该录制服务。日本放送协会以著作邻接权受到侵害为由,提出了请求被告停止提供该服务的假处分要求。

东京地方裁判所一审决定、东京地方裁判所异议决定、日本知识产权高等裁判所上诉审决定一致认定,被告构筑并管理了一个录制原告电视节目的系统,为复制行为主体。决定性的因素有四个方面:①服务的性质。被告提供的服务以居住在海外的日本人为服务对象,以让其收看到日本电视节目为唯一服务目的。②系统的构筑和管理。被告在自己的事务所内设置了电视电脑、电视天线、加速器、分配机、服务器、路由器、监视服务器以及软件,并将其有机组合成一个录制系统。这些器械都是被告准备和被告所有的。被告时常监控这个系统,以保证其顺利工作。被告将这个系统作为一个整体进行了管理。③录制的电视节目范围由被告决定。④被告主导了用户的接触和下载行为。用户通过自己的计算机和被

---

[6] 东京地方裁判所平成16年(モ)第15793号事件。知识产权高等裁判所平成17年(ラ)第10007号事件。

告运营的网络接触时，必须经过会员认证手续，然后按照被告在网络上提示的顺序录制节目。

（七） まねきTV 案[7]

该案原告是日本放送协会，被告是株式会社永野商店。简要案情如下：为了让居住在海外的日本人、居住在日本国内但经常出差的人以及无法收到电视信号的用户能够方便收看电视节目，被告给用户提供了一个可以方便录制和收看电视节目的系统。该案中被告系统的工作原理和上述第6个案件即录画ネット案大致相同。不同之处在于：该案中用户使用的录制装置是索尼公司生产的无地点限制电视（location free）[8]，是市场上销售的一般产品，无需被告提供任何特殊软件，用户从市场上购买回来后就可以直接用来收看电视节目；录画ネット案中的电脑电视是被告提供的，而该案中被告用来为用户录制电视节目的无地点限制电视是用户自己从量贩店购买回来后交给被告的。此外，虽然无地点限制电视与用户的专用电脑或者显示器形成一一对应关系，但用户在对无地点限制电视下达指令时无需被告进行任何特别认证手续。原告以被告提供的服务侵害其送信可能化权为由，向东京地方裁判所提出请求被告停止提供该服务的假处分请求。

东京地方裁判所和日本知识产权高等裁判所认为，由于无地点限制电视是在市场上可以随意买到的不仅仅只有电视节目录制功能的一般产品，被告的服务也没有使用特殊的软件，无地点限制电视也不能向多数用户发送录制好的电视节目，被告保管的多台无地点限制电视也没有作为一个整体系统发挥功能，因此不能认定被告的行为侵犯了原告的送信可能化权。

（八） MYUTA 案[9]

该案原告是イメシシティ株式会社，被告是日本音乐著作权管理协会。简要案件如下：原告是提供储存服务的公司。所谓储存服务，一般是指：移动手机、个人电脑硬盘容量有限，在出差时大容量的数据往往不适合携带，提供储存服务的公司将用户的大量数据保存到其服务器上，用户到达出差地后再经过互联网读

---

[7] 东京地方裁判所平成18年（ヨ）第22027号事件。知识产权高等裁判所平成18年（ラ）第10012号事件。

[8] Location Free 包括基站（LF – B1）和播放软件（LFA – PC2）两部分组成。基站可以和宽带路由器、有线电视、DVD播放器或者DVD录像机相连接。通过Internet宽带连接，Location Free 基站能无限传输现场或者录制的电视节目，存放于VHS录像带或者DVD中的音频或者视频内容，任何一台具备无线局域网连接的笔记本电脑或者PSP掌机都可以接受这些节目。

[9] 东京地方裁判所平成18年（ワ）第10166号事件。

取保存在服务器上的数据加以利用。但该案中原告不仅仅提供储存服务。原告的装置 MYUTA 首先将用户的原始数据转变为可以用于手机上播放的 3GP 文件,经过原告的服务器后,用户手机就可以保存本来是 CD 上的乐曲。原告担心自己的服务受到日本音乐著作权管理协会的诉讼,就首先针对被告提起了债务不存在的确认之诉。

东京地方裁判所认为,原告要想成功地向手机用户提供服务,首先必须在其服务器内复制被告乐曲,然后再向用户的手机发送数据;该复制、发送行为是在原告支配下的服务器中完成的;虽然用户可以决定复制哪首乐曲,但是原告提供的服务中不可缺少的用户软件内容、储存条件、送信功能都是原告设计并决定的;用户自己把 CD 上的原始乐曲数据转换为手机可以播放的形式在技术上是困难的,恰恰是原告提供的服务才使其成为可能。综合考虑这些因素,复制行为的主体应当认定为原告而不是用户。由于原告提供的服务存在侵害被告复制权和自动公众送信权的可能,所以东京地方裁判所对其请求没有给予确认。

(九) ロクラク案[⑩]

该案原告是东京放送株式会社和静冈放送株式会社,被告是日本数字化家电株式会社。简要案情如下:被告将自己生产、销售的一种具有电视节目录制功能的母机置于自己的事务所内,而将与母机一一对应的子机租赁或出售给居住在海外的日本人使用。被告在日本国内用母机录制好电视节目后,经由互联网传输给海外的用户。其特点在于,在海外用户发出录制指令后,只有与之对应的唯一一台母机为其录制、传输电视节目。在这个过程中,用户不能随意更改子机的设置。原告以复制权和著作邻接权侵害为由,向东京地方裁判所提出被告停止提供该服务的假处分请求。

东京地方裁判所认为,被告以海外利用者获得日本电视节目的复制品为目的而构建了上述系统,该系统对于复制日本的电视节目并将复制了的节目向海外送信等活动具有重要意义。在设备调试过程中,母机置于被告事务所内,为了使母机发挥功能,被告将电视天线端口通过分配器与母机相连并提供电源和接入高速网络,因此可以认为被告是将其作为一个系统在事务所内进行着管理。调试完毕后,即使母机设置场所被转移,由于被告对母机的设置、维护以及运行环境的改善等,与将母机设置在被告事务所内的情况一样,属于管理行为的继续。据此应

[⑩] 东京地方裁判所平成 19 年(ワ)第 17279 号事件。知识产权高等裁判所平成 20 年(ネ)第 10055 号事件。

该认为，该案服务所提供的母机是处于被告的实质性管理支配下的，被告将这些母机以及为该服务所提供的环境作为系统进行着管理。同时，被告因此获得了初期注册费和租金等利益。基于上述理由，东京地方裁判所认定复制行为主体是被告而不是直接利用者。

但是日本知识产权高等裁判所推翻了东京地方裁判所的这个判决。其主要理由是：被告对母机及附属设备的设置、管理，只不过是为母机发挥功能提供一种技术性前提的环境和条件，只是基于技术性、经济性理由而代替利用者进行的配备而已，不能以此认为被告实质性地管理、支配着本案的复制行为。关于被告对母、子机之间通信的管理以及被告对复制环境的配备行为，即使是利用者亲自对母机进行管理（即被告不被视为行为主体）时也会发生，因此将被告视为行为主体的理由不充分。被告获得的初期注册费和租金，是出租机器本身及进行维护管理所必要的对价，与是否提供录像等问题无关。即使被告收受了每月 2000 日元的其他费用，也没有足够证据证明该费用具有作为复制信息的对价的性质。因此，实质管理、支配母机的是用户而不是被告，被告提供的服务不过是使用户的合理使用行为更加有效率，因此复制行为的主体不是被告而是用户。

二、日本学界关于著作权间接侵害行为的类型化及相关法理

（一）日本学界关于著作权间接侵害行为的类型化

根据上述典型案例，日本学者对著作权间接侵害行为进行了类型化。其中吉田克己教授和田村善之教授的分类最具有代表性。[⑪]

田村善之教授将著作权间接侵害行为类型化为以下三种形式：①对直接利用他人作品的行为进行人为的管理乃至支配的行为。比如上述第 1 个案件中猫眼俱乐部的行为。这种行为的主要特点是间接侵害行为人虽不直接利用他人作品，但对直接利用他人作品的行为进行了管理乃至支配。②为直接利用他人作品提供利用手段的行为。比如上述第 2 个案件和第 4 个案件中被告的行为。该行为的主要特点是间接侵害行为人虽不直接利用他人作品，但为直接利用他人作品行为提供了利用手段。③提供诱发利用他人作品行为系统的行为。比如上述第 5 个案件、第 6 个案件、第 7 个案件、第 8 个案件、第 9 个案件中被告的行为。这种行为的主要特点是间接侵害行为人虽不直接利用他人作品，但为直接利用他人作品行为

---

⑪ 参见：[日] 吉田克己. 著作權间接侵害と差止請求 [M] //新世代知的财産權法政策学的创成. 东京：有斐阁，2008：253 - 308. [日] 田村善之. 著作權的间接侵害 [M] //著作權法的新论点. 东京：商事法务，2008：259 - 306.

构筑和管理了一个复制系统。

吉田克己教授则将著作权间接侵害类型化为以下三种形式：①场所机会提供型的间接侵害。指由于为直接利用他人作品行为提供了场所和机会，结果导致在自己支配的领域内发生了著作权侵害行为。比如上述第1个案件中被告的行为。此种间接侵害行为的特点是直接行为人的利用行为受场所机会提供者的支配。②道具提供型的间接侵害。指提供侵害著作权的道具而发生的著作权侵害行为，比如上述第2个案件、第3个案件、第4个案件中被告的行为。此种间接侵害行为的特点是直接利用行为构成著作权侵害，被告为此种直接侵害行为提供了工具。③系统提供型的间接侵害。指为直接复制行为构筑一个可以支配的复制系统并提供相应服务的行为，比如上述第5～9个案件中被告的行为。此种间接侵害行为的特点是直接利用行为基本上构成著作权法上的合理使用行为，而且间接行为人对复制系统进行了支配，并通过支配该复制系统对直接利用他人作品的行为进行了支配。不过也存在例外，即少数情况下直接利用行为构成侵权行为时，如果间接行为人为其提供了复制系统并对该系统进行了支配，也构成此种类型的间接侵害。

总的来看，上述两位学者的分类虽然说法不同，但实质上大同小异，即将著作权间接侵害行为分为对直接利用作品行为进行管理乃至支配的行为、为直接侵害他人著作权行为提供工具的行为、为直接利用作品行为提供自己可以进行管理乃至支配的复制系统的行为。

（二）日本学界关于处理著作权间接侵害行为的相关法理

上述案件中的被告或被判决承担停止侵害的责任，或被判决承担赔偿损失的责任，或被判决同时承担停止侵害和赔偿损失的责任，为了从理论上解释没有直接利用他人作品的被告承担著作权侵害责任的依据，日本学界在上述案例的基础上，总结出了以下两种追究被告责任的法理：

1. 卡拉OK法理。又称为扩张直接利用他人作品行为主体的手法，最初是指将管理和支配直接利用他人作品行为的场所和机会提供者作为直接利用他人作品行为主体，后来是指将管理和支配复制他人作品的系统提供者作为直接利用他人作品行为主体的法理。卡拉OK法理是日本学者根据上述日本最高裁判所对猫眼俱乐部案件所作判决总结出来的。根据这个法理的最初含义，被告提供场所和机会的行为如果具备以下两个要件，则尽管其没有直接利用他人作品，也应当从法律角度评价为直接利用他人作品的行为主体。

（1）管理、支配性。即被告对直接利用他人作品的行为（该种行为属于合理使用等合法行为还是侵害著作权的行为在所不问）进行了管理乃至支配，直接利用他人作品的行为人只不过充当了场所和机会提供者非法利用他人作品的手和脚，即工具。在猫眼俱乐部案件中，被告对顾客的管理和支配性表现在：卡拉OK店事先准备好了卡拉OK曲目，顾客在这个范围内选择歌唱的曲目；卡拉OK店的服务员劝诱顾客歌唱；卡拉OK店的服务员为顾客具体操作卡拉OK装置。

（2）利益性。即被告从直接利用他人作品的行为中获利。在猫眼俱乐部案件中，这种利益性表现在：被告将顾客的歌唱作为一种营业手段，以此酿造一种氛围，招徕喜欢此种氛围的顾客光顾，从而提高了营业收益。

日本最高裁判所上述判决，对日本地方裁判所产生了深远影响。许多地方裁判所在此后的类似案件中，都通过管理、支配性和利益性两个要件将并未直接利用他人作品的行为主体规范地等同于直接利用他人作品的行为主体。田村善之教授认为，上述卡拉OK法理的意义在于两个方面。一是明确肯定了著作权人可以对场所机会提供者行使差止请求权。二是即使直接利用者的行为构成著作权法上的合理使用等合法行为，场所机会提供者的行为也构成著作权侵害。[12]

然而，上述卡拉OK法理从诞生之日起就受到了诸多日本学者和法官的猛烈批判。批判首先来自当时亲自参与猫眼俱乐部案件审理的伊藤正己法官。伊藤正己法官认为，如果是卡拉OK店的陪唱人员或者服务员歌唱，将卡拉OK经营者作为直接利用主体是没有问题的，或者是陪唱人员和顾客一起歌唱，将陪唱人员和顾客的歌唱视为一体从而认定经营者为音乐作品的直接利用主体也是没有问题的。但在只有顾客单独歌唱的情况下，把经营者解释为音乐作品的直接利用主体不免显得有些牵强附会。理由在于，虽然经营者的行为对顾客存在一定程度的管理性和营利性，但顾客的歌唱行为并非基于雇佣、承包等契约关系或者基于对经营者承担的某种义务，完全是顾客自由、任意地利用音乐作品的行为。伊藤正己法官认为，还是应该着眼于卡拉OK装置本身，认定在卡拉OK店内播放音乐伴奏带的行为构成演奏权侵害。[13] 简单地说，伊藤正己法官认为，虽然卡拉OK经营者对顾客的歌唱行为存在一定程度的管理，但还谈不上已经到了支配的程度，因此卡拉OK法理中的第一个要件不充足。伊藤正己法官的这种意见得到了一些日本学者的赞同。上野达弘准教授认为，根据"手足论"，只有在具备雇佣契约等关系的前提下，对直接利用行为具有密切的支配关系或者隶属关系时，才能将直接利用行为主体评价为规范的利用行为主体。在直接利用行为人按照自己的自

---

[12] 同注［11］，田村善之文，266 - 267.
[13] 参见日本最高裁判所对昭和59年（才）第1204号猫眼俱乐部事件判决书中伊藤正己法官的补充意见。

由意志任意从事利用行为的情况下，不能认为存在所谓的"手足关系"。上述的猫眼俱乐部案件中，顾客完全是按照自己的意思自由进行歌唱，和卡拉OK经营者之间并不存在支配和被支配的关系，因而不能将顾客的歌唱行为评价为卡拉OK经营者的歌唱行为。[14] 吉田克己教授也认为，卡拉OK法理的拟制色彩过强。[15]

田村善之教授和吉田克己教授则对卡拉OK法理中的利益性要件进行了猛烈批评。田村善之教授认为，即使没有获得具体的利益，如果间接行为人管理着直接侵害行为，在其能够停止该直接侵权行为的情况下，就应该采取措施停止该直接侵权行为。特别是在互联网中，提供复制技术和服务的行为人即使没有营利目的，但在其提供行为可能诱发大规模直接侵害行为的情况下，对著作权人的影响也是非常巨大的。考虑到这些因素，田村善之教授认为，卡拉OK法理只要具备管理性一个要件就足够了。[16] 吉田克己教授则认为，卡拉OK法理通过手足论扩张直接利用他人作品的行为主体并允许著作权人行使差止请求权的实质在于，将著作权侵害行为由原来的未经著作权人许可从事著作权法规定的作品利用行为，扩张解释为损害著作权人经济利益的行为，因而必须严格划定侵害行为与非侵害行为之间的界线。由此，应该将卡拉OK法理规制的行为严格限定为将直接利用行为者作为"手足"而利用他人作品的行为，即支配直接利用他人作品行为的行为。吉田克己教授进一步认为，对直接利用行为是否具有支配关系，可以通过是否存在雇佣契约、是否存在指挥命令关系、支配者是否决定利用他人作品的内容和方式等要素加以判断。一旦肯定了支配关系的存在，支配者就相当于刑法上所说的间接正犯，可以判断为规范的利用主体。如此一来，营利性也就不再属于支配行为成立的要件。[17]

或许是因为学者们猛烈批评的缘故，日本有些地方裁判所在后来的一些判决中，逐渐缓和甚至抛弃了卡拉OK法理中的利益性要件。在有些案件中，被告即使没有获得直接利益，而只获得间接利益，比如上述第5个案件，日本裁判所也认为符合利益性要件。在有的案件中，被告甚至根本没有获得任何利益，比如上述第6个和第8个案件，日本裁判所也认定被告属于直接利用行为主体。在第6个案件中，东京地方裁判所和日本知识产权高等裁判所一致认为，被告构成并管

---

[14] 参见：[日] 上野達弘. いゎゆる'カラオケ法理'の再检讨 [M] //纹谷畅男教授古稀记念知的财产法と竞争法の现代的展开. 东京：发明协会，2006：784 - 785.

[15] 同注 [11]，吉田克己文，259 - 260.

[16] 参见：[日] 田村善之. 著作權法概说 [M]. 东京：有斐阁，2001：178.

[17] 同注 [11]，吉田克己文，296 - 297.

理了一个直接利用者可以录制原告电视节目的系统,因此为侵权复制行为的主体。在第 8 个案件中,东京地方裁判所认为,原告的文件格式转换装置以及相应服务在用户复制和在线传输被告享有著作权的音乐作品的过程中,发挥了支配性作用,因此为侵权复制和非法在线传输行为的主体。利益性要件缓和甚至抛弃的结果是,使得卡拉 OK 法理适用起来更加严厉。

日本最高裁判所在猫眼俱乐部案件中创造的所谓卡拉 OK 法理在发展过程中,不但利益性要件发生了变化,而且管理支配性要件也发生了变化,主要表现为以下两个方面:第一,管理支配的对象由猫眼俱乐部中的直接利用他人作品的行为变成了为直接利用行为构筑的复制系统和相应服务。上述第 5~9 个案例中,被告提供的都是这样的复制系统和服务。按照吉田克己教授的观点,在这几个案件中,被告管理支配的对象之所以发生了变化,一方面是因为直接利用者是否成为被告系统的利用者、成为被告系统利用者之后是否实际利用这个系统、如何利用这个系统,都是由直接利用者自由决定的,因而不能认为系统构筑者管理乃至支配的是利用者行为;另一方面则是因为被告对系统的利用设置了一定规则和限制。基于这两个因素,可以认为被告通过对复制系统和服务的管理、支配而对直接利用者的利用行为进行了管理乃至支配。按照吉田克己教授的观点,判断被告是否对直接利用者复制他人作品的系统进行了支配,可以综合考虑以下几个要素:被告提供服务的性质,是否以引起著作权侵害的行为作为唯一目的;是否为直接利用他人作品行为构筑和管理了一个有机系统;是否决定利用他人作品的内容;是否主导了直接利用他人作品的行为。如果回答都是肯定的,则被告构筑并管理乃至支配了一个利用他人作品的系统,具备管理支配性。同时,吉田克己教授还认为,对于这种系统管理支配型的间接侵害行为而言,还必须具备利益性,只有当被告通过管理支配一个利用他人作品的系统并获得了利益,著作权人才能行使差止请求权。[18] 第二,由于管理支配的对象发生了变化,日本地方裁判所的判决结果也发生了变化,出现了否定管理支配性因而认定被告非他人作品直接利用主体的判决。最典型的就是上述第 7 个案件和第 9 个案件的终审判决。[19]

---

[18] 同注 [11],吉田克己文,第 296-298 页。
[19] 关于日本知识产权高等裁判所对第 9 个案件,即ロクラク案件的判决,日本有学者认为不再属于卡拉 OK 法理的应用,而属于一种新的法理,即综合考量型的法理。但笔者认为,虽然日本知识产权高等裁判所认定被告不是复制行为主体加上了被告行为只不过使合法利用行为更加有效率这一因素的考虑,但根本上还是认为被告对复制装置及其系统缺乏管理支配性,因此该判决仍然属于卡拉 OK 法理的变种。参见:[日] 佐藤丰. 著作物の適法利用のための手段提供の是非—ロクラクⅡ事件控訴審判決を題材に [J]. 知的財産權法政策学, 2009 (25).

2. 帮助侵权法理。帮助侵权法理是民法中共同侵权行为理论在知识产权领域中的应用，因此并没有什么新意。按照日本民法典第 719 条第 2 款的规定，教唆或者帮助不法行为人实施不法行为的，视为共同不法行为人，由此给他人造成损害的，承担连带责任。按照日本民法学界对该条文的一般解读，构成教唆性或者帮助性的共同侵权行为，一般需要具备以下几个要件：被教唆者或者被帮助者的行为构成侵权行为；教唆者或者帮助者实施了教唆或者帮助行为；教唆者或者帮助者主观上具备过错，明知或者应当知道被教唆者或者被帮助者实施侵权行为。民法的这种理论在上述第 2 个、第 3 个、第 4 个案件中得到了应用。

根据帮助侵权法理追究场所等提供者的责任，日本学者之间在两个问题上不存在分歧：一是按照日本民法典第 719 条和第 709 条的规定追究教唆者、帮助者的损害赔偿责任不存在任何问题。二是教唆、帮助侵权的成立以被教唆者、帮助者，即直接行为者的行为构成侵权为前提，在直接利用行为构成著作权法上的合理使用等合法行为时，教唆者、帮助者也不构成侵权。

但是，根据帮助侵权法理，能否追究教唆者、帮助者的差止责任，日本判例和学说存在肯定说和否定说两种截然相反的观点。坚持肯定说的判例以上述第 3 个案件的判决和第 4 个案件大阪地方裁判所的判决为代表。这两个判决的主要共同点在于，当直接利用行为难以排除的情况下，考虑到被告提供的工具和直接侵害行为之间的密切关系等因素，可以将工具提供者类推解释为日本著作权法第 112 条第 1 款所说的"侵害著作权、著作邻接权者或者有侵害之虞者"，从而准许权利人直接行使差止请求权。这种做法得到了吉田克己教授的支持。吉田克己教授总结这两个判例，从中抽象出追究被告差止责任的两个判断要素，即差止的必要性和侵害行为的低保护性。差止的必要性是指如果被告不停止帮助行为的话，从社会的角度看，停止直接侵害行为没有可能性。在考虑差止的必要性时，被侵害利益的重大性也是需要考虑的一个因素。侵害行为的低保护性，是指被告非常容易停止销售等侵害行为、保护被告销售等侵害行为的必要性非常之低。吉田克己教授进一步认为，这两个要件，并不专门着眼于被侵害的利益，而是综合考量了原告、被告利益，从而决定是否应该追究教唆者、帮助者的差止责任。这种构造与民法上通过差止保护绝对权的构造不同。教唆者、帮助者虽然对著作权人利益构成损害，但是日本著作权法并不认为这是对著作权人利益的直接侵害，教唆者、帮助者的行为也并非直接利用著作权的行为，以此为前提，在考虑是否追究教唆、帮助者的差止责任时，就必须以差止的必要性和侵害行为的需要保护性为中心，进行综合判断。[20]

此外，还有学者从其他角度提出了赞成的理由。比如田中豊认为，著作权属于对著作物的独占支配权，为了确保著作权人的这种支配手段，应该维持著作权人排除妨碍对其著作物进行独占支配的地位，因而著作权人差止请求的对象不应该限定为直接利用行为人，对于帮助者，至少也应该类推解释为侵害主体，允许著作权人行使差止请求。从实效性上看，在侵害行为继续的情况下，对于帮助者如果只能事后追究其损害赔偿责任，对于保护权利人明显是不利的。再者，从日本著作权法第112条第1款的规定看，作出上述理解也不存在文理上的问题。[21]

否定说则以上述第2个案件以及东京地方裁判所对スタデジオ案的判决和2ちゃんねる小学馆案[22]的判决为代表。日本最高裁判所在上述第2个案件的判决中虽然没有就是否应该追究被告的差止责任发表任何意见，但东京地方裁判所在后两个判决中则清楚表达了不支持原告差止请求的理由。综合起来主要有两点原因：一是根据日本著作权法第112条第1款的规定，只有形式上符合日本著作权法第21~28条所列举的各种利用行为，权利人才能行使差止请求权，才能追究被告的差止责任。如果将差止的对象扩大到损害著作权人经济利益的行为，则超过了法律解释的限度，不适当地扩大了著作权人权利的范围。二是将基于著作权的差止请求权与民法上的物权差止请求权进行类比。物权差止请求的对象为侵害支配权的行为人，以此来看，基于著作权的差止请求权对象也应当理解为产生侵害行为者或者侵害之虞者，而不能随意扩大。东京地方裁判所的判决同样得到了一些日本学者的赞成。比如，田村善之教授认为，虽然按照日本民法典第719条和第709条的规定，帮助侵权法理在追究教唆者、帮助者的损害赔偿责任方面不存在任何问题，但能否根据这个法理追究教唆者、帮助者的差止责任，则是一个问题。[23] 法官高部真规子也以和东京地方裁判所大致相同的理由坚持否定说。[24]

总的来看，否定说目前是日本的主流观点，并得到判例的支持，肯定说则是少数派观点，除了得到上述大阪地方裁判所对两个案件判决的支持外，尚没有得到其他裁判所的支持。

---

[20] 同注[11]，吉田克己文，300-302.
[21] 参见：[日]田中富. 著作权侵害とこれに關与する者の责任[J]. コピライト，2001 (485)：2. 著作权の間接侵害=实效的司法救济の試み[J]. コピライト，2004 (520)：7.
[22] 东京地判平成16.3.11 判时1893号131页"2ちゃんねる小学馆事件"。
[23] 同注[11]，田村善之文，260-261.
[24] 参见：[日]高部真规子. 著作權侵害の主体について[J]. ジュリスト，1306号，126-128.

三、检　讨

以上两个部分简要地介绍了日本关于著作权间接侵害的典型案例以及代表性学说。下面对上述案例和学说进行简要的检讨。

（一）日本著作权间接侵害问题的由来

日本关于著作权间接侵害主要涉及两个问题：一是没有直接利用他人作品的场所等提供者是否能够成为侵害著作权的主体？二是如果这些提供者能够成为侵害著作权的主体，著作权人能否主张差止请求权？围绕这两个问题，日本判例和学说进行了热烈的讨论。那么，为什么在日本会产生讨论如此热烈的著作权间接侵害问题呢？归纳起来，主要存在以下三个方面的原因。

1. 和日本著作权法关于著作权侵害行为的立法模式相关。日本专利法第101条虽然明确规定了专利权间接侵害行为，但日本著作权法并没有像其专利法那样，明确规定著作权间接侵害行为。具体表现为，日本著作权法第21～28条采取限定列举方式列举了著作权人应该享有的复制权等专有权利。按照日本著作权法第112条第1款的规定，只有未经著作权人同意，擅自直接实施著作权人上述专有权利控制范围内的行为，才构成著作权侵害行为，著作权人或者邻接权人才可以请求停止侵害或者预防侵害。不但如此，日本著作权法第113条对视为著作权侵害的行为采取的也是限定列举的方式。这样一来，日本著作权法没有明确列举的为直接利用他人作品提供场所等的行为是否构成著作权侵害行为、构成侵害的话能否追究其差止责任就成了一个问题。

2. 和日本学者对教唆、帮助行为是否可以追究差止责任（包括停止侵害、废弃侵权结果物和侵权工具）的理解有关。由于我国民法学界和知识产权法学界区分直接侵权行为和间接侵害行为的观点不是主流，而且《民法通则》和《侵权责任法》采取的是以民事责任而不是请求权为中心的构造，因此在我国要追究教唆者、帮助者停止侵害的责任并不是问题。从法院判决看，只要判决教唆者、帮助者构成共同侵权行为，法院几乎没有不同时判决教唆者、帮助者承担停止侵害责任的。但日本民法典关于共同侵权责任采取的是不同的构造。按照日本民法典第719条和第709条的规定，在教唆者、帮助者构成共同侵权行为的情况下，教唆者、帮助者应当承担连带赔偿责任，但是否应当承担差止责任并不明确。这种立法构造使得法官、学者在这个问题上的理解产生了严重分歧。在著作权领域中，虽然有裁判所和学者认为可以通过类推解释的方法将教唆、帮助他人侵害著作权的行为解释为日本著作权法第112条第1款规定的行为，著作权人可以主张差止请求权,但更多的日本学者和法官持反对意见,认为是否可以追究教唆者、帮助者的差止责任,立法上并不明确,否则就会超出法解释的范围,不适当扩大著作权人差止请求权的范围,对他人的自由将造成过大妨碍。

3. 和著作权间接侵害责任的作用有关。追究非直接利用者的著作权间接侵害责任,可以达到三重效果。一是一网打尽的效果。在直接侵害行为人海量存在的情况下,由于成本和技术问题,著作权人难以对其一一加以捕捉,而如果能够追究工具等提供者的差止责任,则可以达到一网打尽、一劳永逸的效果。二是隐身衣的对策效果。在场所等提供者利用不构成著作权侵害的直接利用行为获取利益的情况下,如果能够追究场所等提供者的间接侵害责任,则可以揭开其利用他人合法行为达到自己非法目的行为上的隐身衣,从而发挥隐身衣的对策效果。三是钱袋子的效果。在因为成本和技术问题向单个利用者收取使用费事实上存在困难和单个利用者没有支付能力的情况下,著作权人将矛头指向场所等提供者,很容易实现收费的经济目的。㉕ 鉴于这三重作用,著作权人自然热衷于追究场所等提供者的所谓著作权间接侵害责任。

上述第1点和第2点原因是法律上的原因,第3点原因则是经济上的原因。两相比较可以发现,经济原因是决定性的。在当今数字化和网络化的时代,公众都有可能变成低成本甚至零成本的复制者和传播者,如果产业界再为其提供便捷的复制工具、系统和服务,则著作权人的利益将面临更加巨大的风险。在著作权人已经相对变成弱势群体,而著作权法关于公众合理使用的规定没有改变、著作权人追究其责任不可能或者虽有可能但由于成本、技术等因素的限制非常困难的情况下,著作权人只有把矛头指向场所等提供者而不是一般公众,以求一劳永逸地解决问题。一旦著作权人把矛头直接指向产业界而不是公众,博弈就由原来著作权人—产业界—公众三方演变成了著作权人—产业界两方,从而引发激烈的著作权间接侵害问题。上述案件中的情况无不是这样。

(二) 卡拉OK法理和帮助侵权法理的检讨

1. 卡拉OK法理的检讨。日本卡拉OK法理下场所等提供者承担的责任与美国判例法上所说的替代责任存在重大差别。替代责任的适用存在三个前提。一是直接利用行为构成侵权行为。二是责任承担者对直接侵权行为具有监督管理的权限和能力。三是责任承担者从直接侵权行为中获得经济利益。至于主观上是否认

㉕ 参见:[日] 奥邨弘司. 著作権の間接侵害—日米裁判例の勤向と実務への影響、今後の課題[J]. コピライト, 2009 (582): 5-6.

识到直接侵害行为,并不是替代责任必需的要件。可见,替代责任适用的前提是直接行为人的行为构成著作权侵害行为。而根据卡拉 OK 法理,直接行为人的行为即使不构成著作权侵害行为,在具有管理乃至支配关系的前提下,甚至不需要利益性要件,管理乃至支配者也需要承担侵权责任,相比美国的替代责任明显要严厉得多。这样一来,日本卡拉 OK 法理及其变化,正如日本学者已经批判过的那样,虽然解决了场所等提供者的著作权侵害主体性问题,但基于管理性而不是支配性而将场所等提供者等视为规范的直接利用行为主体,存在拟制性过强的弊病,对于技术进步和产业发展非常不利。该法理允许著作权人行使差止请求权的结果,不但会阻碍技术进步和产业发达,而且会使公众享受不到技术进步带来的先进成果和便利。这正如同日本学者所说的,间接侵害允许著作权人行使差止请求权会带来一种"混获现象",在打击违法行为的同时,也会将合法公众都网进渔网里。㉖ 正因为这样,吉田克己教授才极力主张对于行为支配型的工具等提供者而言,只有在提供者对直接利用他人作品的行为起着支配作用的情况下,才构成侵害主体;对于系统支配型的系统等提供者而言,只有提供者对他人可以利用来复制作品的该系统起着支配作用,并且具有利益性时,才构成侵害主体。但即使如此限定,工具等提供者仍然面临巨大风险。

　　田村善之教授主张,卡拉 OK 法理在对直接利用行为具有人的支配关系的案件中仍然具有适用空间,即如果对侵权行为具有管理支配性的话,还是可以利用卡拉 OK 法理追究工具等提供者的侵权责任。㉗ 卡拉 OK 法理根本目的是解决被告的差止责任问题,但即使如此,也用不着专门创造出这样一个法理。原因在于,虽然日本民法典第 719 条和第 709 条只规定了教唆者、帮助者的损害赔偿责任,但根据特别法和一般法关系的原理,特别法有规定的,应当优先适用特别法的规定。作为特别法的日本著作权法第 112 条规定著作权人或者邻接权人可以对"侵害著作权者或者著作邻接权者或者侵害之虞者"行使差止请求权,虽然绝大部分学者持限缩解释,认为此条并没有赋予权利人差止请求权,但从文义解释角度看,由于该条并没有限定"侵害著作权者或者著作邻接权者或者侵害之虞者"必须是直接利用他人作品的行为人,而教唆者、帮助者虽不是直接利用他人作品的行为人,却属于侵害他人"著作权或者邻接权者或者侵害之虞者",因此权利人可以直接对其行使差止请求权。由此可见,为了解决场所等提供者的差止责任问题,不但不需要特别创设出一个卡拉 OK 法理,也无需对日本著作权法第 112

㉖　同注［25］,6.
㉗　同注［11］,田村善之文,294.

条进行类推解释，直接通过对该条进行适当扩大解释即可达到目的。至于在我国，由于我国《侵权责任法》第34条和第35条已经明确规定管理、支配者应当承担直接侵权责任，因此场所等提供者如果对构成著作权侵害的直接利用行为具有管理、支配关系的话，就应当据此承担著作权直接侵权责任，权利人可以直接请求其停止侵害、废弃侵权工具、侵权结果物，卡拉OK法理根本就不存在适用的空间。

从上述的分析可以看出，在著作权的侵害问题上，日本学者和裁判所一直坚持没有著作权法规定的直接利用作品的行为，就没有著作权直接侵害行为。该种解释虽然近乎刻板地严守了著作权法条文的规定，但并非没有可商榷之处。著作权虽不同于物权，但本质上仍然属于法律拟制的著作权人对其作品的支配权，因此只要行为人的行为妨碍了著作权人对其作品的法律拟制支配，行为就构成侵权，至于其是否直接利用并不影响侵权行为的成立。如果这种理解成立的话，工具等提供者提供工具的行为，也就可以理解为和直接利用作品的行为一起，构成了对著作权人对其作品的法律拟制支配，因而构成侵权行为。由此可以得到的一个结论是，是否直接利用作品和著作权侵害行为之间并不存在必然的等同关系。此外，从逻辑上，按照卡拉OK法理，既然场所等提供者被拟制为了他人作品"利用主体"，其行为对著作权人的权利而言，就构成了直接侵害行为。但日本学界仍然将此种行为称为"著作权间接侵害行为"，不免令人匪夷所思、不得其解。

2. 帮助侵权法理的检讨。日本利用来解决场所等提供者间接侵害著作权责任的帮助侵权法理，虽然不是什么新的法理，但有两点值得注意。一是工具等提供者的注意义务问题。如何划定场所等提供者注意义务的界线，是决定场所等提供者主观上是否存在过错、是否构成帮助侵权的关键。从上述第2、第3个案件的判决看，日本裁判所在判断被告是否存在注意义务时，基本上综合考量了场所等本身的危险性、被侵害利益的重大性、被告是否从侵害行为中获利、被告预见侵害的可能性、被告回避侵害结果的可能性等因素。这种判断方法是值得我国某些采取过于简单的方法判断工具等提供者是否存在主观过错的法院深思的。二是著作权人能否向工具等提供者行使差止请求权的问题。这个问题关系到场所等提供者自由行为的界线和公众的利益，因此并不是一个简单的问题。虽然日本某些裁判所采用类推解释的方法支持著作权人行使差止请求权，但这种做法并没有得到日本学说上的有力支持。由于立法构造的不同，在构成共同侵权的情况下，我国司法机关对共同侵权行为中的教唆者、帮助者一律判决承担停止侵害的民事责任的做法，是值得检讨的。

但是，就日本裁判所和学者对帮助侵权法理的应用来看，完全脱离了共同侵权形态，而去孤立地讨论帮助侵权的性质，以至于产生出了权利人对帮助侵权行为人是否可以行使差止请求权的问题，并在此基础上发展出了卡拉OK法理，以解决差止请求的问题。如此一来，也进一步导致了将帮助他人合法利用作品的帮助行为作为了一种独立的间接侵害行为处理的结果。其表现是：在诉讼中权利人只针对场所等提供者提起独立诉讼，法院也不再追加直接侵权行为人为被告，即法院不再将因帮助行为引起的诉讼作为必要共同诉讼处理。虽然共同侵权是否属于必要的共同诉讼理论界存在很大争论，但如果将帮助行为作为独立的侵权行为单独起诉，场所等提供者很容易通过"被帮助的侵权行为人和侵权行为究竟在哪里？"进行抗辩，这样一来，将场所等提供者的帮助行为作为独立的诉讼对待的做法就不无疑问。从后果上看，脱离共同侵权诉讼将帮助行为作为独立的诉讼处理，客观上也会使得场所等提供者承担过重的责任，这对产业的发展是非常不利的。

（三）日本关于著作权间接侵害的判例和学说对我国的启示

虽然上述日本著作权间接侵害的判例、学说存在种种问题，但对我国仍然具有以下启示：

1. 立法论和解释论的区别。在日本，无论是实务界还是理论界，都严格注重法律适用、法律研究方法上立法论和解释论的区别。按照铃木贤教授的观点，立法论"就是从立法者的立场出发，面向未来研究和思考最理想的法律，即思考和研究最理想的法条是什么，并进行具体的条文设计，这种讨论方式就是立法论。那么，何谓法解释论？那就是站在法官的立场，在现行法的框架内通过对现行法律进行逻辑推论，针对现实生活中发生的法律问题、法律纠纷等推导出最为妥善、最有说服力的结论，这种讨论方式就是法解释论。"[28]

换句话说，立法论就是把自己假想成立法者、专挑现行法毛病、并在此基础上提出修改现行法意见的一种法律思维、法律研究、法律适用方法。解释论则是把自己假想成法官、比较策略地解释现行法、并在此基础上处理具体案件的一种法律思维、立法研究、法律适用的方法。立法论和解释论的具体区别在于：立法注重法律的应然，解释论注重法律的实然；立法论认为存在完美无缺的法律，解释论则认为不存在完美无缺的法律，只有解释得比较好的法律；立法论者是理性

---

[28] 铃木贤. 中国的立法论与日本的解释论——为什么日本民法典可以沿用百多年之久 [M] // 渠涛. 中日民商法研究（第2卷）. 北京：法律出版社，2004：538.

至上者，而解释论者不是理性至上主义者；立法论不注重案例的研究，而解释论非常注重案例的研究，以弥补法律的不足和漏洞。由于上述差别，铃木贤教授认为，在立法论的思维和方法支配下，能够培养出掌握政策组织立法这种能力的法律专家，却培养不出很好的法解释专家，而在解释论的思维和方法论支配下，虽然容易培养出法解释的专家，但难以培养出能够设计新法律制度的人才。

  日本之所以产生著作权间接侵害、著作权人是否可以对间接侵害行为行使差止请求权等问题，最主要的原因之一就在于日本法律界严格区分立法论和解释论。如上所述，日本著作权法虽然没有像日本专利法那样明确规定著作权间接侵害行为，但由于这个问题涉及著作权人、产业界、公众三者之间的利益博弈关系，因此日本裁判所在碰到有关著作权间接侵害的案件时，并没有简单粗暴地以著作权法没有明文规定为由而判决产业界的被告不侵权，而是根据案件的具体情况，在充分解释著作权法现有规定的基础上作出相应判决。这一方面通过法律解释补充了著作权法的不足，让案件得到了处理，另一方面则通过具体案件的判决给三方当事人特别是产业界提供了比较明确的行为预期，从而使三方当事人的利益处于相对平衡状态，也为著作权法在这个问题上的立法修正提供了宝贵的司法经验。虽然卡拉OK法理的解释方法存在过度扩张直接利用行为主体范围的嫌疑，帮助侵权法理中采用类推解释方法追究场所等提供者差止责任也可能对产业界和公众不利，但整体而言，日本严格区别立法论和解释论的思维和方法对于我国司法机关而言还是具有借鉴意义的。我国司法机关适用法律的情况往往是，没有法律明文规定或者规定不清楚的情况下，要么简单粗暴地驳回权利人的主张，要么随心所欲地对现有法律进行解释。这两种倾向都不利于新的情况下权利人、产业界、公众之间利益的平衡。我国理论界则过分注重立法论而忽视解释论，理论研究成果严重脱离司法实践，这既不利于为法律的适用提供理论指导，也不利于真正推动立法的进步。

  2. 司法机关的角色定位问题。日本的司法机关不仅仅发挥着适用法律、处理案件的作用，而且发挥着通过解释法律处理案件进行行为指引、价值导向的作用。由于著作权间接侵害涉及著作权人、产业界、公众三者之间的利益，加上日本著作权法没有明确规定间接侵害行为，司法机关如何解释著作权法、作出何种判断就具有了重要的行为指引和价值导向作用。日本司法机关的做法是：尽量使著作权人、产业界、公众三者利益保持平衡。其具体做法是：如果某个有利于著作权人的判决事后对技术进步和产业发展钳制作用过大，再次发生类似案件时，裁判所就会根据具体案情通过应用不同法理作出一个相反的、有利于产业界的判决。相反的情况也是如此。上述第4、6、7、9个案件的判决可以清楚看出日本裁判所的这种做法。在这种角色定位支配下，日本的裁判官非常注重对其他裁判所相同性质案件判决的研究。这种注重裁判社会效果以及研究其他裁判所相同性质案件判决的做法是非常值得我国司法机关和法官借鉴的。

3. 直接侵害与间接侵害本身的区别问题。日本区别直接侵害与间接侵害的真正意义在于，是否允许著作权人对间接侵害行为人行使差止请求权。如果允许著作权人行使差止请求权，不管这种差止请求范围的大小，事实上都可能意味着场所等提供者没有办法再向公众提供相应场所、工具、系统、服务。这样一来，上述案件中的文件交换技术、选录电视节目技术、电视电脑技术就难以得到应用，其后果就像上文已经反复提到过的，会妨碍技术进步和产业发展，让公众享受不到科技进步的先进成果。正是由于这个原因，日本学者之间在根据日本现有著作权法的规定著作权人是否有权针对间接侵害者行使差止请求权这个问题上存在巨大分歧，日本裁判所在判决间接侵害行为人承担差止责任时，也总是非常慎重。

我国在共同侵权理论支配下，加上民法通则采取民事责任为中心而非请求权为中心的规定，使司法机关得以根据共同侵权理论追究工具等提供者的责任，并且几乎无一例外判决场所等提供者承担停止侵害即停止侵害责任。采取共同侵权理论虽然由于以直接利用行为构成侵权行为为前提而缩小了场所等提供者侵权的范围，但对于构成共同侵权行为的场所等提供者不加区别地追究停止侵害责任的做法则不利于产业界和公众的利益。借鉴直接侵害与间接侵害分类的积极一面，认真研究差止请求权行使的条件、范围等问题，对于我国深化共同侵权理论研究具有非常重要的意义。

（四）立法论上的问题：应该如何解决著作权间接侵害问题

由于日本著作权法对著作权间接侵害缺少明确的法律规定，虽然日本裁判所在进行法律解释时总体上坚持比较谨慎的态度，但在创造判例心态的支配下，还是导致了同类案件出现了截然相反的判决结果，突出表现在上述第6个案件和第9个案件。这两个案件中，被告的行为基本是相同的，但同样是日本知识产权高等裁判所判决的案件，第6个案件中的原告被判决存在侵权可能，而第9个案件中的被告被判决行为合法，结果完全相反。这种司法结果不统一的局面，促使日本学者不得不去认真思考立法上应该如何解决著作权间接侵害问题，有些学者已经提出了一些想法。比如吉田克已教授认为，从立法论的角度而言，卡拉OK法理只应当适用于具有行为支配关系的案件，间接行为人提供的是复制系统时，不但要求具备系统支配关系,而且要求具备利益性要件。[29] 田村善之教授认为,卡拉 OK 法理适用的主要范围还是应该限定在对直接利用行为具有人的支配关系的场合当中。如果具有人的支配关系,卡拉 OK 法理就只适用于以下情况:只有那种根据自己意志决定是否从事违法行为的主体才拟制为直接利用行为主体。这样,合法决定的行为就不会因为他人的参与而转化为违法行为。在没有人的支配关系的情况下,对于为直接利用行为者提供装置和服务的行为,就不应该采用卡拉 OK 法理,而应像大阪地方裁判所对上述第 3 和第 4 个案件作出的判决那样,以直接利用著作权行为构成违法行为为前提,只对侵权专用品允许著作权人行使差止请求权,或者稍微放宽一下,对于多机能型的装置当其唯一用来进行著作权侵害时也允许著作权人行使差止请求权。这种方法由于仅仅规制法定的违法行为,因此可以对直接利用行为是否违法进行判断。[30] 其他学者也提出著作权间接侵害问题应该交给立法解决,但并没有提出具体的解决办法。[31]

　　日本文部科学省文化审议会著作权分科会法制问题小委员会也一直在检讨这个问题,并于 2006 年 1 月和 2007 年 7 月发表了两次报告。2006 年 1 月发表的报告在分析了采用卡拉 OK 法理判决的一系列判决和允许著作权人对帮助行为人行使差止请求权的有关判决,以及欧盟、美国、英国的实际情况后,提出的基本解决方法是,应该像日本专利法第 101 条第 1 款和第 3 款那样,在日本著作权法中规定,生产侵害著作权专用品的行为视为著作权侵害行为。但究竟什么是侵害著作权的专用品,2006 年的报告并没有进一步的分析。2007 年的报告则在批评卡拉 OK 法理适用的范围、可以差止请求的范围过于扩张的基础上,提出了四种解决方案。第一种方案是在日本著作权法第 112 条中明确规定,可以差止请求的范围不限于直接利用行为,对于直接利用行为以外的某些行为也允许著作权人行使差止请求权。第二种方案是,将著作权间接侵害行为作为一般的行为类型,规定为日本著作权法第 113 条中的视为侵害行为。第三种方案是,将著作权间接侵害行为的具体行为类型作为日本著作权法第 113 条的视为侵害行为加以规定。第四种方案是,新设规定,允许裁判所对著作权间接侵害行为人采取措施。2007 年的报告在分析了每种方案优缺点的基础上,认为第二、第三种方案将著作权人的权利扩张到了著作权所不及的行为上,采取具体列举规定可能招致反对解释,采取一般规定则存在范围不明确的缺陷,因此比较理想的方案是上述第一种方案。

---

[29] 同注 [11],吉田克己文,297 – 298.
[30] 同注 [11],田村善之文,294 – 295.
[31] 同注 [24],129 – 133.

在具体判断某种行为是否构成侵害行为时，2007年的报告又提出了四种方案。第一种方案是，通过管理支配性、侵权发生可能性及其认识两个要件进行综合判断。第二种方案是，通过是否符合与侵害结果之间具有相当因果关系的教唆或者帮助行为进行判断。第三种方案是，结合相当因果关系以及是否存在支配、管理关系进行判断。第四种方案是，以参与侵害行为的可能性和对参与行为的认识为标准进行判断。尽管如此，2007年的报告和2006年的报告一样，没有得出最终结论。但从现有迹象看，日本要出台新的立法恐怕还需较长时日。

那么，究竟应当如何解决场所等提供者侵害著作权的责任问题呢？如前所述，这个问题包括两种情况：一是为构成侵权行为的直接利用者提供工具等的行为人的著作权侵害责任；二是为构成合理使用的直接利用者提供场所等的行为人的著作权侵害责任。要找到这个方法的解决之道，首先必须弄清楚什么是共同侵权行为。

所谓共同侵权行为，是指数人共同不法侵害他人权利或利益的行为，是侵权行为的一种特殊形态。关于共同侵权行为的成立，学说上存在客观说和主观说。客观说认为，只要是两人以上进行的侵害他人权益并导致产生同一损害结果的行为，即使行为人之间没有主观意思联络，也构成共同侵权行为。主观说则认为，共同侵权行为的成立，不但加害人之间客观上必须有共同的加害行为，而且对该加害行为行为人主观上必须存在合谋或共同的认识，否则，只是单纯的加害行为竞合，不构成共同侵权行为。

我国司法解释在人身权侵害上持客观说。2004年最高人民法院发布的《关于审理人身损害赔偿案件适用法律若干问题的解释》第3条规定，"二人以上共同故意或者共同过失，或者虽无共同故意、共同过失，但其侵害行为直接结合发生同一损害后果的，构成共同侵权"。第4条规定，"二人以上共同实施危及他人人身安全的行为并造成损害后果，不能确定实际侵害行为人的，应当依照民法通则第一百三十条规定承担连带责任。共同危险行为人能够证明损害后果不是由其行为造成的不承担赔偿责任"。

可见，共同侵权行为包括共同加害行为和共同危险行为。所谓共同加害行为，是指两个或两个以上的行为人，基于共同故意或共同过失，或者虽无共同故意、共同过失，但其侵害行为直接结合发生同一损害结果，致使他人人身或财产遭受损害的行为。共同加害行为的行为人可以是共同实施侵权行为的人，如甲、乙共同将丙打伤，也可以是其中一方是加害实施人，另一方是教唆、帮助人。所谓教唆人，是指通过语言或行为，怂恿、利诱他人实施侵权行为的人，教唆行为，是加害行为得以发生的主导原因，必然是行为人出于故意的行为。所谓帮助人，是指通过提供工具、给予鼓励的方式，从物质或精神上协助他人完成加害行为的人。帮助行为是侵权行为得以完成的辅助原因，可以是出于故意，也可以是基于过失。无论是教唆行为还是帮助行为，都构成共同加害行为。我国《侵权责任法》第8条规定，二人以上共同实施侵权行为，造成他人损害的，应当承担连带责任。第9条规定，教唆、帮助他人实施侵权行为的，应当与行为人承担连带责任。教唆、帮助无民事行为能力人、限制民事行为能力人实施侵权行为的，应当承担侵权责任；该无民事行为能力人、限制民事行为能力人的监护人未尽到监护责任的，应当承担相应的责任。最高人民法院关于民法通则的司法解释第148条规定：教唆、帮助他人实施侵权行为的人，为共同侵权人，应当承担连带民事责任。教唆、帮助无民事行为能力人实施侵权行为的人，为侵权人，应当承担民事责任。教唆、帮助限制民事行为能力人实施侵权行为的人，为共同侵权人，应当承担主要民事责任。

根据上述有关共同侵权行为的基本规定和基本原理，究竟应该如何解决工具等提供者提供工具等的行为和著作权侵害之间的关系呢？笔者认为，应该分为以下两种情况：

1. 如果直接利用者的行为构成著作权侵权行为，按照解释论，由于我国著作权法未作出特别规定，因此目前我国只能在共同侵权行为的框架内解决工具等提供者提供场所等的行为是否构成著作权侵害的问题。具体来说又分为以下两种形态：（1）如果场所等提供者故意为侵害著作权的直接利用行为提供工具等，则其行为和直接利用者的行为一起，构成共同加害型的共同侵权行为，应当与直接行为人承担连带责任，权利人既可请求赔偿，也可请求停止侵害。（2）场所等提供者提供工具时，虽无故意，但具有过失时，其提供行为同样和直接利用者的行为一起，构成共同加害型的共同侵权行为。其过失则通过以下两种方式进行判断：一是其提供的场所等具有唯一侵权作用时，推定场所等提供者具有主观过失；二是其提供的场所等具有多作用时，如果场所等提供者通过介绍、说明等诱发手段引诱直接利用者利用该场所实施侵权行为，推定场所等提供者具有主观过失。

2. 如果直接利用者的行为属于合理使用行为，按照解释论，场所等提供者的行为既不构成共同侵权行为，也不构成独立的侵权行为，因而必须寻求立法上的解决。具体方法有二：（1）针对提供作用唯一型场所等的行为，由于直接利用者（直接利用者的行为可能构成侵权，也可能不构成侵权）大量存在，从权利人诉讼经济的角度考虑，可以通过立法作出特别规定，将其视为独立的著作权侵权行为。这样特别规定的好处在于：无需像上述日本的卡拉OK法理那样，再去考察场所等提供者是否负有监管责任、是否从直接利用作品的行为中获得了利益，而只要考察该场所是否具有唯一的用于利用作品的作用就够了。相比前者，后者的判断要容易得多。（2）针对提供多作用型工具的行为，为了平衡场所等提供者、著作权人、利用者之间的利益关系，可以规定复制器具等的生产者或者提供者给著作权人或者邻接权人支付适当复制补偿金。[32]

上述解决方法既严守了解释论和立法论之间的区别，也兼顾了产业界、权利人、社会公众三者之间的利益。按照知识产权法定主义的观点，[33]以及我国民法现有的构造，从解释论的角度讲，对工具等提供者当然只能追究以直接利用著作权的行为构成侵权行为为前提条件的共同侵权责任，超过这个界限，追究场所等提供者侵害著作权的责任，不再属于司法权限范围内而属于立法权限范围内的事情，因而笔者总体上赞成上述田村善之教授和吉田克己教授的思路。

但是，从立法论的角度而言，虽然吉田克己教授和田村善之教授给卡拉OK法理和帮助侵权法理的适用设置了较为严格的条件，但由于场所等提供者需要承担差止责任，意味着场所等提供者不能再针对公众的使用行为提供场所、工具、系统或者服务，在现有公众无法掌握先进、复杂的复制技术的条件下，这意味着公众难以甚至无法享受到技术进步带来的好处，公众的利益将受到很大损害。另一方面，既然场所等提供者不能再提供场所、工具、系统、服务，也就意味着提供者新开发出来的先进复制器具等将无用武之地，这毫无疑问会影响到技术和产业的进步。所以说，通过完善这两个法理去解决著作权间接侵害问题并不是理想的办法。由于涉及著作权人、产业界、公众三者之间的利益，著作权间接侵害问题的解决犹如在冰崖上求解生存之道，因此尤其需要慎重。笔者以为，这个问题要解决好，必须认识到以下两个前提性因素：

一是著作权间接侵害要解决的核心问题。虽然日本学者花费很多精力讨论著作权间接侵害中的帮助性侵权问题，但由于帮助侵权以直接利用行为构成侵权为前提，因此按照已有的共同侵权理论追究帮助者的停止侵害责任和损害赔偿责任，学说界和司法界早就达成了共识，因此并不是讨论的重点问题。真正的问题在于：在直接利用行为构成著作权法上的合法行为的情况下，场所等提供者的行为是否构成著作权侵害？是否应该承担停止侵害和赔偿损失的责任？

二是解决著作权间接侵害问题应该追求的价值目标。一是确保技术进步和产

---

[32] 关于补偿金支付的标准、支付主体、支付程序、使用方法等是一个复杂问题，笔者将进行专题研究，此不赘述。

[33] 参见：李扬.知识产权法定主义及其应用[J].法学研究，2006（2）.

业发展。具体来说，要确保复制装置等先进技术装置能够生产出来并得到应用，从而促进技术进步和产业发展。这既是一个社会进步所必需的，也是知识产权法的首要趣旨。二是确保公众能够享受到技术进步所带来的便利。公众享受不到技术进步带来的便利的话，再先进的技术开发出来也是没有意义的。三是确保著作权人具备足够的创作激励。由于复制技术的数字化和信息传播的网络化，传统著作权法中受制于复制技术和传播手段的公众小范围利用著作权人作品不会对著作权人利益造成实质性影响的情况已经不复存在，大量的私人复制和传播已经对著作权人利益构成了实质性损害，在当今时代，著作权对他人自由造成的妨碍已经大为减缩，而著作权带给创作者的激励正在急剧减少，在这样的情况下，如果没有一种切实可行的机制确保著作权人创作的激励，著作权法确保有足够的作品被创作出来的趣旨就会落空。唯一能够满足上述目标的机制就是上述立法论提出的两种方法。

从上述的分析可以看出，场所等提供者的著作权侵权责任问题，应当放在共同侵权的框架内进行讨论，即使需要通过法律进行特别规定，也只能将具有唯一侵权作用的场所等提供行为视为侵害著作权的直接侵权行为。一句话，应当抛弃所谓著作权间接侵害行为以及专利法所讲的专利权间接侵害行为和商标法中所讲的商标权间接侵害行为的似是而非的、含混不清的说法。

参考文献

[1] [日] 吉田克己. 著作權間接侵害と差止请求 [M] //新世代知的财产權法政策学の创成. 东京: 有斐阁, 2008.
[2] [日] 田村善之. 著作權の間接侵害 [M] //著作權法の新论点. 东京: 商事法务, 2008.
[3] [日] 上野達弘. いゎゆる'カラオケ法理の再检讨 [M] //纹谷暢男教授古稀记念知的财产法と竞争法の现代的展开, 东京: 发明协会, 2006.
[4] [日] 田村善之. 著作權法概说 [M]. 东京: 有斐阁, 2001.
[5] [日] 高部真规子. 著作權侵害の主体について [J]. ジコリスト, 1306.
[6] [日] 佐藤丰. 著作物の适法利用のための手段提供の是非—ロクラクⅡ事件控诉审判决を题材に [J]. 知的财产權法政策学, 2009 (25).
[7] [日] 田中富. 著作權侵害とこれに关与すゐ者の责任 [J]. コピライト, 2001 (485). 著作權的间接侵害=实效的司法救济の试み [J]. コピライト, 2004 (520).
[8] 李扬. 知识产权法定主义及其应用 [J]. 法学研究, 2006 (2).

（原载于《法学家》2010 年第 6 期）

关于字体的法律保护

——北大方正字体案简要评析

字体是否是美术作品？字体是否应受法律保护？如果应受法律保护，究竟应受何种法律保护？本文以北大方正字体著作权案为题材，探讨这些问题。

一、对一审、二审判决的简要评价

先看二审判决。二审判决认定两被上诉人（宝洁公司和家乐福公司）的行为不构成对上诉人（北大方正）"飘柔"字体著作权的侵害。其判决理由是：两被上诉人实施的复制、发行行为获得了上诉人的默示许可。该判决理由明显存在重大逻辑问题。在我国著作权法语境下，著作权使用许可如果存在默示许可的话，必然以"飘柔"二字构成作品、上诉人享有著作权为前提。如果"飘柔"二字不构成作品，而构成应受其他法律保护的客体，虽存在适用默示许可的可能性，却已超出我国著作权法语境。

进一步而言，即使二审法院认定涉案"飘柔"二字属于受著作权法保护的作品，两被上诉人实施的行为也不存在上诉人默示许可的法律依据。我国《著作权法》第26条规定，许可使用合同和转让合同中著作权人未明确许可、转让的权利，未经著作权人同意，另一方当事人不得行使。显然，在著作权法语境下，该款规定明确排除了著作权默示许可适用的可能性。同时，由于该款属于明确的禁止性法律规范，因此虽然根据我国《合同法》第125条规定，一般许可使用合同存在默示许可解释的可能性，但根据特别法优于一般法的原理，既然我国著作权法已经明确排除了著作权默示许可适用的可能性，也就不能再根据作为一般法的合同法解释出著作权默示许可使用制度，否则，将给著作权人造成不可预测的侵害。二审法院的判决明显颠覆了特别法和一般法的关系，并且严重违背了知识产权法定主义的基本原则，属于过分随意化的法官造法现象。

那么一审法院的判决是否就无懈可击了呢？在二审中，上诉人提出一审法院存在漏审"飘柔"二字是否构成受著作权法保护的美术作品情况，但二审法院并未支持上诉人意见，而是认为一审法院对涉案"飘柔"二字是否具有作品性进行了审理。二审法院的理由是，一审判决中存在这样的表述，"对于此种字库作品，他人针对字库字体整体性复制使用，尤其是于软件的复制或嵌入相配合的使用行为，可以认定侵权成立。但将其中的每一个单字都确认具有独创性，享有美术作品的著作权，依据不足。"事情果真如此吗？笔者仔细阅读一审判决书发现，该判决书除了较为武断地认为北大方正字库具有一定独创性、符合我国著作权法规定的美术作品特征、应当受到著作权法保护外（笔者之所以说一审法院的这个判断较为武断，是因为一审法院并没有分析北大方正字库在材料的选择或者编排方面是否具备独创性），通篇都在从一般角度分析具备一定体格的汉字在什么情况下可以构成美术作品、什么情况下不能构成美术，是否应当受到著作权法保护，就是没有将一般分析结论应用到"飘柔"二字的分析上来，没有针对性地分析判断涉案"飘柔"二字是否具备独创性，是否构成受著作权法保护的美术作品，而是用一般分析及其结论替代了具体分析及其结论，二审怎么能说一审对涉案"飘柔"二字是否构成受著作权法保护的美术作品进行了审理呢？

二、字体是否属于著作权法保护的美术作品

这个问题是北大方正字体案中舆论界最关心的问题。然而，令人极为遗憾的是，二审法院却似乎有意避开了这个敏感而为难的问题，一审法院虽然从一般角度进行了分析，却没有具体就涉案"飘柔"二字是否属于受著作权法保护的美术作品进行分析判断。

关于汉字字体是否属于受著作权法保护的美术作品，我国存在两种鲜明对立的意见。第一种意见认为属于美术作品，应当受著作权法保护。第二种意见认为不属于美术作品，不应当受著作权法保护。北大方正字体案一审法院基本上持第二种意见。其理由主要有两个。一是汉字由结构和笔画构成，是具有实用价值的工具，其主要功能为传情达意，视觉审美意义是其次要功能。二是字体需要整体风格的协调统一，其中单字的独特风格受到较大限制，与书法家单独书写的极具个人风格的单字书法作品，无法相提并论，也不同于经过单独设计的风格极为特殊的单字。一审法院的两个理由应该说都显得比较勉强。先看第一个理由。汉字

具有传情达意功能没错,但汉字的传情达意功能和视觉审美功能是可以兼容的,并不是非此即彼、首要与次要的关系。一个构成美术作品的汉字,恐怕没有谁能够否定其既可以传情达意,又可以用来进行视觉审美吧?一审法院的第二个理由同样存在问题。不可否认,在汉字基本结构和笔画基础上、按照一定体格设计的汉字独创性空间受到较大限制,但也不能就此绝对否定具备一定体格的汉字存在独创性的可能吧?这就好比实用品虽受到其实用价值限制,但仍然可以将其艺术化,从而使实用品变成实用艺术品一样。事实上,我们现在使用的很多汉字字体,谁能否认在其演变为一种标准化字体之前,具备个性化色彩呢?由此可见,汉字字体是否具备独创性、是否构成受著作权法保护的美术作品,应当根据每个具备一定"体格"的汉字进行具体判断,而不能笼统地作出肯定或者否定的回答。

一边倒地否定具备一定体格的汉字不能构成受著作权法保护的美术作品的人,也许是因为担心汉字具备传情达意功能,如果将其私权化,将造成汉字的垄断,严重危害公共利益。这种担心虽有一定道路,却是多余的。因为即使认定具备一定体格的汉字为美术作品,权利人能够独占的也只是区别于公有领域汉字的独创性"艺术"表现部分,而不是独占整个汉字。再说了,目前处于公有领域中的汉字字体选择非常多,退一万步讲,即使降低标准,赋予某种汉字字体设计者以著作权,由于该种汉字字体并未成为具有强制执行力的国家标准或者其他标准,和著作权人没有合同关系的人完全具备选择使用公有领域汉字字体的自由,利益也不会受到多大损害。

当然,本文并不是就此主张像涉案"飘柔"二字这样的字体就一味应当认定为美术作品,从而让其享受著作权法保护。考虑到汉字字体后续开发者、汉字使用者以及包含某种字体的作品利用者的自由,以及汉字字体受到汉字基本结构、笔画和"体格"三个因素限制的基本事实,本文主张,必须从独创性角度对汉字字体的作品性进行严格把握。也就是说,汉字字体要想构成受著作权法保护的美术作品,必须具备显著个性化和鲜明特色即高度独创性才有可能。否则,将使处于公有领域的汉字结构、笔画和"体格"被过度私权化,并给他人书写以及商业等方面的行动自由、甚至给信息流通造成过大妨碍。从汉字字体后续开发者竞争的角度看,其后续开发汉字时,对笔画、结构和字体的选择将受到很大限制,不利于竞争。从利用某种字体打印输出的作品使用者角度看,在通过复制、发行等方式使用包含某种字体的作品时,不但必须获得文字作品著作权人许可,而且必须获得字体著作权人许可,这不利于作品的市场化利用。特别是在复制使用利用某种字体打印输出或者显示的不适用著作权法保护的官方文件等客体时，虽然官方文件不属于著作权保护客体，却会侵害字体著作权人的著作权，这将严重妨碍著作权法限制著作权所要实现的促进信息自由等目的。

那么，究竟如何把握字体独创性的高度呢？本文认为，由于高度独创性判断带有主观色彩，本身无法进行定量分析，为了不使公有领域中的汉字被过度私权化，应当从判断主体方面进行严格把握。就像实用艺术品的判断主体一样，不能将一般大众或者可能购买汉字字体的需要者作为判断主体，而应当将具有普通艺术水准的书法家作为判断主体。一般大众或者需要者不一定具有艺术审美素质，即使具备，也参差不齐，很容易将引发其购买欲望的对美的一般感觉当作艺术审美本身，从而将大量汉字字体判断为书法作品，因而字体独创性的判断主体也应当像实用艺术作品的判断主体一样，提高专业化要求。也就是说，必须将具有普通艺术水准的书法家作为判断主体。具有普通水准的书法家是一个假定的概念，与一般大众或者可能购买汉字字体的需要者的区别在于，他至少能够创作、欣赏书法作品，能够分辨出构成美术作品的字体的点、横、竖、撇、捺、提等基本笔画和整体的或者部分的结构的个性化表现和艺术审美价值究竟在哪里。虽然视觉审美和艺术性的判断是一个主观性十分强烈的过程，但从判断主体上严格把握之后，就可以避免动辄将某种字体认定为书法作品。这要求法官在具体审案过程中，对某种字体是否构成书法作品征求书法家的意见，并将自己假定成具有普通水准的书法家而不是普通大众或者需要者。不这样做的话，就会像北大方正字体著作权案的一审法院法官那样，虽然也一般性地认识到"在已有的汉字基础上增加要素，进行演绎，改变已有形态，此种方式的独创性要求不能过低，必须形成鲜明独特的风格，能明显区别于其他字体"，却不知道究竟如何提高字体独创性的判断高度。

以上是对字体构成美术作品必须具备高度独创性要件的一般分析，具体到涉案"飘柔"二字，无论是从基本笔画还是从部分或者整体结构看，和公有领域中的"飘柔"二字相比，仅在笔画的粗细以及写法方面存在细微差别，尚不足以认定其为具有视觉审美意义的美术作品。如果相反，认定其属于美术作品，那么将"飘"字中右边的"风"字改为宋体的"风"，或者将"柔"字中的下半边"木"改为宋体的"木"字就会侵害其修改权、保护作品完整权。在存在许可使用的情况下，如果"飘柔"二字著作权人仅许可被许可人在计算机屏幕显示或者打印输出文字作品，则被许可使用人将包含"飘柔"二字的打印输出文章进行发表时必须再征得著作权人同意、否则就侵害著作权人复制权、发表权。

总之，从一般角度讲，虽然汉字字体在具备高度独创性时可以构成美术作品，但就本案中的"飘柔"二字而言，其虽然给一般大众或者包含"飘柔"二字字库的购买者而言具有一定美感，但其个性化特色尚不足以达到将其认定为美术作品的高度，因而不能作为作品受著作权法保护。

三、字体究竟是否需要保护、该如何保护

除了具备高度独创性的字体能够作为美术作品享受著作权法保护外，大量不能认定为美术作品的字体是否应该受法律保护呢？回答是肯定的。理由在于两点：

1. 字体具有价值。字体的开发设计者要付出智力、体力、资金、时间等方面的投资，虽然付出投资并不一定收获"著作权"，但可以收获其他回报。

2. 字体具有使用价值。这是由市场需要决定的。具有一定美感的字体可以刺激字体购买者的购买欲，作为商业标记使用则可以刺激相关消费者的购买欲，提升商业标记使用者的竞争力，作为打印文字也可以给人赏心悦目之感。

既然字体具有价值和使用价值，在单纯的市场机制无法解决字体开发者的激励时，就应该通过某种法律机制为字体开发者提供激励，从而确保字体产品的市场供应。否则，还有谁愿意付出投资开发制作字体呢？

那么，究竟应该通过什么法律机制来保证对字体开发者的足够激励呢？根据笔者一再提倡的"整体性知识产权法"的观念，首选当然是反不正当竞争法。反不正当竞争法可以规制不正当竞争者直接复制、销售他人开发设计的字体、由字体组成的字库的行为。其次是侵权责任法和民法通则。反不正当竞争法由于竞争关系的限制，对于竞争者以外的人未经许可的使用行为无法规制。《侵权责任法》第2条和《民法通则》第5条既保护类型化的民事权利，也保护未类型化为民事权利的利益，基于上述两点理由，字体完全可以成为开发者的一般民事利益，受到侵权法和民法通则的保护，对于竞争者以外的人未付费的使用行为，字体开发者有权要求其支付使用费。在支付了使用费后，视为获得了字体开发者的使用许可。也就是说，受侵权法和民法通则保护的作为一般民事利益的字体，没有必要像著作权那样，赋予字体开发者强大的停止侵害请求权。不过，在上述两种机制介入之前，如果市场本身解决了问题，则没有必要再让反不正当竞争法和侵权法、民法通则介入。也就是说，如果当事人通过合同就字体的使用许可达成了协议，只要不违背其他法律的强制性规定，则直接承认合同的效力，让字体开发者获得合同对价即可。

四、结　　语

总结本文上述讨论，一般性的结论如下：在具备基本笔画和结构、按照国

家标准开发的字体必须具备高度独创性才能认定为美术作品，受著作权法保护。不能认定为美术作品的字体可以通过反不正当竞争法保护，或者作为一般性利益受侵权法、民法通则保护。在合同法语境下，作为合同标的的、一般民事利益的字体存在默示许可解释的空间。

（原载于《中国版权》2012年第1期）

侵害保护作品完整权的判断标准

——兼评我国《著作权法修订草案（送审稿）》第13条第2款第3项

摘　要

当前我国司法实践在判断是否侵害保护作品完整权时，存在主观和客观双重判断标准，因而造成司法不统一的现象，这亟需《著作权法》第三次修订统一标准。然而，《著作权法》第三次修订草案送审稿第13条第2款第3项除了将现行著作权法关于修改权和保护作品完整权的规定进行简单合并外，并无任何作为。虽然日本有关保护作品完整权的立法构造采取了严格主观标准，但从日本的学说和判例已经出现超越严格主观标准的种种迹象来看，并不值得我国借鉴。综合考量《伯尔尼公约》规定及世界多数国家和地区著作权法关于保护作品完整权的保护水准，以及著作权保护和作品利用之间的利益平衡，我国宜采用客观判断标准，以客观上损害作者声誉为侵害保护作品完整权的要件。

关键词

保护作品完整权　修改权　歪曲　篡改　权利限制

保护作品完整权是著作人格权中最重要的内容之一，对其采何种保护水平和侵权判断标准，对于正确处理作者著作人格权保护和作品利用之间的关系意义重大。遗憾的是，该问题虽然是我国《著作权法》第三次修订中十分重要的问题之一，却并未引起我国学者和立法者足够的重视，这对完善我国著作权法保护作品完整权的立法十分不利。笔者在比较分析我国《著作权法》第三次修订送审稿和《伯尔尼公约》、英国等国家著作权法在保护作品完整权侵权判断标准差异的基础上，得出结论认为，我国只能采取保护水准较低、能够促进作品传播和利用的客观判断标准。本文的最终目的在于，就侵害保护作品完整权的判断标准提出具体修法建议，以期对我国关于这一问题的理论与实践提升有所参考，特别是对《著作权法》第三次修改在这一问题上的完善有所裨益。

一、混乱的司法：亟需《著作权法》第三次修订统一判断标准

从现有的案例来看，我国法院在现行著作权法体系下如何判断侵害保护作品完整权存在两种不同的做法，呈现出司法不统一和混乱的局面。一种做法是，认为只要违背作者意思对作品进行了改变，不管客观上是否损害了作者声誉，即构成侵害保护作品完整权。这种做法实质上是将"违背作者意思对作品进行修改"或者"未经同意对作品的修改"等同于"歪曲、篡改"作品行为本身。笔者将这种标准称之为"主观标准"。另一种做法是，认为只有对作品的"歪曲、篡改"客观上损害了作者声誉时才有可能侵害保护作品完整权。笔者将这种标准称之为"客观标准"。

（一）主观标准

从判决来看，我国法院对于主观标准中"违背作者意思"的理解也有所不同。

一部分法院将"违背作者意思"理解为"违背作者不希望对作品进行改变的意思"。按照这种理解，只要行为人未经作者同意对作品本身进行了改变，不管客观上是否损害作者声誉，其行为已侵害了作者的保护作品完整权。笔者将此种观点称之为"严格主观标准"。比如，在张敏耀与长江日报社、武汉一心广告营销有限责任公司、武汉鹦鹉花园开发置业有限公司案二审中，法院认为"不论作品以什么形式发表，对作品本身的修改需经著作权人同意。本案中，长江日报社授权一心公司对张敏耀作品的修改是显而易见的，且该修改未取得著作权人张敏耀的同意，应当认定长江日报社侵犯了张敏耀保护作品完整权"。[①] 同样，在北京陈幸福玩具设计中心诉上海声像出版社、普天同庆文化传媒（北京）有限公司侵犯著作权纠纷案一审中，法院仅仅基于"被告普天同庆公司未经原告陈幸福中心许可……且有1幅涉案陈幸福兔形象被裁剪了约一半"，就认定被告侵害

---

① 湖北省高级人民法院（1999）鄂民终字第183号民事判决书。

了原告的保护作品完整权。② 在这种理解的前提下，有些法院常常不对修改权与保护作品完整权进行区分，认为被告侵害了修改权也就当然地侵害了保护作品完整权。比如，在谢艾香诉林松阳等侵犯著作权案一审中，法院在否定了涉案作品属于合作作品进而否定了被告合作作者地位的基础上，判决"被告林松阳未经作者及其继承人的许可，擅自修改该剧本的内容和名称，侵犯了刘青地的作品修改权和作品完整权"③。而另一部分法院则将"违背作者的意思"理解为"违背作者在作品中表达的原意"。按照这种理解，只要行为人未经作者同意对其作品进行了违背作者原意的改变，不管客观上是否损害作者声誉，其行为已侵害了作者的保护作品完整权。笔者将此种观点称之为"相对主观标准"。比如，在羊城晚报社与胡跃华著作权侵权纠纷案二审中，法院认为，"判明是否侵犯保护作品完整权，则应当从作品的创作背景、作品的内容等方面进行审查，即应当查明被控侵权作品在整体和细节上究竟是否为作者的陈述，其作品是否受到歪曲或篡改。但作者的声誉是否受损并不是保护作品完整权侵权成立的条件，作者的声誉是否受损仅是判断侵权情节轻重的因素"。在此基础上法院判示，"羊城晚报社·新闻周刊社刊登《女文》时，虽然没有对胡跃华人格或感情进行曲解和丑化，客观上表现为对作品内容的改动，但对该作品创作背景、内容及在整体和细节上违背了胡跃华真实思想表达，从而在整体上破坏了其作品的表现形式，是对《女文》作品完整性的破坏"。④ 同样，在朱桂庭与青岛市楹联学会著作权纠纷案二审中，法院认为，"只要青岛市楹联学会发现应征对联所写之字存在模糊不清、难以辨认现象时，即应认真核对且确保无误，而不应简单推测，否则若擅自改动作者作品，违背作者原意，即构成对著作权人保护作品完整权的侵犯，应负相应的法律责任"。⑤ 在这种理解的前提下，有的法院明确根据"主观标准"的两种理解对修改权和保护作品完整权进行了区分，将修改权控制的行为理解为"违背作者不希望对作品进行改变的意思"对作品进行的改变，将保护作品完整权控制的行为理解为"违背作者在作品中表达的原意"对作品进行的改变。比如，在林岫与北京东方英杰图文设计制作有限公司、国际网络传讯（上海）有限公司

---

② 北京市第二中级人民法院（2007）二中民初字第85号民事判决书。
③ 广东省汕头市中级人民法院（2004）汕中法知初字第9号民事判决书。
④ 安徽省高级人民法院（2003）皖民三终字第3号民事判决书。此外，该判决还对保护作品完整权与修改权的关系进行了判示，即"由于保护作品完整权是修改权的延伸，在内容上比修改权更进一步，因此，羊城晚报社侵犯胡跃华《女文》作品完整权的行为，必然也侵犯了胡跃华《女文》作品的修改权"。
⑤ 山东省青岛市中级人民法院（2003）青民三终字第2号民事判决书。采用此标准的还有王文海诉隋建国著作权侵权纠纷案一审判决，参见北京市朝阳区人民法院（2006）朝民初字第28850号民事判决书。

北京分公司纠纷案二审中,法院认为,"在创作时,为作者所考虑的书法字体位置的排列、字间大小、对应比例的选择及章法布局均是影响书法美观、效果的决定因素。作者对其作品施以的不同笔墨技巧和章法布局所最终体现出的艺术效果均是该作品的独创性之所在。现被告未征得作者许可,擅自改变涉案作品的字间比例和相对位置的行为,构成对原告的作品修改权的侵害。该行为所带来的客观后果破坏了林岫作品的整体完美与和谐,违背了作者在创作之初所要表达的作品美感与追求,亦违背了作者的意愿,最终破坏了原告对其作品享有的保护作品完整权"。⑥

(二) 客观标准

与上述采主观标准判决相对,有的法院基于现行法对修改权与保护作品完整权分别规定的构造,从客观上是否造成作者声誉受损的角度对"歪曲、篡改"进行了解释,进而判断是否侵害了保护作品完整权。比如,在沈家和诉北京出版社出版合同纠纷及侵犯修改权、保护作品完整权纠纷案一审中,法院首先认定原告授予了被告对作品进行修改的权利,即"根据合同约定,为使作品达到出版要求,沈家和同意北京出版社对3本书进行必要的修改、删节。这表明,沈家和通过签订合同,已经将自己作品的修改权授予北京出版社,即北京出版社有权根据出版的需要,对沈家和的作品进行必要的修改和删节,但最终定稿应由沈家和签字认可"。进而认为,即使授予修改权,若被告对作品的改变造成了原告声誉的下降,则仍侵害保护作品完整权,即"《闺梦》一书存在严重质量问题,该书在社会上公开发行后,必然使作为该书作者的原告沈家和的社会评价有所降低,声誉受到影响。故被告北京出版社出版发行有严重质量问题的《闺梦》一书,不仅构成违约,同时侵害了沈家和所享有的保护作品完整权"。⑦ 显然,这种解释是基于现行法体系下对修改权和保护作品完整权的二元化理解做出的,但该判决中对于"歪曲、篡改"的客观化判断值得肯定。此外,在王清秀与中国人民公安大学出版社侵犯著作权纠纷案再审中,最高人民法院也曾就保护作品完整权作出过判示。最高人民法院认为,"即使认定公安大学出版社更改书名及相应的内容未经王清秀同意,但由于公安大学出版社没有歪曲、篡改王清秀作品,故王清秀认为公安大学出版社侵犯其保护作品完整权不能成立"。⑧ 虽然最高人民法院

---

⑥ 北京市第二中级人民法院(2002)二中民终字第07122号民事判决书。
⑦ 北京市第一中级人民法院(2000)一中知初字第196号民事判决书。该案上诉后,二审法院对一审判决予以了维持,参见北京市高级人民法院(2001)高知终字第77号民事判决书。
⑧ 最高人民法院(2010)民提字第166号民事判决书。

并没有对"歪曲、篡改"的含义进行具体解释⑨，但从其表述中明显可以看出，其倾向于将保护作品完整权控制的"歪曲、篡改"行为理解为客观上导致作者声誉或者作品声誉受损害的行为，而不仅仅是"未经作者同意的修改"行为。⑩

从对上述有关侵害保护作品完整权的案例进行的简单梳理可以看出，当前我国司法实践中对于如何判断保护作品完整权并没有一致的态度，局面较为混乱。一方面，有不少法院采取严格主观标准直接将"歪曲、篡改"等同于未经作者同意对作品的修改，将侵害修改权的行为也当然地视为侵害保护作品完整权行为，从而在被告未经许可对原告作品进行修改时直接认定其侵害修改权和保护作品完整权。另一方面，不少法院也尝试对"歪曲、篡改"进行解读，但标准不统一。其中既有采相对主观标准将其解读为"违背作者在作品中表达的原意所进行的改变"，⑪ 也有采客观标准将其解读为"客观上损害作者声誉的改变"。为什么会造成这种司法严重不统一的局面呢？笔者认为，除了不同的理论观点分歧之外，主要还是因现行《著作权法》将修改权与保护作品完整权分别立法造成的。也就是说，在需要对"歪曲、篡改"进行解读之前，早已有"修改权"以"严格主观标准"控制着未经作者同意改变作品的行为了。著作权法这种先入为主的做法使得司法机关不得不对何为侵害保护作品完整权作出各种解释，因而导致出现上述相互矛盾和冲突的判断标准。这种局面亟待著作权法第三次修改在这个问题上有所作为，对侵害保护作品完整权的判断标准作出统一、明确的规定。

---

⑨ 但该案的代理审判员在做出判决之后撰文对此案进行了评析，从其文中的解读来看，对于"歪曲、篡改"采纳的是是否造成作者社会评价、声誉的下降的"客观标准"。参见：骆电. 侵犯著作权人修改权与保护作品完整权的司法判断 [J]. 法律适用，2011（12）：103 - 106.

⑩ 关于"未经作者同意对作品进行修改"的问题，该案一审法院基于公安大学出版社未经王清秀同意将《人大学》书名改为《人大制度学》，并将书中相应之处做了修改，从而认定侵害了修改权和保护作品完整权。二审法院认为，公安大学出版社的职员王森未经王清秀同意而私自更改书名的行为，侵犯了王清秀的著作权（二审虽使用的是"著作权"，但从其判示内容来看应该包括修改权）。最高人民法院再审中认为，虽然公安大学出版社对涉案图书的修改量很小，但因未征得王清秀同意，其仍属于侵犯作者修改权的行为。可见无论一审、二审，还是最高人民法院再审，对于侵害修改权的判断都类似于"严格主观标准"。

⑪ 由于作者的真实意思不易把握，比如作者希望以喜剧的表现形式表达悲伤的情感，但是利用者不一定能准确把握作者的这种想法，因此对作者真实意思的判断仍旧依赖于作者自己的表述，相对主观标准的判断实质上仍是作者是否同意修改的问题。

二、无所作为：《著作权法》第三次修订草案送审稿第 13 条第 2 款第 3 项的欠点

非常遗憾的是，《著作权法》第三次修订送审稿并没有解决上述判断标准不统一、司法混乱的问题，而仅仅是将现行著作权法关于修改权和保护作品完整权的规定进行了"1 + 1 = 1"的简单合并，内容上并无任何实质变化。更为重要的是，送审稿将原修改权的内容并入保护作品完整权当中之后，反而将判断标准更加复杂化，使人更加无所适从。

具体说来，我国现行《著作权法》第 10 条第 1 款第 4 项规定了保护作品完整权，同时又在第 10 条第 1 款第 3 项规定了修改权，而多数学者认为修改权与保护作品完整权是一个问题的两个方面。[1][2]正因为如此，有不少学者主张删除修改权，以使得我国著作权法关于保护作品完整权的规定与伯尔尼公约保持一致。在这种呼声下，著作权法第三次修订草案送审稿中，删除了现行《著作权法》第 10 条第 1 款第 3 项关于修改权的规定，将修改权的内容并入了保护作品完整权中[12]。送审稿第13 条第 2 款第 3 项规定，"保护作品完整权，即允许他人修改作品以及禁止歪曲、篡改作品的权利"。[13]该条文至少可以作如下几种解读：

第一种解读是，该规定只是从一个权利的两个方面对保护作品完整权作了规定，正反两方面的含义完全相同，即意味着"未经许可修改作品"等同于"歪曲、篡改作品"，反过来也是一样。这种解读应该说符合国家版权局 2012 年 3 月公布的《关于〈中华人民共和国著作权法〉（修改草案）的简要说明》的精神："关于修改权，在征求意见过程中，多数意见认为修改权和保护作品完整权属于一个权利的两个方面，建议借鉴日本、德国等著作权法的规定。为此，草案删去修改权将其纳入保护作品完整权，使著作权中的人身权利缩减为三项：发表权、署名权和保护作品完整权。"由于国家版权局是具体负责著作权法第三次修订的，本文不妨将这种解读称为"立法解读"。应该说，"立法解读"符合将保护作品完整权一元化的修法目的，但至少存在以下两个问题：

---

[12] 但也有学者反对将修改权视为保护作品完整权的附庸，认为自从修改权在著作权法中规定以来，学界对于修改权一直存在误读。该学者通过对各国有关修改权的规定进行比较研究后，认为修改权具有独立价值，应从排除他人非法干涉作者的修改自由的角度来理解修改权的含义。参见：李琛. 被误读的"修改权"[J]. 中国专利与商标，2004（3）：69 - 71.

[13] 此外，现行《著作权法》第 34 条规定了报社、期刊社可以不经作者许可对作品作文字性修改、删节，第 46 条第 4 项明确列举了侵权救济的对象包括保护作品完整权。但这两条在送审稿中被删除或简化了。

其一，使得草案送审稿条文规定同义反复。既然"允许他人修改作品"和"禁止歪曲、篡改作品"属于同义语，只要保留其中任何一句话就够了，没有必要无谓的重复。

其二，假设上述同义反复规定逻辑上成立，则会使该条款成为一个保护作品完整权的"超级条款"。因为既然"歪曲、篡改作品"等同于"未经许可修改作品"，则他人只要未经作者同意修改作品，哪怕只有一个字、一个词、一个句子的修改，不论是否违背作者原意，客观上是否导致作者声誉损害，其行为就会侵害保护作品完整权。这样一来，现行著作权法通过"修改权"先入为主控制包括歪曲、篡改在内所有改动作品行为的问题依然没有得到解决。而且从本文后文的论述可以看出，这种严格的主观标准既超出《伯尔尼公约》的保护水准，也超出了世界上绝大多数国家对保护作品完整权的保护水准，从我国的实际情况来看，并不可取。

第二种解读是，将"允许他人修改作品"和"禁止歪曲、篡改作品"分别理解。也就是说，将"允许他人修改作品"从反面理解为，未经许可修改作品但客观上不会造成作者声誉损害的行为。而将"歪曲、篡改作品"理解为，未经许可修改作品但客观上造成作者声誉损害的行为。这种解读虽然区分了修改权和保护作品完整权，避免了第一种解读的困境，有利于司法操作，但这样一来，本次一元化处理修改权和保护作品完整权的修法目的就会落空。具有讽刺意义的是，按照这种解读，恰恰使得遭受各个方面批评的修改权具有了独立于保护作品完整权的价值。

第三种解读是，对送审稿条文进行文义解释。按照送审稿条文，保护作品完整权首先是"允许他人修改作品的权利"，据此，对其作反面解释，只要他人未经作者允许修改作品，其行为就会侵害保护作品完整权，不论客观上是否造成作者声誉损害。其次是"禁止歪曲、篡改作品的权利"，据此，即使作者允许他人对作品进行修改，他人也不得以歪曲、篡改等损害作者声誉的方式对作品进行改变，这是底线，否则也侵害保护作品完整权。当然，根据举重明轻原则，未经许可修改他人作品并且客观上导致作者声誉损害的行为，则更不在话下，构成侵害保护作品完整权的行为。此种解释虽不符合上述"立法解释"，但应该是最符合文义解释的。然而，从结果来看，该种解释依然会使送审稿的规定和现行法对修改权和保护作品完整权的二元化规定如出一辙，让修法变得毫无实际意义，而且也存在上述主观判断和客观判断的双重标准问题。

总之，不管进行何种解读，送审稿第13条第2款第3项关于保护作品完整权的规定，都只是简单合并了现行《著作权法》第10条第1款第3项和第4项的规定，要么使得该条款变成对保护作品完整权进行保护的一个"超级条款"，使得保护作品完整权成为一项绝对化的权利，要么造成一个条文中出现主观、客观两个相互冲突的判断标准，无法终结我国司法实践中在这个问题上长期存在的混乱局面，并可能使得司法机关更加无所适从（因为按照现行《著作权法》修改权和保护作品完整权的两项规定，至少进行上述第二种解读时，修改权和保护作品完整权之间的界限是明确的，不会导致司法混乱）。一句话，在保护作品完整权的一元化处理问题上，《著作权法》第三次修订草案送审稿可谓无任何作为，并将使人更加无所适从。

三、日本立法例："严格主观标准+限制+严格限定解释"并不值得借鉴

国家版权局在2012年3月12日月公布的《关于〈中华人民共和国著作权法〉（修改草案）的简要说明》中宣称保护作品完整权的一元化处理有借鉴日本《著作权法》的相关规定。

由于数字化时代技术急剧发展导致的对自由使用作品的强烈诉求与日本著作权法上保护作品完整权立法构造之间的紧张关系亟须调整，日本学术界和实务界对侵害保护作品完整权的判断标准问题一直给予了相当多的关注。

（一）日本著作权法上保护作品完整权的构造

日本现行著作权法第20条第1款规定："作者享有保持其作品和作品标题完整性的权利，有权禁止违反其意思对其作品或作品标题进行的修改、删除或者其他改变。"同时，又在第20条第2款规定了侵害保护作品完整权的四项除外规定，具体包括：①出于学校教育目的在使用作品时不得不对作品中的字、词或其他方面进行的改变[14]（第1项）；②因建筑物的扩建、改建、修缮或者外观更换而进行的改变（第2项）；③为了修正错误或者升级版本而对软件作品进行的必要改变（第3项）；④其他依照作品性质以及其使用目的和使用情况不得不进行的改变（第4项）。其中，前三项除外规定是列举的具体行为，而第四项属于除外规定的一般条款。此外，在著作权法第113条第6款中还规定了"以损害作者名誉或者声望的方法使用作品的行为，视为侵害该作者著作人格权的行为"。

---

[14] 此处对作品的使用限于出于教育目的将已发表作品在教科书上登载、为残障人士制作特别版教科书而对登载在教科书上的作品进行复制或者用于学校教育节目播放等的情形。

从上述规定可以看出，当他人违反作者意思对其作品或作品标题进行修改、删除或者其他改变，原则上都是侵害保护作品完整权的。也就是说，从立法上来看，日本在侵害保护作品完整权（狭义）[15]的判断标准上采取的是主观标准，并没有损害名誉、声望要件的限制。对此予以支持的学者认为，如果将侵害保护作品完整权限定于损害名誉、声望的情况的话，将迫使法院对于文艺作品的改变是否降低社会评价进行判断，而这种本属于文化领域的辨别不应由法院进行，若作者的经济自由权和精神自由权得不到保障，则将难以出现优秀作品，多媒体市场也将丧失，因此不应将保护作品完整权的范围限定在损害名誉声望的情形。[3][4]还有学者甚至直接指出，"保护作品完整权保护的是作者对于作品的依恋及艺术上、学术上的良心等主观利益"。[5]不仅如此，日本学界以往对于该条文中"违反作者意思"的解读，更趋向于严格主观标准，认为是否违反"作者意思"交由作者自己进行判断即可。[6][8]因而即使只是客观上细微的改变，只要是作者主观上不愿看到的，都可能侵害保护作品完整权。比如，作者对在作品中使用古代的假名（日语的一种文字）情有独钟，而在该作品出版时出版社将古代假名都替换成了易于阅读的现代假名，作者对此不满的话就应该尊重作者的这种心情而认定出版社侵害其保护作品完整权。[8]这种严格主观标准在日本过去的实务裁判中得到了体现。比如，在东京高等法院审理的一个案件中，被告仅仅对原告享有著作权的图表的一小部分进行了改变，但法院判决认为，即使这种细微的改变并未影响其内容，被告的行为也侵害了权利人的保护作品完整权[16]。还有些判决中，甚至只是因为删除逗号[17]或是更改中黑点[18]，或是改变原文的空行[19]等行为，也被认定为侵害保护作品完整权。

为什么日本理论和实务界当初会以严格主观标准去解读保护作品完整权的侵权判断标准呢？这有其特定的历史背景。明治32年（1899年）的日本旧著作权法继承了明治20年（1887年）的版权条例和明治26年（1893年）的版权法中

---

⑮ 从用语上来看，日本法上的保护作品完整权仅指《著作权法》第20条的规定，而采取客观标准的《著作权法》第113条第6款，是从更广泛意义上关于侵害人格权的规定。

⑯ 东京高等法院1994年民事控诉案件第3132号判决（東京高判平成7.5.16 平成6年（ネ）第3132号〔出る順宅建二審〕）。

⑰ 东京高等法院1990年民事控诉案件第4279号判决（東京高判平成3.12.19 平成2年（ネ）第4279号〔法政大学懸賞論文〕）。

⑱ 东京高等法院1998年民事控诉案件第5055号判决（東京高判平成10.5.28 平成9年（ネ）第5055号〔文芸春秋あさま山荘短歌改変〕）。

⑲ 东京地方裁判所2000年民事普通诉讼案件第7120号判决（東京地判平成13.10.30 平成12年（ワ）第7120号〔魔術師三原脩と西鉄ライオンズ〕）。

有关保护作者人格利益的规定，在第 18 条中规定"著作权的继承者在未经作者同意的情况下，不得变更作者的姓名称号或改变标题抑或是对作品进行篡改"。经过 1928 年修订《伯尔尼公约》的罗马会议后，在昭和 6 年（1931 年）的日本著作权法修订中，第 18 条第 1 款被修改为"发行或上演他人作品时，在作者有生之年，无论作者当前是否享有著作财产权，未经其同意不得变更或隐匿作者的姓名称号，抑或是对其作品进行篡改或其他变更或者对标题进行改变"。实际上，在昭和 6 年（1931 年）著作权法修订时，关于第 18 条的修改也有其他提案，该提案建议在第 18 条最后加上"但以不损害作者的声望名誉为限"的但书规定。但是，该提案遭到了来自著作权人方面的强烈反对，因此没有被采纳。此后在现行著作权法制定之前也公布了几部法案，但是都没有将损害作者的名誉声望作为一般性的侵害保护作品完整权的要件。现行著作权法关于保护作品完整权的规定，被认为是在以旧著作权法的相关规定为原型的基础上，增加了除外条款，同时为了应对修订《伯尔尼公约》的布鲁塞尔会议在第 6 条之 2 第 1 款条文上新增加的除了改变行为以外的"其他侵害"，才在规定了"视为侵权行为"的著作权法第 113 条中新增加了附有"名誉声望要件"的第 6 款（当时是第 2 款）。现行著作权法第 113 条第 6 款与第 20 条被认为共同构成了日本法上保护作品完整权的二重构造[20]，这种二重构造的保护实际上要高于《伯尔尼公约》的保护要求。[9]

因此，从日本现行著作权法关于保护作品完整权的构造来看，只要违反作者意思对作品进行的"改变"，原则上都将构成侵害，只有除改变以外的"其他侵害"才被课以名誉声望要件。非常有意思的是，虽然在这种严格主观标准下，还有具体的除外规定甚至是除外规定的一般条款予以调和，但是以往的通说和判例对于规定了除外内容的第 20 条第 2 款都是予以严格解释的。[10]该条文的起草者加户守行教授曾说道："本款作为前款保护作品完整权的除外规定，仅对于真正不得已而进行的改变，在必要的最低限度内予以认可。从这个意义上来讲，在适用本款各项规定时，要注意应该采取极为严格的限定解释而不得扩大解释。"[8]特别是除外规定中的第 20 条第 2 款第 4 项由于适用范围模糊不清，立法完成后即

---

[20] 所谓二重结构是指，在现行法体系下，一方面，"改变"行为原则上将构成侵害保护作品完整权；另一方面，除了"改变"行为以外的"其他侵害"行为则被课以名誉声望要件，即"其他侵害"行为只有是"以损害名誉声望的方法利用作品的行为"才构成侵害保护作品完整权。

遭到了来自作者一方的强烈反对。为了缓和这种压力，政府委员[21]方面不得不出面解释说，该规定应予以严格解释，并强调该规定"以保护作者为第一要义"的精神。此后的判例和学说对规定了除外规定一般条款的第20条第2款第4项大多采取非常严格的限定解释路线。[11]

（二）现实与立法、解释的冲突与对策

随着多媒体网络时代的到来，人们利用数字化技术对文本或音像素材进行统合加工变得更为容易，使得在对既有素材进行改变的基础上所进行的创作行为极为盛行。同时，由于互联网和相关技术的普及，对作品进行交互式的创造性利用已成为可能，即便是单个人也能够非常容易对素材进行改变并将改变后的作品上传至网络供他人再利用。[5]于是，在多媒体网络时代，作品的创作和利用行为无论是在质还是量上相对于此前都有了飞跃性的增长，这也正符合了著作权法通过鼓励作品的创作和利用从而促进文化发展之目的。在这种情况下，正如田村善之教授指出的那样，如果在作品的创作和利用过程中权利处理过程过于繁杂，将有可能扼杀技术革新给人们带来的福利。[3]

日本理论界和实务界也逐渐意识到这一问题。一部分学者认为在例外条款严格适用的情况下，可通过对"违反作者意思"进行灵活解释予以应对。比如有学者主张，未侵害精神人格利益的时候不构成对保护作品完整权的侵害。[12]另有学者则从作品中所表现出的作者自尊心的角度来把握"违反作者意思"的含义。[13]还有学者主张，应该根据相关领域的作者的常识来判断对作品所进行的改变是否违背原作者的意思。[14]但正如中山信弘教授指出的那样，这些解释方法虽然有其可取之处，但当作者主观上的真实意图与客观上对作者意图所做出的解释明显相悖时，比如作者明确表明不愿接受改变而这种改变客观上又不会损害名誉的情况下，这些解释可能就会比较困难，而且如果立法当初采纳这种解释趣旨的话，应该不会形成现行法的这种条文。[2]而司法裁判中则采取了一种比较特别的做法，即在不挑战当时关于第20条第2款应严格适用的通说的前提下，通过运用著作权法以外的法律规定甚至在法律并没有明确规定的情况下否定侵害保护作

---

[21] 政府委员是指国会中辅佐大臣答辩的行政府的职员。该制度在1999年的国会审议活性化法案中被废除，取而代之的是政府特别辅佐人和政府参考人的制度。参见：松村明.大辞林[M].3版.东京：三省堂，2006.

品完整权[22],这被称为"不成文的适用除外规定"[23]。但是,这种"不成文的适用除外规定"以并不明确的判断标准对个案进行裁判的做法,其本身就存在问题。

因此,目前多数日本学者认为有必要对侵害保护作品完整权的判断标准从法律构造上予以再探讨。已经有不少学者主张由于立法当初与现在著作权所处的环境发生了巨大改变,应该对例外条款的严格适用予以重新审视,从平衡作者和利用者之间利益关系的角度重新对第20条第2款予以解释,[6][15]通过第20条第2款第4项的一般条款对保护作品完整权的行使进行较为广泛的限制,以保障私人领域对作品的利用自由。[24][16]

另一方面,也有学者直接主张,不损害作者声望名誉的改变行为不构成侵害保护作品完整权。[17]不过这是基于对《伯尔尼公约》第6条之2的解读推演而来的,日本著作权法上并没有直接依据。因此,通过立法予以解决的呼声越来越高。比如日本知识产权研究所提出的两种应对方案中,第二种就是将现行法中规定的"违反作者意思"修改为"损害名誉声望",以此限定保护作品完整权控制

---

[22] 基于著作权法以外的法律构成否定侵害保护作品完整权的裁判例,比如以权利滥用为理由否定侵权的东京地方法院1993年民事普通诉讼案件第8372号判决(东京地判平成8.2.23 平成5年(ワ)第8372号〔やっぱりブスが好き事件〕)以对俳句的删减属于民法第92条规定的事实习惯为由而否定侵权的东京高等法院1997年民事控诉案件第4146号判决(东京高判平成10.8.4 平成9年(ネ)第4146号〔俳句の添削事件二審〕)等。在法律上并没有明确规定的情况下否定侵害保护作品完整权的裁判例,比如基于作者对改变行为有默示同意而否定侵权的东京地方法院1996年民事普通诉讼案件第18404号判决(东京地判平成9.8.29 平成8年(ワ)第18404号〔俳句の添削事件第一審〕)、知识产权高等法院2006年民事控诉案件第10027号判决(知财高判平成18.10.19 平成18年(ネ)第10027号〔計装士技術講習資料事件〕)、知识产权高等法院2009年民事控诉案件第10019号判决(知财高判平成22.5.25 平成21年(ネ)10019号〔盛土マンション建設計画報道事件〕)等。

[23] 实际上在现行法制定之初,这种不成文的除外规定在学界就有所表现。现行著作权法起草者之一的加户守行教授就认为,诸如不触及原作品本质的演绎行为以及在一些情形下的滑稽模仿行为不属于保护作品完整权所控制的范围,这些虽然没有明文规定但从解释论上来说应该如此解释。参见:加户守行.著作权法逐条讲义[M].东京:著作权情报センター,2006:171-173。

[24] 近期也出现了一些对第20条第2款严格适用的情况予以缓和的判例,如东京地方法院1992年民事普通诉讼案件第5194号(东京地判平成7.7.31 平成4年(ワ)第5194号〔スウィートホーム事件第一審〕)、东京高等法院1995年民事控诉案件第3529号(东京高判平成10.7.13 平成7年(ネ)第3529号〔スウィートホーム事件第二審〕)、东京地方法院1996年民事普通诉讼案件第8477号(东京地判平成11.3.26 平成8年(ワ)第8477号〔Dolphin Blue事件〕)、东京地方法院1997年民事普通诉讼案件第27869号(东京地判平成11.8.31 平成9年(ワ)第27869号〔ゴーマニズム宣言事件第一審〕)、东京高等法院1999年民事控诉案件第4783号(东京高判平成12.4.25 平成11年(ネ)第4783号〔ゴーマニズム宣言事件第二審〕)、东京地方法院2003年民事诉讼保全案件第22031号(东京地判平成15.6.11 平成15年(ヨ)第22031号〔慶大ノグチ? ルーム建物事件〕)、东京地方法院2004年民事普通诉讼案件第12686号(东京地判平成16.11.12 平成16年(ワ)第12686号〔勤務弁理士原稿執筆事件〕)等。

的行为界限。[18]不过，呼声归呼声，由于深受大陆法极端重视作者权的影响，以及来自权利人一方的阻力，虽然日本司法上和理论上已经开始对第20条关于保护作品完整权的限制进行缓和解释，但日本关于保护作品完整权的立法构造至今尚未根本改变。

由上可见，日本著作权法虽然采取严格主观标准判断侵害保护作品完整权，但一方面，立法上设置了除外规定，以免著作权人过度行使保护作品完整权妨碍作品的利用。另一方面，越来越多的学者和裁判例对严格主观标准及其除外规定的严格解释和适用提出了疑问。按照日本修改现行知识产权法的惯例，不排除将来修法抛弃严格主观标准而改采《伯尔尼公约》规定的客观标准的可能性。在此情况下，我国著作权法第三次修订草案送审稿依旧参照日本著作权法，采用严格主观标准，未免显得不合时宜。而且多少带点讽刺意味的是，送审稿第13条第2款第3项抛弃了真正值得借鉴的日本著作权法第20条第2款和第113条第6款对保护作品完整权的限制性规定。

事实上，我国台湾地区1993年"著作权法"第17条曾经基本照搬日本著作权法关于保护作品完整权立法构造、采取严格主观标准加但书限制的方式对保护作品完整权进行保护。由于该标准过于严格，事实上，台湾地区"最高法院"在1995年的一个判决中就已经超越了立法之限制，宣称"如利用人拥有著作财产权，著作财产权中改作权之行使，除非有严重丑化作者之意思，否则不侵害著作人之同一性保持权"。[19]由于1993年"著作权法"第17条保护作品完整权之规定超越了《伯尔尼公约》第6条之2第1款规定的保护水平，对作品的利用有过度限制之嫌，不符合科技发展催生的利用作品趋势，在总结司法判决经验的基础上，1999年台湾地区修改了其"著作权法"第17条，将原条文修订为："著作人享有禁止他人以歪曲、割裂、篡改或者其他方法改变其著作之内容、形式或者名目致损害其名誉之权利"，明确要求侵害保护作品完整权须以客观上损害作者名誉为要件，并且删除了原第17条但书限制之规定。为了消除各种不同解读，台湾地区"高等法院"更是在2003年第3167号刑事判决中对此予以澄清："《伯尔尼公约》第6条之2第1款规定，著作人所享有之同一性保持权系禁止他人以损害其名誉之方式利用其著作；又随科技之进步，著作之利用形态增加，利用之结果更变著作内容者，在所难免，依八十一年旧法，均可能构成侵害同一性保持权，爰参酌修正如上，以免同一性保持全之保护过当，阻碍著作之流通。故依现行著作权法规定，纵然著作利用人改变著作之内容、形式或名目，并不会如过去旧法一样构成侵害著作人之人格权，须其利用达到'损害著作人名誉'的程度，始达到侵害同一性保持权。"[19]

总之，送审稿第13条第2款第3项未详查日本著作权法关于保护作品完整权的立法构成、特别是学说和判例的发展趋势，也未详解曾效仿日本著作权法关于保护作品完整权立法构造的我国台湾地区"著作权法"已经抛弃严格主观标准的趋势，便断章取义地借鉴日本著作权法，作出了一个无论从哪方面讲都无法让人接受的规定，不免让人失望。

四、我国的立法选择：引入客观判断标准

由于送审稿规定的保护作品完整权可以控制他人未经许可并且无论客观上是否损害作者名誉的"修改作品"行为，因此，在侵害保护作品完整权的判断标准上，送审稿实际上采用的是保护水平较高的严格主观标准。严格主观标准虽然有利于维护作者和其作品之间的精神联系，但过度限制了作品的利用，将使随科技发展而新出现的各种需要变更作品内容的利用行为都陷入侵权状态。由于这个原因，严格主观标准既不为相关国际条约所采纳，也逐渐被诸多国家和地区的著作权法所抛弃或者添加上种种限制和例外。考量著作权法兼顾著作权保护和作品利用的趣旨，国际条约的规定，以及诸多国家的立法、司法、学说发展趋势，以及我国整体经济、文化发展水平，笔者认为，我国在侵害保护作品完整权的判断标准上，不宜采取严格主观标准，而应当引入客观判断标准，规定只有客观上导致作者声誉损害的歪曲、割裂、更改或者其他损害行为才构成侵害保护作品完整权。

首先，严格主观标准明显高于《伯尔尼公约》规定的保护水准。按照1971年《伯尔尼公约》文本第6条之2第1款的规定，作者只能控制有损其声誉或者名望的歪曲、割裂或者更改其作品的行为，或者其他损害行为。尽管有台湾学者认为《伯尔尼公约》当年订此条文系由大陆法系国家为了吸引英美法系国家签署该公约1928年罗马修订文本而妥协之产物，[20]但伯尔尼公约采保护水准较低的客观标准，却因应了科技进步带来的各种更变作品内容利用之需要，因而值得各国家和地区遵循。我国虽因创新驱动发展战略之需要现阶段采取强保护知识产权政策，但亦不宜忽略知识产权法促进知识利用这一更重要价值目标之实现，因而亦不宜超越伯尔尼公约之精神，采保护水准更高的严格主观标准。

其次，世界上诸多国家并未采严格主观标准，而是较为严格地遵循了伯尔尼公约较低保护水准的规定，采取客观标准。比如，英国1988年著作权、外观设计和专利法第80条第2款第2项，加拿大著作权法第28之2第1款和第2款，瑞士著作权法第11条第2款，意大利著作权法第20条第1款，澳大利亚著作权

— 245 —

法第195AJ~195AK条和第195AL条无不要求，只有当他人改变作品行为损害了作者名誉或者声望的情况下，才侵害保护作品完整权。

美国1989年加入《伯尔尼公约》前虽然未直接规定保护作品完整权等著作人格权，但一直通过兰哈姆法第43a条（禁止原产地虚假表示）以及普通法上有关商品化权、契约不履行、欺诈、名誉毁损等法理打击侵害保护作品完整权的行为。而且从其司法实践看，非作者的行为只有在损害作者名誉或者声望的情况下，其行为才会构成对保护作品完整权的侵害。[21]美国1990年的视觉艺术家权利法新设的第106A条更是明确规定，只有损害视觉艺术家名誉或者声望对作品进行歪曲、切除或者其他改变的行为，才构成保护作品完整权的侵害。德国1965年著作权法起草时虽放弃伯尔尼公约保护水准较低的客观标准（以名誉损害为要件），而采保护范围较广之现行第14条规定："作者有权禁止丑化或者其他妨害等足以危及其作品上合法之精神或者人格利益的行为。"但德国法院在保护作品完整权的问题上并未因此而采用严格主观标准，而采用较为灵活的"利益考量原则"，根据具体案情进行具体判断。[22][23]

再次，即使采取主观标准对保护作品完整权提供高于伯尔尼公约保护水准的国家，为了缓和保护作品完整权和作品利用之间的关系，也在其著作权法中对保护作品完整权规定了限制和例外，并且越来越多的学者和判例开始反思其法律规定的合理性。日本著作权法的规定、学术界和司法界的研讨情况已如上所述。韩国著作权法第13条的规定和日本著作权法第20条的规定大同小异，原则上采取严格主观标准，同时规定三项限制和例外，即为了学校教育目的不得不进行的改变，建筑物的增建、改建和其他改变，按照作品性质以及利用目的和形态不得不进行的改变。

我国《著作权法》第三次修订草案送审稿第13条第2款第3项规定，可谓是一个对保护作品完整权进行保护的超级无敌条款。它既超越了《伯尔尼公约》第6条之2第1款规定的保护水准，不以客观上损害作者声誉为侵害保护作品完整权的要件，也超越了英国、加拿大、意大利、美国、德国的保护水准，甚至超越了原则上采取严格主观标准的日本、韩国著作权法规定的保护水准，除了在第44条第3项中规定计算机程序的合法授权使用者"为了把该程序用于实际的计算机应用环境或者实现其功能而进行必要的改动"不被视为侵害保护作品完整权之外，不但未像日本、韩国那样，增加任何新的具体例外和一般例外规定[25]，而且删除了现行《著作权法》第 34 条第 2 款"报社、期刊社可以对作品作文字性修改、删节"的规定，从而使得保护作品完整权成了一种绝对的高高在上的权利。从上述关于日本法上保护作品完整权的讨论可知，在当今的多媒体网络时代下，单纯地坚持严格主观标准不仅将过度阻碍文化扩散，同时还对他人的自由造成过分制约，因此送审稿的规定迫切需要改变。具体建议如下："保护作品完整权，即禁止他人歪曲、篡改或者以其他方式改变作品，损害作者声誉的权利。"

采取客观判断标准后，是否违背作者意志在判断侵害保护作品完整权时，就没有了意义。也就是说，不管是否经过作者许可，只要改变作品内容或标题的行为客观上损害了作者声誉，行为就构成侵害保护作品完整权。同时，也就没有必要像日本、韩国著作权法那样，再费笔墨规定限制和例外。实际上，采取客观判断标准，不仅仅是规定怎样的情况下构成保护作品完整权侵害的实体问题，更重要的意义在于，将保护作品完整权的具体判断、特别是损害作者名誉的具体行为样态判断的权力由立法转移到了司法，司法在个案中判断是否侵害保护作品完整权时，自然会根据被告的行为客观上是否损害作者名誉这个要件而克服严格主观标准将所有修改或者变更作品行为一网打尽的缺陷，从而解决什么情况下保护作品完整权需要限制的问题。这种解决方案很好地体现了立法与司法的作用分担的视点，即对于何时需要限制保护作品完整权的判断的决定权应该交由立法还是司法的问题。[26]

也许有人会提出客观标准存在下列问题，即对于法人作品以及作者未署名或以假名发表的作品而言，前者由于法人不存在情感，后者由于无法将作品与本人对应，因此都不会造成作者名誉或社会评价的降低，客观标准在这种情形下无法适用。但笔者认为，对于法人作品而言，正是由于法人不具有情感，因此赋予法人作品著作人格权的合理性本身就存有疑问，况且只要法人控制着改编权，就足以保障其享有通过改变作品所实现的作品经济价值，因此无需另外赋予其保护作

---

[25] 或许有人会以送审稿关于权利限制的第 43 条第 1 款第 13 项 "其他情形" 反驳本文正文观点。但笔者认为，构成权利限制的"其他情形"更多发挥的是裁判规范作用，基本上无法作为行为规范发挥指引作用，对于作品利用者而言可能没有什么作用，至少对于利用者利用作品的过程是如此。

[26] 关于立法与司法的功能分担，体现的是法政策学的视点。有关法政策学的介绍，参见：平井宜雄. 法政策学—法制度設計の理論と技法 [M]. 2 版. 东京：有斐阁，1995. 关于将法政策学引入知识产权领域并予以进一步发展的，可参见：[日] 田村善之. 智慧财产法政策学初探 [M] //李扬. 知识产权法政策学论丛（2009 年卷）. 北京：中国社会科学出版社，2009：99 - 126.

品完整权[27]。对于作者未署名发表的作品而言，可以推定作者在发表作品时放弃了行使保护作品完整权[28]。对于作者以假名发表的作品而言，虽然根据所属的假名无法确切地指示出作者本人的真实信息，但实际上这个假名本身却不折不扣地与作者本身紧密地联系在一起，甚至成为作者的代称，对以假名发表的作品的评价降低的话，也即意味着作者今后再以该假名发表的作品将可能受到负面影响，因此同样可以解释为对作者声誉和社会评价的降低。

最后要说明的是，采取客观判断标准后，究竟如何处理客观上不损害作者声誉甚至提高了作者声誉的改变作品行为。本文的观点是，这种非理性的情况在实践中并不多见，作为规范一般理性人行为的法律似乎不用加以考虑。万一发生这种非理性的情况，完全可以通过著作财产权加以解决。具体思路是，如果改变后的作品不具有独创性，未形成新的作品，只要改变行为客观上不损害作者声誉，则不侵害原作品的保护作品完整权。如果改变后的作品具有独创性，构成新的作品，但同时保留了原作品的独创性，如果改变人对改变后的作品进行营利性使用，则原作品著作权人可以通过演绎权控制此种改变行为。如果改变后的作品具有独创性但未保留原作品任何独创性，则构成新的独立创作，与原作品不再具有任何关系，当然不侵害原作品作者任何著作权。

参考文献

[1] 郑成思. 版权法 [M]. 北京：中国人民大学出版社，1990.
[2] 李明德，许超. 著作权法 [M]. 北京：法律出版社，2003.
[3] 田村善之. 著作権法概说 [M]. 2版. 东京：有斐阁，2001.
[4] 松田政行. 同一性保持権の性質と周辺の諸問題 [A] //紋谷暢男教授還暦記念論文集刊行会. 知的財産権法の現代的課題. 东京：发明协会，1998：693–740.
[5] 井上由里子. 著作物の改変と同一性保持権 [J]. ジュリスト，1994，(1057)：65–70.

---

[27] 关于法人是否应该享有著作人格权的问题，田村善之教授指出，对于法人等团体而言，只要承认其著作财产权的原始取得，法人等团体通过行使这些著作财产权，实际上与著作人格权所具备的救济功能并没有太大差别，而且对于并不具有情感的法人等团体来说，即使赋予其著作人格权，恐怕其也只是将这些权利用于确保其自身的经济利益罢了。因此对于法人等团体而言只需赋予其保护经济利益的著作财产权，而没有必要还另外赋予其著作人格权。参见：田村善之. 著作権法概说 [M]. 2版. 东京：有斐阁，2001：378.

[28] 在重视精神权利的大陆法系的诸多国家的著作权法中，往往有关于著作人格权不得放弃的规定。但却可以通过权利不行使契约实现限制保护作品完整权的行使。因此对于作者未署名发表的作品，将其解释为推定作者默认签订了权利不行使契约也是有可能的，只不过，关于这种权利不行使契约针对第三人的有效性，学说和立法上还有待明确。

[6] 中山信弘. 著作權法［M］. 东京：有斐阁，2007.
[7] 斋藤博. 著作權法［M］. 3 版，东京：有斐阁，2007.
[8] 加戸守行. 著作權法逐条讲义（五訂新版）［M］. 东京：著作权情报センター，2006.
[9] 上野達弘. 著作者人格權の生成と発展—ドイツおよび日本における同一性保持權を中心に—［A］//小野昌延先生古稀記念論文集刊行事務局. 知的財産法の系譜. 东京：青林书院，2002：567-592.
[10] 半田正夫，松田正行. 著作權法コンメンタール1［M］. 东京：劲草书，2009.
[11] 上野達弘. 著作物の改変と著作人格權をめぐる一考察（一）［J］. 民商法杂志，1999，120（4-5）：748-779.
[12] 半田正夫. 著作權法概说［M］. 14 版，东京：法学书院，2009.
[13] 野一色勲. 同一性保持權と財産權［A］//紋谷暢男教授還暦記念論文集刊行会. 知的財産權法の現代的課題. 东京：发明协会，1998.
[14] 作花文雄. 著作權法（基礎と応用）［M］. 东京：发明协会，2003.
[15] 上野達弘. 著作物の改変と著作人格權をめぐる一考察（二）［J］. 民商法杂志，1999，120（6）：925-969.
[16] 金井重彦，小仓秀夫. 著作權法コンメンタール（上）［M］. 东京：东京布井出版，2000.
[17] 栗田隆. 著作権に対する强制執行（2）［J］. 金融法务事情，1996，(1459)：38-44.
[18] 知的財産研究所. Exposure'94—マルチメディアを巡る新たな知的財産ルールの提唱［J］. NBL，1994，(541)：52-63.
[19] 罗明通. 著作权法论（I）［M］. 7 版. 台北：台英商务法律，2009.
[20] 叶茂林. 评著作权法第十七条"同一性保持权"修正草案［J］. 月旦法学，1997，(26)：76-80.
[21] 松田政行. 同一性保持權の研究［M］. 东京：有斐阁，2006.
[22] 刘孔中. 著作人格权一些新旧问题的探讨［J］. 律师杂志，2001，(258)：21-35.
[23]［德］雷炳德. 著作权法［M］. 张恩民，译. 北京：法律出版社，2005.

（原载于《法律科学》2015 年第 1 期）
（本文第二作者为暨南大学法学院助理教授许清）

网络游戏直播中的著作权问题

摘　要

　　网络游戏画面构成美术作品或者类电作品（视听作品），著作权归网络游戏作品创作者。未经网络游戏作品著作权人同意，通过网络进行网络游戏直播，构成向公众播放作品行为，落入应当由网络游戏作品著作权人"享有的其他权利"（播放权）排他范围内，不属于著作权法规定的著作权限制情形。

关键词

　　游戏画面　游戏直播　播放　著作权限制

引　言

　　游戏直播是"以视频内容为载体，以电子竞技比赛或网络游戏为素材，主播实时展示、解说自己或者他人的游戏过程或游戏节目的服务。"游戏直播平台是提供游戏直播服务的网站、客户端软件或者手机 APP。游戏主播是指提供游戏直播素材，并实时对其进行展示或者解说，同时与观众进行互动的主体。互动的内容，包括与观众进行语言和文字上的实时沟通及反馈，观众可以免费获得或者购买付费道具赠予主播，或者订阅房间或频道等。游戏直播市场，是指在线游戏直播平台及游戏内视频直播所形成的市场，包括虚拟物品购买、广告收入、游戏联运、会员订阅等。

　　随着游戏直播产业链的飞速发展，网络游戏直播涉及的著作权问题已经逐渐涌现。其中，争议的焦点问题主要集中在：网络游戏画面的作品性及其著作权归属；在游戏直播平台上，游戏主播对网络游戏过程进行直播，是否受网络游戏作品著作权人著作排他权的控制；在直播平台上，网络游戏主播直播游戏过程，是否落入著作权法规定的限制情形中。本文拟对这三个方面的问题进行探讨。

一、网络游戏画面的作品性及其著作权归属

完整的网络游戏作品由计算机程序作品和网络游戏内容作品构成，而且两者是形式与内容的关系，即计算机程序是创作和承载网络游戏内容的工具。作为创作和承载网络游戏内容工具的计算机程序，构成作品且应受著作权保护理论与实务界基本没有分歧，实务中也尚未见到相关案例，本文对此不予讨论。网络游戏内容作品，又主要涉及文字、音乐、美术三个方面。其中，文字、音乐、美术如果构成作品，而且可以单独使用，则文字、音乐、美术作品作者单独享有著作权，网络游戏作品创作者在创作游戏作品时，应当经过这些作品著作权人的同意，并且向其支付报酬。对此，本文亦不加讨论。本部分探讨的是作为网络游戏作品内容的游戏画面。所谓网络游戏画面，是指游戏过程中由诸多游戏人物角色形象、游戏场景、游戏NPC角色（Non-Player Character的缩写，指游戏内一切非由玩家控制的角色，以下简称NPC）、游戏内怪物美术形象、游戏内界面设计、音乐等内容有机构成的画面。网络游戏画面不同于网络游戏直播画面，这一点基本被理论和实务界所忽略。网络游戏画面是游戏作品著作权人创作游戏作品时预设的构成网络游戏作品内容的画面，理论上具有无限多的可能性。网络游戏直播画面是网络游戏主播对自己或者其他玩家游戏过程进行直播时形成的画面。网络游戏直播画面由两部分组成：一部分是游戏画面；另一部分是游戏主播的解说、与观众互动时的弹幕文字、表情、头像等元素。

区分网络游戏画面与网络游戏直播画面的意义在于，如果网络游戏画面的著作权归属网络游戏开发者，而且网络游戏直播画面具有独创性，虽然其创作需要经过网络游戏作品著作权人许可，但本身可以构成作品，游戏主播可以成为作者，享有著作权，也可以排除第三方未经同意的利用行为。如果网络游戏直播画面没有独创性，则网络游戏直播行为只是单纯传播网络游戏作品的行为，不但需要经过游戏作品著作权人许可，而且必须向其支付报酬。而如果网络游戏画面著作权归属于游戏主播，游戏开发者只是为游戏主播提供创作工具和素材，则第三人录制或者向公众传播网络游戏画面和网络游戏直播画面，无需游戏开发者同意，只需游戏主播同意即可。

（一）网络游戏画面的作品性

网络游戏画面可分为两种类型：一类是网络游戏中的单个画面；另一类是网

络游戏中多个连续画面构成的动态视频。本文认为，无论是哪种类型的网络游戏画面，都可以构成著作权法意义上的作品。

1. 网络游戏中的单个画面构成美术作品

首先，从法律构成上看，游戏中的单个画面具备美术作品的属性。我国《著作权法实施条例》第2条规定，"著作权法所称作品，是指文学、艺术和科学领域内具有独创性并能以某种有形形式复制的智力成果。"由此可见，构成著作权法意义上的作品，需要三个要件。一是属于文学、艺术和科学领域内的智力成果；二是具备独创性。独创性要求创作行为具备两个特征：第一个特征是作品系独立创作完成，而非直接或者间接复制他人现有作品；第二个特征是作品并非司空见惯的表达，或者公有领域中的表达，作品具有一定程度的创作性。由于著作权法的趣旨在于追求文化的多样性，与专利法追求技术先进性、商标法追求标识的识别力不同，因此创作性的程度不宜过严把握。一般说来，只要不是文学、艺术和科学领域内司空见惯的表达或者公有领域中现成的表达，又系独立完成，就应当认为该表达具备独创性。三是能够以某种形式进行复制，包括数字化和数字化形式，便于传播。同时，我国《著作权法实施条例》第4条第（8）项规定，"美术作品，是指绘画、书法、雕塑等以线条、色彩或者其他方式构成的有审美意义的平面或者立体的造型艺术作品。"美术作品除了应当满足作品一般构成要件之外，还必须是以线条、色彩或者其他方式构成的具有审美意义的平面或者立体造型艺术作品。尽管如此，美术作品独创性的判断依旧应当遵循著作权法关于独创性判断的一般标准，不能过严过严把握。只要某个平面或者立体造型具备最低限度的创作性，不属于公有领域，且不司空见惯，即应当认定其具备独创性。

网络游戏中单个画面所包含的人物角色形象、装备图案、游戏NPC角色、游戏场景、游戏地图、游戏内界面设计、俯视图等，都是游戏开发者智力活动的成果，在素材选择、构图、布局、线条轮廓、颜色、美术造型、动画效果等设计上所付出的劳动并非重复他人现有的表达，属于独立完成，也非司空见惯的表达，或者公有领域中的表达，符合著作权法关于作品独创性的要求，而且能够以各种形式进行复制，没有理由否认其属于著作权法意义上的作品。

其次，从司法实务看来，我国已经出现将游戏中单个画面认定为美术作品的判决。在上海壮游信息科技有限公司诉广州硕星信息科技有限公司等侵害商标权及不正当竞争纠纷案中，上海浦东新区法院认定，网络游戏中的地图俯视图、场景图在素材选择、构图、布局、线条轮廓、颜色等方面具有独创性，角色技能图标、武器、装备、怪物及NPC的设计亦属于以线条、色彩等构成的具有独创性的美术作品。又如在2014年炉石传说案中，上海第一中级人民法院认定，原告请求保护的 14 个游戏界面属于美术作品。

2. 网络游戏中多个连续画面构成的动态视频构成以类似摄制电影的方法创作的作品

我国《著作权法实施条例》第 4 条第（11）项规定，"电影作品和以类似摄制电影的方法创作的作品，是指摄制在一定介质上，由一系列有伴音或者无伴音的画面组成，并且借助适当装置放映或者以其他方式传播的作品。"由该条文可看出，电影作品和以类似摄制电影的方法创作的作品是以连续动态画面表达思想或者感情的作品，除了应当具备作品一般构成要件之外，还应当具备以下三个特别要件：一是表现形式上，应当是由"由一系列有伴音或者无伴音的画面组成"，也就是活动的画面组成；二是制作方式上，应当是"摄制在一定介质上"的作品；三是传播方式上，应当是"能够借助适当装置放映或以其他方式传播"的作品。网络游戏中多个连续画面构成的动态视频属于思想或者情感的表达，由游戏开发者独立制作完成，并不属于公有领域中的表达，也不同于司空见惯的表达，符合一般作品构成要件。同时属于由多个连续有伴音的画面构成的动态视频，符合类电作品的特别构成要件。

首先，从创作过程看，网络游戏的创作过程相当于电影的制作过程。网络游戏创作主要包括三大阶段：一是游戏策划人员进行游戏整体设计，包括设计故事情节、制定游戏规则、设计游戏交互环节、计算游戏公式以及整个游戏世界的一切细节等；二是游戏美术对游戏原画、场景、角色、特效等游戏素材进行设计；三是在确定需要实现的功能后将设计好的游戏交给程序员进行具体的代码编写，使游戏作品程序化。其中，游戏策划、素材设计等创作人员的功能与电影创作过程中的导演、编剧、美工、音乐、服装设计等类似，游戏的编程过程则相当于电影的拍摄。

其次，从表现形式上看，随着玩家的操作，游戏人物在游戏场景中不断展开游戏剧情，所产生的游戏画面由图片、文字、音乐等多种内容集合而成，并随着玩家的不断操作而出现画面的连续变动。以《梦幻西游 2》为例，该游戏连续变动的动态画面由两种方式产生：一种方式是，玩家登录《梦幻西游 2》游戏后，即使在没有任何玩家操作的情况下，游戏进展到一定阶段就会出现和展示连续的动态画面；另外一种方式是，玩家登录《梦幻西游 2》游戏后，按照游戏内的指引进行操作，产生一系列有伴音的连续画面，形成动态连续的视频。不管哪种画面，都由一系列有伴音或者无伴音的画面组成，与电影作品和类电作品的表现形式完全相同。

需要说明的是，从制作方式上看，虽然网络游戏作品的创作方法不是"摄制"，而是"制作"，但这并不能否认网络游戏连续动态视频的类电作品性质。《伯尔尼公约》第2条第（1）项将类电作品界定为以类似摄制电影的方法表现的作品（assimilated works expressed by a process analogous to cinematography），强调的是其表现形式应当与电影作品一样，通过连续的动态画面表现，而非将其创作方法限制为"类似摄制电影的方法"。我国作为《伯尔尼公约》的成员国，对类电影作品的保护应与该公约的精神保持一致。据此，网络游戏中多个连续画面构成的动态视频是否构成类电影作品，取决于其表达形式是否与电影作品相似。显而易见的是，网络游戏中多个连续画面构成的动态视频由一系列有伴音的画面组成，与电影作品表达形式本质相同，应当作为类电影作品保护。

事实上，我国《著作权法修订草案（送审稿）》已经意识到现行著作权法将电影作品和类电作品的制作方法限定为"摄制在一定介质"所导致的缺陷，进而将电影作品和类电作品修改为"视听作品"。送审稿第5条第1款第（12）项规定："视听作品，是指由一系列有伴音或者无伴音的连续画面组成，并且能够借助技术设备被感知的作品，包括电影、电视剧以及类似制作电影的方法创作的作品。"根据这个定义，在一般作品构成要件之外，视听作品只需要具备如下两个要件即可满足受著作权法保护的条件：一是由一系列有伴音或者无伴音的连续画面组成；二是能够借助技术设备被感知。现行著作权法要求电影和类电作品必须"摄制在一定介质上"的要件被删除了。删除该要件并且将电影作品和类电作品修改为"视听作品"，不但使得"视听作品"涵盖了以摄制方法制作的电影作品和类电作品，而且还涵盖了通过计算机编程制作等摄制方法以外的方法制作的连续画面构成、能够借助计算机等设备被感知的作品。按照送审稿对视听作品的界定，网络游戏中多个连续动态画面构成的视频，完全属于借助计算机编程方法创作的视听作品。

在上海壮游信息科技有限公司诉广州硕星信息科技有限公司等侵害商标权及不正当竞争纠纷案中，上海浦东新区法院已经判决认定网络游戏连续画面构成以类似摄制电影的方法创作的作品。判决认定，网络游戏画面具有独创性且能以有形形式复制，理应受到著作权法的保护，其在创作过程、表现形式等方面与电影作品相似，结合著作权法、《伯尼尔公约》有关规定，可将涉案游戏的整体画面作为"类电影作品"进行保护。

综上所述，至少到目前为止，还没有足够理由认为，否定网络游戏画面的作品性，不管这种画面是构成美术作品还是类电作品（视听作品）。

（二）网络游戏画面的著作权归属

一种观点认为，网络游戏开发者只是为网络游戏主播和其他游戏玩家提供了创作游戏画面的工具和素材,网络游戏画面完全是网络游戏主播借助这些工具和素材独立创作出来的作品,虽然网络游戏开发者享有计算机软件作品的著作权,但网络游戏画面的著作权应当由游戏主播或者其他游戏玩家享有,只要网络游戏主播或者其他游戏玩家不复制游戏开发者的计算机程序,就无需征得游戏开发者同意,也不侵害游戏开发者的著作权。本文难以认同此种观点。

1. 虽然不排除实践中会出现网络游戏开发者耗费巨大代价编制计算机程序为游戏主播提供创作游戏画面工具和素材的可能性,但至少从目前网络游戏市场看,这种情况似乎还没有出现。作为经济理性人,网络游戏开发者之所以耗费巨资冒着巨大风险开发网络游戏,目的应该不是为游戏主播提供游戏工具和创作素材,而是为了设计出精彩的故事情节、游戏交互环节以及整个游戏世界的一切细节,并且通过游戏美工对游戏原画、场景、角色、特效等游戏素材进行富有吸引力的设计,以吸引游戏玩家和观众,赚取丰厚利润。为此,游戏开发者在设计游戏时,除了创作出赏心悦目的各种游戏形象、游戏道具等元素之外,还必须预设出各种引人入胜的游戏过程和游戏结果,以增加游戏难度和挑战性,并将这些元素和预设通过计算机语言固化下来。这说明,游戏主播或者其他游戏玩家操作出的游戏画面本身不可能不成为网络游戏开发者创作的重点,不可能不成为网络游戏本身最重要的内容。

2. 虽然电影播放是单向性的,而网络游戏动态画面的呈现是双向互动性的,不同玩家操控网络游戏或同一玩家以不同玩法操控游戏,均会得到不同的"有伴音或无伴音的画面",但这并不能否定网络游戏画面是网络游戏开发者而不是游戏主播或者其他游戏玩家创作的事实。首先,与传统的类电影作品相比,网络游戏虽有一定的互动性,不同技巧的玩家玩同一款游戏可能会呈现出略有差别的观感,但其主线任务和整体发展是固定的,其主体部分是相同的,不同技巧的游戏主播或者玩家所呈现出的类电影作品的表现形式无实质性差别。其次,网络游戏开发者已经预设了网络游戏内的文字剧情、人物活动、音乐音效、背景设计等元素,不同游戏主播只要选择相同的角色,使用相同的武器、装备、技能,以相同的路线、进程完成相同的任务,最后呈现出来的都会是完全相同的一系列画面。这说明,游戏开发者并没有为游戏主播创作留下空间,网络游戏主播按照游戏开发者设定的规则和指示操作,并不具备作品创作行为的任何特征。不同玩家之所以操作出不同的画面,差别仅仅在于技巧高低,而非在操作游戏过程中超出游戏开发者预设的范围,各自创作出了新的游戏画面。

3. 无论如何,除开游戏主播具有创作性的解说、弹幕文字或者其他评论性元素,就其播放给公众的游戏画面本身而言,与电视台或者其他播放者现场播放给观众的体育赛事画面完全不同。体育赛事节目画面，是电视台或者现场播放者多方位架设不同镜头的录音录像设备，对体育赛事进行录音录像，然后进行选择、编辑、加工，特别是采用电影手法对现场人物及其动作、表情等进行特写、慢放、回放，从而制造出强烈审美效果的结果。而在游戏直播中，游戏主播只是极为简单地将游戏画面忠实地操作出来并呈现给观众，游戏主播并没有创作出任何游戏画面，仅仅是将游戏开发者预设的游戏画面操作出来并呈现给观众。操作游戏并将操作出来的画面呈现给观众的行为属于传播作品行为，传播者不可能因此而成为被传播作品的作者和著作权人。

4. 如果认为是游戏主播或者其他游戏玩家创作出了游戏画面，将导致游戏技巧相同的成百上千个主播或者玩家对操作出的完全相同的游戏画面都拥有著作权的奇特现象，一个完全相同的游戏画面或者整体游戏画面上附着成百上千个著作权人，将给著作权的利用造成巨大障碍。有观点认为，这属于作品创作过程中的偶然重合现象，非常正常。笔者认为，这非但不是作品创作过程中偶然重合的现象，而且恰恰反映出这样一个事实，即游戏开发者并未给游戏主播或者其他玩家预留个性化创作的空间，游戏主播或者其他玩家仅仅是按照游戏开发者的预设，通过自己的技巧，将游戏画面呈现出来并传播给观众，游戏主播或者其他游戏玩家仅仅是网络游戏作品的传播者，而非创作者。

总之，网络游戏画面是游戏开发者在开发游戏时就预设好的，不同主播或者玩家在游戏过程中对道具、技能等元素的选择，体现的仅仅是游戏技巧的高低，游戏主播或者其他玩家操作出的网络游戏画面，只不过是如实再现游戏开发者预设的游戏画面，是网络游戏开发者而不是游戏主播或者其他玩家创作出了网络游戏画面，网络游戏画面的著作权应当归属网络游戏开发者，而不是游戏主播或者其他游戏玩家。

二、网络游戏直播是否落入游戏作品著作权人排他权的范围之内

网络游戏主播未经网络游戏著作权人许可，以游戏内容为载体，以直播平台为管道，对游戏画面进行直播并且添加解说、通过弹幕文字和观众进行互动的行为，是否落入游戏作品著作权人排他权的范围之内？如果落入，落入游戏作品著作权人哪种权利的排他范围内？

对此，本文的观点是，游戏主播未经游戏作品著作权人许可，以游戏内容为载体，以直播平台为管道，面向公众直播游戏画面并且添加解说、通过弹幕文字和观众进行互动的行为，落入了游戏作品著作权人"播放权"的排他范围之内。由于我国现行著作权法尚未规定"播放权"，在解释论层面上，可将"播放权"

解释为《著作权法》第 10 条第 1 款第（17）项规定的兜底性权利，即"应当由著作权人享有的其他权利"。理由如下：

1. 尽管网络游戏主播对网络游戏直播画面中的解说、弹幕文字等新增加的元素可能享有著作权，但这与其面向公众直播网络游戏画面行为是否落入网络游戏作品著作权人对网络游戏画面享有的著作排他权范围无关。

游戏主播直播的如果是不包含游戏主播解说等其他任何元素的游戏画面，即通过其游戏行为呈现给观众的游戏画面，因游戏主播未给游戏画面添加任何元素，完全是"裸播"，其行为仅仅是将游戏开发者享有著作权的游戏作品画面播放给观众，因而完全落入游戏作品著作权人排他权控制范围内。但这种"裸播"行为实践中很少见。

实践中较为常见的是，游戏主播面向游戏观众播放的网络游戏直播画面，不但包含了游戏画面，而且常常包括了主播的解说、与观众互动的弹幕文字、表情以及其他方式的评论等元素。在此情况下，虽不排除游戏主播解说、与观众互动的弹幕文字、表情以及其他方式的评论等元素本身具有创作性的可能，但因主播播放游戏画面本身的行为未经游戏作品著作权人许可，其行为仍然落入游戏作品著作权人排他权范围内。与"裸播"不同的是，此种情况下的主播对其具有创作性的解说、弹幕文字等拥有排他权，他人未经其许可，也不存在法定限制事由，不得随意使用。但尽管如此，主播对其创作性解说、弹幕文字等拥有的著作排他权仍不能及于游戏画面本身。其他第三方游戏主播播放网络游戏画面，虽在游戏作品著作权人排他权控制范围内，但只要不复制现有主播的创作性解说、弹幕文字等元素，就与现有主播无关，既不需要征得其同意，也无需向其支付报酬。

著作权是一种排他权，即使某些个案中能够认定游戏主播对游戏直播画面中的解说、与观众互动时的弹幕文字等元素具有创作性，享有著作权，其未经游戏画面著作权人许可，通过信息网络实时在线播放他人享有著作权的游戏画面的行为，均落入游戏作品著作权人排他权控制的行为范围之内。

2. 著作权是一种排他权，未经著作权人许可，也无著作权法规定的限制事由，利用他人作品的行为，不管是否具有营利目的，不管行为人的行为是否提高了被侵权作品的人气指数，均构成侵害著作权的行为。从《著作权法》第 48 条第（1）项的规定看，只要是未经著作权人许可，复制、发行、表演、放映、广播、汇编、通过信息网络向公众传播其作品等行为，除非著作权法另有规定，均属于侵害著作权的行为。

网络游戏主播在线直播游戏画面的行为，《著作权法》第 10 条第 1 款明确列举的复制权、发行权、出租权、展览权、表演权、放映权、广播权、信息网络传播权、摄制权、改编权、翻译权、汇编权等各种分权利当中，没有一种能够控制，有观点可能会据此认为游戏主播在线直播游戏画面的行为，并不在网络游戏作品著作权人著作权的控制范围内，这种观点是值得商榷的。

　　游戏主播在线直播游戏画面的行为，不属于复制、发行、出租、展览、放映、摄制、改编、汇编、翻译行为应该不存在争议。可能存在争议的是，游戏主播的行为是否属于表演、广播或者交互式信息网络传播行为。一种可能被部分法官和学者接纳的观点认为，游戏主播"玩游戏"的行为，属于表演游戏作品的行为。这种观点难以成立。著作权法意义上的表演，是指通过表情、动作、声音等动态再现作品的行为，包括现场表演和机械表演。游戏主播在面向观众直播游戏画面时，虽然有时也对游戏画面和操作技巧进行了解说，并且通过弹幕文字方式与观众进行了互动，但其解说以及与观众互动的文字并不是直接再现游戏作品的行为，而是在再现游戏作品过程中对游戏作品作出的某些评论，将游戏主播面向观众直播游戏过程画面的行为视为表演游戏作品行为，显然不妥。

　　按照《著作权法》第10条第1款第（11）项的规定，广播是指以无线方式公开广播或者传播作品，以有线传播或者转播的方式向公众传播广播的作品，以及通过扩音器或者其他传送符号、声音、图像类似工具向公众传播广播的作品的行为。据此，我国著作权法将广播行为限定为三种：分别是无线广播、有线转播、公开传播广播。游戏主播在线播放游戏画面的行为，是通过有线方式直接进行的公开传播，明显不属于无线广播、有线转播和公开传播广播的行为。

　　按照《著作权法》第10条第1款第（6）项规定，信息网络传播，是指以有线或者无线方式向公众提供作品，使公众可以在其个人选定的时间和地点获得作品的行为。由此可见，按照我国著作权法规定，只有通过信息网络进行交互式传播的行为，才属于信息网络传播行为，非交互式的定点在线播放行为不属于《著作权法》第10条第1款第（6）项规定的信息网络传播行为。游戏主播在线直播游戏画面的行为，虽然是通过信息网络向公众直播游戏画面的行为，但传播的方式是在线直播，观众只能在游戏主播选定的时间播放时，才能上线观看，不能在个人选定的时间和地点获取直播视频，因此不属于《著作权法》第10条第1款第（6）项规定的信息网络传播权控制范围内的行为。

　　虽然游戏主播在线直播游戏过程画面的行为，没有落入《著作权法》第10条第1款第（5）至第（16）项规定的分权利排他行为范围之内，但并不能由此得出游戏主播的行为未落入游戏作品著作权人其他著作排他权范围之内的结论。

　　考虑到科技经济发展带来的作品新利用方式造成作品创作者创作激励不足的

现象，以及立法者理性认识能力的不足，《著作权法》第 10 条第 1 款第（17）项规定，除了第（5）至第（16）项规定的各项分权利之外，"其他权利"也应当由著作权人享有。尽管著作权法的这一规定不符合"知识产权法定原则"，可能给作品利用者造成不可预测的侵害，改变产业格局，但在这一兜底性权利条款被立法者废止之前，依旧是有效的法律条款。同时考虑到现行《著作权法》第 10 条第 1 款在广播权、信息网络传播权等分权利规定方面存在的缺陷，利用这一"兜底性权利"暂时规制严重损害著作权人利益的新类型传播作品行为，不失为一个有效解决问题的方法。唯司法者在适用该条款时，必须谨慎谦卑行事，应当在对作品创作者、传播者、公众的利益进行综合考量后，再决定是否将某种新出现的利用作品行为纳入"应当由著作权人享有的其他权利"当中。

游戏开发成本和风险非常巨大，加上游戏在线直播已经或者正在成为很多游戏开发公司的实际市场或者潜在市场，游戏主播在线直播游戏画面的做法，虽然促进了游戏传播，便利了公众欣赏，但极有可能冲击乃至减少游戏开发者的游戏直播市场利益，挫伤游戏开发者开发游戏的积极性，至少到目前为止，还找不出足够的理由或办法让在线播放游戏画面行为受游戏作品著作权人的控制。

从我国著作权法立法动态看，《著作权法修改草案（送审稿）》已经完整吸取《世界知识产权组织版权条约》（WCT）第 8 条"向公众传播权"控制以各种技术手段向公众传播作品行为的规定。送审稿第 13 条删除了现行著作权法关于广播权和放映权的规定，代之以"播放权"的规定，并将"播放权"界定为"即以无线或者有线方式公开播放作品或者转播该作品的播放，以及通过技术设备向公众传播该作品的播放的权利"，这样一来，不管是定点在线播放他人作品行为还是实时网络播放他人作品的行为，由于都以公众同时接收同一内容为目的，因而都将落入"播放权"的控制范围之内，从而解决了网络定点播放和网络实时播放等非交互式传播作品的行为定性问题。这一立法动态充分说明，我国著作权法立法者认为，网络直播和网络定时播放等随着互联网技术进步而新出现的作品传播方式，已经危害到了著作权人的利益，影响到了对作品创作者的激励，因而表现出强烈规制此类行为、保护作品创作者利益的倾向。在我国著作权法送审稿尚未经立法机关审议通过，因而"播放权"尚未正式成为著作权人一项法定权利的情况下，可暂时将通过信息网络定点播放和实时播放他人作品的行为，交由《著作权法》第 10 条第 1 款第（17）项规定的兜底性权利控制。

此外，司法实务中，已经出现了利用"著作权人应当享有的其他权利"这一兜底性规定保护著作权人权利的案例。比如，在安乐影片有限公司诉北京时越网络技术有限公司等侵犯著作权纠纷案中，被告未经原告许可，通过信息网络向公众提供原告享有信息网络传播权的涉案影片《霍元甲》的定时播放，法院认定被告侵害了原告《著作权法》第10条第1款第（17）项规定的"应当由著作权人享有的其他权利"。

需要说明的是，为什么可以将游戏主播直播游戏画面的行为归结为"播放行为"？播放行为的本质特征是让公众在同一时间接收同一内容，不管接收的方法是直接接收还是间接接收，是通过无线方式还是有线方式。游戏主播通过信息网络在直播平台开设的直播间直播游戏画面的行为由三部分组成：一是"玩游戏"的行为；二是通过信息网络向公众传播游戏画面；三是进行解说，包括与观众进行文字或者表情互动；这三种行为综合起来看，都是以让观众同时收看游戏画面为目的，完全符合播放行为的本质特征。其中可能让人费解的是，游戏主播"玩游戏"的行为怎么会是播放行为？其实这也不难理解。游戏作品作为类电作品与一般电影作品和类电作品相比存在两点不同：一是游戏主线虽然较为固定，但呈现给观众的游戏具体细节和画面包含了很多种可能性，可能随着不同主体的播放行为发生改变，不像一般电影作品和类电作品那样，剧情和画面预先设定，呈现给观众的剧情和画面不会由于播放行为而发生改变；二是丰富的游戏作品内容通过计算机程序固定，虽然也可以借助机器设备自动播放方式呈现给观众，但一般的情形是，除了借助机器设备之外，还必须依赖游戏主播"玩游戏"的行为才能呈现给观众。游戏主播在直播间里"玩游戏"并配以解说向观众直播游戏画面的行为，属于一种与通过计算机程序创作的游戏作品特点相适应的特别播放方式。

综上所述，笔者认为，网络游戏主播未经游戏作品著作权人许可，以公众同时接收同一内容为目的，通过网络直播平台在线直播网络游戏画面的行为，属于"通过有线方式公开播放作品"的行为，落入了游戏作品著作权人按照我国现行《著作权法》第10条第1款第（17）项规定的"应当由著作权人享有的其他权利"排他行为范围之内。

既然游戏主播在线播放游戏画面的行为落入游戏作品著作权人享有的"其他权利"排他范围内，主动召集、签约游戏主播并且与游戏主播通过合同进行利润分成的直播平台服务提供者提供直播平台服务的行为，也落入了游戏作品著作权人著作排他权控制范围内，理应受到著作权法的规制。

三、网络游戏直播行为是否构成著作权法规定的限制情形

网络游戏直播行为是否构成我国《著作权法》第22条规定的著作权限制情形，是网络游戏直播所涉著作权问题中争议最大的问题。

主张网络游戏直播行为构成我国《著作权法》规定限制情形的观点，非常有代表性的有三种：第一种观点认为，游戏主播直播给公众的是游戏主播玩游戏的过程画面，而不是游戏画面本身，观众欣赏的也是游戏主播玩游戏的技巧、解说甚至颜值，而不是游戏画面本身，游戏观众人数的多少完全取决于游戏主播的人气，所以游戏直播构成合理使用行为；第二种观点认为，游戏直播不同于游戏本身，具有一定程度的转换性，因此游戏直播构成合理使用；第三种观点认为，从功利主义政策角度考量，著作权保护只需保证著作权人拥有足够的利益动力去制作游戏即可，著作权人拥有游戏本身的市场已是有效的利益激励，游戏本身衍生出来的游戏直播市场利益，不应当归属于游戏著作权人，这样更加有利于促进游戏直播市场的发展。本文并不赞成这三种观点。

关于第一种观点。第一，认为游戏直播给观众的仅仅是包含游戏主播解说、与观众互动的弹幕文字等元素的游戏过程画面，而不包括游戏画面本身，是值得商榷的。游戏过程画面虽然包含了游戏主播解说、游戏主播与观众互动的弹幕文字等元素，但主体部分还是游戏画面本身。没有游戏画面本身，游戏主播的技巧、解说、与观众互动的弹幕文字等元素就好比无源之水，无本之木。

第二，游戏主播直播出来的游戏画面，与体育赛事直播画面不同。体育赛事直播画面展现给收看观众的，是采用各种电影手法编辑加工过的体育赛事节目，尽管体育赛事节目以体育赛事为基础，但已经与体育赛事本身存在很大区别，被赋予了很多个性化元素。更重要的是，虽然体育赛事节目的制作和播放需要经过体育赛事组织者的同意，并向其支付报酬，但作为体育赛事节目基础的体育赛事本身并非作品，体育赛事举办者针对体育赛事直播者收取的费用并非著作权使用费。与体育赛事直播节目不同的是，游戏直播画面以游戏开发者享有著作权的游戏作品为基础，呈现给观众的画面本身不同于体育赛事节目画面，仅仅是对游戏作品画面的忠实再现。在线直播以非作品的体育比赛为基础制作的具有独创性的体育赛事节目画面尚且需要经过体育赛事组织者许可，并支付报酬，在线实时播放以游戏作品为基础且没有独创性的游戏过程画面反而不需要经过游戏作品著作权人许可，而且不必支付报酬，逻辑上显然无法成立。

第三，很难断言，观众观看游戏直播画面时，欣赏的只是游戏主播玩游戏的技巧、主播的解说、主播的颜值，而不包含精彩的游戏画面、游戏情节、游戏场景等具有创作性的个性化元素。

第四，游戏观众人数多少、游戏主播人气指数高低虽可作为评判侵权损害赔偿数额的依据，但并非判断游戏主播直播行为是否构成侵害游戏作品著作权的考量因素。即使没有任何人气没有任何观众，只要游戏主播实质上在线播放游戏画面，其行为也落入游戏作品著作排他权控制范围内，不构成合理使用。

关于第二种观点。确实，如上所述，游戏直播画面不同于游戏本身，正如体育赛事节目画面不同于体育赛事本身一样，游戏直播除了呈现给游戏观众游戏画面之外，还加入了游戏主播的解说、与游戏观众互动时的弹幕文字、头像、表情等元素，但这些元素与游戏画面并未有机结合为一体，完全是独立存在的，并未使游戏画面内容"产生足够程度新的意义"，游戏画面本身在整个游戏直播画面中依旧占据核心地位，也未使游戏画面内容"产生完全不同的功能或者目的"，游戏直播时游戏观众欣赏到的，除了游戏主播较高的技巧、风趣幽默的解说、赏心悦目的颜值等元素之外，也不可能不包括精彩的游戏画面内容，因此难以构成"转换性使用"。

即使游戏直播构成美国判例法上所说的"转换性使用"，在我国著作权法上也没有制定法或者司法解释上的依据。我国《著作权法》第22条采取限定列举方法规定的12种著作权应当受到限制的情形中，至少从文义解释角度看，没有一种属于"转换性使用"。《最高人民法院关于审理侵害信息网络传播权民事纠纷案件适用法律若干问题的规定》第5条规定的内容，"网络服务提供者以提供网页快照、缩略图等方式实质替代其他网络服务提供者向公众提供相关作品的，……不影响相关作品的正常使用，且未不合理损害权利人对该作品的合法权益，网络服务提供者主张其未侵害信息网络传播权的，人民法院应予支持。"秉承的也是《伯尔尼公约》第9条、TRIPS协定第13条、WCT第10条规定的精神和思路。按照这几个国际公约的规定，对著作权的限制必须符合三个要件：一是限定于特殊情况；二是不与作品的正常使用相冲突；三是不得不合理损害著作权人合法利益。可见，我国司法解释也未采纳美国判例法上的"转换性使用理论"来判断什么是著作权应该受到限制的情形。以一种我国著作权法上并不存在的美国判例法上的理论为依据，支撑网络游戏直播行为构成合理使用行为的观点，缺乏足够说服力。

关于第三种观点。首先，著作权法已经通过著作权主体、著作权客体、著作权内容、著作权限制、著作权保护以及著作权法立法目的等具体条文对作品创作和传播过程中的各种利益关系进行了各种具体的政策考量，在碰到具体著作权纠纷案件时，首先要做的是，适用恰切的著作权法具体条文进行权利义务关系考量，而不是进行一般性的政策考量。首先进行一般性政策考量，将使具体法律条文中的政策考量被淹没，非法治主义做法，不值得提倡。其次，游戏本身衍生而出的游戏直播市场利益是否应当属于游戏作品著作权人，关键是看著作权法是否赋予了游戏作品著作权人控制在线实时播放其游戏过程的排他权。如果赋予了，说明著作权法立法者认识到，著作权法赋予游戏作品著作权人的权利还不足以确保其在游戏市场本身中的利益进而激励其去创作新的游戏作品，因而也有必须保障游戏作品著作权人在游戏直播市场中的利益。如上所述，不管游戏主播对游戏直播画面中独立存在的解说、与观众互动的弹幕文字等元素是否享有著作权，其通过信息网络向公众传播利用了他人享有著作权的游戏画面的行为，都落入游戏作品著作权人排他权控制的行为范围当中，没有理由不经过游戏作品著作权人许可，并向其支付报酬。最后，游戏直播市场事实上已经成为腾讯、网易等游戏开发者实际投资进行竞争的市场，再以游戏直播市场与游戏开发者无关或者不属于游戏开发者的潜在市场，进而认为游戏直播不会损害游戏开发者的利益，构成合理使用，这已经没有实际意义。

笔者认为，游戏直播是否属于无需游戏著作权人许可而且无需向其支付报酬的著作权限制范围内的行为，应当依据我国《著作权法》第 22 条第 1 款规定的 12 种不侵害著作权的限制情形进行判断。从我国《著作权法》第 22 条第 1 款的规定看，唯一能够与游戏直播挂钩的是第（一）项为个人目的使用和第（二）项适当引用。

首先，网络游戏直播行为不属于为个人目的的行为。其一，网络游戏主播在直播游戏画面的过程中，通过各种方式引来其他众多玩家和游戏爱好者围观，形成庞大的围观群。在面向公众开放的网站、客户端平台或者手机 APP，任何人都可以不经过任何筛选地进入直播间观看，完全属于向公众播放游戏画面的行为，超出了为个人学习、研究或者欣赏范围的限制。其二，游戏主播和游戏平台合作向公众传播游戏画面，并非主要以给玩家之间学习交流游戏技巧、闯关攻略提供平台为目的，而以插播相关广告、提供直播平台增值服务赚取高额利润为目的。比如，在网易与广州华多公司的游戏作品著作权纠纷案中，据广州华多公司披露的年报表面，在开播不到三年的时间里，其游戏直播就获得了近 1 亿元的收入。

其次，网络游戏直播行为不属于"为介绍、评论某一作品或者说明某一问题，在作品中适当引用他人已经发表的作品"的行为，即适当引用行为。一般说来，适当引用必须具备如下几个要件：一是存在自己独立的作品；二是目的在于介绍、评论某一作品或者说明某一问题；三是引用的必须是他人已经发表的作品；四是引用必须适当。引用适当，要求所引用部分不能构成引用人作品的主要部分或实质部分，引用人作品与被引用人作品具有主从关系和显著的区别性，并且不得不合理损害被引用作品著作权人的合法利益。游戏主播在直播游戏画面过程中，虽然也对游戏作品的游戏规则、文字剧情、游戏中的人物活动、游戏玩法等做一些解说和评论，但其行为仍然难以构成对游戏作品的"适当引用"。

其一，构成适当引用的前提是，引用人有自己符合著作权法保护要件的作品，不存在自己独立作品"引用"他人作品的行为，只能是复制或者公开传播他人作品的行为。如前所述，游戏主播直播给公众的游戏过程画面，虽然添加了一些解说、与观众互动的弹幕文字等元素，但游戏直播画面主要传播给游戏观众的，核心还是游戏开发者预设的游戏内容，游戏主播无论如何按照既定的游戏规则操作，都不可能通过修改计算机程序去演绎或者创作新的游戏画面。既然如此，游戏直播行为只能属于向公众传播游戏画面的行为。

其二，即使认定游戏直播画面构成演绎作品，游戏主播的引用也不适当。（1）游戏主播引用的量严重超过适当引用的界限。游戏主播从直播开始到结束除了将游戏开发者预设的游戏画面传播给观众之外，并未创作出任何新的游戏画面，在游戏画面传播给观众的过程中，尽管有些主播加入了解说，甚至以颜值、独特的口音和幽默的表述等表现出的个人魅力以吸引观众眼球，但都只是起到锦上添花的作用，核心部分依旧是展示游戏本身的画面、剧情、音效、人物形象以及各种关卡设置和操作技能。假如完全没有或者只有极少数游戏画面、剧情、音效、人物关系以及关卡设置和操作技能等元素，呈现给观众的，主要是主播的解说、颜值等，很可能不会存在游戏直播这一行业。由此可见，游戏主播的展示和播放行为，不可能构成"适当引用"。（2）游戏主播通过直播平台进行游戏直播的行为，会严重损害著作权人的利益。由于蕴含巨大市场利益，加上准入门槛不高，一些大型游戏开发者已经进入游戏直播市场，比如网易CC直播、腾讯直播等。在此情况下，认为游戏直播不能构成游戏开发者的现实或者潜在市场的观点与实际情况不符，无法成立。目前，未经游戏作品著作权人授权的游戏直播平台和游戏主播相互合作开展游戏直播，通过贩卖虚拟设备、表情包、赞赏等各种方式获取了巨额利润，严重阻碍了大型游戏开发者进入游戏直播市场的机会，挤压了已经进入游戏直播市场的大型游戏开发者的市场份额。

总之，网络游戏直播不符合我国《著作权法》第22条规定的任何一种著作权限制情形。

四、结　　论

总结前面几个部分的论述，可以得出如下结论：网络游戏作品由计算机程序作品和游戏画面作品构成，前者是实现和承载后者的工具。单个游戏画面构成美术作品，多个连续动态游戏画面构成类电作品（视听作品），著作权归游戏作品创作者。未经游戏作品著作权人同意，通过信息网络进行游戏直播，构成向公众播放作品行为，落入应当由游戏作品著作权人"享有的其他权利"排他范围内，不属于著作权法规定的著作权限制情形。一句话，未经游戏作品著作权人同意，通过信息网络向公众播放其游戏画面作品的行为，构成侵害游戏作品著作权的行为，通过合同与游戏主播签约并且进行利润分成的网络直播平台服务提供者，与游戏主播具有共同侵权故意，二者构成共同侵权行为。以此结论为前提，现阶段讨论游戏主播和游戏平台在游戏直播市场上应当分享多大利益似乎还为时过早。

（原载于《知识产权》2017年第1期）

专　利　法

修理、更换、回收利用是否
构成专利权侵害

摘　要　　对专利产品进行修理、零部件更换或者回收利用是否构成专利权侵害，应当以专利权利要求保护的范围作为最基本的判断标准；即使对专利产品进行修理、零部件更换或者回收利用构成再造，也并不必然侵害专利权；在处理对专利产品进行修理、零部件更换或者回收利用是否专利权侵害的问题时，关键是处理好以生产经营为目的提供零部件的行为是否构成专利权间接侵害。

关键词　　修理　更换　回收利用　专利权利用尽　间接侵害

一、引　言

专利产品经过使用会发生磨损、损坏（比如，钻探机的钻头经过使用会变钝或者彻底无法使用）从而丧失部分或者全部功能，为了恢复专利产品的功能以达到正常使用的目的，可以对专利产品进行修理或者进行零部件更换。这种情况下对专利产品所进行的修理或者零部件更换是否构成专利权侵害？另一种情况是，专利产品经过使用后，仍然保持原有的几乎所有正常功能，只要经过简单处理就可以达到回收利用的目的（比如，具有外观设计专利权的酒瓶只要对开启过的瓶盖进行简单处理就可以进行回收利用）。这种情况下对专利产品所进行的回收利用是否构成专利权侵害？

从国外情况看，早在1850年由美国联邦最高法院判决的 Wilson v. Simpson[①]侵害刨床专利产品案就涉及上述问题。因此，上述问题在外国并不是什么新的问题。从国内所能查找到的资料情况看，只有两个案例涉及上述问题。一个是2000年由山东省高级人民法院判决的"鞠某与古贝春公司酒瓶专利纠纷案（山东省高级人民法院（2000）鲁民终字第339号民事判决书）"，另一个是2007年由黑龙江省高级人民法院调解结案的"邹某诉雪乡酒业公司侵害外观设计专利酒瓶案（黑龙江省高级人民法院（2007）黑知终字第3号民事判决书）"。可见，在国内，上述问题还算是一个新的问题。

不管是新问题还是老问题，上述问题都是一个复杂的问题。这种复杂性主要表现在两个方面：一是从国内外已有的司法判例来看，案情大致相同的案件却出现了截然相反的判决结论。比如，在美国自1850年到2002年期间11个具有代表性的案例中，就出现了3种判决结论。第一类案件认定修理、更换或者回收利用构成"再造"，构成专利权侵害。第二类案件认定修理、更换或者回收利用就是"修理"行为，不构成专利权侵害。第三类案件认定修理、更换或者回收利用构成"类似修理"行为，不构成专利权侵害。[1]在我国出现的上述两个案情相同的案件中，山东省判决被告回收利用原告拥有外观设计专利权酒瓶的行为不构成专利权侵害。黑龙江省高级人民法院虽以调解方式结案，但原审法院却判决被告行为构成专利权侵害。[2]日本也出现类似的情况。比如，东京地方裁判所在2004年的"液体收纳容器"案中，作出了不侵害专利权的判决，[3]而东京地方裁判所在2000年的"一次性相机"案中，作出了侵害专利权的判决。[4]二是学者们将上述问题与专利权用尽问题、专利权默示许可使用问题、资源的最大化利用问题、环境保护问题以及零部件市场的反限制竞争问题纠结在一起，出现了各种

[①] 该案涉及一个受专利权保护的刨床，但组成刨床的齿轮、轴、刀片等不受专利权保护，其中刀片使用几个月就不能再用了。被告在刀片变钝后，从第三人处购买这种刀片更换用旧了的刀片。原告认为被告更换刀片相当于制造了整个专利产品，遂诉至法院。美国联邦最高法院认为，更换刀片只是修理，而不构成再造，因此最后判决被告不侵权。参见 Wilson v. Simpson, 50 U.S. 109 (1850)。

各样的观点,从而使得问题更加复杂化②。

为了使得上述问题的解决有一个清晰的思路,从而正确处理专利产品修理、更换和回收利用过程中的不同利益关系,本文拟结合国内外相关案例对上述问题进行探讨,以提供一个深入讨论的平台。

二、专利权利用尽范围内的修理、更换、回收利用与专利权侵权的判断

从现有的国内外文献看,在讨论修理、更换和回收利用是否构成专利权侵害时,几乎无一例外都把着眼点放在修理、更换和回收利用是否构成专利产品的"再造"上面③。但是,基于以下两个原因,孤立地去谈论修理、更换和回收利用是否构成专利产品的"再造"是没有任何意义的。

第一个原因是,按照专利权利用尽原则,专利权人自己生产或者经过专利权人许可生产的专利产品首次合法投放市场后,任何人进行再销售和使用该专利产品④,专利权人再也没有权利控制。这一方面是基于专利产品所有权人的所有权对专利权人专利权的限制,另一方面是为了确保商品的自由流通和交易安全,还

---

② 相关日文文献可参见:[日]浅井孝夫. 专利产品的修理是否侵害专利权的判断基准考察 [J]. 专修课程研究年报,2000;[日]玉井克哉. 美国专利法上的权利用尽理论 1-2 [J]. 专利 54 卷 10 号 - 11 号 (2001 年);特许第 2 委员会第 5 小委员会. 再利用产品和专利权的关系的检讨 [J]. 知识财产管理,2002,52(9):1288-1290、10 号第 1489-1492 页;[日] 田中成志. 修理和再造 [M] //知识产权的现代课题. 信山社,1995;[日]角田芳正. 再利用和知识产权 [J]. 日本工业所有权法学会年报第 22 号第 84-85 页;[日]布井要太郎. 评论 [M] //判例知识产权侵害论. 信山社,2000:265-269.

③ 相关文献可以参见:闫文军. 从有无美国判例看专利产品"修理"与"再造"的区分 [M] //专利法研究. 北京,2004:385-401;孙天文. 浅析对专利权保护的限制与再限制———由一起回收利用专利酒瓶纠纷引起的法律思考 [J]. 知识产权专刊,2007(1)116-118;[日]玉井克哉. 专利权日本国内消尽 [M] //牧野利秋,饭村敏明. 知识产权关系诉讼法(新裁判实务大全 4,青林书院 2001 年,第 254-255 页);[日]横山久芳. "消尽的方法"和"生产的方法"的区别 [J]. 法学,2001,(1201):150-152;[日]浅井孝夫. 专利产品的修理是否侵害专利权的判断基准考察 [J]. 专修课程研究年报 1999 年版 (2000 年);[日]玉井克哉. 美国专利法上的权利用尽理论 1-2,专利 54 卷 10 号 -11 号 (2001 年);特许第 2 委员会第 5 小委员会. 再利用产品和专利权的关系的检讨 [J]. 知识财产管理,第 52 卷 9 号,第 1288-1290 页、10 号,第 1489-1492 页 (2002 年);[日]田中成志. 修理和再造 [M] //知识产权的现代课题. 信山社,1995;[日]角田芳正. 再利用和知识产权 [J]. 日本工业所有权法学会年报第 22 号第 84-85 页;[日]布井要太郎. 评论 [M] //判例知识产权侵害论. 信山社,2000:265-269.

④ 这里没有考虑我国专利法立法上的缺陷。按照我国《专利法》第 11 条的规定,发明和实用新型专利权人拥有制造、使用、许诺销售、销售、进口五项权利,而外观设计专利权人只拥有制造、销售、许诺销售、进口四项权利,而不拥有使用权。这样,对于外观设计专利产品而言,在其首次合法投放市场后,他人进行使用就是合法行为,而无需通过权利用尽原则进行解释。

有一个原因是为了避免发生专利权人多重收费的不合理现象⑤。这样，专利产品的所有权人为了利用其所有物而进行的修理或者零部件更换，不管该所有权人利用其所有物从事何种生产经营活动，其对专利产品进行的修理或者零部件更换行为，都不会构成专利权侵害。在这种情况下，即使专利产品的所有权人为了利用其所有物而进行的修理或者零部件更换已经达到了制造一个新的专利产品的程度，情况也是如此。理由在于，专利权人权利所能控制的制造行为，只是那种出于生产经营目的并且以专利产品为对象的制造行为。这种制造行为之所以必须受专利权人权利控制，是因为该种行为会对专利权人造成实质性损害。第二个原因是，即使修理、零部件更换和回收利用构成了专利产品的"再造"，此种"再造"行为也不必然构成专利权侵害。如果存在专利法规定的特定豁免事由⑥，即使修理、零部件更换和回收利用构成了专利产品的"再造"，行为人的行为也不视为专利权侵害。从立法论的角度看，即使现行专利法没有规定，也有一些因素有必要考虑为豁免事由。比如，专为获得和提供医疗器械的行政审批所需要的信息而制造专利医疗器械的行为，以及为其制造专利医疗器械的行为，为了公共健康的需要，就有必要规定为豁免事由。在这种情况下，如果对专利医疗器械的修理、零部件更换或者回收利用行为构成了"再造"，也不能视为专利权侵害行为。此外，也有论者认为，资源的最大化利用和环境保护的需要、反垄断法上竞争利益的考量、默示许可[5]也有必要考虑为侵害专利权行为豁免的依据。

通过以上的分析可以得出一个结论，在研究修理、零部件更换和回收利用是否构成专利权侵害时，不能孤立地看这种修理、零部件更换和回收利用是否构成了"再造"。首先必须肯定的是，在专利权利用尽范围内，专利产品的所有权人为了利用其所有物而进行的修理或者零部件更换，不管该所有权人利用其所有物

---

⑤ 在国外，也有论者通过默示许可理论或者是通过权利滥用法理来解释专利权利用尽存在的合理性。分别参见：[日] 清濑一郎. 专利法原理 [M]. 4版. 严松堂书店，1936：124 – 125.；[日] 辰已直彦. 商品流通和知识产权法的构成 [J]. 专利研究，1996 (21)；[日] 田村善之. 修理、零部件的更换与专利侵权的判断 [J]. 李扬，译. 知识产权年刊，2006：36 – 52.

⑥ 比如，我国2000年《专利法》第69条规定，有下列情形之一的，不视为侵犯专利权：（一）专利权人制造、进口或经专利权人许可而制造、进口的专利产品或者依照专利方法直接获得的产品售出后，使用、许诺销售或者销售该产品的；（二）在专利申请日前已经制造相同产品、使用相同方法或者已经作好制造、使用的必要准备，并且仅在原有范围内继续制造、使用的；（三）临时通过中国领陆、领水、领空的外国运输工具，依照其所属国同中国签订的协议或者共同参加的国际条约，或者依照互惠原则，为运输工具自身需要而在其装置和设备中使用有关专利的；（四）专为科学研究和实验而使用有关专利的；（五）为提供行政审批所需要的信息，制造、使用、进口专利药品或者专利医疗器械的，以及专门为其制造、进口专利药品或者专利医疗器械的。

从事何种生产经营活动，其对专利产品进行的修理或者零部件更换行为，即使达到了"再造"一个专利产品的程度，为了确保专利产品所有权人充分、完整行使所有权，同时不至于浪费社会资源，理解为不构成专利侵权行为为妥当。而在专利权利用尽范围之外，以专利产品为对象出于生产经营目的的修理、零部件更换和回收利用是否构成专利权侵害，必须进行法政策的综合考量。

一个备受争议的问题是，对于已经使用过的专利产品进行回收利用是否属于专利权利用尽范围内的行为？这方面最典型的案例就是已经发生多次的所谓"旧瓶装新酒"案。原告邹某是牡丹江酒厂的董事长，享有 ZL03346884.2 号酒瓶外观设计专利权。邹某所在的牡丹江酒厂使用邹某的外观设计酒瓶生产、销售牡丹江特酿。被告雪乡酒业公司自 2004 年至 2006 年一直回收涉案的外观设计专利酒瓶，并包装自己生产的雪乡情白酒进行销售。邹某在和被告协商未果的情况下以侵害外观设计专利权为由向法院起诉。一审法院认为被告具有恶意，其行为不属于专利权利用尽范围内的行为，构成侵权。被告不服提出上诉。理由是，被告使用的是收购的旧酒瓶，原专利权利已经用尽，无论旧酒瓶是否与外观设计专利相同或者近似，都不构成侵权。二审诉讼中黑龙江省高级人民法院通过调解解决了此案。

那么被告回收利用废旧的外观设计专利酒瓶的行为是否属于专利权利用尽范围内的行为呢？如上所述，专利权利用尽是指专利产品首次合法投放市场后，任何人进行再销售或者使用，无需再经过专利权人同意，且不视为侵害专利权行为。可见，专利权利用尽原则的适用必须具备以下几个严格要件：一是用尽的时间是专利产品首次投放市场后；二是用尽的领域只限于专利产品流通领域，而非生产领域；三是适用的对象只限于合法投放市场的专利产品，侵权的专利产品、非法投放市场的专利产品不适用权利用尽原则；四是专利权人丧失的仅仅是再销售权利和使用权利，专利权人仍然拥有制造、进口等权利；五是他人对专利产品的再销售和使用性质上属于法律拟制的不侵权。上述案件中的被告回收利用废旧外观设计专利酒瓶的行为虽然发生在外观设计专利酒瓶首次合法投放市场之后，表面上似乎符合专利权利用尽原则的适用要件，却已经超出了使用领域的限制，不再仅仅属于流通领域中的使用行为。酒瓶经过最终用户开启并喝完其中的酒之后，其在流通领域的任务就告完成，应当作为退出了流通领域的废旧产品处理。当它再次作为酒的包装进入流通领域，必然经过清洗、消毒或者对瓶盖等破损部位进行简单处理等程序。只是经过清洗、消毒的酒瓶或者仅仅是对瓶盖等破损部分进行简单修补的酒瓶，毫无疑问会落入外观设计专利酒瓶的保护范围之内，也就是说会构成受外观设计专利权控制的制造行为。这种制造行为由于没有经过专利权人的同意，因此利用这种经过清洗、消毒或者其他简单处理的酒瓶包装自己生产的酒进行销售时，理所当然不能适用专利权利用尽原则，构成侵权行为。

特别要指出的是，即使是专利产品的合法所有权人对经过使用的专利产品进行回收利用，不管这种专利产品属于一次性使用的产品，还是属于可以多次循环利用的产品（比如享有外观设计专利权的塑料桶），情况也是如此，除非专利法以资源的最大化利用、环境保护等为由对回收利用者的行为作为特别豁免规定。

上述解释应当说是比较符合专利法授予专利权人排他性独占权的旨趣的。专利法授予专利权人排他性的制造、使用、销售、许诺销售、进口等独占性权利，直接目的在于确保专利产品的制造等行为都能受专利权人的控制，以保证其利益还流的机会。合法专利产品首次投放市场后，专利法之所以规定专利产品的再销售和使用权专利权人不能再控制，是因为专利产品首次投放市场时，专利权人已经收取了专利权使用费，利益已经得到了保证，他人进行再销售和使用不会给其利益造成损害。对于废旧专利产品进行回收利用的行为之所以应当受专利权人控制，是因为对本应当退出流通领域的废旧专利产品的回收利用行为剥夺了专利权人本应当获取利益的机会，给专利权人利益造成了实质性损害。一个很显然的事实是，如果没有回收利用行为，行为人就必须直接向专利权人购买专利产品，或者向专利权人的被许可人等购买专利产品，专利权人的利益因此而可以得到保证。如果允许回收利用行为的存在，行为人本应当付出的专利使用费代价就可以节省，本应当属于专利权人的这部分利益却无法得到保证。

总之，对废旧专利产品进行简单清洗、消毒或者其他简单处理而加以回收利用的行为不属于专利权利用尽范围内的行为，构成专利权侵害。

三、专利权利用尽范围外的修理、更换、回收利用与专利权侵权的判断

上述部分已经解决了专利权利用尽范围内的修理、零部件更换是否侵害专利权的问题，以及回收利用是否落入专利权利用尽范围内、是否构成专利权侵害的问题。这个部分要解决以下两个重要问题。一是以生产经营为目的、以专利产品为对象的修理、零部件更换或者回收利用是否构成专利权侵害？如果构成专利权侵害，究竟以什么作为判别标准？二是为了修理、零部件更换的需要而生产、销售零部件的行为是否构成专利权侵害？由于第二个问题的重要性和复杂性，放在下一部分讨论，本部分只讨论第一个问题。

以生产经营为目的、以专利产品为对象的修理、零部件更换或者回收利用是否构成侵害专利权的实施行为，关键还是要看修理、零部件更换或者回收利用后的专利产品是否仍然落入专利权利要求的范围内。众所周知，专利权的保护范围

以权利要求的内容为准，说明书及其附图可以用于解释权利要求。当然，在解释权利要求书时，既不能以权利要求书的字面含义为限，也不能仅仅将权利要求作为一个总的原则，而应当将保护扩大到所属技术领域的普通技术人员阅读说明书以及附图后无需创造性劳动就可以看出属于专利权人要求保护的范围，以兼顾专利权人利益和社会公共利益。这就是大多数国家认可或者采用的字面侵权＋等同侵权专利权利要求折中解释原则。所谓等同原则，是指与专利权利要求记载的必要技术特征相比，如果属于采用基本相同的手段，实现基本相同的功能，达到基本相同的效果，并且所属技术领域的普通技术人员无需创造性劳动就能够联想到的，则该技术特征属于等同特征，构成专利权侵害。

在解释专利权利要求时，除了坚持上述原则外，还必须坚持以下两个原则：

一是禁止反悔原则。禁止反悔原则是指专利申请人或者专利权人在专利授权或者维持程序中，为满足专利法和专利法实施细则关于授予专利权的实质性要件的要求，在专利文件中或者通过书面声明或者记录在案的陈述等，对专利权保护范围所作的具有限制作用的任何修改或者意见陈述，对权利人具有约束作用，专利权人在专利侵权诉讼中不得反悔。二是全部技术特征原则。全部技术特征原则是指被控侵权物如果包含了专利权利要求记载的全部特征，或者虽然被控侵权物中个别或者某些技术特征与专利权利要求记载的相应技术特征不同，但属于等同技术特征的，应当认定被控侵权物落入专利权利要求保护范围，构成侵权。相反，如果被控侵权物缺少专利权利要求记载的一项或者几项技术特征，或者被控侵权物的技术特征与专利权利要求记载的对应技术特征相比，有一项或者多项技术特征既不相同也不等同的，则应当认定被控侵权物没有落入专利权保护范围，不构成侵权。此外，虽然被控侵权物增加了技术特征，但如果被控侵权物包含了专利权利要求的全部技术特征或者等同特征的，不论增加的技术特征本身或者与其他技术特征结合产生了怎样的功能或者效果，仍然应当认定为侵权。[7]

上面讲的是发明和实用新型专利权的保护范围以及解释原则。外观设计专利权的保护范围与发明或者实用新型专利权的保护范围不同，以表示在图片或者照片中的外观设计专利产品为准。在判断是否构成外观设计专利权侵害时，应当坚持相同或者近似产品的相同或者近似外观设计原则。也就是说，只有在产品相同、外观设计相同，产品近似、外观设计相同，产品相同、外观设计近似，产品近似、外观设计近似四种情况下，被控侵权外观设计才构成侵权。

当然，按照多数国家专利法的规定，即使被控侵权物落入专利权利要求的范围内，也不必然构成专利权侵害。为了兼顾专利权人利益与社会公共利益，世界各国专利法大多规定了不同种类的侵权抗辩事由。比如公知技术或者公知设计抗辩、专利权利用尽抗辩、临时过境抗辩、先用权抗辩、科研实验抗辩，等等。因而在存在这些抗辩事由时，被告的行为仍然不构成侵权。

按照上述原则，如果修理、更换或者回收利用后的被控侵权产品仍然落入了专利权利要求的保护范围内，又不存在侵权抗辩的事由，则以生产经营为目的，修理、更换或者回收利用磨损、损坏或者废旧专利产品的行为构成制造行为，在没有经过专利权人同意的情况下，构成专利权侵害。在此前提下，销售、许诺销售、使用、进口等后续行为同样构成专利权侵害。

长期以来，国外有许多学者认为，如果修理或者更换的属于专利产品的"主要部分""实质部分""主要零部件"，则构成专利权利用尽范围外的专利权侵害行为⑦。在美国，也有判例认为，在判断修理、更换是否构成专利权侵害时，应当考虑更换部件寿命与整个专利产品寿命的关系，更换的部件对于发明的重要性，更换部件的价值与整个产品价值的关系，专利权人和顾客对于易损部件的通常认识和意图，等等。[8]这样的观点是很难说服人的。究竟什么是专利产品的"主要部分""实质部分""主要零部件"，到底是指占据专利产品具体物理空间的"主要部分""实质部分""主要零部件"呢？还是指相对于专利权利要求的抽象范围来说的"主要部分""实质部分""主要零部件"呢？本身就存在很大争议。假设这里的"主要部分"是指占据专利产品具体物理空间的"主要部分"，但对该部分进行修理或者零部件更换后的产品根本就不在专利权利要求的范围内，以修理、更换的是专利产品的"主要部分"因而认为构成专利权侵害的观点显然就站不住脚了。假如修理或者更换的是占据专利产品具体物理空间的"非主要部分"，但修理或者更换后的产品却落入专利权利要求的范围内，在不存在专利法规定的抗辩事由的情况下，则会构成侵权。可见，相反的假设也可以说明以修理、更换的是专利产品的"主要部分"因而认为构成专利权侵害的观点是站不住脚的。

在判断修理、更换是否构成专利权侵害时，应当考虑更换部件寿命与整个专利产品寿命的关系的判例法观点是否站得住脚呢？比如，更换的部件寿命非常短（比如切割机的刀片），而专利产品的其他部件使用寿命非常长，此时，更换新刀片的行为是否构成专利权侵权行为呢？根据本文第二部分的观点，如果属于专

---

⑦ 相关文献可以参见：[日] 清濑一郎. 专利法原理 [M]. 严松堂书店，1936：121；[日] 中山信弘. 专利法注释（上）[M]. 3版. 青林书院，2000：34；[日] 纹谷畅男. 专利法注释 [M]. 东京：有斐阁，1986：12；[日] 松滉和子. 间接侵害（1）[M] // [日] 牧野秋利. 工业所有权法. 青林书院，1985：262；[日] 绳井朋子. 评论 [J]. 判例时报，2001（1731）：196 - 197.

利产品所有权人为了自己正常使用专利产品而更换刀片，则其行为属于权利用尽范围内的行为，不构成侵权。而根据本文本部分的上述观点，如果为了生产经营目的，将更换刀片后的切割机加以销售，只要更换刀片后的切割机落入专利权利要求保护的范围内，则毫无疑问，更换刀片的行为以及后续的销售等行为都构成专利权侵害行为。可见，更换部件的寿命与整个专利产品寿命的关系对于判断修理、更换是否构成专利权侵害时，根本不产生任何影响。

抛开专利权利要求保护的范围，而在此之外寻求判断以生产经营为目的进行的修理、零部件更换或者回收利用是否构成专利权侵害的要素的观点，已经背离了专利法的基本原理，并不是可取的。

那么，在专利权利用尽范围之外，资源的最大化利用和环境保护的需要、反垄断法上竞争利益的考量、默示许可果真能够成为侵害专利权行为豁免的依据吗？如本文第二部分所述，有论者认为，为了最大化利用资源和保护环境，应当允许对废旧专利产品进行回收利用，对磨损、损坏的专利产品进行修理、更换。确实，专利权的授予和行使应当考虑资源的节省和环境保护的需要，对那种过度浪费资源或者损害环境的发明创造不应当授予专利权，或者虽然可以授予专利权，但应当严格限制该种专利权的使用条件和范围。但是，资源的节省和环境的保护有许多方式。拿废旧专利产品来说，为了最大化利用资源和环境保护的需要，当然应当允许进行回收利用。但是，从法律的角度讲，回收利用废旧专利产品有侵害专利权和不侵害专利权等多种方式。在可以利用不侵害专利权的方式回收利用废旧专利产品的情况下，就没有必要牺牲专利权人的利益。在上述废旧外观设计专利权酒瓶案件中，将废旧的酒瓶回收后，可以进行再处理，加工成其他形状的酒瓶，也可以加工成其他产品，比如玻璃、陶瓷，等等。这不是同样可以达到最大化利用废旧专利产品和环境保护的目的吗？当然，有人会说，将废旧酒瓶加工成其他式样的瓶子或者产品是要付出成本的，而直接回收利用却可以节省这些成本。这只是表面现象。由于卫生、物理上破坏等原因，对废旧专利产品真正进行直接回收利用的情况是不存在的，最起码也得经过清洗、消毒，或者其他简单处理（比如修补瓶盖），这同样需要付出成本。此外，由于直接回收利用往往引发诉讼，因而当事人又要付出诉讼成本，司法机关也得付出司法成本。可见，认为对废旧专利产品直接进行回收利用可以节省成本因而应当享受侵权豁免的观点是很难说服人的。

默示许可理论认为，对于使用寿命短、又不存在物理障碍（所谓物理障碍，是指专利产品的物理结构明确表明专利权人不允许进行修理或者更换的情形。比如一次性相机就属于这种情况）的消耗品应当推定专利权人允许他人进行修理或者更换。但正如有的学者指出的那样,默示许可法理至少存在两个问题。一是在专利权人行使了明确的反对意思表示的情况下,默示法理就无法适用,行为人的行为将构成专利权侵害。[9][10][11] 二是在默示许可情况下,行为人作为抗辩的实施权不像正常许可情况下的实施权,没有进行登记,这样,在专利权进行了转让的情况下,行为人拥有的实施权将无法对抗新的专利权人,因而一旦继续实施,其行为也将构成专利权侵害。[10] 可见,默示许可法理也难以成为专利权利用尽范围外的修理、更换行为不侵害专利权的抗辩理由。那么,反垄断法上竞争利益的考量是否可能成为专利权利用尽范围外的修理、更换和回收利用不侵害专利权的抗辩理由呢?这个问题涉及专利权人是否垄断零部件市场、提供修理、更换用的零部件是否构成专利权侵权的问题,本文下一部分就讨论这个问题。

四、为了修理、零部件更换的需要而生产、销售、进口零部件的行为是否构成专利权侵害?

正如有些学者所言:"制止再造行为的真实目的并不在于限制专利产品的合法拥有者修理、维护其专利产品的行为,而在于限制为修理、维护专利产品而提供其零部件的公司的行为。"[12] 确实,在专利产品为耐用品的情况下,提供零部件所能获得的经济利益甚至会大大超过生产、销售专利产品本身所能够获得的利益。在专利产品的修理、零部件更换形成稳定的市场之后,就必然产生为修理或者零部件更换业务提供零部件的业务,从而形成和专利权人相互竞争的局面。专利权人从维护自己独占权利的角度出发,当然不愿意看到这种局面的发生。

然而,专利权人能否阻止他人生产、销售或者进口零部件的行为,并不是一个简单的问题。即使不从法政策上进行任何考量,假设专利权人能够阻止他人生产、销售或者进口零部件的行为,专利权人要想真正实现这个目的也并非易事。根据专利权利要求解释的全面技术特征原则,被控侵权物只有包含了专利权利要求记载的全部技术特征或者等同技术特征的,才构成专利权侵害,因此组成专利产品的零部件往往不在专利权利要求保护的范围内,专利权人难以指控零部件的生产、销售或者进口者直接侵害了其专利权。由此,专利权人要想阻止零部件的生产、销售或者进口,只有想方设法通过指控零部件的生产、销售或者进口者构成间接侵权才有可能。也许,专利权人可以利用现有的共同侵权行为理论来指控零部件的生产、销售或者进口者构成帮助性的间接侵权。但是,按照现有的共同侵权行为一般理论,构成共同侵权一般需要具备两个最基本的要件,即行为人主观上存在意思联络,客观上存在共同侵权行为,因而在行为人之间主观上缺少意思联络、客观上缺乏共同侵权行为的情况下,共同侵权行为将难以成立。从实际情况来看，零部件的生产、销售或者进口者与零部件的直接利用者（用户）之间往往不存在意思联络，而且零部件的直接利用者中很大一部分属于专利产品的合法拥有者为了维护其所有物的正常利用而修理专利产品或者更换专利产品的零部件，或者为了其他专利法上豁免的行为（比如科学实验、先使用、临时过境，等等）而直接使用零部件，行为并不构成侵权，所以专利权人利用帮助性的间接侵权来阻止零部件的生产、销售或者进口的希望往往会落空。

如果进行法政策的考量，在解决专利权人能否阻止、在多大程度上能够阻止他人生产、销售或者进口零部件的问题时，就必须兼顾专利权人的利益和专利权人以外的各种利益，主要包括社会公共利益和其他私人利益。如果不问任何事由，赋予专利权人阻止他人生产、销售或者进口零部件的绝对权利，必然形成专利权人对零部件市场的垄断，减杀零部件市场的竞争，剥夺他人生产、销售和进口零部件的营业自由。我国专利法尚未规定专利权间接侵害，实践中对零部件的生产、销售或者进口者多以民法中的帮助性共同侵权追究其责任，因而看不出立法者对专利权人能否阻止、在多大程度上能够阻止他人生产、销售或者进口零部件的行为的态度。但国外已经存在具体而明确的立法例。

日本鉴于民法典第719条规定的教唆行为、帮助行为以及第709条规定的不法行为处理专利权间接侵害行为的不足，在其特许法第101条中明确规定了专利权间接侵害行为。根据日本特许法第101条的规定，日本学者将间接侵害分为作用唯一型的间接侵害（客观的间接侵害）和多机能型的间接侵害（主观的间接侵害）两种基本类型。2002年之前，日本特许法只规定了作用唯一型的间接侵害，2004年之后，日本为了进一步强化特许权的保护，又增加规定了多机能型的间接侵害，从而使间接侵权行为的范围大为拓宽。为了提供参考，下面分别对两种间接侵害行为加以论述。作用唯一型的间接侵害（にのみ型间接侵害），又被日本学者称之为客观的间接侵害，是指《日本特许法》第101条第1项和第3项规定的间接侵害。第101条第1项规定，如果特许发明是物的发明，则以营业为目的生产、转让、输入、输出（2006年，日本修改了特许法、实用新案法和意匠法，将侵害物品的输出行为也规定为侵权行为。关于这个内容的修正案于2007年1月1日起施行）、许诺转让仅仅用于制造该特许发明的物的行为，视为侵害特许权或者专用实施权的行为。第101条第3项则规定，如果该特许发明是方法发明，则以营业为目的生产、转让、输入、输出、许诺转让专门用于使用该方法发明的物的行为，视为侵害特许权或者专用实施权的行为。可见，构成作用唯一型的间接侵害行为需要具备以下两个要件：

第一，用于生产特许发明或者使用特许方法的物的作用是唯一的，属于实施特许发明或者特许方法的专用品。也就是说,相关的物除了用来实施特许发明或者使用特许方法之外,没有其他用途。比如,A 物质和 B 物质混合生产出 C 物质的物质发明,如果 A、B 两种物质除了用于生产 C 物质外,没有其他任何用途,则生产、转让、输入、输出、许诺销售、展出 A 或者 B 物质的行为都将构成间接侵害。又比如,使用 D 物质生产杀虫剂的方法发明,如果 D 物质除了用于生产杀虫剂的方法发明外,没有其他任何用途,则 D 物质的生产、转让、输入、展出等行为都将构成间接侵权。

如何判断某物的作用是唯一的?日本学者和裁判例认为,即使相关的物理论上具有其他用途,但如果从经济、商业、实用的角度来看,没有什么实质性作用,[13][14] 则属于作用唯一的物。比如在大阪地方裁判所 1979 年判决的"装饰化妆板"案中,虽然用来实施"装饰化妆板的墙壁黏合施工法"特许发明的某种特殊图钉可以用来进行室内装潢等使用,但是存在很大危险,因此裁判所认为该钉子的生产、转让等行为构成对特许权的间接侵权。[15]

关于相关物的作用发生的时间点以及相应的救济,日本学界一般认为,如果该物在口头辩论结束时产生了从经济、商业、实用的角度看其他的实质性用途,则特许权人的差止请求应当被驳回。但是损害赔偿并不因此而受影响。也就是说,只要在侵害行为发生时没有其他用途,则不管在口头辩论结束时是否产生其他用途,侵权行为依旧成立,行为人必须对已经发生的侵权行为负担损害赔偿责任。

第二,以营业为目的。如果没有营业目的,比如在家庭内部的相关行为,即使具有上述唯一的作用,也不会构成间接侵害行为。

至于行为人主观上是否知道,即故意或者过失并不是认定这种间接侵害行为的要件。此外,从举证责任上看,特许权人负有举证证明行为人的产品具有唯一实施特许发明的作用的责任。

多机能型的间接侵害,又被日本学者称为主观型的间接侵害,是日本在 2004 年修改特许法时新增加的两种间接侵害行为。也就是日本特许法第 101 条第 2 项和第 4 项所规定的两种间接侵害行为。这两种间接侵害行为所要解决是在相关的物既可以用来侵犯特许权,也具有其他经济的和实用的用途的情况下,如何判断该物的生产等行为是否构成间接侵害的问题。

按照日本特许法第 101 条第 2 项的规定,在特许发明是物的发明的情况下,如果用来生产该特许发明的物属于解决发明课题不可欠缺的物,而且行为人主观上知道该发明属于特许发明、该物属于用来实施该特许发明的物,却仍然以营业为目的生产、转让、输入、输出、许诺转让或者为了转让等目的而进行展出的,视为间接侵害，但是在日本国内已经广泛地、一般地流通的物除外。

按照第101条第4项的规定，在特许发明是方法发明的情况下，如果用来使用该特许方法的物属于解决发明课题不可欠缺的物，而且行为人主观上知道该发明属于特许方法发明、该物属于用来实施该特许方法发明的物，却仍然以营业为目的生产、转让、输入、输出、许诺转让或者为了转让等目的而进行展出的行为，视为间接侵害，但是在日本国内已经广泛地一般地流通的物除外。

据此，构成多机能型的或者主观的间接侵害需要具备如下严格要件：

第一，相关的物应当是可以用来生产物的特许发明或者使用方法特许发明的物。和第101条第1项、第3项的规定相比，第2项和第4项规定的物去掉了"唯一"二字，因此规制的范围相比第1项和第3项宽泛得多，那些既有实施特许发明作用，又有其他经济上、商业上、实用上的用途的物的生产、销售等行为，只要符合第2项和第4项规定的其他要件，就有可能构成间接侵权。

第二，相关的物必须属于解决特许发明课题不可欠缺的物。解决特许发明课题不可欠缺的物，究竟是什么样的物，非常含混不清，在日本学者和裁判例之间存在很大争论，有很多学者和法官对此持严厉的批评态度[8]。

按照日本特许厅的解释，所谓"解决发明课题不可欠缺的物"，和权利要求记载的发明的要素并不完全一致，即使是发明要素以外的物，比如用来进行物的生产或者方法使用的工具、原材料，也应当包括在内。相反，即使是权利要求记载的发明要素，但如果和发明所要解决的课题没有任何关系，虽然从一开始就属于生产发明所需要的物，但也不属于解决发明课题不可欠缺的物。而其开始使用就属于解决发明课题必须加以解决的零部件、工具、原料等，则属于解决发明课题不可欠缺的物。比如，使用橡皮擦灭字迹的圆珠笔发明，用于墨水中的特殊颜料等就属于解决该发明课题不可欠缺的物，而一般的圆珠笔都要使用的圆心管和圆珠笔帽盖等，虽然属于该圆珠笔生产本身不可缺少的物，但是不属于解决该发明课题（用橡皮擦灭圆珠笔写的字迹）不可欠缺的物。[16]

虽然日本特许厅的本意在于将解决发明课题不可欠缺的物限定在实施发明的重要零部件，但由于立法语言本身的不确切，加上日本特许厅的解释模糊不清，因此根本就不属于权利要求记载范围内的物的生产和方法的使用，很可能面临间

---

[8] 比如日本东京知识产权高等裁判所的著名法官三村量一先生。在2006年8月5日在北海道大学演讲时，三村量一法官对日本特许厅导入含混不清的多机能型的间接侵害提出了强烈批评。著名特许法专家竹田和彦也认为，"解决发明课题不可欠缺的物"究竟是指什么非常令人费解。参见：竹田和彦. 特许知识 [M]. 8版，ダイヤモンド社，377-378。

接侵权的危险。这种大幅度扩张间接侵害的做法使产业界面临巨大的风险，其合理性有待于进一步研究。

第三，行为人主观上具有恶意，明知并且以营业为目的。明知的内容包括两个方面：一是明知特许发明的存在，二是明知某物可以用来生产、销售、输入、输出、展出特许发明。而且明知应当为事实上知道，应当知道的不在禁止之列。除了事实上明知外，行为人还必须具有营业目的。行为人主观上是否明知，是否具有营业目的，特许权人负有举证证明的义务。⑨

第四，不属于日本国内已经广泛地、一般地流通的物，即不属于通用产品。如果是规格品或者通用品，即使可以用来实施特许发明，也不会构成间接侵害，否则将会极大地危害公共利益。

日本特许法虽然试图通过作用唯一型的间接侵害和多机能型的间接侵害划定专利权人可以阻止他人生产、销售、进口的零部件的范围，但由于对多机能型的间接侵害的规定含混不清，可操作性不强，因而除了作用唯一型的间接侵害得以在司法实践中应用以外，在日本司法实践中还几乎没有见到将零部件的生产、销售或者进口行为判决为多机能型的间接侵害的案例。

在探讨零部件的生产、销售、进口行为是否构成专利权间接侵害时，还有一个非常重要的问题值得重视，即关于专利权间接侵害的性质问题，如何看待专利权间接侵害的性质，直接关系到零部件的生产、销售、进口行为是否构成专利权间接侵害的问题。关于专利权间接侵害的性质，日本自1959年制定特许法以来，学说和判例上⑩就长期存在两种根本对立的观点，即独立说和从属说。

独立说认为，日本特许法第101条规定的间接侵害独立于直接侵害行为而存在，是一种法律拟制的直接侵害。据此，即使直接侵害行为没有发生，只要行为人的行为符合第101条规定的要件，其行为也构成间接侵害。比如，按照独立说，为了家庭烧烤提供某种专门用于实施方法特许发明"鱿鱼烧烤方法"的烧烤器的行为，虽然在家庭内使用特许发明方法"鱿鱼烧烤方法"的行为不是侵

---

⑨ 实践中，特许权人要做出这种证明是非常困难的，而且日本特许法第103条规定的过失推定并不包括故意在内。有学者建议，为了证明主观间接侵害的故意，在起诉之前可以由特许权人先向行为人发出警告，告知行为人的行为已经属于特许法第101条第2或者第4项的情况。行为人在接到警告后不停止行为的话，再证明其主观故意就容易了。高林龙．标准特许法 [M]．2版．有斐阁，2005：154．

⑩ 比如在1978年日本东京地方裁判所判决的"反光式照相机"案中，裁判所就根据独立说判决被告的行为构成间接侵权（东京地判昭56·2·25无体裁集13·1·139）。而在1988年大阪地方裁判所判决的"制砂机椰头"一案中，裁判所则根据从属说判决被告的行为不构成间接侵害（大阪地判平元·4·24无体裁判集21·1·279）。

犯特许发明的直接侵权行为，但是为此种非侵权行为提供专门的烧烤器的行为则构成间接侵害行为。

相反，从属说则认为，间接侵害行为的成立必须以直接侵权行为的成立为前提和基础，在没有直接侵权行为的情况下，间接侵权行为也就不成立。比如，按照从属说，为科学试验和研究而使用特许发明的行为属于合法行为，因此为此等行为提供器具或者方法的行为也不构成间接侵权。

除了独立说和从属说之外，近来还出现了折中说。折中说认为，在实践中到底坚持独立说还是从属说不能一概而论，而必须看具体情况。比如，为了家庭烧烤提供某种专门用于实施方法特许发明"鱿鱼烧烤方法"的烧烤器的行为，虽然在家庭内使用特许发明方法"鱿鱼烧烤方法"的行为不是侵犯特许发明的直接侵权行为，但是这种行为的大量存在将剥夺特许权人特许产品的市场，因此为此种非侵权行为提供专门的烧烤器的行为作为间接侵害行为处理比较合适。而在科学试验和研究的情况下，如果缺少行为人提供的器具科学试验和研究不可能进行，则为科学试验和研究提供器具的行为作为非间接侵害行为处理比较合适。而在特许实施许可的情况下，为了避免特许权人垄断性地提供零部件的阻碍竞争等行为，将为实施权人提供零部件的行为作为非间接侵权行为处理比较合适。[13]

独立说由于不再考虑直接利用专利产品的行为是否构成专利权侵害，结果将导致间接生产、销售、进口零部件的产业随时面临被指控间接侵害专利权的危险。折中说过于活泛，将导致相同性质的案件出现不同判决结论的可能，也无法给行为人提供稳定的行为预期，对于产业的发展弊多利少。从属说遵从的是帮助型共同侵权的思路，以直接行为构成专利权侵权为适用前提，并综合考虑零部件的功能特性判断提供者的主观过错，可以兼顾专利权人的垄断性利益和零部件提供者的利益，可以在垄断和竞争之间求得动态平衡，较为可取。这样以来，在零部件的唯一作用是用来实施专利发明并存在直接侵害专利权行为的前提下，可以直接推定零部件提供者具备主观过错，与直接行为人构成共同侵权，专利权人才有权利阻止他人生产、销售、进口零部件。在零部件具有多重作用的情况下，除非专利权人能够证明零部件的生产、销售或者进口者明知他人将零部件用于专利侵权，存在主观过错，否则无权阻止他人生产、销售、进口可用于修理专利产品的零部件。

五、结论以及相关问题的讨论

这部分要解决以下三个方面的问题：总结上述文章并在此基础上对美国司法

判例进行评析，最后提出我国应当采取的态度。

（一）结　论

总结本文前几部分的讨论，可以得出如下几点结论：

第一，专利产品的合法所有权人为了正常使用专利产品，而对磨损、损坏的专利产品进行修理或者零部件更换，不管使用专利产品本身的行为是否具有生产经营目的，也不管修理或者零部件更换本身是否已经落入专利权利要求的范围内，都属于专利权利用尽范围内的行为，不构成侵权。

第二，以生产经营为目的、以专利产品为实施对象，而对磨损、损坏的专利产品进行修理、零部件更换或者回收利用（专利权利用尽范围外的行为），是否构成专利产品的生产，不应当以修理或者更换的属于专利产品的"主要部分"或者"实质部分"作为判断标准，也不应当以专利产品的使用寿命与修理、更换的部分的使用寿命的关系作为判断标准，而应当以修理、更换零部件或者回收利用后的产品是否落入专利权利要求的保护范围作为判断标准。

第三，即使根据修理、更换零部件或者回收利用后的产品落入专利权利要求的保护范围因而构成专利产品的生产，在存在专利法规定的抗辩事由时，也不视为专利权侵害行为。但是，默示许可、资源的最大化利用或者环境保护的需要没有足够的理由成为不侵害专利权的抗辩事由。

第四，修理、零部件更换是否构成专利权侵害，真正的问题在于为了修理、零部件更换而生产、销售、进口零部件的行为是否构成专利权侵害。在考虑这个问题时，应当兼顾专利权人的垄断利益和零部件市场中的产业利益，在专利权人对零部件市场的适度垄断和他人在零部件市场中的适度竞争保持动态平衡。由此，专利法只能将那种从商业的角度看具有唯一作用的零部件的生产、销售、进口行为确定为专利权间接侵害行为。

（二）对美国典型案例的评析

从1850年的刨床案开始至今，出现过许多涉及修理、零部件更换是否侵害专利权的案例。本文只选择有代表性的两个案例进行评述。

第一个案例是美国联邦最高法院于1961年作出的帆布车顶案（Aro Manufacturing Co. v. Convertible Top Replacement Co.）。[10]该案中的专利产品为一个帆布车顶，由帆布、支架和帆布与车体间的密封装置等组成，各组成部分都没有单独申请专利。该帆布车顶中的帆布在使用3年后就会因风吹雨打而无法使用，而其他部分完好无损。被告见有利可图，便生产、销售专用于该车顶的帆布。原告诉诸法院，指控被告行为构成专利权侵害。一审和二审法院都以更换帆布不只是对车顶的简单修理为由判决被告构成侵权。美国联邦最高法院则认定被告的行为不构成侵权。主要理由是车主更换帆布的行为不构成直接侵权，而车主的行为之所以不构成直接侵权，主要理由是其更换帆布的行为构成修理而不是再造。为什么车主更换帆布的行为不是再造而是修理呢？两位法官从不同角度表达了自己的意见。Whittaker法官认为，专利法确定的原则是，对于组合专利只保护其权利要求书中各技术特征组成的整体，而各组成部件并不单独受保护。一个组合专利中的部件，如果没有单独享有专利权，不管它对专利多么重要，也不管这一部件的更换多么昂贵，多么困难，也不能受专利权的独占保护。再造只限于在专利产品作为一个整体报废以后，实质上制造一个新产品的重新制造。只是一次更换一个部件，不管重复更换同一部件还是连续更换不同部件，只是财产所有权人修理财产的合法权利。因此车主更换帆布的行为构成修理而不是再造。Brennan法官则认为，区分修理与再造，需要考虑多种因素，比如更换部件的寿命与整个产品寿命的关系，更换的部件对于发明的重要性，更换部件的价值与整个产品价值的关系，专利权人和顾客对于易损部件的通常认识和意图，购买的部件是更换损坏的部件还是用于其他目的，等等。该案中帆布的使用寿命是3年，而其他部件的寿命几倍于帆布，更换帆布的价格为30~70美元，而其他部件的总价值大约为400美元。考虑到这些因素，更换是对破损部件的更换而不是对专利产品的再造。因此，就帆布的作用和整个发明来说，只是修理。[11]

显然，该案中美国联邦最高法院的两个法官坚持的是专利权间接侵害的从属说，因而得出了车主更换帆布的行为属于修理行为因而不构成直接侵权，进而生产专用于实施专利权的帆布的行为也不构成专利权侵害的结论。而在考虑车主更换帆布的行为属于修理而不属于再造行为时，主要考虑的因素是专利产品中的零部件不享有专利权、更换部件的寿命与整个专利产品使用寿命的关系、更换部件的价值与整个专利产品价值的关系等因素。然而，根据笔者的上述第一点结论，该案中根本就没有必要去考查车主更换帆布的行为是否属于再造行为。理由是，作为车顶帆布的合法所有人，为了维持车顶帆布的正常使用，完全有权更换损坏的帆布。这本来就属于专利权利用尽范围内的行为。但是，车主更换帆布的不侵权行为并不是生产、销售专门用于车顶帆布行为不侵权的依据。生产、销售专门用于车顶帆布的行为，对专利权人的利益将造成过大危害，因此应当认定为作用

---

[11] 亦可参见：闫文军．从有关美国判例看专利产品"修理"与"再造"的区分[M]//国家知识产权局条法司．专利法研究2004．北京：知识产权出版社，2004：387-388．

唯一型的间接侵害行为。⑫ 美国最高法院在本案中的推理以及结论都是值得商榷的。

第二个案例是1997年由美国联邦巡回上诉法院作出的钻头案（Sandvik Aktiebolag v. E. J. Co.）。[17] 该案涉及一项有关钻孔机的专利，该钻孔机包括一套手柄结构和一个用硬质合金制成的、具有特定形状的切削刀刃的特殊钻头，但是钻头本身并没有获得专利权保护。该钻头虽然具有特殊形状，但在钻透1000英寸厚的物体后会变钝，需要打磨。专利权人虽在出售专利钻孔机的使用说明书上写明了如何打磨钻头，从而使其切削刀刃重新锋利的方法，但没有制造、出售备用钻头，也没有为用户提供钻头打磨服务。该案中的被告为使用专利权人产品的客户提供了钻头维修服务，包括打磨和更换钻头。专利权人指控被告更换钻头的行为构成对专利钻头的再造。被告认为更换钻头属于对已经售出的专利产品的正常维修，而不是专利产品的再造，因此不构成侵权。一审法院支持了被告的主张。原告不服，上诉到美国联邦巡回上诉法院。美国联邦巡回上诉法院认为，在认定被告是否再造一个新产品时，应当考虑被告行为的性质、更换的零部件的性质和它是如何设计的（零部件的使用寿命与整个专利产品使用寿命的关系）、针对该零部件进行制造和服务的市场是否形成、专利权人的意图等许多因素。在该案中，被告不只是以一个新的零部件替换旧的零部件，而是通过几个步骤完成对钻头的更换、定型和整合（具体方法是用华氏1300度的高温把钻头卸下，再焊接上一个长方体碳化物，待该碳化物冷却后再加工成专利产品中钻头的形状），因而实质是在专利产品报废后进行重新制造。此外，美国联邦巡回上诉法院还注意到并没有证据表明存在一个为更换钻头提供服务的市场，专利权人专利产品中钻头部分修理的难度也表明专利权人并不存在"更换钻头是修理"的主张。根据上诉诸种理由，美国联邦巡回上诉法院认为被告更换钻头的行为属于再造而不是修理，因而构成专利权侵害。

在该案中，美国联邦巡回上诉法院虽然颇费心思地考查了被告行为的性质、更换的零部件的性质和它是如何设计的（零部件的使用寿命与整个专利产品使用寿命的关系）、针对该零部件进行制造和服务的市场是否形成、专利权人的意图等许多因素，却放弃了判断是否构成专利权侵害的最基本的标准，即修理或者更换后的产品是否落入专利权利要求保护的范围内。按照修理或者更换后的产品是

---

⑫ 当然，在这种情况下，有人可能会担心，车主再无法购买到专用于车顶的帆布了。这种担心是没有道理的。因为一方面，专利权人可以生产、销售该种专用帆布，另一方面，其他人也可以生产非专用但也可以用于车顶的帆布。

否落入专利权利要求保护的范围内这个基本标准,如果被告更换钻头后的钻孔机仍然落入专利权利要求保护的技术特征或者等同特征范围内,则以生产经营为目的更换钻头的行为构成专利权侵害。相反,如果被告更换钻头后的钻孔机已经不在专利权利要求保护的技术特征或者等同特征范围内,则即使具有生产经营目的,被告更换钻头的行为也不构成专利权侵害。美国联邦巡回上诉法院根本没有按照这样的思路去考查被告行为,其判决结论的可靠性是值得怀疑的。

(三) 我国应采取的态度

虽然我国还只见到为数不多的涉及专利产品的修理、零部件更换或者回收利用是否构成专利权侵害的案件,但随着零部件市场的发达以及为大企业的专利产品提供配套服务的企业的增多,该类案件必然会越来越多,因而有必要引起立法者和司法者的高度重视。美国的司法判例在判断修理、零部件更换是否构成专利权侵害时,虽然考虑了很多因素,却没有考虑判断是否构成专利权侵害行为最基本的标准———专利权利要求保护的范围,因此并不像有些论者所认为的那样,具有多么重要的参考价值[13]。要解决好对专利产品的修理、零部件更换或者回收利用是否构成专利权侵害,必须寻找新的出路。按照本文的见解,牢牢把握以下两点是问题的关键:

(1) 坚持将专利权利要求保护的内容作为判断修理、更换或者回收利用后的产品是否构成专利侵权的最基本标准。

(2) 处理好生产、销售或者进口零部件的行为是否构成专利权间接侵害的问题。如上所述,涉及专利产品的修理、零部件更换是否构成专利权侵害的案件中,专利权人真正试图阻止的就是用于专利产品修理、更换的零部件的生产、销售或者进口行为,因此,解决好了生产、销售、进口零部件的行为是否构成专利权间接侵害的问题,涉及专利产品的修理、零部件更换是否构成专利权侵害的问题题也就基本上可以迎刃而解了。

参考文献

[1] 闫文军. 从有关美国判例看专利产品"修理"与"再造"的区分 [J]. 国家知识产权局条法司. 专利法研究 2004.
[2] 孙天文. 浅析对专利权保护的限制与再限制———由一起回收利用专利酒瓶纠纷引起的

---

[13] 认为美国相关判例具有重要参考价值的观点可以参见:闫文军. 从有关美国判例看专利产品"修理"与"再造"的区分 [M] //国家知识产权局条法司. 专利法研究 2004. 北京:知识产权出版社, 2004:401.

法律思考 [J]. 知识产权专刊, 2007, (1).
[3] [日] 玉井克哉. 专利权日本国内消尽 [M] //牧野利秋, 饭村敏明. 知识产权关系诉讼法（新裁判实务大全 4）. 东京：青林书院, 2001.
[4] [日] 横山久芳. "消尽的方法"和"生产的方法"的区别 [J]. 法学, 2001, (1201).
[5] [日] 田村善之. 修理、零部件的更换与专利侵权的判断 [M] 李扬, 译. //吴汉东. 知识产权年刊（2006）. 北京：北京大学出版社, 2006.
[6] [日] 清濑一郎. 专利法原理 [M]. 东京：严松堂书店, 1936.
[7] 郃中林. 专利侵权判定原则和方法 [J]. 知识产权专刊, 2007, (1).
[8] Aro Manufacturing Co. v. Convertible Top Replacement Co, 365 U. S. 336 (1961).
[9] [日] 角田芳正. 关于无形财产权的属地主义和用尽理论 [J]. 国士馆法学, 1985, (18).
[10] [日] 中山信弘. 工业所有权法（上）[M]. 东京：弘文堂, 2000.
[11] [日] 仙元隆一郎. 专利法讲义 [M]. 东京：悠悠社, 2003.
[12] 尹新天. 专利权的保护 [M]. 北京：知识产权出版社, 2005.
[13] [日] 田村善之. 知识产权法 [M]. 3 版. 东京：有斐阁, 2004.
[14] [日] 高林龙. 标准特许法 [M]. 2 版. 东京：有斐阁, 2005.
[15] [日] 大阪地判昭 54·2·16 无体集第 11 卷第 1 号.
[16] 日本特许厅总务部总务科制度改正审议室. 平成 16 年改正产业财产权法解说 [M]. 发明协会, 2002.
[17] 43USPQ2d1620 (1997).

（原载于《法律科学》2008 年第 6 期）

冒认专利申请处理研究

摘　要

　　冒认专利申请是指非发明人没有获得专利申请权、未经发明人许可提出的专利申请。冒认专利申请应当视为真正权利人的申请，并赋予该申请先申请地位。冒认专利申请不能被宣告无效。专利法应当吸纳民法中的准无因管理制度，规定不管真正权利人是否提出专利申请，都赋予其直接转移专利申请权或者专利权的请求权。

关键词

　　冒认专利申请　冒认专利权　准无因管理　转移请求权

一、引　言

　　冒认专利申请是指非发明人没有获得专利申请权、未经发明人许可提出的专利申请。[①] 具体来说又包括全部冒认专利申请和部分冒认专利申请。全部冒认专利申请是指对发明创造未作出任何实质性贡献的人或者根本没有承继专利申请权的人提出的专利申请，但不包括职务发明创造情况下单位提出的专利申请。部分冒认专利申请则是指共同发明创造中部分发明创造人未经其他发明创造人许可单独以自己的名义提出的专利申请。在部分冒认专利申请中，由于部分发明创造人对发明创造作出了实质性贡献，本身享有发明人身份权和专利申请权，在专利申请被批准后，也应当享有专利权，因此在司法实践中只要该部分发明创造人以发

---

① 参见：[日] 田村善之. 知的财产法 [M]. 4版. 东京：有斐阁，2006：304.

明人身份权和专利申请权受到侵害为由向法院提起诉讼，法院就应该首先确认该部分发明创造人的发明人身份权和专利申请权，并判决被告负有协助原告办理发明人名义、专利申请人名义以及专利权人名义变更的义务，该部分发明创造人再凭借判决书到国家知识产权局办理相应变更手续。由于部分冒认专利申请中法律关系较为清楚，理论界也无争论，无需讨论。

冒认专利申请不同于侵权专利申请。侵权专利申请是指侵害他人在先权益提出的专利申请。在侵权专利申请中，侵权专利申请人虽然未经同意利用了他人在先权益，但其对发明创造也作出了实质性贡献，因而其申请形式可能符合专利法规定的授权要件。而在冒认专利申请中，如果是全部冒认专利申请，则冒认专利申请人根本未对发明创造作出任何实质性贡献；如果是部分冒认专利申请，则虽然冒认专利申请人对发明创造作出了实质性贡献，但其并未侵害任何他人的在先权益。侵权专利申请与被侵害的权益之间只是表现为一种技术上的利用关系，性质上不同于冒认专利申请，只要其具备授予专利权的要件，就应该授予专利权，被侵害的在先权益人也无权要求返还专利申请权和专利权，但在实践中，侵权专利权人不得实施其专利权。[②]

实务中发生冒认专利申请时，会出现两个需要研讨的问题：一是从申请程序上看，冒认申请能否作为先申请处理而对抗真正权利人或者第三人就相同发明创造主题提出的在后申请？二是从实体法律关系上看，冒认专利申请被批准后，拥有专利申请权的人（包括真正发明创造人和其他依法获得专利申请权的人，以下简称为真正权利人）能否请求返回专利权？如果不能，冒认专利申请被批准后，该专利权（以下称为冒认专利权）应该如何处理？真正权利人又应该如何进行救济？

上述问题由于涉及到冒认专利申请人、真正权利人、第三申请人、社会公众之间复杂的利益关系，现实生活中纠纷非常多，我国立法上尚属空白，司法实践中的做法又过于简单，加上我国知识产权法理论界对其研究匮乏，[③] 因此实有深入研究的必要。

[②] 参见：李扬. 知识产权法总论［M］. 北京：中国人民大学出版社，2008：125. 不过，如果侵权专利权人得到了在先权益人的许可，或者在先权益过了保护期，或者由于在先权益人放弃等原因进入公有领域，则法律上的障碍消除，可以实施其专利权。

[③] 经过笔者查询，发现至今为止，我国知识产权法学界研究冒认专利申请的文献只有两处。一是笔者所著的《知识产权法总论》（具体参见该著作148页、172页）（中国人民大学出版社2008年版），二是解亘博士所撰写的《冒认专利效力考——发明人主义的再诠释》，载《南京大学法律评论》2003年秋季号、2004年春季号。

以下首先将介绍和评析日本的相关立法、司法状况以及学说界的见解，然后介绍和评析我国相关立法、司法状况以及学说讨论情况，并在此基础上提出本文的见解，以期该问题引起我国知识产权法学界的高度重视，并为司法实践提供参考意见。

二、日本关于冒认专利申请的立法、司法和学说

（一）2011年日本修改专利法之前冒认专利申请的处理

1. 冒认专利申请是否构成拒绝授权和无效宣告事由。按照日本2011年之前的特许法④第49条第2项和7项的规定，不管是部分冒认专利申请还是全部冒认专利申请，由于申请人不是真正发明人，也没有通过合同或者其他方式获得专利申请权，因此构成被拒绝授予专利权的理由。日本2011年修改之前的意匠法第17条第4项、种苗法第17条第1款第1项和第3条第1款、半导体法第8条第1款第1项也作了类似规定。按照2011年之前的日本特许法第123条第1款第2~6项的规定，冒认专利申请被授权的，构成宣告专利权无效的理由，包括真正权利人在内的任何人都可以请求宣告该专利权无效。日本2011年之前的实用新案法第37条第1款第5项、意匠法第48条第1款第3项、半导体法第9条第1款第1项也作了类似规定。

2. 冒认专利申请能否取得先申请和扩大先申请（抵触申请）地位？对此，2011年之前的日本特许法第39条第6款和第29条之2规定非常清楚，冒认申请既不能取得先申请地位，对于真正权利人而言也不取得扩大先申请（抵触申请）地位。

3. 真正权利人的救济问题。在2011年日本修改特许法之前，真正权利人可以基于冒认申请人的不法行为按照日本民法典第709条主张损害赔偿，或者基于新颖性丧失例外的规定，在冒认专利申请公开之日起的6个月之内提出专利申请并因此而有可能获得专利权。此外，尽管日本特许法没有明文规定，但日本司法实务中有支持真正权利人通过确认之诉直接变更专利申请权的案例（東京地判昭和38年6月5日下民集14卷6号1074页〔自動連続給粉機事件〕）。也有直接支持真正权利人变更专利权人名义的案例（最判平成13年6月12日民集55卷4号793页〔生ゴミ処理装置事件〕）。但是也存在以真正权利人未提出专利权申

---

④ 日本专利立法对于发明、实用新型、外观设计采取分别立法模式，因此有特许法、实用新案法、意匠法之称谓，其含义分别为发明专利法、实用新型法、外观设计法。特此说明。

请为由否定其变更专利权人名义的案例（東京地判平成14年7月17日判時1799号155頁〔ブラジャー事件〕）。

有意思的是，虽然2011年日本修改特许法之前适用的特许法未对真正权利人是否可以请求转移专利权作出明确规定，但日本历史上的专利立法就此都曾经作过明确规定。日本最早的特许法，即1885年的专卖特许条例采取先发明主义，按照该条例第4条和第14条的规定，将他人已经作出的发明申请专利的，构成专利无效的理由，先发明人可以从冒认申请人那里直接取回专利权。但1888年制定的专利条例废除了该种救济制度，而以冒认专利申请公开之后、真正权利人的申请丧失了新颖性为理由，不再允许真正权利人取回专利权。1899年的日本特许法沿袭了其1888年专利条例中的这种制度。但日本1909年的特许法在坚持先发明主义的同时，首次引入了先申请主义，规定因被冒认而无效的专利不因冒认申请而丧失新颖性，也就是说，真正权利人可以通过重新申请获得专利权。1921年的特许法则完全采取了先申请主义。为了保护真正权利人的利益，1921年的特许法曾经在第10条和第11条设计了申请日追溯制度，规定在冒认专利申请情况下，真正权利人或者其承继人提出的专利申请视为自冒认人专利申请之日提出，因而不丧失新颖性，可以获得专利权。但这种制度在日本1959年重新制定现行特许法时被废除了。被废除的原因在于：一是日本特许法立法者认为发明人已经受到了6个月新颖性丧失例外宽限期的保护；二是在冒认人提出专利申请之后、真正权利人提出专利申请之前就同样发明提出专利申请的第三人也需要保护。

冒认专利申请被错误授予专利权后，真正权利人应该如何救济，日本司法基本上形成了返还请求权否定说、返还请求权肯定说和折中说三种观点。

（1）返还请求权否定说

返还请求权否定说属于2011年日本修改特许法之前日本知识产权法学界的主流学说。该学说认为，冒认专利申请被授权后，虽然德国专利法第8条[5]和法国专利法第8条[6]承认真正权利人的返还请求权，但因日本现行特许法没有规定，

---

[5] 德国现行专利法第8条规定如果一个权利人，其发明被无权利者提起专利申请的，或因他人非法引用而遭受损失的，可以要求专利申请人让渡授予专利的请求权。如果一项申请业已成为专利，可以要求转让专利权。该请求权，在保留本条第4、5句的情况下，必须在专利授权公告（第58条第1款）之日起2年期限内，以起诉的方式提起方为有效。

[6] 法国现行专利法第8条规定：窃取发明人或者其权利继受人的发明，或违反法定或约定的义务申请工业产权证书的，受损害人可提起诉讼要求追还该申请或者颁发的证书的所有权。追还诉讼的时效期间为工业产权证书颁发公告之日起3年。但如能证明证书的颁发或者取得之时系出于恶意的，时效期间为证书满期之日起3年。

因此真正权利人无权请求冒认者返还专利权，而只能按照特许法第 123 条第 1 款第 6 项请求宣告该专利权无效。日本知识产权学界主要以竹田和彦、茶园成树、田村善之等学者为代表。

竹田和彦提出的理由主要有：不能适用侵权法上的恢复原状之请求，因为专利权不同于专利申请权；不能适用准占有，发明本身是无形的、观念上的存在，无法发生现实的、事实上的支配；不能适用不当得利，因为真正权利人没有提出专利申请，也没有在新颖性丧失例外的宽限期内提出专利申请，所以日后再主张所谓的损失是不合适的，对于自己权利怠慢的人，没有必要给予过于优厚的保护。此外，竹田和彦还认为，即使按照不当得利处理，不当得利返还的范围也是问题，因为专利权的价值远远高于专利申请权的价值，如果适用不当得利返还，返还的范围会大大超过真正权利人的损失。[7]

茶园成树提出的反对理由主要是：如果获得授权的申请是冒认人提出的，则返还请求应当仅限于专利申请权的价格。如果承认真正权利人的专利权返还请求，等于赋予了真正权利人本来不可能得到的价值，这会破坏真正权利人的申请积极性，从而破坏专利制度的机能；在冒认申请提出后，即使真正权利人也提出申请，仍然不能承认其专利权返还请求权，否则等于又回到被废除了的申请日追溯制度的老路子上。[8]

田村善之认为，冒认专利申请被授权后真正权利人不能要求返还专利权而只能提出无效宣告。其所持理由主要是：专利法上存在新颖性丧失例外期限的规定，在该期限内不申请专利，其发明只能由于冒认人的专利申请公开而丧失新颖性；在发明人没有很好地进行秘密管理而导致其发明被冒认并成为公知技术时，不给予其专利权不能说不合理；虽然可以适用准无因管理支持真正权利人的专利权返还请求，但日本民法典上没有规定准无因管理制度，因此真正权利人找不到法律依据；此外，如果承认真正权利人的返还请求权，在冒认者改进了发明时如何处理也是一个问题，冒认者进行改进的部分不属于真正权利人发明的部分，真正权利人当然不能就该部分享有返还请求权；实务中虽然存在冒认者与真正权利人进行和解的做法，但在其他人请求宣告该专利权无效时，该专利权由于根本不应该授予冒认者而不得不被宣告无效。[9]

---

⑦ 参见：[日] 竹田和彦. 特许を受ける権利の返還請求について [J]. パテント 34 巻 7 号, 6 頁以下。

⑧ 参见：[日] 茶園成樹. 生ゴミ処理装置上告審・判批 [J]. ジュリスト 1224 号, 284 頁。

⑨ 同注释 [1], 305-306 頁。

(2) 返还请求权肯定说

返还请求权肯定说属于日本的少数说。该学说认为，冒认专利申请被授予专利后，真正的权利人应该有权请求冒认者返还专利权。日本知识产权法学界主要以川口博也、盛冈一夫和玉井克哉等为代表。这也是日本最高裁判所的态度。

在"含有水分的垃圾处理装置"一案中，[10] A 和 B 于 1992 年 10 月 29 日就"含有水分的垃圾处理装置"共同提出专利申请。1993 年 6 月 29 日，C 持 A 将专利申请权持份转让给其的转让证书向日本特许厅请求将专利申请人由 A 变更为 C。但事后发现，该转让证书属于 C 利用 A 的印章伪造的。该共同专利申请于 1994 年 7 月 5 日公开，1995 年 7 月 12 日公告，1996 年 3 月 28 日进行了专利权设定登记，专利权人为 B 和 C。A 得知事实后，向法院提出确认自己对该发明拥有专利申请权的诉讼。在一审过程中，由于专利权进行了设定登记，A 变更了诉讼请求，要求将该专利权中 C 的持有权直接转移到自己名下。一审判决支持了 A 的诉讼请求。但二审驳回了 A 的诉讼请求，其理由是：如支持 A 的专利权返还请求，相当于法院未经特许厅无效宣告程序就宣告冒认人的专利权无效，并直接赋予真正权利人专利权，而专利权是否有效的理由必须由特许厅从技术角度进行专门判断，一审判决结论显然违反了专利纠纷解决程序的宗旨。A 不服，将案件上诉到了日本最高裁判所。日本最高裁判所撤销了二审判决，支持了 A 的诉讼请求。日本最高裁判所的理由主要有：

一是真正权利人提出专利申请的权利与之后获得的专利权之间具有联系性，专利权只不过是专利申请权的变形，如果不支持 A 的返还请求，即使 A 重新提出专利申请，由于该专利申请已经公开，A 也不能获得专利权。

二是虽然上述情况下可以通过侵权法对 A 进行损害赔偿，但也不足以救济 A 遭受的损害，对于 A 最直接和有效的救济手段就是允许 A 请求返还专利权。

三是专利权归属的判断不一定需要专门技术知识，以尊重特许厅的第一次判断权威来否定 A 的请求，是不恰当的。

四是专利权的成立和维持，即使 C 有贡献，也只需要让 A 向 C 支付 C 已经付出的费用即可。

按照该案调查官长谷川浩二的说明，日本最高裁判所支持 A 的理由实际是不当得利返还的法理。其原话是："对于特定物成立不当得利时，原则上应该返还特定物，即使稍有变化但如果仍然具有同一性、并以此种状态存在于得利人之处

---

[10] 最判平成 13.6.12，判夕 1066 号 217 页，生ゴミ処理装置事件。

时，应当予以返还。"⑪

日本最高裁判所的上述态度得到了川口博也、盛冈一夫、玉井克哉等学者的大力赞成。川口博也是返还请求权肯定说的坚定支持者。川口博认为，虽然日本特许法没有明文规定真正权利人的返还请求权，但德国早有明文规定真正权利人的返还请求权之前，就通过判例承认了返还请求权，因此日本也可以进行这样的解释。以此为前提，川口博也认为，可以通过不当得利和准占有来解释真正权利人的返还请求权。从不当得利角度看，川口博也认为，冒认专利申请批准后的专利权属于冒认者的不当得利，按照民法典第703条的规定，真正权利人虽然对于从冒认者那里受让专利权的第三人不能主张不当得利返还请求权，但对冒认者应当享有不当得利返还请求权。为了解决真正权利人对于从冒认者那里恶意受让专利权的第三人的返还请求权问题，川口博也进一步认为，可以利用民法典第205条规定的准占有概念，类推适用民法典第200条关于占有返还之诉的规定，允许真正权利人在侵夺之时起1年内对恶意第三人提出返还请求。⑫

盛冈一夫虽然将冒认专利申请分为了真正权利人提出专利申请和没有提出专利申请两种情况进行分析，但认为无论哪种情况下，真正权利人都应当拥有返还请求权。盛冈一夫的具体分析是：真正权利人提出了专利申请后他人擅自变更申请人名义的情况下，如果还没有进行授权登记，理所当然应当允许真正权利人变更专利申请人名义。如果已经进行了授权登记，则专利申请权应当理解为发展成了专利权，在此情况下也应当允许真正权利人请求返还专利权。在真正权利人没有提出专利申请的情况下，尽管承认返还请求权对真正权利人有过度保护之嫌疑，但恶意的冒认者更不值得保护。⑬

玉井克哉在批判返还请求权否定说对德国专利法理解不准确的基础上，⑭ 倾向性地介绍了德国1936年修改专利法之前的判例和学说情况。根据其介绍，情况大致如下：1892年德国联邦最高法院在"Reich"案的判决中，通过侵权法中

---

⑪ 长谷川浩二. 生ゴミ処理装置上告容・判批［J］. Law & Technology, 15号80頁。
⑫ 参见：［日］川口博也. 特許を受ける権利の冒認と発明者返還請求権［J］. 商大論集, 21卷4号。
⑬ 盛冈一夫. 生ゴミ処理装置上告容・判批［J］. 発明, 99卷1号, 106, 107頁。
⑭ 玉井克哉认为，返还请求权否定说认为德国专利法在1936年修改后才明文规定真正权利人的返还请求权是不准确的。按照玉井克哉的观点，德国1936年专利法之所以如此修改，是德国长期积累的学说和判例的产物。1936年专利法修改的意义在于，真正权利人对善意第三人的返还请求权只限于专利权成立后1年之内。按照玉井克哉的主张，发明人主义经历了所谓的三个阶段，第一个阶段是将冒认作为驳回、异议和无效的理由，第二个阶段是申请日追溯制度，第三个阶段是发明人专利权返还请求权制度。从历史上看，德国专利法一直在提高发明人地位，而日本特许法以1959年专利法修改为契机，从第二阶段倒退到了第一阶段。玉井克哉. 特許法における発明主義［J］. 法学协会杂能, 111卷11号、12号。

的恢复原状责任以及准无因管理，支持了真正权利人的返还请求。在学说界，Isay 把专利申请前的权利分为财产权和人格权两个部分，并认为其中的财产权就是发明占有权。所谓发明占有，是指对有关发明的知识、记载、图标等的占有，不同于民法中的一般占有，是一种特殊意义上的占有。按照解亘博士的解读，玉井克哉虽然没有完成其论文，但应该是支持所谓的"发明占有论"的。[15]

(3) 折中说

折中说不赞成一刀切，而是主张应该具体情况具体分析，主要代表人物是中山信弘。中山信弘认为，由于日本特许法没有明确规定冒认专利申请的效果，因此将专利申请权作为物权性权利承认固有的返还请求权，或者适用准无因管理都是困难的，因而需要区分以下具体情况进行讨论：

第一，如果真正权利人与冒认者之间达成了协议，则应承认该协议的效果，允许真正权利人向特许厅申请专利申请人名义的变更或者专利权人名义的变更。

第二，真正权利人提出专利申请后，第三人没有取得授权而将专利申请人名义变更到自己名下时，应该承认真正权利人变更专利申请人名义的请求权。具体操作方法是：真正权利人凭借专利申请权确认判决向特许厅提出专利申请人变更申请，特许厅必须受理该申请。

第三，没有专利申请权的第三人未经真正权利人许可而提出专利申请时，由于真正权利人除了请求变更专利申请人名义，没有其他救济方法，因此应当允许真正权利人凭借确认判决向特许厅申请专利申请人名义变更。但在这种情况下，真正权利人应当证明其发明与冒认者提出专利申请的发明创造具有同一性。

第四，在专利申请权双重转让情况下，如果在后的受让人主观上具备恶意，即使具备登记对抗要件，也不得对抗真正权利人的专利申请人名义变更请求。

第五，在冒认专利申请授权后，按照日本现行专利法，由于真正权利人只能请求宣告冒认者的专利权无效，其结果是发明创造任何人都可以实施，这并不是真正权利人的本意，从立法论的角度看，是否有必要承认真正权利人的返还请求权需要进行深入检讨。

总之，中山信弘认为，在日本现行专利法框架内，从解释论角度看，真正权利人最多只能请求进行专利申请人名义变更，除此之外根本的解决方法，必须交由立法解决。[16]

---

[15] 同注释 [3]，解亘文。
[16] [日] 中山信弘. 特许法第二版增补版 [M]. 弘文堂, 2000: 169-171.

（二）2011 年日本修改特许法之后的状况

由于企业与企业之间、企业与大学共同研究开发已成趋势，围绕开发成果的冒认专利申请事件频发，[17] 真正专利权人强烈要求享有专利申请权和专利权转移请求权，日本 2011 年修改了特许法，新增第 74 条，为真正权利人创设了转移请求权。据此，针对冒认专利申请，真正权利人可以直接请求冒认专利申请人或者冒认专利权人，返回全部或者部分专利申请权或者专利权。与 2011 年之前特许法不同的是，基于转移请求权的行使，冒认专利申请和冒认专利权不再被视为从一开始就不存在，而被视为从一开始就应当归属真正权利人。这样以来，冒认专利申请也就取得了先申请和扩大先申请地位，可以对抗任何其他第三人的相同申请。此外，因冒认专利申请而产生的针对冒认专利申请公开后正式授权前第三人的实施行为而产生的补偿金请求权，真正权利人也拥有转移请求权。由此可见，2011 年修改的日本特许法，对冒认专利申请的处理，完全采纳了德国式的准无因管理模式。

三、我国的立法、司法和学说

（一）立法、司法现状

对于上述问题，我国专利法及其实施细则未作出规定。司法机关则基于专利权只能授予真正做出发明创造的人的发明人主义，将冒认专利申请引发的纠纷作为专利申请权与专利权纠纷，先确定原告发明人身份，然后在此基础上直接判决专利权人为原告，被告在一定期限内负有协助原告到国家知识产权局专利局办理专利申请权人以及专利权人名义变更的义务。比如在龚奚与北京博纳士科技有限公司等发明专利权权属纠纷案中，[18] 一审和二审法院采用的就是这种做法。该案中，龚奚于 2003 年 8 月 20 日以其作为发明人，将曾源、丰年两人作为共同申请人，向国家知识产权局专利局提出了名称为"纳米微乳化燃油增效剂及其制备方法"的发明专利申请。该申请于 2005 年 2 月 23 日被公开，2007 年 3 月 14 日被授权公告，发明人为龚奚，专利权人为龚奚、曾源、丰年，专利号为 ZL03153658.1（简称"涉案专利"）。一审原告李正孝就此提出发明人身份之争，一审原告北京博纳士科技有限公司则就此提出专利权权属之争。一审法院在查明事实的基础上判决

---

[17] 参见社团法人。日本国際知的財産保護協会 2009 年度「特許を受ける権利を有する者の適切な権利の保護の在り方に関する調査研究報告書」194 頁。

[18] 北京市高级人民法院（2008）高民终字第 939 号民事判决书。

如下：名称为纳米微乳化燃油增效剂及其制备方法，专利号为 ZL03153658.1 的发明专利的发明人为李正孝，龚奚、曾源、丰年于判决生效之日起 10 日内协助李正孝办理相关手续；名称为纳米微乳化燃油增效剂及其制备方法，专利号为 ZL03153658.1 的发明专利的专利权人为博纳士公司，龚奚、曾源、丰年于判决生效之日起 10 日内协助博纳士公司办理相关手续。二审北京市高院判决维持了一审判决结论。

（二）学说现状

我国理论界对如何处理冒认专利申请，研究成果极少。解亘教授在其撰写的《冒认专利效力考——发明人主义的再诠释》一文中，明确持反对通过准无因管理或者不当得利等方式为真正权利人创设转移请求权的做法。其主要理由是：一是从冒认申请人、真正权利人、第三人之间利益衡量的角度看，至少存在以下问题：（1）在真正权利人根本没有申请专利的意图的情况下，却因为冒认申请人的行为获得专利权，是不合理的。（2）专利申请不但需要申请费用，而且需要相当技巧，真正权利人去申请也许得不到专利权。（3）如果冒认申请人将专利申请权和专利权转让给了善意第三人，真正权利人是否能够追回？（4）专利权应该授予以向全社会公开其发明创造作为对价的人。但在冒认专利申请的情况下，公开发明创造的人却是冒认申请人而不是真正权利人。在此情况下，允许真正权利人请求返还专利权未免过于轻率。（5）在冒认专利申请之后真正权利人提出专利申请之前，如果有第三人就同样发明创造提出专利申请，第三人的权利又应该如何保护？

二是从法律构成的角度看，由于我国专利法及其实施细则根本没有就冒认专利申请作出任何规定，理论界和司法界又没有把其作为一个问题对待，因此也没有人关注返还请求权的法律构成问题。虽然司法界承认真正权利人享有返还请求权，但并没有提供一个明确的法律构成。按照解亘教授的观点，在我国专利法及其实施细则没有明文规定冒认专利申请应该如何处理的情况下，我国司法界虽然承认真正权利人有返还请求权，但并没有从法理上作出任何论证，这显得有些过于简单化。[19]

在反对为真正权利人创设转移请求权的基础上，解亘教授提出，应当将冒认专利作为类似于商业秘密的专有信息通过反不正当竞争法保护。藉此，解亘博士提出了发明人主义的四阶段论，即第一阶段仅仅将冒认作为驳回、异议和无效的

---

[19] 同注释 [3]，解亘文。

理由；第二阶段引入申请日溯及制度；第三阶段，需要为发明人提供债权性的保护；第四阶段，承认发明人的专利权返还请求权。[20]

如何处理冒认专利申请问题，笔者曾经主张，从程序上看，冒认专利申请不得作为先申请处理，以保证真正权利人或者第三人的专利申请不丧失新颖性；从实体上看，为了保证真正权利人的利益，认为有必要为真正权利人创设其转移请求权。[21] 笔者现在依旧坚持此种观点。

四、对国内外学说的评析及本文的见解

（一）对国内外学说的评析

冒认专利申请不管是否授予专利权，都侵害了真正权利人的专利申请权，真正权利人可以提出专利申请权侵害之诉，并凭借法院的判决书到专利局进行专利申请人名义的变更、冒认专利申请人负有协助的义务。这一点在中日的上述司法判决中已经得到确认，也得到了中日学者的一致赞同，就此本文不再进行评论。下面只就冒认专利申请被授权后，冒认专利权应该如何处理的相关学说进行评析。

从以上的介绍和梳理中可以看出，真正权利人返还请求权肯定说的法律构成主要有不当得利、无因管理、准无因管理和发明占有论。这些法律构成是否足以支持真正权利人的返还请求权呢？下面一一进行分析。

1. 不当得利论

不当得利是指没有合法根据，取得不当利益，并因此造成他人损失（我国《民法通则》第92条）。在不当得利情况下，受损失者可以要求不当得利者返还不当得利。虽然冒认专利申请人没有合法根据获得了不当利益，并造成了真正权利人的损失，但正如上述日本反对学者竹田和彦所指出的那样，真正权利人损失的只是专利申请权，而不是专利权，因此真正权利人最多可以要求冒认专利申请人返还专利申请权。为什么说真正权利人损失的只是专利申请权而没有损失专利权呢？一是，不管真正权利人是否提出专利申请，在真正权利人未获得专利权之前，其拥有的只是发明人身份权或者专利申请权，因此冒认专利申请人只可能侵害真正权利人的发明人身份权或者专利申请权，特别是在真正权利人未提出专利申请的情况下是如此。二是，专利申请是一个专业性很强的活动，涉及到申请策

---

[20] 同注释 [3]，解亘文。
[21] 同注释 [2]，第148、第172页。

略、申请文件撰写以及修改、专利申请审查等各方面因素，因此即使真正权利人提出专利申请，也并不一定能够获得专利权。基于上述理由，正如竹田和彦等日本学者所认为的那样，冒认专利申请人返还给真正权利人的，只能是发明人身份权或者专利申请权，而不是专利权，专利权在性质上完全不同于发明人身份权或者专利申请权，利用不当得利的法律构成支持真正权利人返还请求权理由并不充足。

2. 无因管理论

无因管理是指没有法定的或者约定的义务，为避免他人利益受损失进行的管理或者服务（我国《民法通则》第 93 条）。在无因管理情况下，无因管理者可以要求受益人偿付因管理而支付的必要费用。冒认专利申请人提出冒认专利申请对于真正权利人而言，虽然不存在法定或者约定义务，但目的并不是避免真正权利人利益受损而进行的管理或者服务，相反，是为了自己获得专利权而进行的管理或者服务，对真正权利人而言，根本不是做好事而是做坏事。因此，即使按照无因管理，包括为本人新取得权利或者负担义务的行为的观点，[22] 冒认专利申请也不符合无因管理的要件。此外，按照民法学界的一般观点，违法行为，如为盗窃分子保存赃物的行为，不能作为无因管理的事项。冒认专利申请由于侵害了真正权利人的发明者身份权或者专利申请权，因此不能作为无因管理的事项。由此可见，利用无因管理法律构成支持真正权利人的专利权返还请求权，相比不当得利法律构成来说，理由更加不充足。

3. 准无因管理论

在上述诸种法律构成中，甚至持返还请求权否定说的日本学者也认为，准无因管理中的不法管理法律构成可以支持真正权利人的返还请求权。所谓准无因管理，又称为不真正无因管理，是指管理人管理事务是为了自己，而非为本人进行管理事务，具体包括误信管理、幻想管理、不法管理三种。误信管理是指管理人误信他人事务为自己事务而管理；幻想管理是指管理人误信自己事务为他人事务而管理；不法管理是指管理人明知为他人事务，仍然作为自己事务而管理。冒认专利申请既不属于冒认专利申请人误信真正权利人的发明创造或者专利申请为自己的发明创造或者专利申请而提出专利申请，也不属于误信自己的发明创造或者专利申请为真正权利人的发明创造或者专利申请而提出专利申请，因此既不属于

---

[22] 我国台湾学者郑玉波认为，无因管理中的管理不仅包括保存、利用、改良等处分行为，而且包括为本人新取得权利或者负担义务的行为。参见：郑玉波. 民法债编总论 [M]. 2 版. 北京：中国政法大学出版社，2003：75.

误信管理，也不属于幻想管理。冒认专利申请中，冒认申请者明知属于真正权利人的发明创造或者专利申请而作为自己的发明创造或者专利申请而提出专利申请，因此形式上属于典型的不法管理。关于不法管理的法律后果，按照德国民法典第687条第2款的规定，本人可以主张根据该法典第677条、第678条、第681条、第682条产生的请求权，并且本人主张上述请求权时，应当对事务管理人负第684条第1款规定的义务。[23] 结合这几条的规定可以看出，在不法管理情况下，本人既可按照侵权主张损害赔偿，也可基于无因管理主张管理人所得利益的返还。但是，本人按照不法管理主张管理人所得利益返还与按照不当得利主张管理人所得利益返还与侵权损害赔偿的区别在于：在不当得利与侵权情况下，返还或者赔偿范围仅包括权利人所受实际损失，在某些情况下这对于权利人是不利的。比如某甲将价值20万元的某物借与某乙使用，某乙将该物以25万元卖给善意的某丙，则根据不当得利或者侵权，多出的5万元（所获利益）不在返还或者赔偿范围之列（因为一般认为，只返还或者赔偿实际损失）。但是，按照德国民法典第687条第2款的规定，本人则可主张25万元全部返还，这对于本人来说明显是有利的。[24]

根据上述基本原理，如真正权利人按照准无因管理中的不法管理行使返还请求权，则可以请求冒认专利申请人将发明人身份权或者专利申请权连同其获得的利益即专利权一并返还。由此可见，通过准无因管理的法律构成来支持真正权利人的专利权返还请求权，理由还是比较充分的。

4. 发明占有论

关于发明占有论，从玉井克哉的论述看，是指对有关发明的知识、记载、图标等的占有。虽然玉井克哉认为该种占有是不同于民法中一般占有的特殊意义上的占有，但该种占有究竟与真正权利人取回冒认专利权有什么关系，玉井克哉根本没有论述，因此该种论点等于什么问题也没有解决，毫无意义。即使将玉井克哉的发明占有理解为准占有，也正如竹田和彦批判的那样，由于发明创造本身的非物质性，发明创造者对于发明创造也无法发生现实的、事实上的支配。在笔者看来，即使真正权利人对其发明创造能够发生现实的、事实上的支配，由于在提出专利申请之前，真正权利人支配的只是发明创造本身，而不是专利申请权，更不是专利权，因此也无法发生专利申请权和专利权的返还请求。我国《物权法》

---

[23] 参见：德国民法典 [M]. 2版. 陈卫佐, 译. 北京：法律出版社, 2006.

[24] 该部分得益于与华中科技大学法学院张定军博士的讨论，特此表示感谢，但如果有任何法律问题，概由本人负责。

第 19 章虽然详细规定了占有制度，但从条文上看，占有对象只限于对动产或者不动产的占有，并没有规定准占有制度。这样一来，至少在我国，利用准占有构成来支持真正权利人的返还请求权也缺少明确的法律规定。

由上述分析可见，在不当得利、无因管理、准无因管理、准占有等几种法律构成中，除了准无因管理中的不法管理之外，其他几种法律构成都不足以支持真正权利人的返还请求权，而准无因管理虽然能够为真正权利人的返还请求权提供法理依据，但由于我国《民法通则》没有规定，司法机关适用起来缺乏法律依据。

5. 协议论

中山信弘虽然总体上不赞成返还请求权肯定说，但又提出，如果真正权利人与冒认专利申请人之间达成了协议，则应当承认该协议的效果，允许真正权利人取回专利权。该种观点虽然坚持了契约自由原则，尊重了真正权利人和冒认专利申请人的意愿，却无视了其他申请者的利益，不符合大陆法系国家专利法所采取的先申请主义原则。因为在冒认专利申请人提出专利申请之后真正权利人提出专利申请之前这段时间之内，很可能有第三人就相同发明创造提出专利申请，在此情况下，虽然冒认申请不能作为在先申请处理，但第三人同样的申请相对于真正权利人在后的申请而言，则处于先申请地位，并有可能因此而获得专利权。如果允许真正权利人与冒认专利申请人达成协议，在第三人就同样发明创造提出专利申请的情况下，第三人的利益显然无法得到保护。可见，中山信弘先生的上述观点也是值得商榷的。那么，在没有第三人提出专利申请的情况下，是否准许真正权利人与冒认专利申请人之间达成协议？答案是否定的。

6. 类似于商业秘密的专有信息论

解亘博士虽然不赞成日本少数学者和少数司法判例坚持的真正权利人的返还请求权肯定说，但也不赞成日本占多数的真正权利人返还请求权否定说所认为的只能宣告冒认专利申请获批后的专利权无效的观点，而是认为应当将冒认专利申请获批后的专利发明创造作为类似于商业秘密的专有信息，通过反不正当竞争法保护。虽然解亘博士耗费大量笔墨去论证冒认专利申请获批后的专利发明创造符合商业秘密的保密性要件，其论证和结论却不无商榷之处。商业秘密本质上必须是秘密，违背商业秘密保有者意愿公开的技术信息不可能再恢复为商业秘密，虽然恶意第三人不得获取、使用，但善意第三人可以获取、使用，对于违法公开其秘密的人只有通过反不正当竞争法的相关规定进行救济。不这样理解，就会给善意第三人施加过重的预见义务和注意义务，给善意第三人以及公众获取和使用信息的自由造成过大妨碍，也不利于促使商业秘密保有者提高保密意识、强化保密措施，更不利于发明创造的市场化应用。

（二）本文的见解

笔者赞成上述通过准无因管理中的不法管理法理，为真正权利人创设专利申请权、专利权、补偿金请求权转移请求权的观点和做法。如此处理，可以从根本上减杀冒认专利申请现象和不劳而获的投机行为，以最经济的方式让真正权利人直接获得专利申请权、专利权、补偿金，确保真正权利人尤其是发明人创新的积极性。但这有赖于我国专利法第四次修改作出明确规定。通过修改专利法为真正权利人创设了转移请求权之后，相应地应当规定，冒认专利申请依然享有先申请和抵触申请地位，同时不构成专利被宣告无效的事由，以为第三人研发活动和专利申请提供明确预期。

（原载《知识产权》2011 年第 3 期）

日本专利权当然无效抗辩原则及其启示

摘　要

　　当然无效抗辩是指，在专利权侵权民事诉讼中，被告可以直接主张原告专利权"当然无效"从而抗辩自己的行为不侵害其专利权。当然无效抗辩具有独立价值，它赋予了法院在个案中认定专利权是否存在无效理由的权力。当然无效抗辩的提出只要具备专利权无效理由这个要件即可，但在除斥期间经过后，被告无权再提出当然无效抗辩，专利权无效审理非适格请求人在专利侵权诉讼中也可以主张当然无效抗辩。由于宪政体制、司法体制等多方面的原因，在暂时尚未具备采纳美国赋予法院最终确认专利权效力做法条件的情况下，作为一个过渡性的措施，在专利权确权机制方面，当然无效抗辩值得我国专利法借鉴。

关键词

　　专利权　当然无效抗辩　公知技术抗辩　权利滥用抗辩

　　日本 2004 年修改专利法[①]时，新增了第 104 条之 3 的规定。日本学者将该条规定称为专利权侵权诉讼中被告据以对抗专利权人侵权指控的"当然无效抗辩原

[①] 日本专利立法采取"专利法""实用新案法""意匠法"分别立法的模式。"专利法"即我国所说的"发明专利法"。为了国内读者阅读的方便，本文直接将"发明专利法"称为"专利法"。

则"或者专利权"无效抗辩原则"（以下简称"当然无效抗辩"）[2]。由于二者的法律构成并没有本质区别，同时"当然无效抗辩"更能直观地反映出该种抗辩的本义，因此本文采用"当然无效抗辩"的说法。那么究竟什么是"当然无效抗辩"？它是如何被引入日本专利法的？它是否具有独立的价值和意义？适用该原则时应该具备什么条件？该原则对我国专利权确权机制的改革具有什么借鉴意义？本文将分以下四个部分依次对这些问题进行探讨，以求对我国专利权确权机制改革有所裨益，并求教于大方之家。

一、当然无效抗辩的含义和由来

日本专利法中并没有当然无效抗辩的称谓，它是日本学者总结日本专利法第104条之3第1款规定提出来的一个说法。按照日本专利法第104条之3第1款的规定[3]，当然无效抗辩是指，在专利权或独占实施权的侵权诉讼中，该专利权按照专利无效审判程序[4]应当被认定为无效的，专利权人或独占实施权人不能向相对方行使专利权或者独占实施权。也就是说，在专利权侵权民事诉讼中，被告可以直接主张原告的专利权"当然无效"从而抗辩自己的行为不侵害其专利权，但条件是，审理案件的法院认为原告的专利权按照专利无效审判程序应当被认定为无效。但是，被告的当然无效抗辩权并不是无限制的。实践中许多被告往往滥用当然无效抗辩权，动辄提出几十个无效理由，以图达到拖延诉讼之目的。在这

---

[2] 相关日文文献可参见：[日] 羽柴隆. 公知技术与特许当然无效 [J]. 企业法研究, 1967 (148): 12; [日] 田村善之. 特许侵害诉讼中的公知技术抗辩 (1·2) [J]. 特许研究, 1996 (21): 4, (22): 4; [日] 辰已直彦. 特许侵害中的特许发明技术范围与裁判所的权限 [J]. 学会年报, 1993 (17): 41; [日] 田村善之. 知识产权法 [M]. 5版. 东京：有斐阁, 2010: 269; [日] 中山信弘. 特许法 [M]. 东京：弘文堂, 2010: 315; [日] 高部真规子. 实务详说特许关系诉讼 [M]. 金融财政事情研究会, 2011: 172.

[3] 日本实用新型专利法第30条、外观设计专利法第41条和商标法第39条也作出了与发明专利法第104条之3同样的规定。

[4] 日本专利法上所说的专利无效审判程序，相当于我国专利法中所说的无效宣告程序，但与我国不同的是，日本的专利无效审判程序是准司法程序，相当于民事一审，对其不服的，当事人应当以对方当事人为被告直接起诉到日本东京知识产权裁判所。参见：[日] 小野瀬厚, 等. 对民事诉讼法等进行部分修改的法律的概要 [J]. NBL, (771); [日] 饭村敏明. 知识产权侵害诉讼充实、迅速化的新努力方向—以东京地裁知识产权部的实务为中心 [J]. NBL, (769); [日] 强化知识产权战略本部权利保护基础的专门调查会. 关于知识产权高等裁判所的创设（汇总）[EB/OL]. (2003 – 12 – 11) [2011 – 11 – 02]. http://www.kantei.go.jp/jp/singi/titeki2/houkoku/151211kousai.pdf.; [日] 司法制度改革推进本部知识产权诉讼研讨会. 关于在知识产权诉讼中引入专家意见的讨论 [EB/OL]. (2003 – 11 – 10) [2011 – 11 – 02]. http://www.kantei.go.jp/jp/singi/sihou/ken – toukai/titeki/dai13/13siryou1.pdf.

个攻击和防御的过程中,原告也存在利用作为对抗手段的订正审理程序以达到延缓诉讼之目的。为此,日本专利法第104条之3第2款规定,作为攻击(指当然无效抗辩)或者防御方法(指订正审理),如果法院认定其目的在于不当延迟诉讼,可依当事人申请或者按照职权驳回。

按照日本学者的理解,当然无效抗辩背后的法理是"行政行为无效法理"。[1]行政行为无效法理是和行政行为公定力原理相对的一种法理。按照行政行为公定力原理,行政机关作出管理决定后,不管其是否合法,都产生一种法律上的拘束力,行政管理相对方应当首先尊重与服从,⑤如果认为该决定或措施侵犯其合法权益,只有通过事后途径加以矫正。⑥但按照行政行为无效法理,行政行为公定力原理并非绝对普适的,如果行政管理行为有重大、明显的违法情形,则自其成立开始,就无任何法律约束力可言,被管理者有权不服从。⑦⑧将行政行为无效法理应用到专利侵权诉讼中,可以很容易地得出如下结论:既然国家专利局违反专利法的规定,授予了本不该授予的专利权,则该授权行为从一开始就没有任何法律拘束力,其授予的专利权理所当然无效(即"当然无效"),受该授权行为及其结果(专利权)拘束的行为人在诉讼阶段应当有权进行不侵权的抗辩,即当然无效的抗辩。

日本专利法第104条之3确立当然无效抗辩经历了一个判例和学说的长期发展过程。在上述行政行为公定力原理的主导下,加上法院和特许厅不同职能分工

---

⑤ 为什么行政管理决定具有公定力?沈岿教授认为,公定力的根据既不在于行政行为是国家意思的体现、而国家意思有优越的效力,也不在于社会对政府存在一种信任,而在于人们需要相对确定的、和平的、彼此安全的生活秩序。参见:沈岿. 法治和良知自由:行政行为无效理论及其实践之探索[J]. 中外法学,2001(1).

⑥ 相关文献可参见:[日]室井力. 日本现代行政法[M]. 吴微,译. 北京:中国政法大学出版社,1995:94-97;[日]塩野宏. 行政法Ⅰ[M]. 5版. 东京:有斐阁,2009:138-158;翁岳生. 法治国家之行政法与司法[M]. 月旦出版社,1997:18.

⑦ 参见:姜明安. 行政法与行政诉讼法[M]. 北京:北京大学出版社、高等教育出版社,1999:155、159-161. 不过,也有学者否认这种两分法,认为相对人在任何情形下都无对抗的权利。其立论理由包括:(1)公共利益和良好秩序的需要;(2)无效行为与一般违法行为难以客观辨认;(3)相对人即使正确辨认,在事实上也难以抗拒强制性的行政行为;(4)辨认权和抗拒权的享有同时意味着承担责任,而责任之担当会使相对人无所适从。参见:叶必丰. 论行政行为的公定力[J]. 法学研究,1997(5):89-90.

⑧ 为什么在一定情况下,行政管理相对方有权不服从行政管理决定?沈岿教授认为,这既不是直接来源于吸引力很强的自然权利观念,也不是直接来源于模糊不清的政治意义上得到认可的反抗公权力违法行使的权利观念,而是和行政行为公定力原理背后的理据一样,来自于法治的终极目标,但与公定力原理追求的保障人人安全的法律秩序不同,行政行为无效法理在于确保公民基于理智和良知判断的直接不服从权利。参见:沈岿. 法治和良知自由:行政行为无效理论及其实践之探索[J]. 中外法学,2001(1).

导致的两者各自不同的特长（特许厅掌握技术发展的脉络，擅长发明创造专利性的判断，但法院并不像特许厅一样清晰掌握技术发展脉络，并不擅长发明创造专利性的判断，而擅长侵权与否的判断），自1885年制定实施专利法之后的很长一段时间里，日本最高法院以及下级法院一直奉行"无效判断否定说"。早在1904年日本最高法院就通过判例确定了该学说，其后又通过一系列判决强化了该学说。按照当时的日本最高法院——大审院的解释，即使专利权存在无效理由，但只要没有通过无效审理程序认定其无效，专利权就不应当丧失其效力，法院也不能对专利权的合理性及其效力进行判断，要想使专利权彻底无效，被告只有发动无效审理程序。⑨

在上述"无效判断否定说"支配下，日本专利法第168条第2款规定，在专利权侵权诉讼过程中，如果被告提出原告专利权无效审理之请求，法院可以中止诉讼，直到专利权无效审理结果出来之后再恢复诉讼。虽然在日本专利权无效审理程序是一个准司法程序，但毕竟存在东京知识产权高等法院的一审和日本最高法院的二审程序，从专利权侵权民事诉讼的审理效率和当事人成本负担角度看，不利于专利权侵权民事诉讼案件的快速解决，并且极大加重了当事人负担。为了解决这两个方面的问题，日本法院和学者开始思考：虽然被告在专利权侵权诉讼过程中提出了无效审理申请，但在什么情况下法院可以不中止诉讼又不根本触及专利权的对世有效性而直接做出判决呢？在这种思考的基础上，日本逐渐形成了以下几种主要学说：

自由公知技术抗辩说。这种学说认为，专利权的效力不及于自由公知技术，如果被告实施的侵权物品属于自由公知技术范围内的物品，则原告不能对其行使停止侵害等请求权，否则有违专利法的基本原理。⑩

限定解释说。这种学说认为，在专利权尚未通过无效审理程序宣告无效之前，仍然应当承认专利权的有效性，但必须对专利发明的技术范围进行限定解释。限定解释说又分为两种。一是扩张解释否定说，又称广义上的限定解释说。按照该学说，即使判明专利技术全部为公知技术，只要专利权未被宣告无效，则

---

⑨ 相关判例参见［日］大审院明治37年9月15日判决刑录10辑1679页；［日］大审院大正6年4月23日判决民录23辑，654.

⑩ 关于自由公知技术抗辩说，可参见：［日］最判昭和37．12.7民集16卷12号第2321页［炭矿车等脱轨防止装置事件］；［日］大阪地判昭45年4月17日无体集2卷1号第151页；［日］羽柴隆．关于确定权利保护范围的考察方法（Ⅱ）［J］．特许管理，19（2）：62；［日］牧野利秋．特许权侵害差止假处分程序的特殊性［J］．实务民诉讲座，(5)：264；［日］中山信弘．特许侵害诉讼与公知技术［J］．法协，98（9）：1115.

仍然必须作为有效的专利权处理,但在这种情况下,不能对发明的技术范围进行扩张解释,而是相反,应当按照专利请求保护范围的文字进行同一意义上的、严格的限定解释。二是实施例限定说,又称为狭义的限定解释说。按照该学说,应当通过比请求专利保护范围狭窄的专利说明书中的实施例、明细书、图面公开的技术范围来解释请求专利保护的技术范围,并在此基础上比对侵权物品和实施例、明细书、图面之间的差异,从而得出是否侵权的结论。

保护范围不存在说。此种学说认为,请求专利权保护的范围如果属于全部公知的发明,在专利权人没有通过订正审判程序将其保护范围修订为非全部公知时,请求专利权保护的范围无法确定,如果专利权人因此而对被告主张停止侵害等请求权,法院应当驳回其请求。

权利滥用说。该种学说认为,在专利权通过无效审判程序被宣告无效的可能性非常高的情况下,如果专利权人对第三人行使专利权,则属于权利滥用,在诉讼过程中,其主张不应得到支持。该学说在日本最高法院 2000 年判决的"半导体装置"一案中得到了运用。在该案的判决中,日本最高法院明确指出:在明显存在专利权无效理由而且当事人已经提出了无效审判请求的情况下,允许专利权人以该专利权为基础提出停止侵害和赔偿损失的请求是不妥当的。在这种情况下,专利权人对第三人行使专利权的话,属于专利权滥用。日本最高法院之所以采用专利权滥用说,主要基于以下三点理由:一是在专利权明显存在无效理由的情况下,如果赋予专利权人停止侵害请求权和损害赔偿请求权,明显给予了专利权人不正当的利益,而使发明实施人承受了不当的非利益,其结果违背衡平理念。二是在专利权侵权诉讼过程中,如果不允许被告以专利权存在无效理由直接进行抗辩的话,相当于迫使并不追求专利权对世无效的被告发动和进入专利权无效审判程序,这显然与诉讼经济原则相违背。三是日本专利法第 168 条第 2 款[11]并不能解释为:专利权明显存在无效理由的情况下,法院应当中止诉讼,直到确实可以预见专利权被宣告为无效时为止(也就是说,在专利权明显存在无效理由的情况下,法院可以不中止诉讼)。

当然无效说。[12] 按照该学说,授权专利权的行为属于行政处分行为,既然承

---

[11] 日本专利法第 168 条第 2 款规定,在提取诉讼或者申请临时扣押或者临时处分命令的情况下,法院如果认为有必要,可以中止诉讼程序,直到专利权无效审理程序结束为止。

[12] 关于当然无效说,可参见:[日] 羽柴隆. 特许侵害事件中裁判所对于特许无效的判断权限 [J]. 知财管理,44 (11):1501;[日] 中岛和雄. 侵害诉讼中特许无效的抗辩再考查 [J]. 知财管理,50 (4):489;[日] 田村善之. 特许侵害诉讼中的公知技术抗辩与当然无效抗辩 [J]. 特许研究,21:4;[日] 中山信弘. 工业所有权法(上·特许法)[M]. 2 版. 弘文堂,1993:418.

认行政法上的行政处分当然无效以及以此为前提的法律关系的诉讼，则当发明存在欠缺新颖性这样重大而且明显的瑕疵时，侵权诉讼中的专利权当然应当认定为"当然无效"。[13]

上述诸种学说中，对日本专利法第 104 条之 3 真正产生了重大影响的是权利滥用说和当然无效抗辩说。权利滥用说不但彻底改变了日本最高法院以及下级法院自明治时代以来一贯坚持的法院不得对专利权的有效性进行判断的传统，赋予了法院在个案中认定专利权非对世性无效的权力，而且限定了法院在个案中认定专利权非对世性无效应当具备的无效理由"明白性"要件，虽然日本专利法第 104 条之 3 文字上未采取——对应的方式加以承继，但日本法院在实际应用过程中实质上加以了吸纳。不过由于权利滥用说形式上仍然以承认专利权的存在及其有效性为前提，因而日本专利法第 104 条之 3 并没有全盘照搬该学说，而是基本上采纳了当然无效说。

要指出的是，虽然日本绝大部分学者认为日本最高法院在"半导体装置"一案中采用的是权利滥用说，但因权利滥用应当以有效的、没有瑕疵的权利存在为前提，因此按照本文的理解，日本最高法院在"半导体装置"一案中采用的并非权利滥用说，而是当然无效抗辩说。因为从上述日本最高法院判决的理由看，虽然其认为专利权人对相对人行使存在明显无效理由的专利权属于权利滥用，但因实质上并不存在权利滥用的前提，即有效的、没有瑕疵的专利权，所以本文并不赞成日本最高法院以及绝大多数学者的解释。明白这一点对于本文第二部分讨论当然无效抗辩的独立价值和意义非常重要。

二、当然无效抗辩的独立价值和意义

当然无效抗辩具有独立的价值，它既不同于公知技术抗辩，也不同于权利滥用抗辩。就当然无效抗辩和公知技术抗辩而言，两者虽然都能够加快诉讼效率、减轻当事人负担，但在法律构成上并不相同。公知技术抗辩是指，如果被告使用的是公知技术（不管是自由公知技术还是上面存在权利的公知技术），由于不属于要求专利权保护的技术，因此与原告要求专利保护范围内的技术没有关系，原告没有理由对被告行使停止侵害请求权和损害赔偿请求权。由此可见，在公知技术抗辩中，法院比对的是被告使用的技术和公知技术。经过比对，只要确认被告使用的技术属于公知技术，就可以根据不得针对公知技术行使专利权的专利法基

---

[13] 关于上述诸学说的总结和论述也可参见：［日］高部真规子. 实务详说特许关系诉讼［M］. 东京：金融财政事情研究会，2011：173 - 174.

本原理作出判决，因而法院不必考察专利技术本身的专利性问题。由此可以进一步看出，公知技术抗辩是以严格坚持法院和国家专利局的职能分工主义为前提的。在公知技术抗辩中，即使在专利权非对世性无效的个案中，法院也无权考察专利技术的专利性，专利技术的专利性，只有清晰掌握技术发展脉络的国家专利局才有权考察。而当然无效抗辩不同。在当然无效抗辩中，如果需要进行技术比对的话，法院比对的是原告要求专利权保护的技术和公知技术的关系。经过比对，如果发现原告要求专利权保护范围内的技术存在专利法规定的丧失新颖性等无效理由，是不应当授予专利权的技术，应当被专利权无效审理程序宣告无效时，法院就可以根据不得针对被告行使存在无效理由的专利权的法理作出判决。由此可见，当然无效抗辩打破了法院和国家专利局之间严格的职能分工主义，赋予了法院在个案中考察专利技术专利性的权力，法院有权在个案中认定专利权非对世性无效。

由上可见，公知技术抗辩和当然无效抗辩具有各自不同的守备范围和作用，因而无法相互替代。日本著名知识产权法专家中山信弘先生认为，日本专利法第104条之3规定了专利权无效抗辩原则（当然无效抗辩）之后，基本上使公知技术抗辩原则失去了作用。这种观点是值得商榷的。单纯从法条上看，日本专利法确实没有规定公知技术抗辩原则，但这并不能说明当然无效抗辩就能替代公知技术抗辩。的确，在当然无效抗辩中，存在要求专利权保护的技术属于公知技术的情况。但在这种情况下，并不能当然适用公知技术抗辩原则，因为即使法院首先查明要求专利保护的技术属于公知技术，在没有查明被告使用的技术属于公知技术的情况下，被告进行公知技术抗辩就没有法理基础。而如果法院首先查明了被告使用的技术属于公知技术，则根本就没有必要再去查明要求专利保护的技术是否属于公知技术。可见，在法院首先查明原告要求专利保护的技术属于公知技术的情况下，被告只有利用当然无效进行抗辩的余地。结论只能是，当然无效抗辩并不能取代公知技术抗辩。从这里也可以进一步看出当然无效抗辩独立于公知技术抗辩的价值所在。

当然无效抗辩也不同于权利滥用抗辩。如上所述，虽然日本最高法院在2000年的"半导体专利"一案中采用了权利滥用说，很多日本学者也表示认同，但本文认为日本最高法院在这个案件中实际采用的是当然无效抗辩说。在关于权利滥用的问题上，本文赞成中山信弘先生的意见，即认为权利滥用应当以存在有效的、没有瑕疵的权利为前提。试问：如果连有效的权利都不存在，又何来权利滥用呢？从这个意义上理解权利滥用的话，就非常容易发现当然无效抗辩和权利滥用抗辩的区别。首先，当然无效抗辩中，不管从形式上还是从实质上看，并不存在有效的专利权这个前提。而权利滥用抗辩中，存在有效的、没有瑕疵的专利权这个前提。其次，权利滥用抗辩考察的是作为原告的专利权人是否以有害被告的方式行使专利权，是否以违背专利权存在的目的行使专利权，因而根本不触及专利权的有效性问题，法院也无需比对被告使用的技术和原告要求专利保护的技术、公知技术之间的关系。而当然无效抗辩考察的恰恰是个案中原告要求专利保护的技术的专利性问题，法院必须考察原告要求专利保护的技术和公知技术之间的关系。最后，由于权利滥用的情况复杂多变，因此各国民法只是将民事权利不得滥用作为基本原则加以规定，而并不详尽列举民事权利滥用的表现方式，因而赋予了法院广泛的认定民事权利滥用情形的自由裁量权。但在当然无效抗辩中，由于涉及专利权本身有效性的重大问题，因此对于无效理由应当严格加以控制，否则就会影响法律的安定性。为此，日本专利法第126条详细列举了可以请求进行专利权无效审理的各种理由。这说明，在涉及当然无效抗辩的案件中，法院对于专利权无效的理由不得像认定权利滥用的情形那样，可以广泛行使自由裁量权。当然，按照日本最高法院的理解，在当然无效抗辩中，无效理由还必须具备"明白性"要件，这就进一步限制了法院自由裁量权的发挥。基于这几个方面的理由，权利滥用抗辩也无法替代当然无效抗辩。

关于当然无效抗辩的意义，日本知识产权高等法院的高部真规子法官进行了很好的总结。高部真规子法官认为，其最直接的意义在于赋予了法院在个案中认定专利权是否明显存在无效理由的权力，从而打破了日本长期坚守的法院和特许厅之间的严格职能分工主义，使日本在现行专利制度下，与世界主要国家的制度保持了一致。据此，当然无效抗辩实现了纠纷的一次性解决目的，符合诉讼经济的原则，使得专利权侵权诉讼的审理迅速化。

三、当然无效抗辩适用的条件

从日本最高法院和日本学者的论述看，在专利侵权诉讼中，被告提出当然无效抗辩需要具备的要件，主要集中在以下四个方面进行讨论：

（一）专利权存在哪些无效理由？日本专利法第104条之3并没有具体限定列举这里的无效理由，日本最高裁判所也没有通过具体案例对这里的无效理由进行类型化。这导致了法院和学者的不同理解。日本最高法院在2000年的"半导体装置"一案中只是认为，本案中的无效理由包括日本专利法第29条第2款（创造性要件）、第29条之2（抵触申请）的无效情形，并没有对日本专利法第123条第1款规定的所有无效理由是否可以审查发表意见。田村善之教授认为，只有在请求专利保护的范围与公知技术同一、专利权明显缺乏新颖时，被告才能进行当然无效抗辩。但高部真规子法官和中山信弘先生认为，原则上所有的无效理由，法院都可以审理。

笔者认为，只有在专利技术完全属于公知技术才允许被告提出当然无效抗辩的观点有失偏颇。理由在于，虽然日本专利法第 104 条之 3 没有详尽列举当然无效抗辩中的专利无效理由，但既然第 123 条第 1 款列举了可以请求进行无效审理的 8 个事由，而第 104 条之 3 对无效理由又没有排除性规定，则当然无效抗辩中的无效理由应当根据第 123 条第 1 款的规定进行解释，以免不适当限制被告可以进行当然无效抗辩的范围。不这样进行解释，而将无效理由限定于缺少新颖性或者创造性两个方面，则在其他无效理由情况下被告无法进行当然无效抗辩，这样就会使当然无效抗辩加快审判效率的立法目的大打折扣。

（二）无效理由是否需要具有"明白性"？[14] 对此，一种意见认为，虽然日本最高法院在 2000 年的"半导体装置"一案中要求无效理由具有明白性，但专利法第 104 条之 3 并没有规定这一要件，因此应当理解为无需"明白性"这一要件。但日本少数学者和立法者依然赞成日本最高法院的观点，认为日本专利法第 104 条之 3 第 1 款虽然没有明确使用"明白性"字眼，但"专利权按照专利无效审判程序应当被认定为无效"实际上规定的就是"明白性"要件。高部真规子法官坚持"明白性"要件观点的主要理由有二。一是日本专利法第 178 条第 6 款规定，即使专利权存在无效理由，也不能为了使其无效而向法院提出无效审判请求，而只能向日本特许厅提出无效审理请求，按照日本专利法第 125 条的规定，无效审理是一种使专利授权对世无效的、具有形成性质的行为，专利权一旦被认定无效，专利权视为自始不存在。在这种专利权有效性推定的专利法制度下，如果在个案中进行利益考量时不要求无效理由的明白性，动辄让法院以专利权存在无效理由而禁止专利权人行使法定权利，将给专利权人带来过大的不利益。二是在日本现行专利法体制下，专利权无效审理程序和当然无效抗辩同时存在，如果不要求"明白性"要件，有可能导致日本特许厅的判断和法院的判断出现完全相反的情况，从而影响法律的安定性。高部真规子提出的理由基本上也反映了日本最高法院在"半导体装置"一案判决中所表达的观点。田村善之教授除了赞成高部真规子提出的上述第二个理由之外，还提出了另外一个理由，即认为将无

---

[14] 是否需要具备无效理由的"明白性"要件是日本学者将日本专利法第 104 条之 3 称为"当然无效抗辩"还是"无效抗辩"的分歧点。认为需要"明白性"要件的学者将第 104 条之 3 称为"当然无效抗辩"，认为不需要的称之为"无效抗辩"。但本文认为在实际操作中，是否需要无效理由"明白性"要件对法院的判断影响并不大，因此两种说法没有本质上的区别。

效理由限定为"明显无效的事由"不会给法院判断增加过重的负担，从而保证法院判断与日本特许厅判断的一致性。

比较上述两种观点，本文认为，第一种观点更加具有可操作性。理由在于，究竟什么是无效理由的"明白性"，持第二种观点的学者以及日本最高法院都没有进行任何解释性说明，因此缺少可操作性和借鉴意义。实际上，专利权是否具备无效理由，法院并不是一眼就能够看出来的，需要认真加以理性的判断。法院进行的这种理性判断大概无法称之为无效理由的"明白性"。这样一来，为了避免当事人就"明白性"的程度发生争议以及由此带来当事人双方举证负担的增加，以及避免法院在认定"明白性"时存在的过分主观现象，还不如采纳日本学者的第一种意见，认为当然无效抗辩的提出只要具备无效理由即可，而无需模糊不清、难以界定的"明白性"要件。当然，这样理解并不会导致无效理由"明白性"坚持者所担心的两个后果。一是不会导致法院的判断和专利局判断不一致的现象。没有了"明白性"这样的要件限制，法院反倒会认真就专利权是否存在无效理由进行判断，从而避免"明白性"要件所带来的冒失和轻率，其结果不但不是造成法院判断和专利局判断的不一致现象，反而确保了两者判断的一致性。退一步说，即使存在法院判断和专利局判断不一致的情况，也不能说是没有要求无效理由"明白性"所带来的后果，这里面既可能存在法院的认知问题，也可能存在专利局的认知问题。二是不会过分增加法院的负担。虽然没有了"明白性"要件的限制，法院必须对专利权是否存在无效理由进行认真判断，但这种负担并不会重于法院对无效理由是否具备"明白性"的判断。

（三）是否应当"不存在例外情形"？日本最高法院和少数学者认为，除了应当具备明白的无效理由外，当然无效抗辩还必须"不存在例外情形"。所谓例外情形，按照日本最高法院和高部真规子法官的解释，是指不存在通过订正审理程序删除专利权中存在的无效理由从而使专利权变得有效的情况。订正审理程序是对当然无效抗辩程序的一种再抗辩。不过按照本文的见解，"不存在例外情形"在当然无效抗辩的适用中并没有什么独立的价值。因为它完全可以被"专利权存在无效理由"这个要件所包含。也就是说，在被告提出了当然无效抗辩后，原告如果提出订正审理请求，并且通过该程序删除了专利权中的无效理由，则原告的专利权从无效变得有效，被告提出当然无效抗辩就缺少了"专利权存在无效理由"这个基础了，其抗辩自然不会成功。

（四）当然无效抗辩是否应当以提出有效的专利无效审理为前提？这个问题又涉及以下几方面的讨论：

1. 当然无效抗辩是否以提出专利无效审理为前提？村林隆一等极个别学者

认为，被告提出当然无效抗辩必须首先向专利局提出专利无效审理请求。但日本占绝对主流的观点持反对意见，认为当然无效抗辩无需以提出专利无效审理为前提。反对派提出的主要理由是：日本专利法第104条之3规定当然无效抗辩的立法目的在于加快专利侵权审判的效率，因此即使不追求专利权对世无效的被告不提出专利权无效审理请求，也应当可以进行当然无效抗辩。确实，如果当然无效抗辩必须以提出无效审理请求为前提的话，相当于迫使并不追求专利权对世无效的被告进入无效审理程序，这与日本专利法第104条之3设立的初衷完全背道而驰，因此日本占绝对主流的观点是可取的。

2. 除斥期间经过后被告能否提出当然无效抗辩？这种情况在日本专利法中不会出现，而出现在日本商标法中，因为日本商标法规定了专利法中没有的除斥期间制度。按照日本商标法第47条第1款规定，商标注册违反第3条、第4条第1款第8项或者第11项至第14项或者第8条第1款、第2款或者第5款的规定时，商标注册违反第4条第1款第10项或者第17项的规定时（出于不正当竞争目的获得商标注册的除外），商标注册违反第4条第1款第15项的规定时（出于不正当目的获得商标注册的除外）或者具备第46条第1款第3项规定的情形时，自商标权设定注册之日起经过了5年时，不得再请求该商标注册的无效审理。第2款规定，商标注册违反第7条之2第1款的情况下，自商标权设定注册之日开始经过5年，而且作为表示该注册商标的商标权人或者其成员业务所属商品或者服务的标识在消费者中间被广为知晓时，对该商标注册不得再请求第46条第1款的无效审理。

按照上述规定，在商标权侵权诉讼中，如果经过了5年的除斥期间，被告能否再主张当然无效抗辩呢？这个问题日本存在两种截然相反的观点。一种观点认为除斥期间规定了争取权利的有效时间界限，在该时间经过后则无效理由合法化，其后在任何程序中都不得再就商标权的有效性进行争议，在商标权侵权诉讼中当然也不得再提出当然无效抗辩。另一种观点认为，虽然按照日本商标法第47条规定不能再提出商标权无效审理请求，但该法39条规定了商标权侵权案件适用专利法第104条之3，而商标权无效审理程序和商标权侵权诉讼程序是两条不同的路径，其判断结果也可能有不同，因而在商标权侵权诉讼中可以主张当然无效抗辩。

笔者认为，侵权诉讼中的商标权人虽然违反商标法规定申请并获得了商标注册，但因为经过5年的除斥期间后，商标权人在商标使用过程中已经积累了一定程度的信用，对产业的发展也起到了促进作用，此时如果再允许被告（可能是商标上的原权利人、也可能是原权利人以外的第三人）行使当然无效抗辩，将给商标权人造成过大的不利益，也会破坏已经形成的交易秩序，因而上述第一种观点可取。

3. 专利权无效审理非适格请求人是否能够提出当然无效抗辩？按照日本专利法第 123 条第 2 款规定，在冒认专利申请、违反共同发明创造专利申请的情况下，只有利害关系人（冒认专利申请情况下，指真正的权利人，包括发明人和其他依法获得专利申请权的人。在共同发明专利权申请情况下，指单独提出专利申请以外的其他共同发明人）才能提出专利权无效审理请求，由此产生的一个问题是：在专利权侵权诉讼中，上述利害关系人以外的第三人是否能够提出当然无效抗辩？

对于上述问题，中山信弘先生持否定意见。但高部真规子法官持肯定意见。高部法官认为，从本不应当由原告获得的专利权及其权利行使的判例理论来看，不一定要使当然无效抗辩和专利权无效审理程序完全一致，这样一来，虽然从日本专利法第 104 条之 3 中"根据专利权无效审理"的语句来看难以直接得出利害关系人以外的人可以提出当然无效抗辩，但据此还是可以解释出利害关系人以外的人也有主张的可能性。在上述特定情况下，如果不允许利害关系人以外的第三人在专利权侵权诉讼中提出当然无效抗辩，则冒认专利权人可以要求被告进行损害赔偿，获得本不应当获得的赔偿金，这本身就是一个问题。由于判例理论上的权利滥用说，使弹性的判断成为可能，因此这种情况下，与其让被告主张该法第 104 条之 3 的抗辩，倒不如让其基于判例理论的权利滥用论来解决。

高部法官的上述主张应该说是可以成立的。从日本专利法第 104 条之 3 的规定看，"专利权根据专利权无效审理应当被认定为无效"虽然限定了在冒认专利申请等情况下提出无效审理的请求人的适格性，但并没有因此而限定可以提出当然无效抗辩的被告主体资格，因此虽然在专利权无效审理程序中不能成为适格请求人，但由于专利权无效审理程序和专利权侵权诉讼程序属于两种性质不同的程序，在专利侵权诉讼中则完全可以成为当然无效抗辩的适格主体。如此理解的好处在于，可以使侵权诉讼中的当事人双方实现诉讼地位平等，否则，基于专利权有效性推定的原告将处于有利地位。

4. 在专利权经过无效审理并且日本特许厅作出维持专利权有效性的审理决定后，能否基于同一事实和证据主张当然无效抗辩？一种观点认为，既然日本特许厅已经作出了无效理由不存在、维持专利权有效性的审理决定，根据日本专利法第 167 条"在专利权无效审理或者延长专利权期限无效审理决定进行了登记后，任何人不得再基于同一事实和证据请求审理"的规定，在侵权诉讼中当事人就专利权的有效性发生争议后，没有必要再基于同一事实和理由来阻止专利权人行使权利，否则有违同一纠纷不得重复进行这样的诉讼上的诚信原则，因而被告不得再主张当然无效抗辩。另一种观点认为，由于日本专利法采取专利权无效审理和侵权诉讼中的无效抗辩两种不同路径的法律制度，两者之间得出的结论可能并不一致，因此在不同路径中主张无效并不会直接导致纠纷重复进行，如果是站在专利权人不得行使存在无效理由的专利权角度看待问题的话，被告在提出过无效审理并且专利局作出维持专利权有效性的决定后，在侵权诉讼中还是应当可以主张当然无效抗辩的。

确实，正如上述第二种观点所言，专利权无效审理程序和侵权诉讼中的当然无效抗辩是主张专利权无效的两种不同程序，日本特许厅关于专利权有效无效的判断和法院的判断结论并不能保证绝对一致，考虑到日本特许厅的判断和一审法院的判断都必须接受东京知识产权高等法院的一审或者二审或者日本最高法院的终审[15]，因此允许被告在专利权经过无效审理并且特许厅作出维持专利权有效性的决定后再基于同一事实和证据主张当然无效抗辩更加符合日本专利法第104条之3的立法目的，更能平衡当事人之间的利益关系。

总结这一部分的讨论，本文认为，当然无效抗辩的提出只要具备专利权无效理由这个要件即可，而无需"明白性"这个要件；当然无效抗辩原则具有独立性，并不受制于专利权无效审理程序，因此当被告主张当然无效抗辩时，无需以提出专利权无效审理请求为前置条件；在除斥期间经过后，被告无权再提出当然无效抗辩，并且非专利无效审理适格请求人在专利侵权诉讼中也可以主张当然无效抗辩。

四、当然无效抗辩对我国的借鉴意义

2004年日本专利法第104条之3吸纳日本最高法院2000年在"半导体装置"一案中的判决成果而确立的当然无效抗辩，彻底改变了日本自明治维新以来所坚持的法院不得染指专利权有效性的传统，赋予了法院在个案中认定专利权相对无效性的权力，从而加快了民事案件的审判效率，节省了当事人的诉讼成本，合理地平衡了当事人之间的利益关系。更加值得一提的是，为了尽可能减少法院的判断和专利局判断之间的不一致，日本专利法第168条还规定了法院和特许厅之间的工作协调机制。该条第3款规定，在有人提出专利权或者独占实施权侵权诉讼

---

[15] 按照日本现行知识产权审判体制，不服专利权无效审理决定的，由知识产权高等法院一审、日本最高法院终审。有关发明专利权和实用新型专利权、集成电路布图设计权、计算机软件著作权侵权案件则原则上由东京地方法院和大阪地方法院一审，二审则由知识产权高等法院统一管辖。

或者诉讼程序终结时，法院应当通知特许厅。第4款规定，特许厅在收到第3款规定的法院通知后，应当就该专利权是否有人提出无效审理请求通知法院。在该请求被驳回、撤回或者已经作出了审理决定的情况下，也应当通知法院。第5款规定，法院在收到特许厅有人提出无效审理请求的情况下，应当将有关按照第104条之3提出的攻击或者防御方法的书面材料通知特许厅。第6款规定，特许厅在收到第5款规定的法院通知后，可以请求法院提供无效审理人员认为对于审理无效必要的诉讼记录。

对于已经被专利权确权机制伤透脑筋[16]、正在不遗余力探索专利权确权机制改革的我国来说[17]，日本专利法第104条之3确立的当然无效抗辩仍然有其借鉴意义。主要表现在以下几个方面：

（一）在正式确立当然无效抗辩之前，理论界和司法界进行了比较精心的法理准备。如本文第一部分所言，日本在2004年修改专利法增加第104条之3之前，理论界和司法界就发展出了限定解释说、自由公知技术抗辩说、保护范围不存在说、权利滥用说、当然无效说等学说。这些学说对日本专利法第104条之3的确立有的发挥了直接作用，有的发挥了间接作用，从而使当然无效抗辩具有了自己的法理基础，应用起来比较顺畅。我国理论界和司法界虽然也都在提倡专利权确权机制的改革，但纵观各种改革方案，都给人以临时性的应急措施之感觉，尚未见到哪种改革方案提出过自己的法理基础。这种状况导致的结果是，改革措施显得凌乱，没有条理，经不起推敲。即使作为专利权确权机制改革标志性成果的最高人民法院2001年《关于审理专利纠纷案件适用法律问题的若干规定》第9～11条的规定来说，虽然理论界和实践界几乎一致认为该解释确立了法院在个案中认定专利权有效性的权力，但单从解释论的角度看，实际上似乎并非如此。和日本专利法第104条之3相比，最高人民法院的这几条解释明显存在以下两个重大区别：

其一，按照我国司法解释第9～11条的规定，人民法院在决定是否中止诉讼时，必须以被告向国家知识产权局提出专利权无效宣告请求为前提。这相当于迫使被告发动专利权无效宣告程序以求达到可能中止诉讼之目的，不但增加了被告诉讼成本，而且造成了原被告之间地位的不平等，使原告处于极为有利的地位，

---

[16] 最高院郃中林法官很好地总结了我国专利权确权机制存在的如下四个方面的问题：程序过于复杂冗长；有效性争议的诉讼定性不科学；难以避免循环诉讼；导致关联诉讼久拖不决。参见：郃中林. 知识产权授权确权程序的改革与完善［J］. 人民司法，2010（19）.

[17] 郃中林法官总结了五种具有代表性的专利权确权机制改革建议。参见：郃中林. 知识产权授权确权程序的改革与完善［J］. 人民司法，2010（19）.

因为在被告未提出专利权无效宣告请求的情况下，法院将从专利权有效性推定出发直接审理案件，无需考虑是否中止诉讼的问题。而日本专利法第104条之3规定被告进行当然无效抗辩时，并不以发动专利权无效审理程序为前提，而是在诉讼中可以直接面向原告和法院攻击原告专利权的有效性，这样，被告并不一定要发动专利无效审理程序以求达到专利权对世性无效的结果，从而节省了诉讼成本，也不至于造成原被告在诉讼中的地位失衡。

其二，按照我国司法解释第9~11条的规定，完全从是否中止诉讼的角度出发设计相关制度，而且是否中止诉讼完全取决于法院，这种审判权中心主义可能导致法院滥用司法自由裁量权，造成司法不公的现象。而日本专利法第104条之3采取的是当事人中心主义，从原告的停止侵害请求权、损害赔偿请求权和被告的抗辩权直接对抗的角度进行攻击和防御的制度设计，从而保证了双方当事人诉讼地位的平等，也真正加快了侵权案件的审判速度。

具体分析我国最高人民法院司法解释第9~11条，可以分别发现如下问题：

其一，"原告出具的检索报告未发现导致实用新型专利丧失新颖性、创造性的技术文献的"，法院可以不中止诉讼。对该条做反对解释的话，如果原告出具的检索报告发现了导致实用新型专利丧失新颖性、创造性的技术文献的，则法院应当中止诉讼。既然法院应当中止诉讼，就意味着法院必须等待专利无效宣告审理程序结束、专利权有效性得到彻底解决后才能再恢复诉讼程序，这显然迫使了并不追求专利权对世无效的被告不得不进入漫长的专利权确权程序当中，相应地也迫使原告和专利复审委员会不得不跟着被告一起进入漫长的专利权确权程序当中，从而导致被告、原告、专利复审委员会都陷入苦不堪言的境地。此外，该条解释在专利权有效性基本推定的基础上进一步强化了实用新型专利权的有效性，由于在侵权诉讼中被告无法主动攻击原告专利权的有效性，这显然使得侵权诉讼丧失了对抗性，利益的天平明显偏向了作为专利权人的原告。

其二，"被告提供的证据足以证明其使用的技术已经公知的"，法院可以不中止诉讼。这条解释规定的是大家熟悉的公知技术抗辩。在这种情况下，法院比对的是被告使用的技术和公知技术，经过比对，如果发现被告使用的技术属于公知技术，则可以直接根据专利权的效力不得及于公知技术的专利法基本原理，驳回原告的请求，因而法院根本就无需考察专利权的有效性。由于不涉及专利权的有效性，不管被告是否发动专利权无效宣告程序，法院都用不着考虑是否中止诉讼的问题。由此可见，最高人民法院的这条解释似乎完全显得多余。由此也可以得到一个重要结论，即那种认为在被告使用的技术属于公知技术的情况下，该条解释赋予了法院在个案中认定专利权有效性的观点是完全站不住脚的。

其三,"被告请求宣告该项专利权无效所提供的证据或者依据的理由明显不充分的",法院可以不中止诉讼。由于被告是向专利复审委员会而不是法院提出专利权无效宣告申请,所有的证据材料都递交给了专利复审委员会,法院又依据什么做出上述判断呢?

其四,"人民法院受理的侵犯发明专利权纠纷案件或者经专利复审委员会审查维持专利权的侵犯实用新型、外观设计专利权纠纷案件,被告在答辩期间内请求宣告该项专利权无效的",法院可以不中止诉讼。为什么法院受理的侵犯发明专利权纠纷案件,被告请求宣告该专利权无效,法院就可以不中止诉讼呢?难道仅仅是因为发明专利经过了知识产权局的实质审查?这不等同于法院直接认同了发明专利权的有效性吗?如果是这样的话,不就等于在侵权诉讼中根本剥夺了被告挑战发明专利权有效性的权利而直接将利益的天平完全倾向于专利权人吗?同样,"经专利复审委员会审查维持专利权的侵犯实用新型、外观设计专利权纠纷案件",法院可以不中止诉讼,也相当于法院直接认同了实用新型、外观设计专利的有效性,同样使得被告在侵权诉讼程序中丧失了直接对抗专利权有效性的手段,造成了原被告当事人诉讼地位的失衡。此外,在这两种情况下,既然法院直接认同了专利权的有效性,就相当于主动放弃了在个案中主动认定专利权有效性的权力,那又何必再配置给法院这样的权力呢?

总之,最高人民法院的上述司法解释完全剥夺了被告在诉讼中直接攻击原告专利权有效性的可能性,法院实际上用不着去审查专利权的有效性,该司法解释虽可能达到中止诉讼、加快审判效率的目的,但似乎并没有赋予法院在个案中认定专利权有效性的权力,即使赋予了,按照本文的上述解读,也使得法院的这种权力闲置了。2016年3月21日最高人民法院发布的《最高人民法院关于审理侵犯专利权纠纷案件应用法律若干问题的解释(二)》(以下简称《专利法司法解释二》)相比上述司法解释第9~11条有所进步。该解释第2条规定,权利人在专利侵权诉讼中主张的权利要求被专利复审委员会宣告无效的,审理侵犯专利权纠纷案件的人民法院可以裁定驳回权利人基于该无效权利要求的起诉。有证据证明宣告上述权利要求无效的决定被生效的行政判决撤销的,权利人可以另行起诉。相比2001年的专利法司法解释,2016年的《专利法司法解释二》第2条规定的进步表现在:一是权利人在专利侵权诉讼中主张的权利要求被专利复审委员会宣告无效的,审理侵犯专利权纠纷案件的人民法院可以裁定驳回权利人基于该无效权利要求的起诉,从而为当事人节省了一审、二审行政行政诉讼的时间,加快了审判效率。二是为专利权人提供了司法救济渠道,即在有证据证明宣告上述权利要求无效的决定被生效的行政判决撤销的,权利人可以另行起诉,从而保护其专利权。

《专利法司法解释二》第2条的规定虽然有上述进步,但是以严格遵守法院和专利局的职权分工为前提的,对于专利权的有效性,由于现实原因,可谓不敢越雷池半步。这点与日本专利法第104条之3规定直接赋予法院在个案中认定专利权有效性的作法完全不同。

关于专利权确权机制的改革,我国提出的一种理想主义模式是吸纳美国的做法,赋予审理侵权案件的法院直接认定专利权对世有效性的最终权力,从而彻底解决问题。这种理想主义模式虽好,但在我国实现该模式的法院是否拥有宪政体制支撑?如何既克服我国专门化技术法官严重不足又发挥国家专利局技术审查优势?如何改革现有的审判体制以确保司法判断的统一性?上述问题都值得进行深入的理论研究。在未进行深入理论研究之前,就仓促照搬美国式的理想主义制度,很可能会造成在专利权确权方面的一个极为混乱的局面。

(二) 日本专利法在确立第104条之3时,还通过第168条增加规定了法院和日本特许厅之间的信息通报制度,以尽量减少法院和特许厅关于专利权有效性判断之间的不一致。同时于2003年设立了专门委员会制度,规定兼任的专门委员可以参与诉讼并为法官提供解释性说明。于2004年修改民事诉讼法,扩大了技术调查法官的权限,明确规定在知识产权诉讼中,调查法官可以参与诉讼程序并对当事人进行提问、向法官陈述参考意见。最重要的是于2005年设置了专门化的知识产权高等法院,统一管辖不服专利权无效审理的一审案件和大阪地方法院、东京地方法院一审的发明专利权、实用新型专利权等技术系列的民事侵权案件[18]。通过这一系列配套的改革措施,日本基本上消除了法院和特许厅关于专利权有效性判断不一致的情况。自2004年日本专利法第104条之3确立至今,很少发现出现判断不一致的情况。

我国目前的情况是:虽然最高人民法院2001年就出台了上述司法解释,但至今也没有确立法院和国家专利局之间的信息通报制度,更没有确立专利复审委员会的准司法审查制度,因此即使按照多数人的意见,2001年最高法院的上述

---

[18] 相关日文文献可参见:[日] 小野濑厚,等. 对民事诉讼法等进行部分修改的法律的概要 [J]. NBL, (771);[日] 饭村敏明. 知识产权侵害诉讼充实、迅速化的新努力方向——以东京地裁知识产权部的实务为中心 [J]. NBL, (769);[日] 强化知识产权战略本部权利保护基础的专门调查会. 关于知识产权高等裁判所的创设 (汇总) [EB/OL]. (2003-12-11) [2011-11-02]. http://www.kantei.go.jp/jp/singi/titeki2/houkoku/151211kousai.pdf;[日] 司法制度改革推进本部知识产权诉讼研讨会. 关于在知识产权诉讼中引入专家意见的讨论 [EB/OL]. (2003-11-10) [2011-11-02]. http://www.kantei.go.jp/jp/singi/sihou/kentoukai/titeki/dai13/13siryou1.pdf.

司法解释确立了法院在个案中认定专利权非对世有效性的权力，却难以真正做到加快专利侵权案件的审判效率，节省当事人和法院的诉讼成本，保证法院和国家专利局以及不同法院之间判断的一致性。如何进行系统改革，创设符合我国国情的专利确权制度，而不是头痛医头、脚痛医脚，或许日本的做法可以给我们深刻启示。

总之，由于宪政体制、司法体制等多方面的原因，在我国暂时尚未具备采用美国赋予法院最终确认专利权效力做法条件的情况下，作为一个过渡性的措施，在专利权确权机制方面，也许我国可以吸纳日本专利法第104条之3的经验。当然，这不得不对我国最高人民法院2001年的上述司法解释第9至11条以及2016年的《专利法司法解释二》第2条的规定加以完善。根据立法权和司法权的关系，主要的修正办法有二。一是由最高法院在具体的专利侵权案件中，通过具体判决方式通过援引《民法通则》第7条"民事权利不得滥用原则"，限制存在无效理由的专利权人行使专利权，从而为下级法院提供案例指导。二是由最高法院直接对上述司法解释进行修正，将存在无效理由的专利权行使解释为《民法通则》第7条规定的民事权利滥用行为，允许被告进行权利滥用抗辩。当然，按照本文理解，由于民事权利不得滥用原则以存在有效的、没有瑕疵的权利为前提，因此采用民事权利不得滥用原则，允许被告进行权利滥用抗辩，限制专利权人行使专利权也只是解决问题的权宜的、过渡性的做法。最彻底的做法是，在条件成熟时修改专利法，直接规定"当然无效抗辩原则"，并进行配套的改革，从而使被告的抗辩消除权利滥用抗辩存在的关于"权利"本身是否存在的争议，具有明确的法律依据。

（原载于《法律科学》2012年第1期，收录时有所修改）

FRAND 标准必要专利许可使用费的计算

——以中美相关案件比较为视角

摘　要

　　FRAND 标准必要专利许可使用费的计算，必须进行反专利劫持、反专利许可使用费堆叠、平衡专利权人和标准实施者的利益等政策考量，不应当采用过分简单的比较方法进行，可以借鉴"微软案"采用的假设性双边协商方法。

关键词

　　FRAND　标准必要专利许可使用费　政策考量　假设性双边协商方法

一、相关背景

　　标准必要专利（Standards – Essential Patents，SEP），目前尚无统一、明确的定义。[①] 本文作者认为，如果技术标准的实施必须以侵害专利权为前提，则即使存在其他可以被纳入标准的技术，该专利对相关技术标准而言，就是必要的专

[①] 国际电信联盟（International Telecommunication Union，ITU）将其定义为："任何可能完全或部分覆盖标准草案的专利或专利申请。"美国电器及电子工程师学会（Institute of Electrical and Electronics Engineers，IEEE）所谓"必要专利要求"是指实施某项标准草案的标准条款（无论是强制性的还是可选择性的）一定会使用到的专利权利要求。

利。②标准是指，为在一定范围内获得最佳秩序，经协商一致制定并由公认机构批准，共同使用和重复使用的一种规范性文件。③ 专利的标准化虽然可以促进创新，增进效率，减少消费者的适应成本，消除国际贸易障碍，但也极大提高了标准化组织参与者在专利许可使用谈判中的地位，导致其向标准使用者索要不公平、不合理和歧视性的专利许可使用费。为了追求因公共使用目的而进行的技术标准化和专利权人权利之间的平衡，标准化组织在其相关知识产权政策中，不仅要求标准参与者及时向标准化组织披露其拥有或者实际控制的专利，而且要求其承诺以公平（Fair）、合理（Reasonable）和非歧视（Non-Discriminatory）的条件许可所有标准实施者利用其专利。这就是通常所说的标准必要专利许可使用中标准必要专利权人必须遵守的"FRAND"原则。以欧洲电信标准化组织（European Telecommunication Standard Institute，以下简称 ETSI）为例，其知识产权政策（ETSI Intellectual Property Rights Policy）第 4.1 规定："在其参与的标准或者技术规程发展过程中，每个成员都应尽合理的努力，及时向 ETSI 通知其必要的知识产权。特别是为标准或者技术规程提出技术建议的成员，应当诚信地提请 ETSI 注意，如果其建议被采纳，其可能成为必要的任何知识产权。"

ETSI 的知识产权政策第 6.1 则进一步规定："如果与特定标准或者技术规程有关的必要知识产权已经引起 ETSI 的注意，ETSI 总干事长应当立即要求必要知识产权人在三个月内以书面形式承诺，至少在以下范围内，它已经做好了以公平、合理、非歧视的条件授予不可撤回使用许可的准备：制造，许可制造或者代工用于制造符合被许可人自行设计标准的定制组件或者子系统；出售、出租或者以其他方式处置按照上述方式制造的设备；维修、使用或者操作上述设备；使用方法。"然而，由于标准化组织并没有就如何判断 FRAND 标准必要专利许可使用费做出任何规定或者公开发表过任何意见，承担这个任务的重担自然就落到了审理相关案件的法院头上。无独有偶，2013 年 4 月和 2013 年 10 月，美国法院和中国法院分别在"微软诉摩托罗拉"案（以下简称"微软案"）和"华为诉美国交互数字公司标准必要专利许可使用费案"（以下简称"华为案"）中，就如何判断 FRAND 标准必要专利许可使用费发表了各自的意见。但是，由于两国法院法官在文化背景、法律知识积累等方面的差异，两份判决表现出了各自的特色，

---

② See Microsoft Corp. v. Motorola Inc., No. C10-1823JLR 1, 21 [EB/OL]. (2013-08-11) http://www.kslaw.com/library/newsletters/ITCSection337Update/2013/August_21/sjopinion.pdf.

③ 张继宏. 专利标准化目标的集成创新——理论、证据与对策 [M]. 武汉：华中科技大学出版社，2011：47.

并呈现出较大程度的差异。④ 本文将以上述两个案件的判决为基础，就涉及 FRAND 标准必要专利许可使用费计算的几个问题进行比较研究，并在此基础上得出一些可能有益的结论。

二、FRAND 标准必要专利许可使用费计算的政策考量因素

在"华为案"中，为了评估符合 FRAND 原则的标准必要专利许可使用费，一审和二审法院主要考虑了以下三个政策因素：⑤（1）总量控制。所谓总量控制，是指标准必要专利许可使用费不能超过标准必要专利使用者所获产品利润一定的比例。"华为案"一审和二审法院认为，技术、投资、管理和劳动共同创造了产品利润，专利技术仅仅是其中的一个因素，因此专利权人要求的许可使用费无论如何也不能超过使用者产品的总利润，否则，无论如何也不能认为该许可使用费符合 FRAND 原则。（2）反专利劫持（Anti–Hold Up）。所谓专利劫持，是

---

④ "微软案"大致案情如下：2010 年 10 月 21 日与 29 日，摩托罗拉分别以书面形式通知微软，它所拥有的 802.11 标准必要专利和 H.264 标准必要专利的授权条件为，微软最终产品价格的 2.25%。2010 年 11 月，微软主动以摩托罗拉的授权要约违反它对标准化组织 IEEE 和 ITU 的 RAND 授权承诺为由向华盛顿西区联邦地方法院提起诉讼，要求摩托罗拉以 RAND 条件进行授权。See Microsoft Corp. v. Motorola Inc., No. C10–1823JLR 1, 1–38 (W. D. Wash. Aug. 11, 2013).

"华为案"大致案情如下：华为公司和美国交互数字公司（InterDigital，以下简称"美国 IDC 公司"）同为欧洲电信标准化组织的成员，美国 IDC 公司宣称自己在 2G、3G、4G 和 IEEE802 领域中拥有很多标准必要专利，华为公司承认美国 IDC 公司这些必要专利已经被纳入中国无线通信标准，而且自己的产品必须符合这些标准。2008 年 9 月至 2012 年 8 月间，美国 IDC 公司先后四次给华为公司发送书面授权要约。第一次和第二次书面要约中，美国 IDC 公司希望从华为获得的 2009 年至 2016 年的权利金相当于同期给美国苹果公司的 100 倍，相当于同期给韩国三星公司的 10 倍。第三次书面要约中美国 IDC 公司希望从华为获得的权利金相当于同期美国 IDC 公司给美国苹果公司的 35 倍。第四次书面要约中美国 IDC 公司希望从华为获得的权利金相当于同期美国 IDC 公司给美国苹果公司的 19 倍。在这四次要约中，美国 IDC 公司没有对标准必要专利和非标准必要专利做出任何区分，在第四次要约中，美国 IDC 公司明确表示，对任何一个具体要约条款的拒绝意味着对整个要约的拒绝。为了迫使华为接受其要约授权条件，2011 年 7 月和 9 月，美国 IDC 公司分别向美国国际贸易委员会和美国联邦地方法院——Delaware 法院投诉和起诉，控告华为公司的通信产品侵犯其专利权，要求办法禁令，禁止华为产品进口至美国境内以及销售。此外，华为提供了美国著名数据调查分析公司 STRATEGY ANALYTICS 的分析报告，该公司分析了全球顶尖的移动电话公司从 2007 年到 2012 年的出货量、市场份额、净销售额等，Nokia, Samsung, Apple, LG, RIM, Motorola, HTC, Sony 等在其分析名单之列，但华为并没有能够进入该分析名单。据此，华为公司于 2011 年 12 月向深圳市中级人民法院提起诉讼，控告美国 IDC 公司的四次要约都违反 FRAND 原则，并要求美国 IDC 公司以符合 FRAND 原则的权利金授予其中国标准必要专利许可。参见广东省高级人民法院（2013）粤高法民三终字第 305 号民事判决书。

⑤ 深圳市中级人民法院（2011）深中法知民初字第 857 号民事判决书，广东省高级人民法院（2013）粤高法民三终字第 305 号民事判决书。

指标准必要专利权人要求超过专利技术本身价值的能力以及试图攫取技术标准或者规程本身价值的能力。[6]在"华为案"判决书中，一审和二审法院都没有明确使用"反专利劫持"这个概念，但两审法院都认为标准必要专利权人不应当从标准本身中获得利润，其贡献在于创新技术而不是其专利的标准化。也就是说，两审法院实际上都认为符合 FRAND 原则的标准必要专利许可使用费应当防止专利劫持现象的发生。(3) 反专利许可使用费堆叠（Anti-Royalty Stacking）。所谓专利许可使用费堆叠，是指标准使用者为一个标准支付给许多不同的标准必要专利权人许可使用费的现象。"华为案"一审和二审法院都认为，一个标准或者技术规程包含许多标准必要专利，任何一个标准必要专利权人都只能获得其应得的许可使用费。与"华为案"判决不同的是，"微软案"的法官除了考虑了上述三个政策因素之外，还明确使用了反专利劫持、反专利许可使用费堆叠等概念，并且还考虑了以下两个政策因素：一是 FRAND 标准必要专利许可使用费应当维持在能够促进标准被广泛采用的水平状态，这是标准化组织的主要目的之一；[7] 二是确定 FRAND 标准必要专利许可使用费的方法应当保证有价值的专利能够获得合理的权利金，以建立真正有价值的标准，这是标准化组织的另外一个重要目标。[8]

比较来看，"微软案"法官对 FRAND 标准必要专利许可使用费计算涉及的政策因素的考虑更加全面，有利于更好地平衡标准必要专利权人利益、标准使用者利益和社会公共利益。关于这一点，正如"微软案"判决书中所说，如果标准必要专利许可使用费过高，虽然不使用标准化组织的标准对市场主体而言可能意味着巨大的市场进入障碍，但如果标准必要专利许可使用费高过市场主体克服市场进入障碍的成本，则市场主体将会选择不采纳标准化组织的标准，这对于标准的推广应用是十分不利的。另一方面，有价值标准的创设对于整个社会而言具有很大的福利，但有价值的标准依赖于有价值的技术。有价值的技术被纳入标准后，专利权人如果无法获得合理、足够的权利金，甚至相比没有被纳入标准之前，权利人获得的权利金更少，专利权人将失去参与标准化组织的基本激励。当然，一个标准中有许多必要专利，但每个专利的技术含量、对标准的贡献率不可能完全一致，如何保证更有技术含量、对标准贡献更大的专利获得更多的权利金，也是 FRAND 原则必须思考的一个问题。非常遗憾的是，"华为案"一审和

---

[6] See Microsoft Corp. v. Motorola Inc., No. C10-1823JLR 1, 21 (W. D. Wash. Aug. 11, 2013).

[7] See Microsoft Corp. v. Motorola Inc., No. C10-1823JLR 1, 20 (W. D. Wash. Aug. 11, 2013).

[8] See Microsoft Corp. v. Motorola Inc., No. C10-1823JLR 1, 24 (W. D. Wash. Aug. 11, 2013).

二审判决中的政策考量因素未能涉及上述两个极为重要的政策目标。最为重要的是，为了确定 FRAND 标准必要专利许可使用费，"华为案"一审和二审判决虽然在进行一般分析时考虑了"比例原则"，[⑨] 但并没有将"比例原则"应用于案件的具体解决。具体表现在两个方面：一是"华为案"一审、二审判决并没有考察在 WCDMA、CDMA2000、TD-SCDMA 等标准内究竟分别存在多少标准必要专利，其中又有多少属于中国标准必要专利，在这些标准必要专利中，究竟多少属于美国 IDC 公司所有，美国 IDC 公司的中国标准必要专利中又涉及哪些具体标准；二是"华为案"一审、二审判决没有考察美国 IDC 公司的中国标准必要专利对于相关具体标准的贡献，华为究竟有哪些产品使用了美国 IDC 公司的这些中国标准必要专利，美国 IDC 公司的这些标准必要专利究竟对华为的产品做出了什么样的贡献。虽然对这些因素做出调查和分析存在相当难度，但由于这些因素与美国 IDC 公司所要求的专利许可使用费是否构成专利劫持和专利使用费堆叠等关系十分密切，"华为案"一审和二审法院不得不面对和解决这个难题。

与"华为案"一审、二审判决不同的是，尽管存在很大难度，"微软案"判决还是尽可能地解决了上述问题。"微软案"判决首先确定摩托罗拉公司在 H.264 和 802.11 两个标准内拥有必要专利。为了确立与 H.264 标准有关的 FRAND 标准必要专利许可使用费，"微软案"判决首先分析了 H.264 标准的发展背景和技术脉络，包括该标准的发展时间脉络，标准本身的技术特点和水平，与该标准有关的专利以及摩托罗拉在该标准发展和确立过程中的贡献。其次，检讨了摩托罗拉专利对于 H.264 标准的贡献。为此，"微软案"判决先是确定了摩托罗拉对 H.264 标准来说必要的 6 个专利族，并详尽分析了每个专利族对 H.264 的贡献大小。随后，在确定微软使用 H.264 的产品包括 Windows、Xbox、Silverlight、Zune、Lync 和 Skype 等几个产品的基础上，判决还检讨了摩托罗拉每个专利族对于微软上述每个产品的贡献大小。

此外，为了确立与 802.11 标准有关的 FRAND 标准必要专利许可使用费，"微软案"判决考察了该标准的发展历史并检讨了如下项目：（1）802.11 标准中不同部分的相对技术价值；（2）涵盖 802.11 标准的所有专利数量；（3）摩托罗拉在 802.11 标准中的专利数量；（4）微软使用摩托罗拉 802.11 标准必要专利的数量（11 个）以及产品；（5）摩托罗拉的 11 个标准必要专利对 802.11 标准的

---

⑨ "比例原则"是指知识产权的大小和范围应当与该权利覆盖对象的价值或者重要性成比例，参见：Robert P. Merges. Justifying Intellectual [M]. Harard Univesity prss, 2011. 关于比例原则在计算标准必要专利许可使用费时的详细应用，本文作者将另行撰文论述。

技术贡献以及对微软产品的技术贡献。

三、FRAND 标准必要专利许可使用费的具体计算方法

在"华为案"中，作为原告的华为公司和作为被告的美国 IDC 公司都没有提出具体的符合 FRAND 原则的标准必要专利许可使用费的计算方法。一审和二审判决采用的计算方法是比较方法。所谓比较方法，按照"华为案"二审法院的理解，是指在交易条件基本相同的情况下，标准必要专利权人对标准必要专利实施者应收取基本相同的许可费或者采用基本相同的许可使用费率。在基本相同的交易条件下，如果标准必要专利权人给予某一被许可人比较低的许可费，而给予另一被许可人比较高的许可费，通过对比，后者有理由认为其受到了歧视待遇，标准必要专利权人因此也就违反了无歧视许可使用的承诺。

为了贯彻上述比较方法，"华为案"一审和二审判决选取了美国 IDC 公司给予苹果公司的标准必要专利许可使用费作为参照对象，并因此确定美国 IDC 公司给予华为公司的标准必要专利许可使用费应当与其给予苹果公司的标准必要专利许可使用费大致相同。"华为案"一审、二审判决之所以选择美国 IDC 公司给予苹果公司的标准必要专利许可使用费作为参照对象，主要基于以下两个方面的证据：

一是全球著名的分析公司 STRATEGY ANALYTICS Inc. 的一个统计和分析报告。[⑩] 在该报告中，STRATEGY ANALYTICS Inc. 统计和分析了 2007 年到 2012 年全球几大著名手机提供商的出货量、市场份额、净销售额、营业收入等情况，诺基亚、三星、苹果、LG 电子、RIM、摩托罗拉、HTC、索尼等全球几大手机供应商都在其分析名单中，但华为并不在其分析名单中。根据该分析报告以及预测，苹果公司 2007 年到 2012 年销售额大约为 3000 亿美元，三星公司的净销售额大约 2097.51 亿美元。[⑪]

二是 2007 年第三季度，美国 IDC 公司与苹果公司签订了一份全球性的、不可转让的、非排他性的、固定许可费的专利许可协议，许可期限从 2007 年 6 月 29 日开始为期 7 年，许可的专利组合覆盖当时的 iPhone 和某些将来的移动电话技术。2009 年，美国 IDC 公司与三星公司及其子公司签订专利许可协议，授予

[⑩] 该机构是一家全球性组织，分析师遍布欧洲、亚洲和美洲，帮助全球 500 强公司在复杂的技术市场发展成功路线，由于该机构全球存在，其了解区域市场，能用高度控制和完美的数据完整性进行基本研究和管理咨询。关于该机构的详细信息 [EB/OL]. [2014-07-04]. http://www.strategyanalytics.com/default.aspx? mod = history&m = 1 (last visited July 4, 2014).

[⑪] 参见广东省高级人民法院 (2013) 粤高法民三终字第 305 号民事判决书。

三星公司非独占性的、全球范围内 2G、3G 标准下的终端设备和基础设施的固定专利权许可使用费许可，许可期间截止到 2012 年。但是，美国 IDC 公司和美国苹果公司签订的许可协议是通过平等协商达成的自愿许可，而与三星公司签订的许可协议是其在美国 IDC 公司提起诉讼的情况下，被迫与其签订的许可使用协议。"华为案"一审和二审判决的意思非常明显，即美国 IDC 公司给予苹果的许可是自愿许可，因此符合 FRAND 原则，而给予三星的许可极有可能是非自愿许可，因此不符合 FRAND 原则，故而只能用前者的许可使用费作为本案 FRAND 标准必要专利许可使用费计算时的参考。

比较方法虽然是一个简单易行的方法，但为了获得较为可靠的比较结论，尽可能罗列出被比较对象的各种要素是非常必要的。非常遗憾的是，"华为案"一审和二审判决虽然提出了"交易条件大致相同"这个大前提，却并没有从证据和法律理由两个角度告诉人们这里所指的"交易条件"是什么，"交易条件相同"又是如何判断的。法院通过比较方法最终确定的美国 IDC 公司应当给予华为公司的中国标准必要专利许可使用费，唯一可能的证据是，从 2007 年到 2012 年，苹果公司的净销售额多于华为公司的手机净销售额。然而，即便如此，美国 IDC 公司最后一个要约中希望从华为公司获得的标准必要专利许可使用费，是按照华为手机最终产品的销售额进行计算的，并且期限为 2009 年至 2016 年。这样一来，为了进行科学的比较，"华为案"一审和二审法院至少应当调查和估算出华为 2009 年至 2016 年的净销售额，或者与苹果同期的 2007 年至 2012 年的净销售额。遗憾的是，"华为案"一审和二审判决并没有触及这个问题。在比较和推理的小前提并没有解决的情况下，得出的比较结论是否科学，值得商榷。

此外，在"华为案"一审和二审法院利用美国 IDC 公司给予苹果的标准必要专利许可使用费作为参照时，也没有考察该许可使用费是否符合 FRAND 承诺所追求的核心价值，即促进有价值的技术进入标准和标准本身被广泛采用之间的平衡。如果答案是否定的，其通过比较所得出的判决结论能否站住脚，也是值得进一步思考的问题。

而在"微软案"中，作为原告的微软和作为被告的摩托罗拉分别提出了自己计算 FRAND 标准必要专利许可使用费的方法，但法院并没有简单地采用某一方提出的方法，而是在吸取原被告提出的两种方法优点以及判例法已经确定的原则基础上，创设了独特的假设性双边协商方法（Hypothetical Bilateral Negotiation Approach）。

微软公司提出的方法是增值法（Incremental Value Approach）。该方法注重标准被采用和实施之前的情况，具体操作方法是：为了计算出被纳入标准的专利技术的经济价值，可以通过比较其他可以被纳入标准的替代技术，并计算出该替代技术的具体价值，从而得出标准必要专利技术的价值。"微软案"法院并没有采用微软提出的这个方法。法院的理由是，该方法不具有现实可操作性。虽然如此，"微软案"法院仍然认为，由于 FRAND 权利金必须评估专利技术本身的价值，而这需要考虑该专利对于标准的重要性和贡献度，因而比较专利技术与标准化组织可以纳入标准当中的替代技术的价值，在确定 FRAND 权利金时可以作为参考。

摩托罗拉公司提出的方法是假设性双边协商方法。摩托罗拉公司主张，可以通过模拟在具备 FRAND 授权义务下进行假设性双边协商的方法来决定 FRAND 的授权条件。"微软案"判决原则上采用了这一方法，但又有所修正。"微软案"判决之所以支持这一方法，主要基于以下理由：

假设性协商方法为现实世界中的授权协商支持，而且以前的法院利用该方法做出过判决。在 Georgia‐Pacific v. United States Plywood Corp. 一案[12]（以下简称 Georgia‐Pacific 案）中，法院通过 15 项分析因素模拟进行假设性双边协商以决定合理权利金，取得了较为丰富的经验。法院模拟在具有 FRAND 授权义务下进行假设性双边协议时，逻辑上应该会得出双方当事人都认为是 FRAND 的标准必要专利权利金。

但是，"微软案"判决并没有简单照搬 Georgia‐Pacific 案判决提出的 15 因素分析法。理由有二：一是标准必要专利权人必须以 FRAND 授权条件来进行专利授权，而未负相同义务的专利权人享有完全的排他权利并可以选择不进行授权；二是假设性协商几乎不会在真空中进行，标准使用者必然会认知到标准当中存在许多不同的必要专利权人及其标准必要专利，其获得单个标准必要专利权人授权并不意味着就可以实施该标准。

在批判吸收原、被告自个提出的上述两种方法的基础上，以"Georgia‐Pacific 案" 15 项分析因素为基础，"微软案"判决提出了以下修正的假设性协商方法：[13]

（1）在 Georgia‐Pacific 案中，分析因素 1 主要考察专利权人就系争专利通过授权已经获得的权利金。但存在 FRAND 授权承诺的情况下，这种权利金应当在附有 FRAND 授权义务或者其他可对比协商条件下被协商出来。基于这个要件，"微软案"判决认为，只有当事人双方清楚理解存在 FRAND 授权义务情况下所

---

[12] Georgia‐Pacific v. United States Plywood Corp. 318 F. Supp. 1116 (S. D. N. Y. 1970).

[13] Microsoft Corp. v. Motorola Inc, No. C10‐1823JLR 1, 35‐40 (W. D. Wash. Aug. 11, 2013).

成立的授权协议以及专利联盟，才能够作为标准必要专利许可使用费假设性协商的参考。

（2）在Georgia-Pacific案中，分析因素4考察专利许可人为了维持其独占权利而采取的既有政策与市场布局，包括不授权他人使用其专利，或者附加为了维持其独占地位的特定条件而进行的授权等。但因FRAND授权承诺要求必要专利权人必须以FRAND条件授予所有标准实施者许可，因而本项分析因素不适用于FRAND授权条件。

（3）在Georgia-Pacific案中，分析因素5考察专利许可人与被许可人之间的商业关系，比如他们在相同商业领域内是否是竞争者。与分析因素4相似，该分析因素也不适用于FRAND授权条件。理由是，FRAND授权承诺要求标准必要专利权人以FRAND条件授予所有竞争者许可。

（4）在Georgia-Pacific案中，分析因素6至8考察系争专利发明对许可人与被许可人产品销售以及被许可人派生性或者伴随性销售的重要性。这两项因素虽然适用于FRAND授权条件中权利金的确定，但分析的重点在于专利技术自身对标准技术能力的贡献，对标准实施者相关技术能力的贡献，以及对标准实施者产品的贡献。

（5）在Georgia-Pacific案中，分析因素7考察专利存续期间以及授权期间。由于标准必要专利授权通常的商业做法是，专利授权期间等同于其权利存续期间，因此该因素在分析FRAND条件授权许可时相当简单。

（6）在Georgia-Pacific案中，分析因素9考察系争专利技术特性，焦点在于系争专利技术相比旧样态或者装置的效益或者进步程度。通过这项分析因素，假设性协商的当事人会考虑若非专利技术而是其他替代技术被纳入标准的情况，着眼点在于标准被采纳和实施之前的情况。这个分析因素与微软提出的具体价值方法有暗合之处。

（7）在Georgia-Pacific案中，分析因素10考察专利发明的特质，及其对使用者的益处。分析因素11考察侵权人利用专利发明的程度以及该种利用的价值。在FRAND授权条件下，这两项因素主要考察专利对技术标准技术能力的贡献，以及相关技术能力对标准使用者及其利用该标准的产品的贡献。

（8）在Georgia-Pacific案中，分析因素12考察特定商业活动或者可比较的商业活动中，使用系争专利发明或者类似发明通常可以获得的利润率或者销售价格。在FRAND条件下，则应当从涉及FRAND授权承诺的商业活动观点出发考察使用标准必要专利通常可以获得的利润率或者销售价格。

（9）在Georgia-Pacific案中，分析因素13考察可以获得的利润总额中，应当归功于专利发明所贡献的部分与其他未受到专利保护的因素、制造过程、商业风险或者侵权人增加的重要技术特征或者改良部分的区别。在 FRAND 条件下，区别专利技术本身的贡献和专利技术在被纳入标准后所得价值则十分重要，后者会让必要专利权人获得不适当的、来自标准本身的价值。如果存在这种情况，将与 FRAND 授权条件完全冲突。

（10）在 Georgia – Pacific 案中，分析因素 15 考察的是在许可人和被许可人理性而且自愿达成协议的基础上，双方皆予认可的权利金数量。但在 FRAND 条件下，标准必要专利权人与标准使用者会考虑 FRAND 授权条件的存在及其目的进行协商并达成协议。就专利劫持问题而言，协商当事人会依据专利技术对标准技术能力的贡献、该标准技术能力对标准使用者及其使用标准的产品的贡献，来考察存在 FRAND 授权承诺的合理权利金比率。如此，一项对标准极为重要并且关键的必要专利，相比一项较不重要的必要专利，可以合理要求较高的权利金比率。就专利金堆叠问题，协商当事人则会考虑其他标准必要专利权人的存在，以及每个标准必要专利权人会依据其专利对标准的重要性和对标准实施者产品的重要性主张权利金，并在此基础上达成权利金比率。最后，在 FRAND 承诺条件下寻求合理权利金比率的理性协商当事人会考虑这样一个事实，即为了促进有价值标准的创设，FRAND 授权承诺必须保证有价值知识产权的所有人就该知识产权获得合理的权利金。比较来看，"华为案"判决由于使用了较为简便的比较方法，基本上未能考虑上述分析因素，因而其判决的合理性应当说存在进一步提升的空间。

四、FRAND 标准必要专利许可使用费的具体计算

如上所述，"华为案"判决由于简便地通过比较方法得出了美国 IDC 公司能够向华为公司主张的 FRAND 中国标准必要专利许可使用费，看不出具体的计算过程以及计算过程中的逻辑过程，因此没有太多值得深入探讨的地方。本部分以"微软案"判决为依据，试分析 FRAND 标准必要专利许可使用费的具体计算。

在"微软案"审理过程中，微软和摩托罗拉都提出了自己认为可以作为 FRAND 权利金比率比对的计算方法。摩托罗拉提出的计算方法是，微软使用摩托罗拉标准必要专利的产品 Windows 和 Xbox 净销售价格的 2.25%，应当作为其授权微软公司使用与 H.264 和 802.11 标准必要专利组合的权利金比率。为了支持其主张，摩托罗拉援引了 Georgia – Pacific 案中的上述分析因素 1，并提出了三组既存专利授权协议内容作为可参照的已经确立的权利金。但微软案判决并未采纳摩托罗拉提出的比对方法，认为摩托罗拉提出的授权协议对于本案的 FRAND

权利金比率的确定并不具有参考价值。理由是，摩托罗拉提出的授权协议为诉讼和解协议，部分授权协议中实际支付的权利金远少于本案中被请求的数额，部分授权协议中标准必要专利所占价值比重未能进行区分，部分授权协议所涉及的标准必要专利已过保护期。同时，"微软案"判决认为，即使摩托罗拉提出的上述计算其标准必要专利的权利金比率正确，摩托罗拉针对其 802.11 标准必要专利组合所要求的权利金，也明显会引发权利金堆叠问题的担忧。据此，"微软案"判决认定，摩托罗拉提出的与 H.264 和 802.11 标准相关的 2.25% 的权利金比率，并不符合 FRAND 原则。

微软提出的比对对象包括两项专利池的实际操作方法，一是 MPEG LA H.264[14] 专利池，另一个是 Via Licensing 802.11[15] 专利池，以及一项授权协议和一项专利授权评估建议。

关于 MPEG LA H.264 专利池是否可以作为本案 FRAND 标准必要专利许可使用费比率的参考，"微软案"判决做出了肯定回答。理由是，FRAND 权利许可使用费应当符合 SSOs（Standard–Setting Organizations）促成标准被广泛采用以及吸引广泛的专利权人将其专利放入专利池当中的目的，MPEG LA H.264 专利池恰好能够实现 SSOs 的目的。该案证据表明，一方面，微软、摩托罗拉与其他企业在创设 MPEG LA H.264 专利池的过程中，设定的专利许可使用费比率高到足以吸引相当数量的专利权人愿意将其专利放到专利池中；另一方面，设定的专利许可使用费比率又低到足以保证有足够多的标准使用者愿意使用 H.264 标准中的专利技术而不是替代技术。这种做法正好与 FRAND 授权承诺的基本原则相吻合。此外，MPEG LA H.264 专利池也呼应了 FRAND 授权承诺的另一个基本原则，即致力于创设有价值的标准技术。

"微软案"判决究竟是如何计算出摩托罗拉应当获得的与 H.264 标准相关的 FRAND 标准必要专利许可使用费的呢？"微软案"判决认为，摩托罗拉从 MPEG LA H.264 专利池中获得的权利金包括两个部分：一部分是其作为专利池成员，从专利池对外许可获得的权利金中按照其专利数量多少应当分配到的适当权利金。另一部分是摩托罗拉不受限制地充分接触包含在专利池中数量巨大的技术的价值，也即从专利池成员不受限制的内部交叉许可中应当获得的权利金，或者说

---

[14] H.264 是一项视频编码解码标准，为 ISO/IEC 和 ITU 联合制定，是目前世界上使用范围最广的视频编码格式。H.264 是一个庞大且技术复杂的标准，其制定目的在于提供与现有视频技术相比具有显著进步的压缩技术。

[15] 802.11 是广为人知的"WIFI"无线通信标准。

摩托罗拉作为专利池成员的身份价值。关于前一部分权利金，"微软案"判决根据 MPEG LA H.264 专利池对外许可所获得的权利金总额和摩托罗拉在专利池中的标准必要专利数量，计算出摩托罗拉应当获得的权利金为微软每项产品 0.185 美分。关于后一部分权利金，即摩托罗拉作为 MPEG LA H.264 专利池成员的身份价值，本案唯一相关的证据是，微软加入 MPEG LA H.264 专利池后，支付给该专利池的费用比从该专利池得到的权利金要多出两倍，这表明微软之所以加入该专利池，更看重的是其作为专利池成员的身份，而不是能够从专利池中获得的权利金，因为这个身份，微软公司可以扫清所有的权利障碍，不受限制地使用专利池中的专利技术。也就是说，微软认为 MPEG LA H.264 专利池的成员身份至少相当于其获得的权利金两倍的价值。据此，"微软案"判决推定，在缺乏其他明显证据的情况下，和微软一样，作为摩托罗拉母公司的谷歌也认为其在 MPEG LA H.264 专利池中的成员身份相当于为其提供了其作为许可人应当获得的权利金两倍的价值。"微软案"判决由此进一步推定，两部分权利金相加（0.185+20.185）获得的为 0.555 美分，即是摩托罗拉应当从微软每项使用摩托罗拉标准必要专利产品中获得的 FRAND 权利金。不过，这仅仅是摩托罗拉的 H.264 标准必要专利组合的 FRAND 权利金比率的下限。"微软案"判决认为，为了防止权利金堆叠，还必须计算出 FRAND 权利金的上限。在综合分析各种证据的基础上，"微软案"判决计算出的摩托罗拉 H.264 标准必要专利组合权利金上限为微软每单产品 16.389 美分，该上限适用于微软的 Windows 和 Xbox 产品。

关于 Via Licensing 802.11 专利池，虽然"微软案"判决注意到，其和 MPEG LA H.264 专利池一样，并未区分专利池中专利的技术价值而是均等地分配权利金，因而导致其并未成功地吸引专利权人和标准实施者，未能鼓励 Via Licensing 802.11 标准被广泛采用，但由于其具备某些特质，因此"微软案"判决认为，其仍然可以作为 FRAND 专利许可使用费比率的参照。比如，Via Licensing 802.11 专利池主要关注点在于特定标准，并且覆盖了与本案系争产品具有相同最终用途的相同产品。此外，证据表明，虽然该专利池实际运作未能实现促进标准被广泛采用的目的，但其建立依旧遵循了该目的，因而其所设立的权利金比率仍然可以用来表明，特定产业活动中，究竟什么样的权利金比率才符合 FRAND 原则。据此，"微软案"判决认为，Via Licensing 802.11 专利池可以作为摩托罗拉 802.11 标准必要专利组合的 FRAND 权利金参考。基于与 H.264 专利池一样的推理，"微软案"判决认为，如果摩托罗拉参与 Via Licensing 802.11 专利池，其可以获得等同于经专利池所收取的权利金 2 倍的其他价值。"微软案"判决认为，假设性协商的双方当事人会将 Via Licensing 802.11 专利池当成 802.11 标准必要专利权利金的参考,并在此基础上确定 FRAND 权利金。"微软案"中,摩托罗拉的 802.11 标准必要专利对 802.11 标准仅仅具有微小的技术价值,所以微软和摩托罗拉在其假设性协商中会认为,依据该专利池实务做法估算出的每单项产品 6.114 美分的权利金比率,会高于摩托罗拉 802.11 标准必要专利组合所应当获得的 FRAND 权利金比率。

审理过程中,微软提出,第三方公司 Marvell Semiconductor, Inc. 为其 WiFi 晶片产品中专利权支付的权利金比率,可以作为本案 802.11 标准必要专利的 FRAND 权利金比率的参照。"微软案"判决认定,该第三方公司的授权金比率为本案提供了"在特定商业领域中可以获得的惯常权利金比率",因而认定,实施 802.11 标准的每单项晶片价格的 1%,即每单项晶片 3 至 4 美分,可以作为摩托罗拉 802.11 标准必要专利组合权利金比率的参考。

"微软案"判决中确定的可以作为摩托罗拉 802.11 标准必要专利组合 FRAND 权利金比率的第三项,参考了 InterCap, Inc. 2003 年为摩托罗拉 802.11 标准必要专利发展出来的一种专利授权评价模式。"微软案"判决认为,由于考虑了 802.11 标准技术功能对整体产品功能的价值,也考虑到了权利金的堆叠问题,InterCap, Inc. 的评估方法符合 FRAND 授权承诺的基本原则,因此可以作为 802.11 标准必要专利组合适当的 FRAND 权利金比率的一个参考。但"微软案"判决也认为,InterCap, Inc. 的评估方法过分夸大了摩托罗拉标准必要专利对于 802.11 标准的重要性,因而其适切性有所减损。在微软和摩托罗拉进行假设性协商时,虽然会将 InterCap, Inc. 评估出的权利金作为 FRAND 权利金的参考,但会因此而将权利金比率调整到每单项产品 0.8 至 1.6 美分。

依据上述分析,"微软案"判决认为,假设性协商双方当事人为了估算出 FRAND 权利金比率,合理的做法是以上述三个参考数值的平均值作为权利金比率。具体算法是,以 InterCap, Inc. 评估的最低价值 0.8 美分进行平均,Marvel WiFi 晶片授权的权利金比率,则以其范围内的平均值 3.5 美分((3+4)/2)进行平均。据此,判决计算出三项参考的平均值为 3.471 美分((0.8+3.5+6.114)/3),也就是微软和摩托罗拉进行假设性协商会达成的 FRAND 权利金比率。

考虑到权利金堆叠问题,"微软案"判决以微软专家证人以根据 Via Licensing 802.11 专利池权利金的结构估算出的权利金比率高点为基础,将该权利金比率调整为每单项产品 19.5 美分,并将其作为摩托罗拉 802.11 标准必要专利组合 FRAND 授权金范围的上限值。

至于摩托罗拉 802.11 标准必要专利组合 FRAND 授权金范围的下限值,"微软案"判决进一步认为,该下限值应当是标准必要专利权人在考虑了其相关专利对于802.11标准与标准使用者产品的重要性之后会同意接受的标准必要专利价值的最低值。考虑到本案有限的证据,法院认定每单项产品0.8美分为FRAND权利金的下限值。

综上,"微软案"判决设定的FRAND权利金比率为:摩托罗拉的H.264标准必要专利的FRAND权利金比率为每单项产品支付0.555美分,其FRAND权利金比率范围的上限值为每单项产品支付16.389美分,下限值为0.555美分。此权利金比率与范围适用于微软的Window和Xbox产品,其他使用H.264标准的微软产品,则适用0.555美分的下限值权利金比率。摩托罗拉的802.11标准必要专利的FRAND权利金比率为每单项产品支付3.471美分,其FRAND权利金比率范围的上限值为每单项产品支付19.5美分,下限值为每单项产品支付0.8美分。该权利金比率以及范围适用于微软的Xbox产品,微软其他使用802.11标准的产品,则适用0.8美分的下限值权利金比率。

五、总结以及中美案件中未能涉及的其他问题

关于FRAND标准必要专利许可使用费的确定原则和计算方法,当今世界上还没有一个国家的知识产权立法做出具体规定,这是当今中外知识产权理论和实务界碰到的一个全新问题,目前为止,除了本文提到的两例案件,美国联邦法院还判决了四件标准必要专利许可使用费案件。[16]纵观世界范围,有关标准必要专利许可费计算问题的案例也不过数件。[17]总体来看,中外知识产权司法界都还处于探索阶段。非常可喜的是,"华为案"一审和二审法院并没有因为我国知识产

---

[16] (1) Apple Inc. v. Motorola Inc., No. 1: 11 - cv - 08540 (N. D. Ill. 2012) [EB/OL]. https://www.eff.org/files/Posner_Apple_v_Motorola_0.pdf;
(2) Microsoft Corp. v. Motorola, Inc., No. 12 - 35352 (9th Cir. 2012) [EB/OL]. http://docs.justia.com/cases/federal/appellate - courts/ca9/12 - 35352/14/0.pdf? 1338523231;
(3) Ericsson v. D - Link, No. 6: 10 - CV - 473 (E. D. Tex., 2013) [EB/OL]. http://www.essentialpatentblog.com/wp - content/uploads/sites/234/2013/08/13.08.06 - Dkt - 615 - Ericsson - v. - D - Link - Order - on - PostTrial - Motions.pdf;
(4) Inre Innovatio IP Ventures. No. 11 C 9308 (N. D. Ill. 2013) [EB/OL]. http://sunsteinlaw.com/wp/wpcontent/uploads/2013/11/Innovatio_Opinion.pdf;
(5) Realtek v. LSI. No. C - 12 - 03451 - RMW (N. D. Cal. 2013), http://www.essentialpatentblog.com/wpcontent/uploads/sites/234/2013/05/Realtek - v - LSI - Order - Granting - Motion - for - Partial - SJ.pdf.

[17] GPNE Corp. v. Apple Inc., No. 12 - CV - 02885 - LHK 该案采用的计算许可使用费的方法与"微软案"非常相似,也采用了假设性双边协商方法。

权法律或者其他法律没有做出具体规定而拒绝立案或者简单驳回原告的诉讼请求,而是充分发挥了司法的主动性和能动性,并且在案件的司法 管辖和准据法的适用方面做出了创造性的、合理的解释,⑱对案件的焦点问题即 FRAND 标准必要专利许可使用费的计算也做出了虽然略显简单但非常有益的探索,最终解决了当事人之间的纠纷。这充分体现出"华为案"一审、二审判决的法官较高的专业素养。当然,从比较的角度看,"华为案"判决和"微软案"判决相比,还存在诸多不尽如人意之处。主要表现在三个方面:一是理论视点存在进一步提升空间。"华为案"判决行文中虽然包含了反专利劫持、反专利使用费堆叠的意思,但并未像"微软案"判决那样,通过这些全新的概念进行精练概括。二是判决的精细程度有待进一步完善。为了计算出 FRAND 标准必要专利许可使用费,"微软案"判决不厌其烦地考察了所涉标准的来龙去脉,所涉标准必要专利数量的多少,标准必要专利对所涉标准的贡献,对标准使用者产品的贡献,等等。一般来说,考量的相关因素越多,所得出的相关结论愈为合理。但华为案判决只是采用了较为简便的比较方法就得出了 FRAND 标准必要专利许可使用费,并没有对上述至关重要的因素加以考察,不免有些粗糙。三是判决的逻辑性有待梳理。最主要体现在,一般论证过多,结合案件具体论证过少,有的地方只有推理过程中的大前提,而忽略了必不可少的小前提。如果未来发生类似 FRAND 标准必要专利许可使用费纠纷案件,这些都是必须避免的。此外,"华为案"中还有一个值得研究的问题,即假设专利权人请求标准必要专利实施者停止侵害其专利,法院是否应该支持?本文的意见是,除非标准必要专利实施者明确拒绝支付使用费,否则法院不得支持专利权人的请求。理由是,法院支持专利权人停止侵害的请求,将有违标准实施者选择实施相关标准时对标准必要专利权人将以 FRAND

---

⑱ 审判过程中,美国 IDC 公司认为,本案属于私人之间关于许可使用费谈判的纠纷,法院没有权力介入。但一审、二审法院并没有采纳其意见。法院的理由是,在双方当事人就 FRAND 标准必要专利许可使用费无法达成协议的情况下,华为除了向法院寻求救济外,没有别的解决问题的方法,否则就只能被迫答应美国 IDC 公司高额许可使用费的非 FRAND 要求。法院的观点反映了权威和市场之间关系的原理。按照知识产权法政策学的视点,在市场失灵的情况下,作为权威的法院有必要介入市场,以决定市场资源的分配。

关于准据法,美国 IDC 公司认为,由于华为公司、美国 IDC 公司都参与的标准化组织——欧洲电信标准化组织位于巴黎,因此本案应当适用法国法。一审、二审法院也没有采纳其观点。理由是,本案中双方当事人关于标准必要专利许可使用费谈判的主要地点在深圳、华为的注册地和主要营业地在深圳、华为实施美国 IDC 公司标准必要专利的实施地也在深圳,根据最密切联系原则,深圳与本案争议标的具有最密切联系,因此深圳所在的中国法律应当为本案适用的准据法。在双方当事人尚未达成任何转让或者许可使用协议的情况下,法院创造性地解释了"最密切联系原则"。

条件给予实施许可的信赖,从而给标准必要专利实施者造成过大的不利。事实上,本文作者参与的 2014 年 3 月 1 日在日本早稻田大学召开的相关研讨会上,"微软案"判决法官 James L. Robart 也表达了相同的意见。

(原载于《科技与法律》2014 年第 5 期)
(本文第二作者为中国科学院科技战略咨询研究院助理研究员刘影)

FRAND Holdup and Its Solution[*]

    Although many approaches have been raised to determine and calculate the royalty of SEP with FRAND commitment, because of grossly exaggeration of the risks of patent holdup and overemphasizing limiting or eliminating the availability of injunction, in the absence of scientific and uniform standard of determining FRAND royalty, not only FRAND royalty of substantive justice is still far away, but also FRAND holdup has become a serious issue perplexing SEP holder. In order to mitigate, prevent and even eliminate FRAND holdup and to determine FRAND royalty at the meantime, FRAND – oriented towards procedural justice is perhaps a good choice. The core of FRAND – oriented towards procedural justice is to design a set of rule of Notice and Counter – Notice to stimulate SEP holder and SEP implementer to negotiate royalty in good faith and settle FRAND royalty through negotiation. In case of negotiation failure, the third independent party (court, arbitration organization) can also depend on rule of Notice and Counter – Notice to determine whether injunction is necessary and decide what's FRAND royalty.

---

    * (*) This is a summary of the report published under the 2014FY Industrial Property Research Promotion Project (2014FY –2016FY) Entrusted by the Japan Patent Office.
    (**) Professor of Law, Shenzhen University Law School, at our institute over a period of approximately 2.5 months from July 13, 2015 through September 30, 2015, as an Invited Researcher for the Fiscal Year 2015.
    Present Affiliation and Post: Professor of Law, Sun Yat – Sen University School of Law.

I. Introduction

Patent holdup means a SEP holder unreasonably exercises its SEP rights with FRAND commitments to obtain excessively high royalties. It refers to "the ability of a holder of an SEP to demand more than the value of its patented technology and to attempt to capture the value of the standard itself."[1,2] Patent holdup hampers utilization of patented technology and harms consumer's interests.[3]

Different from patent holdup, FRAND holdup means a SEP implementer strategically and unreasonably makes full use of the uncertainty and ambiguity of FRAND to pay excessively low royalties or even not to pay any royalties to a SEP holder.[4] FRAND holdup is also called as reverse holdup. Because the uncertainty and ambiguity of FRAND are one of the most important reasons why reverse holdup occurs, this paper calls reverse holdup as "FRAND holdup". FRAND holdup hampers innovation of technology and harms consumer's interests as well.[5]

Standardization of patent may lead to patent holdup and royalty stacking. However, uncertainty and ambiguity of FRAND (Fair, Reasonable and Non-Discriminatory) provided by SSOs[6] to be used for mitigating, preventing and eliminating patent holdup and royalty stacking, one-sided denial of injunction against standard essential patent (SEP) implementer and other reasons have resulted in FRAND holdup, the interest balance between SEP holder and SEP implementer has been broken by FRAND holdup. A new balance mechanism must be found.

II. Why FRAND holdup occurs

1. Gross exaggeration of risks of patent holdup

Although a lot of literature have alleged a lot of risks caused by patent holdup,[7] these literatures possess "no empirical evidence that any industry standard has been significantly harmed by 'holdup'."[8] The patent holdup is theoretically possible but rarely occurs in practice.[9] Patent holdup is unlikely when SEP implementer believes in any time that the licensing royalty offered by SEP holder is against FRAND and exercises the right to challenge the offered licensing terms. Even if patent holdup could arise, there is no reason to assume the SEP holder will use injunction as a tool to hold up infringer.[10,11] There is no reason to assert that the royalties negotiated under the threat of injunction will be beyond FRAND royalties.[12]

Besides, there is also not empirical data to back the idea that patent holdup has harmed the setting and implementation of standards. [13,14]

Gross exaggeration of risks of patent holdup has led to all kinds of proposals explicitly or implicitly designed to prevent and eliminate patent holdup, for example, collective negotiation of royalties, depriving the ability of SEP holder to seek injunctive relief and to reinterpret FRAND as a tool to limit the ability of SEP holder to monetize innovation,[15] have been or being made full use of tactically by SEP implementer to force SEP holder to excessively reduce royalties, in another word, reversely hold up SEP holder.[16]

2. Uncertainty and ambiguity of FRAND

Up to now, no sophisticated and universal conclusions about what's FRAND licensing royalty have already been reached theoretically or practically all over the world.[17] While the court became the final determiner of FRAND royalty in practice, it hasn't contributed any convincing answer in the past SEP dispute cases.

Both the judgement of case Microsoft v. Motorola and Apple v. Sumsung focused on the contribution of SEP to calculate FRAND licensing royalty. In the judgement of Microsoft v. Motorola, the contribution is defined to the contribution of the patent to the technical capabilities of the standard and the contribution of those relevant technological capabilities to the implementer's products using the standard.[18] In the judgement of Apple v. Sumsung, the contribution is limited to the contribution of the specific component complying with standard in implementer's terminal product to the sale of implementer's terminal product and the rate of SEP contribution in the contribution of the specific component complying with standard in implementer's terminal product to the sale of implementer's terminal product.[19]

Although determining FRAND royalty through the technical contribution may comply with "the proportionality principle",[20] Unfortunately it is very hard and even unlikely to quantify the technical contribution of patent to a standard and the implementer's terminal products or the sale of implementer's terminal product. Even if it's possible to precisely quantify the technical contribution of patent to a standard and to an implementer's terminal products or the sale of implementer's terminal product, such method still disregards the SEP holder's investment cost, expected profits, R&D risk, litigation cost and risk of whether the relevant patents could be incorporated within certain standards by SSOs while calculating the royalty, the royalty by estimation is likely in conflict with the FRAND principle.

In the case Huawei v. IDC, Shenzhen Intermediate People's Court and Guangdong High People's Court adopted comparison approach to determine FRAND licensing royalty. The two courts all emphasized that, although a SEP holder has different licensing royalty models, under roughly the same transaction terms, the licensor (SEP holder) should grant all licensees license to implement SEPs on roughly the same licensing royalty, otherwise the SEPs licensing royalty is against FRAND. In this case, Huawei and Apple were under roughly the same transaction terms, the royalty that IDC tried to seek from Huawei was not roughly the same as the royalty it had sought from Apple and thus against FRAND.[21] Determining FRAND royalty by comparing the royalties that the licensor granted different licensees is perhaps best approach to decide non - discriminatory licensing royalty. However, in this case, the comparable royalty covered SEPs and NON - SEPs in the global market, Huawei only requested for license of IDC's Chinese SEPs within China. Considering the fact, a possibility is that the royalty decided by Chinese courts (0.019%) exceeded greatly the FRAND royalty that Huawei should have paid to IDC and thus thoroughly violated FRAND principle.

Depending on the uncertainty and ambiguity of FRAND, an SEP implementer is able to shift the risk involved in patent negotiation to the patent holder. There is no risk to the exploiter of the technology in not taking a license before they exhaust their litigation options if the only risk to them for violating the agreement is to pay a FRNAD based royalty or fee. This puts the risk of loss entirely on the side of the patent holder.[22]

3. The denial of injunction relief

Seen from all over the world, although there existed vehement debates about whether SEP holder with FRAND commitments has right to seek injunction relief or not, the dominant opinion is to say No, the rationales include the theory of waiver of right,[23] the theory of no harm,[24] the theory of misuse of right,[25] the theory of implied licensing,[26] the doctrine of anticompetition,[27] and so on.

Although a categorical ban on injunction for SEPs may avoid the theoretical risk of patent holdup, if there is no threat of injunction, "an implementer's best strategy would be to infringe the SEPs and litigate FRAND terms, delaying the execution of a licensing agreement and burdening the courts and diminishing the incentives for a SEP holder to contribute future technologies to the standard in the meantime."[28]

4. Asymmetry of information

In the process of negotiation about SEP with FRAND licensing royalty, SEP holder usually refuses to disclose licensing agreements already concluded with other competitors to the SEP implementer in the name of trade secrets protection. In the lack of the comparable licensing royalties, it's very difficult for SEP implementer to judge whether the royalty offered by SEP holder is non – discriminatory or not. In practice, the SEP implementer is always inclined to hold that the SEP holder definitely violates the FRAND principle no matter how much it quotes, and thus negotiates with SEP holder in bad faith to delay or prolong negotiation on purpose or directly files a lawsuit against the SEP holder with a view to relying upon the court ruling to pay the SEP holder as low licensing royalty as possible. The information asymmetry has become a very important reason causing FRAND holdup.

All in all, overemphasizing the risks of patent holdup, the uncertainty and ambiguity of FRAND royalty, limiting or eliminating the availability of injunction and information asymmetry have resulted in SEP implementer's opportunistic behavior, FRAND holdup has become a serious issue perplexing SEP holder.

Ⅲ. Rule of Notice and Counter – Notice Oriented Towards Procedural Justice: Possible Solutions to FRAND Holdup

1. Unavoidableness of patent holdup and FRAND holdup

In order to mitigate, prevent and even eliminate FRAND holdup and patent holdup and to determine FRAND royalty at the same time, to require all standard participants unilaterally to disclose *an ex ante* licensing royalty to all would – be SEP implementers at the time when their patents are incorporated into relevant standard by SSOs is perhaps a choice. For the NPEs (Non – Practicing Entities), an *ex ante* unilateral disclosure of a fixed licensing royalty may be practicable. However, it's likely to violate market discipline (the price fluctuates with market) to require all SEP holders engaging in product manufacturing to unilaterally disclose *an ex ante* fixed licensing royalty to all potential licensee, it's hardly to get patent holder's support.

Ex ante multilateral licensing negotiations between IP holders and the group of SSO members is often recommended to mitigate patent holdup as well. However, multilateral licensing negotiations are strictly prohibited by many SSOs because it could potentially bring about antitrust liability, increase the costs of participation and hinder the standard – setting process. [29]

The above situation shows that in most circumstances the determination of FRAND SEP licensing royalty has to depend on bilateral bargaining between SEP holder and SEP implementer after patent is incorporated into relevant standard. As long as bilateral negotiation is indispensable for determining FRAND licensing royalty, patent holdup and FRAND holdup will unavoidably occur.

2. Four tasks which any possible solution should undertake

Facing with FRAND holdup and patent holdup, any possible solution should strike a balance between SEP holder's interest and SEP implementer's interest so as to promote the protection and the utilization of inventions, to encourage inventions, and thereby to contribute to the development of industry. [30] In order for realization of the aim, any possible solution should undertake the following four tasks which substantive FRAND is incompetent to.

First, to stimulate SEP holder and SEP implementer to successfully negotiate royalty in good faith under information asymmetry.

Second, to ensure SEP holder's right to seek injunction in some circumstances.

Third, to realize disclosure of the comparable royalties.

Fourth, in case of negotiation failure between SEP holder and SEP implementer, the court can also depend on procedural rule to determine whether injunction is necessary for preventing FRAND holdup and further decide what's FRAND royalty.

A mechanism that can accomplish the four tasks at the same time is perhaps a set of ex ante rule oriented towards procedural justice which this paper calls as "Notice and Counter – Notice".

3. Procedural justice

In *A Theory of Justice* (*Rawls* 1971), John Rawls developed his idea of procedural justice encompassing three different forms: (1) perfect procedural justice; (2) imperfect procedural justice; and (3) pure procedural justice. [31]

Pure procedural justice includes no independent criterion for the right result. Instead, it requires "a correct or fair procedure such that the outcome is likewisely correct or fair, whatever it is, provided that the procedure has been properly followed."[32] Consistency, neutrality, participation, transparency and openness have been proposed to judge whether a procedure is fair. [33,34,35,36]

Research has showed that procedural justice directly and positively influences disputants' evaluation on resolution.[37] What's more important, research of procedural justice has showed that people were more likely to accept negative outcomes from legal institutions without losing loyalty to, or respect for those institutions if they believed that the decisions that were being made were procedurally fair.[38]

4. Light and shadow of CJEU's newest judgement

On July 16, 2015, CJEU made a landmark judgement on Huawei Technologies Co. Ltd v. ZTE Corp. , and ZTE Deutschl and GmbH.[39] The judgement attempts to solve the issue whether a SEP holder with FRAND commitment seeking a prohibitory injunction against a SEP implementer abuses its dominant position, and strives to strike a balance between maintaining free competition and protecting proprietor's intellectual property rights.

Although CJEU's judgement provides guideline for judging SEP implementer's good faith/bad faith and makes it clear that under what circumstances can the SEP holder seek injunction against SEP implementer, it does not clear such issues as whether the SEP holder should disclose the comparable royalties to the SEP implementer, whether the SEP holder should specify the SEPs that SEP implementer is using and why they are SEPs, SEP implementer still can't reasonably judge whether it is discriminated by SEP holder.

Besides, the judgement requires SEP implementer to provide a bank guarantee and even to place the amounts necessary on deposit before FRAND royalty has not been determined by the third independent party, this is hardly to be supported by SEP implementer and thus impracticable.[40]

5. Rule of notice and counter – notice oriented towards procedural justice

While CJEU's judgement has shadow, it still casts much light on how to devise rule of Notice and Counter – Notice oriented towards procedural justice. Based on CJEU's judgement, this paper tries to devise the following rule of Notice and Counter – Notice oriented towards procedural justice.

(1) The SEP holder's notice

Before exercising SEP rights (include seeking injunction relief and requesting for royalty), a SEP holder should send a notice to a SEP implementer. An effective notice should include the following contents:

(i) a physical or electronic signature of the SEP holder.

(ii) the SEPs claimed to have been infringed and why these patents are SEPs.

(ⅲ) the specific way in which the SEPs have been infringed.

(ⅳ) the amount of royalty, in particular, the way in which the royalty is to be calculated and the comparable licensing royalty. Correspondingly, declaration to request a SEP implementer to keep the comparable licensing royalty secret.

(ⅴ) information reasonably sufficient to permit the SEP implementer to contact it, such as an address, telephone number, and, if available, an electronic mail address at which the SEP holder may be contacted.

(ⅵ) a statement that the SEP holder has a good faith belief that use of the SEP in the manner complained of is not authorized by the SEP holder, its agent, or the law.

(ⅶ) a statement that, where no agreement is reached on the details of the FRAND terms following the counter-notice by SEP implementer, the parties may, by common agreement, request that the amount of the royalty be determined by an independent third party, by decision without delay.

(ⅷ) a statement that the information in the notification is accurate, and under penalty of perjury.

(2) The implementer's counter-notice

After receiving SEP holder's notice, as CJEU's judgement holds, SEP implementer should diligently respond to the notice, in accordance with recognized commercial practices in the field and in good faith.[41] Corresponding to SEP holder's notice, SEP implementer's effective counter-notice should include the following contents:

(ⅰ) a physical or electronic signature of the SEP implementer.

(ⅱ) the SEPs claimed by SEP holder are not SEPs and the reasons.

(ⅲ) a statement not to infringe SEP holder's SEP and the reasons.

(ⅳ) specifying the reasons why SEP implementer rejects the amount of royalty offered by SEP holder and the way in which the royalty is to be calculated, in particular, the comparable licensing royalty. Correspondingly, declaration to keep comparable licensing royalty secret.

(ⅴ) the amount of royalty that SEP implementer thinks FRAND and the way in which the royalty is to be calculated.

(ⅵ) if the SEP implementer is using SEP before a licensing agreement has been concluded, the number of the SEPs being used, the products using SEPs and their number, the area using SEPs and the sales number of the product using SEPs.

(ⅶ) a statement that it will pay FRAND royalty to SEP holder in accordance with recognized commercial practices in the field and in good faith, in particular, without no delaying tactics.

(viii) a statement that, where no agreement is reached on the details of the FRAND terms following the notice by SEP holder, the parties may, by common agreement, request that the amount of the royalty be determined by an independent third party, by decision without delay.

(ix) information reasonably sufficient to permit the SEP holder to contact it, such as an address, telephone number, and, if available, an electronic mail address at which the SEP implementer may be contacted.

(x) a statement that the information in the notification is accurate, and under penalty of perjury.

(3) Consequences against rule of the notice and counter - notice

For the SEP holder, failing to send an effective Notice to the SEP implementer shows that it is unwilling and in bad faith to negotiate FRAND royalty with SEP implementer and is trying to do patent holdup, the SEP implementer has the right to refuse the royalty offered by it and to require directly the independent third party (court or arbitration organization) to determine a FRAND royalty in favor of it, the royalty should be regarded as FRAND.

For the SEP implementer, failing to send an effective Counter - Notice to the SEP holder shows that it is unwilling and in bad faith to negotiate FRAND royalty and is trying to do FRAND holdup, the SEP holder has the right to file a suit for seeking injunction against SEP implementer and meanwhile to require directly the independent third party (court or arbitration organization) to determine a FRAND royalty in favor of it, the royalty should also be regarded as FRAND.

IV. Conclusions

Based on all the foregoing analysis, the following conclusions may be drawn:

(1) To absolutely negate injunction will lead to FRAND holdup and is adverse to balancing the interests between SEP holder and SEP implementer.

(2) Disclosure of SEP holder's comparable royalties to SEP implementer is necessary for determining what's Non - discriminatory royalty and avoiding FRAND holdup.

(3) In order to decrease transaction costs, it's necessary to design a set of ex ante rule (for example, rule of Notice and Counter - Notice) to determine whether the SEP

implementer negotiates royalty with SEP holder in good faith and whether the SEP implementer is trying to do FRAND holdup.

(4) In view of the uncertainty and ambiguity of FRAND, it's necessary to design a set of ex ante rule (for example, Notice and Counter - Notice) to stimulate SEP holder and SEP implementer to successfully negotiate royalty in place of looking for substantive FRAND licensing royalty.

Reference

1. Microsoft Corp. v. Motorola, Inc., 2013 U. S. Dist. LEXIS 60233 (W. D. Wash. Apr. 25, 2013), Order 21.

2. In economic literature, the problem of hold up generally refers to the problem that arises out of the interaction between asset specificity and opportunism, asset specificity means the condition in which an asset cannot be redeployed from its presently intended use to some alternative use without a decline in value. Oliver E. Williamson. The Economic Institutions of Capitalism 52 - 56 (Free Press. 1985).

3. Mark Lemley, Carl Shapiro. Patent Holdup and Royalty Stacking[J]. Texas Law Review, 1989, 85 (2007); Philippe Chappatte. FRAND Commitments - The Case for Antitrust Intervention [J]. European Competition Journal, 2009 (2).; Joseph Farrell et al. Standard Setting, Patents, and Hold - Up [J]. Antitrust Law Journal 2007 (74); Brad Biddle et al. The Expanding Role and Importance of Standards in the Information and Communications Technology Industry [J]. Jurimetric, 2012 (52): 177; Knut B ling et al. Study on the Interplay Between Standards and Intellectual Property Rights [J]. [EB/OL]. http: //www. iplytics. com/download/docs/studies/ipr_ study_ final_ report_ en. pdf; Gorge L. Contreras, Fixing FRAND: A Pseudo - Pool Approach to Standards - Based Patent Licensing [J]. Antitrust Law Journal 2013 (1): 79.; Joseph Kattan, Chris Wood. Standard - Essential Patents and the Problem of Hold - up [EB/OL]. http: //papers. ssrn. com/sol3/papers. cfm? abstract_ id = 2370113; Google/ Motorola Mobility (Case No. COMP/M. 6381) Commission Decision 2012/C 75/01 [2012].

4. Case C - 170/13, I - 8 (Huawei Technologies Co. Ltd v. ZTC Corp. and ZTC Deutschland GmbH). http: //curia. europa. eu/juris/document/document. jsf? text = &docid = 165911&pageIndex = 0&doclang = en&mode = lst&dir = &occ = first&part = 1&cid = 85194. Paragraph 38.

5. Damien Geradin. Reverse Holdup: The (Often Ignored) Risks Faced by Innovators in Standardized Areas. SSRN Electronic Journal 11/2010; Dol: 10. 2139/ssrn. 1711744; Einer Elhauge's analysis shows that holdup and stacking problems does not bring about systematically excessive royalties, to the contrary, the royalty rates predicted by the holdup models are often below the true optional rate. Further, those predicted royalty rates are overstated because of incorrect assumptions about constant

demand, one – shot bargaining, and informational symmetry. Einer Elhauge, Do Patent holdup and Royalty Stacking lead to systematically excessive royalties? [J]. Journal of Competition Law and Economics, 4 (3), 535 – 570.

6. To date, the important SSOs in the world include:

(1) International Organization for standardization (ISO);

(2) International Electrotechnical Commission (IEC);

(3) International Telecommunication Union (ITU);

(4) Institute of Electrical and Electronics Engineers (IEEE – SA);

(5) European Telecommunications Standards Institute (ETSI);

(6) American National Standards Institute (ANSI);

(7) Internet Engineering Task Force (IETF);

(8) Organization for the Advancement of Structured Information Standards (OASIS);

(9) VMEBUS International Trade Association (VITA).

7. Supra note 3.

8. Damien Geradin, supra note 5.

9. Commissioner Joshua Wright of FTC observed in 2013 that, despite the amount of attention patent holdup has drawn from policymakers and academics, there have been relatively few instances of litigate patent holdup among the thousands adopted and empirical evidence of patent holdup is unremarkable. Josha D. Wright, Comm'r, Fed. Trade Comm'n, Remarks at the Center for the Protection of Intellectual Property Inaugural Academic Conference: The Commercial Function of Patents in Today's Innovation Economy [EB/OL]. (2013 – 09 – 12). http://cpip.gmu.edu/wp – content/uploads/2013/06/Program – Schedule.pdf.

10. Gregory Sidak. The Meaning of FRAND, Part II: Injunction [J]. Journal of Competition Law and Economics, 11 (1), 2015, at 233.

11. Gregory Sidak, supra note 10, at 233.

12. Gregory Sidak, supra note 10, at 234.

13. The World in 2013: ICT Facts and Figures [EB/OL]. http://www.itu.int/en/ITU – D/Statistics/Documents/facts/ICTFact sFigures2013 – e.pdf; The World in 2014: ICT Facts and Figures [EB/OL]. http://www.itu.int/en/ITU – D/Statistics/Documents/facts/ICTFactsFigures2014 – e.pdf.

14. Dennis W. Carlton and AllanShampine, Identifying Benchmarks for Applying Non – Discrimination in FRAND, 8 Competition POL'INT'L 1, 5 (2014).

15. Dimien Geradin, supra note 5.

16. Einer Elhauge's analysis supra note 5.

17. Cincinnati Car Co. v. N. Y. Rapid Transit Corp., 66 F. 2d 592, 595 (2d Cir. 1993); Jorge L. Contreras, The February of FRAND, Mar. 6. 2012, Patently – O Patent Law Blog [EB/OL]. at http://patentlyo.com/patent/2012/03/february – of – frand.html.

18. Microsoft Corp. v. Motorola, Inc., Order 10, 2013 U. S. Dist. LEXIS 60233 (W. D. Wash. Apr. 25, 2013).

19. 平成25年（ネ）第10043号債務不存在確認請求控訴事件.

20. Proportionality principle means that "The size or scope of an IP right ought to be proportional to the value or significance of the work covered by the right" and "an IPR must not confer on its holder leverage or power that is grossly disproportionate to what is deserved in the situation. If an IPR would effectively confer power or control over a much more vast market or set of markets than what is actually deserved, in light of the work covered by the IP right, that right must be limited in some way." Robert P. Merges. Justifying Intellectual Property [M]. Harvard University Press, 2011: 150 – 162.

21. (2013) No. 305 YueGaofaMinsanZhongzi.

22. Sandra Badin, Mike Renaud and James Wodarski. Patent Hold – up or Patent Hold – out? Judge Essex Adds His Voice to the SEP – FRAND Debate [EB/OL]. http: //www. mintz. com/newsletter/2014/Advisories/4096 – 0714 – NAT – IP/index. html.

23. Joseph S. Miller. Standard Setting, Patents and Access Lock – in: FRAND Licensing and the Theory of the Firm [J]. Ind. L. Rev., 2007 (40), Jay P. Kesan, Carol M. Hayes. FRAND's Forever: Standards, Patent Transfers, and Licensing Commitments [J]. Indiana Law Journal, 2014 (89): 231. Microsoft Corp. v. Motorola, Inc., 696 F. 3D 872, 884 – 885 (9th Cir. 2012).

24. Mark A. Lemley, Carl Shapiro. A Simple Approach to Setting Reasonable Royalties for Standard – Essential Patents [J]. Berkeley Tech. L. J., 2013 (28): 1135, 1144.

25. Supra note 19.

26. Qualcomm Inc. v. Broadcom Corp., 548 F. 3d 1004, 1022 – 24 (Fed. Cir. 2011); Article 82 of "Notice for Soliciting Public Opinions on the Draft Amendment of Patent Law of the People's Republic of China".

27. Motorola Mobility, L. L. C., No. 121 – 0120 (F. T. C. Jan. 3, 2013).

28. Regory Sidak, supra note 10, at 268 – 269.

29. Scott K. Peterson. Patents and Standard – Setting Processes [EB/OL]. (2002 – 04 – 18) http: //xml. coverpages. org/HP – ScottPetersonTestimony200204. pdf.

30. Article 1 of Japan Patent Law. [EB/OL]. http: //www. cas. go. jp/jp/seisak u/hourei/data/PA. pdf.

31. Ohn Rawls, A Theory of Justice [M]. Cambridge: Harvard University Press, Belknap Press, 1999.

32. John Rawls, supra note 31, at 75.

33. Robert Folger, Blair H. Sheppard and Robert T. Buttram, Equity, Equality and Need: Three Faces of Social Justice, in Conflict, Cooperation, and Justice: Essays Inspired by the work of Morton Deutsch 261, 272, Barbara Benedict Bunker and Jeffrey Z. Rubin eds., 1995.

34. Robert Folger, Blair H. Sheppard and Robert T. Buttram, supra note 33: Essays Inspired by

the work of Morton Deutsch, 273. Michelle Maiese, Procedural Justice [EB/OL]. http://www.beyongintractability.org/essay/procedural-justice.

35. Michelle Maiese, supra note 34.

36. Michelle Maiese, supra note .

37. Jill Howieson. Perceptions of Procedural Justice and Legitimate in Local Court Mediation [J]. Murdoch U. Electronic J. L., 2002, 9 (2).

38. Mark Fondacarok. Toward a Synthesis of Law and Social Science: Due Process and Procedural Justice in the Context of National Health Care Reform [J]. Denv. U. L. Rev., 1995 (72): 303 – 305.

39. Supra note 4. Paragraph 71.

40. Supra note 4. Paragraph 67.

41. Supra note 4.

（原载于《中国专利与商标》2016 年第 4 期）

帮助型专利权间接侵权行为的法律构成

——《最高人民法院关于审理侵犯专利权纠纷案件应用法律若干问题的解释（二）》第21条第1款的理解和适用

摘 要

  明确专利权间接侵权法律构成既可强化专利权保护，也可促进专利产品零部件市场自由竞争；被告主观上的"明知"并非帮助型专利权间接侵权行为的独立法律构成，只有这样理解，才能使《最高人民法院关于审理侵犯专利权纠纷案件应用法律若干问题的解释（二）》（以下简称《解释二》）规定的帮助型专利权间接侵权行为区别于《侵权责任法》第9条规定的帮助侵权行为；帮助型专利权间接侵权行为以他人直接侵犯专利权行为为前提，具有从属性，并限于提供专门用于侵犯专利权产品的行为；专利权人可以单独选择间接侵权行为人作为被告，法院无需追加直接侵权行为人作为被告。

关键词

  专利权　间接侵权　明知　法律构成

一、《解释二》明确专利权间接侵权法律构成的意义

  专利侵权判断一般情况下采取全面覆盖原则例外情况下采取等同原则，仅仅制造或销售用于专利产品生产的材料、设备、零部件、中间物等（以下简称

"专用品")的行为,或者引诱他人实施侵犯专利权的行为,并不直接侵害专利权。司法实务中,法官虽无法援引专利法条文认定此等行为构成直接或者间接侵害专利权,但仍然可以援引《侵权责任法》第 9 条的规定认定此等行为构成帮助或者教唆侵害专利权的行为,并援引《侵权责任法》第 15 条的规定判处行为人停止制造或者销售或者教唆行为,承担连带赔偿责任。唯《侵权责任法》第 9 条规定针对的是所有帮助和教唆侵权行为,而非专门针对帮助或者教唆侵害专利权的行为,因而技术上不能明确帮助或者教唆侵害专利权行为的法律构成。此种状况极易造成拥有司法自由裁量权之不同地域法官、不同法院法官适用帮助、教唆侵害专利权的法律构成时,把握不同宽严程度,从而造成司法不统一、损害司法权威的现象。更为令人担忧的结果则是,阻碍专利产品零部件市场的自由、公平竞争,损害消费者福利。司法过于严格解释帮助、教唆侵害专利权行为的法律构成,虽促进了专利产品零部件市场的自由、公平竞争,但可能减杀专利权人创新的积极性,导致新的发明创造供应不足。相反,司法过于宽松解释帮助、教唆侵害专利权行为的法律构成,虽可能周延保护专利权,促进创新,增加新发明创造供给,但容易造成专利权人对专利产品零部件市场的垄断,不利于专利产品零部件市场的自由和公平竞争,减少消费者选择机会,并在产品价格和质量等方面损害消费者福利。为了周延保护专利权促进创新,同时防止专利产品零部件市场出现垄断阻碍该市场中的自由竞争进而增加消费者福利,必须明确帮助、教唆侵害专利权行为的法律构成。

最高人民法院 2016 年 3 月 22 日发布 4 月 1 日起正式生效施行的《最高人民法院关于审理侵犯专利权纠纷案件应用法律若干问题的解释(二)》第 21 条明确规定了帮助、教唆侵害专利权行为即专利权间接侵权的法律构成,可谓及时回应了上述需要。其最直接的意义在于,划清了专利权间接侵权行为和合法制造、销售用于专利产品生产的材料、设备、零部件、中间物等行为之间的界限,为行为人提供了明确的指引和预期,为各级司法机关统一把握专利权间接侵权法律构成的宽严度提供了明确的标准。

当然,《解释二》刚刚出台,实践中新问题又层出不穷,各级法院究竟应当如何具体适用《解释二》第 21 条的规定,仍有待研究。本文以《解释二》第 21 条第 1 款为切入点,探讨帮助型专利权间接侵权行为的理解和适用,以为各级法院准确适用该款提供一个理论上的参考。

二、帮助型专利权间接侵权行为人主观上"明知"的问题

《解释二》第 21 条规定了两种专利权间接侵权行为,即帮助型间接侵权行为

和引诱型间接侵权行为。在帮助型专利权间接侵权行为法律构成中，《解释二》第21条第1款要求行为人"明知有关产品系专门用于实施专利的材料、设备、零部件、中间物等"。应当如何解读这个规定呢？笔者认为，为了实现《解释二》第21条第1款强化保护专利权的旨趣，理顺《解释二》第21条和我国《侵权责任法》第9条的关系，《解释二》第21条第1款中的"明知"，只能解释为"有关产品系专门用于实施专利的材料、设备、零部件、中间物等"的同一语，或者说一体两面。也就是说，只要从客观用途上判断，有关产品系专专用品，就应当直接推定行为人主观上"明知"，专利权人不必再另行举证证明行为人主观上是否"明知"。换句话说，在帮助型间接侵权行为的法律构成中，行为人主观上的"明知"不能作为一个独立的构成要件处理。这样解读《解释二》第21条第1款规定的"明知"，主要基于下述理由。

一是可以减轻专利权人的举证责任，从而实现《解释二》第21条第1款强化专利权保护的目的。

二是只有这样解读，才能使《解释二》第21条第1款独立于《侵权责任法》第9条，获得独立的适用价值。这点可以从比较法上加以说明。

日本1959年重新制订现行专利法新设第101条中的"作用唯一型间接侵权"时，曾经设想过要求行为人主观上"以侵害专利权为目的并且明知主要用于侵害专利权"，但最终的立法文本彻底删除了这个要件，而采取了零部件等唯一作用在于制造专利产品或者实施专利方法这个客观要件。[①] 也就是说，按照日本现行专利法第101条第1款和第3款的规定，只要零部件等满足唯一作用是用来制造专利产品或者实施专利方法这个要件，零部件等提供者出于生产经营目的加以提供的行为就构成间接侵害专利权行为，必须独立受制于专利权人的差止请求权（在日本专利法中，差止请求权包括停止侵害请求权、预防侵害请求权、废弃侵权结果物请求权、除却侵权设备请求权、其他预防侵害必要行为请求权。参见日本专利法第100条）和损害赔偿请求权。

为什么日本专利法会删除作为唯一型间接侵害专利权行为人的主观要件要求呢？原因在于，日本专利法第101条1959年虽然新设了作用唯一型间接侵害专利权行为，但仅仅是基于专利权的特殊性在其民法典第719条共同侵权行为基础上做出的特别规定。按照日本民法典第719条的规定，即使用于专利产品生产或者用于专利方法实施的材料、设备、零部件、中间物等属于市场上最普通的材

---

① 中山信弘. 特许法（第二版增补版）[M]. 弘文堂，平成12年：423. ；高林龙：标准特法 [M]. 有斐阁，平成17年：151.

料、设备、零部件、中间物,不存在日本专利法第101条所称的唯一作用,只要行为人主观上明知他人用于侵害专利权并加以提供,其行为也将和他人直接侵害专利权行为一起,构成共同侵害专利权行为。[②] 如此一来,日本专利法第101条在要求零部件等客观上的唯一用途在于制造专利产品或者实施专利方法的同时,还要求提供者主观上明知这个客观上的唯一用途,就专利法视点而言,会因加重专利权人举证责任而造成难以追究唯一作用在于侵害他人专利权的零部件等提供者的间接侵权责任的局面,就民法典视角而言,则将导致极大限缩第719条规定的共同侵害专利权行为认定范围的结果。这将完全背离专利法第101条新设作用唯一型间接侵权周延保护专利权的初衷。

相反,日本专利法第101条删除行为人主观上"以侵害专利权为目的并且明知主要用于侵害专利权"这个要件后,一切关系就可以解释了。一方面,零部件等的唯一作用在于制造专利产品或者实施专利方法时,按照日本专利法第101条规定,不管零部件等提供者主观上是否明知,其行为都构成帮助型的专利权间接侵权,专利权人可以行使差止请求权和损害赔偿请求权。另一方面,零部件、方法等属于市场上最常见、最普通的商品或者方法时,如果行为人明知他人用于实施侵害专利权而仍然加以提供时,按照日本民法典第719条的规定,其提供行为构成帮助型的共同侵权行为,专利权人只能按照民法典第719条的规定行使损害赔偿请求权,而不能行使差止请求权。

将《解释二》第21条第1款规定的"明知"解读为帮助型专利权间接侵权行为的独立法律构成,显然也一样会面临当年日本专利法第101条新设作用唯一型间接侵害专利权行为一样的问题。由此可见,只有将《解释二》第21条第1款中规定的"明知"解读为"有关产品系专门用于实施专利的材料、设备、零部件、中间物等"的同一语或者一体两面,采取完全客观的手法,才能真正使《解释二》第21条第1款规定的帮助型专利权间接侵权行为从我国《侵权责任法》第9条规定的一般共同侵权行为(帮助侵权行为)中独立出来,并经减轻专利权人证明行为人主观上是否明知的举证责任而快速、独立实现扼杀提供专用品行为的趣旨。否则,《解释二》第21条第1款可能就显得多余。因为即使没有这一款,法院也可以通过援引和解释《侵权责任法》第9条规定的帮助侵权行为,解决好提供专用品行为的定性以及责任承担问题。

[②] 中山信弘. 特许法(第二版增补版)[M]. 弘文堂,平成12年:423.

三、帮助型专利权间接侵权行为的法律构成

在上述第二部分解读的基础上,笔者认为,司法机关在适用《解释二》第21条第1款时,应当如下把握帮助型专利权间接侵权的法律构成。

(一) 有关产品系专门用于实施专利的材料、设备、零部件、中间物等

首先,有关产品必须是用于实施专利的材料、设备、零部件、中间物等,包括用于制造专利产品的材料、设备、零部件、中间物等,用于实施专利方法的材料、设备、零部件、中间物等。非用于实施专利而是用于使用或者转让专利产品的材料、设备、零部件、中间物等,不属于帮助型专利权间接侵权的对象。比如,购买者使用被告制造、销售的厚度为 0.525~0.313mm 的炭化皮膜时由于磨损会落入原告专利发明的技术特征 0.25mm 的范围内,原告因此主张被告制造、销售的炭化皮膜属于唯一用于生产专利产品的材料。但东京地方法院认为,专利权间接侵权要求被告将有关产品用于实施专利,不包括仅仅依照有关产品本身的用途进行使用的行为,因而被告的行为不构成专利权间接侵权。[③]

至于被告制造、销售的材料、设备、零部件、中间物等,系用于实施与专利发明技术特征相同还是等同的技术特征,并不影响间接侵权的成立。[④]

其次,有关产品系专用品,即专门用于实施专利的材料、设备、零部件、中间物等,不存在其他用途。所谓专门用于实施专利的材料、设备、零部件、中间物等,是指从一般社会观念上看,有关材料、设备、零部件、中间物等不具有其他商业上、经济上的实用性用途,具有多种用途或者尚未被实际投入使用而仅仅具有抽象实用性用途或者实验性用途的材料、设备、零部件、中间物等,不能认为是专门用于实施专利的材料、设备、零部件或者中间物等。

零部件等是否具有其他用途,日本大阪地方法院审理过一个很经典名为"装饰化妆板"的案件。该案中的争议焦点是被告生产、销售的"穿过由合成树脂弹性材料做出的柱状压接材料中部的铆钉"是否属于唯一用于实施装饰化妆板的壁面结合施行方法专利的材料。被告主张,该铆钉除了可以用于实施专利方法外,还可以用于(1)室内装饰,(2)用于衣服杂货的陈列,(3)用于挂历和海

[③] 东京地方法院平成14年5月15日判决,判时1794号第125页"刮墨刀事件"。亦可参见:[日]增井和夫,田村善之. 日本专利案例指南[M]. 李扬,等,译. 李扬,许清,校. 北京:知识产权出版社,2016:211.

[④] [日]增井和夫,田村善之. 日本专利案例指南[M]. 李扬,等,译. 李扬,许清,校. 北京:知识产权出版社,2016:212.

报等的固定，(4) 用于窗帘等的固定，(5) 用于铜线等的室内走线，等等。大阪地方法院认为，铆钉用于（1）至（4）时，由于铆钉很长，其头部通常会处于伸出来的状态而存在刮伤人手和脚的危险，用于（4）时，也存在因铆钉损害配电线内部的网线而引发的危险，因此被告所主张的用途还无法被认为具有其他实用性用途。由于被告所主张的用途并没有被实际投入使用，大阪地方法院认定被告生产、销售的铆钉具有唯一用途，构成了专利权间接侵权。[5]

被告产品用于实施专利发明的同时也随带执行着其他功能时，是否能够认定被告产品的用途具有专门性？在"位置调和的放置方法"案中，被告产品在执行使水流汇集到电路板中心位置的功能时，也必然伴随着水流对附着在电路板上的污染物进行清洗的效果，一审东京地方法院和二审东京高等法院都认为，该附随性的清洗功能并不具有经济上、商业上的实用性用途，因而肯定了被告产品属于唯一用于实施专利发明的产品，构成了专利权间接侵权。[6]

被告产品纯粹从技术上看，完全可以用于实施专利发明，但因为价格太高而导致需求者实际不使用被告产品，即从经济和商业的角度看，将被告产品用于实施专利发明是不可能的，此时能否认定被告产品作用的专门性或者唯一性？在日本静冈地方法院滨松派出法庭审理的"CE CUP BB"案中，被告制造、销售的产品纯粹从技术上看，完全可以用于制造专利产品亚共晶体，但一般用于亚共晶体制造的产品售价在 140~150 日元，而被告产品定价在 180 日元，需求者完全没有必要使用价格更高的被告产品，从经济和商业角度看，被告产品事实上用于实施专利发明是不可能的，但日本静冈地方法院滨松派出法庭仍然认定被告产品属于具有唯一作用的产品，构成专利权间接侵权。[7]

此外，被告产品的其他用途是作为好玩的部分存在，还是作为功能性的使用，并不影响被告产品具有其他用途的成立。[8] 即便是被告产品用于其他用途后

---

[5] 大阪地方法院昭和 54 年 2 月 16 日判决，无体集第 11 卷第 1 号第 48 页"装饰化妆板事件"。亦可参见：[日] 增井和夫，田村善之. 日本专利案例指南 [M]. 李扬，等译. 李扬，许清，校. 北京：知识产权出版社，2016：214－215.

[6] 东京高等法院平成 8 年 5 月 23 日判决，判时 1570 号 103 页"位置调和的放置方法控诉审"。亦可参见：[日] 增井和夫，田村善之. 日本专利案例指南 [M]. 李扬，等译. 李扬，许清，校. 北京：知识产权出版社，2016：219.

[7] 日本静冈地方法院滨松派出法庭昭和 58 年 5 月 16 日判决，判例特许实用新案法 260 之 64 第 1 页"CE CUP BB 事件"。亦可参见：[日] 增井和夫，田村善之. 日本专利案例指南 [M]. 李扬，等译. 李扬，许清，校. 北京：知识产权出版社，2016：219.

[8] [日] 增井和夫，田村善之. 日本专利案例指南 [M]. 李扬，等译. 李扬，许清，校. 北京：知识产权出版社，2016：219.

出现"多余"的部分,也不妨碍认定为具有其他用途。比如,在东京地方法院审理的"单反照相机案"中,被告主张,其制造、销售的交换镜头不仅可以用于专利产品上,而且可以用于非专利产品的美能达和佳能等单反相机上,因而不符合"唯一性"要件。对此,原告反驳提出,被告产品安装在非专利产品的其他相机上时,被告产品中的前置光圈锁定杆等部分不能使用而成了多余,因而符合唯一性要件。对此,法院认为,被告产品中的前置光圈锁定杆或者连接杆得不到利用而变得多余,不能说没有其他功能,只是功能未得到发挥而已,况且被告产品本身就以尽可能安装在更多型号的相机上进行使用作为卖点,因此被告产品安装与涉案相机构成不同的相机上进行使用的用途,从社会一般观念看,具有经济上、商业上的实用性用途,不属于所用唯一型产品,不构成专利权间接侵权。[9]

还有两个问题值得研究。第一个是有关产品系专门用于实施专利的材料、设备、零部件、中间物等的时间判断点。对此,日本著名知识产权法专家中山信弘现实认为,应当以原告、被告双方口头辩论结束时而不是侵权发生时作为判断的时点。[10] 理由是,原告、被告双方口头辩论结束时,被告产品具有了其他用途时,如果仍然认定被告行为构成间接侵权,将使专利权的排他效力不适当地扩张到和专利权利要求毫无关系的产品零部件等市场,损害自由竞争。

第二个是有关产品系专门用于实施专利的材料、设备、零部件、中间物等的证明责任。根据谁主张、谁举证的一般原则,似乎应当由专利权人承担证明被告有关产品系专门用于实施专利的材料等的责任。但因原告必须举证排除被告产品不存在其他用途的所有可能性才能证明被告产品用途的唯一性,因此原告基本不可能完成这个证明责任。总之,由专利权人承担"专门性"的证明责任将极大加重其证明负担,与《解释二》第21条强化保护专利权保护的趣旨不合。相反,由被告证明其产品非专门用于实施专利的材料、设备、零部件、中间物等,则极为容易。因为被告只要举出任何一个事例,证明其产品具有现实存在的经济上、商业上的实用性用途,即可彻底反驳专利权人"专门性"的主张。

(二) 未经专利权人许可,为生产经营目的将该产品提供给他人

首先,经过专利权人许可,将专门用于实施专利的材料、设备、零部件、中间物等提供给他人,他人不管是否实施了专利技术,都意味着专利权人放弃了针

---

[9] 东京地方法院昭和56年2月25日判决,无体集第13卷第1号第139页"单反照相机案"。亦可参见:[日]增井和夫,田村善之. 日本专利案例指南 [M]. 李扬,等译. 李扬,许清,校. 北京:知识产权出版社 2016:220.

[10] 中山信弘. 特许法(第二版增补版)[M]. 弘文堂,平成12年:423.

对被许可人行使停止侵害请求权和损害赔偿请求权的权利。

其次,行为人须为生产经营目的。生产经营目的强调的是,行为人将专门用于实施专利的材料、设备、零部件、中间物等提供给他人的产业化程度,与行为人事实上是否营利无关,即使是为报复专利权人目的或者讨好心上人目的向他人提供专门用于实施专利的材料、设备、零部件、中间物等,如其产业化程度达到了专利权人难以忍受的损害程度,也必须解释为生产经营目的,因而可能构成专利权间接侵权。

最后,行为人须将专用品提供给他人。"提供"并非指单纯制造或者进口专用品的行为,而是指出售、出租、赠予等让他人已经获得或者能够获得专用品的行为。仅仅制造或者进口但未通过出售、出租、赠予等行为将专用品扩散于市场,比如储存在仓库的行为,不能解释为这里的"提供"行为。既制造或者进口,同时又出售、出租、赠予专用品的行为,则当然属于"提供"专用品的行为。

(三) 他人实施了侵犯专利权的行为

首先,《解释二》第21条明确采取"从属说"(专利权间接侵权行为是否以他人直接实施侵犯专利权行为为前提),日本存在"独立说""从属说""折中说"。吉藤幸朔等人坚持的独立说认为,专利权间接侵权行为的成立不以他人直接实施了侵犯专利权行为为前提。[11] 中山信弘等人坚持的从属说认为,专利权间接侵权行为的成立须以他人直接实施了侵犯专利权行为为前提。[12] 田村善之坚持的折中说则认为,最好是结合专利法规定的各种不侵权例外规定,结合具体案件进行具体分析。[13] 规定不管是帮助型还是引诱型专利权间接侵权行为,都以他人直接实施了侵犯专利权的行为为前提。这意味着以下三种情况下提供专用品的行为不构成专利权间接侵权。一是为个人或者家庭内实施专利提供专用品的行为。二是为我国《专利法》第六章规定的各种强制实施许可行为提供专用品的行为。强制实施许可是法律拟制的实施许可,依法专利权人只能向直接实施者行使实施费请求权,而不得向直接实施者行使停止侵害请求权,逻辑上难以将提供专用品的行为认定为间接侵权行为。专利权人是否可以向专用品提供者请求一定补偿金,则可进一步探讨。三是为我国《专利法》第62条规定的各种不视为侵犯专利权的实施行为提供专用品的行为。

---

[11] 吉藤幸朔. 特许法概说 [M]. 12版. 有斐阁, 1979: 381.
[12] 中山信弘. 特许法(第二版增补版) [M]. 弘文堂, 平成12年, 第421-422页.
[13] 田村善之. 知的财产法 [M]. 5版. 有斐阁, 2010: 259-260.

其次，他人必须实施了侵犯专利权的行为。"实施了"意味着他人已经实施或者正在实施侵犯专利权的行为。他人获得专用品之后，如果没有用于实施侵犯专利权的行为，或者尚未开始实施侵犯专利权的行为，由于对专利权人未造成任何损害，亦无需追究专用品提供者的责任。

总体而言，由于要求专利权间接侵权行为的成立必须以他人直接实施了侵犯他人专利权为前提，《解释二》第21条对帮助型专利权间接侵权采取了较为谨慎的态度。

四、帮助型专利权间接侵权诉讼中被诉主体的确定

司法实践中，由于直接实施侵犯专利权的行为人较为隐蔽，往往找不到，即使能够找到，很多情况下也没有经济赔偿能力，面对这种情况，专利权人采取的对策是，只就帮助型专利权间接侵权行为人提起诉讼。然而，根据我国民事诉讼法的相关规定，因共同侵权行为提起的诉讼属于必要共同诉讼，专利权人能否只选择间接侵权行为人提起诉讼呢？如果专利权人只选择间接侵权行为人提起诉讼，法院是否需要追加直接侵权行为人为被告呢？

笔者认为，应该不存在法律障碍。我国《侵权责任法》第9条规定："教唆、帮助他人实施侵权行为的，应当与行为人承担连带责任"，第13条进一步规定："法律规定承担连带责任的，被侵权人有权请求部分或者全部连带责任人承担责任。"据此，专利权人有权针对直接侵权行为人和间接侵权行为人就全部或者部分债权提起诉讼，也有权只针对直接侵权行为人就全部或者部分债权提起诉讼，还有权只针对间接侵权行为人就全部或者部分债权提起诉讼，专利权人究竟如何选择，主要视直接侵权行为人和间接侵权行为人的赔偿能力而定，在具体司法实务中，不管直接侵权行为人是否下落不明，在专利权人只针对间接侵权行为人提起诉讼的情况下，法院无需考虑是否需要追加直接侵权行为人为被告而径直作出判决。

（原载于《人民司法》2016年第6期）

竞　争　法

知识产权与反垄断法关系的几个特殊问题

摘　要

　　知识产权政策决定了知识产权领域中的反垄断程度。我国现阶段应当更多地采取合理原则来判别知识产权使用行为是否需要通过反垄断法进行规制；知识产权滥用行为既可通过知识产权法本身进行规制，也可通过反垄断法进行规制。通过知识产权法本身规制时，知识产权滥用只能成为不侵害知识产权抗辩的理由，而不能成为行使停止侵害和赔偿损失请求权的基础。通过反垄断法规制时，知识产权滥用不但可以成为不侵害知识产权抗辩的理由，也可以成为行使停止侵害和赔偿损失请求权的基础，但前提是必须证明知识产权使用行为构成了反垄断法的禁止性行为，而且在行使这种请求权时，应当采取反垄断执法机关裁决前置原则；在知识产权领域中，应当充分、合理地利用必要设施理论，以对抗跨国公司的拒绝许可和排挤行为。

关键词

　　知识产权　反垄断法　规制

　　知识产权与反垄断的关系问题，或者说知识产权领域中的反垄断问题，虽然在美国、日本和欧盟等发达市场经济国家和地区已经不是什么新鲜问题,但在正向市场经济过渡的我国,则不但成为竞争法领域中的热点问题,也成为知识产权领域中的热点问题,讨论的文献可谓多如牛毛。本文无意去一一评述现有文献中的各种观点,只是选取笔者感兴趣而现有文献基本没有关注或者虽有关注但有待进一步澄清的以下三个问题加以论述,以求教于各位同仁。

一、知识产权政策与反垄断法的关系

关于知识产权与反垄断法的关系问题,目前国内探讨的焦点集中在知识产权滥用行为的反垄断法规制问题。然而,抽象地谈论知识产权滥用行为以及知识产权滥用行为的反垄断法规制是没有任何意义的。根本原因在于,如何界定知识产权滥用行为,知识产权滥用行为要不要进行反垄断法规制,在多大程度上进行反垄断法规制与一个国家的知识产权政策息息相关。因为,从国家层面而言,"知识产权制度是一个社会政策的工具"[1],"是否保护知识产权,对哪些知识赋予知识产权,以何种水平保护知识产权,是一个国家根据现实发展状况和未来发展需要而作出的公共政策选择和安排"[2]。不同国家对知识产权采取的政策不同,其反垄断法对知识产权滥用行为的态度也就不同。同一个国家在不同历史时期对知识产权采取的政策不同,其反垄断法对知识产权滥用行为的态度也不一样。

以美国不同时期的专利政策为例,可以比较形象地看出知识产权政策与反垄断法的关系。自1790年颁布专利法之后直到20世纪30年代,美国对专利基本上采取强保护政策,专利制度处于上升时期,因此专利使用行为很少受到美国司法部和联邦贸易委员会的审查,法院也坚持专利就是垄断的观念,基本上不去考察专利使用行为是否违背反托拉斯法,甚至包括固定价格的专利联合授权行为。20世纪30年代至80年代,由于反托拉斯法在社会生活中作用的强化,以及在此之前专利使用行为基本上不受反托拉斯法限制带来的专利权滥用恶果,美国社会出现了许多强烈攻击专利制度的声音。[3] 在这样的大背景下,专利在美国的保护被相对弱化了。其表现从专利法内部来看,最突出的就是提高了授予专利权的标准。从专利权的保护和反托拉斯法的外部关系看,美国联邦最高法院在许多案件中都表达了这样的观点:"任何超越专利权垄断界限"的行使专利权的行为都不

---

[1] 刘华. 知识产权制度的理性与绩效分析 [M]. 北京:中国社会科学出版社,2004:46.
[2] 吴汉东. 利弊之间:知识产权制度的政策科学分析 [J]. 法商研究,2006,(5).
[3] Alfred E. Kahn. Fundamental Deficiencies of American Patent Law [M]. 30 AM. Econ. Rev, 1940:475-486.

能享受反托拉斯法的除外规定。比如，美国联邦最高法院在 Morton Salt Co. v. G. S. Suppiger Co., 314 U. S. 488, 492（1942）等案件中就表述了这样的观点。在这样的司法理念支配下，反托拉斯执法在这一时期占据了上风，美国司法部对知识产权转让中的限制竞争条款长期处于敌视态度，往往采取本身违法原则来处理知识产权转让协议中的限制竞争条款，专利权受到了很大程度上的冷落，许多卷入法律纠纷的专利案件都以专利权被宣告无效或者专利权被滥用而告终。比如，1971 年，美国联邦第二巡回上诉法院的调查报告显示，80% 以上的专利复审案件都以宣告专利无效而结束。[④] 美国司法部反托拉斯局的 R. Donnem 的观点也可以说明在这一时期反托拉斯法强势于知识产权法、专利权被弱化保护的情况。在 1969 年的一次谈话中，R. Donnem 提出，知识产权许可协议中如果出现以下 9 种情况，都应当按照本身违法原则，依照反托拉斯法进行处理：要求被转让人从转让人那里购买与专利无关的材料；要求被转让人向转让人转让许可协议生效后获得的所有专利；限制专利产品销售中的买受人；限制被转让人自由购买或者接受专利产品之外的产品或者服务；未经被转让人同意，转让人不得向任何人授予专利许可；要求被转让人订立一揽子许可协议；要求被转让人对所有产品的销售特别是与专利权无关的产品销售支付费用；限制方法专利被转让人销售由该种方法获得的产品；要求被许可人按照固定价格或者最低价格销售相关产品。[⑤]

20 世纪 70 年代末 80 年代初，美国总体经济形势下滑，国际贸易出现巨额赤字，研究开发投资明显减少。在这样的背景下，美国逐步认识到了强化反托拉斯执法、弱化专利保护已经严重影响了专利制度本身的效率，降低了创新性投资，阻碍了高新技术的发展和整个经济的进步。为了从根本上扭转这种局面，适应高新技术发展的要求，美国在贸易保护主义者强化保护美国贸易和芝加哥学派主张对反托拉斯法进行全面反思（包括反托拉斯法对知识产权的态度）的观点影响下，开始制定和实施强化知识产权保护的知识产权战略，并对专利制度进行了诸多创新。最突出的表现为两个方面：一是美国联邦最高法院对可授予专利权的主题进行了最宽泛意义上的解释。在 1980 年的 Diamond v. Chakrabarty（447U. S. 303. 1980）一案中，美国联邦最高法院认为通过改变细菌基因的方法获得的新菌种可以授予专利权。在 1981 年的 Diamond v. Diehr（447 U. S. 318. 1981）一案中，美国联邦最高法院又判决作为生产系统或者工序组成部分的计算机软件符合授予专利权的要件，可以授予专利权。通过这些案件，美国联邦最高法院确立

[④] 宁立志，胡贞珍. 美国反托拉斯法中的专利权行为 [J]. 法学评论，2005，(5).
[⑤] 王晓晔. 知识产权滥用行为的反垄断法规制 [J]. 法学，2004，(3).

法政策学视点下的知识产权法

了下列原则：阳光下任何人为的事物都可以授予专利权。二是1982年，美国国会创建了联邦巡回上诉法院，专门负责审理地方法院专利纠纷上诉案件。该法院的建立，确立了统一的联邦专利司法制度，避免了专利司法冲突。这些措施的实施很快改变了反托拉斯法占强势、专利权处于劣势的局面。一个突出的象征就是1988年美国司法部颁布了国际运作反托拉斯执行指南，该指南对知识产权许可协议采取了合理判断原则，更多关注的是知识产权使用行为究竟是怎样影响竞争的，而不是像80年代以前那样，动不动就应用本身违法原则来处理知识产权纠纷案件。

20世纪90年代以后，美国继续奉行强化知识产权保护的政策，其主要措施包括：第一，以美国国内知识产权为蓝本，通过贸易威胁手段，极力推动TRIPS协议的制定，在国际范围内强化知识产权的保护。第二，1999年11月通过"美国发明人保护法"，对专利法做了自1952年以来最大的一次修改。修改的主要内容有：专利申请自申请后18个月公开，申请公开后给予申请人临时保护；创立第一发明人抗辩制度，使其免于专利侵权的责任；在一定情况下，延长专利保护期限（包括三种情况，即美国专利商标局未在指定的期限内做出必要的决定；美国专利商标局未能在3年内授予专利权；因专利权抵触、保密令或者诉讼程序出现造成延误）。⑥ 其中，对专利领域中的反托拉斯执法采取了更加灵活的政策。1995年美国司法部与联邦贸易委员会联合发布了知识产权许可反托拉斯指南（Antitrust Guidelines for the Licensing of Intellectual Property）。该指南与上述1988年的指南相比，更加强调对知识产权许可行为采取合理原则进行反托拉斯执法分析。该指南阐述了知识产权法与反垄断法之间的关系，指出它们都具备推动技术发展与增进消费者福利的共同目的，并且表明了以下三个重要观点：

第一，指出知识产权尽管具有自己的个性，但也具有其他财产一样的共性，因此在适用反托拉斯法的时候，虽然应当考虑知识产权的个性，但这些个性并不足以导致适用和其他财产完全不同的反托拉斯规则。

第二，指出知识产权并不等同于反托拉斯法意义上的市场支配力，从而根本破除了一直以来理论和司法实践中所坚持的知识产权等同于市场垄断的观点。这点具有特别重要的意义，因为这种观点的破除为知识产权领域中反垄断适用合理分析原则提供了理论上的基础。

第三，指出知识产权许可协议中诸如使用领域的限制、使用地域的限制以及

---

⑥ See Anneliese M. Seifert. Will the United States Take the Plunge into Global Patent Law Harmonization? [M]. 6 Marp. Intell. Prop. L. Rev., 2002: 173.

其他方面的限制虽然具有限制竞争的效果，但是同样可以促使被许可人以尽可能有效的方式利用被许可的知识产权，从而促进竞争的发展。

一切信号表明，进入 20 世纪 90 年代以后，美国反托拉斯法对知识产权许可协议采取了更加宽容的态度。在司法实务中，如果法官认定知识产权许可协议中的限制具有抑制竞争的效果时，总是同时去考察被告提出的抗辩是不是可以证明限制竞争的措施是不是合理的和必需的，从而判断被告的行为是否可以得到反托拉斯法的豁免。[7]

进入 21 世纪之后，美国依旧奉行强化知识产权保护的政策，但与 20 世纪 90 年代不同的是，更加主动、自觉地注意知识产权法与反托拉斯法之间关系的平衡。2002 年 2 月到 11 月，美国司法部与联邦贸易委员会联合举办了一系列以"知识经济时代的竞争政策与知识产权法"（Competition and Intellectual Property Law and Policy in the Knowledge – Based Economy）为主题、以知识产权法和反托拉斯法之间的关系以及两者对创新的作用为中心的听证会。听证会具有广泛的代表性，参与者包括企业的商业代表、独立发明者协会、专利与反托拉斯组织反托拉斯和专利实践者，以及经济、反托拉斯和专利领域中的著名学者。2003 年 10 月，美国联邦贸易委员会根据 2002 年听证会的内容，发表了题为"促进创新：竞争和专利法律、政策之间的适当平衡"（To Promote Novation：The Proper Balance of Competition and Patent Law and Police）的报告。报告指出，竞争制度与专利制度之间并没有固有的矛盾，它们共同致力于鼓励创新，促进产业的发展和竞争。报告重申，拥有专利权并不必然意味着专利拥有者拥有市场垄断力，并且进一步指出，即使拥有某项专利权使专利权的拥有者占有市场垄断地位，也并不意味着该市场垄断地位就必然违反反托拉斯法。当然，报告的这种观点并不表明知识产权的使用行为就全然与反托拉斯法无关。美国联邦最高法院的观点基本上可以代表进入 21 世纪后美国司法部和联邦贸易委员会关于知识产权法和反托拉斯法关系的基本价值取向：无论如何，专利制度激发创造性的努力必须遵守"自由竞争"的底线。

基于上述基本分析，报告提出了提高专利质量、最小化专利制度反竞争成本的 5 点实体建议：(1) 制定法律，创建一个新的管理程序，允许对专利进行事后审查和提出质疑。(2) 制定法律，降低质疑专利有效性的标准。美国现行专利法要求提出专利权无效时，必须提供"清楚和令人信服的证据"（clear and convincing evidence）。美国联邦贸易委员会认为这个标准过于严格，利益天平过分

---

[7] 沈四宝，刘彤. 美国反垄断法原理与典型案例研究 [M]. 北京：法律出版社，2006：313.

倾向于专利权人。报告因此建议，法院应当降低这个标准，只要求具有"证据优势"（preponderance of the evidence）即可推翻对专利权有效性的假定。（3）提高判断专利是否具有创造性的标准。（4）为美国专利商标局提供足够的资金。（5）在扩张专利的主题范围时，必须考虑可能带来的收益和造成的成本，特别是要考虑对竞争可能造成的损害。

由以上美国专利法和反托拉斯法关系的粗略历史可以看出，一个国家如何处理知识产权领域中的反垄断问题，基本上取决于该国不同时期究竟采取何种知识产权政策。当采取弱化知识产权保护的政策时，知识产权领域中的反垄断执法就相应得到强化，法院更多地倾向于采取本身违法原则来判断绝大部分知识产权使用行为是否违反反垄断法的规定。相反，当采取强化知识产权保护的政策时，知识产权领域中的反垄断执法就相应进行弱化，法院更多倾向于采取合理原则来判断绝大部分知识产权使用行为是否违反反垄断法的规定。至于采取何种知识产权政策，则取决于该国的知识产权战略，而制定何种知识产权战略，则取决于该国的经济、科技和社会发展水平。

改革开放后，我国经济、科技和社会都有了长足的发展和进步，知识产权工作取得了很大进步。仅从 2005 年的情况看，国家知识产权局受理的专利申请就达 476264 件，其中国内占 383157 件，占专利申请总量的 80.5%。在所有专利申请中，授权量达到 214003 件，其中国内授权占 171619 件，占授权总量的 80.2%。国家工商行政管理总局商标局受理各类商标申请总量达到 83.8 万件，其中注册商标申请为 66.4 万件，申请量从 2002 年开始，连续 4 年位居世界第一。在 66.4 万件注册商标申请中，核准注册的达到 258532 件。中国版权保护中心受理的各类软件著作权登记申请为 18653 件，与 2004 年相比增长了 22%。[8] 农业部受理的植物新品种权申请 950 件，授予植物新品种权 195 件，分别比 2004 年增长 29.3% 和 38.8%。[9] 然而，表面繁荣的背后潜藏着深刻的危机。申请量和授权量或者核准注册的数量虽然可以从一个侧面说明我国科技和经济的发展、人们知识产权观念的增强，但真正能够说明问题的是知识产权的产业化程度。知识产权如果没有变成产品和市场力量，即使申请和授权的数量再多也无济于事。我国的致命伤恰恰就在这个方面，知识产权产业化程度非常之低。以 2005 年的软件产业为例，虽然近年保持了高速增长的势头，但据有的学者研究，至少存在四个方面的严峻问题：国产软件市场占有率低；拥有自主知识产权的主流软件产品

---

[8][9] 曹新明，胡开忠，杨建斌，梅术文. 中国知识产权发展报告（2005）[A]//吴汉东. 中国知识产权蓝皮书. 北京：北京大学出版社，2007：77，78，86，87-91.

少，其市场占有率不足40%。我国的软件产品，主要集中在产业链的低端、辅助型和外挂式的产品阶段，缺乏在核心技术上自主设计的、有创新意义的重量级软件产品，许多基础性、关键性软件还处于空白状态；软件企业规模小，缺乏竞争力；软件企业创新能力不足，特别是对软件产业链上游产品的原始创新力不足。[⑩] 再以2005年高新技术产业的发展为例，虽然发展态势较好，但实践中也存在许多突出问题，其中最突出的是高新技术对经济增长的贡献率和发达国家相比显著偏低。在我国经济增长的贡献构成中，资本和劳动力投入占72%，技术进步只占28%。而在发达国家中，知识在经济增长中所占的比例已经达到70%以上，在生物技术、信息技术、新材料等对经济发展极为重要的领域所拥有的专利数量，大约占全球同类专利数量的90%。[⑪] 根据这些学者的总结，我国高新技术产业存在的突出问题还有：对高新技术产业发展规律认识不足，思想意识存在偏差，重视抓具体项目，轻视环境条件建设，重视财政资金投入，轻视市场的作用；政策措施的落实不够到位，其执行手续烦琐，周期长；科技创新能力不足的问题日益突出；风险投资市场发育不成熟，技术和风险资本结合困难，风险投资体系和机制远未形成。

　　在上述的知识产权大背景下，我国只能采取强化知识产权保护的政策，以促进知识产权产业化，进一步拉动经济的增长。而采取强化知识产权保护的政策，相应地就应当弱化知识产权领域中的反垄断执法。所谓弱化知识产权领域中的反垄断执法，并不是完全摒弃对知识产权的使用行为进行反垄断法分析，而是指应当对绝大部分知识产权的使用行为通过合理原则而不是本身违法原则进行反垄断执法分析。也就是说，应当尽可能地减缩适用本身违法原则处理的限制竞争的知识产权使用行为。根据美国司法部和联邦贸易委员会1995年发布的知识产权许可的反托拉斯指南，适用本身违法原则的限制竞争的知识产权使用行为只包括固定价格、搭售、限制产量、市场分割等极少数的行为。在笔者看来，即使这几种行为，似乎也可以通过合理原则进行反垄断执法分析。比如搭售，如果是为了确保知识产权产品的安全和品质不可缺少的商品，虽然限制了购买方的商品选择自由，却有利于消费者的人身安全，对这样的搭售行为就没有必要适用反垄断法。这种处理知识产权法和反垄断法关系的方式，决定了我国反垄断立法处理知识产权使用行为的模式只能是原则性和粗放型的规定，具体的规定只能由反垄断执法机关通过比较详细的指南来解决，从而保持原则性和灵活性的统一。比如，我国

[⑩⑪] 曹新明，胡开忠，杨建斌，梅术文. 中国知识产权发展报告（2005）[A] //吴汉东. 中国知识产权蓝皮书. 北京：北京大学出版社，2007：77，78，86，87-91.

《反垄断法》第55条规定："经营者依照有关知识产权的法律、行政法规规定行使知识的行为，不适用本法；但是，经营者滥用知识产权，排除、限制竞争的行为，适用本法。"有学者认为，该条的规定过于笼统，不适应知识经济时代的需要，因此应当加上若干具体的规定。[12] 笔者赞成必须有若干具体的规定，但不赞成放在《反垄断法》中进行规定，而应当由反垄断执法机关通过具体的指南来进行规定。因为知识产权种类繁多，每种知识产权都具有自身的特点，哪些知识产权适用性应当通过合理原则进行分析，哪些应当通过本身违法原则进行分析，相当复杂，把这些复杂的东西都放在《反垄断法》中进行规定，会使该部基本法律显得特别繁杂，反而不方便执法人员进行执法。在这个方面，日本的经验似乎特别值得我国借鉴。日本垄断禁止法第21条只是非常原则和抽象地规定："该法律的规定，对于被确认为行使依据著作权法、专利法、实用新型法、外观设计法或者商标法之权利的行为，不适用。"为了方便执法，日本公正交易委员会于1968年5月颁布了有关导入国际技术的契约的认定基准。1988年2月，日本公正交易委员会废除该认定基准，重新发布了有关规制专利、技术秘密许可契约中的不公正的交易方法的运用基准，并将专利、技术秘密许可契约中的限制竞争条款分为原则上不属于不公正的交易方法的条款（白色条款）、有可能属于不公正的交易方法的条款（灰色条款）、极有可能属于不公正的交易方法的条款（黑色条款）三大类。1999年7月，日本公正交易委员会又对上述运用基准进行了全面的修改，并重新公布了有关专利、技术秘密许可使用契约的禁止垄断法上的指针。此外，日本公正交易委员会于1993年颁布了关于共同研究开发独占禁止法上的指针，于2001年发表了由有经验的学者和实务家组成的"技术标准与竞争政策研究会"撰写的《技术标准与竞争政策研究会报告书》，于2002年发表了由有经验的学者和实务家组成的"计算机软件与独占禁止法研究会"撰写的《计算机软件与独占禁止法研究会报告书》，于2003年发表了由有经验的学者和实务家组成的"数字化内容与竞争政策研究会"撰写的《数字化内容与竞争政策研究会报告书》。这些有益的经验对我国的反垄断立法大有裨益。

二、知识产权滥用与反垄断法的关系

正如本文第一部分开篇所说的，目前研究知识产权法与反垄断法关系的国内文献，焦点主要集中在知识产权滥用的反垄断法规制问题上。这些文献中的绝大部分都只是列举了知识产权滥用的具体方式，而对知识产权滥用的内涵、判断标

---

[12] 宁立志，胡贞珍. 美国反托拉斯法中的专利权行为 [J]. 法学评论，2005 (5).

准、规制方式、法律后果等重要问题基本上都没有涉及。笔者以为，这些重要问题如果不弄清楚，很难正确理解知识产权滥用与反垄断法的关系。

普遍认为，民法中存在权利不得滥用原则，在我国，其根据是《民法通则》第6条的规定："民事活动应当尊重社会公德，不得损害社会公共利益，破坏国家经济计划，扰乱社会经济秩序"，以及《宪法》第51条的规定："中华人民共和国公民在行使自由和权利的时候，不得损害国家的、社会的、集体的利益和其他公民的合法的自由和权利"。关于权利滥用的判断标准，各国先后出现过故意损害、缺乏正当利益、选择有害的方式行使权利、损害大于所取得的利益、不顾权利存在的目的、违反侵权法的一般原则等六个标准。[13] 如何确定我国的权利滥用判断标准？徐国栋先生认为，鉴于这个问题的复杂性，应当采用主客观相结合的标准，由法官行使自由裁量权，综合各种情况加以综合判断。具体操作方法是，在主观方面，应当看权利人有无可能导致权利滥用的故意或者过失，判断的方法是从其外部行为推知其内心状态，其标准可综合考察缺乏正当利益、选择有害的方式行使权利、损害大于所取得的利益。权利人的外部行为如果符合这些标准，即构成滥用权利的推定故意。此外，可采取不顾权利存在的目的行使权利、违反侵权法的一般原则标准来推定权利人具有滥用权利的故意或者过失。在客观方面，则要看权利人滥用权利的行为是否造成了对他人的祸害或对社会的损害或者可能造成损害。如果已经造成损害，同时具备主观要件的情况下，即构成权利滥用行为。在可能造成损害的情况下，只具备主观要件也可能构成滥用权利行为。[14]

笔者同意应当从权利人的外部行为推定其主观状态的观点，但不同意行为人主观上存在过失也会构成权利滥用的说法。虽然过失行使权利可能造成对他人的损害，但这和滥用权利造成的损害不同。也就是说，滥用权利行为人主观上只可能是故意状态，这是由滥用行为的本质决定的。在客观方面，在上述六个标准中，笔者倾向于从选择有害的方式行使权利和不顾权利存在的目的两个方面判断什么是权利滥用。另外，应当加上一个判断要素，即权利人超出权利的范围行使权利。综合这三个要素，权利人超出权利的范围、不顾权利存在的目的、选择有害的方式行使权利的行为，即为权利滥用行为。这三个要素是一个问题的三个方面。某种滥用权利的行为，往往既是超出权利范围行使权利的行为，也是不顾权利存在的目的行使权利的行为，同时也是选择有害方式行使权利的行为。

---

[13][14] 徐国栋. 民法基本原则解释——成文法局限性之克服 [M]. 北京：中国政法大学出版社，1992：95-97.

根据以上基本原理，所谓知识产权滥用，是指知识产权人超出知识产权法规定的权利范围，不顾知识产权存在的目的，选择有害的方式行使知识产权的行为。根据知识产权法定主义的观点，知识产权的权利种类、权利内容、权利限制等都应当由制定法明确加以规定，凡是制定法没有规定的权利，就是知识创造者不应当享有的权利。[15] 据此，如果知识产权人超出知识产权法的规定范围行使所谓的权利，则为知识产权的滥用。比如，按照专利法的规定，发明和实用新型专利权的保护范围以权利要求的内容为准，外观设计权利的保护范围以表示在图片或者照片中的外观设计专利产品为准。如果发明或者实用新型专利权人在权利要求的范围之外行使专利权，外观设计专利权人在图片或者照片中表示的外观设计专利产品之外行使专利权，则相当于扩大了专利权的保护范围，其行为应当视为专利权的滥用。实践中，许多专利权人利用自己的专利地位，强行搭售与专利权无关的产品的行为，本质上就相当于将专利权的范围扩大了权利要求的范围，是最为典型的专利权滥用行为。

知识产权存在的目的，美国宪法第1条第8节第8项最具有代表性："国会有权通过授予作者和发明人在某一有限期间内对其各自的作品和发现享有排他性的权利，从而促进科学和实用工艺的进步。"对这个目的，美国最高法院在 Mazer. Stein 一案中也进行了说明："授权国会授予作者或者发明人版权和专利权的条款背后的经济原理是这样一种理念：通过赋予个人利益、鼓励个人奋斗和努力创新是利用'科学和实用的工艺领域'的作者和发明人的才智促进公共利益的最好办法。"[16]

其他国家的知识产权法也从具体的角度做出了和美国宪法一样的规定。比如，日本特许法第1条规定，专利法的目的在于"通过保护和利用发明，以奖励发明，进而促进产业的发达"；日本著作权法第1条规定，著作权法的目的在于"关注文化产物的公正利用，同时力图保护著作者等的权利，以促进文化的发展"。我国相关知识产权法对知识产权存在的目的则做出了更加形象的规定。我国《专利法》第1条规定，专利法的目的在于"保护发明创造专利权，鼓励发明创造，有利于发明创造的推广应用，促进科学技术进步和创新，适应社会主义现代化建设的需要"。我国《著作权法》第1条规定，著作权法的目的在于"保护文学、艺术和科学作品作者的著作权，以及与著作权有关的权益，鼓励有益于社会主义精神文明、物质文明建设的作品的创作和传播，促进社会主义文化和科

---

[15] 李扬. 知识产权法定主义及其适用 [J]. 法学研究，2006 (2).
[16] 沈四宝，刘彤. 美国反垄断法原理与典型案例研究 [M]. 北京：法律出版社，2006：331，336.

学事业的发展与繁荣"。

由此可见，知识产权存在的目的也只不过是在执行这样的国家公共政策，即通过授予知识产品生产者一定期限的排他性使用权，从而促进文化、科学事业的进步和产业的发展。如果某项知识产权的行使违背了这样的公共政策，不但不会促进文化、科学事业的进步和产业的发展，反而会阻碍文化、科学事业的进步和产业的发展，违背知识产权存在的目的，构成知识产权的滥用。比如，利用专利技术的相对优势，在许可协议中限制相对方开发和标的技术具有竞争关系的技术的行为，由于限制了相对方创造性的发挥，灭杀了相对方为社会创造和提供新知识的机会，违背了专利权存在的背后的公共政策，因此属于专利权滥用的行为。

选择有害的方式行使知识产权，是指知识产权人在有多种方式行使权利的情况下，选择有害于他人的方式行使权利。这里的他人，既包括和知识产权人具有契约关系的相对方，也包括和知识产权人没有契约关系的消费者等。所谓有害他人的方式，是指侵害他人权利或者合法利益的方式。比如，为了将竞争对手排挤出相关市场，几个知识产权人联合提高或者降低价格的行为，就属于选择有害他人的方式行使知识产权的滥用行为。在这个例子中，如果知识产权人采取的是提高价格方式，受害的则不但是竞争对手，还包括消费者。如果知识产权人采取的是降低价格的方式，竞争对手当然会直接受害，消费者虽然短期内可受益，但从长期看，依然会成为受害者，因为知识产权人将竞争对手排挤出相关市场后，必然会想方设法提高价格，以挽回压价所遭受的损失。选择有害他人的方式行使权利，公平和自由的竞争秩序也往往会受到危害。

知识产权滥用行为将产生何种法律后果？这和知识产权滥用行为受何种法律规制有关。国内绝大部分学者认为知识产权滥用行为应当受反垄断法规制，这种观点虽然没错，但并不完整。从美国的司法实践看，知识产权滥用行为运用知识产权法本身也可以进行规制。从滥用行为的相对方的角度看，这就是所谓的知识产权滥用抗辩。知识产权滥用原则产生于美国。早在 20 世纪初就有美国法官提出了"专利权滥用"原则[17]，但关于知识产权滥用的最早判例是 Morton Salt Co. v. G. S. Suppiger。在该案中，原告 Morton Salt 公司作为专利权人要求被许可方只能使用其生产的但并不属于专利范围的盐片。审理案件的法院指出，原告利用专利限制了一项并不属于专利权范围的物品买卖的竞争，属于以与公共政策相违背的方式行使专利权，而公共政策禁止专利权用于专利权以外的同公共政策相违背的限制竞争的垄断目的中，因此法院不会保护原告的专利权。自该案后，美国

---

[17] 韩勇. 试论知识产权的滥用与反垄断法的规制 [J]. 当代法学，2002 (7).

法院就根据专利权滥用抗辩作出了一系列有利于被告的判决。[18] 在 Lasercomb America, Inc. v. Reynolds 一案中，上诉法院的法官引用 Morton Salt 案中法官认为为了使专利权滥用抗辩成立没有必要证明违反了反托拉斯法的观点后指出，虽然在使用版权时违反反托拉斯法很可能导致版权滥用抗辩，但是反过来则未必是正确的——为了构成侵权之诉中衡平法上的抗辩，滥用不需要违反反托拉斯法。问题不在于版权是否以违反反托拉斯法的方式在使用，而在于版权是否以违背了体现在版权授予中的公共政策的方式在使用。从知识产权法本身对知识产权滥用行为的规制作用可以看出，知识产权法本身也具有竞争政策法的作用。在日本，就有学者将竞争政策法的体系分为"独占禁止法、民法、事业法、知识产权法"。[19]

按照上述思维方式进行推理，似乎可以得出运用知识产权法本身就足以规制知识产权滥用行为的结论，其实不然。国内有学者在分析专利权滥用抗辩的作用时论述道，专利权滥用抗辩是盾而不是矛，在专利权侵权诉讼中，被告可以主张原告专利权滥用进行抗辩，但是专利权滥用本身并非是可以起诉的侵权行为，并没有为被告提供独立的诉讼理由，被告也并不能因此而获得金钱赔偿。[20] 笔者对此种观点深以为然。这就说明，仅仅从知识产权法或者民法——私法本身的角度规制知识产权滥用行为是远远不够的。非常明显的问题是，滥用行为的受害人无法针对知识产权滥用行为人行使停止滥用行为请求权和损害赔偿请求权。但是，当滥用行为转化为侵权行为时，则滥用行为的受害人应当拥有私法上的停止侵害请求权和损害赔偿请求权。此外，从美国有关知识产权滥用行为案例适用知识产权法处理的情形看，由于知识产权法对何谓滥用行为、滥用行为的具体表现缺乏系统、明确的规定，因此都是由法官行使自由裁量权，判别哪种知识产权使用行为违背公共政策，构成滥用行为的。这就要求法官具有极高的法律、政策和道德水准，否则就可能成为法官制造非正义的最好借口。

可见，针对知识产权滥用行为，除了知识产权法和民法之外，还必须存在更有力的法律规制。在目前的法律体系下，这种规制就是反垄断法的规制。按照日本独占禁止法的规定，某种行为如果构成独占禁止法上的私的独占行为、不当交易限制行为，应当承担行政、刑事和民事责任，如果构成不公正的交易方法、受禁止的企业结合行为，则要承担行政责任和民事责任。按照日本独占禁止法第49条、第50条、第53条等的规定，行政措施主要包括排除措施（停止、营业

---

[18] Morton Salt Co. v. G. S. Suppiger Co., 314 U. S. 488, 52 USPQ 30 (1942).
[19] 白石忠志. 独禁法讲义 [M]. 3版. 有斐阁, 2006: 204.
[20] 许春明，单晓光. "专利权滥用抗辩"原则 [J]. 知识产权, 2006 (3).

转让)、罚款、企业分割、警告、注意义务。按照第 89 条到第 95 条的规定,刑事措施主要是 3 年以下惩役和 5 亿日元以下罚金。关于民事责任,按照日本独占禁止法第 24 条的规定,某种行为如果构成不公正的交易方法,所谓不公正的交易方法,是指存在阻碍公正竞争的危险方法。按照日本独占禁止法第 2 条第 9 项的规定,不公正的交易方法主要包括:差别对待、不当对价交易、不当引诱顾客、强制交易、附不当交易限制条件、不当利用交易上的地位、对竞争者进行不当交易妨害或者内部干涉。但是按照 1982 年日本公正交易委员会发布的不公正的交易方法的规定,不公正的交易方法包括下列情况:共同拒绝交易、差别对价、差别条件交易、不当低价销售、不当高价购买、不当引诱顾客、搭售、排他条件交易、限制转售价格、限制条件交易、优越地位的滥用、妨害竞争者的交易、对竞争公司进行内部干涉。对这些行为,其受害者或者可能的受害者可以提出停止侵害或者预防侵害的请求。需要指出的是,日本从 1947 年制定独占禁止法开始到 2000 年,一直不承认私人针对违反独占禁止法的行为享有停止侵害的请求权。即使 2000 年对独占禁止法进行修改之后,按照第 24 条的规定,也只能针对不公正的交易方法提出停止侵害的请求;按照第 25 条的规定,某种行为如果构成私的独占、不当交易限制、不公正的交易方法或者其他违反独占禁止法禁止的行为,则受害者(不仅包括直接受害者,还包括间接受害的消费者)拥有损害赔偿请求权。更为重要的是,按照第 25 条第 2 项的规定,被告即使证明自己没有故意或者过失,也应当承担损害赔偿责任。但是,按照第 26 条第 1 项的规定,该种损害赔偿请求权的行使,必须在日本公正交易委员会采取排除措施或者有关裁决发生法律效力之后。[21]

虽然反垄断法对知识产权滥用行为具有更加有效的规制效果,问题在于:知识产权滥用行为是否必然要通过反垄断法进行规制?受反垄断法规制的知识产权滥用行为需要具备什么要件?第一个问题,前文已经做了回答,知识产权滥用行为由于违背了知识产权法背后的公共政策,属于超出知识产权的法定范围、不顾知识产权存在的目的、选择有害的方式行使权利的行为,因此可以通过知识产权法和民法进行规制,并不必然要通过反垄断法进行规制。那么,受反垄断法规制的知识产权滥用行为究竟需要具备什么要件呢?

按照日本学者和日本公正交易委员会的理解,根据专利法等知识产权法行使权利的行为,是指积极使用知识产权的行为或者消极禁止侵害知识产权的行为。据此,在日本审理有关知识产权的垄断案件中,一般要经过以下两个步骤。第一

---

[21] 玉木昭久. 新しい独占禁止法解説 [M]. 三省堂,2006:54-55.

个步骤是判断某种行为是否属于依据知识产权法行使权利的行为。第二个步骤是根据第一个步骤的判断结果,运用反垄断法的规定,进一步判断某种行为是否满足私的垄断、不当的交易限制、不公正的交易方法等被禁止的行为要件。[22] 根据这两个步骤,经过判断,某种行为如果被确认为行使知识产权的行为(比如转让知识产权),则不适用反垄断法的规定。相反,如果某种行为根本就没有被认定为行使知识产权的行为(比如企业合并行为),或者虽然被认定为行使知识产权的行为,但如果不能被确认为行使知识产权的行为,则应当适用反垄断法的规定。比如,同样是转让知识产权,虽然属于行使知识产权的行为,但如果权利人以低于专利成本的价格进行转让,以达到排挤竞争对手的目的,则应当根据反垄断法进行规制。

由此可见,某种知识产权使用行为是否属于知识产权滥用行为并不是反垄断法考察的重点,反垄断法考察的重点是该种知识产权行为是否满足了反垄断法禁止的行为或者事实状态要件。也就是说,在考察某种知识产权使用行为是否应该受反垄断法规制的时候,没有必要先行考察该种行为是否属于知识产权滥用行为,而应当直接根据反垄断法的规定进行判断。回过头来看,许多学者提出的上述问题,即受反垄断法规制的知识产权滥用行为究竟需要具备什么要件的问题,并不是一个恰切的问法,恰切的问法应该是:受反垄断法规制的知识产权使用行为究竟需要具备什么要件?由此可以得出这样一个结论:所谓知识产权滥用行为,是在私法意义上提出的,在反垄断法这种公法意义上,知识产权滥用行为似乎没有什么实际意义。当然,经过反垄断法的判断,如果某种知识产权使用行为构成反垄断法禁止的行为,也可以将这种受禁止的行为称为知识产权滥用行为。这正像美国法院法官在分析反托拉斯法和版权滥用之间的关系时所说的,判断是否存在版权滥用应该独立于反托拉斯法上判断某一限制是否合理的分析。虽然违反反托拉斯法可能构成版权滥用,但并不是所有的版权滥用都是以违反反托拉斯法律制度的方式存在的。[23]

三、必要设施理论在知识产权反垄断领域中的应用——合理条件强制实施许可的要件问题

强制实施许可制度是知识产权中一项极为重要的制度,目的在于对知识产权

---

[22] 根岸哲,舟田正之. 日本禁止垄断法概论[M]. 3版. 王为农,陈杰,译. 北京:中国法制出版社,2007:392-393.

[23] 沈四宝,刘彤. 美国反垄断法原理与典型案例研究[M]. 北京:法律出版社,2006:331、336.

人的意思自治自由进行必要的限制,以最大限度地发挥知识财产的效率。但由于效率的获得以牺牲知识产权人的自由为代价,对此如果不加任何限制的话,自由的丧失反过来必然降低知识产权人创新和市场化知识财产的效率。为了在自由和效率之间,知识产权人权利和他人利益、社会公共利益之间取得动态的平衡,必须对强制实施许可制度设定必要的合理界线。

然而,各国现行知识产权法中规定的强制实施许可制度利益的天平都过分倾向了他人利益和社会公共利益,这种倾向在合理条件强制实施许可制度中表现得尤为明显。比如,按照日本特许法第83条的规定,特许发明人连续3年以上在日本国内没有以适当方式实施特许发明时,他人可以请求特许发明人与其订立通常许可实施权的协议。如果协议不成立或者无法订立协议的时候,则可请求特许厅裁定给予实施许可。这里,虽然规定了"连续3年以上""在日本国内""没有以适当方式实施"等较为严格的条件,但根本没有对特许发明本身的性质、对意图实施特许发明者的意义等做出任何规定。我国的专利法则走得更远。按照我国《专利法》第48条的规定,具备实施条件的单位以合理的条件请求发明或者实用新型专利权人许可实施其专利,而未能在合理长的时间内获得这种许可时,国务院专利行政部门根据该单位的申请,可以给予实施该发明专利或者实用新型专利的强制许可。该条甚至没有像日本特许法那样规定一个明确的期限和对实施地域、方式等进行任何限制。这种规定非常不利于创新领域的竞争,也会导致核心技术的大规模闭锁。据此,非常有必要借鉴美国反托拉斯司法实践中发展起来的必要设施理论,给合理条件强制实施许可设定必要的合理界线。

必要设施理论起源于美国 1912 年的 United States v. Terminal R. R. Ass'n (224 U. S. 383) 案。该案中的被告控制了圣路易斯市所有车站系统,但拒绝与通过该城市的铁路公司合作,拒绝提供旅客上下车服务。审理案件的法院认为,在经营者处于垄断地位的情况下,其有义务与竞争对手合作为消费者提供服务,除非垄断经营者能够证明拒绝合作存在商业上的合理理由。这种理论就是必要实施理论的雏形。然而,即使证明某项设施对竞争者来说属于必要设施,由于一般说来,经营者并不负有与竞争对手合作或者帮助竞争对手的义务,因此在判断拒绝提供必要设施的行为是否构成反垄断法禁止的行为时,还应当考察垄断经营者是否应当对拒绝竞争者使用该必要设施而承担法律责任。在另一个名为 MCI Communication Corp. v. American Tel. & Tel. Co. 的案件中,法院完善了必要设施理论,认为利用必要设施理论必须具备以下四个要素:一是垄断经营者控制了对竞争者来说必要的设施。也就是说,竞争者除了使用此种必要设施,没有其他的替代性手段。二是其他竞争者根本不能以合理代价实际地复制此种设施。也就是说，竞争者自己生产此种设施时，代价极其昂贵或者根本就不可能。比如，通过某个特殊地形的铁路，虽然竞争者存在重新修建一条铁路的经济实力，但因为地形的原因而无法修建，此时该铁路对竞争者来说就属于不可复制的设施。三是垄断经营者拒绝竞争对手使用此种必要设施。四是垄断经营者允许竞争对手使用此种必要设施具备可行性。也就是说，垄断经营者拒绝提供此种必要设施是否具有合理的商业理由。比如，为了保证消费者的人身安全或者价格上的利益，就属于合理的商业理由。

根据上述理论，美国法院判决了一系列案件。其中最有代表性的就是1992年的 City of Anaheim v. Southern Canifornia Edison Co. 案。该案中的原告是五座城市，各自都拥有电力传输系统。被告是一家从事电力生产、传输和销售的公司。被告向靠近太平洋东北部地区的生产商购买电力，并通过太平洋电网传输到自己的电力系统。被告和其他几家公司共享一条从太平洋东北部地区通往外界的传输线路。原告虽有电力传输线路，但没有自己的发电站，因此只能先向被告或者其他电力公司购买电力，然后通过被告的电力传输系统传输到自己的电网。基于这个理由，原告向被告提出长期共享被告的电力传输线路从而能直接从太平洋东北部购买电力的要求。被告拒绝了原告长期共享的要求，因而被诉至法院。

法院经过审理认为，太平洋电网本身根本就不属于必要设施，理由是原告可以向包括被告在内的那些共享传输线路的经营者购买电力，不使用此设施同样能够满足其电力需求。原告强制被告共享传输线路的目的在于降低成本，以牺牲被告以及消费者的利益谋取更多利益。被告拒绝原告存在合理的商业理由，即需要用全部输电能力将从太平洋东北部获得的低价电力供应给其消费者。根据必要设施理论，法院拒绝了原告的要求。

知识产权法应当如何利用必要设施理论来完善强制实施许可制度？以专利法为例，按照上述必要设施理论的基本原则，如果某项专利构成了竞争对手的必要设施，竞争对手无法以合理代价复制（这个要件很容易满足，因为专利法采取的是一发明一专利的原则，在专利权人已经取得专利的情况下，竞争对手不可能再就该发明获得专利），专利权人没有正当商业理由拒绝竞争对手使用时，则可以适用必要设施理论，根据竞争对手的申请，授予其强制实施专利权的许可。

鉴于我国台湾地区"专利法"第76条第1项的规定仅仅要求申请人以合理的商业条件在相当期间内不能协议授权，就可以申请强制许可的情况，台湾有学者建议以必要设施理论为基础，增加强制实施许可的前提条件，相应地将该条款修改为"申请人曾以合理商业条件在一定期限内仍不能取得专利权人授权，致使无法提供新产品或者排除上下游相关市场的竞争时,可提起申请特许实施该专利权"。[24] 笔者认为,即使在专利权没有构成必要设施的情况下,只要专利权人拒绝授权,也会产生无法提供新产品或者排除上下游相关市场竞争的结果,因此此种建议并不妥当。以必要设施理论为基础,笔者认为,我国《专利法》第48条关于合理条件强制实施许可的规定应修改为:具备实施条件的单位以合理的条件请求发明或者实用新型专利权人许可实施对其不可缺少并且无法替代的专利,发明或者实用新型专利权人没有正当的商业理由拒绝时,国务院专利行政部门根据该单位的申请,可以给予实施该发明专利或者实用新型专利的强制许可。

"不可缺少"说明发明或者实用新型专利权构成必要设施;"无法替代"说明竞争对手从经济和商业的角度看,无法开发或者购买替代性的技术;"没有正当的商业理由拒绝"说明专利权人可以提供发明或者实用新型专利但为了排挤或者打压竞争对手而拒不提供。具体操作则由执法人员根据具体情况进行具体判断。

正确利用必要设施理论对我国具有重要的现实意义。我国知识产权工作虽然已取得长足进步,但依然处于以进口知识产权为主的阶段,在许多领域都缺乏自己核心的知识产权。许多跨国公司往往利用我国的这一阶段性缺陷和其自身在知识产权领域中的优势地位,拒绝与我国公司进行交易或者排除我国公司的竞争。比如,美国思科公司诉我国华为公司就是最典型的例子。作为全球最大的网络设备制造商,思科经常拒绝将其拥有的专利权或者属于商业秘密的"私有协议"授予竞争对手使用。所谓"私有协议",是指在国际标准化组织为了实现通信网络的互通互联而建立相应标准和规范协议之前,某些公司由于先期进入市场而形成的自己的一套标准。思科公司的"私有协议"实际上就是企业标准。由于思科在互联网设备上的垄断地位,其"私有协议"早演化为行业中和国际上的事实标准。对于其他竞争性公司来说,思科公司的"私有协议"构成必要设施,无法绕开,思科公司没有正当的商业理由根本就不能拒绝竞争对手进行使用。可见,华为公司如果利用了必要设施理论,也许可以避免不必要的惨重损失。在专利权越来越标准化的今天,我国及时修改专利法中有关强制实施许可的条款,正确利用必要设施理论已经显得非常迫切。

(载于《学习论坛》2008年1月第24卷)

---

[24] 张长树. 枢纽设施原则及电信、科技产业的枢纽设施问题 [J]. 公平交易季刊, 2001 (4).

下 卷

热点评论篇

基础理论

日本知识产权诉讼制度的特点

第十二届全国人大常委会第十次会议讨论通过的设立知识产权法院的方案，明显带有学习日本知识产权诉讼制度的痕迹。为了让国内各界全面、准确了解日本知识产权诉讼制度，本文拟从知识产权诉讼案件的管辖和知识产权法院的设立两个角度对此进行介绍。

日本自20世纪90年代以来，针对知识产权诉讼制度进行了一系列改革，特别是2005年专门为此设立了知识产权高等裁判所，焦点在于提高知识产权诉讼效率、解决不同程序之间判断结果的冲突。

一、2003年之前的管辖

民事诉讼：1996年制定的民事诉讼法第6条规定，侵害发明专利权、实用新型专利权、集成电路布图设计权、计算机软件著作权等技术型民事案件，一审由全国各地的地方裁判所管辖，但东京地方裁判所和大阪地方裁判所有权竞合管辖全国各地的专利侵权案件。二审则由全国相应的8所高等裁判所管辖。

行政诉讼：仍然沿用1959年专利法的规定，针对特许厅审决提起的行政诉讼，一审直接由东京高等裁判所专属管辖，二审由日本最高裁判所管辖。

二、2003年日本民事诉讼法修改后的管辖

2003年日本修订了民事诉讼法，对知识产权民事案件管辖做出了较大改革，

主要强化了知识产权民事案件的集中管辖。

1. 技术型案件实行集中、专属管辖

2003年前，在东京地方裁判所和大阪地方裁判所竞合管辖的基础上，规定技术型案件一审由这两个裁判所专属管辖，二审由东京高等裁判所专属管辖。

但是，原本由简易裁判所管辖的小额请求民事案件和小额罚金刑事案件，为了避免给当事人带来过大诉讼负担，简易裁判所依旧有管辖权。

2. 非技术型案件实行竞合管辖

著作权、商标权、外观设计专利权、不正当竞争、植物新品种权等非技术型案件，除了依照管辖的一般原则确定裁判所外，审判力量强大的东京地方裁判所和大阪地方裁判所依旧有权竞合管辖，以保证裁判的权威性。

3. 技术型案件移送管辖的特例

专利权归属、许可使用费等不需要对技术内容本身进行审理的案件，考虑当事人诉讼的便利性，可以将属于东京地方裁判所和大阪地方裁判所一审专属管辖的此类案件，移送给按照一般地域管辖原则享有管辖权的裁判所，将属于东京高等裁判所专属管辖的二审案件，移送给大阪高等裁判所。

4. 技术型案件合议庭的特例

针对技术型民事案件，以及发明和实用新型专利权审决等提起的行政诉讼，东京和大阪地方裁判所、东京高等裁判所可以采取由5个裁判官组成合议庭进行裁判的做法，以对技术内容进行慎重判断。

三、知识产权高等裁判所的设置及管辖的变化

尽管2003年修改的民事诉讼法对知识产权案件的管辖做出了较多特殊规定，但日本各界认为此种改革仍不足以适应知识产权审判形势发展的需要。在日本知识产权战略本部和其他社会各界的积极推动下，2004年召开的日本第159次国会通过了知识产权高等裁判所设置法。据此，日本于2005年4月1日在东京高等裁判所下面设立了一个特别支部，即知识产权高等裁判所。知识产权高等裁判所下设事务部门和裁判部门，其中裁判部门又分为五个小部门，分别是特别部（大合议部）、通常部（第一部、第二部、第三部、第四部）（见下图）。

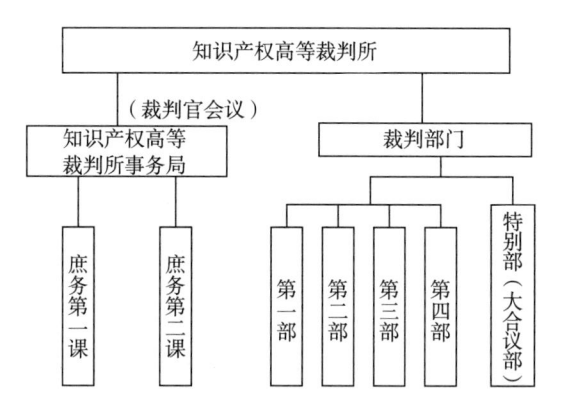

```
                    知识产权高等裁判所
                      （裁判官会议）
         ┌──────────────┬──────────────┐
    知识产权高等                     裁判部门
    裁判所事务局          ┌────┬────┬────┬────┬────┐
      ┌────┬────┐       第    第    第    第   特
      庶    庶            一    二    三    四   别
      务    务            部    部    部    部   部
      第    第                                  （
      一    二                                  大
      课    课                                  合
                                                议
                                                部
                                                ）
```

日本知识产权高等裁判所设立之后，知识产权案件的管辖发生了如下变化：

1. 民事诉讼

技术型案件：一审仍分别由东京地区裁判所和大阪地区裁判所专属管辖，分别负责日本东西部案件，二审则统一改由知识产权高等裁判所专属管辖，三审由日本最高裁判所管辖。

非技术型案件：一审仍由各地地区裁判所以及东京地区裁判所、大阪地区裁判所竞合管辖。此类案件的二审，并无特别规定，除东京地区裁判所一审的案件由知识产权高等裁判所二审外，仍由一审所在地的高等裁判所管辖，三审由日本最高裁判所管辖。

2. 行政诉讼

针对特许厅的审决提起的行政诉讼，一审改由知识产权高等裁判所专属管辖。二审则由日本最高裁判所管辖。

上述管辖分工，可用下图表示（见下页图）。

四、相关配套制度的导入

知识产权审判效率的提高和法律判断的一致性，并不是设立一个知识产权高等裁判所就可以完全解决的。为此，日本在设立知识产权高等裁判所的前后，还导入了下列配套制度。

1. 大合议制度

知识产权高等裁判所成立后，实行了大合议部制，以审理疑难技术型案件。按照规定，大合议部由各部部长共5人组成，以使其他4个常规部门的判断在事实上快速得到统一。

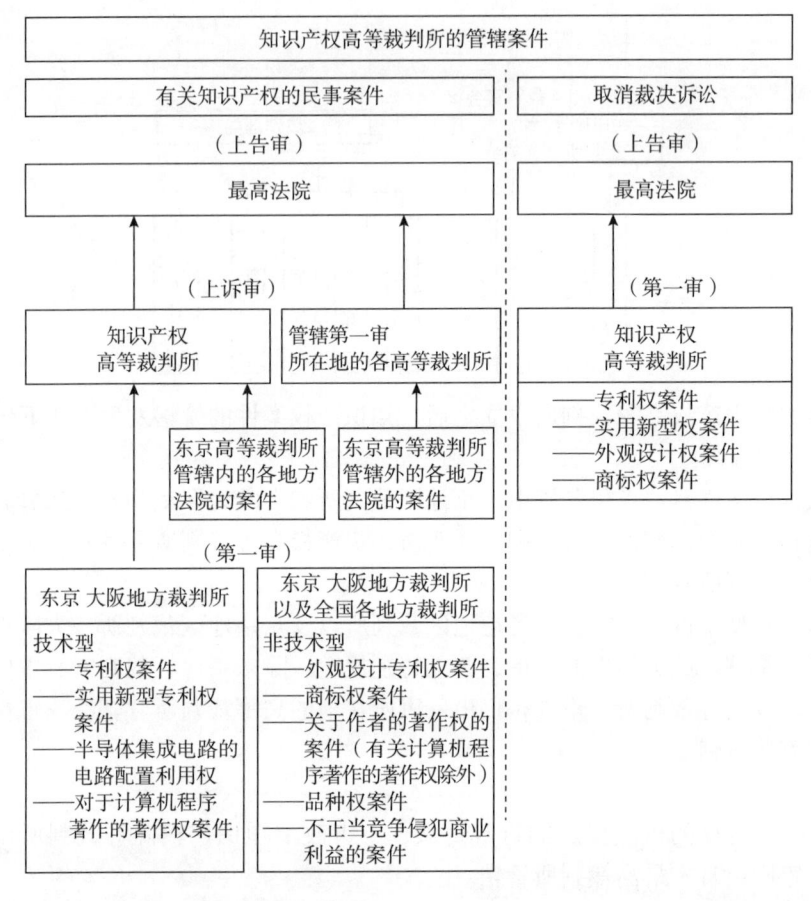

```
                        ┌─────────────────────────────┐
                        │   知识产权高等裁判所的管辖案件   │
                        └─────────────────────────────┘
              ┌──────────────────────┐      ┌──────────────────┐
              │  有关知识产权的民事案件  │      │    取消裁决诉讼    │
              └──────────────────────┘      └──────────────────┘
                       （上告审）                   （上告审）
                    ┌──────────┐                ┌──────────┐
                    │  最高法院  │                │  最高法院  │
                    └──────────┘                └──────────┘
                       （上诉审）                   （第一审）
          ┌──────────┐  ┌──────────────┐        ┌──────────────┐
          │  知识产权  │  │  管辖第一审   │        │   知识产权    │
          │ 高等裁判所 │  │ 所在地的各高等 │        │  高等裁判所   │
          └──────────┘  │   裁判所      │        │——专利权案件   │
                        └──────────────┘        │——实用新型权案件│
                                                │——外观设计权案件│
            ┌──────────────┐ ┌──────────────┐   │——商标权案件   │
            │ 东京高等裁判所 │ │ 东京高等裁判所 │   └──────────────┘
            │ 管辖内的各地方 │ │ 管辖外的各地方 │
            │   法院的案件  │ │   法院的案件  │
            └──────────────┘ └──────────────┘
                           （第一审）
       ┌────────────────────┐ ┌────────────────────┐
       │  东京 大阪地方裁判所  │ │ 东京 大阪地方裁判所  │
       │                    │ │ 以及全国各地方裁判所 │
       │ 技术型              │ │ 非技术型            │
       │ ——专利权案件        │ │ ——外观设计专利权案件 │
       │ ——实用新型专利权    │ │ ——商标权案件        │
       │   案件             │ │ ——关于作者的著作权的 │
       │ ——半导体集成电路的  │ │   案件（有关计算机程 │
       │   电路配置利用权    │ │   序著作的著作权除外）│
       │ ——对于计算机程序    │ │ ——品种权案件        │
       │   著作的著作权案件  │ │ ——不正当竞争侵犯商业 │
       │                    │ │   利益的案件        │
       └────────────────────┘ └────────────────────┘
```

2. 扩大和明确了技术调查官权限

为了提高技术调查官在知识产权诉讼中的作用，快速、准确弄清楚技术问题，日本在2003年修订民诉法时，规定知识产权诉讼中的技术调查官可以参与到诉讼程序中，并对当事人进行提问，向裁判官陈述参考意见。此种制度自2005年4月1日起正式开始实施。

3. 专门委员制度

针对此前鉴定专家不易选任、意见陈述的方式要根据证据调查的规定进行而缺乏灵活性等问题，日本在2003年修订民事诉讼法时，新设了专门委员制度，并于2004年4月1日起实施。按照该制度，学者或技术人员等特定领域的专家，在技术调查官对尖端技术存在认识困难的情况下，可以参与到诉讼程序中，为裁判员提供相关解释或者说明。

4. 强化了裁判所在侵权诉讼中对专利权有效性的判断权力

为了加快专利侵权案件的审理效率，日本于2004年修改专利法时，增加了第104条之3。据此，在专利权侵害诉讼中，对于专利权的有效性，裁判所可以根据自己的思考做出是否"认为通过特许厅审判应该会被认定无效"的判断，从而在个案中认定专利权是否有效。

五、知识产权刑事诉讼

"二战"后，日本刑事诉讼都是单独成线，因而对于同一知识产权事件也存在刑事诉讼与民事侵权诉讼并存的现象，由于两者完全分属不同的系统，相互之间不发生直接关联，因此一方裁判所的判断不对另一方裁判所产生拘束力，结果导致如下现象：刑事裁判认定行为人无罪，民事裁判依旧支持原告的损害赔偿请求。或者相反，民事裁判未认定某种行为侵权，刑事裁判却认定某种行为构成犯罪。

对此，日本学者棚町祥吉认为，由于裁判视点不同，因此即使出现上述结果也不能说民法和刑法发生了冲突。不过田村善之对此表示出了担忧。他认为，由于日本"二战"后废除了刑事附带民事的诉讼制度，民事诉讼和刑事诉讼完全分开了，因此理论上也可能遇到以下现行法律难以调整的情况：民事上认定构成侵权但刑事上认定不构成犯罪的情况或者刑事上认定构成犯罪但民事上认定不构成侵权的情况。

对于专利权通过特许厅的审判或裁判所的个案裁判被认定为无效，刑事诉讼中的侵害罪是否依然成立的情况，日本刑事诉讼法第435条5项规定，无效决定或者判决构成提出刑事再审的事由。日本学者棚町祥吉据此认为：即使专利权无效的审判请求正在审理中，但仍进行刑事裁判并做出有罪判决，也并不违法，因为事后可以通过再审救济有关当事人。

六、小　结

总结上述介绍可以看出，日本知识产权诉讼制度存在如下几个特点。一是技术型案件高度集中管辖，非技术型案件则通过竞合管辖方式尽可能实现高度集中管辖。二是为了加快案件审理效率，提高审判权威，在设立知识产权法院的同时，进行了诸多配套改革。三是知识产权法院级别高，属于高级法院。四是充分发挥现有知识产权法官对非技术型案件的审判作用。五是特许厅做出的授权或者不授权决定（包括特许厅内设的审判部对专利或者商标是否有效做出的决定），被作为准司法民事一审或者行政一审处理，因而加快了知识产权授权确权案件审理效率。六是知识产权法院名义上虽为法院，但实际上只是东京高等裁判所的一个特别支部，因而避免了人财物等安排方面的问题。

　　我国国土辽阔，知识产权地区发展极不平衡，知识产权审判实践存在的最主要问题是，审判缺乏权威性和效率性。如何准确借鉴日本经验，并根据我国国情进行创新，是一个需要认真考虑的问题。

（来源：《中国知识产权》杂志）

设立知识产权法院是一场革命，开创中国创造新纪元

一、为什么设立知识产权法院？

各界提出的理由，归纳起来，主要有四。一是知识产权案件数量多。二是知识产权审判标准不统一。三是知识产权授权确权案件解决机制没有效率。四是设立知识产权法院已成国际趋势。笔者认为，这四个理由都较为牵强。

近年来，知识产权案件数量增长快是事实，但如因案件数量多就要设立专门法院，劳动争议法院、交通肇事法院、合同法院等专门法院似乎更有理由设立。

审判标准不统一貌似有理，实则经不起推敲。"审判标准"如果是指法律依据，各法院依据的都是现行知识产权法，标准完全统一。"审判标准"如果是指判决结果，因每个具体知识产权案件总是存在细微差别，因此即使审案法院不同而当事人相同，判决结果也不可能完全一模一样。

知识产权授权确权案件解决机制效率低下的问题，即使设立了知识产权法院，如果不对相关解决机制和程序进行改革，也根本得不到解决。

至于第四个理由，且不说"设立知识产权法院已成国际趋势"这个说法过分武断，即使承认该判断正确，也推导不出我国就应该设立知识产权法院的结论。外国做了的，我国并不一定要做，外国不做的，我国并不一定不要做。不顾我国实际情况，主张凡是外国做了的，我国就应该做的观点，实质上是不自信心态导致的结果。事实上，世界上除了日本、泰国和我国台湾等极少数国家和地区外，并没有多少国家和地区设立专门的知识产权法院。

我国究竟为何设立知识产权法院？笔者以为理由有三。一是贯彻执政党政策之需要；二是彰显知识产权之重要性；三是强化知识产权审判之权威。前两个理由无需口舌；第三个理由需稍加说明。目前，知识产权审判存在的最主要问题，除了体制机制性的司法腐败和司法不公之外，就是审判缺乏权威性，即法律解释严重不一，以及在此基础上对相同性质的案件做出截然不同的定性。之所以如此，一是绝大部分知识产权法官缺少整体性知识产权专业知识和深厚的人文素养、生活经验，基本上机械地凭借司法解释办案。二是知识产权民事、行政、刑事审判各成一线，管辖、证据规则等都不同，各地法院知识产权庭、知识产权庭内部，相互之间难以有机沟通，无法避免事实基本相同的案件、定性却截然相反的现象。近年某些法院试行的"三审合一"，名义上打破了知识产权民事、行政、刑事案件分属不同庭审理的局面，但实质上完全貌合神离，根本未达到"合一"的境界。

一言以蔽之，设立知识产权法院，除回应知识产权在国家政治、经济、社会生活中的重要性之外，最主要还是为了解决知识产权审判的权威性问题，重塑公民对知识产权司法审判的信心。

二、设立知识产权法院的理想方案

笔者认为，从强化知识产权审判权威性方面着眼，并考虑我国国土面积广阔的特点，以及各地知识产权案件增长较快的趋势，知识产权法院的设立采取如下方案为宜。

在北京设立知识产权上诉法院，在华北（北京）、东北（长春或者沈阳）、西北（西安）、西南（重庆）、华东（上海）、中南（武汉或者长沙）、华南（广州）等几个大区设立地方知识产权法院，同时考虑在知识产权案件数量较为集中的深圳特区单独设立一个知识产权法院。建制上隶属于现行各中级人民法院的特别支部。

在管辖和案件具体分工方面，应当坚持集中管辖和适当分工原则。具体可以考虑采取如下方案：

技术系列知识产权案件，包括专利、技术秘密、植物新品种权、集成电路布图设计权纠纷案件，不管是民事、刑事案件，还是行政案件，由各大区知识产权法院专属一审集中管辖，北京知识产权高级法院二审集中管辖。

非技术系列知识产权案件，包括著作权、商标权、技术秘密以外的商业秘密案件，仍按照现有管辖规则确定管辖法院，但同时规定各知识产权法院可以一审竞合管辖，以便摧毁地方保护主义的堡垒。

北京知识产权高级法院除了二审管辖技术系列知识产权案件以外，还二审管辖知识产权授权和确权纠纷案件，以及不服各知识产权法院竞合一审管辖上诉的二审非技术系列案件。实现此种管辖的前提是，专利复审委员会和商标评审委员会关于授权和确权的复审程序分别视为行政或者民事案件一审程序，同时赋予各知识产权法院对非技术系列知识产权案件竞合管辖权。

最高人民法院则负责有全国影响的重大、疑难知识产权一审案件，不服北京知识产权高级法院一审上诉的二审案件，以及自行提审的重大案件。

上述管辖可能增加当事人异地诉讼的成本，但这是一件好事。一是可迫使权利人慎重评估其权利有效性和胜诉可能性，减少滥诉现象。二是增加真正侵权行为人的诉讼成本，减少侵权现象。

为了防止出现各知识产权法院以及北京知识产权高级法院案件受理数量过于庞大的局面，可以配套推行知识产权案件分流制度，包括仲裁、调解、小额诉讼制度。小额诉讼制度，无需区别技术系列和非技术系列，规定请求金额在一定数量以下的知识产权案件，依旧按照现有管辖规则管辖，并由法官按照简易程序独任审理即可。此外，为了保证知识产权法院对知识产权刑事案件的管辖，可以考虑实行知识产权刑事案件自诉制度，以便彻底改变现有刑事案件多头管辖、外行办案的混乱局面，实现真正的"三审合一"。

三、设立知识产权法院的现实方案

按照上述思路设立知识产权法院，首先意味着公安机关和检察机关失去对知识产权犯罪案件的侦查权和检察权，也意味着现行各个地方高级法院将失去对所有技术系列知识产权案件和部分非技术系列知识产权案件的审判权。权力的丧失和重新分配在中国历来都是大事，因此上述方案的实现无疑会遭遇来自公安机关和检察机关的强烈反对。

为了实现知识产权审判权威性，需要采取有力措施从现有知识产权法官、知识产权律师、学者中精选出高素质的人员到各知识产权地方法院、北京知识产权高级法院担任法官。未能进入知识产权法院的现有法官，意味着现有知识产权庭的撤销和分流，显然不会喜欢上述方案，因此也极有可能成为设立知识产权法院的阻力。

专利复审委员会和商标评审委员会对授权确权案件的裁决，由原来的具体行政行为转变为准司法行为，更是一场观念上的变革和权力的再分配，无疑也会遭遇各种阻力。

可以说，从管辖、人员配置、配套制度设计等角度看，设立知识产权法院在中国都是一场革命。这就需要执政党和具体负责执行的最高人民法院具有壮士断腕的勇气和超前的视野，克服各种阻力，强力推行。否则，知识产权法院的设立，就会远离国内外的期望。

　　国家正式公布的现有方案似乎不尽如人意。按照2014年8月25日第十二届全国人民代表大会常务委员会第十次会议通过的《关于在北京、上海、广州设立知识产权法院的决定（草案）》，仅在北京、上海、广州设立知识产权法院，而且知识产权法院只能对所在省（直辖市）的专利、植物新品种、集成电路布图设计、技术秘密等知识产权民事和行政案件在3年时间内实行跨区一审管辖，对知识产权法院所在市基层人民法院第一审著作权、商标等知识产权民事和行政判决、裁定的上诉案件进行二审管辖。对不服国务院行政部门裁定或者决定而提起的第一审知识产权授权确权行政案件，则由北京知识产权法院管辖。对知识产权法院第一审判决、裁定的上诉案件，由知识产权法院所在地的高级人民法院管辖。此种方案不但知识产权法院所涉地域范围窄、缺少能够对知识产权案件进行统一法律判断的知识产权上诉法院，而且丝毫未涉及知识产权刑事案件管辖问题，根本无法解决各界期待的提高知识产权审判权威性、效率性等一系列重大问题。

　　或许，目前官方公布的，仅仅是未来3年内一个试水的过渡性方案。不久的将来是否有令国内外期待的方案出台，我们拭目以待。

（来源：《中国知识产权》杂志）

闲话"加大知识产权侵权损害赔偿力度"

在强化知识产权保护、促进创新的口号鼓舞下,时下知识产权界都在极力鼓吹加大知识产权侵权损害赔偿力度,加大知识产权侵权损害赔偿力度俨然已经成了创新的万能药和兴奋剂。在这样的观念支配下,个别地方的个别法院、个别法院的个别知识产权法官开始头脑充血、发热,不问具体案件,不管具体案情,铆着劲尽可能地判决侵害知识产权的被告承担高额损害赔偿金。

不可否认,从理论上说,加大知识产权侵权损害赔偿力度可以强化知识产权保护,促进创新。不过任何事物的发生都需要条件。加大知识产权侵权损害赔偿力度要想达到强化知识产权、促进创新的目的,以下条件似乎必不可少。

知识产权持有人被侵害的知识产权市场价值高,值得高额赔偿。被侵害的知识产权本身值得高额赔偿不必细说。无效可能性非常高的知识产权、尚未进行任何市场化利用的知识产权、虽已市场化利用但在知识产权产品最终利润中贡献率微乎其微或者甚少的知识产权,无论出于什么冠冕堂皇的目的,也没什么理由获得高额损害赔偿。所以说,坚持比例原则,考察知识产权对知识产权持有人或者侵权行为人所得利润的实际贡献,以确定知识产权侵权损害赔偿数额,是非常重要的。

极为遗憾的是,现实中,无论知识产权人持有的知识产权市场价值有多大,由于被告赔付能力的限制、知识产权商业维权的存在,在很多案件中,知识产权人往往沦落到为他人作嫁衣的境地。之所以如此,下述两个因素似乎是罪魁祸首。

一是在我国侵害知识产权同时存在刑事罚金、行政罚款、民事赔偿三种金钱责任,而且由于程序设计原因,即使当事人相同的同一个案件,刑事罚金、行政罚款责任往往先行,最后到了民事赔偿阶段,侵权行为人基本上赤裸裸一无所有了,无论法院判决被告赔偿知识产权人多高的赔偿金,也只是一张永远无法兑现的空头支票。在同时存在三种金钱责任的情况下，知识产权不能不说受到了强大的保护。然而，虽然侵权责任法规定同时存在三种金钱责任时民事金钱责任应当先行，但现实中往往相反，在国与民争利的情况下，这种强保护对于知识产权持有人又有什么意义呢？

二是严重的商业维权现象。商业维权虽然帮知识产权持有人清理了市场，但因为商业维权并非市场失灵（商业维权之前，知识产权持有人和侵权行为人并未进行过任何商谈）前提下的产物，因此知识产权持有人基本不能或者很少能从商业维权中获得实在的、再次创新所需要的金钱激励。表面上看，商业维权打击的只是侵权行为人，但策略性行动导致的知识产权持有人和侵权行为人角色的互换，使得真正有钱、真正在从事创新活动的知识产权持有人更容易成为以逐利为唯一目标的商业维权者搜刮和吸血的对象，这大概是过分信任甚至依赖商业维权的知识产权持有人没有想到的。笔者思前想后，不得不说，通盘考虑，商业维权很可能演变为知识产权持有人自己搬起来砸自己权利双脚的一块巨石。

在知识产权自身质量不高、价值不大、被告没有偿付能力或者被告有偿付能力但知识产权持有人最终得不到金钱赔偿的情况下，毫无节制地加大侵害知识产权赔偿力度，对于强化知识产权保护力度、促进创新似乎并没有什么实际意义。

闲话到此，突然意识到，加大赔偿力度本身也许是一个伪命题。知识产权侵权纠纷到了法院后，被告是否侵权、侵权救济给知识产权持有人造成了多少损失，证据才是关键。虽然法院不得不给被侵害的知识产权决定一个价格，但法院毕竟不是会计师，不是代理人，更不是所谓正义的化身，法院只能根据优势证据原则确定被告最终应当承担的损害赔偿数额。也就是说，法院只能追求形式正义而非实质正义，法院只能判决与知识产权持有人提供的证据能够证明的损失大致相适应的损害赔偿数额，尽管从实质正义来看，知识产权持有人的损失可能比法院最终判决的数额要巨大得多。从这个角度来说，如果原告提供的优势证据能够证明，法院判决的损害赔偿金，再多，也不算多，如果原告提供的证据不能证明，法院判决的损害赔偿金，再少，也不算少，"加大损害赔偿力度"就只是一个地地道道的伪命题。

即使将历史上法院判决的损害赔偿额和现在判决的损害赔偿额进行纵向比较，上述显然无法让很多人接受的结论，也不会产生任何变化。由此导出的结论是，在侵害知识产权的行为发生后，究竟判决赔偿多少，最终还是取决于个案，根本不存在放之四海而皆准的标准，也不应当有下限和上限的限制，至于如何减轻知识产权持有人的举证责任，则是立法论上需要解决的问题。

（来源：知产力）

以行为保全为突破口，强化司法保护效率，真正实现知识产权司法保护的主导作用

技术是一把双刃剑，在使知识产权持有人更加有效地运营知识产权获得资金回流的同时，也使得侵害知识产权的行为变得越来越容易，越来越频繁，成本越来越低廉。在这样的大背景下，知识产权持有人越来越渴望各种权威机制特别是司法机制能够实现其权利保护的效率性。然而，因保护的滞后性、程序的复杂性等客观原因和各种难以言说的主观原因，知识产权司法保护似乎已经很难满足知识产权持有人对其权利保护效率性的需求。不可否认，司法保护能够实现程序正义和实体正义，但对于权利人而言，这种正义的实现，绝大多数情况下是以牺牲权利人权利保护的效率性为代价换来的。不得不说，在技术高度发达的时代，像蜗牛一样爬行的知识产权司法保护，好不容易爬到知识产权持有人家门口时，知识产权持有人家里的"黄花菜"早就凉了。

相比司法保护而言，由于体制机制等各种原因，在我国现阶段，中国式的知识产权行政保护不能不说更加具有效率。此种状况，对于《国家知识产权战略纲要》中明确规定并为社会各界广泛认同的知识产权司法保护主导作用的发挥，无疑是一个具有很大讽刺意义的、非常沉重的打击。这就促使我们理性思考这样一个问题：究竟以什么为突破口，才能真正实现知识产权司法保护的主导作用？这个问题早就引起了我国司法界的高度关注。记得2015年3月18日最高人民法院成立知识产权司法保护研究中心、知识产权庭金克胜副庭长代表最高人民法院知识产权司法保护研究中心介绍需要研究和解决的28个知识产权司法保护课题时，

提到的第一个课题就是"知识产权司法保护主导作用的内涵和实现路径",而且这个课题由最高人民法院陶凯元副院长亲自负责。这充分说明,究竟如何发挥知识产权司法保护主导作用,是一个非常值得思考、需要认真解决的重大理论和现实问题。

一、实现知识产权司法保护主导作用的突破口

那么,实现知识产权司法保护主导作用的突破口究竟在什么地方呢?在我国,从现在开始的很长一段时间内,这个突破口只能是,不断加大知识产权行为保全的力度。众所周知,从技术层面上看,知识产权行为保全最明显的优势在于,在知识产权持有人正式提起侵权之诉前,就制止了正在发生的侵害知识产权行为,并且因此避免了侵权行为给知识产权持有人造成进一步的重大损失。很显然,充分利用知识产权行为保全的这种优势,是司法突出以效率性为借口而不断强化的行政保护之重围、实现知识产权司法保护主导作用的突破口所在。

然而,非常遗憾的是,我国《民事诉讼法》第100条、第101条以及最高人民法院颁布的《最高人民法院关于审查知识产权与竞争纠纷行为保全案件适用法律若干问题的解释(征求意见稿)》第3条、第4条、第7条、第8条关于行为保全要件的规定,虽然技术上非常适格和完备,价值导向却非常模糊,甚至于总体上给人的清晰印象是,知识产权持有人成功申请行为保全比登天都要困难。这种精致的技术设计,相对于中国式知识产权行政保护的效率性而言,无异于自缚司法的手脚,根本上无益于知识产权司法保护主导作用的实现,更难满足知识产权持有人权利保护效率性的需求。

为什么说知识产权持有人申请行为保全比登天还困难呢?按照民事诉讼法和上述司法解释征求意见稿的规定,知识产权持有人申请行为保全的一个必要条件是,被申请人的行为可能给申请人造成难以弥补的损害。虽然征求意见稿第8条界定了什么是难以弥补的损害,但知识产权持有人要证明被申请人行为给其造成本身就模棱两可并且完全抄自国外的"难以弥补的损害",在司法实践中绝非易事,"难以弥补的损害"事实上极有可能成为法院拒绝知识产权持有人行为保护申请的绝佳借口。

笔者注意到,虽然美国、德国相关法律和布莱克法律词典都使用了"难以弥补的损害"这样极端谨慎小心的词汇以防法院在被申请人行为被法院最终认定为侵权行为之前滥发行为保全令而给被申请人造成过大损失,但日本民事保全法第23条第2项并没有照炒美国、德国的冷饭,使用"难以弥补的损害"这样让权利人一听就产生知难而退情绪的概念。按照日本民事保全法第23条第2项的规

定,知识产权持有人申请假处分命令即行为保全仅仅需要被申请人的行为可能给知识产权持有人造成显著的损害或者造成紧急危险因而有必要即可,而无需给权利人造成"难以弥补的损害"。事实上,笔者进一步注意到,日本在"二战"前由于尚未深刻了解行为保全制度的妙处,因而对行为保全的应用也是非常谨慎的。然而,"二战"之后,日本为了适应经济快速发展的需要,似乎一夜之间就发现了行为保全的精妙所在,因而极为开放地加大了行为保全颁发的力度,甚至只要求知识产权具有稳定性即可,只是到了后来才发觉过于频繁地颁发行为保全命令,对被申请人也会造成很大影响,才慢慢开始要求支持权利人行为保全请求需要具备"必要性"这个前提。然而,即便如此,从日本长期的司法实践来看,对"必要性"的解释也远远没有达到"给权利人造成不可弥补损害"的地步。

究竟什么是"不可弥补的损害",也当真是一个难以科学界定的问题。充分考虑到尽管几乎到了人人言必称知识产权,而实质上我国还远远没有迈进一个崇尚权利的时代、更不是一个人人自觉敬畏知识产权并且亟需将知识产权这块蛋糕做大做强的国家,也考虑到知识产权不同于有形财产权的独特特性,笔者提出的一个大胆解释是,在知识产权因为宣告无效或者其他事由被消灭之前,也许只要知识产权持有人提出初步证据证明被申请人的侵权行为成立,就应当推定被申请人的行为可能给知识产权人的权利造成了"不可弥补的损害"。如果最高人民法院的相关司法解释最终复制国外的"不可弥补的损害"概念,通过这种方式缓和知识产权人"不可弥补的损害"的证明责任,或许不惜为一条通过加大行为保全力度以实现知识产权司法保护主导作用的现实主义途径。

当然,也会存在基于知识产权有效性存疑或者其他原因导致错误发布行为保全命令而给被申请人造成重大损害并因此而危及法官业绩乃至职业的担忧。此种担忧背后的原因虽然客观存在,但完全可以通过活用申请人担保制度和申请错误赔偿制度加以消除,因而不能因为这种担忧就缩手缩脚,忘记了通过加大行为保全力度在中国当下乃至未来很长一段时间在实现知识产权司法保护主导作用中需要承担的历史使命。

二、申请人提出行为保全申请后,人民法院究竟应当在多长时限内进行审查并做出裁决?

按照上述最高人民法院征求意见稿的规定,有两种做法。一是法院在收到申请人的申请后,应当及时审查。二是非紧急情况下,审查时限为30天。不管哪种时限规定,对于以追求效率为首要价值目标的知识产权行为保全而言,都是非常不合时宜的。"立即"到底有"多快"?只有天知道。"30天"在很多情况下,对于很多权利人而言，即使知识产权持有人费尽九牛二虎之力最终获得了法院发布的行为保全命令，一切也已经烟消云散了。所以说，明确规定一个较短的审查期限对于实现行为保护的效率性价值是至关重要的。

三、行为保全裁定究竟由谁来执行？

是由作出保全决定的裁判庭，还是法院内部的专责机关来执行？这个问题不解决好，同样阻碍行为保权追求的效率性价值目标的实现。

虽然知识产权行为保全在我国存在很多问题，甚至法官在进行行为保全时，宝贵的生命都会遇到威胁，但只要知识产权行为保全以弘扬和保护知识产权、追求知识产权保护的效率性为首要宗旨，我们就应当站在真正实现知识产权司法保护主导作用的高度上，设计知识产权行为保全的技术规则。其中最重要的是，应当缓和申请知识产权行为保全的要件、缩短法院对知识产权行为保全的审查时限、明确行为保全裁决的执行机关。具体而言，如果知识产权形式上未被消灭、经过简要的口头辩论后发现初步证据证明侵权行为成立、颁发诉前禁令不损害公共利益或者不至于给被申请人造成不成比例的重大损失，也许就应当迅速支持知识产权持有人的行为保全申请。对于行为保全中可能出现的损害被申请人利益的情况，则应当通过活用申请人担保制度和错误申请赔偿制度加以消除。

（来源：《中国知识产权》杂志）

知识产权司法保护主导作用的含义和实现路径

——知识产权法政策学视点的导入

一、何为知识产权法政策学

日本著名知识产权法学者田村善之将日本民法学者平井宜雄构建的法政策学基本原理[1]应用到知识产权领域,发展出了知识产权法政策学。按照知识产权产权法政策学的观点,虽然知识产权制度的创设应当以功利主义的激励理论作为正当化根据,但由于作为激励论核心概念的效率性难以准确测定,因而知识产权制度有赖于具有政治责任的立法机关通过民主立法程序进行创设。立法机关的民主立法程序虽然具有正统性,但立法过程中也存在利益反映不均衡的危险,容易组织化的大集团的利益很容易在立法上得到反映,而不容易组织化的小集团、个人的利益难以得到反映。所以仅仅依赖于立法机关的民主立法程序创设和运行知识产权制度是不现实的。除了确保社会的整体福利之外,知识产权制度的创设和运行还必须确保社会公众的自由。考虑到这些因素,田村善之认为,围绕利用知识财产的行为,在进行知识产权制度的创设和运行时,市场、立法、行政、司法应当分担不同的作用。[2] 具体而言:

(1) 在市场本身能够解决创新激励机制的情况下,作为权威的法律没有必

---

[1] 平井宜雄. 法政策学——法制度設の理论と技法 [M]. 2版. 有斐阁, 1995.
[2] 田村善之. 田村善之论知识产权 [M]. 李扬等, 译. 北京: 中国人民大学出版社, 2013: 1-27.

要介入而强行创设会妨碍他人自由的知识产权。

（2）在市场失灵因而法律有必要介入的情况下，知识产权才能登场。于是就产生这样的问题：可否创设知识产权、创设哪些知识产权以及创设的知识产权的权利范围应该由立法、司法、行政哪个机关决定？具体规制方法是赋予权利人停止侵害请求权，还是报酬请求权，或者两者兼而有之？

（3）从技术适格性角度看，为了实现更为专业和稳定的判断，是否创设知识产权、创设哪些种类的知识产权、每个种类知识产权的范围，需要交给以民主立法程序作为支撑的立法机关，某种行为是否构成侵权以及行为人是否需要承担停止侵害和赔偿损失的责任，应当交给具有丰富解决纠纷经验的司法机关，而技术系列的知识产权（专利权、植物新品种权、集成电路布图设计权）对世有效性的判断应当委任给掌握技术发展脉络的特许机关。

话虽如此，由于市场失灵、民主立法程序过程中利益反映的不均衡、行政机关以效率性为正当化根据进行扩权从而将手脚延及司法领域实质上却并没有提高授权确权维权效率等现象的存在，以裁决的终局性和稳定性为特征的司法，从某种意义上来看，在知识产权保护中有理由发挥主导作用。我国现阶段，司法尤其应当有所担当。

下面从司法对立法、司法对行政、司法对市场等三个面向阐述究竟如何发挥知识产权司法保护的主导作用。

二、司法对立法的面向

司法对立法而言，由于宪政理念的限制，因而首先必须坚决摒弃超越立法限制进行越权法律解释的做法，否则，法官就会变成法治最精致的破坏者。但这并不意味着司法在立法面前就无所作为。基于知识本身非有形财产客体的非物质性特点和利益平衡需要，不得不采取知识产权法定原则的知识产权立法[3]，由于过分坚持侵权构成的限定性，可能导致随科技发展而新出现的知识性利益、被民主立法程序有意或者无意忽略的知识性利益难以得到保护[4]，这就要求司法（法官）充分施展法律解释者的角色，树立笔者反复提倡的整体性知识产权法观念（专利法、商标法、著作权法、竞争法、传统民法、诉讼法、刑法等）[5]，充分发挥体系性解释方法、目的解释方法、社会学解释方法、比较解释方法、历史解释

---

[3] 李扬. 知识产权法定主义及其适用 [J]. 法学研究, 2006 (2).
[4] 李扬. 知识产权法定主义的缺陷及其克服 [J]. 环球法律评论, 2009 (2).
[5] 李扬. 重塑以民法为中心的整体性知识产权法 [J]. 法商研究, 2006 (6).

方法、漏洞补充方法等法律解释方法的作用,⑥ 尽可能从宪法原则、私法原则（比如诚实信用原则、民事权利不得滥用原则）中发展出默示许可抗辩、权利懈怠抗辩⑦等原则乃至规则,以弥补立法者理性认识能力不足造成的缺陷,纠正立法中利益反映不均衡的现象,从而将死的立法变成活生生的社会生活的一部分,并最终定型化,进而推动立法发展。

三、司法对行政的面向

无可否认,中国式的知识产权行政保护相比知识产权司法保护而言,在很多方面仍然更有效率,因而也处于强势地位。由于历史和现实原因,知识产权行政保护在中国还会存在很长一段时间。然而,不可否认的是,法治已经成为时代发展不可逆转、不可阻挡的潮流,通过司法解决私人财产权纠纷早已被历史证明是最公正、稳定因而最终也是最有效的途径,知识产权行政保护迟早会完成其历史使命,黯然退出历史舞台。

另外,也得承认,出于公示性等目的的需要,专利权、商标权等权利的授权确权机制还会长久存在。

面对上述两种情况,司法应当具备高度的智慧和策略,"直面惨淡的人生",学会面对和处理。在现有法律资源限定下,笔者认为：

一方面,面对具有对世效果的专利和商标确权权力依旧掌握在行政机关手中的状况,司法可以利用"行政行为无效法理"通过个案发展出"权利当然无效抗辩的法理",允许被告在个案中直接攻击专利权、商标权的有效性,从而避免被迫进入无效宣告程序导致的循环诉讼,实质上加快案件审理效率。⑧

另一方面,司法应当充分发挥知识产权行为保全（诉前禁令）的作用,从而消解行政保护以效率性为理由维持其存在并一再扩权的正当性基础。知识产权行为保全的要件、审查期限、执行机关不仅是技术问题,更是一种理念问题。如果不从充分发挥知识产权司法保护主导作用的高度进行知识产权行为保全规则的设计,设计出来的规则结果只能是自缚司法的手脚,给知识产权行政保护扩权以更大的可乘之机。非常遗憾的是,最高人民法院于2015年2月公布的《最高人民法院关于审查知识产权与竞争纠纷行为保全案件适用法律若干问题的解释（征

---

⑥ 李扬. 知识产权法基本原理：基础理论 [M]. 北京：中国社会科学出版社, 2013.
⑦ 李扬. 商标侵权诉讼中的懈怠抗辩 [J]. 清华法学, 2015（2）.
⑧ 李扬. 日本专利权当然无效抗辩及其启示 [J]. 法律科学, 2012（1）.

求意见稿）》似乎没有反映出任何价值导向，变成了纯技术规范的设计。[9]

上述方法是解释论的面向。从立法论角度讲，司法则应当尽可能游说立法机关，尽快将专利复审委员会的专利授权确权程序修改为准司法程序，不服专利复审委员会裁定的，当事人直接上诉到北京市高级人民法院，而且确权程序应当作为当事人序列的民事案件处理。

商标授权确权要件，由于不涉及任何技术性内容，司法完全可以独立作出判断，因而应当尽快将对世性的最终审查权交由司法，以避免巡回诉讼，真正提高授权确权的效率问题。

四、司法对市场的面向

首先，知识产权的市场状况塑造了知识产权的司法保护状况。但是，面对纷繁复杂的知识产权市场，司法绝对不能像一头被牵着鼻子走的牛，而应当凭借终局、稳定、公正的判决，正确引导知识产权市场，特别是恢复市场在知识产权资源配置方面的基础性作用。对于司法而言，停止侵害、损害赔偿不应当仅仅成为行为人侵权后承担的民事责任，举证责任的分配也不应当仅仅成为原告、被告双方攻击和防御的简单工具，应当充分发挥这三个工具在修复已经被扭曲的知识产权市场功能方面的作用。比如，面对立案登记制改革、大量商业维权带来的当事人根本没有进行任何协商谈判，即市场失灵所带来的法院不堪案件重负的现状，以及新出现的商业模式和知识产权之间的博弈时，法院就可以灵活运用停止侵害、赔偿损失、举证责任分配三种工具，从而促使当事人尽可能协商解决纠纷，恢复市场本身的作用，并保护随着新技术出现而必然出现的新的商业模式。

五、结语：路漫漫其修远兮，谁能上下而求索？

知识产权司法保护主导作用的发挥，依赖于具有先进理念、深厚法理和高超司法艺术的知识产权精英法官队伍。我国知识产权法官队伍整体素质虽然较高，但与我国知识产权司法保护主导作用需要发挥的空间相比和需要担当的历史使命相比，精英化仍显不足。很多知识产权法官缺少基本法哲学基础，缺少整体性知识产权法观念，未能很好地掌握体系性解释法律的方法，习惯于按照孤零零的法条办案、按照最高人民法院的司法解释办案，不爱甚至基本上不学习。这些现象

---

[9] 李扬. 以知识产权行为保全为突破口，充分发挥知识产权司法保护的主要作用 [C]. 北京：北京知识产权法院首届论坛，2015.

的存在与知识产权司法保护主导作用的发挥都是不相适应的。

路漫漫其修远兮,谁能上下而求索?是你,是他,也是我。祝愿我们共同肩负起神圣而伟大的使命,一起塑造知识产权司法保护光辉而灿烂的明天。

(来源:《中国知识产权》杂志)

《民法总则（草案）》知识产权条款的修改意见

第十二届全国人大常委会第二十五次会议审议通过的《中华人民共和国民法总则（草案第三次审议稿）》第123条规定："民事主体依法享有知识产权。知识产权是指权利人依法就下列客体所享有的专属的和支配的权利：（一）作品；（二）发明、实用新型、外观设计；（三）商标；（四）地理标志；（五）商业秘密；（六）集成电路布图设计；（七）植物新品种；（八）法律规定的其他客体。"建议修改如下：

民事主体依法享有知识产权。知识产权包括与下列客体有关的权益：（一）作品；（二）发明、实用新型、外观设计；（三）商标；（四）地理标志；（五）商业秘密；（六）集成电路布图设计；（七）植物新品种；（八）法律规定的其他客体。理由如下。

第一，"知识产权是指权利人依法就下列客体所享有的专属的和支配的权利"未能揭示出知识产权的本质属性。知识产权是法律人为创设的制约他人行为模式的权利（Peter Drahos、Wendy Gordon、田村善之、李扬），所有权是所有权人对所有权客体所享有的最为典型的专属权和支配权。知识产权最重要的特征是排他性，所有权虽也有排他性，但是在所有权人直接支配所有物基础上的排他，是基于所有物自然属性的排他，而知识产权的排他并非基于知识产权人直接支配知识产权客体"知识"的排他，而是法律人为创设的排他。通过界定所有权的方式界定知识产权，容易让人按照理解所有权的方式理解知识产权，难以让人准确把握知识产权的本质和特征。

第二，知识产权人无法专属其权利客体。知识产权客体一旦公开，任何人都可以学习、研究、欣赏，使其成为自己知识体系的一部分。即使未公开的商业秘密，他人亦可通过独立研发或者反向工程获得。这就是知识生产和消费（或者说创造和使用）的非排他性。

第三，知识产权人无法支配其权利客体。支配是权利人依照自己的意志，通过物理力量对特定动产或者不动产予以占有、使用、收益或者处分。知识产权的客体是没有物理形态的知识，不同于具有物理形态的有形物，无法凭借物理力量占有，也无法像处分有形物那样进行处分。知识的使用也不像有形物那样，会发生消耗，这就是知识消费（或者说使用）的非消耗性。知识使用的非消耗性决定了知识产权侵权行为具有如下特点：知识本身不会受到任何损害，侵权行为仅仅表现为未经知识产权人许可，也无法定事由，利用其知识产权排他范围内的知识。

第四，按照本文一贯坚持的缓和的知识产权法定原则，知识产权包括了类型化的权利和非类型化的利益两大部分，虽然非类型化利益的享有者不能享有停止侵害请求权，但可以回应社会发展的需要，弥补严格知识产权法定原则的弊端。由此，将知识产权概括性地规定为"包括与下列客体有关的权益"可以让知识产权的保护客体保持适度的开放性，同时回应商业秘密排他性非常弱实质上更接近于一种知识性利益在定位上的需要。

第五，知识产权的性质、本质、特征、与创新的关系、存废等重大问题，自知识产权制度诞生以来，在世界范围内的争论一直没有停止过，将来也不会停止。《民法总则》不宜作出明显会引发更多争论的并且带有结论性的界定。

第六，按照本建议进行修改的好处是，《民法总则》保护知识产权的意旨明确，采取列举方式规定知识产权客体范围，同时保持了适度的开放性，而且与国际公约规定保持了一致性，既回避了会引发激烈争论的问题，也可以为知识产权法解释学预留广阔空间，保证了学术探讨的自由，实可谓一箭多雕。

（来源：《中国知识产权》杂志）

独家速评:《民法总则》知识产权条款

第十二届全国人民代表大会 2017 年 3 月 15 日通过并颁布的《中华人民共和国民法总则》第 123 条将"知识产权界定为指权利人依法就作品等客体所享有的专有的权利",相比全国人大常委会第二十五次会议审议通过的《中华人民共和国民法总则(草案第三次审议稿)》第 123 条将知识产权界定为"权利人依法就下列客体所享有的专属的和支配的权利"是一个巨大的进步。由于知识产权客体并无物理形态,在使用和消费上具有非排他性和非消耗性,因而知识产权人不可能专属或者支配其权利客体。草案第三次审议稿将知识产权界定为知识产权权利人对作品等专属的和支配的权利,显然将知识产权完全做了物权化的处理。全国人大正式通过颁布的《民法总则》第 123 条显然意识到了知识产权不同于物权的特性,因而作了修正。极为遗憾的是,该条将知识产权界定为"专有的权利",不但依旧未能揭示出知识产权制约他人行为模式的排他性本质,使得本来应该交给法解释论加以争鸣和解决的知识产权本质问题变成了一统天下的基本法律条文,未能提供行为规范或者裁判规范功能,而且大大限缩了知识产权法解释学可以自由发挥的空间,实乃画蛇添足之举。同时,"权利"而非"权益"一词的使用,存在严重导致商业秘密被误解为和其他知识产权具有同等排他性的可能,也使得新出现的知识性利益有被司法通过行使自由裁量权而权利化并赋予停止侵害请求权过度制约他人行动自由的极大危险。但话说回来,立法者也是人,理性认识能力和普通人一样,也会存在这样或者那样的问题,因而不能用神的标准苛求他们。立法、法治的进步有赖于社会各种力量的通力合作,更依赖于可怕的、伟大的时间流逝所带来的缓慢沉淀。

在此,我必须对全国人大常委会法工委扈纪华巡视员表达最由衷的敬意。

《中华人民共和国民法总则（草案第三次审议稿）》公开征求意见后，我写了一篇《〈民法总则（草案）〉知识产权条款的修改意见》的短文，提出应该将该草案中的知识产权条款修改如下："民事主体依法享有知识产权。知识产权包括与下列客体有关的权益：（一）作品；（二）发明、实用新型、外观设计；（三）商标；（四）地理标志；（五）商业秘密；（六）集成电路布图设计；（七）植物新品种；（八）法律规定的其他客体。"并阐述了六个方面的理由。该文章于2017年1月24日由《中国知识产权》杂志的微信公众号推出，并转发给扈纪华巡视员。扈纪华巡视员收到后，即将该短文转发给了《民法总则》编纂专班以及民事权利一章的专门负责人，并且在她亲自参与的针对《民法总则（草案）》第三次审议稿修改的各种直接讨论中提出我对知识产权条款的个人修改意见。虽然全国人大常委会法工委相关工作人员左右条文的力量已经有限，但我们还是欣喜地看到，在扈纪华巡视员和全国人大常委会法工委其他工作人员的共同努力下，具有最终决定权的《民法总则》立法者还是部分采纳了上述短文中提出的修改意见和建议，删除了知识产权是"权利人依法就作品等客体所享有的专属的和支配的权利"这种会引起极大争议的表述方式。显然，没有扈纪华巡视员虚怀若谷的兼听品格和率真、干练、坚持的工作作风，我的个人意见不可能直接上达到《民法总则》编纂专班以及民事权利一章的专门负责人手中，更不可能最终被立法者部分采纳。当然，这绝不意味着，《民法总则》知识产权法条款相对较为可取的修改是立法者部分采纳我个人意见的结果。之所以记录一下这个过程，主要是想让借此告诉知识产权学界两点。一是立法机关有着像扈纪华巡视员这样可敬可佩的人。二是与其一味抱怨、批判立法和法治建设中的弊端，还不如尽自己的微薄之力，提出推动立法、法治进步的切实可行的方案供立法者参考。

录旧作一首，以表达这个春天里的美好记忆：
关于春天的日记（之一）
季节不止一个，你不可将我认错。
我的呐喊已被偏听偏信；
你不可再将我的绿色，误解为冬天的坟墓；
我的绽放，误解为卑躬屈膝的迎合；
我的风声雨声，误解为大地盲目感恩的歌唱；
我的蜂飞蝶舞，误解为打工者狂欢的时刻。

你要看到冬天沿着山脊的起伏，

你不可对河流的走向视而不见；
最要紧的，你不可将我的烂漫，
贴上精神病患者的标签。
或者，将我的凋落，
解释为某种回归的召唤。

（来源：《中国知识产权》杂志）

商 标 法

美学功能性理论,是耶?非耶?

2013年修订的《商标法》第12条又重复了2001年《商标法》第12条关于美学功能性形状("使商品具有实质性价值的形状")不得注册的规定。对此,学界和实务界自2001年开始就基本集体失声,似觉其理所当然。然而,该种直接抄自《欧盟商标指令》第4条的排除规定果真立法理由充足,不值一议了吗?

最近读美国著名商标法学者麦卡锡(J. Thomas McCarthy,1937年生)七大卷《McCarthy on Trademarks and Unfair Competition》第3版第1卷第7章,才发现几乎所有国人似乎被商标法立法者和部分学者给涮了。在第7章第26节第(4)~(8)节中,麦卡锡至少向我们展示了美学功能性理论在美国的真实状况。

按照美学功能性理论,视觉上具有吸引力和美学上使人身心愉悦的设计被认为是功能性设计,在没有专利权和著作权的情况下,任何人都可以自由复制和模仿。该理论最早出现于美国1938年版的侵权法重述第742节的评论a。该评论指出,当商品主要基于其美学价值而被购买时,其特征就可能具有功能性,因为这些特征明显有利于该商品的价值,从而有助于实现其所需要达到的用途。该评论还给出了两个具体事例。一是心形糖果盒,二是具有独特风格的印刷字体。

美学功能性理论直到1952年才正式被美国联邦第九巡回上诉法院在Pagliero瓷器案中加以应用。联邦第九巡回上诉法院认为,"特定的特征是产品商业成功的一个重要因素时,在缺少专利权和著作权的情况下,自由竞争的利益允许他人进行模仿。"该案中，原告瓷盘上的花型图案设计满足了消费者对美的需求，是原告产品商业成功中的重要因素，具有功能性，因此原告不能阻止竞争者进行复制。

然而，根据麦卡锡的考察，Pagliero 案判决后，仅有少数几个法院小心谨慎地坚持了美学功能性理论，绝大多数法院则持否定态度。具体情况如下：

联邦第三、第四、第五、第六以及第十一巡回上诉法院直接或者间接持否定态度。其中联邦第三、第五巡回上诉法院的态度最为坚决。联邦第三巡回上诉法院坚持从实用性角度界定产品的功能性。在 1981 年的 Keene 判决中，法官 Sloviter 认为，采用联邦第九巡回上诉法院在 Pagliero 案中的美学功能性理论，将导致如下荒唐的结论，"设计越具有吸引力，受到的保护越小"。相反，越丑陋、越令人反感的设计，反而越少功能性，越应当受到商标法保护。联邦第五巡回上诉法院认为，"商业成功中的重要因素"标准会导致竞争者自由复制具备显著性的商业外观，功能性应当限制为实用性。特别值得一提的是，联邦第九巡回上诉法院虽然是首次适用美学功能性理论的大本营，但自 1952 年开始，一直在修正其观点。至 1987 年，联邦第九巡回上诉法院基本上关闭了美学功能性理论的大门。

关于美国联邦最高法院对待美学功能性理论的态度，虽有观点认为，在 1995 年关于产品颜色的 Qualitex 案评论中，它赋予了早已消失的美学功能性理论一丝生命的迹象，但其从未在具体案件中将美学功能性作为一个决定性问题予以解决。

联邦第二、第七、第十巡回上诉法院虽然支持美学功能性理论，但态度前后不一，联邦第二和第十巡回上诉法院还对该理论进行了修正。联邦第二巡回上诉法院经过多年摇摆后，虽然在 1990 年的 Wallace 案中支持了美学功能性抗辩，但并未依据"产品商业成功中的重要因素"来界定美学功能性，而是将其界定为纯粹的装饰性特征。并且进一步认为，只有当这种美的、非实用的装饰性特征没有给竞争者留下任何替代性设计时，商标法才排除其保护。联邦第十巡回上诉法院虽宣称其不会消灭美学功能性理论，但对其理论进行了压缩，认为只有"对产品美学吸引力来说所固有的特征，才不受商标保护。"联邦第七巡回上诉法院直到 1989 年对 Schwinnbicycle 的判决，才让美学功能性理论死灰复燃，此前一直持否定态度。

总结了各联邦巡回上诉法院的不同态度后，麦卡锡从以下几个角度对美学功能性理论进行了批判。

第一，美学功能性内涵不确定。麦卡锡认为，根据"产品商业成功中的重要因素"判断何谓美学功能性，口径开得过大，标准含混不清，根本不能成为一个有用的法律规则。从字面上理解，它否定了所有商标的保护。究竟什么是美学功能性，全凭法官主观判断。美学功能性完全是对功能性毫无根据和逻辑的扩展。

第二，美学功能性理论关于美学功能的商标保护妨碍自由竞争的主张不成立。麦卡锡认为，同时将"实用的"和"美学的"两个词加在"功能性"身上，是令人误解的使用方法，"美学功能性"本身就是一个矛盾的概念。即使接受这样一种理论，认为自由竞争政策处于功能性规则的核心，此种政策也不会支持美学功能性理论。麦卡锡引用了另一个学者 Krieger 的观点支持自己的主张："美感设计是无限的，就像渴望它们的消费者口味一样，给予美感设计商标保护并不会妨碍竞争。"在麦卡锡看来，美学功能性的随心所欲适用只会导致更多消费者对商品来源产生混淆。

第三，美学功能性理论是对这样一种担忧的不适当反应：某个特征仅仅是装饰性特征时，不会再被消费者作为商品来源的标志感知。也就是说，美学功能性理论坚持者认为，在此情况下，只有美学功能性理论才能排除此种特征的商标保护。然而，麦卡锡认为，商标法早就发展出了"纯粹装饰性规则"来解决这个问题。按照这个规则，要解决的基本问题是：存在争议的特征事实上是否被消费者作为商标感知？消费者究竟是仅仅将这个特征作为具有吸引力的装饰感知，还是作为识别和区别单一来源的标识感知？答案如果是前者，则说明该特征没有被作为商标使用，自然不受商标保护，根本用不着功能性理论排除此种特征的商标保护。

第四，即使商标是传达了"功能性信息"的文字商标，比如"使用前摇一摇""从这里打开"，也毫无必要利用"美学功能性理论"排除其保护，因为这些词汇属于传统实用性意义上的功能性。此外，在绝大多数案件中，这些文字的含义也不会使消费者将它们作为商标来源的标识加以认知。纵使文字构成商品本身完整不可分割的一部分，比如，泰迪熊身上的心形图案，礼品包装上的"圣诞快乐"，大多数情况下，消费者也不会认为它们是商品来源的标识，因而无需利用"美学功能性理论"来解决由此引发的纠纷。

总之，在麦卡锡看来，商标法及其政策并不需要美学功能性理论，美学功能性理论宣称所要达到的政策目标，完全能够被经过实践检验的"纯粹装饰性规则"更合理、更精确地加以贯彻。按照"纯粹装饰性规则"，起决定作用的是消费者是否将某个特征作为商标感知，而不是法院对"产品商业成功的重要因素"是什么的判断。功能性只能从"实用性"角度进行理解。

从上述麦卡锡对美国联邦最高法院以及各联邦巡回上诉法院对美学功能性理

论态度的梳理及其对美学功能性的批判可以看出，美学功能性理论在美国是一个极具争议性的话题，由于自身的缺陷，自产生之后，该理论并没有也不可能像懈怠、合理使用等一样，发展成为商标侵权的一项独立抗辩原则。

善于借鉴"国外特别是美国先进经验"的我国商标立法者和学者，对于美学功能性理论在美国的上述状况，是否有意做了鸵鸟呢？

（来源：《中国知识产权》杂志）

矫枉切忌过正

——有感于"驰名商标"宣传被禁

2013年修订后的《商标法》第14条第5款增加规定"生产、经营者不得将'驰名商标'字样用于商品、商品包装或者容器上,或者用于广告宣传、展览以及其他商业活动中。"学界和实务界对此都颇为赞赏,认为该款是中国《商标法》第三次修订的一个创举和一个巨大亮点。笔者却颇不以为然,以为这是商标法一个矫枉过正的做法。

不可否认,近几年来,驰名商标在认定和保护上存在很大乱局,多地出现雇人做被告以便认定驰名商标的假案现象,各级政府也将驰名商标认定数量作为地方政绩的一个重要评价指标,并因此而毫无原则地付出巨大税收奖励驰名商标被认定者,法院和国家工商局相互比赛认定驰名商标。一时之间,中国驰名商标满天飞。驰名商标被认定者则趁乱而上,在各种商业活动特别是广告宣传活动中,让其驰名商标招摇过市,有的企业甚至宣称自己拥有"世界驰名商标",竞争者的商业活动空间因此受到严重挤压,不明真相的消费者也因此而上当受骗。当然,对于驰名商标被认定者而言,更重要的是以所谓的驰名商标为借口,伸手向政府要钱、要优惠政策。这导致了严重的权力寻租和腐败现象。

毫无疑问,上述乱局已经到了非整治不可的地步。但如何整治?2013年《商标法》的规定是,为了处理商标侵权案件需要,可以认定驰名商标,但认定之后驰名商标权人不得在商业活动中使用"驰名商标"字样,更不得将"驰名商标"用于广告宣传。为了处理商标侵权案件,当然可以有时也不得不认定商标是否驰名这样一个法律事实,否则无法解决案件。问题是,案件解决之后,能否禁止生产经营者将"驰名商标"字样用于其商业活动中，特别是用于广告宣传？显然，按照 2013 年《商标法》的规定，这是绝对不行的。

然而，既然是被认定的法律事实，又有什么理由禁止驰名商标权人在商业活动中使用"驰名商标"字样，或者用其进行广告宣传呢？法律事实虽然和客观事实不能画等号，但二者也有吻合的情况。即使不吻合，诉讼中追求的也是法律真实，而不是客观真实，在通过诉讼等方式和途径已经认定某个商标是驰名商标的情况下，就等于向社会宣告了一个法律事实，此时不让商标人利用和宣讲这个法律事实以增加其市场吸引力和竞争力，究竟有什么凌驾于商标权人私人利益之上的理由呢？

笔者承认，商标是否驰名是一个动态的市场变化过程，昨天驰名的，今天不一定驰名，今天驰名的，明天不一定驰名，允许生产经营者在商业活动中使用"驰名商标"字样或者将驰名商标用于广告宣传，向竞争者和消费者传达的很有可能是过去的法律事实或者客观事实，而非现在或者将来的法律事实或者客观事实。对竞争对手而言，这很可能意味着不正当竞争。对消费者而言，这很可能意味着引人误解的宣传或者标示。这种情况当然有可能发生。但是，也不能否认存在另一种情况，即生产经营者的商标在案件处理过程中被认定为驰名商标之后，继续维持原有驰名度甚至变得更加驰名。这种情况下，不让生产经营者鼓吹和利用其驰名商标，就有些强词夺理甚至霸道了。总之，2013 年《商标法》对驰名商标的使用和宣传采取一刀切禁止的方法，并不符合驰名商标的实际情况，过度地干扰了市场运作的规律。

记得 2006 年上半年在日本早稻田大学召开的只有少数几个中国学者参加的有关中国和日本商标法研讨会上，在场的一位中国学者问日本著名知识产权法专家涉谷达纪先生，日本对于商标侵权案件过程中被认定的驰名商标是否允许进行广告宣传。涉谷先生态度非常明确地回答，商标是否驰名，是一个事实问题。商标权人当然可以进行广告宣传。但由于驰名商标被认定的时间和广告宣传的时间有一个时间差，因此，在商标权人使用驰名商标字样或者进行广告宣传时，如果商标驰名不再是一个事实，则商标权人的行为构成不正当竞争。但此时介入的不应当再是商标法，而应当是不正当竞争防止法。对此种正确区分不同法律之间守备范围的观点，笔者深以为然，并且在很多场合讲过。非常遗憾的是，我国绝大部分知识产权立法者、司法者、学者、律师，缺乏笔者一再提倡的整体性知识产权法观点和法政策学视点，总是期望在某一个法律内部解决所有法律问题，因而将不该由商标法过问的事情，也强拉进商标法的框架内进行规范，使本来不是问题的问题被问题化，本来简单的问题被复杂化。这种做法根本上还是一种以权力为中心而不是以市场为导向解决问题的思维方式。

商标法立法者发现了驰名商标认定和保护上存在的种种问题，并且勇于纠错，这是非常值得肯定的。

但是，如何根据市场规律解决问题，防止矫枉过正，是一个值得深思的问题。

（来源：《中国知识产权》杂志）

加多宝与王老吉案焦点问题之我见

2014年12月19日,广东省高级人民法院对备受关注的加多宝与广州医药集团红罐之不正当竞争案作出一审判决,认定广州医药集团的对红罐包装享有"知名商品特有包装装潢权",加多宝使用红罐包装的行为构成不正当竞争,应当赔偿广州医药集团的1.5亿元人民币。该判决作出后,知识产权理论和实务界围绕判决本身以及判决所反映出来的问题,展开了观点迥异的各种热烈讨论。本文只就案件和判决本身反映出来且被知识产权理论和实务界重点讨论的几个问题发表一下自己的看法,以求教于各位同仁。

一、是否存在"知名商品特有包装装潢权"?

1号判决将"涉案知名商品特有包装装潢权益归属应如何认定"认定为1号案的焦点之一,2号判决将"涉案知名商品特有包装装潢归属应如何认定"认定为2号案的焦点之一,两个判决虽然用词稍有差别,但实质是一样的,都认为存在"涉案知名商品特有包装装潢权"。这个焦点是否符合反不正当竞争法和商标法保护商业标识不同立法趣旨,值得商榷。反不正当竞争法作为行为规制法,打击的是竞争者的不正当竞争行为,效力只及于市场主体相互竞争的商品和地域范围,超出了竞争范围,其他市场主体毫无疑问可以在相同或者类似商品上使用完全相同或者近似的商业标识。也就是说,在竞争法视野下,某个商业标识的使用者并不当然拥有全国范围内的排他权,其仅仅能够排除该商业标识信用所能覆盖的商品和地域范围,因而也并不存在一般性的所谓"知名商品特有包装装潢权"。而在商标法视野下,某个商业标识一旦获得注册,就依法成为注册商标,在指定使用的商品和类似商品上,其排他权及于全国地域范围。这就是具有识别力的知名商品包装装潢的排他性和注册商标权的排他性最本质的区别。一句话，在竞争法视野下，其他市场主体使用完全相同或者近似的商业标识，并不当然构成不正当竞争行为。

可以举一个简单的假想事例说明上述区别。比如仅仅在深圳市销售非常有名的黑白相间颜色罐装啤酒的某 A 公司，虽然可以阻止竞争者 B 公司使用相同的黑白相间颜色罐装在深圳市销售啤酒，但因 A 公司的黑白颜色罐装知名度只及于深圳，又未将该黑白颜色罐装申请注册为商标，因此 A 公司无法阻止其他市场主体在深圳市以外的其他地区（比如韶关）使用完全相同的黑白颜色罐装销售啤酒。假设如果 A 公司将该黑白颜色罐装申请注册为注册商标，由于在指定商品啤酒上面，该注册商标排他权及于全国地域范围，其他市场主体自然不能使用完全相同的黑白颜色罐装销售啤酒。

既然不存在所谓"知名商品特有包装装潢权"，加多宝与广州医药集团纠纷案一审法院关注的第一个焦点问题就应该是：红罐包装装潢是什么？究竟是谁最先使用该红罐包装装潢？该红罐包装装潢何时获得识别力以及识别力的范围（即知名度的认定，具体包括相关公众的认定，知名地域范围的大小）？识别的是谁的商品？在此基础上，法院应该关注的第二个和第三个焦点问题是：竞争者使用的包装装潢与原告使用的包装装潢是否相同或者近似？竞争者使用相同或者近似的包装装潢是否会导致相关公众混淆？广东省高级人民法院的两个判决虽然也概括出了上述第二个和第三个焦点问题，但由于实质上将第一个焦点问题概括为"红罐包装装潢权归属"，因而将大量精力和笔墨倾注在了第一个焦点上，因而忽视了对第二个和第三个焦点问题的充分论述。笔者的假设是：退一万步说，红罐包装装潢由广州医药集团最先使用并获得了识别力，而且指向的也是广州医药集团的商品，假设加多宝使用的包装装潢与广州医药集团使用的不相同或者近似，或者即使加多宝与广州医药集团使用的包装装潢相同或者近似，但不会导致相关公众混淆，也不会构成《反不正当竞争法》第 5 条第 2 项所说的仿冒行为。

二、种瓜是否一定得瓜，种豆是否一定得豆？

坚持红罐包装装潢应当归加多宝所有的学者提出的理论依据是，种瓜得瓜，种豆得豆，既然红罐包装装潢是加多宝设计并使用的，在广州医药集团和加多宝解除许可使用后，红罐包装装潢自然应当归加多宝所有，这才是天经地义的硬道理。首先，笔者并不同意"所有说"或者"权利归属说"，理由已如上述第一部分所说。其次，知识产权领域中，种瓜是否一定得瓜，种豆是否一定得豆？这种说法看上去非常具有说服力。但这种观点的实质是坚持知识产权劳动说，只不过是带有自然法学说性质的财产权劳动学说的另一种说法而已。知识产权劳动学说虽然彰显了劳动在知识产权配置中的作用，让人们获得了自由和平等，却无法用来合理解释现有知识产权制度。比如，现在世界上的专利制度都只保护最先申请者，最先作出发明创造却没有最先提出申请的人，即使付出了再多劳动和投资，也不能获得专利权。再比如，现在世界上绝大多数国家商标法规定，相同或者类似商品上的相同或者近似商标，也只有最先提出注册申请的人，才能获得注册商标专用权，这意味着花费相当成本作出相同商标设计的人，在相同或者类似商品上就没有资格再获得注册商标权。即使在追求文化多样性的著作权领域，劳动也只有满足最低限度的创作性要求，作为劳动成果的表达形式才构成作品，从而获得著作权法保护。这些例子都很好地说明，在知识产权领域中，种瓜的并不一定得瓜，种豆的也不一定得豆。

究竟是什么原因导致种瓜并不一定得瓜，种豆也不一定得豆呢？原因在于，知识产权立法者仅仅将劳动作为配置知识产权的消极依据，知识产权立法者配置知识产权的积极依据必须从有利于社会公共利益的效率、公平、正义等更为高级的价值目标中去寻找。只有这样，才会理解为什么专利法、商标法等知识产权制度要采用先申请原则配置权利，而否定后来者的同样创作性劳动，或者后来者简单的、重复性的劳动。当然，这是一个极为复杂的问题，由于篇幅限制，在此笔者无法展开论述，有兴趣者可以参见笔者撰写的《知识产权法基本原理——基础理论（修订版）》第2章相关论述。

总之，笔者认为，以"种瓜得瓜，种豆得豆"的财产权劳动理论论证红罐包装应当归属加多宝而不是广州医药集团，并不特别具有说服力。按照笔者的思路，加多宝是否可以继续使用红罐包装，关键在于此种使用行为是否足以导致相关公众混淆、是否会危害相关公众利益？如果不存在这种可能性，即使在王老吉商标权许可期限内，红罐包装指向的是王老吉凉茶，许可合同结束后，加多宝也可以继续使用红罐包装。

三、包装装潢是否可以成为独立识别的商业标识？

包装装潢本质上就是未注册商标，毫无疑问可以成为发挥独立识别作用的商业标识。为什么中国知识产权界会提出这个问题？这完全是我国《反不正当竞争法》第5条的立法构造造成的。在注册主义立法模式下，起识别作用的商业标识无非注册商标和未注册商标之分，至于该商业标识究竟表现为市场主体业务上所使用的姓名、商号、商标、商品包装、商品装潢、商品特有名称，还是别的商业标识，在所不问。从分工上看，商标法积极保护的，只能是注册商标权，对未注册商标，商标法只能提供消极的防御性保护，即商标法只能规定在先使用并有一定知名度的商业标识，可以阻止他人类似范围内的商标注册，或者规定在先使用并有一定知名度的商标可以抗辩类似范围内注册商标权人的侵权指控。未注册商标的积极保护只能由反不正当竞争法完成。具体方式是：规定未经在先未注册商标使用者同意，在相同或者类似商品上使用与在先使用并有一定知名度的未注册商标相同或者近似商业标识的行为，导致混淆的构成仿冒行为，在行为人具备主观恶意的情况下，则无须在先使用未注册商标具备知名度要求。

然而，我国商标法和反不正当竞争法在这个问题上从一开始就出现了立法技术上的问题，没有厘清注册商标和未注册商标之间的关系。最突出的表现就是，《反不正当竞争法》第5条对能够作为商业标识使用的标记进行类型化，区分为注册商标、知名商品特有名称包装装潢、姓名、企业名称，并对相关行为分别进行规制。这种类型化导致的恶果是，知识产权法学者和司法者，一方面不得不对这些类型化的标记进行定义和解释，另一方面，就产生诸如"装潢是否可以成为独立识别的商业标识"之类本不该有的疑问。

在此，笔者强烈呼吁，我国未来修改反不正当竞争法时，参考日本不正当竞争法防止法第2条第1款第1项和第2项的规定。日本不正当竞争防止法第2条第1款第1项和第2项仅仅将商业标识分为周知标识（相当于我国所说的知名商业标识）和著名标识（相当于我国所说的驰名商业标识），根本不问该标识具体表现为什么，并在此基础上分别规定仿冒行为的构成要件，不但避免了许多无谓的争论，而且很好地划清了反不正当竞争法和商标法之间保护商业标识的界限。

四、注册商标与装潢是相互独立的关系还是存在依附关系？

假设加多宝与广州医药集团未发生任何纠纷，加多宝依旧使用不带注册商标"王老吉"三个字的红罐包装装潢生产销售凉茶，相关公众是否依旧会认为加多宝生产销售的红罐凉茶是之前"王老吉"牌红罐凉茶呢？如果答案是肯定的，则说明注册商标与包装装潢完全可以独立识别商品的来源，是相互独立的关系。如果答案是否定的，则说明在没有注册商标的情况下，包装装潢不能独立发挥识别商品来源的作用，因而包装装潢与注册商标是依附关系。笔者想，如果加多宝与广州医药集团未发生纠纷，相关公众大概都会选择肯定的答案吧。这就说明，经过使用，包装装潢与注册商标一样，都可以独立发挥识别商品来源的作用，因而二者是相互独立的关系，而不是包装装潢必须依附于注册商标才能发挥识别作用。

坚持包装装潢必须依附于注册商标才能发挥识别商品来源作用的学者，似乎无视和否定了我国《反不正当竞争法》第5条第2款的规定。按照依附说，既然包装装潢必须依附注册商标才能发挥识别商品来源的作用，我国《反不正当竞争法》第5条第2款还有什么必要规定"仿冒知名商品特有名称包装装潢的行为"呢？该款规定本身存在的前提就是，包装装潢能够独立识别商品来源！我国诸多知识产权法学者、律师，甚至法官，在讨论问题时，往往忽视制度本身的规定，进行抽象的、一般性的讨论，不但未能解决任何问题，反而使问题更加复杂化。这是必须坚决避免的！

五、商标和商誉是否可分？

在探讨加多宝和广州医药集团红罐不正当竞争纠纷案时，一些论者坚持认为，由于商誉和商标（包括注册商标王老吉和未注册商标红罐包装装潢等）不可分离，因此王老吉商标权许可合同终止后，不管是王老吉还是红罐包装装潢上面承载的商誉自然应当全部属于王老吉所有。商标可以承载商誉，但商誉不仅可以固化在商标上面，也可以固化在其他不同商业标识上面，乃至商业主体身上。脱离了商业标识和商业主体，商誉将彻底丧失载体，是无法想象的。所以说，从一般论和抽象论的角度讲，商誉和商标、商标和商誉是不可分离的，即使商誉表现为负值，情况也是如此。

然而，商标和商誉、商誉和商标之间互不可分，并不说明商誉背后蕴含的财产价值也不可分离。按照财产添附理论，退一万步来说，即使附和于王老吉商标上面的红罐包装装潢在全国范围内由王老吉获得排他性使用的利益，王老吉也应当在红罐包装装潢现值评估的基础上，给予加多宝合理补偿。当然，如果加多宝和广州医药集团之间就注册商标王老吉和未注册商标红罐包装装潢上面增加的财产价值分割有合同约定，则按照合同约定处理。

六、结　语

最后，笔者想强调一下，任何知识产权问题的解释，都必须坚持笔者反复强调的民法—竞争法—知识产权法这样一个整体性知识产权法观念，并区分立法论和解释论方法。按照解释论，任何问题的解释和解决方案首先必须从我国现有制度规定出发，而不是照搬即使在美国等西方国家也并不存在的某些理论来恫吓国人，甚至变成某些当事人的奴隶。

（来源：《中国知识产权》杂志）

企业名称简称的法律保护及其界限

企业名称简称是删除企业名称中表示企业所属地域、所属行业以及所属性质的文字之后，用来指代企业的文字。比如中国长城资产管理公司，可以简称为长城公司，中金黄金股份有限公司，可以简称为中金黄金，日本索尼株式会社，可以简称为索尼。

企业名称简称的保护涉及两个方面，一是人格利益的保护，二是财产利益的保护。

一、企业名称简称中人格利益的保护

这种保护具有如下几个特征。

一是以企业名称简称和企业名称全称形成特定对应关系为前提。

与工商登记簿上的企业名称全称不同，简称由于省去了发挥特定识别作用的地域、行业和表示企业性质的限定要素，社会一般公众难以将企业名称简称等同于全称，认同为企业本身，导致企业难以被社会一般公众特定化，因而只有在企业名称简称驰名的情况下，社会一般公众才可能将简称认同为企业全称和企业本身。简单地说，企业名称简称只有达到驰名状态，才可能被一般社会公众特定为企业本身，也才可能受到法律保护。

对此有明确规定的立法例，是日本商标法第4条第1款第8项的下列规定："包含他人肖像或者他人姓名或者名称，或者驰名的雅号、艺名、笔名，或者其驰名简称的商标，不得注册（但他人同意的除外）。"负责商标立法的日本特许厅对此解释得十分明确：本项是出于人格权的保护，略称包括姓名、名称、雅号、艺名、笔名的略称，以驰名为限。理由是，雅号、艺名、笔名等不同于户口簿上登记的姓名，名称略称也不同于登记簿上登记的名称，可以任意取用，难以使其达到和户口簿上的姓名或者登记簿上的企业名称同样程度的特定相关民事主体的效果，因而必须以驰名为限。①

　　日本特许厅的上述立场，得到了绝大多数日本学者和裁判例的赞成。网野诚认为，日本商标法第4条第1款第8项保护的是人格利益。它提供了两个方面的理由。一是该项存在例外规定，即他人同意的除外。如果该项目的在于防止出现混淆，即使他人同意但出于保护相关公众利益的需要也不能存在例外。二是存在除斥期间的规定（日本商标法第47条），即他人肖像或者他人姓名或者名称，或者驰名的雅号、艺名、笔名，或者其驰名简称被抢注为商标后，从核准注册之日起五年内权利人不请求宣告注册商标无效的，注册商标继续有效，权利人不得再请求宣告该注册商标无效。② 网野诚进一步认为，使用他人姓名、名称等引起出所混同或者商品品质误认的，应该适用日本商标法第4条第1款第15项（第10~14项以外的同他人业务容易发生混淆的商标，禁止注册）、第16项（可能导致商品品质被误认的商标，禁止注册）解决。③ 工藤莞司也持相同观点。④

　　关于知名度的大小，在株式会社月の友の会（原告）请求宣告被告株式会社京都西川案注册商标"月の友の会"无效案中，日本东京高等裁判所认为，月の友の会作为原告公司名称的略称，未达到在日本全国地域范围内知名的程度，因而不符合日本商标法第4条第1款第8项规定的要件，因而不能阻止被告商标注册（最判昭和57.11.12民集36卷11号第2233页，东京高判昭和56.11.5无体集13卷2号793页）。在森田ゴルフ株式会社案中，作为原告企业名称略称的森田ゴルフ并不驰名，因而被告的注册商标森田ゴルフ继续有效。⑤

　　但学者田村善之认为，日本商标法第4条第1款第8项中的"驰名"应该作与第10项相同的理解，即只要在相关公众当中被广泛认知，即满足这里的知名度要求。⑥ 田村善之教授的这种观点将日本商标法第4条第1款第8项理解成了财产利益的保护，在这种视点之下，他才会将该项中的"驰名"作与第10项相同的理解。这种理解与该项保护人格利益的立法目的不符，因而难以被赞成。

　　二是企业名称简称中，人格利益的保护不以是否可能导致混淆为要件，而以

---

① 特许厅. 工业所有权法逐条解说16版 [M]. 财团法人发明学会, 2001：1062-1063.
② 网野诚. 商标 [M]. 6版. 东京：有斐阁, 2002：336.
③ [日] 网野诚. 商标 [M]. 6版. 东京：有斐阁, 2002：339.
④ 工藤莞司. 商标审查基准解说 [M]. 4版. 社团法人发明协会, 2004.
⑤ 小野昌延. 注解商标法（上卷）[M]. 青林书院, 2005：234.
⑥ 田村善之. 商标法 [M]. 2版. 东京：弘文堂, 2000：217-220.

是否造成企业法人格受损害为判别标准。基于这个特征，企业名称简称是否驰名的判断主体，非商标法或者反不正当竞争法中所说的相关公众，而是一般社会公众。

日本东京高等裁判所2002年6月在"力王事件"中（东京高判平14.6.26速报327号10847）曾经明确表明，"人格权侵权，不是特定的商标交易者、需要者广泛知晓不知晓的问题，表示特定人的略称，应该是世间一般人知不知道的问题。"即略称是否驰名，应当以一般社会公众作为判断主体，而不应当以相关公众作为判断主体。日本最高裁判所2005年7月22日在其主页上刊载的"国际自由学园事件"中也认为，仅仅以商标的指定商品或者指定服务的需要者作为略称是否驰名的判断主体并不恰当。⑦

在我国法律语境下，从保护依据上看，符合上述要件的企业名称简称如果被他人抢注，被抢注者可以商标法第32条规定的前半句"申请商标注册不得损害他人现有的在先权利"为依据，提出异议或者无效宣告请求。如果不存在这种被抢注的情形，则可以《民法通则》第99条和《侵权责任法》第2条规定为依据，保护自己的名称权。如果客观上企业法人格利益遭受了损害，则可以请求精神损害赔偿。

二、企业名称简称中财产利益的保护

第一种思路是以《反不正当竞争法》第5条第3项"擅自使用他人的企业名称或者姓名，引人误认为是他人的商品"为依据，起诉被告构成不正当竞争。但为了保护被告选择和使用商业标识的自由，促进和鼓励同业竞争，此种不正当竞争行为必须具备如下严格要件。

一是企业名称简称知名，能够让相关公众而不是一般公众将简称特定为企业名称全称和企业本身。在简称为众多企业使用的情况下，更应当严格把握企业名称简称的知名度。否则，将不适当地导致未经工商核准登记也未经商标注册的企业名称简称获得比注册商标更大范围、更强力度的保护。

二是被告使用的标识和原告企业名称简称相同或者近似。

三是被告提供的商品或者服务与原告提供的商品或者服务相同或者近似。原告、被告虽处在同一竞争区域内，但提供的商品或者服务不同，相关公众不同，也不存在导致相关公众混淆的可能性。

四是被告与原告处于相同的竞争区域内。竞争区域不同，即使原告、被告使

---

⑦ 小野昌延. 注解商标法（上卷）[M]. 青林书院, 2005: 227-234.

用的标识相同或者近似,也不存在相关公众混淆的可能性。

五是被告使用相关标识的行为存在导致相关公众混淆商品或者服务来源的可能性。

是否存在导致相关公众混淆的可能性,必须综合进行判断,尤其应当考虑市场上使用同样标识的企业情况,特别是原告简称的知名度。在实际的诉讼程序中,如果原告举出了相关公众实际混淆原告、被告商品或者服务来源的证据,法院自当认定被告使用相关标识的行为存在足以导致相关公众混淆的可能性成立。

第二种思路是原告不坚持所使用标识为企业名称简称(当然也不能主张简称为字号,因为按照《最高人民法院关于审理不正当竞争民事案件应用法律若干问题的解释》第6条,只有依法登记注册的知名字号才能受到《反不正当竞争法》第5条第3项的保护),而是普通未注册商标。未注册商标的保护,有两个依据。一是《商标法》第32条后半句的规定"也不得以不正当手段抢先注册他人已经使用并有一定影响的商标",其适用前提是已经使用、有一定影响、存在以不正手段抢注的情况。如果不存在被抢注的情况,则只能援引《反不正当竞争法》第2条。

国外立法例为日本反不正当竞争法第2条第1款第1项(对知名标识的保护)和第2项(对驰名标识的保护)。此种做法的好处是,原告不必纠缠于所使用的标识是否为企业名称的简称。但由于原告使用的标识未经商标注册,为了防止不适当扩大原告未注册商标的保护,妨碍竞争者选择和使用商业标识的自由,损害竞争,其反不正当竞争法保护应区别知名还是驰名对待。在原告未注册商标知名的情况下,其反不正当竞争法保护应当具备如下要件。

一是原告未注册商标知名。

二是被告使用的标识和原告企业名称简称相同或者近似。

三是被告提供的商品或者服务与原告相同或者近似。

四是被告与原告处于相同的竞争区域内。

五是被告使用相关标识的行为存在导致相关公众混淆商品或者服务来源的可能性。

在原告未注册商标驰名情况下,由于客观上不存在相关公众混淆的可能,其反不正当竞争法保护应当具备的要件不同于知名未注册商标的保护要件。

一是原告未注册商标驰名。

二是被告使用的标识和原告企业名称简称相同或者近似。

三是被告的使用行为给原告造成损害,包括淡化和污染化。

三、最高人民法院相关裁定的简要评述

最高人民法院在山东起重机厂有限公司与山东山起重工有限公司侵犯企业名称权纠纷再审案中,[8] 在评判原审判决认定"山起"是"山东起重机厂"为公众所认可的特定简称是否正确时指出,"简称源于语言交流的方便,简称的形成与两个过程有关:

一是企业使用简称代替其正式名称;

二是社会公众对于简称与正式名称所指代对象之间的关系认同。这两个过程相互交织。

由于简称省去了正式名称中某些具有限定作用的要素,可能不适当扩大了正式名称所指代的对象范围。因此,一个企业的简称是否能够特指该企业,取决于该简称是否为相关公众认可,并在相关公众中建立起与该企业的稳定联系。""对于具有一定市场知名度、为相关公众所熟知并已实际具有商号作用的企业或者企业名称的简称,可以视为企业名称。如果经过试用和公众认同,企业的特定简称已经为特定地域内的相关公众所认可,具有相应的市场知名度,与该企业建立起了稳定联系,已产生识别经营主体的商业标识意义,他人在后擅自使用该知名企业简称,足以使特定地域内的相关公众对在后使用者和在先企业之间发生市场主体上的混淆,进而将在后使用者提供的商品或者服务误认为在先企业提供的商品或者服务,造成市场混淆,在后使用者就会不恰当地利用在先企业的商誉,侵害在先企业的合法权益。此时,《反不正当竞争法》第5条第3项对企业名称保护的规定可以适用于保护该企业的特定简称。"

最高人民法院在该案中的上述思路显然属于本文上述保护企业名称简称中财产利益思路中的第一种。由于该种方法保护的是企业名称简称中的财产利益,因而该简称的知名度是否达到了特定企业名称全称和企业本身的程度,以相关公众而不是一般公众作为判断主体即可。但最高人民法院在该裁定中,未能阐明企业名称简称所涉人格利益保护的要件,这应当说是一个遗憾。同时,最高人民法院在阐述企业名称简称的形成过程时,对于简称能否指代企业本身的判断主体,分别使用了"社会公众"和"相关公众"两个不同的概念,给人前后不一致之印象。

---

[8] 最高人民法院(2008)民申字第758号民事判决书。

四、中金案中被告的行为是否构成不正当竞争行为

在最近发生的、近年极为少见的中国国际金融股份有限公司诉深圳前海中金集团有限公司、深圳市前海中金财富管理有限公司、深圳市中金信诺股权投资基金管理有限公司、深圳市前海中金互联网金融服务有限公司、深圳市前海中金股权投资基金管理有限公司、深圳前海中金商务服务有限公司、深圳市贵金属有限公司等七被告不正当竞争纠纷案件中,原告主张"中金公司"是其简称,七被告在企业名称中使用"中金"二字构成不正当竞争行为。一审判决认定,"原告长期从事金融服务,具有良好的商誉和较高的知名度,原告的企业简称'中金公司'及其主要识别部分'中金'已与原告建立了稳定的联系。作为与原告存在同业竞争关系的各被告,在其网页或宣传册中突出显示了含有'中金'二字的宣传语或者使用含有'中金'二字的标题,确会导致相关公众误认其提供的金融服务源自原告或者与原告具有特定联系。"⑨ 一审判决论证虽然严密,却不无值得进一步商榷之处。

将笔者关于企业名称简称保护的上述思路应用到该案中可以发现,该案中的原告未主张企业名称简称中人格利益的保护,因此笔者关于企业名称简称人格利益保护要件的分析不适用该案。同时,该案原告未从未注册商标角度主张"中金公司"的反不正当竞争法保护,因此笔者关于企业名称简称中财产利益保护的上述第二种思路和方法也不适用于该案。由于该案原告主张"中金公司"是其企业名称"中国国际金融股份有限公司"的简称,该案唯一能够适用的是上述笔者关于企业名称简称财产利益反不正当竞争法保护的第一种思路和方法,法院引用的法条也只能是《反不正当竞争法》第 5 条第 3 项和最高人民法院关于反不正当竞争法司法适用的第 6 条。为此,判断该案中七个被告在企业名称和有关宣传材料中使用"中金"二字的行为是否构成不正当竞争行为,就必须严格死扣笔者上文所说的五个要件。在了解证据的基础上,依据上述五个要件进行分析,笔者似乎得不出七个被告使用"中金"二字构成不正当竞争的结论。理由如下:

1. 原告提供的证明"中金公司"是其简称而且知名的证据,证明的仅仅是其使用"中金公司"承销股票、债权和从事股票研究在业内知名,原告并没有提供任何证据证明其使用"中金公司"从事私人股权投资特别是从事私募基金服务在业内具有知名度,并让私人股权投资领域特别是私募基金服务内相关公众将"中金公司"特定为"中国国际金融股份有限公司"。这是该案中至关重要的

---

⑨ 深圳中级人民法院(2015)名初字第 151 号民事判决书。

一点。特别需要指出的是,原告虽然在深圳开设了证券营业部,但该营业部从事的主要是证券交易代理服务,原告并未提供任何证据证明该营业部使用"中金公司"从事了私人股权投资特别是私募基金服务而且让相关公众将其特定为"中国国际金融股份有限公司"。

2. 被告使用的企业名称中虽然包含了"中金"二字,但还包含了地域、企业性质以及具有限定和识别作用的其他因素,整体上和"中金公司"并不相同,也不近似。一审判决在认定七个被告企业名称是否和原告两个包含了"中金公司"的注册组合商标是否相同或者近似时,也持既不相同也不近似的观点。

3. 原告的业务范围包括证券研究、股本与债务发行与承销、兼并收购、证券销售交易、固定收益、资产管理、直接投资,客户主要是机构投资者,被告主要从事私人股权投资特别是私募基金服务,客户主要是私人投资者,二者业务范围并不相同,相关公众也不相同。

4. 原告虽然在深圳开设了证券营业部,但明显是从事证券销售代理服务,其营业总部在北京,七个被告营业部都在深圳,而且从事的是私人股权投资特别是私募基金服务,二者竞争区域实质上并不相同。

综上所述,由于原告并未举证证明"中金公司"是其在私人股权投资特别是私募基金服务中知名的企业名称简称,私人股权投资特别是私募基金领域中的相关公众难以将"中金公司"特定为"中国国际金融股份有限公司",七个被告使用的企业名称全称整体上既不相同类似于"中国国际金融股份有限公司",也不相同类似于"中金公司",加上原告、被告提供的服务并不重叠、竞争的区域相隔遥远,笔者认为,七个被告使用其经过合法工商登记企业名称全称的行为,客观上不存在导致相关公众混淆的可能性,原告也从未提供过相关公众混淆的实际证据证明这种可能性,七个被告的行为并不构成不正当竞争行为。被告深圳市前海中金财富管理有限公司虽然在北京有办公地点,被告深圳市前海中金财富管理有限公司和深圳市前海中金股权投资基金管理有限公司虽然通过网络推广其基金产品,但综合考量其他因素,也难以得出七个被告行为构成不正当竞争行为的结论。

该案中还有一个重要的因素是,市场上还存在很多使用"中金"二字作为字号的其他企业,其中甚至不乏"中金黄金""中金岭南""中金在线"等知名度较高的公司。如果不严格把握"中金公司"作为企业名称简称在具体业务范围内的知名度要求,不管相关公众能否将"中金公司"特定为"中国国际金融股份有限公司",就认定不同地域从事不同具体业务的企业名称中包含了"中金"二字的经营者构成不正当竞争,势必导致原告通过所谓的企业名称简称在所有行业内垄断"中金"二字,并借此消灭其他企业名称中包含"中金"二字的竞争者或者非竞争者。

五、结　　语

司法是立法之外最后一道平衡不同利益关系的工具,如何使用这一工具,需要法官存有如履薄冰之心,仔细斟酌案件的每一个细节,并擅于从细节之中发现真理,而不是相反。要切记的是,市场创新十分艰难,通过一纸判决扼杀一个创新企业却非常容易。企业名称简称究竟如何保护,如何在保护企业名称简称的同时,保护其他市场主体选择和使用标识的自由,促进竞争,增加消费者福利,是一个值得认真研究的问题。

还要指出的是,本文针对企业名称简称法律保护及其界限所作的探讨,以及对相关案件判决进行的评论,均是从纯学理的角度进行讨论,不一定正确,期待大方之家批评指正。

（来源:《中国知识产权》杂志）

民事权利懈怠抗辩法理在"乔丹"案中的适用

中国篮球爱好者几乎无人不晓的美国篮球明星迈克尔·乔丹（Michael Jordan）以侵害其姓名权和肖像权为由，于 2012 年 10 月 31 日向商标评审委员会申请撤销中国乔丹体育股份公司（以下简称"中国乔丹公司"）2000 年 9 月 25 日提出注册申请、国家工商总局商标局 2002 年 1 月 21 日初审公告并于 2010 年 6 月 28 日公告核准注册的"乔丹 QIAODAN 及图"商标争议案，因最高人民法院提审，并在 2015 年 4 月 26 日世界知识产权日由陶凯元副院长亲自担任审判长进行公开审理，而再次被推到了风口浪尖，备受国内外瞩目。该案虽然被知识产权界反复讨论，但似乎并没有因此探讨出一个令各个方面信服的解决方案，其中有些解释方法甚至适得其反，使问题越来越复杂化。笔者以为，该案争议点虽然较多，但核心问题无非是，中国乔丹公司获得注册的商标中的文字部分"乔丹 QIAODAN"是否与"Michael Jordan"及其中文译名"迈克尔·乔丹"、中文译名的略称"乔丹"形成确定指向关系，黑色图形部分是否与"迈克尔·乔丹"的肖像形成确定指向关系。

对上述两个焦点问题，负责二审的北京市高级人民法院认为，"'Michael Jordan'中文翻译为'迈克尔·乔丹'，但争议商标中的'QIAODAN'仅系'乔丹'的汉语拼音，作为汉语拼音的'QIAODAN'并不唯一对应于'乔丹'，且'Jordan'为美国人的普通姓氏而不是姓名，现有证据不足以证明'乔丹'确定性指向迈克尔·乔丹，也不足以证明'QIAODAN'明确指向迈克尔·乔丹，故迈克尔·乔丹主张争议商标损害其姓名权的依据不足。肖像权是自然人基于其肖像而享有的人格权益,肖像应清楚反映人物的主要特征,至少应清楚到社会公众能够普遍将该肖像识别为肖像权人。该案中,争议商标图形部分的人体形象为阴影设计,未能清楚反映人物的容貌特征,相关公众难以将争议商标中的形象认定为迈克尔·乔丹。因此,现有证据尚不足以证明争议商标的注册侵害了迈克尔·乔丹的肖像权。"据此,二审法院得出结论认为,"迈克尔·乔丹有关争议商标的注册损害了其姓名权和肖像权,违反《商标法》第 31 条关于'不得损害他人现有的在先权利'的规定的上诉理由依据不足,本院不予支持。"[①]

关于肖像权部分,笔者支持北京市高级人民法院判决书的观点,同时也赞成北京市高级人民法院不支持迈克尔·乔丹上诉理由的整体结论。但北京市高级人民法院所持的中国乔丹公司商标中的文字部分与"Michael Jordan"及其中文翻译"迈克尔·乔丹"、中文翻译的著名略称"乔丹"未形成确定指向关系的观点,值得商榷。证据表明,"迈克尔·乔丹"1985 年左右进入中国公众视野,[②] 20 世纪 90 年代,由于"迈克尔·乔丹"率领的芝加哥公牛队连续获得两个三连冠(1991 年、1992 年、1993 年、1996 年、1997 年、1998 年),加上以中央电视台体育频道为首的各大媒体转播 NBA 比赛,对"迈克尔·乔丹"个人的着力宣传、刻画,"迈克尔·乔丹"在中国几乎成为家喻户晓的体育明星。即使他 2003 年真正退役之后,很长一段时间仍然是各大媒体宣传报道的焦点。不管承认不承认,迄今为止,无论中国和外国存在多少个"乔丹",恐怕谁也难以否认,在中国体育爱好者以及其他相关公众的心目中,只要说起作为一个人的"乔丹",不管是英文全称的"Michael Jordan"还是简写的"Jordan",不管是中文全称的"迈克尔·乔丹"还是著名的略称"乔丹",抑或者是作为汉语拼音的"QIAODAN",确定指向的都只可能是美国篮球明星"乔丹"。试问,在美国篮球明星"乔丹"进入中国公众视野之前或者之后,人们谈论起作为一个人的"Michael Jordan""Jordan""迈克尔·乔丹""乔丹""QIAODAN"时,还有什么人物进入过中国公众的视野当中呢?

貌似很有说服力的否定这五个文字之间都确定指向美国篮球明星"乔丹"的一个理由是,"Jordan"只是美国人的普通姓氏而不是名字。这完全是中西方不同姓氏文化造成的错觉。对于早就习惯了放在前面的文字为姓、放在后面的文字为名的中国人而言,"迈克尔"才是其姓,"乔丹"才是其名。在"乔丹"案发生之前,有哪个中国人将"乔治·华盛顿"(George Washington)中的"华盛

---

① 最高人民法院(2015)高行(知)终字第 1577 号民事判决书。
② 张伟君,许超. 乔丹起诉乔丹体育侵权一案的法律评析 [J]. 电子知识产权,2012(4).

顿"作为美国第一任总统的姓而不是名、"亚伯拉罕·林肯"（Abraham Lincoln）中的"林肯"当作美国第十六任总统的姓而不是名字呢？根据英美名在前、姓在后的姓氏文化而不是中国人姓在前、名在后的姓氏文化来否定"Jordan""乔丹""QIAODAN""Michael Jordan""迈克尔·乔丹"确定指代的就是美国篮球体育明星乔丹，恐怕是该案从商标评审委员会一路走到北京市高级人民法院二审判决招致种种不同意见的重要原因吧。可以预计，假如商标评审委员会、北京市第一中级人民法院一审判决、北京市高级人民法院二审判决解读"Jordan""乔丹""QIAODAN""Michael Jordan""迈克尔·乔丹"之间关系的做法最终得到了最高人民法院的支持，以中国人恐怖的聪明才智，"华盛顿""林肯"等世界名人的姓氏（实为中国人眼中的人名）恐怕很快都会遭遇被注册为商标的命运吧？

总之，笔者不倾向于以"Michael Jordan""Jordan""迈克尔·乔丹""乔丹"以及"QIAODAN"不确定指向早已深深印在了我们心目中的那个篮球场上生龙活虎、激情四射的美国篮球明星"乔丹"、中国乔丹公司不侵害乔丹的姓名权为由，不支持迈克尔·乔丹撤销中国乔丹公司的注册商标"乔丹QIAODAN"的论证手法。

笔者认为，与其采用否定"Michael Jordan""Jordan""迈克尔·乔丹""乔丹"以及"QIAODAN"确定指向美国篮球明星"乔丹"的论证手法维持中国乔丹公司注册商标的有效性，倒不如采用权利懈怠抗辩法理不支持迈克尔·乔丹以侵害姓名权为由提出撤销中国乔丹公司已经获得注册的争议商标的请求的论证手法，能够获得更有说服力的效果。

法谚云，法律不保护躺在权利身上睡觉的懒汉。因为懈怠自己的权利不仅仅是一个时间问题，更是一个支持权利主张是否会导致不公平的问题，一个基于财产关系或者当事人之间关系发生变化后是否会导致不公平的问题。[③] 这就是美国商标侵权诉讼以及商标注册程序中的权利懈怠抗辩原则，该原则对于衡平不同当事人的利益关系发挥着重要的作用。商标侵权诉讼或者注册程序中的权利懈怠抗辩之成立通常需要具备三个要件。一是商标权人对被指控的侵权行为人存在延迟起诉的事实。二是商标权人对被指控的侵权行为人延迟起诉没有正当理由。三是商标权人延迟起诉给被指控的侵权行为人造成损害。懈怠抗辩的效果分为两种情况。一是不管被告是否故意侵权，懈怠抗辩都可以阻却商标权人金钱救济请求。二是只有在被告非故意侵权的情况下，懈怠抗辩才可以阻止商标权人的临时禁令

---

③ Holmberg v. Armbrecht, 327 U. S. 392, 396 (1946).

或者永久禁令请求。

该案中,迈克尔·乔丹以侵害其姓名权为由请求撤销中国乔丹公司涉案注册商标的行为,完全构成了权利懈怠。其一,迈克尔·乔丹对于中国甚至世界范围内从事体育用品的生产经营者而言,已经不再只是一个姓名,已经演变为一个具有指示作用的商业标记。其二,迈克尔·乔丹存在延迟请求撤销涉案商标的事实。中国乔丹公司2000年9月25就针对涉案商标提出了注册申请,国家工商总局商标局2002年1月就初审公告了涉案商标,并且直到2010年才核准注册涉案商标。没有证据表明,在如此漫长的时间里,迈克尔·乔丹针对中国乔丹公司申请注册的商标提出过异议,直到2012年2月迈克尔·乔丹才在上海市第二中级人民法院起诉中国乔丹公司侵害其姓名权,2012年10月才提出撤销中国乔丹公司注册商标的申请。其三,迈克尔·乔丹延迟请求撤销涉案注册商标没有正当理由。证据表明,与乔丹有着紧密合作关系的耐克公司早在1996年在中国提出了Michael Jordan的商标注册申请。中国乔丹公司2000年9月提出涉案商标注册申请。而且有证据显示,中国乔丹公司于2001年3月就获准注册了第1541331号"乔丹"商标,该商标还曾在第3208768号商标异议案件中被认定为足球鞋、爬山鞋等商品上的驰名商标。中国乔丹公司还于2003年3月获准注册了第3028870号运球动作图形商标,该商标还曾于2005年6月被国家工商行政管理总局商标局认定为运动鞋、运动服装商品上的驰名商标。2012年迈克尔·乔丹向商标评审委员会提出撤销涉案商标申请后,中国乔丹公司提出第十三组证据表明,中国乔丹公司在美国NBA进行广告宣传、迈克尔·乔丹队友使用中国乔丹公司产品等用于证明迈克尔·乔丹早已知晓中国乔丹公司商标存在。这些事实表明,迈克尔·乔丹早就应当知道中国乔丹公司使用了其姓名在中国注册了商标,却从未以姓名权受到侵害为由提出过任何异议或者撤销请求,其针对中国乔丹公司2000年涉案商标的注册申请延迟到2012年才提出撤销请求,没有任何正当理由。其四,迈克尔·乔丹延迟提出撤销请求将给中国乔丹公司造成难以弥补的损害。2012年迈克尔·乔丹向商标评审委员会提出撤销涉案商标申请后,中国乔丹公司提出第十三组证据表明,中国乔丹公司于2000年1月1日至2004年5月18日所支出的广告费用、赞助体育及公益事业的费用支出总计为5 317万元人民币。2010年,中国乔丹公司在中央电视台的广告宣传费用支出计近7 000万元人民币,除中央电视台外,中国乔丹公司还在山东卫视、贵州卫视等电视台进行广告宣传。经审计,中国乔丹公司2008年度、2009年度、2010年度及2011年截至6月30日止的6个月期间,营业收入分别为51 848万元人民币、78 093万元人民币、286 099万元人民币、171 066万元人民币,净利润分别为5 281万元人民币、

9 294 万元人民币、51 047 万元人民币、9 669 万元人民币。中国乔丹公司还提交了其在中国大部分省区市 5700 余家经销商的具体地址、联系人姓名及联系电话。这些证据表明,从 2000 年到 2012 年的 12 年时间里,经过巨大的广告投入和不懈努力,涉案商标早已跃然成为中国运动服饰行业的佼佼品牌,涉案商标中已经凝聚了中国乔丹公司巨大的无形资产价值。一旦中国乔丹公司不能再使用其涉案商标,无疑会遭受不可估量的巨大损害。

由于迈克尔·乔丹的行为已经构成权利懈怠行为,同时二审判决表明,在一审和二审中,迈克尔·乔丹始终未能提供有效证据证明争议商标系以欺骗手段或者其他不正当手段取得注册的商标,难以证明中国乔丹公司主观上存在恶意,因而其以姓名权受到侵害为由提出的撤销涉案商标的请求和损害赔偿请求,都不能得到法院的支持。

我国商标立法上虽然未明确规定商标侵权诉讼和商标注册程序中的权利懈怠抗辩原则,司法活动中亦未尚未创造出该原则,但学界依旧广泛认为可以从《民法通则》第 4 条规定的诚实信用原则和第 7 条规定的民事权利不得滥用原则解释出权利懈怠抗辩的法理并加以适用。④

按照上述思路处理案件,除了可以最大程度减少争议之外,更重要的是,可以杜绝某些中国企业依旧存在的傍名牌、名人姓名、肖像的不劳而获的"搭便车"思想,从一开始就设计出自己的商标,并着力打造自己的品牌形象,为创新驱动发展国家战略的最终实现添砖加瓦。

(来源:知产力)

---

④ 李扬. 商标侵权诉讼中的懈怠抗辩:美国法的评析及其启示 [J]. 清华法学,2015 (2).

再论企业名称简称的法律保护及其界限

未注册商标的保护除了企业名称全称或者能够特定为某个具体个人的姓名之外，无论表现形式是什么，必须具备一个共同要件，即通过在商业活动中使用获得一定知名度并达到让相关公众所知悉的状态。这一点与商标法保护注册商标的思路完全不同。同时，具有一定知名度的未注册商标，保护只及于其知名度和信用所覆盖的商品和地域范围。超出这个范围，即使他人在相同或者类似商品或者服务范围内，使用相同或者近似的未注册商标，也不构成不正当竞争行为。这与注册商标保护范围及于商标法生效的地域范围完全不同。

总结笔者 2016 年 8 月 8 日在《中国知识产权》杂志公众微信号发表的《企业名称简称法律保护及其界限》一文的观点，可以归纳为以下几点。①企业名称简称如果作为企业法人格的载体，企业可以主张名称权保护，前提是该简称在一般社会公众眼中驰名，和企业名称全称形成特定对应关系。企业名称简称作为企业法人人格载体，如遭受非法使用，且企业法人人格受到损害，企业可请求损害赔偿。②企业名称简称作为未注册商标，虽可受《反不正当竞争法》第 5 条第 3 项或者第 2 条的保护，但需具备如下严格要件。一是企业名称简称通过使用获得足够知名度，能让相关公众通过企业名称简称特定相关企业。二是被告使用的商业标识与企业名称简称相同或者近似。三是被告使用的商业标识提供的产品或者服务与原告相同或者类似。四是原被告的竞争地理区域相同。五是被告使用相关商业标识的行为足以导致相关公众混淆原被告商品或者服务的来源。为了更加全面、清楚地阐明笔者关于企业名称简称的法律保护及其界限的观点，本文就企业名称简称中财产部分的保护补充如下。

一、从商标法和反不正当竞争法保护商标的体系化角度理解，商标法对注册商标的保护，相比反不正当竞争法对未注册商标的保护，保护条件更简单，保护力度却更强。

按照我国商标法的规定，不管商标是否使用，只要符合注册要件，就可以获得注册成为注册商标，并因此而在核准使用的商品或者服务范围内，享有全国地域范围内的排他权，注册商标权人相应地可以针对类似范围内的未经许可使用其商标的行为行使停止侵害请求权和损害赔偿请求权。未注册商标在我国商标法上，只能根据第13条、第15条、第32条的规定，同时行使异议权和无效宣告请求权阻止他人在非类似范围或者类似范围内的抢注行为，或者根据第59条第3款的规定，通过行使商标在先使用抗辩权对抗注册商标权人行使停止侵害请求权和损害赔偿请求权的行为。在商标法上，未注册商标人并不享有停止侵害请求权和损害赔偿请求权。

按照我国《反不正当竞争法》第5条第2项的规定，未注册商标要受到保护，必须符合下列要件。

（1）原告的标识属于知名商品特有的名称、包装或者装潢。这意味着原告必须在商业活动中使用其商品特有名称、包装或者装潢，并达到让相关公众知悉的知名状态。

（2）被告擅自使用与原告知名商品特有名称、包装或者装潢相同或者近似的名称、包装、装潢。

（3）被告的使用行为造成和他人的知名商品相混淆，使购买者误认为是该知名商品。这意味着原告、被告提供的商品或者服务相同或者类似，原告、被告的相关公众相同，原被告竞争的地域范围也相同。

按照第5条第3项的规定，未注册商标要受到保护，必须符合下列要件。

（1）原告的标识属于企业名称或者姓名。根据《最高人民法院关于审理不正当竞争民事案件应用法律若干问题的解释》第6条的规定，企业登记主管机关依法登记注册的企业名称，以及在中国境内进行商业使用的外国（地区）企业名称，应当认定为《反不正当竞争法》第5条第（3）项规定的"企业名称"。具有一定的市场知名度、为相关公众所知悉的企业名称中的字号，可以认定为《反不正当竞争法》第5条第（3）项规定的"企业名称"。在商品经营中使用的自然人的姓名，应当认定为《反不正当竞争法》第5条第（3）项规定的"姓名"。具有一定的市场知名度、为相关公众所知悉的自然人的笔名、艺名等，可以认定为《反不正当竞争法》第5条第（3）项规定的"姓名"。这表明，企业名称中的字号或者自然人的笔名、艺名等，要受到反不正当竞争法保护，必须具有一定知名度、为相关公众所知悉。

（2）被告擅自使用与原告企业名称或者姓名相同或者近似的企业名称或者姓名。

（3）被告的使用行为引人误认为是他人的商品。这意味着原告、被告使用相同或者近似企业名称或者姓名提供的商品或者服务相同或者类似，原告、被告的相关公众相同，原告、被告竞争的地域范围也相同。

由上可见，未注册商标的保护除了企业名称全称或者能够特定为某个具体个人的姓名之外，无论表现形式是什么，必须具备一个共同要件，即通过在商业活动中使用获得一定知名度并达到让相关公众所知悉的状态。这一点与商标法保护注册商标的思路完全不同。同时，具有一定知名度的未注册商标，保护只及于其知名度和信用所覆盖的商品和地域范围。超出这个范围，即使他人在相同或者类似商品或者服务范围内，使用相同或者近似是未注册商标，也不构成不正当竞争行为。这与注册商标保护范围及于商标法生效的地域范围完全不同。

从上述不同点可以导出的一个结论是：同一个标识，不管是否已经成为注册商标中最具显著性的部分甚至识别力部分，但因为和注册商标中其他要素组合而整体上与被告使用的商业标识整体上既不同也不近似等原因无法受到商标法保护的话，更难以受到反不正当竞争法的保护。因为各种原因未受到商标法保护的同一个标识，却受到了反不正当竞争法的保护甚至更强力的保护，明显不符合商标法强保护商业标识，反不正当竞争法弱保护商业标识的基本逻辑。

具体到中国国际金融股份有限公司诉深圳前海中金集团有限公司等七被告案①，笔者发现判决中存在一个逻辑上非常值得讨论的问题。即一审判决否定了深圳前海中金集团有限公司等被告使用包含"中金"二字的企业名称的行为并未侵害原告第 6656557 号 注册商标，却认定深圳前海中金集团有限公司上述行为构成对中国国际金融股份有限公司企业名称简称"中金公司"中起识别力的部分"中金"的不正当竞争，不免给人违和之感。

二、企业名称简称的知名度要求

企业名称简称不同于企业名称全称，是删除了企业名称全称中起限定作用的地域、行业、企业性质等要素后的部分，比如"日本索尼株式会社"，可以简称

---

① 深圳市中级人民法院（2015）深中法知民初字第 151 号民事判决书。

为"索尼会社"。企业名称简称也不同于企业"字号","字号"是企业名称中最核心的区别此企业与彼企业的部分,比如"日本索尼株式会社"中的"索尼","美国苹果公司"中的"苹果"。

在竞争地域相同、商品相同或类似、标识相同或者近似的情况下,企业名称全称、企业名称简称、企业字号受反不正当竞争法保护对知名度的不同要求是:企业名称全称无需知名度,或只需最低限度知名度;企业名称简称需要一定知名度;字号需要很高知名度。理由是,相关公众可以通过企业名称全称直接特定相关企业,非常容易发生主体混淆、商品来源混淆;相关公众难以通过企业名称简称直接特定相关企业,不太容易发生主体混淆、商品来源混淆;相关公众非常难以通过字号直接特定相关企业,难以发生主体混淆、商品来源混淆。这其中的道理其实非常简单:越抽象的词汇,覆盖的范围越宽,相关公众特定相关企业的难度越大,对他人选择商业标识的限制作用也越大,根据权利义务对等原则,对其知名度要求当然也就越高。

具体到中国国际金融股份有限公司诉深圳前海中金集团有限公司等七被告案,原告主张其企业名称简称为"中金公司",由于七个被告不管是在企业名称中还是宣传语中从未单独使用过原告主张的企业名称简称"中金公司",一审判决不得不认定"中金"属于原告企业名称简称"中金公司"中起主要识别作用的部分,并与原告"中国国际金融股份有限公司"建立了稳定联系。此判决背后的逻辑是:相关公众一看到"中金"二字想起的就是"中金公司",一看到"中金公司"想到的就是"中国国际金融股份有限公司",或者一看到"中金"二字想到的就是"中金公司"和"中国国际金融股份有限公司",而不是"中金黄金""中金在线""中金岭南""中金控股"等所有其他所有使用"中金"作为企业名称或者企业字号的公司。要使相关公众建立起这样稳定的联系,原告"中国国际金融股份有限公司"只有通过长久、持续、大规模在特定产品或者服务上使用"中金"二字指代其企业及其提供的商品或者服务,方可达到这样的结果。否则,除非相关公众是天才,要不然是无论如何也难以将"中金"直接等同于"中金公司"和"中国国际金融股份有限公司"的。

该案中原告提供的证据是否可以让相关公众将"中金"与"中金公司""中国国际金融股份有限公司"建立其这样稳定的认知呢?回答是否定的。一是原告从未提供过其单独使用"中金"二字及其与"中金公司"特别是"中国国际金融股份有限公司"建立其稳定联系的任何证据。二是笔者曾在《企业名称简称的法律保护及其界限》中已经阐述过,原告提供的证明其使用"中金公司"及其知名度的证据全部限于股票上市、承销和股票、证券等理论研究两个领域,未提供过任何证明其在七个被告营业地域——深圳市使用"中金"或者"中金公司"从事私人股权投资业务以及这种使用已经使相关公众获得稳定认知的证据。

三、构成不正当竞争行为的法律后果

反不正当竞争法与商标法等知识产权特别法不同，反不正当竞争法属于行为规制法，不关注原告是否拥有确定内容的知识产权和其他民事权益，最终解决的是被告竞争行为的正当性和损害赔偿问题。商标法等知识产权法属于权利授予法，原告拥有确定内容的知识产权，最终解决的是权利归属和损害赔偿问题。在反不正当竞争法领域，未确定成为知识产权客体的商业标识，除了原告已经通过使用积累了一定的知名度和市场信用，在该信用覆盖的地域范围和营业范围内，被告使用相同近似标识的行为足以导致相关公众混淆，其他人不得使用相同近似标识外，原则上任何人都可以使用，因而即使认定被告的行为构成不正当竞争行为，被告只要停止不正当竞争行为基本上即足以保护原告竞争上的利益，并不必然导致被告注销企业名称的法律后果。在商标法等特别知识产权法领域内，一旦认定被告侵权，除非存在平衡法上的特别考虑，被告在商标法效力所及范围内，在相同类似商品上都不得使用相同近似商标。

上述思路早已得到自2008年3月1起实施的《最高人民法院关于审理注册商标、企业名称与在先权利冲突的民事纠纷案件若干问题的规定》的确认。按照该规定第4条，"被诉企业名称侵犯注册商标专用权或者构成不正当竞争的，人民法院可以根据原告的诉讼请求和案件具体情况，确定被告承担停止使用、规范使用等民事责任。"蒋志培先生对第4条"规范使用"的解释是，"……主要针对突出使用企业名称中的字号，侵犯他人注册商标专用权的行为，人民法院可以责令行为人在规定的范围内使用、不得突出使用等。"[②]

由于蒋志培博士时任最高人民法院知识产权庭庭长，他的解释应该是符合规定原意的。蒋志培庭长的解释表明，即使突出使出使用企业名称中的字号，侵害了他人的注册商标专业权，后果也可以是在"规定范围使用、不得突出使用等"，后果也不必然是不能使用自己已经经过核准登记的企业名称。

2014年6月26日发布的指导性案例天津中国青年旅行社诉天津国青国际旅行社擅自使用他人企业名称纠纷案中，被告擅自将原告已实际具有商号作用的企业名称简称"天津青旅"作为商业活动中互联网竞价排名关键词，使相关公众产生混淆误认的行为，虽属于不正当竞争行为，但终审法院仅仅判决"被告天津

---

② http://www.hezhenda.com.cn/show.asp?id=149.

国青国际旅行社有限公司立即停止使用'天津中国青年旅行社''天津青旅'字样及作为天津国青国际旅行社有限公司网站的搜索链接关键词",而不是判决被告停止使用其企业名称或者字号。

具体到中国国际金融股份有限公司诉深圳前海中金集团有限公司等七被告一案,即使退一万步说,被告一在其宣传册封面显著位置使用"前海中金集团"、被告五在其网站上使用"中金基金""中金优势""加入中金",被告七在其宣传册封面显著位置使用"中金贵金属"构成不正当竞争行为,被告承担的责任也只能是在宣传册或者网站上停止使用这些宣传语,而不是在所有金融领域停止使用含有"中金"文字的企业字号。

(来源:《中国知识产权》杂志)

《最高人民法院关于审理商标授权确权行政案件若干问题的规定》第18条速评

如果最高权力机关全国人民代表大会及其常委会分别制定的《民法通则》第5条（公民、法人的合法的民事权利受法律保护，任何组织和个人不得侵犯）和《侵权责任法》第2条（侵害民事权益，应当依照本法承担侵权责任。本法所称民事权益，包括生命权、健康权、姓名权、名誉权、荣誉权、肖像权、隐私权、婚姻自主权、监护权、所有权、用益物权、担保物权、著作权、专利权、商标专用权、发现权、股权、继承权等人身、财产权益）还有资格作为最高人民法院商标法司法解释的法源并且在应用逻辑性解释方法时得到足够尊重，那么就只能得出以下结论：

只有民事权益才能涵盖"民事权利"和"民事利益"，民事权利仅指各种民事法律明文规定的如下有名权利：生命权、健康权、姓名权、名誉权、荣誉权、肖像权、隐私权、婚姻自主权、监护权、所有权、用益物权、担保物权、著作权、专利权、商标专用权、发现权、股权、继承权。这些有名权利以外的值得法律保护的客体，只能称之为"民事利益"。

上述区分在以民事责任为构造的我国民法体系下，虽然不管是对侵害民事权利的行为人还是侵害民事利益的行为人而言，都可能要承担《民法通则》第134条和《侵权责任法》第15条规定的停止侵害和赔偿损失等民事责任，承担民事责任的方式没有实质差别（在以请求权为构造的民法体系下，则会存在民事权利主体享有停止侵害请求权和损害赔偿请求权而民事利益主体仅仅享有损害赔偿请求权的不同），但仍然不能由此得出区分民事权利和民事利益毫无实质意义的结论。问题的关键在于，在民事权利之外，哪些"民事利益"是应当由法律加以保护的"民事利益"？不管传统民法是坚持"可处分性理论"还是坚持"应受尊重理论"，抑或是别的什么理论来区分民事权利和民事利益，以尽管受到各种挑战和质疑但仍然屹立不倒的激励理论作为创设知识产权正当化积极根据的知识产权领域中，某种知识产权权利之外的客体是否应当作为"利益"受到知识产权法的保护，要看是否需要通过知识产权法人为创设一种稀缺性以激励该客体被足够多地创造出来，这需要一个艰难而精细的利益考量过程。

如果上述立论成立，针对 2017 年 1 月 11 日最高人民法院发布的《最高人民法院关于审理商标授权确权行政案件若干问题的规定》（以下简称《授权确权规定》）第 18 条（《商标法》第 32 条规定的在先权利，包括当事人在诉争商标申请日之前享有的民事权利或者其他应予保护的合法权益。诉争商标核准注册时在先权利已不存在的，不影响诉争商标的注册。）将《商标法》第 32 条规定的在先权利进行扩张解释为当事人在诉争商标申请日之前享有的民事权利和当事人在诉争商标申请日之前享有的民事利益的做法，就有两个问题值得认真反思。

一是该条的解释法源和依据究竟在哪里？是否考虑了作为上位法的《民法通则》第 5 条和《侵权责任法》第 2 条"民事权益"的用语规定？

二是由该条引申而出的第 22 条第 2 款规定的"作品名称、作品中的角色名称等"究竟在什么情况下应当作为"利益"受到知识产权法的保护？上述第二个问题，司法解释第 22 条第 2 款给出了两个实质要件。一是作品名称、作品中的角色名称等具有较高知名度。二是将其作为商标使用在相关商品上容易导致相关公众误认为其经过权利人的许可或者与权利人存在特定联系。这两个要件看似非常清楚，但明显将创作法的思路和标识法的思路混同在了一起。如果坚持创作法的思路，则无论将作品名称、作品中的角色名称等作为商标使用在相关商品上是否容易导致相关公众误认其经过利益人的许可或者与利益人存在特定联系，只要经过利益考量，得出应当为作品名称、作品中的角色名称等的创作提供足够激励的结论，则有必要将其作为"利益"加以保护。相反，如果坚持标识法的思路，则前提是，"作品名称、作品中的角色名称等"应当被其拥有者作为商品或者服务来源的标识使用，因而有防止被他人在类似范围内使用导致相关公众混淆可能、借以激励"作品名称、作品中的角色名称等"拥有者打造其信用促进产业发展的目的。将这两个不同思路混杂在一起，尽管可以为很简单地解决实际问题提供依据，但至少法理上欠缺清晰的逻辑。

此外，还有必要强调的一点是，有些只能放在个案中通过严格而精细利益考量加以解决的问题，通过立法或者司法解释创设规则的形式加以解决，似乎为时过早。有关商品化利益的保护问题，就是一个典型例子。

（来源：《中国知识产权》杂志）

《最高人民法院关于审理商标授权确权行政案件若干问题的规定》第28条速评

2016年12月12日最高人民法院审判委员会第1703次会议通过,自2017年3月1日起施行的《最高人民法院关于审理商标授权确权行政案件若干问题的规定》第28条规定,"人民法院审理商标授权确权行政案件的过程中,商标评审委员会对诉争商标予以驳回、不予核准注册或者予以无效宣告的事由不复存在的,人民法院可以依据新的事实撤销商标评审委员会相关裁决,并判令其根据变更后的事实重新作出裁决。"据此,在所有商标授权确权类行政案件中,人民法院不但可以根据新的事实审查被诉行政行为的合法性,而且可以根据新的事实审查被诉行政行为的合理性,从而实现确保争议商标最终获得注册的目的。此种做法表明,最高人民法院试图为在商标授权确权行政诉讼个案中追求实质正义而在法律解释技巧方面作出富有意义的全新尝试。话虽如此,此条解释的合法性、合理性可能遇到以下三个方面的挑战。

一是《行政诉讼法》第70条第6项规定"明显不当的"能否成为人民法院"可以依据新的事实撤销商标评审委员会相关裁决,并判令其根据变更后的事实重新作出裁决"的法律依据,存在疑问。根据全国人大常委会法制工作委员会行政法室的解释,《行政诉讼法》第70条第6项虽然增加了"明显不当的"行政行为适用撤销判决的规定,但鉴于合法性审查在整个行政诉讼法中的统帅地位,以追求行政争议实质性解决为目的的明显不当不应当进行过宽解释,而应当将其限定为被诉行政行为虽然合法但结果畸轻畸重的情形,这样才能既满足复杂社会现实的需要,又不至于偏离法治轨道和行政诉讼制度的定位。[1] 按照最高人民法院权威人士的解释,行政行为明显不当,是指行政行为严重违反行政合理性原则而不合适、不妥当或者不具有合理性。[2]商标评审委员会对诉争商标作出予以驳回、不予核准注册或者无效宣告的裁定,由于存在引证商标有效等事实基础,明显合法、合理,不属于"明显不当的"情形。

二是与行政案卷排他性规则不符。行政案卷排他性规则要求行政机关的行政决定只能以案卷作为根据,不能在案卷以外以当事人不知悉、未论证的证据和文件作为依据。该规则同样要求在行政诉讼中,法院在审查具体行政行为的合法性、合理性时,不得以具体行政行为作出后新出现的事实和法律、法规依据。在商标授权确权行政诉讼案件中,人民法院以新出现的事实评判商标评审委员会裁决的合法性、合理性,与行政案卷排他性规则是否相符,是否会造成商标评审委员会相关裁决长年累月不稳定的结果,不能不令人深思。

三是可能打破先申请原则。以新出现的事实要求商标评审委员会重新作出裁定,实质是为争议商标申请人保留了争议商标的申请日。在引证商标被驳回、不予核准注册或者被宣告无效后,在类似性范围内就近似性商标提出注册申请且申请日早于争议商标申请人的第三方申请人,明显没有让第三人获得公平争夺被驳回、不予核准注册、被无效宣告的商标的机会。这种只是为了实现个别正义而打破先申请原则这一商标法基本制度的做法,是否符合商标法制度整体的正义与效率目标,值得进一步探讨。

参考文献

[1] 袁杰. 中华人民共和国行政诉讼法解读[M]. 北京:中国法制出版社,2014:197.
[2] 江必新,邵长茂. 新行政诉讼法修改条文理解与适用[M]. 北京:中国法制出版社,2015:265.
[3] 王名扬. 美国行政法[M]. 北京:中国法制出版社,1995:493.

(来源:《中国知识产权》杂志)

商标反向混淆理论的"七宗罪"*

未经商标权人同意在相同或者类似商品上使用与其商标相同或者近似的商标导致的混淆,有所谓正向混淆和反向混淆之分。未经商标权人同意,行为人在相同或者类似商品上使与商标权人注册商标相同或者近似的商标,导致相关公众误以为其商品来源于商标权人的,是为正向混淆。未经商标权人同意,行为人在相同或者类似商品上使与商标权人注册商标相同或者近似的商标,导致相关公众误以为商标权人的商品来源于行为人的,是为反向混淆。

商标反向混淆理论发端和确立于美国判例法,1918 年,霍姆斯法官在 International News Service v. Associated Press 案[1]中提到过商标反向混淆问题。在 1977 年的 Big O Tire Dealers, Inc. v. Goodyear Tire & Rubber Co. 案[2]中,商标反向混淆理论得以正式确立。话虽如此,在其后的司法实践中,美国各联邦巡回上诉法院对该理论的态度依旧存在很大分歧。笔者带领研究生团队以"trademark & reverse confusion"&"infringementor unfair competition"为关键词,以 1977 年 1 月 1 日至 2016 年 11 月 6 日为时间段,在 Westlaw 数据库中共搜索到 405 个案例,排除不相关的案例 26 个,在剩余的 379 个案例中,以反向混淆认定商标侵权的仅占 69 个,不到 19%(具体数据见附录 1)。

我国法院引用反向混淆理论判决商标侵权肇始于 2007 年的"蓝色风暴"案。

---

* 此文根据笔者 2016 年 10 月 15 日在最高人民法院深圳大学知识产权司法保护理论研究基地主办的"知识产权司法保护前沿问题研讨会"上的发言整理而成,目的在于提出问题,引发思考,结论不一定正确,欢迎各位专家批判指正。

[1] 248 U. S. 215, 247 (1918).

[2] 561 F. 2d 1365 1372 (10th Cir. 1977).

该案中百事可乐饮恨"蓝色风暴",被法院以商标反向混淆为依据判决侵害原告商标权且被判赔偿原告经济损失300万元。③ 其后又陆续出现了以商标反向混淆为依据判决被告侵害原告商标权并判赔1 257万元的纵横二千（G2000）兵败"2000"案,④ 一审、二审均判赔3 373万元最高人民法院再审改判赔50万元的CASTEL醉倒"卡斯特"案,⑤ 一审判赔9 800万元、二审改判500万元的New Balance 误入"新百伦"案。⑥ 这些判决均在国内外引起巨大反响和争议。⑦ 这些判决出现后,国内不少学者撰文主张中国应当借鉴美国反向混淆判例法经验,从而使该理论变成了国内极少数法院判决商标侵权和极少数企业手中打击竞争对手的利器。

笔者认为,不管商标反向混淆理论在美国的适用状况如何,就中国现状而言,动辄以商标反向混淆为依据判决被告侵害原告商标权并赔偿原告高额损失,至少存在以下"七宗罪"。

（1）商标反向混淆理论欠缺成熟的理论基础,其罪一也。虽然不乏争议,但一般认为,商标法制止商标正向混淆以激励理论为基础,即商标法授予排他权、制止商标混淆性使用,意在激励商标注册申请和商标使用,最终促进产业的发展。制止商标反向混淆因可让商标在先使用者借助禁令救济获得斩杀商标在后使用者的机会,因而除了引发大规模的商标恶意抢注行为之外,断难激励商标在后使用者在产业活动中真实、勤勉使用其商标,促进产业发展。举一例子说,从"蓝色风暴"案发之日至今,有谁喝过名为"蓝色风暴"的啤酒?

也有商标反向混淆理论的支持者提出,制止商标反向混淆意在保护商标作为财产的价值,非以制止搭便车的混淆性使用行为为出发点,因而以财产权理论为基础。此种观点亦值得商榷。商标虽可成为信用的化体而具有财产价值,但无法脱离具体营业而独立存在。脱离了具体营业的商标就沦落为了单纯的标识,难谓有财产价值,而且知名度越小的商标,情况越是如此。即使商标属于财产,其透过广告功能所反映出来的财产价值也很可能不值得动用商标法或者反不正当竞争法进行保护。⑧

（2）商标反向混淆理论违反知识产权法定原则,其罪二也。我国2001年

---

③ 浙江省高级人民法院（2007）浙民三终字第74号民事判决书。
④ 浙江省高级人民法院（2008）浙民三终字第108号民事判决书。
⑤ 最高人民法院（2014）民提字第25号民事判决书。
⑥ 广东省高级人民法院（2015）粤高法民三终字第444号民事判决书。
⑦ 以上案件的悲情指数,可参见：吴让军. 商标摊上反向混淆,都是大事［E/OL］.［2015 - 05 - 07］. http://www.zhichanli.com.
⑧ 详细解说参见：田村善之. 商标法［M］. 2版,弘文堂,2000：5 - 8.

《商标法》第52条第2项未规定导致相关公众混淆为商标近似侵权的法律构成之一，解释论上虽将混淆作为认定商标是否近似的因素之一，但无论立法论层面还是解释论层面，都从正向混淆角度解释商标是否近似。现行《商标法》第57条第2项虽然增加了"容易导致混淆的"作为商标近似侵权法律构成之一，解释论上亦可将这里的混淆解释为包括容易导致相关公众"正向混淆"和"反向混淆"两种情况，但既然《商标法》第57条第2项并未明确规定这里的"混淆"包括"反向混淆"，就不宜做扩张解释，随意扩大注册商标权排他的边界。认为《商标法》第57条第2项规定的混淆包括了反向混淆，有违知识产权法定原则，将产生严重限制他人选择和使用商标进行自由竞争的后果。

（3）商标反向混淆理论主张以商标反向混淆为依据认定商标在后使用人侵权，难谓符合商标法创设商标权的目的，其罪三也。商标法创设效力及于全国范围的排他权、将全国相关市场预留商标权的最终目的是促进产业的发展。商标反向混淆类案件中，原告基本是规模小的企业，甚至是个人，其使用的商标知名度低，甚至没有知名度，而且往往偏安一隅，无意进取。而商标在后使用者大都是规模较大、商标知名度高、锐意进取的企业。笔者注意到一个非常有趣的现象。在有关反向混淆商标侵权案中，从公开的渠道基本上查询不到原告商标权人规模、营收、员工等详细信息，而被告这些方面的信息上网即可查询到。虽说是否公开信息属于非上市企业的营业自由，或者是出于保护企业商业秘密的需要，但也不排除这样一种可能，即某些企业之所以选择不公开信息，是因为企业各方面的情况与被告无法相比，存在天壤之别，公布出来担心落下刻意劫持商标在后使用者的恶名。在此情况下，允许在先商标权人以反向混淆为由指控商标在后使用者侵权，显然违反商标法创设商标权的目的，而且会为我国早已泛滥的抢注国外商标特别是驰名商标之风推波助澜，纵容不劳而获的心理。

（4）商标反向混淆理论以商标反向混淆为由认定商标在后使用人侵权并判决高额赔偿，与权利懈怠的衡平法理严重相背，其罪四也。虽然学者们总结的构成商标反向混淆的要件有多有少，意见不尽相同，[9] 但有一点是共同的，即都认

---

[9] 比如，杜颖教授总结了如下三要件：①商标在后使用者市场地位强于在先使用者。②商标在后使用者是否存在恶意不是判断是否构成商标反向混淆的关键要素。是否知晓原告商标存在、是否存在搭便车故意，不影响反向混淆成立。③消费者对产品来源或者原被告关系发生混淆。参见：杜颖. 商标反向混淆构成要件理论及其适用 [J]. 法学，2008（10）。黄武双教授总结了如下四要件：①双方是否存在竞争关系。②在先使用者是否有意弥补差距。在后使用者覆盖在先使用者商标可能进入的领域的行为构成侵权。③在后使用者是否存在未进行商标检索等疏忽。④混淆可能性。参见：黄武双. 反向混淆理论与规则视角下的"非诚勿扰"案 [J]. 知识产权，2006（1）。

为商标反向混淆的构成要件之一是，在后商标的知名度、商标在后使用者的市场地位都强于商标在先使用者。这一点极为重要。在后使用商标之所以能够达到高度知名状态、商标在后使用者的市场地位之所以达到强于商标在先使用者的状态，虽不排除商标在后使用者刻意设计、劫持商标在先使用者的情况，但绝大多数是商标在先使用者放水养鱼再企图杀鱼的结果。从时间上看，商标反向混淆的形成一般都要经历一个缓慢的过程，实务中尚未见到在后使用商标为了劫持在先使用商标，通过广告等方式狂轰滥炸一夜之间变得知名或者驰名的案例发生。也就是说，从商标在先使用者的角度看，商标反向混淆的形成，往往是其懈怠行使权利的结果。[10] 法言云，"躺在权利身上睡大觉的人不值得保护"。不顾此种事实，以商标反向混淆为由，径直判决商标在后使用者赔偿商标在先使用者高额的所谓经济损失，显然与在先商标的知名度和价值相严重背离，给人一种极不和谐之感。

（5）"商标反向混淆"类商标侵权案件中，"混淆"要件很难成就，商标反向混淆理论以很难成就的"混淆"要件为由，主张商标在后使用者侵害商标在先使用者商标权，其罪五也。美国联邦第二巡回上诉法院1961年确立了判断是否导致混淆的 Polaroid 八要素标准：①商标强度、②商标的近似度、③产品近似度、④商标在先使用人跨越产品之间距离的可能性、⑤实际混淆、⑥被告采用自己商标的善意程度、⑦被告产品的质量、⑧购买者的成熟度。此外，⑨商品价格是极为重要的考量因素。商标反向混淆类案件中，综合考量上述9个要素，由于在后商标显著性高于在先商标、被告产品质量往往强于原告产品质量，原告、被告商品价格相差较大等因素，极难得出在后商标的使用可能导致相关公众误认为商标在先使用者的商品来源于在后商标使用者。

（6）商标反向混淆理论所主张的反向混淆，缺少实证数据支持，其罪六也。商标正向混淆类案件中，商标在后使用人使用竞争性商标，具有超过法律规定限度搭在先商标知名度便车的目的，这是商标正向混淆侵权发生和必须被制止的内在原因。商标反向混淆案件中，在后商标使用人并不具备此种目的。有些学者认为，商标反向混淆成立的要件，无需正向混淆侵权发生同样的内在动因，而以剥夺商标在先使用者的市场主体身份、产品独立资格以及未来的市场发展空间为前提。话虽如此，实务上尚未见到有在先使用者的市场主体身份、产品独立资格以及未来市场发展空间因为反向混淆被剥夺的真实案例。毋宁说，主要或者唯一目的在于抢注并试图狮子大张口"从商标在后使用者身上撕下一块血肉"的商标

---

[10] 参见：李扬．商标侵权诉讼中的懈怠抗辩［J］．清华法学，2015（2）．

在先使用者，本来就没有真正获得市场主体身份、产品独立资格，更勿论存在未来市场发展空间。

（7）商标反向混淆不但对商标在先使用者无害，反而有利于商标在先使用者，商标反向混淆理论罔顾此种事实，依旧主张商标在后使用者侵犯商标在先使用者商标权，其罪七也。1993年美国联邦第二巡回上诉法院在 w. w. w. phameceutial Co. v. Gellette Co. 案[11]中认为，如果消费者认为在先使用的小企业的商标与规模大、资产雄厚的在后使用者有某种联系，则在先使用的小企业就可以利用在后使用的大企业的信誉，搭大企业的便车。也就是说，即使存在所谓的反向混淆，对商标在先使用者也有利无害，对相关公众亦是如此。任何一种行为，之所以在法律上必须做出负面评价，要么损人利己，要么损人不利己。商标反向混淆案件中，难谓存在此种情况。商标反向混淆理论主张法律上并不具有可责难性的商标使用行为构成商标侵权，实难苟同。

综上所述，笔者主张，既然商标反向混淆理论存在"七宗罪"，在商标侵权判定中，就应当慎用这一理论。至少在原告明显抢注商标又懈怠行使商标权的案件中，法院应当以权利懈怠法理（在中国法语境下，可从民法通则规定的诚信原则中解释出默示许可，亦可直接适用《民法通则》第7条规定的权利不得滥用原则）为依据，或者以不存在混淆可能性为由，驳回原告所有诉讼请求。

附录1

美国法院适用反向混淆理论的情况

调研时间维度：1977年1月1日～2016年11月6日；

调研所用关键词：trademark & "reverse confusion" & infringement or "unfair competition" & 各自调研时间；

调研总相关结果：405个案件，经过删选，排除了部分不相关的内容，剩余部分具体情况如下：

---

[11] 984 F. 2d 567, 575 (2d Cir. 1993).

负责人	负责时间	侵权判决/个	不侵权判决/个	备注
罗建勇	1977~1981年	1	2	其他：1个
方瑶	1982~1986年	1	6	
王倩	1987~1991年	3	15	发回重审：2个
李艳青	1992~1996年	13	28	其他：4个
雷向晶	1997~2001年	6	27	发回重审：2个；构成不正当竞争：1个；不侵权不构成不正当竞争：10个
李元成	2001~2007年	14	68	
刘思逸	2008~2011年	13	40	
熊启媛	2012~2016年	18	104	

（来源：《中国知识产权》杂志）

违法使用与《商标法》第32条后半句规定的"一定影响"的关系

讨论违法使用与《商标法》第32条后半句规定的"一定影响"的关系时，必须明确三点。第一点，违法使用中的"法"，是指行政法或者刑法，而不是指其他形式的法，更不是部门规章。第二点，究竟是商标使用的商品或者服务生产、销售或者提供本身违反法律的禁止性规定，还是商标使用的商品或者服务生产、销售或者提供被滥用违反了法律的禁止性规定。这是案件事实问题。第三点，在商标使用在多个商品或者服务上，或是使用在被滥用从而违法的商品或者服务上时，商标"一定影响"的获得，究竟是使用在法律并不禁止生产、销售或者提供的商品或者服务上，或者是该商品或者服务合法功能上的结果，还是使用在法律禁止生产、销售或者提供的商品或者服务上，或者是该商品或者服务被滥用的功能上的结果？这也是案件事实问题。

如果具体案件事实表明，商标使用的商品或者服务生产、销售或者提供本身并不被法律禁止，仅仅是该商品或者服务的生产、销售或者提供被滥用违反了法律的禁止性规定，由于滥用行为与商标使用者无关，商标使用者既不存在商标法上的违法行为，也不存在行政法等公法上的违法行为，则赋予了该产生"一定影响"的商标相同类似范围内的排他效力，应该没有疑义。比如，具有合法、正常游戏和娱乐功能的游戏机被游戏厅经营者或者游戏玩家滥用为赌博工具，或者自动麻将机被麻将馆和麻将玩家滥用为赌博工具，就属于这种情况。同样，如果具体案件事实表明，"一定影响"的获得，是商标使用在法律并不禁止生产、销售或者提供的商品或者服务上，或者是该商品或者服务合法功能上的结果，则赋予该产生了"一定影响"的商标相同类似范围内的排他效力，也应该没有疑义。比如，某游戏和游戏机商标"一定影响"的获得是使用在具有合法、正常娱乐和休闲功能但被游戏厅和游戏玩家滥用为赌博工具上的结果，就属于这种情况。

存在分歧的是，商标使用在法律禁止生产、销售或者提供的商品或者服务上产生的"一定影响"，是否属于《商标法》第 32 条（"申请商标注册不得损害他人现有的在先权利，也不得以不正当手段抢先注册他人已经使用并有一定影响的商标。"）后半句规定的"一定影响"，是否应当赋予具备该"一定影响"的在先使用商标相同类似范围内阻却他人以不正当手段抢注或者使用该商标的排他效力？

有的学者认为，《商标法》第 32 条后半句规定的"一定影响"应当是商标使用在法律许可生产、销售或者提供的相关商品或者服务上产生的积极影响和良好声誉，在法律明令禁止生产、销售或者提供的商品或者服务上使用商标产生的影响，不应受到商标法的认可。换句话说，该种观点认为，违反行政法或者刑法等公法禁止性规定使用商标产生的一定影响，不属于《商标法》第 32 条后半句规定的"一定影响"，该商标也不具备在相同类似范围内阻却他人不正当抢注和使用的排他效力。笔者明确不同意此种观点，理由如下：

第一，TRIPS 协议第 15 条第 4 款规定，"商标拟使用商品或者服务的性质，在任何情况下都不应构成商标注册的障碍。"（The nature of the goods or services to which a trademark is to be applied shall in no case form an obstacle to registration of the trademark.）可见，按照 TRIPS 协议，商标是否可以注册与其使用的商品或者服务本身的性质没有任何关系。孔祥俊教授认为，该规定的基础是，"知识产权的保护不应当取决于商品或者服务能否在一个国家合法地销售或者提供。"[①] 我国《商标法》第 10 条、第 11 条、第 12 条、第 13 条、第 15 条、第 16 条、第 30 条、第 31 条、第 32 条、第 50 条虽然排除了某些要素获得商标注册的可能性，但并未将任何类别的商品或者服务排除在申请商标注册或者使用的范围之外。这种规定和 TRIPS 协议第 15 条第 4 款的规定完全一致。TRIPS 协议第 15 条第 4 款和我国商标法的规定说明，商标法关注的只是某个符合商标法规定的要素使用在相关商品或者服务上，是否能够发挥识别该商品或者服务来源的作用，而不是该商品或者服务是否属于法律禁止或者限制生产、销售或者提供的对象。这进一步说明，TRIPS 协议和我国商标法并不持这样的观点：<u>在法律禁止或者限制生产、销售或者提供的商品或者服务上使用注册或者未注册商标产生的影响，就是负面</u>

[①] 孔祥俊. WTO 知识产权协定及其国内适用 [M]. 北京：法律出版社，2002：136.

影响，就是污名恶名，不能产生任何相同类似范围内阻却他人注册或者使用的排他效力。比如，未获得管理机关批准的药品，按照 TRIPS 协议的规定，就应当准予注册。假设某药品厂家未获管理机关批准，就使用某一商标开始生产、销售药品，并达到该商标被广大药商和病人知晓程度，该厂商虽然违反了药品管理法应当承担的行政责任，但该商标产生的影响恐怕很难说就是负面影响。

　　第二，商标法的目的之一，是通过防止相关公众可能发生混淆以确保商标权的排他效力，该目的在《商标法》第 32 条后半句也得到了很好的体现。注册主义制度下的商标排他权原则上虽来源于注册，但作为补充，采用商标权注册主义制度的各国商标法亦规定，已经在先使用并产生了一定影响的商标亦可获得不同程度的排他权益。我国《商标法》第 13 条第 2 款和第 3 款、第 15 条第 2 款、第 32 条后半句即是如此规定，唯要求"影响"的程度不同而已。为了确保商标权益全国范围内或者竞争范围内的排他效力，商标法不得不采取如下措施防止相同类似范围内相关公众可能发生的混淆状况出现：不管商标使用在何种商品或者服务上，也不管产生的影响是积极影响、良好声誉还是消极影响、污名恶名，一律承认该商标在相同类似范围内阻却竞争者不正当抢注和使用的排他效力。否则，商标法就等于放任相关公众混淆结果的发生，与其立法目的背道而驰。一个最为经典的事例是，原三鹿集团使用"三鹿"商标违法生产、销售含有三聚氰胺的奶粉事件曝光后，"三鹿"商标可谓名誉扫地。但为了防止相关公众可能发生混淆，商标法仍然必须制止他人在相同类似范围内注册或者使用"三鹿"商标生产、销售奶粉的行为。按照上述负面影响不属于《商标法》第 32 条后半句规定的"一定影响"的观点，意味着任何人都可以在奶粉上注册或者使用三鹿商标。此种放任相关公众发生混淆可能性的观点，将严重危害商标法中的公共利益，与商标法的立法目的背道而驰。

　　上述事例说明，"污名恶名"等"负面影响"仅仅减损商标的市场价值，而不会改变相关公众基于商标对商品或者服务来源已经形成的稳定的市场认知，很多情况下甚至相反，"污名恶名"等"负面影响"会急剧强化相关公众基于商标对商品或者服务来源的市场认知。至少在商标法上，当一个商标通过使用获得了"一定影响"，不管是正面影响还是负面影响，说明商标事实上已经发挥了识别商品来源的作用，对事实上已经发挥了识别商品来源作用的商标，商标法没有足够理由不保护其排他效力，以至于放任相关公众混淆可能性的发生。不如此理解而准予同一商标在相同类似范围内获得注册，将给人强烈的"只许州官放火，不许百姓点灯"的强盗逻辑之感。

　　说到这，必须啰唆一句的是，从积极影响、良好声誉角度理解商标的影响，正是驰名商标被异化为荣誉称号广泛用于广告宣传的根本原因。（国家工商行政管理总局 2003 年版的《驰名商标认定和保护规定》第 2 条曾经规定，"本规定中的驰名商标是指在中国为相关公众广为知晓并享有较高声誉的商标"。2009 年最高人民法院发布的《关于审理涉及驰名商标保护的民事纠纷案件应用法律若干问题的解释》第 1 条规定，"本解释所称驰名商标，是指在中国境内为相关公众广为知晓的商标"，无"较高声誉"的规定。国家工商行政管理总局 2014 年修订后的《驰名商标认定和保护规定》第 2 条规定，"驰名商标是在中国为相关公众所熟知的商标"，删除了"较高声誉"的要件。）

第三，从比较法角度看，与我国《商标法》第 32 条后半句具有相同规范功能的日本商标法第 4 条第 1 款第 10 项"与相关公众广泛知悉的表示他人业务所属商品或者服务的商标相同或者近似，并使用在相同或者类似商品或者服务上的商标"（"他人の業務に係る商品若しくは役務を表示するものとして需要者の間に広く認識されている商標又はこれに類似する商標であつて、その商品若しくは役務又はこれらに類似する商品若しくは役務について使用をするもの"），仅仅要求被赋予相同类似范围内排他效力的在先使用商标为相关公众广泛知悉（"需要者の間に広く認識されている"），并不过问相关公众知悉导致的是正面还是负面影响。以笔者所掌握的资料和对日本知识产权法的研究，也未见日本商标法解释论面上出现过此种观点。

第四，包括商标权在内的所有知识产权本质上是一种排他权而不是自用权。作为一种排他权，知识产权的取得本身虽然违法（比如，未经许可将他人小说拍摄成电影、未经前专利权人同意做出改进发明申请的专利），或者取得本身不违法但其行使违法（比如黄色小说）或者其滥用违法（比如注册了商标的自动麻将机被用于赌博），并不改变知识产权的排他性，知识产权人仍然可以排除他人行使其权利控制范围内的行为，唯知识产权人自己行使违法的知识产权时，可能承担行政法等公法上的责任。这就是必须区分公法上的法律关系和私法上的法律关系，"上帝的归上帝、恺撒的归恺撒"的道理。

从知识产权本质是一种排他权可以推出的一个结论是，在适用《商标法》第 32 条后半句时，法院关注的焦点不应当是在先使用商标可以利用会计方法测算的商誉的多少，而应当是在先使用并有一定影响的商标是否可以排除相同类似范围商标的注册，以防止相关公众混淆，保护公共利益。即使在先使用商标的商誉不应当受到法律保护，从防止相关公众混淆的角度出发，也无法得出相同类似范围内的商标注册应予核准的结论。

第五，从产业生存和发展角度看，如果将使用在本身具有合法、正常功能但该功能被滥用的商品或者服务上的商标获得的影响，等同于使用在本身违法的商品或者服务上的商标获得的影响，并因此而让相同近似商标在相同类似商品或者服务上获得注册，不但如上所述将放任相关公众混淆因而严重损害相关公众利益，而且将造成相关行业难以生存的极端后果，这样的后果很可能成为法院判决"不可承受之重"。比如，遍布大街小巷的游戏机几乎都具有合法、正常的退分、退币、退彩票等娱乐、游戏功能，几乎所有带孩子去玩过的父母都知道，但该功能常常被游戏厅或者游戏玩家滥用为赌博工具。对此，法院如果不加区分，几乎所有游戏厅都要关门，上游从事游戏机生产和游戏开发的企业也很有可能面临困境。<u>个案司法判决表面上虽属个案事情，但实际上事关企业存亡，因而法官作出判决时，需有如履薄冰之感觉！</u>

概而言之，只要不能放任相关公众混淆可能性后果发生这个商标法的基本点还应当被坚持，只要知识产权本质上是一种排他权这个基本点还无法放弃，只要公法上的法律关系和私法上的法律关系的区分这个基本点还有存在的必要性，那么《商标法》第32条后半句的一定影响就应当作出如下解释：只要在先使用的商标为相关公众所知悉，已经发挥了区别商品或者服务来源的功能，则不管该商标获得的是积极影响还是消极影响，该商标相同类似范围内的排他效力就有被维持的必要。如此，在商标法领域内，从商标注册角度看，探讨在先使用商标使用的商品或者服务是否违反法律禁止或者限制性规定，以及在此基础上探讨该在先使用商标获得的影响是积极影响还是消极影响，对于申请注册的商标是否应予核准注册，并无任何实际意义。

（来源：《中国知识产权》杂志）

在先使用且有"一定影响"的商标对他人商标注册申请的阻却作用

本文将删繁就简,去伪存真,以最明了的语言,再次从一般论的角度阐明在先使用且产生了"一定影响"的商标对他人相同类似范围内(所谓相同类似范围,是指商标相同或者近似,商品相同或者类似,以下同)商标注册申请的阻却作用。

在展开论述之前,先必须澄清孙远钊教授对笔者上一篇相关文章的误读。在《中国知识产权杂志》微信公众号2017年2月15日推送的《违法使用与商标法第三十二条后半句规定的"一定影响"的关系》一文中,笔者表达的结论性观点如下,"在商标法领域内,从商标注册角度看,探讨在先使用商标使用的商品或者服务是否违反法律禁止或者限制性规定,以及在此基础上探讨该在先使用商标获得的影响是积极影响还是消极影响,对于申请注册的商标是否应予核准注册,并无任何实际意义。"始料不及的是,这个观点被孙远钊教授误读为,"持赞成说的一方是认为,纵使在行政法或刑法上构成违法,但标识的使用仍可构成'在先权利'……也就是认为负面的'商誉'不对商标和商标专用权的存在产生影响,而只对商标价值产生影响。"(参见孙远钊:《在先使用如果违法是否可以阻却商标注册?》《知产力》微信公众号2017年3月1日推送)。虽然私下我和孙远钊教授相互非常熟悉,但孙教授将他自己的观点硬塞给我,我还是无法接受的。细心的读者只要用心读过笔者文章,就会显而易见地发现,我文中根本未使用过"在先权利"这样的字眼,更未提过"负面的""商誉""不对商标和商标专用权的存在产生影响"这样的说法。孙教授一向以治学严谨著称,想来回头再认真读一遍笔者文章,应该很容易就发现您文中引用的我的观点其实是您自己杜撰出来的。

澄清上述事实后，笔者对上述结论性观点分解、修正和补充如下。

在先使用且有"一定影响"的商标分为两种情形，一种是在先使用并且导致相关公众正面评价和产生了良好声誉的商标，另一种是在先使用但导致相关公众负面评价和产生了污名恶名的商标。

在先使用并且导致相关公众正面评价和产生了良好声誉的商标，在相同类似范围内具有阻却他人以不正当手段进行抢注的效果，依据是现行《商标法》第32条后半句。

在先使用但导致相关公众负面评价和产生了污名恶名的商标，在相同类似范围内同样具有阻却他人进行抢注的效果，依据不是《商标法》第32条后半句，而是《商标法》第10条第1款第8项。

（1）在先使用但导致相关公众负面评价和产生了污名恶名的商标，包括三种情形。第一种情形是，因商标使用的商品从一开始就根本违法甚至是犯罪工具，商标因此导致相关公众负面评价，产生污名恶名。比如，从开始营业之日起就使用"人间天堂"作为服务商标提供色情服务和贩卖毒品，就属于这种情况。第二种情形是，商标使用的商品本身开始虽然合法，但使用者在生产经营过程中，从事非法商品生产经营活动，商标因此导致相关公众负面评价，产生污名恶名。比如，三鹿奶粉使用"三鹿"商标生产销售含有三聚氰胺的奶粉，就属于这种情况。第三种情形是，商标使用的商品合法，但生产经营者偷税漏税，或者从事其他与商标使用的商品无关的其他违法犯罪活动，商标因此获得相关公众负面评价，产生污名恶名。三种情形中，商标使用的商品是否合法，商标使用者是否存在其他违法犯罪活动，是一个事实问题。

（2）无论出现上述三种情形中的哪一种，商标的市场价值都会因相关公众或者一般公众的污评恶评而受到严重损害。

（3）虽然上述三种情形中的商标市场价值会受损，但污名恶名的存在说明相关公众甚至是一般公众已经通过商标对相关商品的来源形成稳定认知，亦即商标已经发挥了识别作用。

（4）如果允许他人在相同类似范围内对在先使用但已经具有污名恶名的商标进行抢注，不但极有可能导致相关公众对抢注者的商品来源或者抢注者与在先使用者之间的法律或者经济关系发生混淆，而且极有可能违背社会善良风俗或者产生其他不良影响。比如，"人间天堂"提供色情服务，贩卖毒品，三鹿集团生产含有三聚氰胺的毒奶粉，臭名远扬，但这绝对不意味着他人就可以抢注"人间天堂"提供相同类似服务，或者抢注"三鹿"生产、销售奶粉。

（5）虽然上述三种情形中在先使用商标的使用者由于违反公法而可能遭受停业整顿、破产倒闭、刑事处罚等公法上的后果，并进而导致商标因三年不使用而被撤销的后果，但至少在被撤销之前，基于商标法第十条第一款第八项的规定（上述三种情形中的前两种），或者基于《商标法》第32条后后半句（上述三种情形中的第三种），不得允许他人在相同类似范围内抢注。

商标注册和使用是否合法的判断依据，主要是商标法，商标使用的商品或者服务是否合法，商标使用者的生产经营活动是否合法，判断依据主要是商标法以外的其他公法，三者之间是否合法、是否合法的依据不能画等号，更不能相互混淆。商标注册和使用是否合法，目的在于解决商标的显著性和独占适格性，依据是我国现行《商标法》第4条、第7~13条、第15~16条、第30~32条、第50条。商标使用的商品或者服务是否合法，商标使用者的生产经营活动是否合法，依据主要是产品质量法、刑法、税法和其他行政管理法规。

商标法设置商标注册申请异议程序的规范目的，虽有保护《商标法》第32条后半句规定的在先使用并有一定影响的商标、弥补商标权单一注册主义制度之不足之目的，但绝对不能忘记的是，通过异议程序打击相同类似范围内的商标恶意抢注行为，避免相关公众混淆，保护在先使用人的合法权益，保护公共利益，才是异议制度更为重要的目的。忽略或者故意雪藏商标注册申请异议制度这方面的规范目的，有意无意混淆商标注册和使用是否合法、商标使用的商品或者服务是否合法、商标使用者的生产经营活动是否合法三者之间的界限，将所有讨论的焦点放在使用在被简单粗暴假定出来的违法乃至犯罪商品上的在先使用商标是否因此而产生可受法律保护的"在先权利"或者"良好声誉"，而不是同时放在抢注者在相同类似商品范围内抢注相同近似商标的行为主观上是否存在恶意、是否可能导致相关公众混淆、是否会损害公共利益上，简单地说就是放在抢注者是否应当获得注册上面，极有可能混淆视听，并因此而误导相关法院，使其难以准确把握案件焦点而将商标法第32条作为审理相关案件的唯一法律依据。

概而言之，笔者依旧坚持《中国知识产权》杂志微信公众号于2017年2月15日推送的拙文《违法使用与商标法第三十二条后半句规定的"一定影响"的关系》中的如下结论性观点，"在商标法领域内，从商标注册角度看，探讨在先使用商标使用的商品或者服务是否违反法律禁止或者限制性规定，以及在此基础上探讨该在先使用商标获得的影响是积极影响还是消极影响，对于申请注册的商标是否应予核准注册，并无任何实际意义。"

（来源：《中国知识产权》杂志）

著作权法

体育赛事相关财产权问题漫谈

一、虽然是漫谈，却不敢胡说

与体育赛事有关的产权，不限于知识产权，也有知识产权以外的一般财产权，故而漫谈的对象定位为"与体育赛事相关的财产权问题"，而不限于与体育赛事相关的知识产权问题。明确了对象，就不至于犯张冠李戴的错误。

二、体育赛事举办者享有的是什么权益？其权益来源是什么？

这两个问题，国内似乎极少关注。但这两个问题不解决，体育赛事举办者针对直播体育赛事的各播放事业者收取高昂的费用，就缺少法理依据。体育赛事举办者享有的是知识产权吗？虽然不能说绝对不是，但可以说几乎不是。道理并不复杂，体育赛事本身几乎很难有构成著作权法意义上作品或者邻接权法意义上表演的情况出现。理论上可以假设构成表演的极例外情况是花样滑冰、花样游泳，不过实践中似乎尚未见有体育赛事举办者以邻接权人或邻接权受让人身份针对播放事业者主张邻接权并因此而导致纠纷的案例发生，因此这种理论上的假设实际意义并不是很大。[①]

[①] 日本有一种观点认为，体育赛事只不过是身体的活动，而非思想或者感情的创作表现，因此不属于作品。同时，即使是花样游泳、花样滑冰，如果只是在体育比赛场合进行，讲究的还是技法，而不是具有文艺性质的表演，因此运动员并不是表演者，不能享有表演者邻接权。大桥桌生. sport 的放送和权利[J]. 北京：sportsmedicine, 2012 (142).

从日本足球协会、日本棒球协会、日本排球协会等体育赛事举办者与各放送事业者签订的合同看，通常将其享有的权益称为"放映许可权"。② 关于该权利法理上的根据，日本学说和判例上通常通过运动员的肖像权和运动场所及其附带设施的管理权③来进行解释。通过合同获得的全体运动员的肖像权虽可以从一个方面解释体育赛事举办者"放映许可权"的合法性，但放送事业者之所以愿意花费巨大代价获得直播赛事许可，观众之所以愿意购买昂贵门票进入现场观看一场比赛，在乎的绝不仅仅是因为运动员的肖像，更是体育赛事过程本身。仅仅通过全体运动员的肖像权来解释体育赛事举办者"放映许可权"的权源，显然有点过于轻率了。体育赛事举办者对运动场所及其附带设施的管理权亦不足以为其"放映许可权"提供足够的法理依据。虽然基于对体育场所及其附带设施所有权或者承租权而产生的管理权，体育赛事举办者可以对进入运动场地的放送事业者和普通观众收取一定费用，但此种收费本质上不过一种债权而已。如此一来，体育赛事举办者对现场放送事业者现场录播赛事并许可第三人放送体育赛事的行为、未进入运动场所以外的第三人播放体育赛事的行为（比如，在附近的建筑物上架设高性能录音录像设备录制、放送现场比赛），就难以直接行使权利。④ 事实上，为了回避这种情况出现，在日本，体育赛事举办者及其关联公司自己录制体育赛事试听节目，然后通过放送许可或者转让合同提供给电视台等放送事业者放送的事例已经不断增多。⑤

似乎在民法庞大的有名有姓的权利家族里，还很难找到一项匹配体育赛事举办者权益的有名权利。不过这丝毫不意味着体育赛事举办者不享有任何受法律保护的权益。因体育赛事巨大的商业价值、体育赛事举办者付出的巨大投资和艰辛

---

② 比如，2013日本专业棒球协会协约第44条，日本足协规约第119条，日本排球协会机构规约第86条。

③ 山崎卓也. スポーツビジネスにおける知的財産法の"Misdirection Play"［J］. 知产管理，62（9）：1219.

④ 在日本也有通过债权来解释体育赛事举办者权利基础的观点。该观点认为，体育赛事举办者享有的"放映许可权"只是一种基于合同而产生的纯粹的债权，效力只及于合同当事人双方，对第三人原则上不发生权利效力，除非第三人故意侵害此种债权从而成立不法行为（第三人明知体育赛事者和播放事业者之间存在债权、主观上具有侵害此种债权的故意、损害后果严重。比如在体育馆外架设高性能摄像机，现场放送体育赛事）。即使如此，体育赛事举办者也只能针对第三人行使损害赔偿请求权，而不能行使差止请求权。大桥桌生. sport の放送と権利［J］. sportsmedicine，2012（142）.

⑤ 比如，专业棒球太平洋联盟举办的比赛，该协会所属的6支球队共同出资组建的太平洋联盟营销公司就只做了现场比赛节目，然后提供给BS局以及各个有线电视台，作为"太平洋棒球联盟电视节目"进行信息网络传播。小創秀夫，スポーツと知的財産、パテント，2014，67（5）.

劳动，同时考虑到全体民众文体生活的需要，综合洛克财产权劳动理论和激励创新理论，适当配置给体育赛事举办者一定权益，以激励其举办高水平的体育赛事，满足全体民众文体生活的需要，实有必要。在现有法律资源体系中，将体育赛事举办者应该享有的权益解释为民法中"受法律保护的权益"，⑥根据具体案情，或以民法，或以侵权责任法，或以反不正当竞争法进行保护，当是现实可行之选择。

三、放送事业者制作的视听节目，作品耶？制品耶？

放送事业者制作的视听节目，是否作品，是与体育赛事相关的财产权问题的焦点。国内目前理论界和实务界存在两种截然对立的观点。⑦一种观点认为放送事业者制作的视听节目，并非对体育赛事机械地记载，而是通过摄像角度的选择，运动员、裁判、观众及其表情的选择以及特写，镜头技术的运用，以及点评和解说等加入了制作者的个性，系制作者思想和感情的独创性表达，因而属于作品。另一种观点认为放送事业者制作的视听节目，不管如何选择摄像角度、画面，甚至采用了慢镜头以及回放技术，最终也只是对体育赛事较为客观的记载，并不是制作者创作了这些画面或者运动员的表情，因此其制作的节目中并不包含独创性，属于录像制品而非作品。

---

⑥ 日本民法典第709条，中国《民法通则》第5条，中国《侵权责任法》第1条、第2条。

⑦ 在原告北京新浪互联信息服务有限公司诉被告北京天盈九州网络技术有限公司著作权侵权及不正当竞争纠纷一案，（2014）朝民（知）初字第40334号判决书中，朝阳区人民法院认为，赛事的转播、制作是通过设置不确定的固定或不固定的录制设备拍摄录制的，但是以此为基础拍摄的画面并不是用户看到的最终画面，转播制作程序不仅仅包括对赛事的录制，还包括回看的播放、比赛及球员的特写、场内与场外、球员与观众，全场与局部的画面，以及配有的全场点评和解说。而上述画面的形成是编导通过对镜头的选取，即对多台设备拍摄的多个镜头的选择、编排的结果。而这个过程，不同的机位设置、不同的画面取舍、编排、剪切等多种手段，会导致不同的最终画面。法院认为，对赛事录制镜头的选择、编排，形成可供观赏的新的画面，是一种创作性劳动，而该创作性从不同的选择、不同的制作，会产生不同的画面效果恰恰反映了其独创性。所以，赛事录制形成的画面，构成我国著作权法对作品独创性的要求，应当认定为作品。

而在原告央视国际网络有限公司诉被告北京暴风科技股份有限公司侵犯录音录像制作者权纠纷案中，法院认为，由国际足联拍摄、经央视制作播出的"2014巴西世界杯"赛事电视节目应当认定为录像制品。

法院认为，赛事视频的制作过程中虽有摄制者的一定创作，包括通过技术手段融入解说、字幕、镜头回放或特写、配乐等内容，但是，摄制者在拍摄过程中对于比赛进程的控制、拍摄内容的选择、解说内容的编排以及在机位设置、镜头选择、编导参与等方面，能够按照其意志做出的选择和表达非常有限，因此由国际足联拍摄、经央视制作播出的"2014巴西世界杯"赛事电视节目所体现的独创性，尚不足以达到构成我国著作权法所规定的以类似摄制电影的方法创作的作品的高度。参见：http://www.sipo.gov.cn/mtjj/2015/201507/t20150724_1149552.html。

日本同样存在这两种观点。⑧ 不过与中国不同的是，在日本，认为属于作品的观点似乎是少数派，作品还是制品之争的案例并不多见。

为什么在中国放送事业者之所以那么在乎其制作的体育赛事视听节目是作品还是制品？根本原因大概在于，目前中国的著作权法仅仅赋予了放送事业者转播权、录制权（固定权）、复制权而没有赋予放送事业者信息网络传播权，⑨ 而现实中对放送事业者利益造成最严重损害的，恰恰是未经放送事业者许可，将其录制、播放的体育赛事节目通过信息网络进行传播的行为。

如果其制作的体育赛事视听节目是作品，按照目前中国著作权法的规定，播放事业者享有信息网络传播权从而控制通过信息网络进行的交互式传播行为自然不在话下，虽然尽管如此，播放事业者仍然无法控制网络直接广播、网络非交互式定点播放行为，⑩ 不过如果播放事业者制作的体育赛事视听节目能够被司法或者理论界毫无疑问地界定为作品，虽然由于中国现行著作权法关于广播权和信息网络传播权规定的缺陷而导致其保护结果并不完美，但总算能够部分解决其最关切的交互式信息网络传播行为的控制问题。

为什么在日本没有那么多放送事业者去争论其制作的体育赛事视听节目是制品还是作品呢？根本原因在于，按照日本著作权法，无论是无线还是有线放送事业者，都享有传播可能化权，放送事业者完全可以控制未经许可通过信息网络传播其制作的体育赛事视听节目的行为。⑪

可见，如果中国著作权法赋予了放送事业者信息网络传播权，放送事业者和其他利益相关方关于放送事业者制作的体育赛事节目属于作品还是制品之争，很可能不会那么激烈甚至烟消云散。不过，这是立法论上的问题，是中国著作权法

---

⑧ 1994年3月东京地方裁判所判决的一个案例中，认为放送事业者制作的体育赛事节目属于作品。日本最高裁判所在2003年2月的终审中，以下列理由支持了东京地方裁判所的观点："上告人从体育赛事各个举办者那里获得送信的影像，为了更加生动地表现体育竞技影像，采用了镜头技术、蒙太奇和剪辑等手法，并对底片进行了编辑处理，因此该影像属于著作权法第2条第1款第1项的作品。"东京地方裁判所在2013年关于自由搏击比赛影像的一个案例中，重复了上述观点。平成二十五年（ワ）第1918号。

⑨ 中国《著作权法》第45条规定，广播电台、电视台有权禁止未经其许可的下列行为：将其播放的广播、电视转播；将其播放的广播、电视录制在音像载体上以及复制音像载体。

⑩ 原因是，我国《著作权法》第10条第1款第11项规定的广播权（广播权，即以无线方式公开广播或者传播作品，以有线传播或者转播的方式向公众传播广播的作品，以及通过扩音器或者其他传送符号、声音、图像的类似工具向公众传播广播的作品的权利），无法控制网络直播行为；第10条第1款第12项规定的信息网络传播权（即以有线或者无线方式向公众提供作品，使公众可以在其个人选定的时间和地点获得作品的权利），无法控制网络定点传播行为。

⑪ 日本著作权法第2条第1款九之五，第99条之二，第100条之四。

急需修正的部分。

当然,在解释论上,一定要正本清源放送事业者制作的体育赛事节目究竟是作品还是制品,并使得放送事业者可以控制通过信息网络盗播其制作的体育赛事视听节目的话,也未尝不可,并且并不缺乏著作权法上的依据。中国《著作权法》第45条仅仅禁止未经广播电台、电视台许可将其"播放的"广播、电视进行转播的行为,将其"播放的"广播、电视录制在音像载体上以及复制音像载体的行为,对于广播电台、电视台"制作并播放的"节目,广播电台、电视台应该享有的权利,显然不能机械地套用《著作权法》第45条的规定。也就是说,只要经过了独创性的检验,广播电台、电视台"制作并播放的"节目完全可以成为作品受到著作权而不是邻接权的保护,并从而控制通过信息网络交互式传播其制作的体育赛事视听节目的行为。

退一步说,即使广播电台、电视台等放送事业者制作的体育赛事视听节目未能经过"独创性"检验,不能被认定为作品而只能被认定为录像制品,此时放送事业者就不仅仅是放送事业者,而且是"录音录像制作者"。按照中国《著作权法》第42条的规定"录音录像制作者对其制作的录音录像制品,享有许可他人复制、发行、出租、通过信息网络向公众传播并获得报酬的权利",放送事业者完全享有信息网络传播权,亦可以控制通过信息网络交互式传播其录像制品的传播行为。可见,各放送事业者之所以执意希望体育赛事视听节目被认定为作品而不是制品,也与各放送事业者石化自己"放送事业者"身份因而不能灵活运用著作权法资源有关。从这个角度看,即使在我国现行著作权法之下,关于放送事业者制作的体育赛事视听节目属于作品还是制品之争,和日本的情况一样,实际意义似乎并不是很大。

比较执着否定放送事业者制作的体育赛事视听节目作品性的观点,虽严格恪守了《罗马公约》时代视听节目制作以及传播之技术特征以及《罗马公约》赋予广播组织之转播权、固定权、复制权、向公众传播权(不包含通过信息网络向公众进行传播的权利),但一则忽视了《罗马公约》仅仅是对缔约国最低限度保护水准之要求,各国著作权法完全可以超越其限制,给予广播组织较高水准之保护。二则忽视了创作技术和手段翻天覆地之发展变化对著作权法之影响。日新月异之技术早已为人们主观创作锦上添花,为个性化的表达洞开了无限广阔的空间。三则未能根据情势之变化柔软解读我国《著作权法》第45条之用语。超越传统创作、传播技术之禁锢,根据变化之情势柔软解释著作权法关于独创性之规定,给予文化、科学、艺术领域中某表达形式以著作权保护,方为客观实际之态度。对此,笔者非常欣赏刘春田、裘安曼等先生之经典说法:某个表达形式是否为作品，不问过程，只问思想或者感情独创性表达有无之结果。

不过，即使目下放弃放送事业者制作之体育赛事视听节目是作品还是制品之争，从解释论角度看，也应该没有谁会否定体育赛事视听节目本身应受法律保护之结论。较为中性的做法是，以反不正当竞争法作为依据，诉网络盗播者构成不正当竞争行为。唯该种做法需要考虑制作并播放体育赛事视听节目之放送事业者和盗播之网络传播者之竞争区域以及相关公众有无来源认知之混淆可能性。

四、其他问题

就研究问题和视点而言，除了上述两个焦点问题外，与体育赛事相关的财产权问题，还有体育赛事本身的知识产权问题（体育比赛规则、体育比赛名称、体育比赛竞技内容与知识产权，等等）、运动员和运动队伍的顾客吸引力与财产权问题（运动员的姓名、肖像与知识产权，运动队伍的名称、标志和知识产权，体育赛事大会的名称、标志和知识产权）等问题。这些问题都有待深入研究。体育赛事举办者、播放事业者站在自身利益之角度研究和看待与体育赛事相关之财产权问题虽无可厚非，但令人信服之程度可能大打折扣。正所谓君子爱财，取之有道，全面概括问题，冷静思考问题，有理有据解决问题，方是吾辈应有之态度。

（来源：知产力）

著作权法修改应注重逻辑性

　　逻辑是人们通过概念、判断、推理、论证来理解和区分客观世界的思维过程。法律自诞生之日起，就和逻辑结下了不解之缘。完全可以说逻辑是法律的生命。波斯纳认为，法律寻求的就是合理性证明的逻辑。霍姆斯主张律师受到的训练就是逻辑上的训练，司法判决所使用的语言主要是逻辑语言。另一名美国著名法官鲁格罗亚狄瑟也告诉人们，法律逻辑既是清晰法律思考的检验表，也是法官处理具体案件的指南。没有逻辑的法律是模棱两可的法律，是没有确定性的法律，既不能为人们提供明确的行为规范，也不能为法官提供明确的裁判规则。分类不科学、结构不严谨、规范内外部之间相互冲突的法律，难以起到约束人们行为、规范法官裁判的作用。这必将损害法律的确定性、权威性。

　　我国著作权立法从一开始到第二次修改都忽略了其逻辑性，总则像杂则，著作权和邻接权相互纠缠，权利归属和权利限制不分，权利归属和权利保护打架，权利内容相互交叉、重叠，英美法系和大陆法系的内容混杂在一起，貌合神离。这些问题都有赖于《著作权法》第三次修改予以纠正。然而非常遗憾的是，《著作权法（第三次修改送审稿）》中的这些问题依旧没有改观。择其要者分析如下：

　　1. 未清晰、彻底地区别著作权和邻接权。著作权有广义和狭义之分。广义著作权包括邻接权，狭义著作权仅指作品创作者的权利，不包括邻接权，即作品或者非作品传播者的权利。如果采取广义著作权概念，则《著作权法》的结构安排应当为总则、作品创作者的权利、作品传播者的权利、权利的限制、权利的行使、权利的保护、技术保护措施和权利管理电子信息的特殊规定、附则，总部法律名称也相应称之为"著作权法"。如果采取狭义的著作权概念，虽然也可以

— 459 —

按上述结构安排,但法律名称必须称为"著作权和邻接权法",以和狭义著作权概念相匹配。从权利的行使、技术保护措施和权利管理信息、权利的保护、附则来看,《著作权法(第三次修改送审稿)》显然采取了狭义著作权概念。既然如此,就应当将该部法律命名为"著作权和邻接权法"而不是"著作权法",第五章"权利的行使"中的第二节"著作权集体管理"也应当称之为"著作权和邻接权集体管理",其他所有法律条文中的相应概念也必须与此相对应。尽管立法者试图区别著作权和邻接权,但广义与狭义著作权概念的交叉混用,造成了法律条文中用语和逻辑结构上的种种问题,并给学术研究带来很大的不便利。

2. 总则庞杂,不成其为总则。法律总则是法律的灵魂,应当规定能够适用于整部法律的立法目的、基本原则、基本概念等纲领性内容。总则不能取代具体章节的功能用来规定各个具体章节的内容,更不能将各个具体章节无法规定的内容或者应当放入附则的内容塞入总则,使其变成大杂烩。《著作权法(第三次修改送审稿)》总则共11条,除了规定立法目的、适用范围外,还规定了作品类型、著作权和邻接权的产生规则、著作权和邻接权行使的限制、作品登记、不受著作权保护的表达形式、民间文学艺术表达的保护、著作权的行政管理等事项,就像"东北菜乱炖"一样完全失去了总则应有的品格。从德国、日本、韩国等国家著作权法设置的总则看,无非规定立法目的、贯穿于整部法律中某些重要概念的解释、法律适用范围三个方面的内容,简单而明了,并不存在总则"生命中不可承受之轻"的现象。

其实作品的类型、著作权的产生规则、不受著作权保护的表达形式、民间文学艺术表达的保护、作品登记等内容,应当放入第二章"著作权"当中,著作权和邻接权行使的限制,应当放入第五章"权利的行使"中,著作权的行政管理,则应当放第八章"附则"中。只有这样才符合逻辑要求的基本分类标准。

3. 权利归属和权利限制不分。突出表现在送审稿第22条的规定上。该条第1款、第2款规定,美术、摄影作品原件所有权的转移,不产生著作权的转移,美术、摄影作品原件所有人可以展览该原件。从该条规定内容看,明显属于美术、摄影作品原件所有权人对著作权人著作权的限制,应当规定在第四章"权利的限制"中。

4. 权利内容多有矛盾之处。突出表现在署名权和保护作品完整权的规定方面。送审稿第13条第1款第1项第2小项规定,"署名权即决定是否表明作者身份以及如何表明作者身份的权利。"表明是否属于某一作品创作者的方式很多,口头告知、各种广告,都可以使人认识到某人是否属于某一作品的创作者,署名仅仅是创作者表明作者身份的一种方式。由于在作品上署名是最直接、有效表明作者身份的方式，而口头告知、广告等表明作者身份的方式，只有在署名这种表明作者身份方式的基础上才有实在的意义，因此《著作权法》只要保护了作者通过署名表明身份的方式，就足以维持作者和其作品间的精神或者人格联系。他人未经许可通过口头告知、广告等方式宣称自己属于某一作品作者，并不足以改变真正创作者和其作品之间的人格或者精神联系。只有未经创作者同意改变作者在作品上的署名方式时，才会真正改变作者与其作品之间的人格或者精神联系。对通过口头告知、广告等方式宣称自己是某作品作者的行为，轻者加以道德谴责即可，重者则可以竞争法中的虚假宣传或者虚假标示进行规制，严重者如侵害了作者名誉权，则可以通过民法中一般名誉权进行控制，没有必要将该行为归入署名权控制的范围，当然更没有必要因为要打击通过署名以外的方式宣称自己属于某作品作者这种行为，就将署名权的内容扩及于其他所有表明作者身份的方式。从形式上看，即使法律要将表明作者身份的方式扩及于"署名"这种方式之外，也应当将"署名权"改为"作者身份权"，这样至少权利名目与权利内容保持一致。

关于保护作品完整权，送审稿第13条第1款第1项第2小项规定"即允许他人修改作品以及禁止歪曲、篡改作品的权利"。该项将现行《著作权法》第10条第1款第3项关于修改权的规定和第4项关于保护作品完整权的规定进行了合并。这一合并造成的问题不小。

现行《著作权法》将修改权和保护作品完整权分开作为两种不同的著作人格权，至少理论上和司法实践中可以对二者作出清晰界分，将修改权控制的行为界定为未经同意修改作品并且客观上不损害作者声誉的行为，而将保护作品完整权控制的行为界定为客观上损害作者声誉的改变作品行为。然而，由于不同法官对《著作权法》条文解读的不同，司法实践中出现了完全不一致的局面。从现有案例来看，我国法院对侵害保护作品完整权的判断存在主观和客观两个相互冲突的判断标准。

主观标准认为，只要违背作者意思对作品进行了改变，不管客观上是否损害了作者声誉，即侵害保护作品完整权。客观标准为，只有对作品的改变客观上足以损害作者声誉时才侵害保护作品完整权。这种局面要求必须从立法上对修改权和保护作品完整权进行一元化处理。然而，遗憾的是，送审稿除了将现行《著作权法》第13条第1款第3项和第4项进行简单合并外，未能增加任何实质性内容。而且将现行《著作权法》第13条两个小项合并后，不但未能统一标准，反而使得同一条款中同时出现了主观、客观两个侵害保护作品完整权的判断标准。

《伯尔尼公约》第 6 条之 2 第 1 款规定保护作品完整权的含义是指，作者有权反对有损其声誉或者名望的歪曲、割裂或者更改其作品的行为，或者其他贬损行为。可见，虽然目的在于保护作者与其作品之间人格或者精神的联系，但《伯尔尼公约》并未将此种人格或者精神联系绝对化，规定不得对此种人格或者精神联系做出任何改变。按照《伯尔尼公约》规定，尽管改变了作者与其作品之间人格或者精神的联系，但只要此种改变客观上未达到损害作者声誉的地步，此种改变行为依旧不侵害作者的保护作品完整权。也就是说，《伯尔尼公约》对于保护作品完整权，采取了保护水平相对较低的客观标准。客观标准因顺应科技进步带来的各种变更作品内容利用之需要，因而为各国家和地区遵循。我国知识产权基础相对薄弱，又有什么理由和必要做出超越《伯尔尼公约》水准的规定呢？

5. 权利保护客体分类不够科学。主要表现在美术作品、实用艺术作品、立体作品的规定方面。送审稿第 2 条列举的作品中同时包括了这三种作品。美术作品包括雕塑等立体作品，实用艺术作品保护的只是其中的美术部分，而不包括实用部分，立体作品必须具有美的欣赏价值才构成著作权法意义上的作品，因此这三种作品存在交叉之处，并且都可以归为美术作品。送审稿不知根据什么样的标准区别这三种作品，也很难想象，区别这三种作品的实践价值何在。

总之，著作权法律体系、法律结构、法律内容、法律语言都是通过逻辑形式来表达的。正如有的论者指出的那样，"逻辑的同一律维护了法律的确定性，逻辑的矛盾律维护了法律的融贯性，逻辑的排中律维护了法律的明确性，逻辑的充足理由律维护了法律的论证性。"[1] 整体上看，我国《著作权法（第三次修改送审稿）》缺乏逻辑性，因而在确定性、融贯性、明确性、论证性等方面都存在问题，难以成为一部受人尊重、能够实践并变成人们生活一部分的法律。要想将《著作权法》修订成一部分类科学、结构严谨、概念精确、内在统一的法律，著作权立法者应该自觉培养逻辑意识，提高逻辑素养，并大力强化实现著作权法逻辑性的专业技术能力。

最后想指出的是，注重《著作权法》修改的逻辑性不仅仅是立法者的责任，也是所有修法过程参与者的责任。某种程度上甚至可以说，相对于主要承担政治责任的立法者，其他修法参与者，特别是其中专门从事著作权法研究的学者，在著作权法的逻辑性方面负有更大的责任。参与《著作权法》修订的学者不能因

---

[1] 徐立. 法律条文的语言表述要注重逻辑性 [N]. 人民日报海外版，2010 - 07 - 20：08.

为各自的留学或者访学背景而忘记了我国著作权法自身的逻辑,孤立地主张借鉴或者不借鉴某个西方国家的某项著作权法制度。在充分考虑著作权法制度普适价值的同时,也应当考虑我国著作权法自身的传统和内在逻辑。只有这样,才能形成关于我国著作权法的独立法学意识,也才能将我国著作权法修订成一部真正具有逻辑性的法律。

(载于《中国专利与商标》2013年第4期)

专 利 法

专利立法应坚持民主化、法治化、体系化原则
——简评《专利法（修改草案送审稿）》

《专利法》修订是整个专利立法工作中极为重要的一环，涉及方方面面的利益和关系，它本质上只不过是对创新资源和知识财富的一种再分配。《中国共产党第十八届中央委员会第三次全体会议公报》指出：

"加快推进社会主义民主政治制度化、规范化、程序化，建设社会主义法治国家，发展更加广泛、更加充分、更加健全的人民民主。"

"经济体制改革是全面深化改革的重点，核心问题是处理好政府和市场的关系，使市场在资源配置中起决定性作用和更好发挥政府作用。"

"坚持用制度管权管事管人，让人民监督权力，让权力在阳光下运行，是把权力关进制度笼子的根本之策。"

以此为指导，专利法修订只有坚持民主化、法治化、体系化原则，处理好市场和权威之间、权威与权威之间的关系，在阳光下谨慎运用立法权力，兼听各方意见和建议，才能通过合理配置给发明创造者一定期限的、范围有限的排他权，真正实现激励发明创造和促进发明创造利用、效率优先兼顾公平的价值目标。

基于中共中央、国务院 2015 年联合印发的《关于深化体制机制改革 加快实施创新驱动发展战略的若干意见》中提出的"让知识产权制度成为激励创新

的基本保障,实施严格的知识产权保护制度"的政策导向,《专利法(修订草案送审稿)》(以下简称"送审稿")在强化专利权保护方面做出了多方面的努力,最突出的表现是加大了专利执法、特别是专利行政执法保护力度。主要修改措施包括:增加专利行政部门认定和查处专利侵权的权力、增加专利行政部门对群体侵权、重复侵权以及网络侵权的行政执法权(第 3 条、第 60 条);增加行政调解协议效力的规定(第 61 条);增加间接侵害专利权行为的规定(第 62 条);增加专利行政部门对涉嫌侵犯专利权行为进行处理时的行政执法权(第 67 条);增加惩罚性赔偿规定、提高法定赔偿数额、改善专利维权举证难的问题(第 68 条);延长外观设计专利权保护期限至 15 年(第 42 条)。在促进专利的实施和运用方面,送审稿也做出了一些努力。最重要的是增加了第 81 条(特定职务发明创造协商实施制度)、第 82 条(当然许可制度)、第 84 条(标准必要专利的默示许可)。

坚持效率优先、坚持创新导向,同时考虑到从 1949 年新中国成立到现在,中国社会仍然不够尊重知识产权的实际情况,加大包括专利权在内的整个知识产权保护力度无疑仍有必要性。从这个角度而言,送审稿以加大专利执法、特别是专利行政执法保护力度的初衷应当说是美好的,动机也是崇高的,也契合了时代的呼声。

然而,考虑到知识产权的私权本质以及保护效率,强化专利权保护,促进专利发明创造应用,究竟是通过行政执法手段还是司法保护手段(权威与权威之间不同作用分担),是必须直接面对和认真思考的问题。在加大专利权保护力度时,是否区分了市场和权威的不同作用分担、是否遵循了民主化、法治化和体系化原则,也是必须面对和认真对待的问题。

就笔者有限的认识而言,送审稿在处理市场和权威之间作用分担、不同权威之间作用分担,以及遵循民主化、法治化和体系化立法原则方面,仍然存在诸多值得进一步商榷之处。下面试举几例加以说明。

1. 关于专利侵权认定和处理。送审稿第 3 条和第 61 条赋予了专利行政部门认定和查处涉嫌侵害专利权行为的权力。此举形式上虽可减轻法院负担(之所以说形式上,是因为还存在行政诉讼),但专利侵权行为的认定即使在富有经验的知识产权法官看来,也是一项极为艰难的技术性工作,这也是为什么最高人民法院要将专利侵害案件集中到中级以上法院审理的重要原因之一。但按照送审稿的规定,甚至法律法规授权的县级专利行政部门都有权认定和处理涉嫌侵害专利权的行为,未经司法资格考试即可进入的专利行政部门工作人员素质能否胜任此等艰难工作,送审稿的这两条规定如得更高一级立法部门通过,长此下去会出现什么结果，都不能不令人忧虑重重。

2. 关于行政调解的效力。送审稿第 61 条规定，专利行政部门就专利侵权纠纷应当事人的请求进行行政调解而且双方当事人达成调解协议后，一方当事人拒绝履行或者未全部履行的，对方当事人可以申请人民法院确认并强制执行。该条规定正如最高人民法院知识产权庭朱理法官指出的那样，明显违背了《民事诉讼法》第 194 条和第 195 条的规定。《民事诉讼法》第 194 条规定，申请司法确认调解协议，由双方当事人依照人民调解法等法律，自调解协议生效之日起 30 日内，共同向调解组织所在地基层人民法院提出。第 195 条规定，人民法院受理申请后，经审查，符合法律规定的，裁定调解协议有效，一方当事人拒绝履行或者未全部履行的，对方当事人可以向人民法院申请执行；不符合法律规定的，裁定驳回申请，当事人可以通过调解方式变更原调解协议或者达成新的调解协议，也可以向人民法院提起诉讼。据此，即使侵权行为人和专利权人达成了调解协议，也只有在调解协议书生效之日起 30 日之内，经过双方共同向有管辖权的法院提出司法确认，并且经过有管辖权的法院司法确认以及裁定调解协议有效、一方当事人拒绝履行或者未全部履行的，对方当事人才可以向人民法院申请强制执行。无视民事诉讼法的规定，明显不符合法治化和体系化原则。

3. 关于法定赔偿。送审稿第 68 条第 2 款规定，法定赔偿最低为 10 万元，最高为 500 万元。固定的法定赔偿是笔者一贯反对的我国知识产权法自创的"绝代神功"。笔者的主张是，只要有证据证明和支持，法院判赔的数额再多不算多，判赔的数额再少不算少。即使笔者勉强能够接受最高 500 万元的封顶，也实在找不出可以赞成不分发明、实用新型、外观设计专利而一概最低给予 10 万元赔偿的天才式的想法。考虑到外观设计、实用新型垃圾专利漫天飞舞的现状，正如诸多一线法官所言，即使专利法赋予了法官这个权力，法官也难以痛下杀手。这真是叫法官情何以堪！更有学者指出，中国专利蟑螂现象本不算突出，但该条如得以通过，除了制造遍地爬行的专利蟑螂之外，实在看不出对创新会产生什么正面影响。

4. 关于专利权无效。按照送审稿第 46 条第 2 款规定，专利权有效无效诉讼依旧为行政诉讼，专利复审委员会为被告，请求人只是第三人。此种做法仍然"猪坚强"式地没有响应实务界和理论界多年的呼声，借鉴国外经验，将此种诉讼改采为民事诉讼，将专利复审委员会的复审视为民事一审，对其决定不服的，则直接上诉到北京市高级人民院，从而加快诉讼效率，节约当事人成本。这明显罔顾了立法本应当坚持的民主化原则。

5. 关于群体侵权、重复侵权。送审稿第 60 条第 2 款增加了群体侵权、重复侵权的行政查处规定,对这两种侵权,专利行政部门可以责令侵权人立即停止侵权行为,并可以没收侵权产品、专门用于制造侵权产品或者使用侵权方法的零部件、工模具、设备等。关键在于,什么是群体侵权、重复侵权?组织化的企业侵权是群体侵害还是个体侵害?以家庭为单位的小作坊侵权是群体侵害还是个体侵权?销售单位委托生产、加工单位制造侵权产品是群体侵权还是个体侵权?制造、销售、许诺销售、进口完成一个单位的侵权产品后,立即又制造、销售、许诺销售、进口第二个单位的侵权产品,是重复侵权还是连续侵权?以某些难以明确界定、增加法院负担的概念为理由强化专利行政执法的做法,并不值得提倡。

6. 关于网络服务提供者侵权。送审稿第63条课以网络服务提供者判断网络用户是否利用其网络服务侵害专利权或者假冒专利的义务,专利侵权判断不同于著作权侵权判断,绝大多数案件涉及较为复杂的技术问题,同时专利权人也并不总是在其专利产品上标记专利号,让网络服务提供者判断网络用户是否利用其网络服务侵害专利权或者假冒专利,几乎是网络服务提供者"生命中不可承受之重"。此外,第63条第2款,虽规定了专利权人的通知程序,却没有相应地规定用户的反通知程序,此种"断胳膊少腿"的做法,除了使用户的权利受损外,也将使网络服务提供者因为专利权人或者利害关系人错误通知导致用户损失时而承担额外责任,违背技术中立原则。第3款则赋予了专利行政部门主动通知的权力,使网络服务提供者陷入更大的不可预测危险中。

7. 关于专利行政执法权。2008年《专利法》第三次修改时,删除了专利行政部门认定和查处涉嫌侵犯专利权行为的权力,这一度成为恢复专利权私权属性的佳话。非常遗憾的是,送审稿第60条又以专利权保护的效率性为理由死灰复燃,赋予了专利行政部门较多的行政执法权,与《国家知识产权战略纲要》规定的知识产权司法保护主导作用不相协调,与《中国共产党第十八届中央委员会第三次全体会议公报》精神背道而驰。实际上,考虑到知识产权行政、刑事和民事三种金钱责任的先后适用顺序,以及针对专利行政部门处理决定的行政诉讼和法院的行为保全制度,以行政执法的效率性为理由保留专利行政部门强大的行政执法权,虽然难以理解为出于部门利益之需要,但攀比其他知识产权行政管理部门之行政执法权则是无法掩饰的。

8. 关于当然许可。送审稿第82条、第83条在自愿许可和强制许可之外,从国外新移植了当然许可制度。该制度看似促进了专利发明创造的市场化,但由于该制度的实现要经过国务院专利行政部门公告,因而实则埋伏着通过国家行政权力强制推介某些专利发明创造、人为制造专利权人之间竞争地位不平等、行政权力腐败之危险。

9. 关于标准必要专利默示许可。送审稿第 85 条新增加了标准必要专利默示许可制度。前提有两个，一是专利权人参与国家标准制定，二是专利权人不披露其拥有的标准必要专利。具备这两个条件时，视为标准必要专利权人许可该标准的实施者使用其专利技术。该条进一步规定，双方就许可使用费达不成协议的，可以请求国务院专利行政部门裁决。该条按照业内人士的话说，完全缴了中国企业的枪械。最主要的理由是，跨国企业已经在具有高度开放性的国际标准化组织中占住主干性地位，完全可以不和开放性尚不够的中国标准组织玩耍，这样一来，跨国企业完全可以凭借国际标准和潜在的禁令危险置"走出去"的中国企业于死地。在中国企业尚不具备足够能力参与国际标准组织游戏、标准化组织知识产权政策各不相同、标准本身多层次博弈的背景下，面对跨国企业的标准以及禁令危险，一刀切规定参与国家标准制定的企业不披露其拥有的标准必要专利，视为其默示许可标准实施者使用其专利技术，结果必然是中国企业不再可能利用禁令武器反击跨国企业，从而使中国企业在国际上彻底丧失竞争力。

总的来看，此次《专利法》修订意在强化专利权保护和促进专利发明创造的利用，或许并不存在部门利益。然而，无论如何，非常遗憾的是，不知是立法水平还是立法技术抑或是别的什么原因的限制，虽然也公开征求了社会各方面的意见和建议，具体负责的机关也可谓呕心沥血，但最后呈现在公众面前的文本还是给人不够民主化、不够法治化、不够系统化的强烈印象，未能处理好市场和权威之间、权威与权威之间的关系，往前看，非但没有很好地回应专利标准化、"互联网+"时代带来的专利新问题，往后看，则开了历史的倒车。

从知识产权法政策学的视点而言，民主化、法治化、系统化的专利立法，坚持如下的思考方式也许是必要的：

这样的问题，市场本身是否能够解决？

这样的问题，如果市场本身不能解决（市场失灵），权威（立法、行政、司法）部门是否有必要介入？

这样的问题，如果权威有必要介入，何时介入才是必要的？

这样的问题，如果权威有必要介入，由哪个权威介入更有必要？

（来源：《中国知识产权》杂志）

侵权行为人停止侵害民事责任的限制

——兼评《最高人民法院关于审理侵犯专利权纠纷案件应用法律若干问题的解释（二）》

在2012年第6期《法学家》发表的《知识产权人停止侵害请求权的限制》一文中，笔者通过比较我国与美国、日本知识产权法对知识产权排他性救济处理方式，得出结论认为，由于知识产权是法律创设的对他人行为进行人为制约的一种特权，知识产权正当化的依据不仅应当考虑知识产权人的利益，而且应当考虑社会更广泛的、多数人的利益，仅以传统自然权法意义上的财产权劳动理论论证知识产权存在的合理性显得比较单薄，只有功利主义的激励理论才能作为知识产权正当化的积极依据，由此，知识产权的行使应当更多受到公共利益的限制。同时，由于知识产权权利范围的模糊性导致完全适用财产权规则并非总是有效率，加上知识产权法是竞争法体系中的一环，因而当知识产权排他权的过度行使导致有害竞争的非效率性情形发生时，也有必要对知识产权的排他性进行限制。然而，现有限制知识产权排他性的方法无法应对侵权行为发生后需要对排他性进行限制的情形，因此事后限制知识产权人的停止侵害请求权就成为必要。在此基础上，笔者进一步提出，我国可以采取由司法机关分别对个人之间利益进行平衡以及个人利益与公共利益进行综合考量后，根据不同产业领域对排他性救济方式的不同诉求，灵活把握对知识产权人停止侵害请求权的限制。

时隔3年多之后的今天，笔者终于欣喜地看到，即将于2016年4月1日生效的《最高人民法院关于审理侵犯专利权纠纷案件应用法律若干问题的解释

（二）》（以下简称《解释二》）第 25 条、第 26 条正式纳入了上述基本思想，尽管角度稍有差别，但实质并无不同。

按照第 25 条规定"为生产经营目的使用、许诺销售或者销售不知道是未经专利权人许可而制造并售出的专利侵权产品，且举证证明该产品合法来源的，对于权利人请求停止上述使用、许诺销售、销售行为的主张，人民法院应予支持，但被诉侵权产品的使用者举证证明其已支付该产品的合理对价的除外。本条第一款所称不知道，是指实际不知道且不应当知道。本条第一款所称合法来源，是指通过合法的销售渠道、通常的买卖合同等正常商业方式取得产品。对于合法来源，使用者、许诺销售者或者销售者应当提供符合交易习惯的相关证据"。也就是说，侵权专利产品的使用者、许诺销售者或者销售者不知道相关产品属于侵权专利产品，支付了对价，而且能够证明产品合法来源的，专利权人不能对其行使停止使用、许诺销售、销售请求的权利。这属于私人利益之间发生争议时行为人是否应当承担停止侵害的情况。尽管基于保护权利、维护制度背后效率性优先的理念一般需要坚持停止侵害当然论，但从节约社会成本考量，个别特殊情况下也有限制侵权行为人停止侵害民事责任的必要。特别是在我国知识产权法尚未吸纳"权利懈怠抗辩原则"、相关知识产权法司法解释尚未处理好诉讼时效和权利懈怠关系的形势下，情况尤为如此。就此而言，《解释二》能考虑私人利益 PK 时，侵权行为人停止侵害的民事责任是否应当受到限制或者说专利权人的停止侵害请求权是否应当受到限制，值得称赞。

按照《解释二》第 26 条的规定，被告构成对专利权的侵犯，权利人请求判令其停止侵权行为的，人民法院应予支持，但基于国家利益、公共利益的考量，人民法院可以不判令被告停止被诉行为，而判令其支付应当的合理费用。也就是说，出于保护专利权、促进创新、实现专利制度整体效率性价值目标，一般情况下，被告侵害专利权时，人民法院应当坚持"停止侵害当然论"，判决被告停止侵害行为。但如果判决被告停止侵害行为损害国家利益或者公共利益，则可以判令被告支付相应的合理费用替代停止侵害行为。此种侵权行为人停止侵害民事责任限制的情形从知识产权人的角度看，就是知识产权人的停止侵害请求权应当受到限制的情况，而且属于上述个人利益与公共利益发生冲突时知识产权人的停止侵害请求权应当受到限制的情况。

由此可见，《解释二》更加全面、深刻地把握住了知识产权限制他人行动自由的本质，深入贯彻了利益平衡的思想。

当然，抽象甚至有些蛮不讲理的国家利益、公共利益如何解释，是《解释二》生效后法官必须小心翼翼和无比坚强去面对的问题。否则，专利权很可能将面临被国家利益和公共利益随意劫持的危险。总体而言,在具体个案中,国家利益和公共利益必须进行限缩解释。待积累足够多成功和失败案例后,最高人民法院最好举例说明甚至限定列举《解释二》第 26 条所指国家利益和公共利益的情形。

还有两个值得思考的问题。一是法院判令被告支付相应的合理费用,是否意味着法院通过司法判决创设了一个事后的强制实施许可,并因此而使被告判决之前的侵权行为合法化,被告仅需支付一笔合理费用,既可以不用再考虑之前侵权的赔偿问题,又可以获得未来专利权有效期限内不受限制的普通使用许可?二是在第一个问题不明确的情况下,"合理费用"到底是判决之前侵权行为的赔偿,还是判决后未来使用的费用,抑或是二者兼而有之?这两个问题不解决,可以预见,司法实践中必将出现答案极不一致的判决结果,并反过来损害《解释二》第 25 条、第 26 条的可操作性和权威性。

(来源:知产力)

竞 争 法

堵住《反不正当竞争法》第2条的黑洞

近几年来,互联网领域中纷繁复杂的竞争乱象,几乎已经使得《反不正当竞争法》(以下简称《反法》)第2条变成了司法者手中灭杀互联网领域中不正当竞争行为的利剑和拯救坚守正当竞争底线的互联网企业的神器。然而,由于正处躁动青春期的互联网尚未形成公认商业道德而导致的对《反法》第2条第1款规定的商业道德标准进行等同于一般道德标准的泛泛解释,以及刻意将《反法》第2条解读为兜底条款而不是概括第5条至第15条具体不正当竞争行为的条款,以及将《反法》所讲的竞争关系理解为广义的几乎没有任何边界的"市场交易机会的争夺",在司法适用中,《反法》第2条几乎已经被雕凿成了一个无所不包、无所不能、让互联网企业自己也摸不着头脑的巨大黑洞。

当我们自以为通过扩大竞争关系创造性司法可以为互联网领域带来公平竞争秩序时,似乎忘却了一个不可忽略的历史事实,即反不正当竞争法脱胎于法国民法典第1382条"任何行为使他人受损害时,因自己的过失而致行为发生之人,对该他人负赔偿责任"之规定。这样的分离总不是无缘无故的,当时的法国法学家们也不是做无用功的傻子。这种分离应该表明了这样一个事实:反不正当竞争法有着不同于侵权法的独特守备范围。具体言之,反不正当竞争法是从制止不正当竞争行为、维护公平竞争秩序的角度保护经营者的合法权益,以受保护的主体和行为人之间具有竞争关系为前提。侵权法则是从更一般角度保护民事主体的合法权益,不问受保护主体和行为人之间有无竞争关系。既如此,就不宜不顾反不正当竞争法和侵权早已分离的历史事实,将反不正当竞争法规制不正当竞争行为必要前提的竞争关系广义地理解为经营者之间对"市场机会的争夺",因为这样的理解势必使反不正当竞争法在广义竞争关系的掩护下,不动声色地将手伸进侵权法守备的疆土,从而取侵权法而代之。另一方面,则会使许多竞争者特别是互联网领域中的竞争者陷入不正当竞争行为的流放地而蒙受不白之冤。尊重反不正当竞争法脱胎于侵权法的历史事实,同时考虑到尚处躁动青春期的互联网领域仍未形成公认商业道德的现实情况,怀抱理性的、保守的态度,坚持从产品相互替代性这个最初的要义狭义地理解竞争关系,似乎才符合反不正当竞争法从侵权法中独立出来的初衷,也才是符合竞争者特别是互联网领域竞争者利益的应有态度。

如此,从消费者角度而言,如经营者之间的产品欠缺相互替代性,在具体案件中,如原告坚持以被告构成不正当竞争行为并以反不正当竞争法为唯一诉讼依据,司法者就应当不屈从于任何压力,毫不客气、毫不犹豫地驳回原告的诉讼请求,而不是像轻松的浪漫主义者一样充分发挥丰富的想象力,出于保护互联网市场大鳄利益的单向崇高目的而突破竞争关系最初的藩篱限制,却令正义初心蒙灰……

厘清反不正当竞争法和侵权法之间的界限后,只要稍稍拨开笼罩在互相明战、暗战和乱战的互联网企业身上的迷雾重重就可以发现,虽然绝大多数互联网企业之间因为产品或者服务具有相互替代性,存在直接的竞争关系,但也有些互联网企业之间的产品或者服务八竿子也打不到一块。对于这些八竿子也打不到一块的互联网企业,《反法》根本就没有适用的余地。当然,即使对于相互之间存在直接竞争关系的互联网企业的竞争行为而言,也只有在《反法》第5条至第15条有明确规定的情况下,才能适用《反法》之规定。在《反法》第5条至第15条没有明确规定的情况下,由于《反法》第2条第2款"本法所称的不正当竞争,是指经营者违反本法规定,损害其他经营者的合法权益,扰乱社会经济秩序的行为"的确切限制,《反法》第2条第1款也就没有了适用的余地。将《反法》的不正当竞争行为限定为经营者违反"本法规定"(即第5条至第15条的规定),损害其他经营者的合法权益,扰乱社会经济秩序的行为,绝不是立法者疏忽大意导致的立法缺陷,而是立法者再三考量我国国体、政体、司法现状、司法水平等各种因素后,为了避免司法者对经营者的市场行为进行任意的主观道德评判而将其打入不正当竞争行为的冷宫、扼杀正当竞争、阻碍技术进步和产业发展有意做出的极为慎重的选择。

虽然如此,笔者却并不认为《反法》第2条已经到了被司法者滥用的程度,尽管在北京市高级人民法院陶钧法官对近五年北京法院审判涉网络不正当竞争纠纷案件的回顾中发现，适用《反法》第2条的案件判决比例达到了37%。理由是，在这些案件当中，绝大部分判决都是司法机关对原告、被告利益甚至消费者进行慎重考量之后做出的裁判结果。笔者所不赞成的是部分司法机关适用法律的方式、推理的方式以及进行利益考量时的精细化程度。

笔者认为，基于《反法》第2条的立法特色，除了第5条至第15条的不正当竞争行为之外，不管是基于狭义还是绝对主流观点所持有的广义竞争关系所界定的不正当竞争行为，都难以适用《反法》第2条之规定。无论如何，即使通过扩张竞争关系的范围实现了维护互联网领域中正当竞争和行为秩序的崇高目的，也难以抵消破坏基本法治观念造成的不世恶果。

当然，互联网领域中诸多损害经营者利益的行为难以适用《反法》第2条之规定，并不意味着不能对这些行为进行其他法律评价。考虑到反不正当竞争法脱胎于侵权法的历史事实，在反不正当竞争法无法适用时，侵权法显然可以完成反不正当竞争法无法完成的使命，虽然适用侵权法依旧会碰到许多富有争议的难题。比如，劫持流量、屏蔽广告、强行插标等行为，究竟侵害了互联网企业什么样的权益？侵权法显然没有赋予互联网企业有关流量等客体任何的绝对权，因而要想从我国现行《侵权责任法》中找到可以直接保护劫持流量、屏蔽广告、强行插标等行为受害者的具体法律规范及其构成，是不可能的。

然而，笔者认为，侵权法的上述现状并不妨碍司法机关利用侵权法保护互联网企业的某些合法的利益。自近代法以来，由于乐观的理性主义的失败，以德国民法典为代表的限定性侵权构成，随实证主义哲学和社会法学思潮的兴起，在对具体个人进行救济的侵权法损害救济理念的冲击下，通过一般注意义务的引入和回归，已经向以法国民法典为代表的非限定性侵权构成回归。① 我国《侵权责任法》虽未像瑞士民法典第六：162条一样将"违反关于适当社会生活的不成文规则"将一种不确定的义务引入侵权法，但从第2条规定看（侵害民事权益，应当依照本法承担侵权责任。本法所称民事权益，包括生命权、健康权、姓名权、名誉权、荣誉权、肖像权、隐私权、婚姻自主权、监护权、所有权、用益物权、担保物权、著作权、专利权、商标专用权、发现权、股权、继承权等人身、财产权益），采取的仍然是非限定性的侵权构成，即并不绝对限定侵权法保护的利益范围。据此，面对互联网领域中劫持流量、强行插标、屏蔽广告等行为，司法者仍然可以《侵权责任法》第2条为依据，为合法利益受害者提供一定程度的保护。

---

① 姜战军. 侵权构成的非限定性与限定性及其价值 [J]. 法学研究，2006（5）.

唯司法者在利用《侵权责任法》第 2 条时，因该条并未明确规定劫持流量等行为的受害者享有何种受法律保护的权益，因而须进行严格而精细的利益考量。首先，司法者须分析，原告是否享有受法律保护的利益？这依赖于司法者对原告是否付出了劳动和投资、原告的产品或者服务是否社会需要、保护原告此种利益是否会损害消费者利益、保护此种利益给原告带来的利益是否大过给被告造成的损害、保护原告此种利益是否可以激励新商业模式的出现和相关产业的发展、是促进还是阻碍新技术的出现等各种因素的综合考量。其次，司法者须分析，被告的行为是否属于技术中立的行为？被告的行为是否损害消费者利益？放任被告的行为是否会剥夺、减损原告开发新产品或者服务的激励？总之，只有经过慎重的利益考量之后，才能做出是否存在原告应受法律保护的利益、被告损害原告利益的行为是否应当被制止、被告损害原告利益的行为是否应当负赔偿责任的判断。

基于上述分析，笔者似乎找不出可以点赞当前司法实践中存在的如下四种做法。一是通过损害结果倒推行为非正当性的做法。二是认定某种新商业模式特别是剥夺消费者选择权的新商业模式天然具有正当性和受法律保护性的做法。三是认定某种受法律的利益时，无视消费者权益的做法。四是通篇判决都是侵权法的论证手法，却引用《反法》第 2 条作为判决依据的做法。

互联网领域中的商业模式和商业行为就像互联网企业本身一样，日新月异，变化多端。面对这些商业模式和商业行为，是宽容、保护让其生存，还是仇视、打击让其毁灭？这是一个值得思考的问题。提供保护时，是通过扩张竞争关系自由而普遍地适用《反法》第 2 条的手法，还是回归侵权法让侵权责任法扮演其应有的角色进行精细的利益考量，更是值得思考的问题。

（来源：知产力）

《反不正当竞争法（修订草案送审稿）》中互联网条款的是与非

2016年2月25日，国务院法制办公室公布《反不正当竞争法（修订草案送审稿）》，向社会公开征求意见。

《反不正当竞争法（修订草案送审稿）》中增加"互联网专条"在互联网行业产生了较大反响，同时也在全社会引起了轰动效应。但由于互联网不正当竞争行为本身的复杂性，加之从形式上对纷繁复杂的互联网不正当竞争行为进行分类的局限性，"互联网专条"在适用时不仅面临内在矛盾的问题，还需解决与外部法律规定相协调的问题。

为积极配合本次修法工作，本刊特邀来自法院、学术界、知名互联网企业等行业的法官、学者、企业代表对《反不正当竞争法（修订草案送审稿）》（以下称《反法修订草案送审稿》）进行评析，力求为《反不正当竞争法》的全面修订贡献力量，为更好地维护公平竞争互联网市场秩序和推动互联网行业的发展贡献力量。

1. 尽管人们常说法律和技术是现代文明的双翼，但像乌鸦一样在天空飞翔的技术总是将如同在地上爬行的蜗牛一样的法律远远抛在身后。在表面冷静、内心狂野而不理智的技术面前，立法者不得不总是"事后诸葛亮"地总结技术进步造成的各种问题并从行为角度加以类型化，进而在公平、效率、秩序等一系列高高飘扬、耀人眼球的价值目标之下，出台各种高大上的规制措施。《反法修订草案送审稿》互联网专条的出台第13条"经营者不得利用网络技术或者应用服务实施下列影响用户选择、干扰其他经营者正常经营的行为：

（一）未经用户同意，通过技术手段阻止用户正常使用其他经营者的网络应用服务；

（二）未经许可或者授权，在其他经营者提供的网络应用服务中插入链接，强制进行目标跳转；

（三）误导、欺骗、强迫用户修改、关闭、卸载或者不能正常使用他人合法提供的网络应用服务；

（四）未经许可或者授权，干扰或者破坏他人合法提供的网络应用服务的正常运行。"

就是立法者"事后诸葛亮"的一个活鲜鲜的例证。

事后诸葛亮，虽后知后觉，但并非一无是处。最值得称颂者有二。

一是将司法从丰富多彩的个案中抽象出来的成熟裁判规则上升为法律，使"个别"转化为"一般"，特殊性获得普遍意义（比如，上述互联网专条中的第一项和第三项基本可以对应腾讯诉奇虎360案中的司法裁判规则，第二项可对应百度诉奇虎360案中的司法裁判规则），第四项可对应百度诉3721案中的司法裁判规则，从而给身处互联网这个深不见底却又无处不在的江湖中的各路武林高手提供了争夺用户注意力高地的较为稳定的行为预期，乃至"持六律，正五音"，"以规矩，成方圆"。

二是围堵了《反不正当竞争法》第2条规定的原则性条款被司法过度频繁使用来裁判相关案件而可能存在的司法自由裁量权被滥用的滔滔洪水，而且并不十分容易地获得了业界各路各怀心思的诸侯较为广泛的认同和掌声。

但话说回来，"事后诸葛亮"虽然是"诸葛亮"，但毕竟只是"事后的"。事后"诸葛亮"虽善总结陈词，却少先见之明，虽注重经验，但忽视逻辑和体系。反法修订草案送审稿互联网专条费尽心思总结出的互联网领域中较为典型的四种不正当竞争行为，即阻止用户正当使用他人网络服务的行为（第一种）、强制跳转的行为（第二种）、干扰用户判断的行为（第三种）、干扰他人网络服务运行的行为（第四种），悉心分析即可发现，其存在明显的重叠和交叉之处，可谓我中有你，你中有我，却又不知道我是你的谁，你是我的谁。比如，第一种和第四种行为，本质上毫无二致，仅仅是看问题角度的不同。"未经用户同意，通过技术手段阻止用户正常使用其他经营者的网络应用服务"，从网络服务提供者角度看，也就是未经其许可或者授权，干扰或者破坏其合法提供的网络应用服务的行为。如腾讯诉奇虎360案中，奇虎利用"扣扣保镖"软件对腾讯公司的QQ软件功能进行的一系列篡改、破坏乃至删除的行为。从用户角度看，这不就是奇虎360的行为阻止了用户正常使用腾讯公司提供的QQ软件应用功能的行为吗？从腾讯角度看，奇虎360的行为不就是破坏腾讯公司合法提供的QQ软件应用服务正常运行的行为吗？又比如，第二种、第三种行为与第一种、第四种行为，也是千丝万缕、盘根错节。通过在其他经营者提供的网络应用服务中插入链接，强制进行目标跳转的行为，误导、欺骗、强迫用户修改、关闭、卸载或者不能正常使用他人合法提供的网络应用服务的行为，虽然具体手段上稍有差别，但均会产生阻止用户正当使用他人网络服务和干扰他人网络服务正常运行的结果。

法律所规制的行为，力求雾里看花，水中望月，凝练和精确抽象互联网领域千差万别的行为幻象，且做到行为之间"桥是桥，路是路"，彼此界限分明，既为互联网领域中的竞争者提供清澈见底的行为预期，亦为司法者和执法者建立清如明镜的裁判和执法标准。反法修订草案送审稿互联网专条虽是各方智慧之结晶，但或许是因为互联网技术本身时刻陌生化、非脸谱化，甚至时刻远离我们而远去的缘故，又或者是我国尚未积累足够多的、同样好的关于互联网领域不正当竞争行为纠纷案件正反两方面司法裁判经验的缘故，仍不免玉染斑点，一旦得以通过，可以预见不久的将来，司法和执法中必将发生互相撞车之严峻事件。

我们并不想鸡蛋里挑骨头。但为了在各种相互冲突的利益中找到最佳平衡点，立法者也不得不努力寻找法律的精细化和严谨度的品格，并且注重条文之间的逻辑关系，让站在世人面前的法律条文经得起反复推敲。假如允许我们对反法修订草案送审稿互联网专条作出反面解释，我们即可发现，互联网专条中没有一项经得起反复推敲的。

对"第一种行为"作出反面解释就会产生这样的疑问：难道经过用户同意，就可以通过技术手段阻止用户正常使用其他经营者的网络应用服务了吗？如此一来，其他经营者的利益又被置于何处？

对"第二种行为"作出反面解释就会发生这样的疑问：难道经过其他经营者许可或者授权，就可以在其他经营者提供的网络应用服务中插入链接，强制进行目标跳转了吗？如此一来，消费者利益又被置于何处？

对"第三种行为"作出体系性解释就会发生这样的疑问：此种行为和送审稿第8条禁止的引入误解的商业宣传行为存在什么区别？

对"第四种行为"作出反面解释就会产生这样的疑问：难道经过许可或授权，就可以干扰或者破坏他人合法提供的网络应用服务的正常运行了吗？如此一来，消费者的利益又被置于何处？

2. 在有如喜马拉雅山山顶风云一般瞬息万变的生活和技术面前，再聪明的立法者也不得不低下高傲的头颅，承认自己理性认识能力的有限和局限，满怀挫败感地对生活和技术表达崇高的敬意，并时时刻刻保持谦卑和自省的姿态。立法者的这种敬意和姿态，在立法上的表现就是，在对千差万别的行为具象尽可能进行抽象和定型化的同时，依旧保留一个兜底性条款，以网罗挂一漏万的现有不正当竞争行为样态和将来可能出现的不正当竞争行为样态。虽然此种做法可能显得有些俗套，缺乏新意，但立法者毕竟不是小说家，立法终究不是充满想象和激情的小说创作，立法者立法时落入俗套，总是在所难免。反不正当竞争法的立法者当然也不例外。细心的读者很容易发现，反不正当竞争法的立法者除了在修订草案送审稿中对互联网专条限定列举四种互联网领域中的不正当竞争行为之外，还通过第14条规定"经营者不得实施其他损害他人合法权益，扰乱市场秩序的不正当竞争行为。前款规定的其他不正当竞争行为，由国务院工商行政管理部门认定。"

无可否认，《反法修订草案送审稿》在互联网专条之后紧接着规定这样一个兜底条款旨在扼杀一切尚未现出原形的或者已经原形毕露但互联网专条无法涵盖的又存在于互联网领域内外的不正当竞争行为的雄心壮志，但对于出现在互联网专条之后位置的这样一个兜底条款，我们不知该感到欣喜还是哀鸣。

首先，该条和送审稿第2条第2款究竟是什么关系？第2条是一个关于什么是不正当竞争行为的一般性条款？第14条是一个关于不正当竞争行为的兜底性条款？如是，一般性条款和兜底性条款究竟是什么奇葩关系？一般条款是限定性的？兜底条款是开放性的？这是问题的一个方面。另外，总结大量司法案件可以发现，一直以来，无论是理论界还是实务界，虽然存在纷纷攘攘、自负而各不相让的争论，但倾向性的做法是，早已将送审稿第2条第2款作为了不正当竞争行为的兜底性条款对待，在该条款未删除也未根本改变的情况下，送审稿中突然又冒出了这么一个兜底性条款，不是吓人一跳，简直是吓人一大跳，叫那些衷心维护送审稿第2条第2款兜底地位的死党们情何以堪——虽说人是多变的热血动物！更糟糕的是，实务中碰到送审稿第5条至第13条未列举的行为时，到底应该适用第2条第2款还是第14条呢？聪明的，谁能告诉我？以我愚钝的天资揣测，执法者利用第14条时，恐怕不得不跳转至第2条吧？果真如此，送审稿强行插入第14条又有何益？如果一无是处，其用意究竟何在呢？

其次，将其他不正当竞争行为的认定权交由国务院工商行政管理部门，虽然笔者试图从美国谢尔曼法和联邦贸易委员会法、德国反不正当竞争法、日本不正当竞争防止法中为其找出比较法上的依据，但以笔者有限的知识似乎尚未发现如此先例。因此，我不能不将第14条的做法理解为《反法修订草案送审稿》的一个勇猛创举。创举本无可责难和挑剔之处，不管出于何种情怀，外国有的我国不一定要有，外国没有的我国不一定不能没有，笔者对《反法修订草案送审稿》

的勇气和创举的敬意不能说有如滔滔江水、绵绵不绝，至少也可以说如同汩汩泉水，喷涌而出。虽然如此，令人失望的是，笔者依旧难以认同送审稿第14条的做法。表面上看，虽然何为不正当竞争行为属于反不正当竞争法上的评价，但此种评价实在不过是道德评价的法律化。也就是说，违背诚实信用和公认商业道德的不正当竞争行为本质上依旧是一种道德评价。道德评价是最高级也最严苛的评价，不得不严肃对待。谁有权对市场主体的竞争行为进行道德评价？不是我，不是你，也不是他。原则上只能是立法者，极端例外情况下可以是司法者。竞争是一个企业、一个社会、一个国家的活力源泉和命脉所在，随意对市场主体的竞争行为进行泛道德化的评价，将彻底改变市场主体的行为走向和商业模式，进而影响整个竞争秩序，甚至重塑经济样态。如此伟大而令人不快的使命，只有交给至少表面上依赖于民主立法程序因而具有正当性的立法者。只有当立法者由于理性认识能力不足导致依赖于民主立法程序制定出来的法律出现利益反映的偏差或者出现法律的空白时，才能给正义最后的守护者——司法者打开一道小小的缝隙，让其在严格限缩的一般条款的指引下，对市场主体的竞争行为进行道德上的评价。

那么，为什么对市场主体的道德评价不能交给行政执法机关呢？不是不信任行政执法机关，也不是因为行政执法机关内部没有优秀的执法者，而是因为行政执法机关不能被信任，因为行政执法机关手里拥有的行政执法权实在太大，作为被监管和执法对象的市场主体在强大的行政执法机关面前，不能不说如同屠刀下的鱼肉。试想，在力量对比如此悬殊的情况下，让监管者和执法者对被监管者和被执法者的竞争行为进行道德评价，实践中会出现怎样令人忧心忡忡的结果和局面？

3. 互联网是一个逐利场，八仙过海，各显神通，本也是各路神仙分内之事。竞争，就是在竞技中争夺，有争夺就必有损害。立法者和司法者、执法者决不能仅仅因为存在损害就倒推某市场主体的竞争行为构成不正当竞争行为。但竞争也有底线，底线即为充满霸气的"诚实信用"。诚实信用天生就具有迷幻色彩，非三言两语所能说清道明。当立法者难以将诚实信用类型化为各种"我就是我，你就是你，他就是他"的行为标准时，最谦卑和稳妥的做法就是，抱残守缺，待司法实践积累大量正反两方面的案例时，再总结、抽象和类型化各种行为，并规定具体规制措施。

长江之水，浩浩荡荡。法治建设，日行千里。反不正当竞争法修订工作之步伐不会因为各种意见而停止，更何况互联网企业早就已经望眼欲穿了呢？笔者也早就大声疾呼尽快对反不正当竞争法进行修订。但是，美好的愿望并不等同于赞成反不正当竞争法修订先将就将就。不管《反法修订草案送审稿》最终出台怎样的互联网专条，有一点始终是不能忘记的。那就是：考量的因素越多，最终抽象出来的行为就越合理，越具有可操作性。

（来源：《中国知识产权》杂志）

我国应建立统一、独立、权威和高效的反垄断执法机构

在建设"大市场"和"好政府"的大背景下,建立统一、独立、权威和高效的反垄断执法机构,提高市场主体预期,减少资源浪费,提高经济效益,已刻不容缓。

以确保自由竞争为目的的反垄断法的执行,面对的是经济实力雄厚的大企业,特别是和行政权力有着千丝万缕联系的国有垄断性公用企业、跨国公司,涉及国内外市场和整个行业,利益链条错综复杂,可谓困难重重,任重道远。没有统一、独立、权威和高效的反垄断执法机构,政难出门或者政出多门,执法时标准不一,相互掣肘,有利时竞相逐鹿,无利时互相推诿,让市场主体无所适从,严重损害反垄断执法的权威性和效率性,减损反垄断执法机关的国际、国内形象,极端情况下甚至降低党和政府在广大人民群众心目中的威信和地位。

根据我国《反垄断法》第9条、第10条的规定,结合我国反垄断执法机构的实际设置情况可以看出,我国反垄断执法机构的设置和运行采取了"1+3+X"的模式。

"1"是指国务院反垄断委员会。

"3"是指国家发展改革委员会价格监督检查与反垄断局、国家工商行政管理总局反垄断与反不正当竞争执法局、商务部反垄断局。

"X"是指证监会、银监会、保监会、国家邮政局、工业和信息化部、国家电子监管委员会、中国民用航空局、交通部等行业监管部门,以及被授权的地方政府反垄断执法机构。

上述"1+3+X"模式中，国务院反垄断委员会设主任1人，副主任4人，委员14人，总体负责研究拟订有关竞争政策；组织调查、评估市场总体竞争状况，发布评估报告；制定、发布反垄断指南；协调反垄断行政执法工作；国务院规定的其他职责。国家发展改革委员会价格监督检查与反垄断局负责查处与价格有关的垄断行为的执法工作。商务部反垄断局负责与经营者集中有关的垄断行为的执法工作。国家工商行政管理总局反垄断与反不正当竞争执法局负责滥用市场支配地位、行政垄断、非法搭售等垄断行为的执法工作。众多行业监管部门在各自监管的行业内负责反垄断法的执行。地方政府虽无反垄断执法职责，但在国务院反垄断执法机构授权的范围执行反垄断法，查处相关垄断行为。

"1+3+X"的反垄断执法体制，虽考虑了我国行政管理和行业管理体制的历史传承和现实特点，尊重了各方面的既有权力，照顾了各方面的感受，但存在多头执法、职能交叉重叠、独立性、权威性和效率性缺失等弊端，不符合党的十八大提出的建立全国统一开放、竞争有序的市场体系、让市场在资源配置中起决定性作用、继续深化经济体制改革的现实需要。反垄断执法中存在的多头执法、职能交叉重叠现象造成的弊端已经开始暴露出来。比如，2015年12月31日，国家发展改革委员会发布了《关于滥用知识产权的反垄断指南》（征求意见稿），至2016年2月，国家工商行政管理总局则已经发布过7个《关于滥用知识产权的反垄断执法指南》（征求意见稿），并打算发布第8稿。虽然这两个指南的实质内容大同小异，但这种状况的存在显然难为市场主体提供确定的行为预期，甚至会造成种种不必要的误解。

反垄断执法体制独立性和权威性不足则主要表现在五个方面。

一是反垄断执法机构隶属于行政机关，国家反垄断委员会主任、副主任和委员都未经全国人大或者全国人民代表大会常委会批准。

二是国家反垄断委员会主任、副主任和委员全是兼职，而非专职。由国务院副总理兼主任、各部委主要领导兼副主任和委员，看似提高了国家反垄断委员会的权威性和独立性，但因各项具体工作实际由国家发展改革委员会、国家工商行政管理总局、商务部反垄断执法机构具体负责，国家反垄断委员会的权威性和独立性，对这些具体执法机构而言，可谓有名无实。

三是反垄断执法机构的经费来自行政预算而非全国人民代表大会。

四是没有明确规定国家反垄断委员会主任委员、副主任、委员在法定年龄内的终身制。

五是反垄断执法机构工作人员主要为原有行政管理机构的工作人员转岗而来，其中很大一部分专业知识储备不足，有的甚至缺失最起码的市场中心理念、法治理念。

建立统一、独立、权威和高效的反垄断执法机构，是市场经济活动的内在要求。每一种垄断行为，都可能表现出多方面的特质，价格垄断行为往往包含非价格因素，滥用市场支配地位常常与产品和服务价格有关，经济集中常常依靠价格手段，并且往往导致市场主体形成市场支配地位的结果。市场主体经济行为的多面性和复杂性，要求反垄断执法机构从经济、法律、社会等各个角度全面、综合评估其行为效果，然后再慎重作出反垄断法上的评价。多头执法，对同一市场主体的同一市场行为，评价主体不同，评价标准彼此差别，必然得出不同评判结论。这种状况的存在，将严重削弱反垄断机构的权威，影响反垄断执法的效果。

建立统一、独立、权威、高效的反垄断执法机构，已是国外普遍做法。在美国，由经过参议院推荐、国会批准、总统任命、任期7年的5名委员组成的美国联邦贸易委员会，完全独立于政府，只对美国国会负责，而且属准司法机构。在德国，由1名主席和2名委员组成的德国联邦卡特尔局虽属行政机构，隶属联邦经济部，但完全独立对所有垄断行为行使查处权，完全不受联邦经济部长干涉。日本公正交易委员会由委员长1人和委员4人组成，隶属于内阁总理大臣，委员长和委员虽由内阁总理大臣提名，但必须经过国会批准且经天皇认证。委员长和委员任期5年，可以连任，属于特别公务员，终身职位，非法定特别原因不得减少其薪水。和美国联邦贸易委员会一样，日本公正交易委员会也集行政权、准司法权、准立法权于一身，拥有高度权威性和独立性。韩国公平交易委员会由常任委员9人和非常任委员4人组成，隶属国务总理，委员均由总统任命，也拥有广泛行政权、准立法权和准司法权。俄罗斯负责反垄断的机构——反垄断政策与企业扶持部由1名部长和6名副部长组成，部长由联邦总理提名，总统任命。俄罗斯反垄断机构和德国卡特尔局一样，虽属行政机构，但同样独立对所有垄断行为行使广泛的查处权。

《中共中央关于全面深化改革若干重大问题的决定》指出："科学的宏观调控，有效的政府治理，是发挥社会主义市场经济体制优势的内在要求。必须切实转变政府职能，深化行政体制改革，创新行政管理方式，增强政府公信力和执行力，建设法治政府和服务型政府。"要"使市场在资源配置中起决定性作用和更好发挥政府作用""必须积极稳妥从广度和深度上推进市场化改革，大幅度减少政府对资源的直接配置"。在建设"大市场"和"好政府"的大背景下，建立统一、独立、权威和高效的反垄断执法机构，提高市场主体预期，减少资源浪费，提高经济效益，已刻不容缓。

在国务院大部制改革大背景下，以我国现有反垄断执法体制机制为基础，参考美国、德国、日本、韩国、俄罗斯反垄断执法体制的先进经验，建立统一、独立、权威和高效的反垄断执法机构较为稳妥可行的方案是，保留隶属于国务院的国家反垄断委员会，设主任1人，副主任2人，委员6人，但必须是专职人员，主任、副主任、委员任期原则上5年，但可以连任至退休。主任、副主任、委员由国务院总理提名，经全国人民代表大会批准后再由国家主席任命。将现有国家发展改革委员会、国家工商行政管理总局、商务部负责反垄断职能的部门合并至国家反垄断委员会，建立集准立法权、准司法权和行政执法权于一身的国家反垄断委员会，统一负责反垄断法的执行。内部则可以考虑设立一般事务局、政策研究中心、反垄断执法局等具体部门。

（来源：《中国知识产权》杂志）